高等学校专业教材

省级精品课程配套教材

中国轻工业"十三五"规划教材

食品微生物学

（第二版）

主编 桑亚新 李秀婷

中国轻工业出版社

图书在版编目(CIP)数据

食品微生物学 / 桑亚新，李秀婷主编. —2版. —北京：中国轻工业出版社，2025.5
ISBN 978-7-5184-3882-2

Ⅰ. ①食… Ⅱ. ①桑… ②李… Ⅲ. ①食品微生物—微生物学—高等学校—教材 Ⅳ. ①TS201.3

中国版本图书馆CIP数据核字(2022)第025750号

责任编辑：马　妍
策划编辑：马　妍　　　责任终审：白　洁　　封面设计：锋尚设计
版式设计：砚祥志远　　责任校对：吴大朋　　责任监印：张　可

出版发行：中国轻工业出版社(北京鲁谷东街5号，邮编：100040)
印　　刷：北京君升印刷有限公司
经　　销：各地新华书店
版　　次：2025年5月第2版第4次印刷
开　　本：787×1092　1/16　印张：28
字　　数：635千字
书　　号：ISBN 978-7-5184-3882-2　　定价：68.00元

邮购电话：010-85119873
发行电话：010-85119832　010-85119912
网　　址：http://www.chlip.com.cn
Email：club@chlip.com.cn
版权所有　侵权必究
如发现图书残缺请与我社邮购联系调换
250845J1C204ZBQ

本书编审委员会

主　编　桑亚新　河北农业大学
　　　　　李秀婷　北京工商大学

副主编　孙纪录　河北农业大学
　　　　　刘绍军　河北科技师范学院
　　　　　李　玉　天津科技大学

参　编　田丰伟　江南大学
　　　　　赵宏飞　北京林业大学
　　　　　王志新　河北科技大学
　　　　　庞晓娜　北京农学院
　　　　　韩　军　河北农业大学
　　　　　高　洁　河北农业大学
　　　　　范光森　北京工商大学
　　　　　滕　超　北京工商大学
　　　　　张　婵　北京工商大学
　　　　　张成楠　北京工商大学
　　　　　刘　畅　河北科技师范学院

主　审　贾英民　北京工商大学
　　　　　王昌禄　天津科技大学

第二版序言 Foreword

当今世界,一方面食品腐败变质威胁人类食品供应安全,食源性疾病事件频繁发生;另一方面,益生菌对人类健康的有益作用日益受到关注,从而使食品微生物学成为一个飞速发展的学科领域。食品微生物学作为微生物学的一门分支学科,是研究与食品有关的微生物的特性、微生物与食品的相互关系及其生态条件的科学,主旨是探索食品生物加工、食品腐败以及食源性病原菌等领域中微生物同食品的关系。人类对食品微生物的认识、利用和预防控制具有悠久的历史。公元前6000年,人们已经掌握了酿酒的技术;公元前3000年,已经出现了微生物发酵生产乳酪的记载。时至今日,无论是有益的还是有害的食品微生物,更是与千家万户,乃至整个食品工业息息相关。

食品微生物学是食品科学与工程学科本科生的专业必修课,对其相关知识进行系统的学习,能够奠定食品学科学生扎实的专业素养。本书第一版于2017年正式出版,较为全面地概括了微生物学的基本概念和原理,并突出了食品领域的特色。2020年,本书编写团队启动了第二版的修订工作。基于一线教学人员和广大读者的反馈建议,并结合近年来生命科学相关技术的革新,从章节结构、内容覆盖范围、最新前沿等方面进行了全面的更新和补充。

尤其值得注意的是,本书第二版每一章的习题部分进行了大量扩充,新增的习题题型丰富,质量高,不仅有利于学生自我检验学习的效果,也便于教师的教学活动安排。此外,编写团队分析总结了相关院校的食品微生物学实验课内容及教学效果,在本书中以附录形式添加了28个适合本科教学学时安排的实验,从而实现了一书两用,同时满足了理论教学和实验教学的需要,尤其方便于实验课的教学活动安排。

微生物学的发展促进了人类的进步,食品微生物学作为其中重要的分支对人类的影响尤为深远。该书立足于本科教学,紧跟知识体系和技术的更新,由来自京、津、冀三地八所高校具有丰富一线教学经验的教师共同修订,具有非常好的科学性及适用性。因此,该教材非常适于食品科学与工程相关专业的食品微生物学的教学。另外,食品行业从业者以及食品微生物学领域科技人员也可使用本教材获取有用的信息,值得一读。

中国工程院院士
大连工业大学教授

第一版序言 | Foreword

微生物无时无刻不在对人类的生产和生活产生着重大影响。微生物与食品工业关系密切，人类不仅利用微生物发酵生产美味的食品或食品配料以拓展食品种类，而且发现乳酸菌等益生菌对人类健康有重要作用。而一些微生物则可引起食品腐败变质或导致食源性疾病，威胁人类的生命健康，因此控制和尽量减少食品腐败变质以及食源性疾病是保证食品安全重要内容。食品微生物学是专门研究微生物与食品之间相互关系的一门学科，通过研究与食品有关的微生物活动规律，充分利用有益微生物，尽量控制有害微生物，为人类提供既有益于健康、营养丰富又能保证生命安全的食品。

为了紧跟食品微生物教学及科研发展的步伐，本书应运而生，由来自京、津、冀三地七所高校具有丰富一线教学经验的教师合作编著。作为一部基础食品微生物学教材，除了介绍微生物的基本属性和生命活动规律，该书最主要的特色是把食品工业领域涉及的微生物学知识有机地融入普通微生物学的各个章节，既全面、重点地概括了微生物学的基本概念和原理，又突出介绍了食品工业领域中的微生物前沿热点问题。此外，书中的表格、图示、数据以及事例都恰如其分，有助于读者理解文本内容。

食品微生物学是一个非常重要的学科领域，它延伸到世界上每个国家的每个家庭，以及数百亿美元的食品产业，也是食品专业本科生的必修课。本书的针对性很强，具有先进性和导向性，对食品专业师生、食品行业从业者，以及生物学科技人员都有很好的借鉴作用，值得一读。

中国工程院院士
北京工商大学教授

2016. 9. 22.

第二版前言 Preface

由桑亚新和李秀婷主编的《食品微生物学》自2017年出版发行以来,其新颖的内容和章节安排形式受到了一线教师和学生的普遍认可,被来自全国23个省(自治区、直辖市)的52所高校广泛使用,在短短两年多时间内连续5次再版印刷。但是,在该书使用过程中,不少编者作为一线的教学人员,敏锐地发现了该书的一些不足;同时,也有一些读者对该书提出了修改建议。因此,教材编写组对第一版进行了深入和全面的修订,以便于更好地服务于食品微生物学的教学工作。

本教材在以下方面进行补充和改动:

(1)新增食品微生物学实验部分。目前,国内已出版的《食品微生物学实验指导》类教材普遍存在一些问题:①内容过多,即收录实验数量与大多数院校的实际运行学时数量不匹配;②收录的许多实验需时过长,与实际的实验单次运行时间(2/4学时)不匹配;③部分收录实验与食品领域相关程度低;④部分实验内容陈旧,严重滞后于该领域的技术发展现状。因此,本教材编写组分析总结了许多相关院校的以往开课内容及效果,最终共选编了28个实验,供各相关院校酌情选用。

(2)较大幅度地扩充了各章节的习题部分。所扩充的习题多来自于全国各相关高校食品专业的历年考研真题,以帮助学生自我检验学习以及考研备战。

(3)其他方面也相应做出调整。首先为了使普通微生物学的基础知识和其在食品领域中的应用联系更紧凑,对部分章节内容的顺序进行了大幅度调整。其次进行了知识更新,与食品微生物学领域的新理论和新技术相融合。最后全面纠正了第一版中的语言和专业方面的不妥或错误之处;对第一版中与食品领域关系不够密切的基础知识进行简练或删除以节省学时。

本教材由河北农业大学桑亚新教授和北京工商大学李秀婷教授担任主编。主体理论部分编写分工如下:绪论由河北农业大学高洁、桑亚新编写;第一章由河北农业大学韩军、桑亚新编写;第二章由北京工商大学范光森、李秀婷编写;第三章由河北科技师范学院刘绍军、刘畅编写;第四章由北京工商大学滕超编写;第五章由天津科技大学李玉编写;第六章由北京工商大学张婵、张成楠编写;第七章由江南大学田丰伟编写;第八章由北京林业大学赵宏飞编写;第九章由河北农业大学孙纪录和北京农学院庞晓娜编写;第十章由河北科技大学王志新编写。实验部分第十一章的编写分工如下:第一节由河北农业大学孙纪录编写;实验1、15、21、24、26由江南大学田丰伟编写;实验2、5、6、7由河北科技师范学院刘绍军编写;实验3、9、13、17由河北科技大学王志新编写;实验4、11、12、20、27由天津科技大学李玉编写;实验8、18由北京农学院庞晓娜编写;实验10、14、22、28由北京林业大学赵宏飞编写;实验16、19、23、25和附录部分由河北农业大学韩军、高洁、孙纪录和桑亚新编写和整理。

全书由桑亚新和孙纪录负责统稿、定稿,并对全书的文字表达及教材中的概念、名词等进行了审视和校正。由北京工商大学的贾英民和天津科技大学的王昌禄审稿。他们在百忙之中对本书提出了许多宝贵的建议和修改意见,在此表示衷心的感谢和敬意。

本书可作为高等学校食品科学与工程类专业的本科和高职学生及其教师和实验师教材使用,也可作为相关研究院所和生产企业的科技人员及工程技术人员的参考书。

由于编写任务繁重,加上水平所限,遗漏和不妥之处在所难免,敬请全国同行和读者批评指正,并提出宝贵的意见和建议,以臻逐步完善和提高。

桑亚新
2021 年秋于古城保定

第一版前言 | Preface

食品微生物学既是微生物学的重要分支学科,又是食品科学的重要组成部分,它是专门研究与食品有关的微生物的种类、特性以及微生物与食品的相互关系及其生态条件的一门学科。食品微生物学作为高等院校食品相关专业一门必修专业基础课程,对食品加工和食品质量与安全控制起着非常关键的作用。特别是随着现代生命科学和现代食品工业的迅猛发展,微生物对食品工业发展产生了越来越深刻的影响,已经渗透到食品加工、食品储运、食品安全的各个方面,成为支撑食品工业的重要技术。

食品微生物学教材版本较多,但大都沿用先介绍微生物学基础知识,后介绍实际应用的编写模式。本书的编写思路在于:根据现代微生物学及食品学科发展新特点,强调理论与实践相结合,强调科学性与应用性相结合;将国内特色与国际发展前沿相结合;将理论性与通俗性相结合;在介绍微生物基础知识的同时,进一步突出其在食品中的具体应用,增强该学科的实用性和针对性。

本教材主要特点如下:第一,微生物学与食品专业内容紧密衔接,贯彻始终。在编写时力争突破原有食品微生物教材中"先基础知识、后实际应用"的编写模式,将微生物基础知识与食品专业知识以及生产实践的案例贯穿始终,突出食品专业学科特点。第二,力求简洁、通俗易懂。各章节中尽量将烦琐的文字描述转化为图、表的形式来表现,力求内容直观、形象,易于理解。第三,突出实用性和针对性。以微生物基础知识及其在食品中的应用为主线,全面系统地介绍常见微生物的形态、结构、功能等特征,重点突出其在食品中的应用,突出教材的实用性和针对性。第四,新颖性和前沿性。力求把握本学科领域的前沿,并结合编者自身的科研方向和优势,突出教材的新颖性和学术前沿性。

本教材不仅适合食品科学与工程专业的本科学生使用,也可作为相关研究院所和生产企业的科技人员及工程技术人员的参考书,同时也可作为相关专业研究生的参考教材。

本教材的编写成员汇集了京津冀三地共七所高等院校长期从事食品微生物学教学和科研的中青年学术骨干,他们活跃在教学、科研及生产第一线,既有扎实的理论基础,又有丰富的实践经验,给本书增添了许多新鲜内容。本教材由河北农业大学桑亚新教授和北京工商大学李秀婷教授担任主编。教材编写分工如下:绪论由河北农业大学亢春雨、桑亚新编写;第一章由河北科技大学王志新编写;第二章由河北农业大学韩军、桑亚新编写;第三章由北京工商大学朱运平、李秀婷编写;第四章由河北科技师范学院刘绍军、刘畅编写;第五章由北京工商大学滕超编写;第六章由天津科技大学李钰编写;第七章由北京工商大学熊科、张婵编写;第八章由中国农业大学梁志宏、天津科技大学李贞景编写;第九章由北京林业大学赵宏飞编写;第十章由河北农业大学孙纪录编写。本教材特别邀请天津科技大学王昌禄教授、河北科技大学贾英民教授和中国农业大学韩北忠教授作为主审。他们在百忙之中对本书提出了许多宝贵的建议和修改意见,在此表示衷心的感谢和敬意!

由于编写任务繁重,加上时间和水平所限,书中存在遗漏和不妥之处在所难免,诚请读者批评指正。

桑亚新

2015 年秋于古城保定

目录 Contents

绪论 1
一、微生物的概念 1
二、微生物的生物学特点 1
三、微生物的分类单元和命名 3
四、微生物在生物界的地位 6
五、微生物学概念及其分支学科 8
六、微生物学发展简史 8
七、食品微生物学的概念及研究内容 12
八、食品微生物学的发展过程 13
习题 16

第一章 原核微生物 17
第一节 细菌 18
第二节 细菌与食品的关系 40
第三节 放线菌 60
第四节 其他原核微生物 63
第五节 古生菌 67
习题 71

第二章 真核微生物 75
第一节 酵母菌 76
第二节 霉菌 91
第三节 蕈菌 113
习题 120

第三章 病毒 122
第一节 病毒 122
第二节 亚病毒 133

习题 ………………………………………………………………………………… 136

第四章 食品微生物的营养 ………………………………………………………… 137
第一节 微生物的营养要素 ……………………………………………………… 138
第二节 微生物的营养类型 ……………………………………………………… 145
第三节 营养物质进入细胞的方式 ……………………………………………… 147
第四节 培养基 …………………………………………………………………… 151
习题 ………………………………………………………………………………… 163

第五章 食品微生物的代谢 ………………………………………………………… 165
第一节 微生物的能量代谢 ……………………………………………………… 166
第二节 微生物的生物氧化 ……………………………………………………… 169
第三节 微生物的初级代谢 ……………………………………………………… 180
第四节 微生物初级代谢的调节 ………………………………………………… 191
第五节 微生物的次级代谢 ……………………………………………………… 197
习题 ………………………………………………………………………………… 200

第六章 食品微生物的生长及其控制 ……………………………………………… 202
第一节 微生物生长繁殖的测定 ………………………………………………… 203
第二节 微生物的生长规律 ……………………………………………………… 208
第三节 影响微生物生长的主要因素 …………………………………………… 214
第四节 微生物的培养方式 ……………………………………………………… 221
第五节 食品腐败变质的过程与机制 …………………………………………… 225
第六节 食品中有害微生物的控制 ……………………………………………… 231
习题 ………………………………………………………………………………… 246

第七章 食品微生物的遗传与育种 ………………………………………………… 249
第一节 基因突变和诱变育种 …………………………………………………… 250
第二节 基因重组和杂交育种 …………………………………………………… 255
第三节 菌种的衰退、复壮与保藏 ……………………………………………… 260
习题 ………………………………………………………………………………… 262

第八章 食品微生物的生态 ………………………………………………………… 264
第一节 基本概念 ………………………………………………………………… 264
第二节 微生物在自然界中的分布与菌种资源的开发 ………………………… 266
第三节 微生物与生物环境间的关系 …………………………………………… 275

习题 ………………………………………………………………………………… 276

第九章 免疫学技术在食源性微生物检测中的应用 ……………………………………… 278
第一节 基于免疫学的微生物快速检测方法及其应用 …………………………… 278
第二节 基于免疫学的检测微生物的生物传感器及其应用 ……………………… 289
第三节 食源性微生物的其他快速检测方法 ……………………………………… 296
习题 ………………………………………………………………………………… 303

第十章 微生物的分类与鉴定 ……………………………………………………………… 304
第一节 微生物的进化与系统发育 ………………………………………………… 305
第二节 各大类微生物的分类系统概要 …………………………………………… 306
第三节 微生物分类鉴定的方法 …………………………………………………… 315
习题 ………………………………………………………………………………… 330

第十一章 食品微生物学实验 ……………………………………………………………… 332
第一节 食品微生物学实验守则 …………………………………………………… 332
第二节 基础性实验 ………………………………………………………………… 333
实验 1　普通光学显微镜的使用与微生物的观察 ……………………………… 333
实验 2　实验室环境中的微生物检测 …………………………………………… 337
实验 3　细菌的简单染色、革兰染色和芽孢染色 ……………………………… 339
实验 4　酵母菌细胞大小的测定 ………………………………………………… 344
实验 5　食品中菌落总数的测定 ………………………………………………… 346
实验 6　食品中大肠菌群的测定 ………………………………………………… 349
实验 7　酵母菌的血球计数板计数和形态观察 ………………………………… 353
实验 8　霉菌的形态观察 ………………………………………………………… 355
实验 9　食品中霉菌和酵母菌计数 ……………………………………………… 359
实验 10　培养基的配制与灭菌 ………………………………………………… 362
实验 11　玻璃器皿的洗涤、包扎和灭菌 ……………………………………… 364
实验 12　用生长谱法测定微生物的营养要求 ………………………………… 367
实验 13　细菌抗菌肽的效价测定 ……………………………………………… 369
实验 14　酸乳中乳酸菌产酸力的测定 ………………………………………… 371
实验 15　甜酒曲和甜酒酿中酵母菌和霉菌的分离与观察 …………………… 373
实验 16　土壤中微生物的分离 ………………………………………………… 374
第三节 综合性实验 ………………………………………………………………… 377
实验 17　益生菌的耐受性驯化与筛选 ………………………………………… 377

实验 18　细菌鉴定用生理生化试验 ·· 379
实验 19　黏质沙雷菌产色素的发酵温度优化 ······································ 385
实验 20　产蛋白酶枯草杆菌的初筛 ·· 387
实验 21　固体糖化曲的制备及其酶活力的测定 ··································· 388
实验 22　微生物的菌种保藏技术 ··· 391

第四节　开拓性实验 ··· 393
实验 23　细菌生物被膜的生物量测定 ··· 393
实验 24　基于分离培养的传统发酵食品中微生物区系的分析 ················ 395
实验 25　黄曲霉毒素降解微生物的分离纯化与鉴定 ···························· 396
实验 26　乳酸菌产胞外多糖的发酵工艺条件优化 ································ 398
实验 27　黑曲霉菊粉酶基因在毕赤酵母中的表达 ································ 401
实验 28　乳酸菌吸附苯并芘的能力测定 ··· 404

附　录　食品微生物学实验室常用培养基 ··· 407

参考文献 ·· 413

绪论

INTRODUCTION

[学习目的与要求]

1. 掌握微生物的概念、特征及命名法则。
2. 了解微生物学的形成与发展以及食品微生物学的研究内容与任务。

[学习重点与难点]

重点是微生物的概念和命名法则,以及食品微生物学的主要研究内容。

在生命世界中,除了人们肉眼可见的植物、动物外,还有许多肉眼看不见的微小生命体——微生物。微生物与人类社会和文明的发展有着极为密切的关系,当今的人类生活已难以离开微生物所做的直接或间接贡献。在食品工业、食品安全领域中,微生物也扮演着极为重要的角色。微生物已经参与到食品的加工、贮藏、食品的腐败变质、食物中毒及食源性疾病的方方面面。

一、微生物的概念

微生物(microorganism)是指一类个体微小(一般<0.1mm)、结构简单、肉眼不可见的单细胞、多细胞或没有细胞结构的生物的总称。

由于界定微生物的标准仅是个体大小,故其成员极广,包括无细胞结构不能独立生活的病毒、亚病毒(类病毒、拟病毒、朊病毒等),具有原核细胞结构的细菌、放线菌、蓝细菌、支原体、立克次氏体、衣原体和古生菌,以及具有真核细胞结构的真菌(酵母、霉菌、蕈菌)、显微藻类、原生动物等。

二、微生物的生物学特点

微生物与动植物相比,具有以下共同的特点。

（一）体积小、比表面积大

在形态上，微生物个体十分微小，肉眼看不见，需用显微镜观察，细胞大小以微米或纳米来表示。一个物体的体积越小，其比表面积（物体的单位体积所占有的表面积）就越大。微生物是一个突出的大比表面积系统，如乳酸乳杆菌（*Lactobacillus lactis*）的比表面积约为12万，而一个90kg的人的比表面积只有约0.3。一个大比表面积系统，必然具有一个巨大的营养物质吸收面、代谢废物排泄面和环境信息交换面，从而赋予微生物不同于其他生物的特性。个体微小这一特性是微生物具有其他特性的基础。

（二）生长旺、繁殖快

微生物的生长繁殖速度非常惊人。以细菌为例，一般每隔20~30min即可分裂1次，细胞的数目就比原来增加1倍。假如1个细菌20min分裂1次，而且每个子细胞都具有同样的繁殖能力，那么24h后可以达到2^{72}个细菌。如果按每10亿个细菌质量为1mg计算，则2^{72}个细菌的质量超过4722t。假使再这样繁殖4~5d，它就会形成和地球同样质量的物体。当然，由于种种因素限制，这种情况并不存在。微生物这种惊人的繁殖速度为在短时间内获得大量的菌体提供了极为有利的条件。

（三）食谱广、代谢旺

微生物利用物质的能力很强。凡是能被动植物利用的物质，例如蛋白质、糖类、脂肪及无机盐等，微生物都能利用。有些不能被动植物利用的物质，例如纤维素、石油、塑料等，也能找到利用它们的微生物。微生物的这个特点有利于开展综合利用，变废为宝，为社会创造财富。例如，秸秆中的纤维素被特定微生物分解成单糖，可以提高农副产品的利用率。

微生物虽然很小，"胃口"却很大，代谢作用十分旺盛，素有小型的"活的化工厂"之称。从单位质量来看，微生物代谢强度比高等动物的代谢强度要大几千倍甚至几万倍。例如，1kg酒精酵母1d内能"消耗"掉几千千克糖，把它转变为酒精。从工业生产的角度来看，它能够把基质较多地转变为有用的产品。代谢旺的另一个表现形式就是微生物的代谢类型非常多，有些是动、植物所不具有的，例如生物固氮作用等。在生产实践中，应用这个特点不仅可以获得种类繁多的发酵产品，而且可以找到比较简便的生产工艺路线。

（四）分布广、适应强

微生物在自然界中的分布是极其广泛的。上至几万米的高空，下至数千米的深海；热达90℃的温泉，冷至-80℃的南极；盐湖、沙漠；人体内外，动植物组织，隔夜的饭菜等，到处都留下了微生物的足迹。微生物虽然分布广泛，但其分布密度是不一样的，它随着外界环境条件的不同而异。一般来说，外界环境条件适宜，有机物质丰富的地方，微生物的种类和数量就多。相反，如果营养缺乏，条件恶劣，微生物的种类和数量就大大减少。微生物分布广泛，对人类来讲，有其有利的一面，我们可以更好地开发菌种资源。但是，如果不加注意，也会引起麻烦。

微生物对外界环境条件的适应能力很强。有些微生物在其身体外面添上"保护层"——荚膜，提高了自己对外界环境的抵抗能力。微生物最拿手的本领是可以形成休眠体，然后长期进入休眠状态，例如细菌的芽孢。芽孢较之营养体具有更强的抵抗不良环境的能力，一般能存活数月或数年，甚至几十年。另一方面，当外界条件十分恶劣时，虽然大部分个体都因抵抗不住而被淘汰，但仍有少数"顽固分子"会发生某种变异而生存下来。

（五）种类多、易变异

微生物种类繁多，据估计，微生物的种类总数在 50 万 ~ 600 万种，其中已记载过的仅约 20 万种（1995 年）。随着人们对微生物研究的不断深入，微生物种类还在急剧扩增。

微生物具有繁殖快、比表面积大、与外界环境直接接触等特点，使其易于受到外界环境影响而产生变异体，其变异频率一般为 $10^{-10} \sim 10^{-5}$，可在短时间内产生出大量变异后代。在生产实践中，常利用这个特点来诱变育种。人们常常利用物理或化学因素对微生物进行诱变，从而改变它的遗传性质和代谢途径，使之适应于人类提供的条件，满足提高产量或简化工艺的需要。通过育种工作，可大幅度地提高菌种的生产性能，其产量性状提高幅度是高等动植物所难以实现的。

三、微生物的分类单元和命名

（一）微生物的系统分类单元

分类单元是指分类系统中具体的分类单位或分类群。

1. 种以上的分类单元

微生物种以上的分类单元分为七个等级，从高到低依次是界（kingdom）、门（phylum）、纲（class）、目（order）、科（family）、属（genus）、种（species）。

在微生物的分类单元中，将性质相近的低级分类单元归纳成更高一级的分类单元，如，把相似的种归纳在一起称为属，把相似的属归纳在一起称为科，如此依次类推，形成含有不同等级的分类系统。

随着研究的进展，分类层次不断增加，单元上下可以附加次生单元，如可以在以上七个级别中增加亚等级（如亚界、亚门、亚纲、亚目、亚科、亚属、亚种）。1990 年，沃斯（Woese）提出了"域（domain）"的概念，建议在界上使用"域"，作为分类的最高等级。也有学者建议保留"域"，而取消"界"这一等级。目前常用于细菌分类鉴定的核糖体数据库项目（ribosomal database project，RDP），其最高等级分类单元就是"域"。

除了国际公认的分类单元外，针对细菌分类还可以使用一些非正式的术语，如种以上可以使用群（group）、组（section）等，亚种以下可以用菌株（strain）、型（type）、培养物（culture）等名称。在上述分类单元中，种和属是微生物分类鉴定的必需属性，而种是最基本的分类单元，也是最重要和最常用的分类单元。

2. 种的概念

作为最基本的分类单元，"种"是指"物种"。由于微生物的个体微小，形态简单，不能够提供足够的形态学上的分类证据，而且原核生物中只有少数存在接合现象，缺乏严格意义的有性杂交，因此，针对高等生物物种的定义标准并不适用于微生物。目前，关于微生物种的概念还没有形成统一的看法。1986 年，斯坦尔（Stanier）对种进行了定义：种是一大群表型特征高度相似、亲缘关系极其接近，与同属内其他物种有明显差别的菌株的总称。但是，这个定义仍没有明确量化标准。有学者根据基因序列来区分种，如 1987 年，国际细菌分类委员会颁布，把 DNA 同源性大于 70%，且其热解链温度差（ΔT_m）≤5℃的菌群划分为一个种，并且其表型特征应与这个定义相一致；1994 年，Embley 和 Stackebrandt 认为 16SrRNA 序列同源性达 97% 以上的菌株可以定为一个种。这两个定义虽然给出了量化标准，但衡量标准过于单一。微生物种的划分不能单独依据一个标准来确定，而应考虑多个标准。

现在的分类依据趋向于以微生物的基因序列信息分析为基础（主要是 DNA 的同源性），同时结合其常规表型特征进行分类，而且是在与该种群的模式菌株（type strain）进行比较分析的基础上确定的。模式菌株（或称标准菌株）是指由国内或国际菌种保藏机构保藏的、遗传学特性得到确认并可追溯的菌株。一般情况下，它是最早分离鉴定的、得到深入研究的、能够作为种群代表的菌株。模式菌株通常在代号的右上角加一个大写字母"T"，如美国典型培养物保藏中心（American Type Culture Collection，ATCC）保藏的一株植物乳杆菌（*Lactobacillus plantarum*）标准菌株 ATCC 14917^T。被研究的菌种与已知模式菌株的每一个鉴定特征相同或高度相似时才能够与之划分到同一种群。目前，这种分类模式也存在一定的不稳定性。随着认识的深入，种的划分依据也会随之发生变化，其界定也会越来越准确、越来越科学。

在讨论种的定义时，还应注意一个"新种"的概念，新种（species nova，sp. nov 或 nov sp.）是指权威性的分类、鉴定手册中从未记载过的、一种新分离并鉴定的微生物。当发现者按照《国际命名法规》命名后，在学术期刊上发表时应该在学名后面附上 sp. nov，且在发表前，研究者要将该菌种保藏在有资质的、永久可靠的菌种保藏机构，并允许研究人员获得该菌种。

3. 种以下的分类名词

种以下的分类单元很多。这些分类单元并不受《国际命名法规》的限制，是目前已经默认的非正式分类名称。

（1）亚种（subspecies，subsp.）对微生物进行分类鉴定时，如果菌株的特性与模式菌株大部分相似，但存在少数明显而稳定的遗传特性差异，但这些特性又不足以区分成新种时，为了更准确地将其分类定位，可以考虑将其确定为该模式菌株同一种下的不同亚种，这是相对于种更低的一个分类等级。

（2）变种（variety，var.）亚种的别称，在 1976 年《国际细菌命名法规》中主张不再使用该分类名词。

（3）型（form）亚种以下的细分，当同亚种的不同菌株之间存在某些特殊性状差异，但是这些差异又不足以划分为一个新的亚种时，可以细分为型。例如，根据抗原特性差异将菌株分为不同的血清型。现在使用的型仅作为变异型的后缀，而且已经不再对应早先的 -type，而对应为 -var，如生物变异型（biovar）、培养变异型（cultivar）、形态变异型（morphovar）、噬菌体变异型（phagovar）、致病变异型（pathovar）和血清变异型（serovar）。

（4）菌株（strain）是指由一个独立的生物体或纯培养物繁殖而成的纯种群体及其后代。可见，从自然界中分离获得的任何一种微生物的纯培养物都可以被称为一个菌株。用诱变、分子改造等手段使菌株的遗传性状改变，最终获得的某一菌株的变异型也可以称为一个新的菌株，因此，菌株几乎是多不可数的。虽然菌株不是一个正式的分类单位，但是在科研、生产等方面应用非常广。在实际使用中要注意，一方面要标明菌种的种名，另一方面也要标明菌株的名称。菌种的名称是学名，而菌株的名称可以自拟，一般常用数字、字母、人名、地名，或几者的组合形式，且菌株的名称要放在菌种名称之后。例如，侧孢短芽孢杆菌 *Brevibacillus laterosporus* S1 中，S1 就是菌株名称。

（二）微生物的命名

每种微生物都有一个专门的名称，微生物的名称有两种：一种是俗名（common name），是在一个特定区域内通俗的称法，简单形象，通俗易懂，容易记忆；另一种是学名（scientific name），是国际上统一使用的名称，是一种规范的名称。俗名在不同地区相差很大，为了避免混淆，方便学术交流，就需要制定一个为各国生物学工作者共同遵守的命名法则，即"国际生物命名法规"，以确保生物名称的统一性、科学性和实用性。学名的表示方法主要有双名法（binomial nomenclature）和三名法（trinominal nomenclature）。

1. 双名法

双名法是瑞典植物分类学家卡尔·冯·林奈（Carl von Linné）在1758年提出来的，微生物的命名也是采用此命名系统。双名法是指每一种微生物的学名都由属名（generic name）和种名加词（specific name）两部分组成。属名在前，首个字母必须大写，或缩写为单个大写字母，规定用拉丁文名词表示，用以描述微生物的主要形态、生理等特征，或由著名的科学家名字而来。种名加词在后面，首个字母小写，不得缩写，用拉丁文形容词表示，为微生物的色素、形状、来源、病名等次要特征或著名的科学家姓名等。学名是拉丁文，书写时要斜体。在微生物的分类中，如果微生物只确定到属，而种未确定或者只是泛指，则可以在属名后面加 sp. 或 spp.（分别表示 species 的单数和复数形式的缩写），如 *Lactobacillus* sp. 表示乳杆菌属某个种，*Lactobacillus* spp. 表示乳杆菌属某些种。在分类学的专业文献中，学名在上述两部分后还应加写三项内容，即首次定名人（正体字，加括号）、现名定名人（正体字）和现命名的定名年份，但在一般期刊中可以不必加写后三项内容。

$$学名 = \underset{斜体}{属名+种名加词} + \underset{正体，可省略}{（首次定名人）+现名定名人+定名年份}$$

如 *Bacillus subtilis*（Ehrenberg）Cohn 1872，其中，*Bacillus subtilis* 可以缩写为 *B. subtilis*，*Bacillus* 是属名（芽孢杆菌属），*subtilis* 是种名加词（枯草），是由 Ehrenberg 首先发现和定名的，后由 Cohn 重新定为现名，定名时间是1872年。

2. 三名法

三名法是指当为一个亚种或变种微生物命名时，在双名法命名的基础上添加亚种或变种的加词，组成包括属名、种名加词和亚种或变种加词三部分。

$$学名 = \underset{斜体}{属名+种名加词} + \underset{正体，可省略}{（subsp. 或 var.）} + \underset{斜体}{亚种或变种加词}$$

如，*Saccharomyces cerevisiae*（var.）*ellipsoideus*，该微生物译名为酿酒酵母椭圆变种，俗称椭圆酿酒酵母，可以缩写为 *S. cerevisiae*（var.）*ellipsoideus*。

3. 新名称命名法

发表新名称时，应在新名称之后加上所属新分类等级的缩写词，如 ord. nov.（新目），fam. nov.（新科），gen. nov.（新属），sp. nov.（新种）等。"nov."是 novel 的缩写，表示新的意思。如，2014年发表在《国际系统与进化微生物学期刊》（*International Journal of Systematics of Evolutionary Microbiology*，IJSEM）上的一篇文章，发现了一个新种，命名为 *Colwellia aquaemaris* sp. nov.。

根据《国际细菌命名法规》规定，一个新的分类单元的名词或现存分类单元的新组合，必须发表在国际权威的分类学杂志 IJSEM 上，而且应附上该分类单元的描述或该单元已发表的有效描述作为参考。IJSEM 还要求作者证明模式菌株已经在权威保藏中心进行了保存，并且没有限制公众利用该模式菌株，否则，他们的论文将不被接受发表，菌株的发表日期以在

IJSEM 上的发表日期为准。此外，发表时要指定新分类单元的模式：发表新属时要有模式种，发表新种时要有模式菌株，或者引证新组合的模式。

四、微生物在生物界的地位

（一）生物的界级分类学说

人类在发现微生物之前，曾把一切生物分成截然不同的两大界（1735 年）。随着人类研究和认识的不断深入，生物的界级分类又经历了三界（1866 年）、四界（1974 年）、五界（1969 年）、六界（1969 年）、三原界（1977 年）和八界（1989），目前仍然处于不断完善之中。其中，对现代分类学影响较大的是五界分类系统和三原界分类系统（又称"三域分类系统"）。

1. 五界分类系统

1969 年，魏泰克（R. H. Whittaker）提出五界分类系统，包括原核生物界、原生生物界、真菌界、动物界和植物界。按生物营养方式的不同，将多细胞生物中主要以摄食为生，在体内有消化道的类型划为动物界；将行自养生活，能进行光合作用，有根、茎、叶分化和明显世代交替的多细胞生物划为植物界；将行腐生生活的多细胞生物划为真菌界；将真核生物中的单细胞和无组织分化的单细胞群体生物划为原生生物界；将原核生物列为原核生物界。

五界分类系统是目前应用最为广泛的分类系统，基本上反映了地球上细胞生物的进化历程：在结构上，从原核生物进化到单细胞的真核生物，再进化到多细胞的真核生物；在营养上，从异养生物进化到自养和异养共存，构成了一个完善的物质和能量循环体系。

2. 三原界分类系统

20 世纪 70 年代，随着分子生物学技术的进步，人们发现原核生物界的细菌尽管在形态上很相似，但是根据分子水平上的差异可明显分成两大类：古生菌和真细菌。1977 年，沃斯（C. R. Woese）提出了一个新的分类系统，即三原界分类系统，包括真核生物原界、真细菌原界和古生菌原界。在三原界分类系统中，古生菌原界的细菌主要生活在一些极端环境中，如沼泽地底层、热泉等；真细菌原界的细菌为常见类型；真核生物原界包括真菌、原生生物、动物和植物。

最初，古生菌被称为古细菌。后来，沃斯认为古细菌容易被理解为在系统发育上比真细菌更早，故建议改为古生菌。1990 年，为了避免混淆古生菌和真细菌，沃斯又把三原界改称为三域，即真核生物域（eukarya）、细菌域（bacteria）和古生菌域（archaea），并在美国科学院院刊（*Proceedings of the National Academy of Sciences of the United States of America*，PNAS）上正式提出了一个"三域系统"的概念，也就是著名的"三域学说"。

（二）"三域学说"及其发展

"三域学说"指出，三域中的生物可能直接起源于一个共同的祖先。生命进化的早期，这一种小细胞的祖先首先分化出了真细菌和古生菌这两类原核生物，后来才产生了真核生物。由于古生菌的代谢很好地适应了原始地球的条件（缺氧、高温等），因此，在进化的开始时期，古生菌在地球上可能占优势。随着地球环境的变化，当地球温度逐渐变冷，出现"原始生命汤（海洋）"，并且氧成为大气的主要成分时，适合于有氧和较低温度的真细菌有可能占一定优势。

真核生物的起源一直是个谜，据推测，真核生物可能起源于原核生物。通过化石得知，最古老的的细菌出现在 30 亿~35 亿年前，但直至 21 亿年才出现真核生物。为什么时隔这么久真核生物才出现，原核生物是如何通过进化发育成真核生物的？对此，科学界一直以来都存在有相当多的猜测，其发生过程还不能确定。据分析，真核生物叶绿体的 RNA 和蓝细菌的 RNA 极为相似，而有些真核细胞的基因又与古生菌的极为相似，所以，真核生物可能有复杂的起源，原始生命、古生菌和真细菌都有可能参与了这一过程，三域学说所反映的生物系统进化模式正好符合这一观点。

"三域学说"反映出真核生物并不是单一地由简单的原核生物进化而来的，它支持 1970 年琳·马古利斯（Lynn Margulis）提出的"内共生假说（endosymbiotic hypothesis）"。该假说大胆提出，线粒体和叶绿体曾经是独立生存的细菌，后来才相继被另一种古老的微生物吞噬。遗传学研究发现，线粒体的 DNA 与独立生存的细菌的 DNA 相似，同时，分子测序表明，真核生物的细胞器——线粒体和叶绿体起源于内共生细菌。因此，从基因证据来看，真核生物是细菌与古生菌的基因融合体，它是某种古生菌与细菌共生，形成可世代传递的内共生物。线粒体可能起源于好氧型异养原核生物，而叶绿体最可能的祖先是产氧型的光合蓝细菌。从三域学说的系统发育树可以看出，真核生物细胞核的 rRNA 和古生菌的 rRNA 的亲缘关系比细菌更近，可以推测，真核生物的细胞核 DNA 是由古生菌内共生进化而来的。再后，最简单的真核生物，在长期的自然选择过程中又进化成四界：动物界、真菌界、植物界和原生生物界。

随着现代遗传学的飞速发展，学者们开始对更多种真核生物进行基因测序，发现一部分真核生物的基因确实和古生菌的基因密切相关，但一些真核生物的基因被证实与细菌基因的关联更为紧密。2004 年，玛丽亚·里维拉（Maria C. Rivera）和詹姆斯·莱克（James A. Lake）发表在 Nature 上的文章提出了一种用"生命环"来代替"生命树"的新观点。他们推断，生命最初只分化成了细菌和古生菌两支，这两支都是各自独立进行进化的，直到它们中的两个突然融合（"爆发式起源论"），由此第一个真核生物诞生。随后，2007 年，詹姆斯·麦克勒尼（James McInerney）的研究证实了上述理论，真核生物是由两个迥异的原核生物基因组融合而形成的。一个融合伙伴来自光合作用生物的一个古代种系，另一个与古生菌有关。这种融合理论与马古利斯的"内共生假说"观点相类似。随着"生命环"的提出，一些相互冲突的观测结果开始变得容易理解了。例如，在一些基因树中，真核生物与细菌有关，而在另一些基因树中，真核生物则与古生菌有关。真核生物家族是一个复杂的大杂烩，随着基因不断被测序，人们对它们之间进化上的亲缘关系的认识不断转变。2010 年，尼克·莱恩（Nick Lane）与比尔·马丁（Bill Martin）在 Nature 发表文章指出，细胞要变得更复杂，就需要更大的基因组，但是大的基因组不是想要就有的，需要消耗大量的能量，但能量也不是想要就有的，由此推断，原核生物之所以保持原状，是因为它们无法接受所有真核生物高耗能的生存方式。近年来，对基因组和蛋白质组的深入研究发现，生物间普遍存在"基因水平转移（基因横向转移）"。这种转移能跨越种间隔离，在亲缘关系或远或近的生物体间均可以转移遗传信息。可见，随着科学的不断发展，"三域理论"也会面临更加巨大的挑战。美国加州大学基因中心和文特尔研究所对海洋水样本中的 DNA 序列分析发现，地球上可能存在着三域之外的生物。

五、微生物学概念及其分支学科

（一）微生物学的概念

微生物学（microbiology）是研究微生物在一定条件下的形态结构、生理生化、遗传变异以及进化、分类、生态等生命活动规律及其应用的一门学科。其根本任务是发掘、利用、改善和保护有益微生物，控制、消灭和改造有害微生物。

（二）微生物学的分支学科

随着微生物学的不断发展，已形成了基础微生物学和应用微生物学两大类。

1. 基础微生物学

基础微生物学是研究微生物的基本生命活动规律的科学。

（1）按研究对象，基础微生物学又可以分为细菌学、真菌学、病毒学、菌物学、藻类学和原生动物学等。

（2）按生物学功能，基础微生物学又可以分为微生物生理学、微生物生态学、微生物遗传学、分子微生物学和细胞微生物学等。

2. 应用微生物学

应用微生物学是研究微生物在各学科领域中应用的科学。

（1）按生态环境，应用微生物学可以分为土壤微生物学、海洋微生物学、环境微生物学、水微生物学和宇宙微生物学等。

（2）按技术与工艺，应用微生物学可以分为分析微生物学、微生物技术学和发酵微生物学等。

（3）按应用范围，应用微生物学又可以分为工业微生物学、农业微生物学、医学微生物学、药学微生物学、食品微生物学和预防微生物学等。

随着微生物学的不断发展，还可能产生更多交叉学科和边缘学科。

六、微生物学发展简史

人类在长期的生产实践中利用微生物，认识微生物，研究微生物，改造微生物，使微生物学的研究工作日益得到深入和发展。微生物学的发展过程一般可分为五个时期：史前期、初创期、奠基期、发展期和成熟期（表0-1）。

表0-1　　　　　　　　　　微生物学的发展简史

发展阶段	时间	特点	代表人物
史前期	约8000年前—1676年	已有利用微生物进行生产实践的经验，但未发现微生物的存在	各国劳动人民
初创期	1676—1861年	发现微生物的存在，对一些微生物进行形态描述	安东尼·列文虎克（Antony van Leeuwenhoek）
奠基期	1861—1897年	开创了寻找病原菌的黄金时期，从形态描述发展到生理学研究	路易·巴斯德（Louis Pasteur）、罗伯特·科赫（Robert Koch）

续表

发展阶段	时间	特点	代表人物
发展期	1897—1953 年	开创了微生物生化研究的新阶段；普通微生物学开始形成	爱德华·毕希纳（Eduard Buchner）
成熟期	1953 年至今	微生物研究进入分子生物学水平，微生物学的基础理论和实验技术推动了生命科学领域巨大发展	詹姆斯·沃森（James Watson）、弗朗西斯·克里克（Francis Crick）

（一）史前期

人类在没有真正看到微生物个体之前，虽然还不知道有微生物存在，但是在生产实践和日常生活中已经开始利用微生物，并且积累了丰富的经验。利用得最早、最多的领域是食品和酿造行业。在这方面，我国古代劳动人民尤为突出，做出了重大的贡献。远在 4000 多年以前的龙山文化时期，我国劳动人民就会利用微生物酿酒。公元前 5 世纪，我国劳动人民最早利用微生物生产酱油、食醋和腐乳等发酵调味品。春秋战国时期，这些发酵调味品已经成为当时较受人们欢迎的食品。史前期的特点是人们已有利用微生物进行生产实践的经验，但尚未发现微生物的存在。

（二）初创期

17 世纪末，资本主义开始发展。由于航海业的需要，促进了光学技术的研究，使显微镜的制造有了可能。荷兰人安东尼·列文虎克当过布店学徒，做过市府看门人。他没有受过正规教育，但对自然科学具有浓厚的兴趣，特别爱好利用业余时间磨制透镜，终于做成了能放大 50~300 倍的显微镜。他利用自制的显微镜，观察雨水、牙垢、腐败物、血液等，于 1675 年第一次观察到原生动物，1683 年又发现细菌。他把这些微小生物称为"微动体"，并描绘成图，于 1695 年发表了《安东尼·列文虎克所发现的自然界的秘密》的论文（图 0-1）。从此以后的一百多年时间内，各国科学家纷纷寻找各种微生物，描述它们的形态，有的也做了简单的分类。

(1)安东尼·列文虎克(1632—1723年)

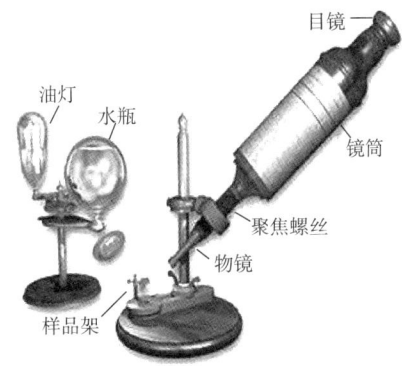
(2)安东尼·列文虎克自制的单式显微镜

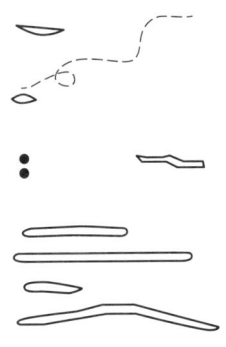
(3)安东尼·列文虎克观察到的各种口腔细菌

图 0-1　安东尼·列文虎克及其自制的单式显微镜

(三)奠基期

在这个时期,对微生物学发展做出最大贡献的是法国的路易·巴斯德和德国的罗伯特·科赫。路易·巴斯德在大学里专攻化学,是位化学家。后来由于生产发展的需要,转向研究微生物,直至把自己的一生都献给了微生物研究事业,成了著名的微生物学家,被称为"微生物学的奠基人"。他对人类的贡献主要表现在以下几个方面:

(1)通过曲颈瓶试验否定了生命"自然发生说" 曲颈瓶试验是这样的(图0-2):将盛有有机物汁液的瓶子的瓶颈加热弯曲,形成一个弯曲的长管,能与外界空气直接接触,然后对瓶子进行加热灭菌。管口与瓶口都不加盖任何物品,置于空气中。结果发现瓶中长时间都没有微生物出现。当将瓶子倾斜,瓶中的液体与弯曲的长管管口接触后,瓶中出现了大量的微生物。前一种情况之所以能保持无菌状态,是由于空气中尘埃颗粒不能通过弯曲长管而落入瓶中。这样,长期争论不休的生命"自然发生说"即得到了彻底的否定。

(1)路易·巴斯德(1822—1895年)

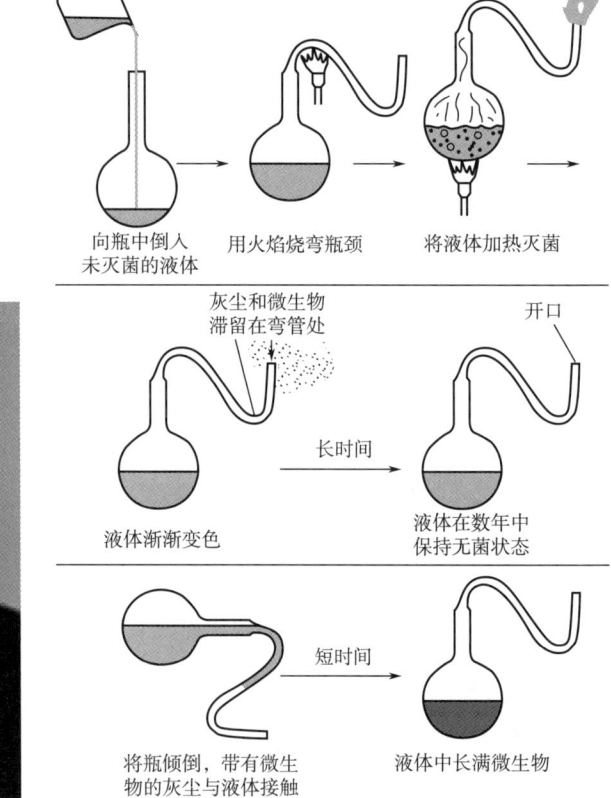
(2)曲颈瓶试验

图0-2 微生物学的奠基人——路易·巴斯德及其曲颈瓶试验

(2)首次提出发酵是微生物的代谢活动引起的,并提出了巴斯德效应。

(3)创造了一些微生物学实验方法 例如,一直沿用至今的著名的"巴氏杀菌法",就是由巴斯德在解决啤酒变酸问题时创造的。此法直至现在仍广泛应用于酒、醋、酱油、牛乳、果汁等食品的杀菌。

（4）创建免疫学　巴斯德发现将病原菌减毒可诱发免疫性，并首次制成狂犬疫苗，为人类的防病、治病做出了重大贡献。

继巴斯德之后，德国的罗伯特·科赫对微生物学的研究也做出了卓越的贡献。他本是乡村医生，由于对巴斯德关于传染病是由微生物所引起的学说颇感兴趣，开始了对微生物的探索。他在微生物学领域中做出了巨大的贡献，获得了丰硕成果，被人们称为"细菌学之父"（图0-3）。他的主要贡献表现在以下几个方面。

（1）发明了固体培养基　由于细菌种类很多，形态各异，常常混杂在一起，给研究工作带来许多不便。罗伯特·科赫在厨房中，

图0-3　罗伯特·科赫（1843—1910年）

无意中发现马铃薯的不同地方能长出不同颜色的微生物，并从中得到启发，发明了固体培养基。经过他不断改进，不仅找到了比较理想的凝固剂——琼脂，而且设计出了制作平板用的玻璃培养皿。

（2）创造了细菌染色方法　细菌个体微小且透明，在显微镜下不易观察。科赫使用苯胺染料，给菌体染色，使其与视野形成明显的色差，这样便于观察。他也是第一个给细菌鞭毛染上颜色的人。

（3）发现了许多病原菌　他先后对多种疾病进行研究，找到了它们的病原菌，如炭疽杆菌（*Bacillus anthracis*）、结核分枝杆菌（*Mycobacterium tuberculosis*）、霍乱弧菌（*Vibrio cholerae*）等。

（4）提出了证明某种特定细菌是某种特定疾病的病原菌的"科赫法则（Koch's postulates）"。

这时期的特点是开创了寻找病原菌的黄金时期，对微生物的研究从形态描述发展到生理学研究的新水平。

（四）发展期

代表性的人物和事件：德国的爱德华·毕希纳（Eduard Buchner，图0-4）于1897年发现酵母菌的无细胞匀浆即可将蔗糖转化为酒精，并进行葡萄糖酒精发酵实验，获得成功。从此微生物学进入了生化研究阶段。

这个时期的特点是对微生物体的研究由生理研究进入到生化研究阶段，普通微生物作为独立的学科形成。

（五）成熟期

代表性人物及事件：1953年美国生物学家詹姆斯·沃森（J. D. Watson）和英国物理学家弗朗西斯·克里克（F. Crick）提出DNA分子双螺旋结构模型及半保留复制学说，使生物学的研究进入到分子生物学阶段。

这个时期，微生物学的研究已进入分子生物学新阶段，微生物学的基础理论和其独特的

实验技术推动了生命科学各领域的飞速发展。

七、食品微生物学的概念及研究内容

(一) 食品微生物学的概念

食品微生物学 (food microbiology) 是微生物学的分支学科,是研究与食品有关的微生物的特性、微生物与食品的相互关系及其生态条件的科学。

(二) 食品微生物学的研究内容

食品微生物学涉及病毒、细菌和真菌等多种微生物,除研究这些微生物的一般生物学特性外,还探讨它们与食品有关的特性。概括起来可包括以下三个方面。

图 0-4 爱德华·毕希纳 (1860—1917 年)

1. 食品生产和开发中有益微生物的研究与应用

微生物用于食品工业已有悠久的历史。利用微生物发酵作用制取的食品即发酵食品,已成为食品工业中的重要分支。食醋、酱油、啤酒、泡菜、面包等传统发酵食品均已在人们的生活中占有重要地位。微生物在食品中的应用主要有以下三种方式。

(1) 微生物菌体的应用　乳酸菌 (lactic acid bacteria, LAB) 可引起蔬菜、乳类及其他多种食品的发酵,人们在食用酸牛乳和酸泡菜时也食用了大量的乳酸菌。单细胞蛋白 (single cell protein, SCP) 就是从微生物体中获得的蛋白质,也是人们对微生物菌体的利用。

(2) 微生物代谢产物的应用　酒类、食醋、氨基酸、有机酸、维生素等,这些物质都是微生物生命活动中的代谢产物。

(3) 微生物酶的应用　豆腐乳、酱油等食品是利用微生物产生的酶将原料分解制成的具有独特风味的食品。近年来酶制剂工业飞速发展,利用微生物生产食品用酶已受到广泛关注。细菌、酵母菌、霉菌、放线菌等微生物都可用于生产酶,如利用枯草杆菌 (*Bacillus subtilis*) 能分泌液化型淀粉酶;利用根霉 (*Rhizopus*)、黑曲霉 (*Aspergillus niger*) 能产生糖化型淀粉酶。淀粉酶可用于麦芽糖、酒等食品的生产,使其质量更优。

2. 控制有害微生物,防止食品发生腐败变质

微生物几乎存在于自然界的一切角落,食品在常温下放置,很快就会受到微生物污染和侵袭。引起食品腐败变质的微生物有细菌、酵母菌和霉菌等,它们在生长和繁殖过程中会产生各种酶类物质,破坏细胞壁而进入细胞内部,使食品中的营养物质分解,食品质量降低,进而使食品发生变质和腐烂。有些微生物甚至可能产生毒素,造成食物中毒,给人们身体健康造成极大影响。因此,控制有害微生物从而防止食品发生腐败变质,也是食品微生物的重要研究内容。

3. 研究检测食品中微生物的方法,制定食品中微生物的指标,为判断食品的卫生质量提供科学依据

科学合理的食品微生物检验方法是食品质量管理必不可少的重要组成部分,贯彻"预防为主"的方针,可以有效地防止或者减少微生物引起的食源性疾病的发生,保障人民的身体

健康。通过科学的食品微生物检验方法，可以判断食品加工环境及食品卫生情况，能够对食品被微生物污染的程度做出正确的评价，为各项卫生管理工作提供科学依据。

八、食品微生物学的发展过程

（一）食品微生物学发展简史

早在远古时期，人类的祖先就已经意识到了食物的腐烂和食源性疾病。大约在公元前6000年，人类已经掌握了酿酒和食品保藏技术，食品贮藏有很多方法，如干燥、烘焙、烟熏、腌制、低温贮藏（冰中）、隔绝空气贮藏（地窖中）等，并且这些技术千百年来还一直在沿用。公元前3000年左右，埃及人就能利用微生物发酵生产酸牛乳和乳酪。公元前1500年，中国人和巴比伦人能够制作香肠。我国是具有5000多年文明史的古国，是对微生物的认识和利用最早的几个国家之一，特别是在制酒、酱油、醋等微生物产品方面做出了卓越的贡献。

自从17世纪70年代列文虎克发现微生物后，广大学者开始有目的地研究微生物与食物腐败、发酵以及食源性疾病的关系。1857年巴斯德证明乳酸发酵是微生物引起的。此后又有许多学者从事了相关的研究，这为早期的食品微生物学奠定了基础。随着微生物学的发展，食品微生物也经历了形态学时期、生理生化时期和现代食品微生物学发展时期。在世界各国学者的共同努力下，食品微生物学取得了长足的进步。

（二）食品微生物学发展大事记（表0-2）

表0-2　　食品微生物学发展大事记

时间	重大事件
1680年	列文虎克发现了酵母细胞
1782年	瑞典化学家开始使用罐藏的醋
1813年	Donkin、Hall和Gamble对罐藏食品采用后续工艺保温技术，认为可使用SO_2作为肉的防腐剂
1839年	基歇尔研究发黏的甜菜汁，发现了可在蔗糖液中生长并使其发黏的微生物
1843年	I. Winslow首次使用蒸汽杀菌
1853年	R. Chevallier-Appert的食品高压灭菌技术获得专利
1857年	巴斯德证明乳酸发酵是微生物引起的
1861年	巴斯德用曲颈瓶实验证明微生物非自然发生，推翻了"自然发生说"
1864年	巴斯德建立了"巴氏杀菌法"
1873年	李斯特（Lister）第一个在纯培养中分离出乳酸乳球菌（*Lactococcus lactis*）
1876年	发现腐败物质中的细菌可以从空气或容器中检测到
1878年	首次对糖的黏液进行微生物学研究，并从中分离出肠膜明串珠菌（*Leuconostoc mesenteroides*）

续表

时间	重大事件
1880 年	在德国开始对乳进行巴氏杀菌
1881 年	科赫等首创明胶固体培养基分离细菌
1882 年	Krukowisch 首次提出臭氧对腐败菌具有毁灭性作用
1888 年	Miguel 首先研究嗜热细菌,Gaertner 首先从致 57 人食物中毒的肉食中分离出肠炎沙门菌(*Salmonella enteritidis*)
1890 年	美国对牛乳采用工业化巴氏杀菌工艺
1894 年	Russell 首次对罐藏食品进行细菌学研究
1895 年	荷兰的 Von Geuns 首先进行了牛乳中细菌的计数工作
1896 年	VanRemenegem 首先发现了肉毒梭菌(*Clostridium botulinum*)
1897 年	毕希纳用无细胞存在的酵母菌抽提液对葡萄糖进行酒精发酵成功
1902 年	提出嗜冷菌概念
1906 年	确认了蜡样芽孢杆菌(*Bacillus cereus*)食物中毒
1907 年	梅契尼柯夫(E. Metchnikoff)及其合作者分离并命名了保加利亚乳杆菌(现称德氏乳杆菌保加利亚亚种)(*Lactobacillus bulgaricus*);B. T. P. Barker 提出苹果酒生产中醋酸菌的作用
1908 年	美国官方批准苯甲酸钠作为某些食品的防腐剂
1915 年	B. W. Hammer 从凝固牛乳中分离出凝结芽孢杆菌(*Bacillus coagulans*)
1917 年	P. J. Donk 从变质的玉米中分离出嗜热脂肪芽孢杆菌(*Bacillus stearothermophilus*)
1920 年	Bigelow 和 Esty 发表了关于芽孢在 100℃耐热性系统研究
1922 年	Esty 和 Meyer 提出肉毒梭菌的芽孢在磷酸缓冲液中的 Z 值为 18°F
1926 年	Linder,Turner 和 Thom 报告了首例链球菌(*Streptococcus*)引起的食物中毒
1938 年	发现弯曲菌(*Campylobacter*)肠炎爆发的原因是变质的牛乳
1943 年	美国的 B. E. Procter 首次采用离子辐射保存汉堡肉
1945 年	Mcclung 首次证实食物中毒中产气荚膜梭菌(*Clostridium perfringens*)的病原机制
1951 年	日本的 T. Fujino 提出副溶血性弧菌(*Vibrio parahemolyticus*)是引起食物中毒的原因
1954 年	乳酸链球菌肽在乳酪加工中控制梭状芽孢杆菌腐败的技术在英国获专利
1955 年	山梨酸在日本被批准为食品添加剂
1960 年	Moller 和 Scheible 鉴定出 F 型肉毒梭菌;首次报告黄曲霉(*Aspergillus flavus*)产生黄曲霉毒素

续表

时间	重大事件
1969 年	确定产气梭状芽孢杆菌的肠毒素
1971 年	美国马里拉州首次爆发食品介导的副溶血弧菌性胃肠炎，第一次爆发食物传播的大肠杆菌（*Escherichia coli*）性胃肠炎
1973 年	Ames 建立细菌测定法检测致癌物
1975 年	L. R. Koupal 和 R. H. Deible 证实沙门菌肠毒素
1978 年	澳大利亚首次报告诺如病毒引起食物传播的胃肠炎
1981 年	美国暴发了食物传播的李斯特菌（*Listeria*）病
1982~1983 年	美国首次暴发了食物介导的出血性结肠炎
1985 年	英国发现了第一例"疯牛病"
1988 年	在美国，乳酸链球菌被列为"一般公认安全（generally regarded as safe，GRAS）"
1990 年	在美国对海鲜强制实施危害分析与关键控制点（hazard analysis and critical control point，HACCP）体系
1995 年	英国已证实有 10 万~15 万头"疯牛病"病例，并且已蔓延到欧洲其他国家以及日本
1996 年	酵母基因组测序完成
1997 年	大肠杆菌基因组测序完成
1999 年	超高压技术在美国肉制品中的商业化应用 美国的食品法典委员会提出"致病菌-食品"的组合控制危险食品模式
2000 年	发现霍乱弧菌（*Vibrio cholerae*）有两个独立的染色体
2001 年	获得第一例乳酸菌的全基因组 FAO/WHO 联合专家委员会提出"益生菌"的科学定义
2003 年	美、英两国宣布建立食品微生物学信息数据库
2005 年	Barry J. Marshall 和 Robin J. Warren 发现幽门螺杆菌（*Helicobacter pylori*）是引起胃炎和胃溃疡的病原体
2006 年	公开 11 种乳酸菌及其相关细菌的比较基因组数据
2007 年	美国国立卫生研究院（National Institutes of Health，NIH）正式启动"人类微生物组计划（Human Microbiome Project）"
2008 年	我国补充修订完成食品微生物检验方法标准
2009 年	我国颁布《中华人民共和国食品安全法》

续表

时间	重大事件
2012 年	建立双抗夹心法 ELLSA 检测肠出血性大肠杆菌；美国科学家从沙门菌中识别出一组可以触发免疫反应的抗原分子，为沙门菌疫苗的研究提供了基础；Pandey 证明真菌不能从母体转移到婴儿体内
2013 年	新西兰恒天然公司的部分浓缩乳清蛋白粉检出肉毒梭状芽孢杆菌
2016 年	GB 4789.1—2016《食品安全国家标准 食品微生物学检验 总则》修改后发布最新版本
2018 年	*Cell* 上有两项研究对益生菌的使用提出了质疑；*Science* 上发表肠道细菌垂直传播的直接证据；*Nature* 指出母乳喂养与婴幼儿菌群结构相关度最高；*Nature Medicine* 指出喂养方式不同，菌群不同、功能也不同
2019 年	中国发布《益生菌科学共识（2019 版）》

资料来源：何国庆，贾英民，2009.

习 题

一、填空题

1. 微生物的命名采用（　　）名和（　　）名的双名制法则。
2. 微生物的主要特点为（　　）、（　　）、（　　）、（　　）、（　　）。
3. 每一种微生物的学名都依属而命名，属名在前，用（　　）文的（　　）词来表示，种名在后，用（　　）词表示。

二、名词解释

1. subspecies　2. 双名法　3. 微生物

三、问答题

1. 何为"三域学说"，"三域学说"提出的依据是什么？
2. 古生菌与真细菌有何不同？
3. 微生物学的发展经历了哪几个时期？各个时期的代表人物和事件有哪些？
4. 什么是食品微生物学？食品微生物学的研究任务有哪些？
5. 试述食品微生物学的发展趋势。

第一章 原核微生物

CHAPTER 1

[学习目的与要求]

1. 掌握细菌和放线菌的细胞形态结构及其生理功能。
2. 掌握细菌的生物学特性及其在食品制造中的应用。
3. 掌握食物中毒和细菌性食物中毒的概念及常见的类群。

[学习重点与难点]

1. 重点是细菌的形态结构。
2. 难点是细菌在食品加工中的作用原理。

原核生物（prokaryote）是指一大类细胞核无核膜包裹，只有称作拟核的裸露DNA的原始单细胞生物，包括真细菌和古生菌两大类群。细菌、放线菌、蓝细菌、支原体、衣原体、立克次氏体等都属于真细菌。原核微生物的细胞结构如图1-1所示。

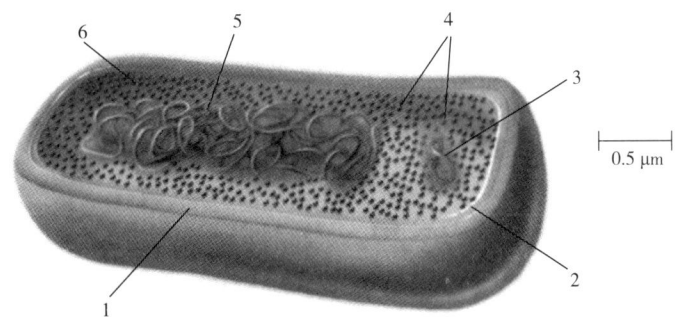

图1-1 原核微生物细胞的内部结构

1—细胞壁 2—细胞质膜 3—质粒 4—核糖体 5—拟核 6—细胞质

（资料来源：Madigan et al.，2006）

原核生物与真核生物的区别主要表现在以下方面。

（1）原核生物的遗传物质主要是以双螺旋 DNA 构成的一条染色体，仅形成一个核区，没有核膜包围，无核仁，称为原核（nucleoid）或拟核，无组蛋白与之结合。真核生物的遗传物质是以双螺旋 DNA 构成一条或一条以上的染色体群，形成一个真核，有核膜包围，膜上有孔，有核仁，明显有别于周围的细胞质，并有组蛋白与之结合。此外，线粒体、叶绿体携带有自己的 DNA，可自主复制。

（2）原核生物细胞的细胞质由细胞膜包围，并有细胞膜大量褶皱内陷形成内膜结构，不含其他分化明显的细胞器。真核生物细胞同样由细胞膜包围，但不向内凹陷，内含多种细胞器，如主要进行呼吸能量代谢的线粒体和光合作用的叶绿体等。

（3）原核生物和真核生物细胞的蛋白质合成都是在核糖体上进行，但大小不同，原核生物核糖体的沉降系数为 70S，而真核生物核糖体的沉降系数为 80S，其细胞器的核糖体也为 70S。而且，它们各自的亚单位构成也不一样，原核生物的核糖体由 50S 和 30S 的两个亚单位构成，真核生物的核糖体由 60S 和 40S 两个亚单位构成，且各亚单位在构成上也有区别。

原核微生物种类繁多，分布广泛，与工农业生产、人类健康密切相关。如在发酵工业中，氨基酸、核苷酸、酶制剂的生产都离不开细菌，黄单胞菌（*Xanthomonas*）发酵生产的黄原胶和少动鞘脂单胞菌（*Sphingomonas paucimobilis*）发酵生产的结冷胶可作为优良的食品增稠剂和凝固剂。

第一节 细 菌

狭义的细菌（bacterium）是指一类结构简单、细胞壁坚韧、主要以二分裂方式繁殖和水生性较强的单细胞原核微生物。广义的细菌则是指除古生菌以外其他的所有原核微生物。细菌一般喜欢生活在温暖潮湿、近中性、富含有机物的地方。大量细菌生长后往往会产生特殊的臭味或酸败味。在实验室中常用牛肉膏蛋白胨培养基培养细菌。细菌与食品工业的关系非常密切，乳酸菌、醋酸菌等是食品发酵中常用的菌种；假单胞菌（*Pseudomonas*）、无色杆菌（*Achromobacter*）、黄杆菌（*Flavobacterium*）及芽孢杆菌（*Bacillus*）等经常会引起各类食品的腐败变质；沙门菌（*Salmonella*）、志贺菌（*Shigella*）、致病性大肠杆菌（pathogenic *Escherichia coli*）、肉毒梭菌（*Clostridium botulinum*）等污染食品后，还会引起食物中毒。

一、细菌的形态、大小和排列

细菌的个体形态要借助于光学显微镜才能观察到。细菌的基本形态可分为球状、杆状和螺旋状三种，分别被称为球菌（coccus）、杆菌（bacillus）和螺旋菌（spirilla）。

球菌呈球形或近球形。球菌分裂后产生的新细胞常保持一定的排列方式，在分类鉴定上有重要意义。根据球菌细胞分裂方向和分裂后的排列方式，又可分为单球菌、双球菌、链球菌、四联球菌、八叠球菌和葡萄球菌。

杆菌呈杆状或圆柱形。各种杆菌在长度和宽度比例上差异很大，有的粗短，有的细长。短杆菌近似球状，长的杆菌近丝状。有的杆菌菌体两端平齐，如炭疽芽孢杆菌（*Bacillus an-*

thracis); 有的两端钝圆, 如维氏固氮菌 (*Azotobacter vinelandii*), 有的两端削尖, 如梭杆菌属 (*Fusobacterium*)。杆菌细胞常沿一个平面分裂, 大多数菌体分散存在, 但有的杆菌呈长短不一的链状, 有的呈栅状或"八"字形排列。

螺旋菌细胞弯曲呈弧状或螺旋状。弯曲不足一圈的称为弧菌 (vibrio), 如霍乱弧菌 (*Vibrio cholerae*)。弯曲度大于一周的称为螺菌 (spirillum)。螺菌的螺旋周数和螺距大小因种而异。有些螺菌的菌体僵硬, 借鞭毛运动, 如迂回螺菌 (*Spirillum volutans*); 有些螺菌的菌体柔软, 螺旋的圈数多 (通常超过6环), 通过轴丝收缩运动, 称为螺旋体 (spirochaeta), 如梅毒密螺旋体 (*Treponema pallidum*)。

细菌除上述三种基本形态外, 还有其他形态, 如柄杆菌属 (*Caulobacter*), 细胞呈杆状、梭形或类弧状并具有一根特征性的细柄, 可附着于基质上; 又如球衣菌属 (*Sphaerotilus*), 能形成衣鞘 (sheath), 杆状的细胞呈链状排列在衣鞘内而成为丝状体; 此外还有呈星状、正方形的细菌等 (图1-2)。

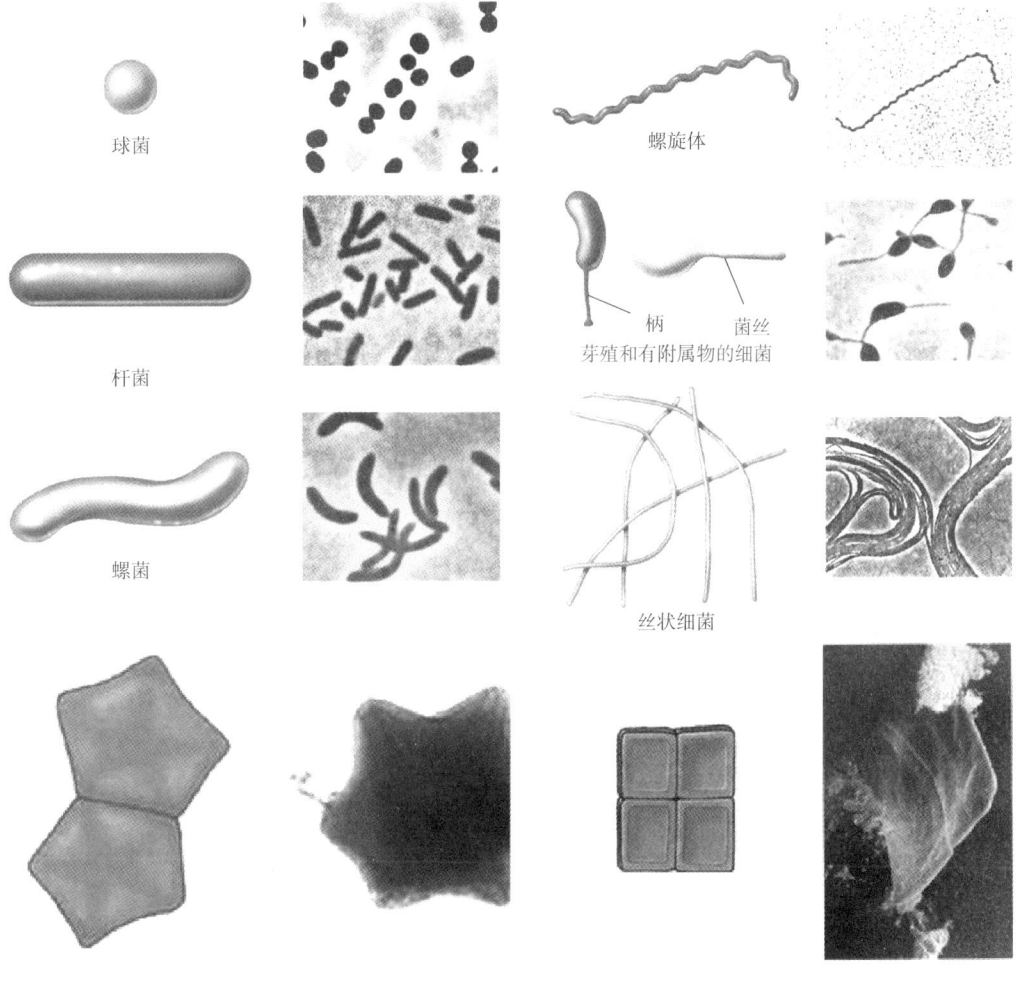

图1-2 各种细菌的形态

(资料来源: Madigan et al., 2006)

细菌的大小可以利用测微尺在显微镜下进行测量。表示细菌大小的常用单位是微米（μm）。球菌大小以其直径表示，多为0.5~1μm。杆菌和螺旋菌以其宽度与长度表示，杆菌的宽度一般为0.5~1μm，长度为宽度的一倍或几倍。螺旋菌的长度是菌体两端点间的距离，而不是真正的长度，它的真正长度应按其螺旋的直径和周数来计算。

细菌细胞的大小随种类不同变化很大，从直径<0.2μm，到直径>50μm（表1-1）。如费氏刺骨鱼菌（*Epulopiscium fishelsoni*），细胞宽度可达80μm，长度为0.6mm。目前已知的最大的原核生物是纳米比亚嗜硫珠菌（*Thiomargarita namibiensis*），细胞呈球状，直径为0.32~1.00mm（图1-3）。

表1-1　　　　　　　　　　　细菌的大小

菌名	直径或宽×长度/μm
乳链球菌（*Streptococcus lactis*）	0.5~1
金黄色葡萄球菌（*Staphylococcus aureus*）	0.8~1
最大八叠球菌（*Sarcina maxima*）	4~4.5
大肠杆菌	(0.5×1)~3
枯草杆菌（*B. subtilis*）	(0.8~1.2)×(1.2~3)
霍乱弧菌	(0.3~0.6)×(1~3)
迂回螺菌	(1.5~2)×(10~20)
贝日阿托氏菌（*Beggiatoa*）	50×160
费氏刺骨鱼菌	80×600
纳米比亚嗜硫珠菌	750

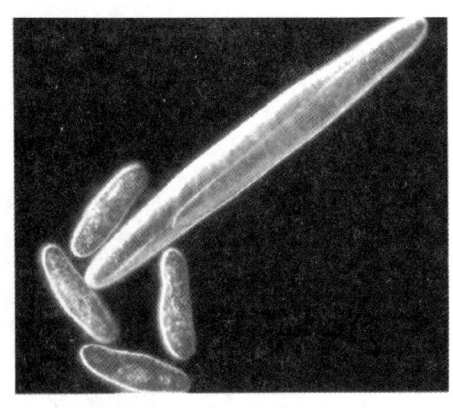
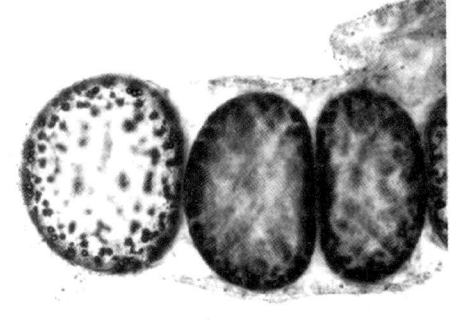

(1)费氏刺骨鱼菌　　　　　　　　(2)纳米比亚嗜硫珠菌

图1-3　费氏刺骨鱼菌和纳米比亚嗜硫珠菌

（资料来源：Madigan et al.，2006）

细菌的形态、大小受培养基成分、浓度、培养温度和时间等多种因素的影响。一般生长条件适宜时，处于幼龄阶段或对数期的细菌形态正常、整齐，表现出菌种特定的形态和大小。在较老的培养物中，或不正常生长的条件下，细胞常出现异常形态和大小。如巴氏醋酸杆菌（*Acetobacter pasteurianus*），在高温下可以由短杆状转变为纺锤形、丝状或链状。

二、细菌的构造及其功能

典型的细菌细胞构造可分为两部分：一是基本构造，包括细胞壁、细胞质膜、细胞质和拟核，为所有细菌细胞所共有；二是特殊构造，如荚膜、鞭毛、菌毛和芽孢等，这些结构只在某些细菌种类中发现，具有某些特定生理功能。

（一）细菌细胞的基本构造

1. 细胞壁

细胞壁（cell wall）是包围在细胞表面，内侧紧贴细胞膜的一层较为坚韧、略具弹性的结构，占细胞干重的 10%～25%。

细胞壁具有固定细胞外形和保护细胞的功能。失去细胞壁后，各种形态的细菌都变成球形。细胞壁的化学组成也使细菌具有一定的抗原性、致病性以及对噬菌体和某些抗生素的敏感性。有鞭毛的细菌失去细胞壁后，仍可保持有鞭毛，但不能运动，可见细胞壁的存在为鞭毛运动提供了力学支点，是鞭毛运动所必需的。细胞壁是多孔性的，可允许水及一些化学物质通过，但对大分子物质有阻挡作用。

1884 年丹麦医生 Christian Gram 发明了一种细菌染色法——革兰染色（Gram staining）。这种染色方法的基本步骤为：在一个已固定的细菌涂片上先用结晶紫染色，再加媒染剂碘液染色，然后用 95% 的乙醇脱色，最后用复染液番红染色。显微镜下，细菌菌体由于染色后呈现两种颜色，而被分为革兰阳性菌和革兰阴性菌两种。呈红色者为革兰染色阴性细菌（常以 G^- 表示），呈深紫色者称为革兰染色阳性细菌（常以 G^+ 表示）。这两大类细菌在细胞结构、成分、形态、生理、生化、遗传、免疫、生态和药物敏感性等方面都呈现出明显差异，因此革兰染色有着十分重要的理论与实践意义。

通过电镜观察以及细胞壁化学结构的分析表明，革兰阳性细菌与革兰阴性细菌的细胞壁在结构和化学组分上有显著的差异，见图 1-4。

（1）革兰阳性细菌的细胞壁　G^+ 细菌的细胞壁较厚（20～80nm），由几层至二十几层肽聚糖堆叠组成。一般含 60%～95% 的肽聚糖（peptidoglycan）和 10%～30% 的磷壁酸（teichoic acid），磷壁酸是 G^+ 细菌细胞壁特有的成分。

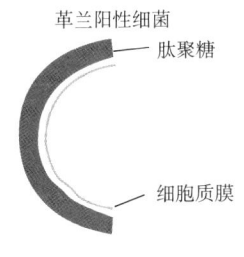

(1)革兰阳性细菌细胞壁模型

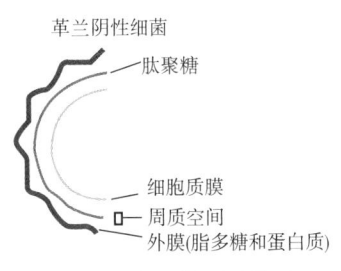

(2)革兰阴性细菌细胞壁模型

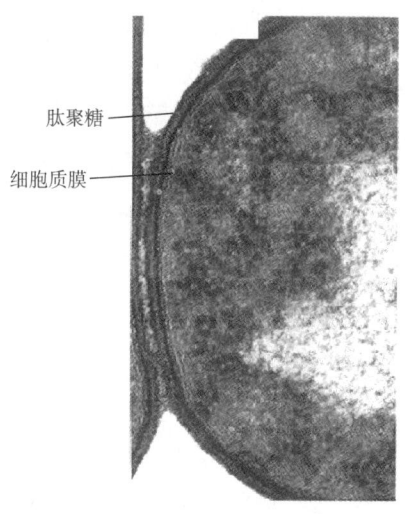
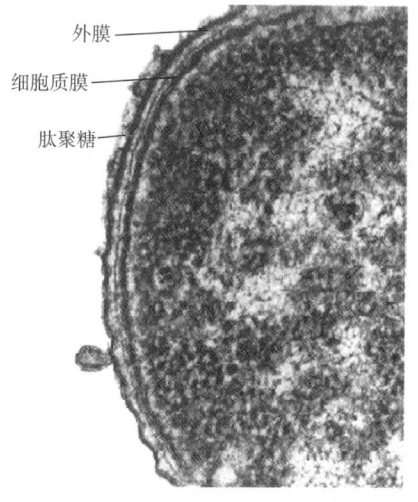

(3) 革兰阳性细菌细胞壁电镜照片　　(4) 革兰阴性细菌细胞壁电镜照片

图 1-4　革兰阴性细菌与革兰阳性细菌细胞壁比较图

(资料来源：Madigan et al.，2006)

肽聚糖是除古生菌外，原核生物细胞壁的共有组分。肽聚糖是由若干肽聚糖单体聚合而成的多层网状结构大分子化合物（图 1-5）。革兰阳性菌的肽聚糖单体含有四种组分：N-乙酰葡萄糖胺（N-acetylgluco samine，NAG）、N-乙酰胞壁酸（N-acetylmuramic acid，NAM）、四肽尾和肽桥。N-乙酰葡萄糖胺与 N-乙酰胞壁酸交替排列，通过 β-1,4 糖苷键连接成聚糖链骨架。四肽尾通过一个酰胺键与 N-乙酰胞壁酸相连。

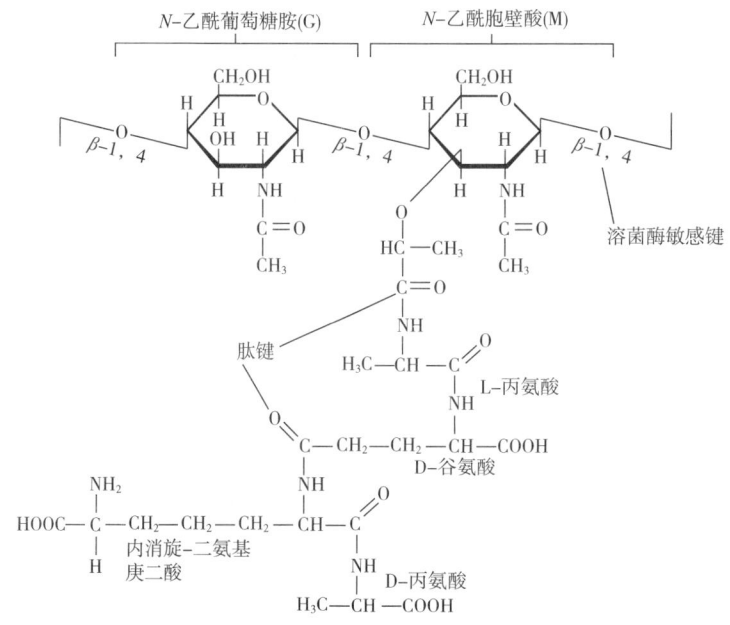

图 1-5　革兰阴性细菌肽聚糖的化学组成和一级结构

(资料来源：Madigan et al.，2006)

肽聚糖单体聚合成肽聚糖大分子时，主要是两条不同聚糖链骨架上与 N-乙酰胞壁酸相连的两条相邻四肽尾间的相互交联（图1-6）。不同种类细菌的肽聚糖骨架基本是相同的，不同的是四肽尾氨基酸的组成以及两条四肽尾间的交联方式。四肽尾由4个交替连接的L型和D型氨基酸组成，1位常见的氨基酸是L-丙氨酸，2位是D-谷氨酸，3位氨基酸可以是L-赖氨酸或内消旋的二氨基庚二酸（meso-diaminopimelic acid，meso-DAP），4位是D-丙氨酸。某些细菌中四肽尾2位的D-谷氨酸可发生羟基化，在其他种类中还存在1位和3位氨基酸的替换。肽桥的变化很多，四肽尾中的氨基酸可出现在肽桥中，甘氨酸、苏氨酸、丝氨酸和天冬氨酸等多种其他氨基酸也在肽桥中出现。革兰阳性菌（以金黄色葡萄球菌为例）的四肽尾是L-丙氨酸→D-谷氨酸→L-赖氨酸→D-丙氨酸，两条四肽尾间通过五聚甘氨酸肽桥交联；肽桥的一头连接3位L-赖氨酸的 ε-氨基，另一头连接着另一条四肽链的4位D-丙氨酸的羧基，交联度高，从而形成了紧密编织、质地坚硬和机械性强度很大的多层三维空间网格结构。

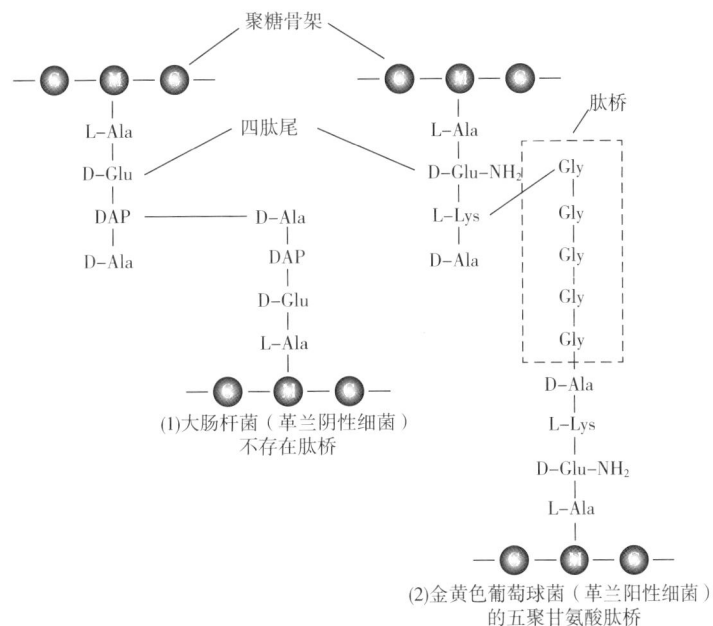

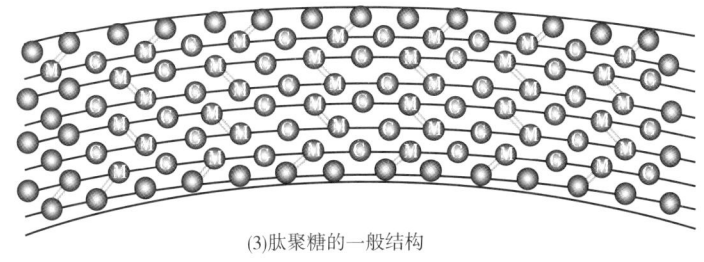

图1-6　四肽尾、肽桥和聚糖骨架连接模式图

G—N-乙酰葡萄糖胺　　M—N-乙酰胞壁酸

（资料来源：Madigan et al.，2006）

磷壁酸是大多数革兰阳性菌细胞壁组分，有两种类型：甘油型磷壁酸和核糖醇型磷壁酸（图 1-7）。与肽聚糖分子共价结合的磷壁酸称为壁磷壁酸，跨肽聚糖层与细胞膜的脂质层共价结合的磷壁酸称为膜磷壁酸。甘油型磷壁酸是由许多分子的甘油通过磷酸二酯键联结起来的分子；核糖醇型磷壁酸是由若干分子的核糖醇通过磷酸二酯键联结而成的分子。一般认为磷壁酸因含有大量带负电性的磷酸，因而加强了细胞膜对二价离子的吸附，尤其是镁离子。高浓度的镁离子有利于维持细胞膜的完整性、提高细胞壁合成酶的活性。磷壁酸是 G^+ 细菌表面抗原（C 抗原）的主要成分，也是噬菌体吸附的受体位点。

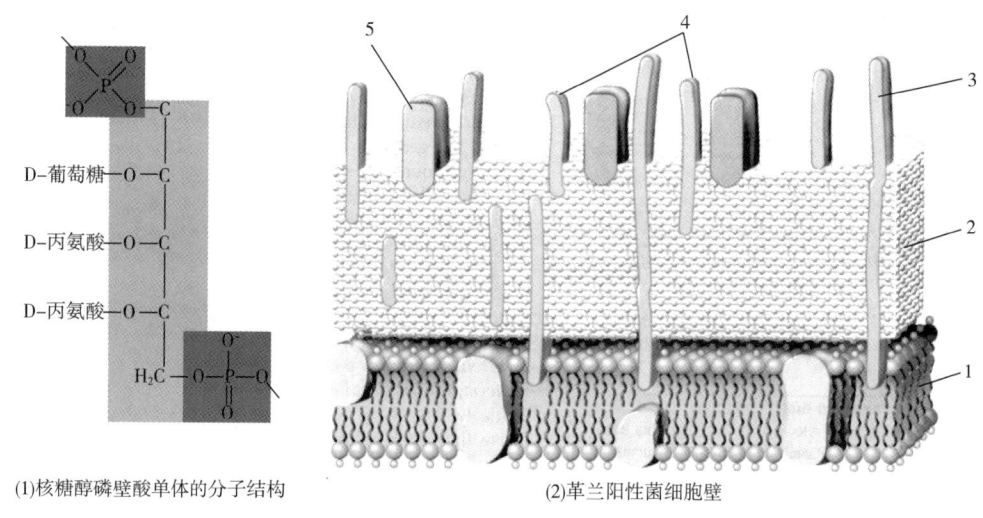

(1) 核糖醇磷壁酸单体的分子结构　　(2) 革兰阳性菌细胞壁

图 1-7　核糖醇磷壁酸及革兰阳性菌细胞壁的结构图

1—细胞质膜　2—肽聚糖　3—脂磷壁酸　4—壁磷壁酸　5—壁结合蛋白

（资料来源：Madigan et al.，2006）

（2）革兰阴性细菌的细胞壁　G^- 细菌的细胞壁较薄（10~15nm），结构较复杂，除有很薄的肽聚糖层（2~3nm）外，还有另外一层结构，即外膜（8~10nm）。该层含有脂多糖（lipopolysaccharide，LPS）、磷脂和若干外膜蛋白，脂多糖是 G^- 细菌细胞壁特有的成分。G^- 细菌与 G^+ 细菌肽聚糖的不同之处就在于它们四肽尾的氨基酸组成以及两条四肽尾间交联的方式。G^- 细菌（以大肠杆菌为例）肽聚糖的四肽尾是 L-丙氨酸→D-谷氨酸→内消旋二氨基庚二酸→D-丙氨酸，两条四肽尾间通过 3 位上的二氨基庚二酸的游离氨基与相邻的另一四肽尾 4 位的 D-丙氨酸的羧基形成肽键，将两条四肽尾联结起来，见图 1-6（1）。

脂多糖是 G^- 细菌细胞壁的特有成分。LPS 由三部分组成，即 O-侧链、核心多糖和脂质 A（图 1-8）。O-侧链向外，由若干个低聚糖的重复单位组成，由于具有抗原性，故又称 O-抗原或菌体抗原。不同种或型的细菌，O-侧链的组成和结构（如多糖的种类和序列）均有变化，构成了各自的特异性抗原。例如沙门菌，根据 O-抗原可再细分为 1000 多个血清型，这些血清型的沙门菌，核心多糖部分相同，而 O-抗原的差异使之在免疫学快速检测中具有重要意义。核心多糖由 L-甘油-D-甘露庚糖（Hep）、半乳糖、2-酮基-3-脱氧辛酸（2-keto-3-deoxyoctonic acid，KDO）组成，所有 G^- 细菌都有此结构。脂质 A 是以酯化的葡萄糖胺二糖为单位，通过焦磷酸键组成的一种独特的糖脂化合物。脂质 A 的结构在不同细菌中有所不同，它是 G⁻ 细菌内毒素的毒性中心。

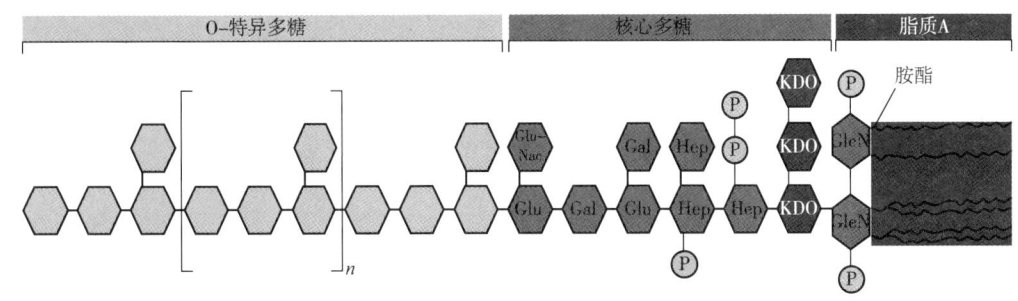

图 1-8　革兰阴性细菌的脂多糖结构

Glu—葡萄糖　Glu-Nac—N-乙酰葡糖胺　Gal—半乳糖　Hep—庚糖
KDO—2-酮基-3-脱氧辛酸　GlcN—葡萄糖胺

(资料来源：Madigan et al.，2006)

外膜蛋白指嵌合在脂多糖和磷脂层外膜上的 20 多种蛋白，多数功能还不清楚，其中含量最丰富的膜蛋白是布朗氏脂蛋白（lipoprotein）。这种小分子质量的脂蛋白通过共价键与下方的肽聚糖相连，疏水端包埋在外膜中，从而使肽聚糖层与外膜层连接在一起。另有一类存在于 G⁻ 细菌外膜层的蛋白质称为孔蛋白（porin）（图 1-9），这些蛋白质的功能是作为一个通道，使低分子的亲水性物质得以进出，有特异性与非特异性两类。非特异性孔蛋白形成"充水"的通道，任何类型的小分子物质都可以通过。另一些孔蛋白具有高度特异性，因为它们含有一种或多种物质的特异性结合位点。

(3) 细胞壁缺陷型细菌

①原生质体（protoplast）：是在革兰阳性细菌培养物中加溶菌酶或通过青霉素阻止其细胞壁的正常合成而获得的完全缺壁的细胞。原生质体由于没有坚韧的细胞壁，故任何形态的菌体均呈球形。原生质体对环境条件很敏感，而且特别脆弱，渗透压、振荡、离心以及通气等因素都易使其破裂。有的原生质体还保留着鞭毛，但不能运动，也不能被相应的噬菌体感染。

②原生质球（spheroplast）：又称球状体，指细胞壁未被全部去掉的细菌细胞，呈圆球状，可以人为地通过溶菌酶或青霉素处理革兰阴性细菌而获得。该类菌细胞壁肽聚糖虽被除去，但外壁层中脂多糖、脂蛋白仍然保留，外壁的结构尚存。

③L 型细菌（L-form bacteria）：是细菌在某些环境条件下因基因突变而产生的细胞壁缺损菌株。细胞往往呈现多种形态，有的能通过细菌滤器。L-型菌落生长缓慢，一般需经 2~7d 培养方见到针尖样的小菌落，中心部分深埋于培养基内，呈典型的油煎蛋状。这些变异型，有些是能回复至亲代的不稳定变异株，有些是不能回复的稳定变异株。由于它最先被英国 Lister 医学研究院发现，故名 L-型细菌。

(4) 周质空间（periplasmic space）　周质空间又称壁膜间隙，是指位于细胞壁与细胞质膜之间的狭小空间。革兰阴性细菌的周质空间内含有许多参与营养获取过程的蛋白，如可磷酸化分子的水解酶，参与运输物质进入细胞的结合蛋白，以及参与修饰对细胞有毒的化合物的酶。革兰阳性细菌可能并不具有可观察到的周质空间，它们将一些 G⁻ 细菌原本存在于周质

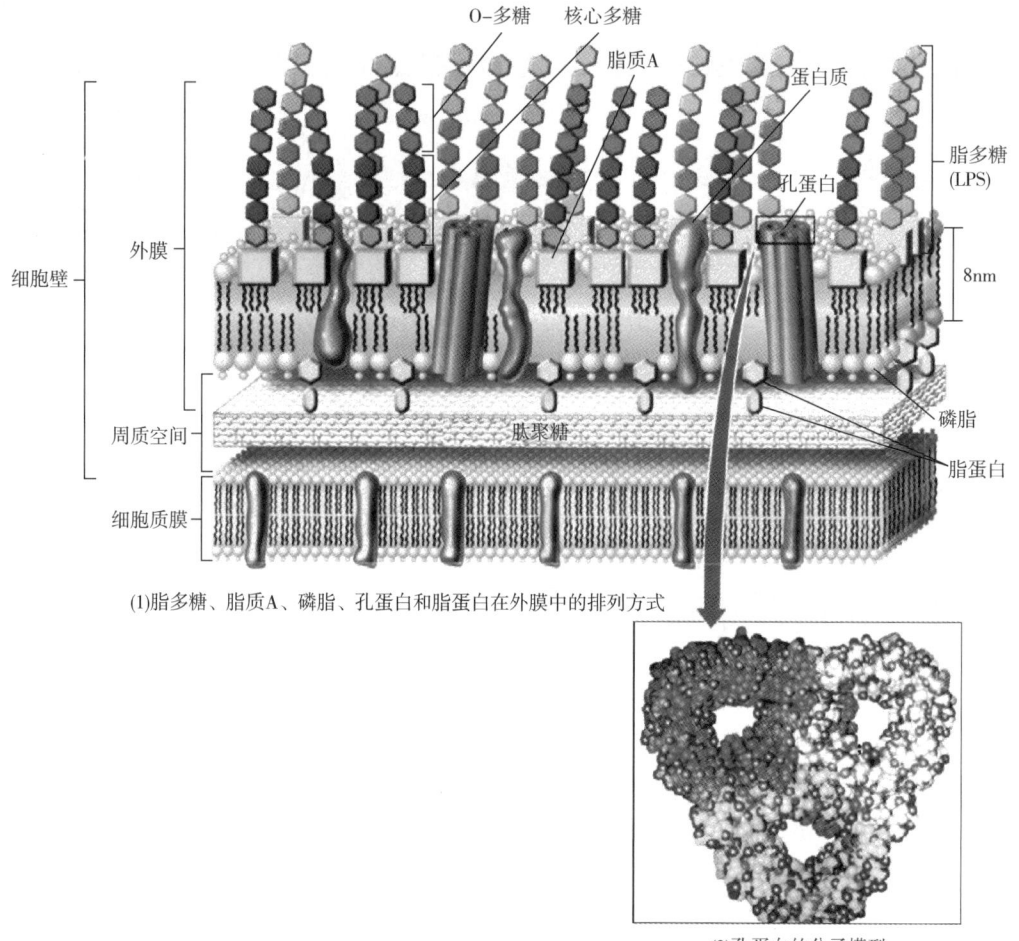

(1)脂多糖、脂质A、磷脂、孔蛋白和脂蛋白在外膜中的排列方式

(2)孔蛋白的分子模型

图1-9 革兰阴性细菌的细胞壁
(资料来源：Madigan et al., 2006)

空间中的酶分泌到胞外，也有一些酶留在外周胞质中，结合到细胞膜上。

2. 细胞质膜

细胞质膜（cytoplasmic membrane）又称细胞膜（cell membrane），是围绕在细胞质外面的一层柔软而富有弹性的薄膜，厚约8nm。细菌细胞膜占细胞干重的10%左右，其化学成分主要为脂类（20%~30%）与蛋白质（60%~70%）。原核生物中除支原体外，细胞膜中一般不含固醇，这与真核生物不同。

细菌细胞膜的脂类主要为甘油磷脂。磷脂分子在水溶液中很容易形成具有高度定向性的双分子层，相互平行排列，亲水的极性端指向双分子层的外表面，疏水的非极性端朝内（即排列在组成膜的内侧面），这样就形成了细胞膜的基本骨架（图1-10）。磷脂中的脂肪酸有饱和及不饱和两种，膜的流动性高低主要取决于它们的相对含量和类型，如低温型微生物的膜中含有较多的不饱和脂肪酸，而高温型微生物的膜富含饱和脂肪酸，从而保持了细胞膜在不同温度下的正常生理功能。细胞膜中的蛋白质依其存在位置可分为外周蛋白和整合蛋白两大类。外周蛋白存在于细胞膜的内表面或外表面,是水溶性蛋白,占膜蛋白总量的20%~30%。整合蛋白又称内嵌蛋白或结构蛋白,镶嵌于磷脂双层中,多为非水溶性蛋白,占总量的70%~80%(图1-11)。膜蛋白除作为膜的结构成分之外,许多蛋白质本身就是运输养料的渗透酶或具催化活性的酶蛋白,在细胞代谢过程中起着重要作用。

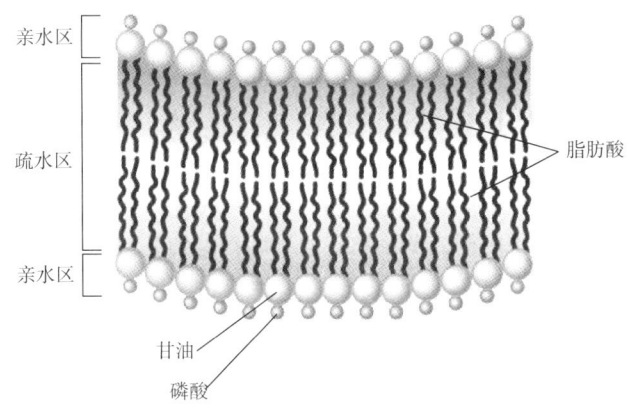

图1-10 磷脂双分子层结构

(资料来源:Madigan et al.,2006)

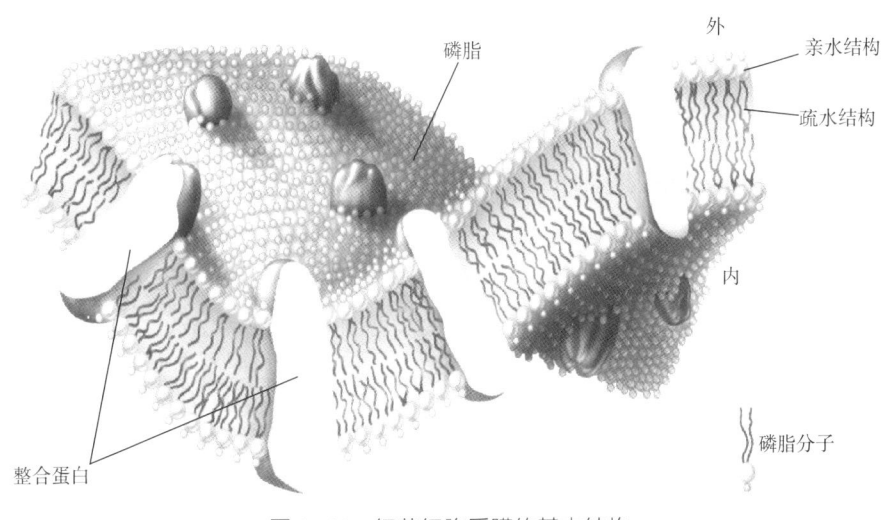

图1-11 细菌细胞质膜的基本结构

(资料来源:Madigan et al.,2006)

细胞质膜的主要功能:①控制细胞内、外的物质(营养物质和代谢废物)运送、交换;②维持细胞内正常渗透压的屏障作用;③合成细胞壁多种组分(LPS、肽聚糖、磷壁酸)和荚膜的场所;④进行氧化磷酸化或光合磷酸化的产能基地;⑤传递信息。膜上的某些特殊蛋白质能接受光、电及化学物质等产生的刺激信号并发生构象变化,从而引起细胞内的一系列代谢变化和产生相应的反应。

除细胞质膜外,很多细菌还具有内膜系统。

①间体(mesosome):是由细胞膜局部内陷折叠而成的,它与细胞壁的合成、核质分裂、

细胞呼吸以及芽孢形成有关。由于间体具有类似真核细胞线粒体的作用，又称拟线粒体。

②类囊体（thylakoid）：是蓝细菌细胞中存在的囊状体，由单位膜组成，上面分布有叶绿素、藻胆色素等光合色素和有关酶类，是光合作用的场所。

③载色体（chromatophore）：是一些不放氧的光合细菌的细胞质膜多次凹陷折叠而形成的片层状、微管状或囊状结构。载色体含有菌绿素和类胡萝卜素等光合色素及进行光合磷酸化所需要的酶类和电子传递体，是进行光合作用的部位。

④羧酶体（carboxysome）：是自养细菌所特有的内膜结构。羧酶体由以蛋白质为主的单层膜包围，厚约35nm，内含固定二氧化碳所需的1,5-二磷酸核酮糖羧化酶和5-磷酸核酮糖激酶，是自养细菌固定二氧化碳的场所。

3. 细胞质

细胞质（cytoplasm）是细胞膜内的物质，除细胞核外皆为细胞质。它无色透明，呈黏胶状，主要成分为水、蛋白质、核酸、脂类，也含有少量的糖和盐类。由于富含核酸，因而嗜碱性强。此外，细胞质内还含有核糖体、颗粒状内含物和气泡等物质。

（1）核糖体（ribosome） 为多肽和蛋白质合成的场所。核糖体的化学成分为蛋白质与RNA。细菌细胞中绝大部分（约90%）的RNA存在于核糖体内。原核生物的核糖体常以游离状态或多聚核糖体状态分布于细胞质中，而真核细胞的核糖体既可以游离状态存在于细胞质中，也可结合于内质网上。

（2）内含物（inclusion body） 很多细菌在营养物质丰富的时候，其细胞内聚合各种不同的贮藏颗粒，当营养缺乏时，它们又能被分解利用。这种贮藏颗粒可在光学显微镜下观察到，通称为内含物。贮藏颗粒的多少随菌龄及培养条件不同而改变。

①异染颗粒（metachromatic granules）：又称捩转菌素（volutin），最早发现于迂回螺菌中。异染颗粒是以无机偏磷酸盐聚合物为主要成分的一种无机磷的贮备物，嗜碱性或嗜中性较强，用蓝色染料（如甲苯胺蓝或美蓝）染色后不呈蓝色而呈紫红色，故称异染颗粒。

②聚β-羟基丁酸（poly-β-hydroxybutyrate，PHB）颗粒：是一种碳源和能源性贮藏物。它是D-3-羟基丁酸的直链聚合物。用革兰染色时，这类物质不着色，但易被脂溶性染料如苏丹黑着色，在光学显微镜下可见（图1-12）。假单胞菌属的细菌常积累PHB。

③糖原（glycogen）和淀粉粒（starch

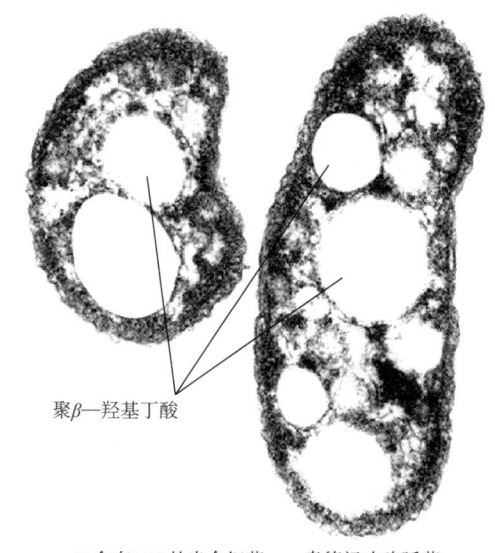

图1-12 聚β-羟基丁酸

（资料来源：Madigan et al.，2006）

grain)：糖原较小，只能在电镜下观察到，如用稀碘液染色成红褐色，可在光学显微镜下看到。有的细菌积累淀粉粒，用碘液可染成深蓝色。糖原、淀粉粒都是碳源、能源型贮藏物。

④硫小体（sulfur globules）：某些氧化硫的细菌细胞内可积累硫小体。如贝日阿托菌属在细胞内常含有强折光性的硫小体（图1-13），此为贮存的硫，通过氧化硫化氢而形成，作为能量储备，需要时可被细菌再利用。

⑤磁小体（magnetosome）：趋磁性细菌是一类在外磁场的作用下能做定向运动并在体内形成纳米磁性颗粒——磁小体的细菌，主要分布于湖泊和海洋等水底污泥中。磁小体由一层含有磷脂、蛋白质和糖蛋白的膜包围，主要成分为 Fe_3O_4 和 Fe_3S_4。不同种类细菌的磁小体的形态不同，有正方形、长方形和刺状等多种形态，在细胞中置链状排列（图1-14）。

（3）气泡（gas vacuoles） 某些水生细菌，如蓝细菌、不放氧的光合细菌和盐细菌细胞内贮存气体的特殊结构称为气泡（图1-15）。气泡由许多小的气囊（gas vesicle）组成，气囊膜只含蛋白质而无磷脂。气泡的大小、形状和数量随细菌种类而异。气泡能使细胞保持浮力，从而使细菌生活在它们需要的最佳水层位置，以利于获得氧气、光照和营养。

4. 拟核

拟核又称核质体（nuclear body）、核区。细菌没有明显的细胞核，其核物质没有特定的形状和结构，无核膜包裹，仅较为集中地分布在细胞质的特定区域内，因此称为原始形态的拟核。拟核由约60%、30%、10%质量分数的DNA、RNA和蛋白质组成。一个细菌在正常情况下只有一个拟核，而细菌处于活跃生长时，由于DNA的复制先于细胞分裂，一个菌体内往往有2~4个拟核，低速率生长时，则可见1~2个拟核。拟核携带了细菌绝大多数的遗传信息，是细菌生

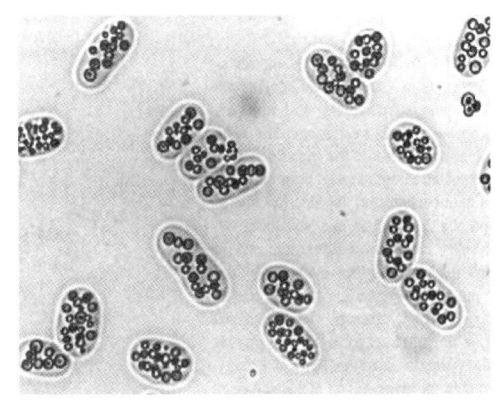

图1-13 硫小体
（资料来源：Madigan et al.，2006）

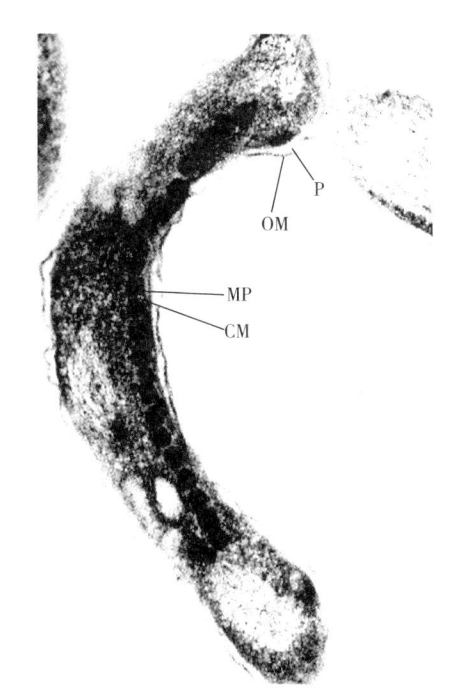

图1-14 趋磁性细菌-趋磁水螺菌（*Aquaspirillum magnetotacticum*）的透射电镜照片
MP—高电子密度的磁性颗粒长链　OM—外膜
P—周质空间　CM—细胞质膜
（资料来源：沈萍等，2005）

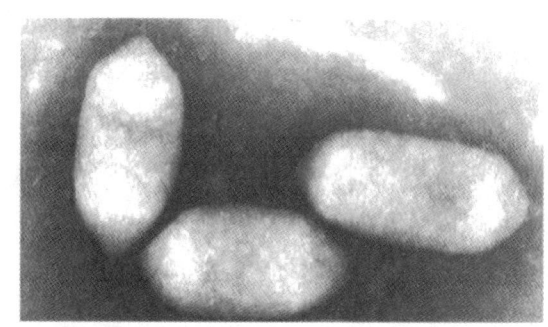

图 1-15　从水生弯杆菌（*Ancylobacter aquaticus*）中分离的气泡透射电镜照片

（资料来源：Madigan et al.，2006）

长发育、新陈代谢和遗传变异的控制中心。

5. 质粒

在某些细菌中，除染色体 DNA 外，还存在一种能自我复制的小型环状 DNA 分子，称为质粒（plasmid）。每个菌体内可有一至数个质粒。质粒 DNA 分子可以持续稳定地处于染色体外的游离状，但在一定的条件下又可逆地整合到染色体上，随着染色体的复制而复制，并通过细胞分裂传递到后代。接合型质粒（conjugative plasmid）除具有自主复制所必需的遗传信息之外，还带有一套控制细菌配对和质粒接合转移的基因，可以从一个细胞自我转移到另一个细胞。非接合型质粒（non-conjugative plasmid）相对分子质量小，不足以编码全部转移体系所需要的基因，因而不能够自我转移。但如果在其细胞中存在着一种接合型质粒，那么它们通常也是可以被转移的。这种由共存的接合型质粒引发的非接合型质粒的转移过程，称为质粒的迁移作用（mobilization）。

质粒 DNA 编码一些重要的非染色体控制的遗传性状。乳酸菌在工业上的一些重要表型与质粒相关，如乳酸乳杆菌（*Lactobacillus lactis*）的 lac^+（乳糖水解）、pro^+（蛋白酶）、cit^+（柠檬酸水解）、$phage^r$（抵抗一些特定的噬菌体）、bac^+（产生某些细菌素）。不同的质粒分别含有使细菌具有某些特殊性状的基因，如致育性、抗药性、产生抗生素、降解某些化学物质（表 1-2）等。

表 1-2　　　　　　　　　　　　细菌质粒所能控制的性状

细菌质粒	性状
大肠杆菌中的 F 因子	产生性菌毛，决定细菌的"性别"
大肠杆菌中的 Col 因子	产生一种蛋白质类杀菌素-大肠杆菌素
大肠杆菌中的 Ent 因子	产生肠毒素
根瘤菌中的 pSym 因子	结瘤和共生固氮作用
许多 G^- 细菌中的 R 因子	抗青霉素、磺胺药等多种抗菌剂
金黄色葡萄球菌中的 P1258 因子	抗 Cd^{2+}、Hg^{2+} 等重金属离子
假单胞菌中的质粒	能降解樟脑、二甲苯等复杂的有机物
根癌农杆菌（*Agrobacterium tumefaciens*）中的 Ti 质粒	能使感染植株产生根癌病

因为质粒能够在细胞中复制并稳定保存，存在多个限制酶切点，具有某些标记基因（如四环素抗性基因、氨苄西林抗性基因等）便于进行筛选，所以在基因工程中经常被用作基因克隆载体。为适应实验室操作，常在天然质粒的基础上构建人工质粒。与天然质粒相比，人工构建的质粒载体通常带有一个或一个以上的选择性标记基因（如抗生素抗性基因）和一个人工合成的含有多个限制酶识别位点的多克隆位点序列，并去掉了大部分非必需序列，使相对分子质量尽可能减少，以便于基因工程操作。人工构建的质粒可分为高拷贝数的质粒载体、低拷贝数的质粒载体、失控的质粒载体、插入失活型的质粒载体、正选择的质粒载体、表达型质粒载体等不同类型。

乳酸菌在食品、农业和医药等领域有着重要应用，是公认的安全的食品级微生物，对其通过遗传、代谢和蛋白质工程进行改造有着非常重要的意义。与大肠杆菌相比，乳酸菌作为基因工程菌表达外源蛋白不会产生内毒素，表达的产物直接与人类健康有关系，所以，建立食品级的表达系统受到了研究者的重视。目前已经开发出了一些基于广泛接合质粒的适用于乳酸菌的克隆质粒、整合载体和表达载体。

（二）细菌细胞的特殊构造

1. 糖被

有些细菌生活在一定营养条件下，可向细胞壁外分泌出一层黏性物质，称为糖被（glycocalyx）。根据这层黏性物质的厚度、可溶性及在细胞表面存在的状况可把它们分为荚膜、微荚膜、黏液层和菌胶团。如果这层物质较厚，相对稳定地附着在细胞壁外，具有一定外形，厚约200nm，称为荚膜（capsule）。黏液层（slime layer）与细胞结合力较差，比荚膜疏松，无明显形状，悬浮在基质中更易溶解，并能增加培养基黏度，通过液体振荡培养或离心可将其从细胞表面除去。微荚膜（microcapsule）的厚度在200nm以下，它与细胞表面结合较紧，用光学显微镜不易观察到，但可采用血清学方法证明其存在。通常情况下，每个菌体外面包围一层荚膜，但有的细菌，它们的荚膜物质互相融合，在一起成为一团胶状物，称为菌胶团（zoogloea），其内常包含有多个菌体。

荚膜很难着色，用负染色法可在光学显微镜下观察到，即背景和菌体细胞着色，荚膜不着色（图1-16）。

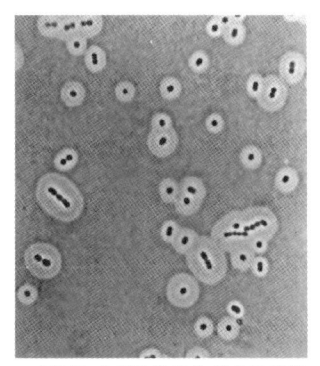
(1)利用印度墨汁染色和相差显微镜观察到的不动杆菌(Acinetobacter)的荚膜

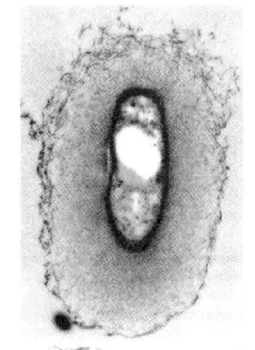
(2)钌红染色的三叶草根瘤菌(Rhizobium frifolii)细胞超薄切片的电镜照片

图1-16　细菌荚膜

（资料来源：Madigan et al.，2006）

糖被的主要成分因菌种而异，大多为多糖、多肽或蛋白质，也含有一些其他成分。糖被的产生受遗传特性控制，并非是细胞绝对必要的结构，但它为在自然环境中生活的细菌提供多种生存优势。糖被的主要作用是作为细胞外碳源和能源性贮藏物质，并能保护细胞免受干燥的影响，防止噬菌体的吸附和裂解，透性屏障防止菌体受到重金属等有毒物质的毒害，同时能增强某些病原菌的致病能力，使之抵抗宿主吞噬细胞的吞噬。糖被也可以协助细菌黏附于水环境中固体物质的表面或动植物宿主的组织表面。

产荚膜的细菌菌落通常光滑透明，称为光滑型或 S（smooth）型菌落，不产荚膜细菌菌落表面粗糙，称为粗糙型或 R（rough）型菌落。

有些产糖被细菌，已被工业化应用，如野油菜黄单胞菌（*Xanthomonas campestris*）的黏液层的胞外多糖——黄原胶已被用于石油开采中的钻井液添加剂以及印染和食品等工业中。但另一方面，产糖被细菌常给食品生产带来麻烦。牛乳、蜜糖、面包及其他含糖液变成"黏胶状"往往就是受了某些产糖被细菌的污染。

微生物细胞可以通过产生胞外多糖等多聚物黏附于固体表面，形成单一或多种细菌的微菌落聚集物即生物被膜（biofilm）。微生物附着于固体表面形成生物被膜，可以帮助其与其他微生物有效竞争空间和营养供应，并抵抗一些不利的环境条件。在自然界中，99.9%以上的细菌能生长在各种各样物品表面的生物被膜中。附着于食品表面的腐败菌和致病菌很难通过清洗轻易除去，附着于食品接触和加工设备表面的微生物对消毒剂和热有更强的抵抗力，在食品加工过程中很可能会污染食品。因此，食品加工过程中，清洗和消毒每隔几个小时就要进行。EDTA 配合季铵化合物处理，然后用水解酶处理，可以更有效地破坏生物被膜中的多糖蛋白质复合物。加工设备需要设计成防止或控制生物被膜形成的方式，固体食品可以通过添加防腐剂、降低水分活度、降低 pH 等方式，减少微生物的黏附。

2. 鞭毛

某些细菌的细胞表面伸出细长、波曲、毛发状的附属物称为鞭毛（flagella）。鞭毛细而长，其长度常为细胞的若干倍，最长可达 $70\mu m$，但直径只有 $10\sim20nm$，因此，用光学显微镜看不见。如果采用特殊的鞭毛染色法，使染料沉积在鞭毛上，加粗其直径，就可在光学显微镜下观察到细菌鞭毛，但真实形态只有在电子显微镜下可见（图 1-17）。另外，采用悬滴法及暗视野荧光法观察细菌运动状态及用半固体琼脂穿刺培养，从细菌生长的扩散情况，可初步判断细菌是否有鞭毛。

细菌鞭毛的数目和着生位置是细菌种的特征。据此，可将有鞭毛的细菌分为以下四类：

①单端鞭毛菌（monotricha）：菌体的一端只生一根鞭毛，如霍乱弧菌。

②端生丛毛菌（lophotricha）：菌体一端生一束鞭毛，如铜绿假单胞菌（*Pseudomonas aeruginosa*）；或菌体两端各具一束鞭毛，如迂回螺菌。

③两端鞭毛菌（amphitricha）：菌体两端各具一根鞭毛，如鼠咬热螺旋体。

④周生鞭毛菌（peritricha）：周身都有鞭毛，如大肠杆菌、枯草杆菌等。

在电镜下观察，鞭毛起始于细胞内侧的基体（basal body）上，穿过细胞壁后成为鞭毛钩（hook），由此伸出丝状鞭毛。革兰阴性细菌鞭毛的基体上，最外侧的环称为 L 环，固定在 LPS 层，第二个环称为 P 环，固定在细胞壁的肽聚糖层，MS 环位于细胞膜上，C 环位于细胞质（图 1-18），而革兰阳性细菌鞭毛的基体上只有 MS 环和 C 环。包围 MS 环和 C 环的一系列蛋白质称为 Mot 蛋白，Fli 蛋白的功能是运动开关，通过应答细胞内的信号控制鞭毛的旋转方向。

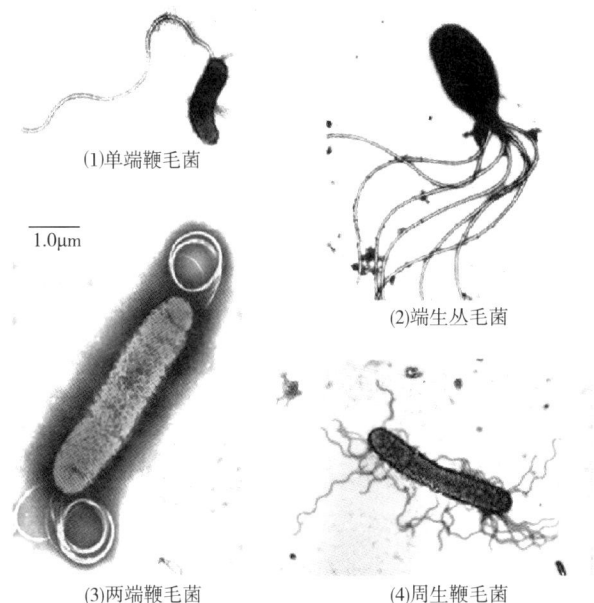

图 1-17 鞭毛的透射电镜照片

(资料来源：Madigan et al., 2006)

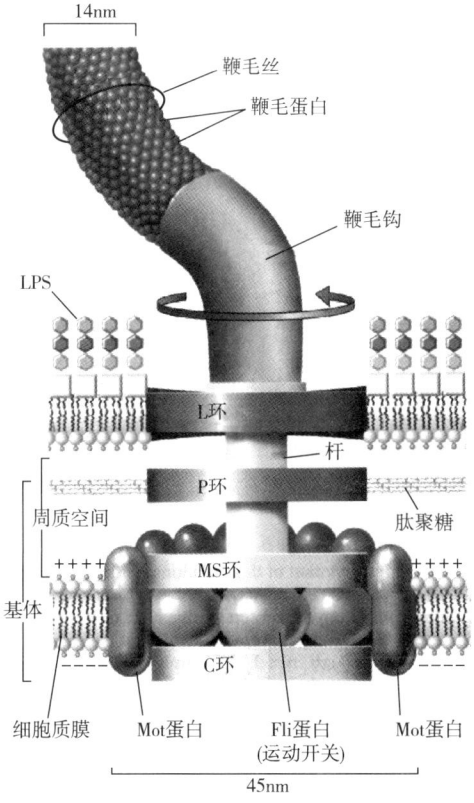

图 1-18 革兰阴性细菌鞭毛的超微结构

(资料来源：Madigan et al., 2006)

鞭毛相当于一个电机，转子由 MS 环、C 环和 P 环组成，定子是 Mot 蛋白，可以产生旋转力矩。鞭毛运动所需的能量来自于质子动势，鞭毛的每一次旋转大约需要转移 1000 个质子。

鞭毛的化学组分主要是蛋白质，只含有少量的多糖或脂类。细菌的鞭毛具有抗原性，鞭毛抗原被称为 H（hauch）抗原。各种细菌的鞭毛蛋白由于氨基酸组成不同导致 H 抗原特性上的差别，故可通过血清学反应，进行细菌分类鉴定。

鞭毛是细菌的运动器官，但并非生命活动所必需。它极易脱落，有鞭毛的细菌一般在幼龄时具有鞭毛，老龄时脱落。如除去鞭毛，并不影响细菌生存。弧菌和螺菌一般都长有鞭毛；杆菌中一部分长有鞭毛；球菌中只有个别属才长有鞭毛。

与大多数细菌的游离型鞭毛不同，螺旋体的固定型鞭毛完全位于细胞内部，着生在细胞的一端，缠绕在其细胞（原生质柱）的表面，通过旋转使细胞表面的螺旋凸纹不断伸缩移动，推动细胞蛇形前进。某些无鞭毛的细菌也能运动，如黏细菌、蓝细菌，可以在物体表面滑行运动，这些微生物如悬浮在液体中就丧失其运动性。

细菌运动还表现出趋光性（phototaxis）和趋化性（chemotaxis），即向着光或某种化学物质运动。此外，有的细菌还可以从某些物质或环境因子游开，以避免伤害。因此，细菌运动可看成是一种适应作用，即增加微生物与食物或其他有利环境相遇机会，或者避免有害因子以利于生存。

3. 菌毛

很多革兰阴性细菌及少数革兰阳性细菌的细胞表面有一些比鞭毛更细、较短而且直硬的丝状体结构，称为菌毛（pilus 或 fimbrium），又称伞毛或纤毛。菌毛类型很多，根据菌毛功能可将其分成两大类：普通菌毛（common pilus）和性菌毛（sex pilus）（图 1-19）。普通菌毛可增加细菌吸附于其他细胞或物体的能力。性菌毛是在性质粒（F 因子）控制下形成的，比普通菌毛粗而长，数量少，一个细胞仅具有一根或几根。性菌毛与细菌接合生殖有关。

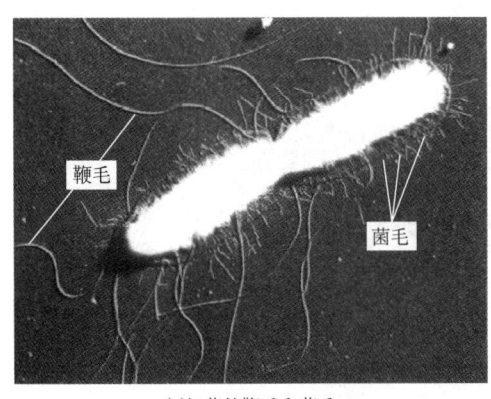
(1) 细菌的鞭毛和菌毛

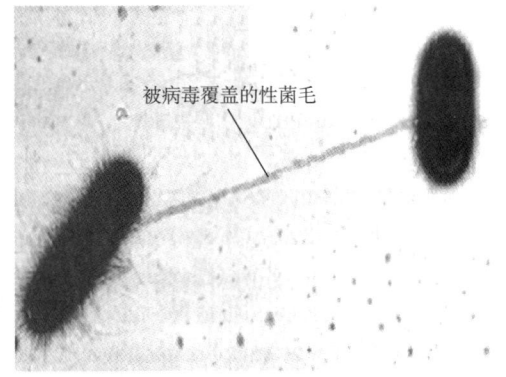
(2) 细菌的性菌毛

图 1-19　细菌的鞭毛、菌毛和性菌毛

（资料来源：Madigan et al.，2006）

4. 芽孢、伴孢晶体

（1）芽孢　某些细菌在其生活史的一定阶段，于营养细胞内形成一个圆形、椭圆形或圆柱形的休眠结构，称为芽孢（spore）。因为细菌芽孢都形成在菌体内，故又称内生孢子（endospore）。产芽孢菌的营养细胞外壳称为芽孢囊，芽孢成熟后可脱落出来。生成芽孢的细菌多为杆菌，如芽孢杆菌属和梭状芽孢杆菌属，球菌和螺旋菌只有少数种能生芽孢，如芽孢八叠球菌属（Sporosarcina）。

芽孢形成的位置、形状、大小因菌种而异，在分类鉴定上有一定意义，有些细菌的芽孢位于细胞的中央，其直径大于细胞直径，芽孢囊呈梭状，如某些梭状芽孢杆菌属的种；芽孢在细胞顶端，若其直径大于细胞的直径时，则芽孢囊呈鼓槌状，如破伤风梭状芽孢杆菌（Clostridium tetani）；芽孢直径小于细胞直径，则细胞不变形，如常见的枯草杆菌（图1-20）。

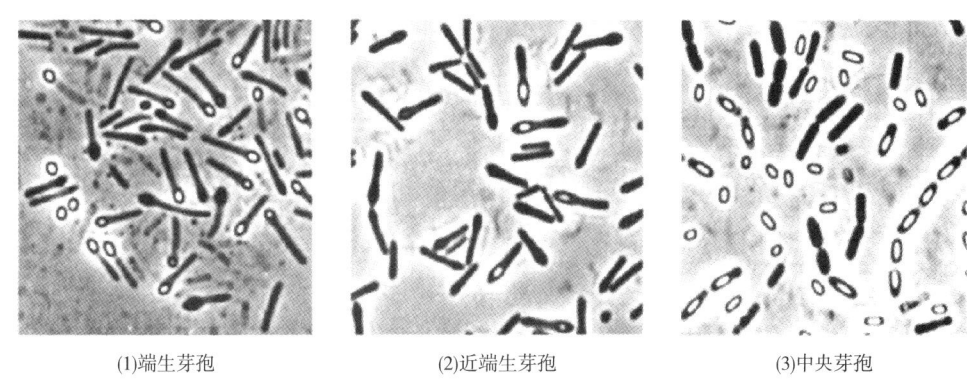

(1)端生芽孢　　　　　　(2)近端生芽孢　　　　　　(3)中央芽孢

图1-20　细菌芽孢的相差显微照片

（资料来源：Madigan et al.，2006）

芽孢有比较厚的壁，通透性差，折光性强，在光学显微镜下观察芽孢为一透明小体，由于普通碱性染料不易使芽孢着色，通常采用特殊的芽孢染色法以便于观察。利用电子显微镜，不仅可观察到芽孢的表面特征，还可观察到一个成熟的芽孢具有孢外壁、芽孢衣、皮层、核心等多层结构，核心包括芽孢壁、芽孢膜、芽孢质和拟核（图1-21）。

吡啶二羧酸（dipicolinic acid，DPA）是芽孢特有的一种组分。芽孢富含钙离子，大多数的钙离子与吡啶二羧酸结合，形成复合物 DPA-Ca。该复合物约占芽孢干重的 10%，主要起到降低芽孢中水的利用率的作用。在芽孢形成过程中，核心会进一步失水，成熟的核心只占营养细胞含水量的 10%~25%，因此核心部位细胞质黏稠呈凝胶状，大大增加了芽孢的耐热性。核心含有较多的小酸溶性蛋白（small acid-soluble protein，SASP），可以和 DNA 结合使其免受脱水、干燥及紫外线的损伤。此外，SASP 还可以作为芽孢萌发形成新的营养细胞时的

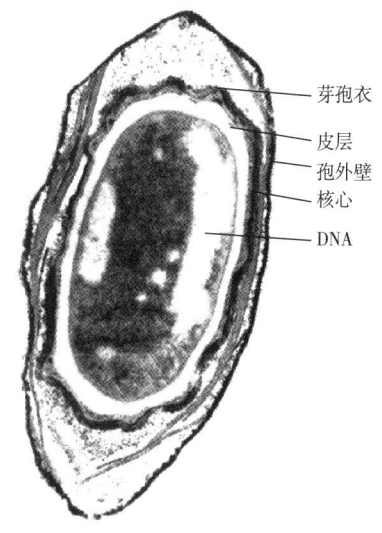

图1-21　细菌芽孢的结构

（资料来源：Madigan et al.，2006）

碳源和能源。

根据电子显微镜的观察,芽孢形成包含着下述一系列复杂过程(图1-22)。

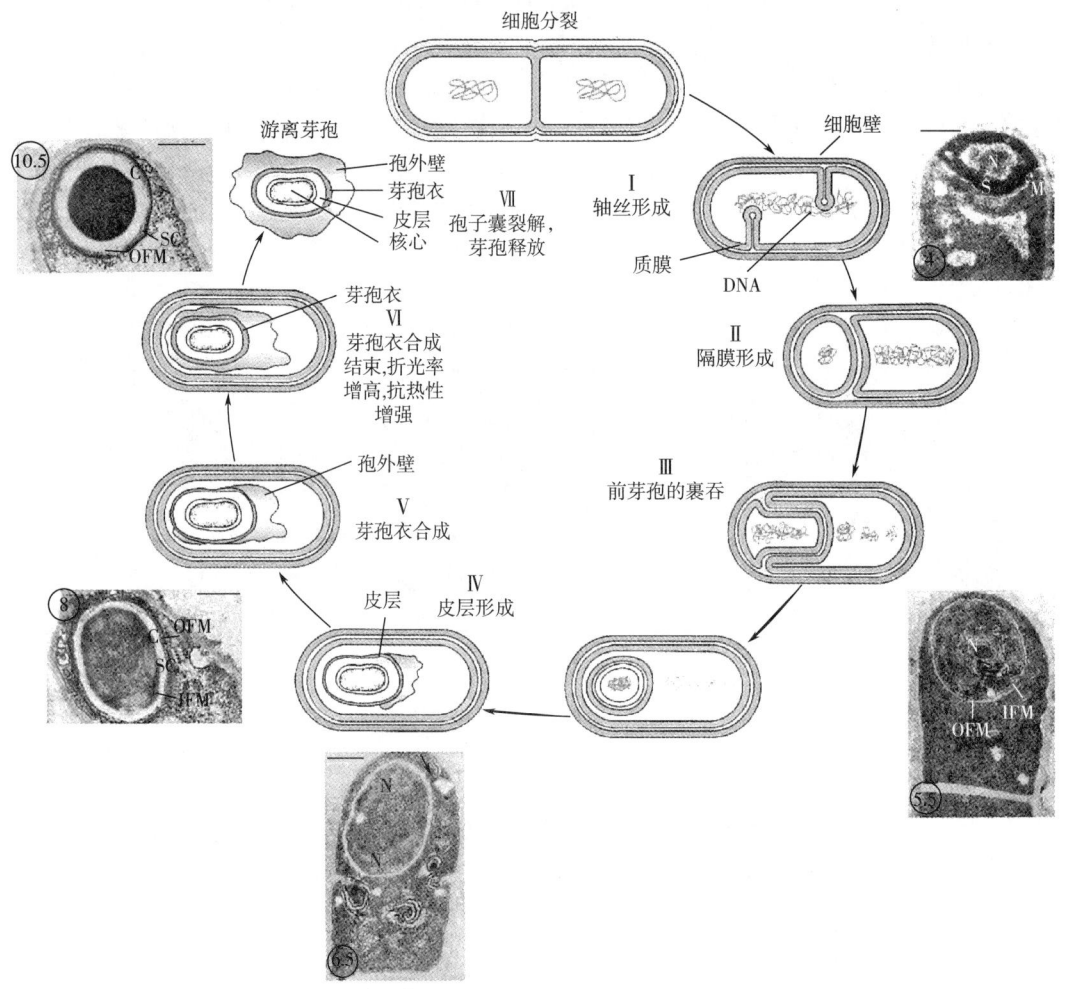

图1-22 细菌芽孢形成的几个阶段

C—皮层 IFM和OFM—前芽孢的内膜和外膜 M—间体 N—拟核 S—隔膜 SC—芽孢衣 标尺=0.5mm
(资料来源:沈萍等,2005)

图1-22为巨大芽孢杆菌(*B. mgaterium*)的生活史。各个阶段用罗马数字表示。照片中圆环内的数字是指从对数生长期结束时开始的时间(h):0.25h——一个典型的营养细胞;4h——第Ⅱ阶段细胞,分隔;5.5h——第Ⅲ阶段细胞,裹吞;6.5h——第Ⅳ阶段细胞,皮层形成;8h——第Ⅴ阶段细胞,芽孢衣形成;10.5h——第Ⅵ阶段细胞,孢子囊中的成熟芽孢。

芽孢可以在很长时间内保持休眠状态,也可以萌发转化为营养细胞。萌发包括激活、萌发和生长三个阶段。在人为条件下,激活可以采用短时间的高温处理(亚致死温度)、低pH、强氧化剂处理等措施。萌发是一个快速的过程,芽孢折光性显著下降,对染料的可染性增加,对热及化学药物的抗性降低。在生长阶段,芽孢吸水膨胀,新的DNA、RNA和蛋白质合成,营养细胞从裂开的芽孢衣中出来,最终分裂(图1-23)。

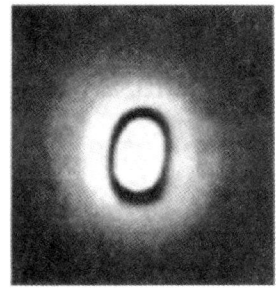 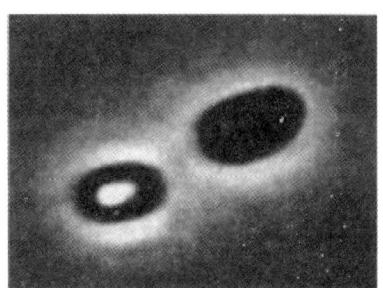

(1)高折光性的芽孢　　　　　　　(2)折光性丧失

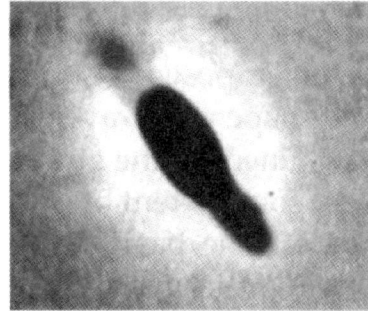 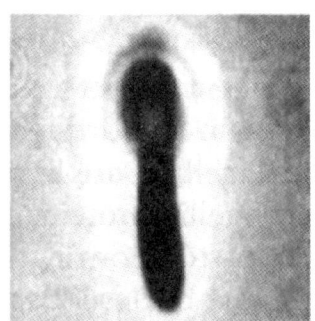

(3)营养细胞正在长出　　　　　　(4)营养细胞正在长出

图 1-23　芽孢的萌发过程

(资料来源：Madigan et al.，2006)

芽孢不是繁殖结构，因为一个细胞内一般只形成一个芽孢，而一个芽孢萌发后也只产生一个营养细胞。芽孢仅是芽孢细菌生活史中的一环，是细菌的休眠体。

形成芽孢需要一定的外界条件，这些条件因菌种而异。然而，芽孢一旦形成，则对恶劣环境条件具有很强的抵抗能力。芽孢尤其能耐高温，芽孢比营养细胞对热的抗性高 10^5 倍以上。芽孢对辐射、干燥和大多数化学杀菌剂也具有极大的抗性。芽孢与营养细胞的区别见表 1-3。

表 1-3　　　　　　　　　　　　细菌的芽孢和营养细胞的区别

项目	营养细胞	芽孢
结构	典型 G^+ 细菌细胞	有胞外壁、芽孢衣、皮层、核心
折光性	无	有
钙离子含量	低	高
吡啶二羧酸	无	有
酶活力	高	低
含水量	较高	较低
小酸溶性蛋白	无	有
细胞质 pH	约 7.0	5.5~6.0
大分子合成	有	无

续表

项目	营养细胞	芽孢
mRNA	有	低或无
抗热性	低	高
抗辐射性	低	高
抗药性和抗酸性	低	高
简单染色	可以染色	需用特殊方法染色
溶菌酶作用	敏感	有抗性

资料来源：杨苏生等，2007.

芽孢杆菌属、梭状芽孢杆菌属和脱硫肠状菌属（*Desulfotomaculum*）的许多种与食品腐败变质和食源性疾病的爆发密切相关。蜡样芽孢杆菌（*B. cereus*）、产气荚膜梭菌（*C. perfringen*）和肉毒梭菌在食品中生长后有引发食物中毒的潜在危险，枯草杆菌、巨大芽孢杆菌、热解糖梭菌（*C. thermosaccharolyticum*）等有芽孢的细菌常因杀菌不彻底残留在罐头食品中，引发腐败变质。因此，芽孢在食品加工贮藏过程中非常重要，要杀死芽孢或阻止芽孢的萌发。除了利用高温杀死芽孢外，还可根据食品种类，使用亚硝酸盐、低 pH、低水分活度或高盐等方法抑制芽孢萌发。芽孢杆菌在食品工业中也有其有益的一面，例如，枯草杆菌、地衣芽孢杆菌（*B. licheniformis*）等常用于生产食品工业中常用的淀粉酶和蛋白酶等酶制剂；白酒生产过程中，酒窖窖泥中含有的大量丁酸梭菌（*C. butyricum*）等梭状芽孢杆菌，能赋予白酒浓香型香味成分，如丁酸乙酯、乙酸乙酯等；纳豆芽孢杆菌（*B. natto*）是纳豆发酵的主要菌种，可以产生纳豆激酶溶解血栓，纳豆芽孢杆菌还具有抗氧化、抗癌、调节肠道菌群平衡等作用。

（2）伴孢晶体 芽孢杆菌属的有些种，如苏云金芽孢杆菌（*B. thuringiensis*），在形成芽孢的同时，在细胞内产生一颗菱形或双锥形的碱性蛋白晶体，称为伴孢晶体（parasporal crystal）（图1-24）。它主要对鳞翅目、双翅目等200多种昆虫有毒性，由于这种晶体毒素对人畜毒性很低，故国内外均以工业化方式大量生产菌剂，以杀死某些农业害虫。

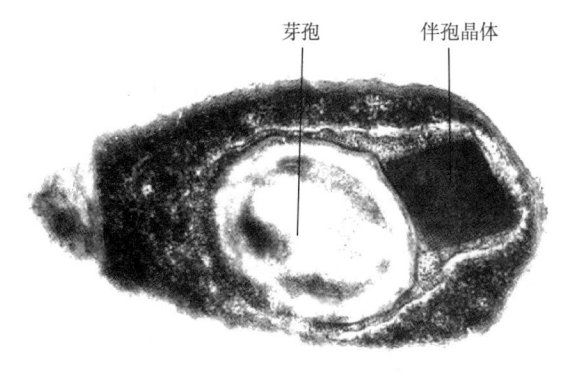

图 1-24 苏云金芽孢杆菌的伴孢晶体超薄切片电镜照片

三、细菌的繁殖及其群体形态

（一）细菌的繁殖

细菌一般进行无性繁殖，表现为细胞的横分裂，称为裂殖（fission）。绝大多数类群在分裂时产生大小相等和形态相似的两个子细胞，称为同形裂殖。细菌分裂经过DNA复制、细胞质的分裂、横隔壁的形成、子细胞分离等过程。

细菌染色体 DNA 的复制往往先于细胞分裂，并随着菌体伸长而分开。与此同时，细胞赤道附近的细胞膜从外向中心做环状推进，然后闭合形成一个垂直于细胞长轴的细胞质隔膜，使细胞质和核区一分为二。第二步形成横隔壁。随着细胞膜的内陷，母细胞的细胞壁也跟着由四周向中心逐渐延伸，把细胞质隔膜分为两层，每层分别成为子细胞的细胞膜，横隔壁也逐渐分为两层，这样每个细胞便各自具备了一个完整的细胞壁。第三步是子细胞分离。有些种类的细菌细胞，在横隔壁形成后不久便相互分开，呈单个游离状态；而有的却数个细胞相连呈短链状或长链状。

此外，少数种类的细菌能通过出芽方式进行繁殖，如芽生杆菌属（*Blastobacter*）、生丝微菌属（*Hyphomicrobium*）等。细菌除无性繁殖外，电子显微镜观察和遗传学研究已证明细菌存在着有性接合。然而细菌有性接合较少，以无性繁殖为主。

（二）细菌的群体特征

1. 细菌菌落特征

细菌接种到固体培养基上，几天内即可由一个细菌分裂繁殖出成千上万个细胞，聚集在一起形成肉眼可见的群体，称为菌落（colony）。如果一个菌落是由一个细菌菌体细胞或一群相同的细胞生长、繁殖而成的，则称为纯培养。

不同细菌种类的菌落特征不同，同一种细菌因培养条件不同，菌落形态也有变化（图1-25）。同一种细菌在同一培养基上形成的菌落一般表现为相同的菌落形态特征，是鉴定菌种的形态标志之一。细菌菌落的共性是湿润、较光滑、较透明、较黏稠、易挑取、质地均匀、菌落正面和背面边缘和中央部位的颜色一致。

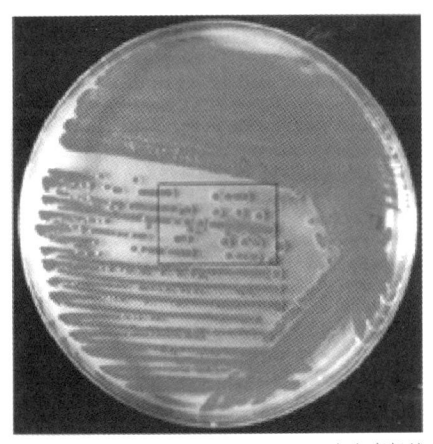

(1)黏质沙雷菌(*Serratia marcescens*)在麦康凯培养基上形成红色的菌落(因为合成红色色素灵菌素)

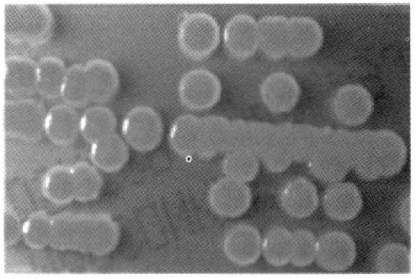

(2)黏质沙雷菌菌落的放大

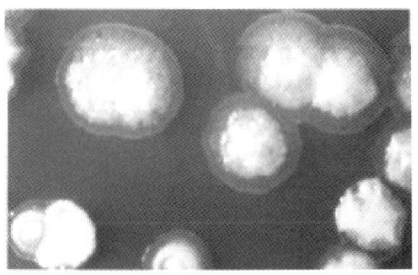

(3)铜绿假单胞菌的菌落，该菌可分泌绿色素到培养基中

图 1-25　细菌菌落

(资料来源：Madigan et al.，2006)

2. 细菌的液体培养特征

细菌在液体培养基中生长，因菌种及需氧性等表现出不同的特征。当菌体大量增殖时，有的形成均匀一致的混浊液；有的形成沉淀；有的形成菌膜漂浮在液体表面（图1-26）。

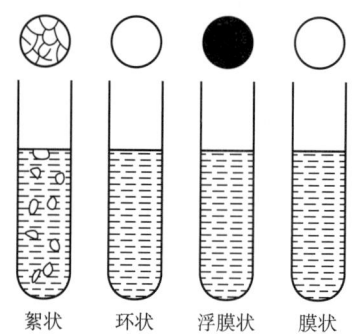

图1-26　细菌在液体培养基中的生长

第二节　细菌与食品的关系

细菌是食品中最主要的微生物类群。大多数细菌能在食物中生长，导致食品变质，还有许多细菌能引起食源性疾病。有些细菌则是安全的或食用级的，可用于生产发酵食品和食品成分。一般认为，细菌是引起食品腐败和食源性疾病的最主要的微生物。

一、细菌在食品中的有益作用

（一）细菌在食品发酵中的应用

食品制造中常用的细菌如表1-4所示。

表1-4　　　　　　　　　　食品制造中常用的细菌

菌种	拉丁文种名	食品中的应用
乳酸乳球菌	*Lactococcus lactis*	发酵乳制品
嗜热链球菌	*Streptococcus thermophilus*	发酵乳制品、豆制品
德氏乳杆菌保加利亚亚种	*Lactobacillus delbrueckii* subsp. *bulgaricus*	发酵乳制品、豆制品
干酪乳杆菌	*Lactobacillus casei*	发酵乳制品
嗜酸乳杆菌	*Lactobacillus acidophilus*	发酵乳制品
植物乳杆菌	*Lactobacillus plantarum*	泡菜及发酵乳制品和肉制品，酱油酿造
柠檬明串珠菌	*Leuconostoc citreum*	发酵乳制品

续表

菌种	拉丁文种名	食品中的应用
肠膜明串珠菌	*Leuconostoc mesenteroides*	泡菜及发酵乳制品
戊糖片球菌	*Pediococcus pentosaceus*	发酵肉制品
肉葡萄球菌	*Staphylococcus carnosus*	发酵肉制品
变异微球菌	*Micrococcus varians*	发酵肉制品
酱油四联球菌	*Tetracoccus soyae*	酱油酿造
两歧双歧杆菌	*Bifidobacterium bifidum*	发酵乳制品
费氏丙酸杆菌	*Propionibacterium freudenreichii*	干酪的制作
许氏醋酸杆菌	*Acetobacter schutzenbachii*	食醋酿造
纹膜醋酸杆菌	*Acetobacter aceti*	食醋酿造
北京棒杆菌	*Corynebacterium pekinense*	谷氨酸发酵
钝齿棒杆菌	*Corynebacterium crenatum*	谷氨酸发酵
纳豆芽孢杆菌	*Bacillus natto*	纳豆的制作
枯草杆菌	*Bacillus subtilis*	细菌型豆豉的制作
藤黄微球菌	*Micrococcus luteus*	细菌型腐乳的制作

1. 乳酸菌发酵剂

乳酸菌（lactic acid bacteria，LAB）一词并非生物分类学名词，而是指能够利用发酵性糖类产生大量乳酸的一类微生物的统称。虽然有些霉菌也能产生大量乳酸，但以乳酸细菌为主要类群，因而通常将乳酸细菌称为乳酸菌。利用乳酸菌进行发酵生产的具有独特风味的食品很多，如酸奶油、干酪、酸牛乳及酸泡菜等。这些乳酸菌发酵制品不仅具有良好而独特的风味，而且由于易于吸收而提高了其营养价值。有些乳酸菌制品还有抑制肠胃内异常发酵和其他肠道病原菌生长的作用，因而具有保健作用，受到人们的喜爱。

（1）工业中常用的乳酸菌

①德氏乳杆菌保加利亚亚种：细胞为长杆状，两端钝圆。菌落呈棉花状，易与其他乳酸菌区别。能利用葡萄糖、果糖、乳糖进行同型乳酸发酵，产生 D 型乳酸（有酸涩味，适口性差），不能利用蔗糖。该菌是乳酸菌中产乳酸能力最强的菌种，最高产酸量 2%。蛋白质分解力较弱，发酵乳中可产生香味物质乙醛。最适生长温度 37~45℃，温度高于 50℃ 或低于 20℃ 不生长。常作为发酵酸乳的生产菌。

②嗜酸乳杆菌：细胞比德氏乳杆菌保加利亚亚种小，呈细长杆状，能利用葡萄糖、果糖、乳糖、蔗糖进行同型乳酸发酵，产生 DL 型乳酸，生长繁殖需要一定的维生素等生长因子，37℃ 培养生长缓慢，2~3d 可使牛乳凝固。蛋白质分解力较弱。最适生长温度 37℃，20℃ 以下不生长，耐热性差。最适生长 pH 5.5~6.0，耐酸性强，能在其他乳酸菌不能生长的酸性环境中生长繁殖。嗜酸乳杆菌是能够在人体肠道定植的少数有益微生物菌群之一，其

代谢产物有机酸和抗菌物质——乳杆菌素（lactocidin）可抑制病原菌和腐败菌的生长。

③嗜热链球菌：细胞形态呈链球状。某些菌株若不经过中间牛乳培养则在固体培养基上得不到菌落。能利用葡萄糖、果糖、乳糖和蔗糖进行同型乳酸发酵产生L型乳酸（适口性好）。在石蕊牛乳中不还原石蕊，可使牛乳凝固。蛋白质分解力较弱，在发酵乳中可产生香味物质双乙酰。该菌主要特征是能在高温条件下产酸，最适生长温度40~45℃，温度低于20℃不产酸。耐热性强，能耐65~68℃的高温。常作为发酵酸乳、瑞士干酪的生产菌。

④肠膜明串珠菌：菌体呈球形或豆状，成对或短链排列，菌落直径<1.0mm。液体培养，混浊均匀。利用葡萄糖进行异型乳酸发酵，在高浓度的蔗糖溶液中生长合成大量的荚膜物质——葡聚糖，形成特征性黏液。最适生长温度25℃，生长的pH为3.0~6.5，可在含4%~6%的NaCl培养基中生长。该菌是酸泡菜发酵中的重要乳酸菌。

⑤双歧杆菌属：双歧杆菌（*Bifidobacterium*）细胞呈多样形态，Y形、V形、弯曲状、匙状，典型形态为分叉杆菌。革兰染色阳性，亚甲基蓝染色菌体着色不规则。无芽孢和鞭毛，不运动。化能异养型，对营养要求苛刻，生长繁殖需要多种双歧因子（能促进双歧杆菌生长，不被人体吸收利用的天然或人工合成的物质），能利用葡萄糖、果糖、乳糖和半乳糖，通过果糖-6-磷酸支路生成摩尔比2∶3的乳酸和乙酸及少量的甲酸和琥珀酸。蛋白质分解力微弱，能利用铵盐作为氮源，不还原硝酸盐，不水解精氨酸，不液化明胶，不产生吲哚，联苯胺反应阴性。专性厌氧，接触酶反应阴性，对氧的敏感性存在不同菌种或菌株的差异，多次传代培养后，菌株的耐氧性增强。生长温度范围25~45℃，最适生长温度37℃。生长pH范围4.5~8.5，最适生长pH 6.5~7.0，不耐酸，酸性环境（pH≤5.5）对菌体存活不利。

人体肠道中共有8种双歧杆菌，其中数量最多的5种为：两歧双歧杆菌（*B. bifidum*）、婴儿双歧杆菌（*B. infantis*）、青春双歧杆菌（*B. adolescentis*）、长双歧杆菌（*B. longum*）、短双歧杆菌（*B. breve*）。双歧杆菌是人体肠道中的有益菌，它可定植在宿主的肠黏膜上形成生物学屏障，具有拮抗致病菌、改善微生态平衡、合成多种维生素、提供营养、抗肿瘤、降低内毒素、提高免疫力、保护造血器官、降低胆固醇水平等重要生理功能，其促进人体健康的有益作用，远远超过其他乳酸菌。

（2）乳酸菌应用实例

①发酵乳制品（以凝固型酸牛乳生产为例）：酸乳是以新鲜的牛乳为原料，经过巴氏杀菌后再向牛乳中添加发酵剂，经发酵后，再冷却灌装的一种牛乳制品。目前市场上酸乳制品以凝固型、搅拌型和添加各种果汁、果酱等辅料的果味型为多。酸乳的发酵是利用乳糖在乳酸菌的作用下转化成乳酸，随着乳酸的形成，溶液的pH逐渐达到酪蛋白的等电点（pH为4.6~4.7），使酪蛋白聚集沉降，从而形成半固体状态的凝胶状物质。现在，工业生产中最常用的乳酸菌是德氏乳杆菌保加利亚亚种、嗜热链球菌、干酪乳杆菌、嗜酸乳杆菌、双歧杆菌等。

凝固型酸牛乳的生产工艺：

原料鲜乳 → 净化 → 标准化 → 均质 → 杀菌 → 冷却 → 接种 → 分装 → 发酵 → 冷却 → 冷藏后熟 → 成品

原料鲜乳必须选择合格的鲜牛乳，不能选用初乳、末乳、乳房炎乳、病牛乳、酒精阳性乳和高酸度乳，鲜乳中不得含有抗生素。原料乳可通过添加脱脂乳粉0.25%~0.5%、蔗糖4%~8%，增加非脂乳固体含量（不得低于12%）。90~95℃、5~10min或135℃、2~3s进行杀菌，杀菌后立即冷却至 40~45℃。两菌混合培养的发酵剂按 2%~3%的接种量接种。发酵温度控制在 42℃，3~5h 后，酸度为 65~70°T。达到发酵终点时应立即将酸乳放入 0~5℃冷库中，以迅速抑制乳酸菌的生长，降低酶的活性，防止酸度过大。0~5℃后熟 12~24h。后熟过程中，形成香味物质和光滑细腻的质地，防止乳清析出和过度产酸。

②发酵蔬菜制品（以泡菜生产为例）：泡菜是一种常见的乳酸菌发酵制品。经常食用泡菜可以摄入大量的乳酸菌及其发酵产物，它们具有一定的调节肠道微生态平衡、降低胆固醇、抗衰老、抗肿瘤、提高免疫力等保健功能。泡菜发酵主要是在厌氧环境下，利用乳酸菌将原料中的糖类物质转化为乳酸、乙酸、乙醇、二氧化碳等，降低环境的 pH，抑制其他杂菌生长的过程。

泡菜的生产工艺：

原料→清洗、晾干→切分→装坛→加入调料→灌入盐水→密封→发酵→成品

原料携带的各种微生物在泡菜发酵初期都可以生长，但在厌氧、温度较低的条件下明串珠菌最先适应环境，利用蔬菜的溶出物，迅速生长繁殖并产生二氧化碳、乳酸、乙酸、乙醇等物质，造成 pH 很快下降，并形成厌氧的环境。当酸度达到大约 1%（以乳酸计）时，明串珠菌的生长受抑制，短乳杆菌、植物乳杆菌、戊糖片球菌等继续生长，酸度进一步下降，达到 2%。由于乳酸菌生长产酸，使泡菜呈微酸性，既能阻碍腐败菌的生长，又能够抑制果胶酶的分解，保证了泡菜爽脆的口感。泡菜发酵后期，由于乳酸大量积累抑制乳酸菌的生长，发酵结束。

③发酵肉制品：发酵肉制品是指在自然或人工条件下，利用微生物或酶的作用，使原料肉发生生物化学及物理变化，形成具有特殊风味、色泽和质地并能长时间保藏的肉制品。传统发酵肉制品的制作依赖于原料肉自身的或从环境中混入的野生菌发酵，这些微生物在整个发酵过程呈现一定的菌相变化，明串珠菌、葡萄球菌、米酒乳杆菌和球拟酵母（*Torulopsis*）占优势，主发酵前期是明串珠菌，中后期是米酒乳杆菌、球拟酵母和德巴利酵母（*Debaryomyces*）。乳酸菌在肉的自然发酵中起主导作用，它可以发酵糖类物质产生乳酸，降低肉制品的 pH，抑制腐败菌和病原菌的生长，改善肉制品的组织结构，促进发色和风味物质的形成，降低亚硝酸盐含量。

现代发酵肉制品的生产是接种纯培养的微生物控制发酵的过程。应用于发酵肉制品的乳酸菌有植物乳杆菌、米酒乳杆菌、乳酸乳杆菌、干酪乳杆菌、戊糖片球菌、乳酸片球菌（*P. acidilactic*）、啤酒片球菌（*P. cerevisiae*）等，其中植物乳杆菌、戊糖片球菌和乳酸片球菌目前使用最广泛。微球菌发酵产酸速度慢，主要作用是还原亚硝酸盐和形成过氧化氢酶，促进肉制品发色和分解过氧化物，分解蛋白质和脂肪改善产品风味。变异微球菌（*Micrococcus varians*）是目前用于肉制品发酵的主要微球菌菌种。用于发酵肉制品生产的葡萄球菌主要有肉葡萄球菌和木糖葡萄球菌（*S. xylosus*）。葡萄球菌在发酵肉制品成熟过程中可以起到加快发色产酸的速度，抑制腐败菌和病原菌生长，缩短加工时间等作用。

在欧洲地区经常使用霉菌作为发酵香肠和火腿的菌种，我国较少使用。用于肉品发酵的霉菌主要是青霉（*Penicillium*），如产黄青霉（*P. chrysogenum*）、纳地青霉（*P. nalgiovense*）、娄地青霉（*P. roqueforti*）等。酵母菌中的汉逊德巴利酵母（*D. hansenii*）和法马塔假丝酵母（*Candida famata*）也是发酵肉制品中的常用微生物（表 1-5）。

表 1-5　　　　　　　　　　　　微生物在发酵香肠中的作用

微生物	代谢活性	在香肠发酵过程中的作用
乳酸菌	产生乳酸	抑制病原菌生长，加速色泽形成和干燥
过氧化氢酶阳性球菌	还原硝酸盐和亚硝酸盐，消耗氧，破坏过氧化物，形成羟基和酯	形成和稳定色泽，去除多余的硝酸盐，延缓酸败，形成香味和风味
酵母菌	消耗氧	延缓酸败，稳定色泽，形成香味和风味
霉菌	形成表面菌落，消耗氧，氧化乳酸，降解蛋白质和脂肪	抑制不需要的霉菌，利于干燥，延缓酸败，稳定色泽，形成风味

资料来源：张兰威，2014。

发酵香肠的生产工艺：

原料肉 → 绞碎 → 拌入配料（腌制剂、发酵剂）→ 腌制 → 灌肠（接种霉菌或酵母菌）→ 发酵 → 干燥 → 烟熏 → 成品

用于发酵香肠的肉糜中瘦肉的含量为 50%～70%，各种肉类都可以作为发酵香肠的原料。腌制剂中一般含有食盐、亚硝酸盐、硝酸盐、香辛料、酸味剂（如 σ-酸内酯）等成分。发酵剂的接种量一般为 10^6～10^7 CFU/g 肉馅。肉馅与各种配料斩拌均匀后在 4.4～10℃下腌制 48～72h，硝酸盐在片球菌和葡萄球菌的作用下还原为亚硝酸盐，产生典型的腌制红色和腌制肉的风味。传统上香肠的发酵温度为 15.6～23.9℃，相对湿度 80%～90%。现代化的加工中，发酵和烟熏同时在空调室中进行，温度 21.1～37.8℃，相对湿度 80%～90%。发酵时间 12～24h，pH 降低到 4.8～4.9 时已发酵充分。发酵后，香肠经煮熟、半煮熟或直接放在干燥室内干燥，干燥温度 8.3～21.1℃，相对湿度 75%～80%。

2. 谷氨酸生产的发酵剂

谷氨酸钠俗称味精，在食品工业中被广泛用作鲜味剂，对香味也有增强作用。工业上是利用微生物发酵生产谷氨酸后，加碱中和制备出谷氨酸钠。谷氨酸发酵的微生物利用糖酵解途径分解葡萄糖形成丙酮酸后，进一步生成乙酰 CoA，进入三羧酸循环，生成 α-酮戊二酸。在有 NH_4^+ 存在时由谷氨酸脱氢酶催化生成 L-谷氨酸。

(1) 谷氨酸发酵的生产菌株　主要分布在棒杆菌属（*Corynebacterium*）、短杆菌属（*Brevibacterium*）、微杆菌属（*Microbacterium*）、节杆菌属（*Arthrobacter*）。目前，我国谷氨酸发酵最常用的菌种有北京棒杆菌（*C. pekinense*）AS 1.299 和钝齿棒杆菌（*C. crenatum*）AS 1.542。

①北京棒杆菌 AS 1.299：细胞呈短杆或棒状，有时略呈弯曲状，两端钝圆，排列为单个、成对或 V 字形。革兰染色阳性。无芽孢，无鞭毛，不运动。在牛肉膏蛋白胨培养基上的菌落呈圆形，中间隆起，表面光滑湿润，边缘整齐，菌落颜色开始呈白色，直径 1mm，随培养时间延长变为淡黄色，直径增大至 6mm，不产水溶性色素。液体培养稍混浊，有时表面呈微环状，管底有粒状沉淀。化能异养型，能利用葡萄糖、果糖、甘露糖、麦芽糖，不分解淀粉、纤维素。铵盐和尿素均可作为氮源，能还原硝酸盐。要求多种无机离子，需要生物素作为生长因子，同时加入硫胺素具有明显的促生长作用。好氧或兼性厌氧，过氧化氢酶反应阳性。最适生长温度 30～32℃，最适生长 pH 6.0～7.5。在含 7.5% NaCl 或 2.6% 尿素肉汁培养

基中生长良好，10%的 NaCl 或 3%尿素抑制生长。不受钝齿棒杆菌 AS 1.542 噬菌体侵染。

②钝齿棒杆菌 AS 1.542：细胞呈短杆或棒状，两端钝圆，排列为单个、成对或 V 字形。革兰染色阳性。无芽孢，无鞭毛，不运动。细胞内次极端有异染颗粒并存在数个横隔。牛肉膏蛋白胨培养基上的菌落扁平，呈草黄色，表面湿润无光泽，边缘较薄呈钝齿状，不产水溶性色素，直径 3~5mm。液体培养混浊，表面有薄菌膜，管底有较多沉淀。化能异养型，能利用葡萄糖、果糖、甘露糖、麦芽糖、蔗糖、水杨苷、七叶灵以及乙酸、柠檬酸、乳酸、葡萄糖酸、延胡索酸等多种有机酸作为碳源，进行谷氨酸发酵，不分解淀粉、纤维素、油脂和明胶。铵盐和尿素均可作为氮源，能还原硝酸盐，不同化酪蛋白。要求多种无机离子，需要生物素作为生长因子。好氧或兼性厌氧，过氧化氢酶反应阳性。20~37℃生长良好，39℃生长微弱，最适生长温度 30℃。pH 6~9 生长良好，pH 10 生长减弱，pH 4~5 不生长。在含 7.5% NaCl 或 2.5%尿素肉汁培养基中生长良好，10% NaCl 和 3% 尿素抑制生长。不受北京棒杆菌 AS 1.299 的噬菌体侵染。

（2）味精的生产工艺

淀粉水解糖的制备 → 添加氮源、无机盐和生长因子 → 接种二级种子 → 谷氨酸发酵 → 谷氨酸的提取分离 → 加碱中和 → 除铁脱色 → 浓缩 → 干燥 → 成品

淀粉水解糖是指淀粉水解后所得的葡萄糖液。具体到实际中就是淀粉质原料玉米、甘薯、小麦、大米等经过水解得到的糖液。淀粉的水解方法有酸水解法、酶水解法、酸酶水解法、酶酸水解法等，目前在国内应用较广泛的为酸水解法。糖蜜也可以作为谷氨酸发酵的碳源。

发酵培养基配好灭菌后，接入扩大培养的菌种，进行谷氨酸发酵。发酵前期主要是菌体大量生长的阶段，温度控制在 30~32℃；发酵中后期，菌体进入平衡期，谷氨酸开始大量被合成，温度也提高到 34~36℃。发酵终了，可以通过低温等电点法、离子交换树脂、电渗析等方法从发酵液中提取出谷氨酸。谷氨酸经加碱中和、脱色、浓缩、干燥制备出味精。

3. 醋酸菌发酵剂

醋酸菌不是细菌分类学名词，在细菌分类学中主要分布于醋酸杆菌属（*Acetobacter*）和葡萄糖杆菌属（*Gluconobacter*）。前者最适生长温度 30℃以上，氧化酒精生成乙酸的能力强，有些能继续氧化乙酸生成二氧化碳和水；后者最适生长温度 30℃以下，氧化葡萄糖生成葡萄糖酸的能力强，而氧化酒精生成醋酸的能力弱，不能继续氧化乙酸生成二氧化碳和水。用于酿醋的醋酸菌种大多属于醋酸杆菌。

醋酸杆菌的细胞呈椭圆形杆状，革兰阴性，无芽孢，有鞭毛或无鞭毛，运动或不运动，形态不稳定，老化细胞或在不适宜条件培养，细胞常出现多形态性；其中极生鞭毛菌不能将醋酸氧化为二氧化碳和水，而周生鞭毛菌可将醋酸氧化成二氧化碳和水。不产色素，液体静置培养时形成菌膜。化能异养型，能利用葡萄糖、果糖、蔗糖、麦芽糖、酒精作为碳源，可利用蛋白质水解物、尿素、硫酸铵作为氮源，生长繁殖需要的无机元素有 P、K、Mg。严格好氧，接触酶反应阳性，具有醇脱氢酶、醛脱氢酶等氧化酶类，因此除能氧化酒精生成乙酸外，还可氧化其他醇类和糖类生成相应的酸和酮。具有一定产酯能力。最适生长温度 30~35℃，不耐热。最适生长 pH 为 3.5~6.5。某些菌株耐酒精和耐醋酸能力强，不耐食盐。

(1) 工业中常用的醋酸菌

①纹膜醋酸杆菌：液体培养静置时在液面形成乳白色、皱褶状的黏性菌膜。振荡培养时，液体变混浊。能产生葡萄糖酸，最高产醋酸量8.75%；最适生长温度30℃，能耐14%~15%的酒精。

②奥尔兰醋酸杆菌（A. orleanense）：属于纹膜醋酸杆菌的亚种，是法国奥尔兰地区用葡萄酒生产食醋的菌种。最高产乙酸量2.9%，耐酸能力强，能产生少量的酯；最适生长温度30℃。

③许氏醋酸杆菌：它是法国著名的速酿食醋菌种，也是目前酿醋工业重要的菌种之一。最高产醋酸量达11.5%，对醋酸没有进一步的氧化作用，耐酸能力较弱；最高生长温度37℃。

④醋酸杆菌AS 1.41：是我国酿醋工业常用菌种之一。产乙酸量6%~8%，可将乙酸进一步氧化为二氧化碳和水；最适生长温度28~30℃；耐酒精浓度8%。

(2) 食醋酿造中的其他微生物　酿造食醋是以粮食等淀粉质为原料，经微生物制曲、糖化、酒精发酵、醋酸发酵等阶段酿制而成。因此，食醋的整个发酵过程是多种微生物的共同作用，除了利用醋酸菌氧化乙醇形成乙酸外，还需利用霉菌将原料中的淀粉分解产生可发酵性糖类，提供给酵母菌，进行酒精发酵。

①淀粉液化、糖化微生物：曲霉（Aspergillus），常用菌种如甘薯曲霉（A. batata）AS3.324、黑曲霉（A. niger）AS3.4309、宇佐美曲霉（A. usamii）AS3.758等。

②酒精发酵微生物：酵母属（Saccharomyces）中的酵母菌，如K字酵母、1300酵母、黄酒酵母工农501等。

(3) 食醋发酵工艺　我国食醋发酵主要有固态发酵法、酶法液化通风回流制醋、液体深层发酵法、速酿法等几种发酵工艺，适用的发酵原料不同、工艺流程不同，各有优缺点。传统的固态发酵法制醋一般以粮食为主料，原料适用性广，拌入大量疏松辅料，如麸皮、谷糠、稻壳等，使醋醅呈蓬松的固态。淀粉质原料先经蒸煮、糊化、麸曲糖化，再经固态的酒精发酵、醋酸发酵而成，利用三次套淋法抽提食醋。

固态发酵法工艺流程：

甘薯干/高粱 → 粉碎 → 与细谷糠混合 → 润水 → 蒸熟 → 摊晾过筛 → 接入麸曲、酒母 → 入缸 → 糖化、酒精发酵 → 拌入粗谷糠 → 接入醋母 → 醋酸发酵 → 加盐 → 后熟 → 淋醋 → 陈酿 → 澄清 → 配制 → 灭菌 → 成品

淀粉糖化及酒精发酵时，控制醋醅的醅温在35℃以下，当温度上升至38℃时，通过倒醅（也称倒缸）调节温度和湿度，发酵5d左右（冬天可延长至7d），醋醅酒精含量达到8%左右。乙酸发酵应控制醋醅温度在39~40℃，不得超过42℃；通过倒醅来控制醋醅的温度，并使空气流通。经12d左右，醋醅温度开始下降，当乙酸含量达到7%以上，乙酸发酵结束。然后加盐、淋醋，将醋醅中的有用成分溶解出来，再经过陈酿、澄清、配制、灭菌等步骤制成食醋。

(二) 细菌来源的食品生物防腐剂

食品经过发酵不仅可以产生独特的风味，还由于发酵菌种产生各种具有抗菌活性的代谢产物得以延长其保质期。这些抑菌物质有一些已经在食品中应用了很长时间，如乳酸盐、乙

酸盐等，而其他一些物质也成为潜在的食品生物防腐剂。现已知的细菌产抗菌物质见表1-6。

表1-6　　　　　　　　　　　　　　　　细菌产抗菌物质

代谢产物	作用
有机酸：乳酸、乙酸、丙酸	抑制细菌和真菌
醛、酮和醇类	抑制细菌
过氧化氢	抑制细菌、真菌和噬菌体
3-羟基丙醛	抑制细菌和真菌
细菌素	通常抑制革兰阳性细菌

资料来源：江汉湖，2011。

乳酸菌是最常见的产抗菌物质的细菌之一。乳酸菌活细胞本身就可以作为食品防腐剂，在小于5℃条件下冷藏的食品中添加大剂量的嗜中温乳酸菌，如乳酸乳球菌、乳杆菌和片球菌，能控制腐败菌和致病菌的生长。乳酸菌产生的很多代谢产物，如乳酸、双乙酰、过氧化氢、3-羟基丙醛等，在一定浓度下可以抑制革兰阴性细菌、革兰阳性细菌、真菌的生长甚至病毒的活性。醋酸杆菌和丙酸杆菌（*Propionibacterium*）产生的乙酸、丙酸已经被添加到各类食品中，以增加风味、延长货架期，并抑制有害微生物的生长，保证食品安全。

细菌素是由细菌产生的具有生物活性的多肽。很多细菌可以产生细菌素，如乳酸乳球菌、嗜热链球菌、嗜酸乳杆菌、植物乳杆菌、米酒乳杆菌、弯曲乳杆菌（*L. curvatus*）、肠膜明串珠菌、肉色明串珠菌（*L. carnosum*）、硬明串珠菌（*L. gelidium*）、乳酸片球菌、戊糖片球菌、小片球菌（*P. parvulus*）、嗜盐四联球菌（*Tetragenococcus halophilus*）、栖鱼肉杆菌（*Carnobacterium piscicola*）、粪肠球菌（*Enterococcus faecalis*）、屎肠球菌（*E. faecium*）和双歧杆菌。乳酸菌产生的细菌素通常对革兰阳性细菌敏感，对食品中损伤的革兰阴性细菌也发挥有效的杀灭作用。目前，在食品应用中研究得最透彻的细菌素是乳酸链球菌素（nisin）。它对葡萄球菌属、肠球菌属、片球菌属、明串珠菌属、李斯特菌属、梭状芽孢杆菌属和芽孢杆菌属有很强的抑制作用，被允许在罐藏食品、植物蛋白食品、肉制品和乳制品中使用。

（三）细菌来源的食品配料和酶

许多微生物的代谢产物可以作为食品添加剂使用，以改善食品的营养价值、风味、色泽和组织状态。工业上可以利用细菌发酵生产氨基酸、核苷酸、维生素、胞外多糖、酶制剂、风味化合物、单细胞蛋白、有机酸和防腐剂等。

1. 氨基酸

氨基酸是组成蛋白质的基本单位。在食品工业中，氨基酸除了有营养价值外，还具有调味、增香、保鲜、护色、抗氧化等多种功能。目前能够发酵生产的氨基酸中，以谷氨酸的产量最大，其次是赖氨酸，其他氨基酸如苏氨酸、天冬氨酸和缬氨酸等生产规模较小。谷氨酸对于大脑有营养和保健作用，可以促进幼儿大脑智力发育，对于神经系统疾病如神经衰弱、癫痫等有一定疗效。赖氨酸是人体必需的氨基酸之一，是重要的食品营养强化剂，谷物类食品中常需要补充赖氨酸。发酵生产赖氨酸的菌种，一般是根据赖氨酸生物合成途径，由谷氨酸生产菌种经诱变获得各种突变株。苏氨酸、天冬氨酸和缬氨酸的发酵生产也常用细菌作为生产菌种。

2. 核苷酸

在食品工业中经常使用呈味核苷酸作用鲜味剂，当它与味精混合使用时，可以使鲜度成倍提高。呈味核苷酸通常指 5′-肌苷酸（IMP）和 5′-鸟苷酸（GMP）。IMP 的生产菌种主要为产氨短杆菌（*Brevibacterium ammoniagenes*）、谷氨酸棒杆菌的突变株。GMP 生产菌种大多是枯草杆菌的高产突变株。

3. 维生素

维生素是一类维持人体正常生理生化功能不可缺少的低分子有机化合物。人体自身不能合成，只能从外界摄取，部分维生素已经可以利用微生物发酵生产。维生素 C 生产常采用二次发酵法，第一次发酵是将 D-山梨醇转化为 L-山梨糖，弱氧化醋酸杆菌（*Acetobacter suboxydans*）和生黑醋酸杆菌（*A. melanogenum*）是常用的发酵菌种；第二次发酵是将 L-山梨糖转化为 2-酮基-L-古洛糖酸，利用氧化葡萄糖杆菌（*Gluconobacter oxydans*）和沟槽假单胞菌（*Pseudomonas striata*）、巨大芽孢杆菌、蜡样芽孢杆菌等共生发酵；2-酮基-L-古洛糖酸经后续的化学合成工艺进一步转化为维生素 C。维生素 B_{12} 常用谢氏丙酸杆菌（*P. shermanii*）、费氏丙酸杆菌和脱氮假单胞菌（*P. denitrificans*）来发酵生产。

4. 细菌胞外多糖

微生物胞外多糖是微生物在生长代谢过程中分泌到细胞壁外，易与菌体分离或分泌到环境中的水溶性多糖。很多微生物都具备产生胞外多糖的能力，目前已投产的细菌胞外多糖主要三种：黄原胶（xanthan gum）、结冷胶（gellan gum）和可得然胶（curdlan）。黄原胶是野油菜黄单胞菌（*Xanthomonas campestris*）发酵生产的，是世界上生产规模最大、用途最广的微生物多糖。黄原胶是理想的增稠剂、乳化剂和成型剂等，可以用于面包、冰淇淋、乳制品、肉制品、果酱、果冻、饮料等食品中。结冷胶是由少动鞘氨醇单胞菌（*Sphingomonas paucimobilis*）发酵生产的，作为增稠剂、稳定剂，可应用于各类食品。可得然胶主要利用产碱杆菌（*Alcaligenes*）发酵生产，作为增稠剂、稳定剂、凝固剂等，可用于生干面制品、生湿面制品、方便面制品、豆腐类制品、熟肉制品、西式火腿、肉灌肠类食品中。

5. 食品加工中使用的酶

许多酶作为食品添加剂在食品工业中被广泛应用，用于食品保鲜和淀粉类食品、蛋白质类食品、果蔬食品、果酒等的生产。这些酶可以利用霉菌、酵母菌和细菌发酵生产。可以由细菌生产的主要有 α-淀粉酶、D-葡萄糖异构酶、半纤维素酶、脂肪酶和蛋白酶。α-淀粉酶用于酿造和焙烤食品中，分解淀粉，在面包制作中延缓老化。D-葡萄糖异构酶可以将葡萄糖转化为果糖，与淀粉酶、糖化酶一起可以用于淀粉生产高果糖浆。半纤维素酶主要用于果汁澄清。蛋白酶在食品中被用于肉类嫩化、乳酪的制作。脂肪酶与某些蛋白酶一起可以加速乳酪风味的形成。

（四）肠道益生菌

益生菌（probiotics）一般指在消化道中能达到一定数量，并且其益生作用远超过肠道中营养素的活细胞产品。用于人体保健的益生菌菌种主要涉及双歧杆菌、乳杆菌、肠球菌、芽孢杆菌、丁酸梭菌等。人们主要通过发酵乳制品或其他添加益生菌的食品、药品摄入益生菌活细胞。

益生菌定植于肠上皮细胞表面，形成一层覆盖于肠上皮的益生菌膜，形成肠道优势菌群；部分益生菌还可以通过竞争性占位与肠上皮细胞受体结合，进而抑制病原微生物在肠道内的繁殖，改善宿主上皮细胞的屏障功能。益生菌产生的有机酸、细菌素和蛋白质可以改变细菌细胞膜的通透性，调节肠道 pH，抑制有害菌的生长繁殖。益生菌能够增强免疫细胞的吞噬活性和 NK 细胞的细胞毒性，还能刺激树突状细胞和肠上皮细胞分泌细胞因子，激活 Th1 免疫应答，调节细胞间传递信号 NF-κB 通路的作用。益生菌还能起到降低血清胆固醇水平、降低直肠癌发病率、减缓过敏性疾病等益生作用。

二、细菌与食品腐败变质

食品中微生物的生长或其所产的胞外酶、胞内酶（细胞溶解后）释放到环境中都会引起食品的腐败。通过食物色泽、气味、组织状态的改变、黏液的产生、气体或泡沫的产生、渗出汁液等现象可判断食品腐败是否发生。原料和大部分经过加工的食品通常都含有种类繁多能够繁殖并引起腐败的各种微生物。微生物繁殖是引起食品腐败的重要因素，细菌由于繁殖速度快更容易导致食品变质，其次是酵母菌，然后是霉菌。

（一）一些重要的食品腐败细菌

1. 革兰阴性腐败菌

假单胞菌属、腐败希瓦菌（*Shewanella putrefaciens*）、气单胞菌属（*Aeromonas*）易使乳制品、畜禽肉、鱼肉及鲜蛋在冷藏过程中发生腐败。胡萝卜软腐欧文杆菌（*Erwinia carotovora*）和各种假单胞菌容易引起蔬菜的腐败。

2. 革兰阳性无芽孢腐败菌

乳酸菌和热杀索丝菌（*Brochothrix thermosphacta*）是在真空包装或改良气体包装中引起肉类腐败的典型微生物。醋酸杆菌属和片球菌属的细菌在啤酒中产生一种黏性的多聚糖。乳酸菌和醋酸菌可以耐受低的 pH，能够在 pH 4.6 或更低的食品中快速生长，因此，不但会引起啤酒和葡萄酒的变质，而且经常导致酸性食品如果汁、泡菜、沙拉等的腐败。

3. 革兰阳性有芽孢腐败菌

芽孢杆菌和梭状芽孢杆菌（俗称梭菌）的芽孢经过一般热处理后仍能存活，是导致热处理加工后的食品腐败的重要微生物。蜡样芽孢杆菌 5℃ 时能在巴氏杀菌乳中生长，嗜热脂肪芽孢杆菌（*B. stearothermophilus*）、热解糖梭菌（*C. thermosaccharolyticum*）、致黑脱硫肠状菌（*Desulfotomaculum nigrificans*）等常引起罐藏食品的变质。

（二）冷藏食品中的腐败细菌

食品在低温下，酶的活性及生化反应得到延缓，食品中残存微生物的生长繁殖速度大大降低或完全受抑制，从而延缓食品的变质，在一定期限内，可以较好保持食品的品质。但在冷藏食品中，仍然有一部分嗜冷菌或耐冷菌可以生长，最终导致食品的腐败。

1. 一些重要的好氧嗜冷腐败细菌

主要包括假单胞菌属的一些种，如荧光假单胞菌（*P. fluorescens*）、莓实假单胞菌（*P. fragi*）、不动杆菌属（*Acinetobacter*）、莫拉菌属（*Moraxella*）和黄杆菌属（*Flavobacterium*）等。

2. 一些重要的兼性厌氧嗜冷腐败细菌

主要包括热杀索丝菌、液化沙雷菌（*Serratia liquefaciens*）、腐败希瓦菌和乳杆菌属、明串珠菌属、产碱杆菌、肠杆菌属（*Enterobacter*）、变形杆菌属（*Proteus*）、哈夫尼菌属（*Hafnia*）的一些种。

3. 重要的耐热嗜冷菌

主要包括一些兼性厌氧菌,如凝结芽孢杆菌(*B. coagulans*)和巨大芽孢杆菌、某些绿色乳杆菌(*L. viridescens*)菌株以及拉勒米梭菌(*C. laramie*)、酯化梭菌(*C. estertheticum*)、阿吉梭菌(*C. algidicarnis*)、腐化梭菌(*C. putrefaciens*)等梭菌属的细菌。

各类食品腐败中的常见细菌见表1-7。

表1-7 各类食品腐败中的常见细菌

食品类型	导致腐败的主要细菌
粮食	芽孢杆菌属
鲜肉(红肉)	假单胞菌属、无色杆菌属、变形杆菌属、不动杆菌属、莫拉菌属、希瓦菌属、产碱杆菌属、气单胞菌属、埃希氏菌属、肠杆菌属、沙雷菌属、哈夫尼菌属、索丝菌属、微球菌属(*Micrococcus*)、肠球菌属、乳杆菌属、明串珠菌属、肉食杆菌属(*Carnobacterium*)、梭菌属
腌肉	链球菌属、乳杆菌属、假单胞菌属、无色杆菌属、芽孢杆菌属、微球菌属、变形杆菌属
鱼及其制品	假单胞菌属、不动杆菌属、莫拉菌属、黄杆菌属、希瓦菌属、产碱杆菌属、弧菌属、大肠菌群
禽及其制品	假单胞菌属、微球菌属、无色杆菌属、变形杆菌属、产气杆菌属
乳及其制品	假单胞菌属、产碱杆菌属、黄杆菌属、变形杆菌属、乳球菌属、乳杆菌属、肠球菌属、微球菌属、芽孢杆菌属、梭菌属、大肠菌群
蛋及其制品	假单胞菌属、变形杆菌属、产碱杆菌属、气单胞菌属、大肠菌群
罐头制品	芽孢杆菌属、梭菌属、致黑脱硫肠状菌
蔬菜	假单胞菌属、欧文菌属、芽孢杆菌属、梭菌属
水果	乳酸菌、醋酸杆菌属、葡萄糖氧化杆菌属

三、 细菌性食物中毒

(一)细菌性食物中毒的概述

1. 食源性疾病与食物中毒

食源性疾病(foodborne diseases)是当今世界分布最广泛、最常见的疾病之一,是一项重要的公共卫生问题。"食源性疾病"一词是由传统的"食物中毒"演化而来的,是人们对"由食物引起的疾病"认识上的发展。根据世界卫生组织的定义,食源性疾病是指通过摄食而进入人体的有毒有害物质(包括生物性病原体)等致病因子所造成的疾病。一般可分为感染性和中毒性,包括常见的食物中毒、经食物而感染的肠道传染病、人畜共患传染病、食源性寄生虫病、食物过敏以及由食物中有毒有害物质所引起的慢性中毒性疾病。

食物中毒是指摄入了含有生物性、化学性有毒有害物质的食品或者把有毒有害物质当作食品摄入后出现的非传染性的急性、亚急性疾病。食物中毒既不包括因暴饮暴食而引起的急性胃肠炎、食源性肠道传染病（如伤寒）和寄生虫病（如旋毛虫），也不包括因一次大量或长期少量多次摄入某些有毒、有害物质而引起的以慢性损害为主要特征（例如致癌、致畸、致突变）的疾病。

细菌性食物中毒是指摄入了某些病原菌或其毒素污染的食品后出现的非传染性的急性、亚急性疾病。细菌性食物中毒是最常见的食物中毒。能引起食物中毒的细菌有许多种，几乎所有的食品都有被各种细菌污染的机会。近年来，我国发生的细菌性食物中毒多以沙门菌、变形杆菌和金黄色葡萄球菌食物中毒为主，其次为副溶血性弧菌、蜡样芽孢杆菌食物中毒。

2. 细菌性食物中毒的特点

细菌性食物中毒发病率高，有明显的季节性，全年都可发生，但以 5 月至 10 月为高发期，温度较高适于细菌生长繁殖或产生毒素。大多数细菌性食物中毒病程短、恢复快、预后好、病死率低，但肉毒梭菌和单核细胞增生李斯特菌（*Listeria monocytogenes*）等引起的食物中毒病死率较高。引起细菌性食物中毒的食物以动物性食品为主，其中猪肉类及其制品居首位，植物性食品如剩饭、米糕等也可能引发食物中毒。

3. 细菌性食物中毒的分类

根据细菌性食物中毒的病原和发病机制，可将细菌性食物中毒分为感染型、毒素型和混合型三种。

（1）感染型（侵袭型） 细菌污染食品，并在其中大量生长繁殖，达到中毒数量，大量活菌随食物进入人体，侵犯肠黏膜，附着在肠黏膜上或侵入黏膜或黏膜下层，引起肠黏膜充血、白细胞浸润、水肿、渗出等炎性病理变化，出现胃肠炎症状。沙门菌、变形杆菌等常引起该种类型食物中毒。

（2）毒素型 细菌污染食品后，生长繁殖并产生有毒的代谢产物（外毒素），外毒素随着食品进入人体，引发食物中毒。肉毒梭菌、金黄色葡萄球菌等常引起该种类型食物中毒。

（3）混合型 某些致病菌如副溶血性弧菌进入肠道后，除侵袭肠黏膜引起炎性反应外，还能产生肠毒素，通过两者共同作用引发食物中毒。

（二）常见的食源性病原菌

常见的食源性病原菌如表 1-8 所示。

表 1-8 常见的食源性致病菌

微生物名称	拉丁文种名	主要污染食品种类
沙门菌属	*Salmonella*	各种动物性食品
志贺菌属	*Shigella*	沙拉、凉拌菜
金黄色葡萄球菌	*S. aureus*	各种动物性食品及含有淀粉的食品
肉毒梭菌	*C. botulinum*	家庭自制的发酵豆类、谷类食品
大肠杆菌	*E. coli*	各种动物性食品
副溶血性弧菌	*V. parahemolyticus*	海产品

续表

微生物名称	拉丁文种名	主要污染食品种类
蜡样芽孢杆菌	*B. cereus*	米饭、米粉、甜酒酿、剩菜及乳、肉类
产气荚膜梭菌	*C. perfringens*	肉类和鱼贝类等蛋白质性食品
单核细胞增生李斯特菌	*L. monocytogenes*	冷藏保存时间过长的乳制品和肉制品
空肠弯曲杆菌	*C. jejuni*	乳制品、肉制品
椰毒伯克霍尔德菌	*Burkeholderia cocovenenans*	谷类发酵制品、变质银耳、薯类制品
变形杆菌	*Proteus*	熟肉制品

1. 沙门菌属

沙门菌属是细菌性食物中毒中常见的致病菌，食物中毒来源于食用了含有大量活菌的食品。沙门菌食物中毒的发病率较高，占总食物中毒的40%~60%。沙门菌的分布遍及自然界，在人、动植物、土壤、冰雪、食物中均能找到。沙门菌污染肉类食物的概率很高，健康畜禽肠道中沙门菌的检出率为2%~15%，鸭、鹅等水禽及其蛋类带菌率30%~40%，病猪肠道中沙门菌的检出率高达70%，健康人类粪便中沙门菌检出率0.02%~003%，腹泻患者粪便中沙门菌的检出率8.6%~18.8%。除引起食源性肠道传染病的伤寒沙门菌（*S. typhi*）、副伤寒沙门菌（*S. paratyphi*）外，引起感染性食物中毒的沙门菌主要有猪霍乱沙门菌（*S. choleraesuis*）、鼠伤寒沙门菌（*S. typhimurium*）、肠炎沙门菌（*S. enteritidis*）、汤卜逊沙门菌（*S. thompson*）。

（1）生物学特性　两端钝圆的短杆菌，菌体长2~5μm，宽0.7~1.5μm，散在，无荚膜和芽孢，除鸡白痢沙门菌（*S. pullorum*）、鸡伤寒沙门菌（*S. gullinarum*）外都具有周身鞭毛，能运动，大多数具有菌毛，能吸附于宿主细胞表面或凝集豚鼠红细胞。需氧及兼性厌氧菌。在普通琼脂培养基上生长良好，培养24h后，形成中等大小、圆形、表面光滑、无色半透明、边缘整齐的菌落，其菌落特征也与大肠杆菌相似（无粪臭味）。沙门菌在水中可生存2~3周，冻土中可过冬，咸肉中生活75d；100℃立即死亡，70℃加热5min死亡。

（2）常见引起中毒的食品　引发沙门菌中毒的食品主要是各种肉类、鱼类、蛋类和乳类，其中肉类占多数。沙门菌特别适宜在含蛋白质较多的食品中生长繁殖，因此沙门菌食物中毒多因摄食了受污染的动物性食品。植物性食品很少出现食物中毒事件，但美国2009年发生了由于花生酱受到沙门菌污染而导致的食物中毒，44个州发生疫情，636人感染，9人死亡。

（3）感染剂量　食入含有大量活菌（2×10^5CFU/g）的食品。

（4）中毒症状　沙门菌主要来源于污水、动物及人的粪便，进入人的肠道后大量繁殖，使肠黏膜发炎，菌体释放内毒素引起机体中毒。多见急性胃肠炎型，潜伏12~24h后，突然头疼、恶心、呕吐、腹痛、腹泻、体温38℃以上、畏寒。

2. 志贺菌属

志贺菌属是一类革兰阴性杆菌，是人类细菌性痢疾最为常见的病原菌，俗称痢疾杆菌。细菌性痢疾又称志贺菌病，是发展中国家的常见病、多发病，严重危害着人们的健康，尤其是儿童的生长发育。据1994—1997年的监测资料表明，我国年报告病例在60万~85万，发病率居甲乙类传染病之首,病死率为 0.04%~0.07%。志贺菌属包括 4 个种:痢疾志贺菌 (*S. dysenteriae*)、宋氏志贺菌 (*S. sonnei*)、鲍氏志贺菌 (*S. boydii*)、福氏志贺菌 (*S. flexneri*),其中痢疾志贺菌是导致典型细菌型痢疾的病原菌,人类是唯一的患者和带菌者,引起食物中毒的主要是宋内志贺菌和福氏志贺菌。

(1) 生物学特性 菌体长 2~3μm,宽 0.5~0.7μm,无芽孢,无荚膜,无鞭毛。多数有菌毛。为兼性厌氧菌,能在普通培养基上生长,形成中等大小、半透明的光滑型菌落。志贺菌在自然界中生活能力较差,阳光下 30min 可杀死,耐寒,冰块中存活 3 个月,10~37℃水中存活 30d,10~25℃粪便中存活 10d,在牛乳、果蔬、饮料中可生存 1~2 周,污染的用具、衣物可带菌数月之久。该菌加热到 60℃经 10~30min 即可死亡。

(2) 常见引起中毒的食品 志贺菌食物中毒通过粪口途径传播,在食品加工企业、集体食堂、饮食行业的从业人员中,痢疾患者或健康带菌者的手是造成食品污染的主要原因。沙拉、凉拌菜是常见的引发志贺菌食物中毒的食物。

(3) 感染剂量 10 个菌细胞。

(4) 中毒症状 痢疾的潜伏期长短不一,最短的数小时,最长的 8d,多数为 2~3d。志贺菌具有强烈的内毒素,作用于肠壁,出现腹痛、里急后重、典型的脓血黏液便、发热,甚至中毒性休克等。

3. 葡萄球菌属

葡萄球菌广泛分布于空气、土壤、水、餐具、患有化脓性皮肤病、急性上呼吸道炎症和口腔疾病的病人,健康人的咽喉、鼻腔、皮肤、头发经常有产肠毒素的菌株,经口、呼吸道、密切接触等均为该菌的传播途径。健康人的带菌率达 20%~30%,上呼吸道感染者鼻腔带菌率可达 80%。

葡萄球菌中金黄色葡萄球菌致病力最强,可产生肠毒素、杀白血球素、溶血素等毒素,引起食物中毒的是肠毒素。肠毒素作用于胃肠黏膜,引起充血、水肿甚至糜烂等炎症变化及水与电解质代谢紊乱,出现腹泻,同时刺激迷走神经的内脏分支引发反射性呕吐。

(1) 生物学特性 葡萄球菌呈球形或椭圆形,直径 10μm 左右,排列成葡萄状。无鞭毛,不能运动。无芽孢,除少数菌株外一般不形成荚膜。营养要求不高,在普通培养基上生长良好,在含有血液和葡萄糖的培养基中生长更佳,需氧或兼性厌氧,少数专性厌氧。28~38℃均能生长,致病菌最适温度为 37℃,pH 为 4.5~9.8,最适 pH 为 7.4。在液体培养基中 24h 后呈均匀混浊生长,在琼脂平板上形成圆形凸起、边缘整齐、表面光滑、湿润、不透明的菌落。不同种的菌株产生不同的色素,如金黄色、白色、柠檬色。色素为脂溶性。葡萄球菌在血琼脂平板上形成的菌落较大,有的菌株菌落周围形成明显的完全透明溶血环(β 溶血),也有不发生溶血者。溶血性的菌株大多具有致病性。葡萄球菌对干燥、冷冻等外界环境耐受力强于其他无芽孢菌,在干燥衣物上可存活 3~6 个月,能在 10%~15% 的氯化钠或高糖浓度的食品中繁殖。对热有较强的抵抗力,70℃需 1h 方可灭活,80℃需 30min。

(2) 常见引起中毒的食品 乳及乳制品、腌制肉、鸡蛋及蛋制品、各类熟肉制品和含有淀粉的食品等,其次为含乳的冷冻食品。

(3) 感染剂量 1mg 毒素。

(4) 中毒主要症状 为急性胃肠炎症状,潜伏期 2~4h,恶心、反复剧烈呕吐,呕吐物中多有胆汁、黏液和血,伴有腹部痉挛性疼痛,腹泻为水样便,一般不发烧。

4. 肉毒梭菌

肉毒梭菌是一种厌氧产芽孢的革兰阳性杆菌，在自然界广泛分布，土壤、霉变的干草和畜禽类粪便中均存在，可引起严重的毒素型食物中毒。肉毒梭菌产生的外毒素——肉毒毒素（神经麻痹毒素）是目前已知的化学毒物与生物毒素中毒性最强烈的一种，其毒力比氰化钾强一万倍。不及时治疗，死亡率达70%。根据毒素的抗原性将其分为A、B、C_1、C_2、D、E、F和G七个型别，与毒素型别对应，肉毒梭菌也分为同样的七个型别。A、B、E、F四型毒素对人有不同程度的致病性。

（1）生物学特性　直或微弯的杆菌，菌体长4.4~8.6μm，宽0.8~1.3μm。周生鞭毛，芽孢卵圆形，次端生，无荚膜。菌体80℃ 20min或100℃ 10min灭活，芽孢可耐受100℃煮沸数小时，120℃ 5min，180℃干热5~15min灭活。A型毒素80℃ 30~60s失活，B型毒素80℃ 15s失活，E型更弱。肉毒梭菌适于生活在25~37℃，产生毒素的最适温度为20~35℃，pH 6.0~8.2，当温度高于55℃或低于15℃，pH<4.5或pH>9时，肉毒梭菌不能繁殖和形成毒素。

（2）污染来源及常见引起中毒的食品　污染来源是土壤、被泥土污染的粮食、蔬菜、水果、肉、鱼等。凡食用染有肉毒梭菌的原料在厌氧状态下制造或保存的食物，尤其有发酵过程或腐烂变质现象的食品，若不经加热直接供餐，就有引起食物中毒的危险。常引起中毒的食品主要为家庭自制的发酵豆、谷类食品，如豆豉、腐乳、面酱；其次为肉类和罐头食品，如香肠、罐头肉、罐头鱼等。

（3）感染剂量　几纳克毒素。

（4）中毒症状　肉毒中毒潜伏期一般为1~7d，进入肠道后，毒素被体内的胰蛋白酶活化释放出神经毒素，引起肌肉麻痹、神经功能不全。潜伏期24h，致死率84%，潜伏期72h，致死率55%。

①前期症状：疲倦无力、头痛、走路不稳、食欲不振，随后出现胃肠症状。

②特异症状：最早出现眼肌功能障碍如视力减弱、眼睑下降等，随后是对称性颅神经损害症状：视力模糊、张目困难、后颈部疼痛、抬头困难等；继续发展出现呼吸肌麻痹症状，导致死亡。患者一般体温正常，意识清楚。

5. 大肠杆菌

大肠杆菌广泛存在于人和动物的肠道中，属于肠道的正常菌群，通常不致病。部分菌株对人有致病性，当人体抵抗力下降或食入被大量致病性大肠杆菌活菌污染的食品时，便会发生食物中毒。目前已知的致病性大肠杆菌根据致病机制可分为五种类型：产肠毒素性大肠杆菌（enterotoxigenic *Escherichia coli*，ETEC）、肠出血性大肠杆菌（enterohemorrhagic *Escherichia coli*，EHEC）、肠侵袭性大肠杆菌（enterinvasive *Escherichia coli*，EIEC）、肠致病性大肠杆菌（enteropathogenic *Escherichia coli*，EPEC）和肠集聚性大肠杆菌（enteroaggregative *Escherichia coli*，EAggEC）。产肠毒性大肠杆菌是婴幼儿和旅行者腹泻的病原菌，可产生肠毒素；肠出血性大肠杆菌不产生肠毒素，不具有侵入细胞的能力，但可产生志贺样毒素，有极强的致病力，主要感染5岁以下儿童；肠侵袭性大肠杆菌较少见，大人和儿童都可能感染，不产肠毒素，能侵入小肠黏膜上皮细胞并在其中生长繁殖；肠致病性大肠杆菌是引起流行性婴儿腹泻的病原菌，不产肠毒素，但可产生一种与痢疾志贺样的毒素；肠集聚性大肠杆菌能引起婴儿持续性腹泻，不侵袭细胞，细菌通过菌毛黏附于肠黏膜上皮细胞，在细胞表面凝集，阻止液体吸收,并产生毒素。

(1) 生物学特性　革兰阴性短杆菌,菌体长度 1~3μm,宽度 0.5μm。周身鞭毛,能运动,无芽孢。能发酵多种糖类产酸、产气,是人和动物肠道中的正常栖居菌,婴儿出生后即随哺乳进入肠道,与人终身相伴,几乎占粪便干重的 1/3。对热的抵抗力较其他肠道杆菌强,55℃加热 60min 或 60℃加热 15min 仍有部分细菌存活。在自然界的水中可存活数周至数月,在温度较低的粪便中存活更久。

(2) 污染来源及常见引起中毒的食品　大肠杆菌可随粪便排出污染水源、土壤,受污染的水源、土壤及带菌者的手均可直接污染食物或通过食品容器再污染食品。主要由动物性食品引起食物中毒,如各类熟肉食品、蛋及其制品、生牛乳及其制品、汉堡包、乳酪等,其次为蔬菜、水果、鲜榨果汁等。中毒原因主要是食品未经彻底加热或加工过程中交叉污染。

(3) 感染剂量　婴儿非常低,成人 $10^6 \sim 10^9$ 个菌体细胞。

(4) 中毒症状

①急性胃肠炎型:主要由产肠毒素性大肠杆菌引起,潜伏期 10~15h,水样腹泻,腹痛、恶心,体温 38~40℃。

②急性菌痢型:主要由肠侵袭性大肠杆菌引起,潜伏期 48~72h,胃部痉挛性疼痛、水样腹泻,重者出现血样腹泻,发热。

③出血性肠炎型:主要由肠出血性大肠杆菌引起,潜伏期 3~4d,表现为突发性剧烈腹痛和便血,重者出现溶血性尿毒症。

6. 副溶血性弧菌

副溶血性弧菌是一种嗜盐性细菌,广泛存在于近海岸的海水、海底沉积物和鱼类、贝类等海产品中。副溶血性弧菌对食品的腐败作用很强,能很快使鱼贝类海产品的鲜度下降。当食物被污染后,在较高温度下存放,就会引起该菌的大量繁殖,食用前不加热或加热不彻底,大量活菌进入人体就可引起食物中毒。

(1) 生物学特性　革兰染色阴性,兼性厌氧菌,为多形态杆菌或稍弯曲弧菌。菌体长 1~2μm,宽 0.3~0.7μm,单端鞭毛。最适宜的培养条件:温度为 30~37℃,含盐量 2.5%~3%,pH 为 8.0~8.5。本菌对酸较敏感,当 pH 6 以下即不能生长,在普通食醋中 1~3min 即死亡。在固体培养基上菌落常隆起,呈圆形,表面光滑,湿润。在无盐的条件下不生长,氯化钠浓度高于 10% 不繁殖。对高温抵抗力小,50℃ 20min、65℃ 5min 或 80℃ 1min 即可被杀死。本菌对常用消毒剂抵抗力很弱,可被低浓度的酚和煤酚皂溶液杀灭。

(2) 常见引起中毒的食品　副溶血性弧菌主要污染海产品或盐腌渍品,如螃蟹、乌贼、章鱼、带鱼等,其次为蛋品、肉类和蔬菜,多因食物容器或砧板污染所引起,海港及鱼店附近的苍蝇带菌率也很高。

(3) 感染剂量　食入含有大量活菌（10^6 CFU/g）的食品。

(4) 中毒症状致病物质　主要有耐热性溶血素（溶血性、细胞毒性、心脏毒性）、脂多糖和脲酶（与腹泻有关）。各类人群均可感染,以青壮年为主,起病急骤,一般为 6~10h,最短者仅 1h,主要症状表现为:腹痛、腹泻、呕吐和发烧。

7. 蜡样芽孢杆菌

蜡样芽孢杆菌是一种好氧的革兰阳性芽孢杆菌,正常地存在于土壤、灰尘和水中,属于人畜共患病原菌。该菌污染的食品一般无腐败变质的异味，不易被发觉，病菌大量增殖并产生致呕吐型肠毒素和致腹泻型肠毒素。食物中毒多因保存温度较高和放置时间较长引起。蜡样芽孢杆菌也可引起人和动物的各种肠道传染病，如人患结膜炎、败血症、呼吸系统感染、伤口感染，牛羊流产、乳腺炎。

食物受蜡样芽孢杆菌污染的机会很多，带菌率较高。该菌的主要污染源是泥土、灰土，也可由于食品操作人员卫生状况不良、不洁的容器和用具以及苍蝇、蟑螂等生活害虫传播污染。

（1）生物学特性　菌体细胞杆状，呈短或长链，长 $3.0 \sim 5.0 \mu m$，宽 $1.0 \sim 1.2 \mu m$。芽孢圆形或柱形，中生或近中生，孢囊无明显膨大。革兰阳性，无荚膜。菌落大，表面粗糙、扁平、不规则。在普通琼脂平板培养基上，37℃，培养24h，可形成圆形或近似圆形、质地软、无色素、稍有光泽的白色菌落（似蜡烛样颜色），直径 $5 \sim 7mm$。兼性好氧。生长温度 $20 \sim 45℃$，10℃以下生长缓慢或不生长，50℃时不生长。蜡样芽孢杆菌耐热，100℃加热 20min 可被杀死，芽孢耐受100℃ 30min，干热120℃ 60min 才能杀死。

（2）常见引起中毒的食品　主要污染的食品有剩米饭、米粉、甜酒酿、剩菜及乳、肉类，还可通过食品从业人员呼吸道、眼部、伤口传播。

（3）感染剂量　食入含有大量活菌（$10^6 CFU/g$）的食品。

（4）中毒症状

①呕吐综合征：潜伏期 $2 \sim 5h$，主要是由米饭中形成的致呕吐型肠毒素引起的，症状主要以恶心、呕吐为主，在我国常见。

②腹泻综合征：潜伏期 $12 \sim 13h$，主要是由致腹泻型肠毒素引起，在各类食品中都可产生，症状包括恶心、绞痛状腹痛、里急后重、水便，一般不出现发热症状。欧美国家常见。

8. 产气荚膜梭菌

产气荚膜梭菌是厌氧的革兰阳性粗大芽孢杆菌，在自然界的土壤、水和空气中广泛存在，人和动物的肠道是其重要的寄居场所，每克粪便可达 $10^2 \sim 10^9$，但不经肠道感染宿主，只是污染外环境。经口摄入污染食物是主要的传染途径，也可由伤口感染。产气荚膜梭菌是临床上气性坏疽病原菌中最多见的一种梭菌，可分解肌肉和结缔组织中的糖，产生大量气体，导致组织严重气肿，继而影响血液供应，造成组织大面积坏死，加之本菌在体内能形成荚膜，故名产气荚膜梭菌。

根据美国疾病控制中心的统计资料，在 1993—1997 年，肠毒素阳性 A 型产气荚膜梭菌引起的食物中毒的病例数仅次于沙门菌和葡萄球菌引起的食物中毒病例数，占食物中毒病例总数的 $4\% \sim 10\%$。当食品在加工或烹调时，由于加热不充分，以及在冷冻贮藏过程中操作不当，该菌常可以存活于食品中，一旦人们食入受污染的食品，产气荚膜梭菌就进入体内，并在肠道内繁殖形成芽孢，产生肠毒素。该毒素导致肠黏膜上皮细胞损伤，从而引起人的食物中毒。

（1）生物学特性　菌体长 $3.0 \sim 5.0 \mu m$，宽 $1.0 \sim 1.5 \mu m$，两端钝圆，单个或成双排列，偶见链状。芽孢为椭圆形，位于菌体中央或次极端，芽孢直径不大于菌体，在一般培养时不易形成芽孢，在无糖培养基中有利于形成芽孢。在机体内可产生明显的荚膜，无鞭毛，不能运动。厌氧不严格。在普通培养基上能生长，若加葡萄糖、血液，则生长更好。菌落直径 $2 \sim 5mm$，血琼脂平板上有溶血圈。糖发酵能力强，产酸产气。本菌的特征之一是在牛乳培养基中呈暴烈发酵现象。生长适宜温度为37~47℃，多认为43~47℃最宜该菌生长，繁殖速度极快，在适宜条件下代时仅8min，可利用高温快速培养法，对该菌进行选择分离，如在45℃下，每培养3~4h传种1次，即可较易获得纯培养，在深层葡萄糖琼脂中大量产气，致使琼脂破碎。营养体易被热杀死，耐热型芽孢在100℃下可存活1~6h，不耐热芽孢在80℃下可存活10min，100℃很快杀死。

(2) 常见引起中毒的食品　主要是肉类和鱼贝类等蛋白质性食品，由于存放较久或加热不足时细菌大量繁殖，形成芽孢时产生大量的肠毒素，引起食物中毒。

(3) 感染剂量　食入含有大量活菌（$\geqslant 5\times 10^5$CFU/g）的食品。

(4) 中毒症状及致病物质　主要是外毒素、肠毒素和荚膜，潜伏期8~24h，发病时腹部剧烈疼痛、腹泻，肠黏膜出血性坏死，呕吐症状较少。中毒症状延续时间短，一般在1d或更短时间内自愈。

9. 单核细胞增生李斯特菌

单核细胞增生李斯特菌是一种革兰阳性不产芽孢、不耐酸的杆菌，存在于土壤和腐烂的植物中，动植物食品、人畜排泄物、污水和青贮饲料中均可检出。该菌在4℃冰箱保存的食物中也能生长繁殖，是冷藏食品引起食物中毒的主要病原菌之一。单核细胞增生李斯特菌能产生一种溶血素性质的外毒素，引起人和动物的脑膜炎、败血症。一般健康人不易感染，老人、儿童、孕妇、免疫力低下的人属于易感人群。孕妇感染累及胎儿及新生儿，导致流产、早产、死产，死亡率达70%。

(1) 生物学特性　短杆菌，菌体长1.0~2.0μm，宽0.5μm，常呈V字形排列。无芽孢，一般不形成荚膜，但在营养丰富的环境中可形成荚膜，该菌有4根周生鞭毛和1根端生鞭毛，但周毛易脱落。营养要求不高，兼性厌氧，最适在含有二氧化碳的微需氧环境中生长，生长温度-1.5~45℃，最适温度为30~37℃，能在普通冰箱冷藏室生长，是一种典型的耐冷性细菌。对碱和盐的抵抗力强，60~70℃经5~20min，70%酒精5min、2.5%石炭酸、2.5%氢氧化钠、2.5%福尔马林20min可杀死此菌。

(2) 常见引起中毒的食品　主要有乳及乳制品、肉制品、水产品以及蔬菜、水果，尤其是在冰箱中保存时间过长的乳制品和肉制品最常见。该菌是食品中的低温菌，像冰淇淋、牛乳、乳酪、生菜沙拉等冷藏食品及即食食品皆有可能存在。

(3) 感染剂量　健康人对李斯特菌有较强的抵抗力，食入含有大量活菌（$\geqslant 10^6$CFU/g）的食品才会感染。婴儿、老人、孕妇、采用免疫抑制治疗的患者等免疫力低下人群易感。

(4) 中毒症状

①侵袭型：潜伏期2~6周，李斯特菌有嗜神经性质，患者表现以神经症状最为明显，易患脑膜炎、脑脊髓炎、败血症、脓毒血症。起病急，发热（39℃以上）、意识障碍、昏迷、肢体麻痹以及小脑功能障碍，死亡率高，容易留下共济失调、失语、眼球麻痹、肢体瘫痪等后遗症。感染李斯特菌的孕妇常表现出宫内感染并可发生早产、流产、死胎，预后险恶。产下婴儿常于24~72h死亡。少数症状轻的病人仅有流感样表现。

②腹泻型：潜伏期8~24h，腹痛、腹泻、发热。

10. 空肠弯曲杆菌

空肠弯曲杆菌是一种纤细的螺旋弯曲菌，不是环境微生物，而是一种与温血动物相关的微生物。它在所有的肉用动物粪便中出现的比例都很高，尤其是家禽。空肠弯曲杆菌是引散发性细菌性肠炎最主要的细菌之一。食品被空肠弯曲杆菌污染的主要来源是动物粪便，其次是健康带菌者。人食用被污染的牛乳、鸡肉、猪肉或饮用水后均可受染，以9~14月龄的婴幼儿弯曲杆菌肠炎的发病率最高。

（1）生物学特性　空肠弯曲杆菌菌体轻度弯曲呈逗点状，长1.5~5.0μm，宽0.2~0.8μm。菌体一端或两端有鞭毛，运动活泼，有荚膜，不形成芽孢。微需氧菌，在含2.5%~5%氧和10%二氧化碳的环境中生长最好。最适温度为37~42℃。在正常大气或无氧环境中均不能生长。空肠弯曲杆菌抵抗力不强，易被干燥、直射日光及弱消毒剂所杀灭，56℃ 5min可被杀死。该菌在水、牛乳中存活较久，如温度在4℃则存活3~4周；在粪中存活也久，鸡粪中保持活力可达96h，人粪中如每克含菌数10^8，则保持活力达7d以上。细菌对酸碱有较大耐力，故易通过胃肠道生存。

（2）常见引起中毒的食品　乳制品及肉制品。

（3）感染剂量　400~500个细菌。

（4）中毒症状　进入小肠繁殖后，产生肠毒素，并侵入肠上皮细胞引起炎症。潜伏期一般为48~82h，病人出现痉挛性腹痛、腹泻、大量血便，同时伴有发热、头痛、周身不适。

11. 椰毒伯克霍尔德菌

椰毒伯克霍尔德菌为革兰阴性杆菌，广泛存在于自然界，主要来源于土壤。椰毒伯克霍尔德菌多在潮湿、阴雨天气、食物储存不当变质时大量繁殖，主要随加工原料或不卫生的加工方法污染食品。

（1）生物学特性　椰毒伯克霍尔德菌菌体长1.0~3.0μm，宽0.3~0.5μm，呈短杆状或稍弯曲，两端钝圆，无芽孢，有鞭毛。最适生长温度37℃，最适产毒素温度26℃，最适生长pH为5~6。抵抗力弱，56℃ 5min即可杀死，50%~70%酒精立即杀死。

（2）常见引起中毒的食品　谷类发酵制品，如发酵玉米面、糯玉米汤圆粉、发酵糯小米等；变质银耳；薯类制品，如甘薯淀粉、粉条等。

（3）中毒症状　可产生米酵菌酸和黄毒素两种肠毒素，均为脂肪酸类毒素，耐热，可随消化道黏膜吸收经血液散布到全身。潜伏期短，1~48h，一般3~10h患者开始感到腹部不适，全身无力，呕吐物多为咖啡色，严重者出现黄疸、昏迷、血尿、便血、肝肿大等症状。发病急、病情发展迅速、死亡率高（40%~100%），无特效治疗方法。

12. 变形杆菌

变形杆菌属肠杆菌科，为革兰阴性杆菌，是我国常见的细菌性食物中毒的病原菌之一，引发食物中毒的变形杆菌主要为普通变形杆菌（*P. vulgaris*）和奇异变形杆菌（*P. mirabilis*）。变形杆菌是腐败物寄生菌，自然界中广泛分布，水、土壤、腐败有机物中以及动物肠道中都有存在，是一种条件致病菌。生肉尤其是动物内脏的变形杆菌带菌率较高，在食品烹调加工过程中，要防止生熟食通过加工工具、容器交叉污染。如果被变形杆菌污染的食品在较高温度下存放较长的时间，食用前未加热或加热不彻底，食用后即引起中毒。变形杆菌常与其他腐败菌共同污染生食品，使生食品发生感官上的改变，但熟肉制品被变形杆菌污染通常无感官性状的变化，极易被忽视而引起中毒。

（1）生物学特性　变形杆菌菌体长1.0~3.0μm，宽0.4~0.6μm，两端钝圆，细胞形态呈明显的多形性，可为杆状、球杆状、球形、丝状等，无芽孢，有周生鞭毛。需氧或兼性厌氧，营养要求不高，在4~7℃即可生长繁殖，属低温菌，适宜生长温度为10~43℃。在固体培养基上普通变形杆菌和奇异变形杆菌常扩散生长，形成一层波纹薄膜，称为迁徙生长现象，在血琼脂平板上有溶血现象。对热抵抗力不强，60℃加热 5~30min 即可杀死。

（2）常见引起中毒的食品　主要是动物性食品，特别是熟肉及内脏的熟制品，豆制品、凉拌菜和剩饭等也引起过中毒。

（3）感染剂量　食入含有大量活菌（$\geqslant 10^5$CFU/g）的食品。

（4）中毒症状　可产生肠毒素，化学成分为蛋白质和碳水化合物的复合物，具有抗原性。潜伏期一般为 12~16h，短者 1~3h，长者 60h。主要表现为恶心、呕吐，发冷、发热，头晕、头痛、乏力，脐周边阵发性剧烈绞痛。腹泻为水样便，常伴有黏液、恶臭，一日数次。病程较短，一般 1~3d 可以恢复，很少有死亡。

四、食品的微生物安全性评价

食品的安全性对消费者、食品生产商是非常重要的。食品和食品配料的微生物检验有助于评价食品对消费者的安全性，在常规贮藏条件下的稳定性或货架期，以及整个食品加工处理过程的卫生状况。我国食品卫生标准中的微生物指标包括菌落总数、大肠菌群、致病菌、酵母菌和霉菌，通过规定在各类食品中这些微生物指标的最高允许限量，以保证食品食用时的安全性。

（一）菌落总数

食品的菌落总数是指食品检样经过处理，在一定条件下培养后（如培养基成分、培养温度和时间、pH、需氧性质等），所得的 1mL（1g）检样中形成的菌落总数。食品卫生标准中规定培养条件下所得的结果，只包括一群在平板计数琼脂上生长的嗜中温需氧菌或兼性厌氧菌菌落总数，并不表示实际所有细菌总数，是活菌计数、需氧菌数。一般以 1mL 食品或 1g 食品中或 1cm² 食品表面积上所含的菌落形成单位（colony forming unit，CFU）表示。

菌落总数的食品卫生学意义：①作为食品被微生物污染程度的标志。②预测食品可存放的期限。③判断食品的新鲜程度、是否变质以及卫生状况。它可反映食品在生产、加工、销售过程中是否符合卫生要求，以便对被检样品做出适当的卫生学评价。

（二）大肠菌群

大肠菌群（coliform）是指在一定培养条件下，能发酵乳糖产酸产气的需氧和兼性厌氧革兰阴性无芽孢杆菌。大肠菌群不是微生物分类学上的名词，它包含了来源于不同属的几种微生物，即埃希菌属、肠杆菌属、克雷伯菌属和柠檬酸杆菌属等。它们可以存在于人类、温血动物和鸟类的粪便中，因此大肠菌群被认为存在于很多动物来源的食品原料和配料中；某些植物性食品由于受到土壤的污染，也存在一定数量的大肠菌群微生物。

除金黄色葡萄球菌、蜡样芽孢杆菌、肉毒梭菌、产气荚膜梭菌和产毒霉菌外，所有引起食源性疾病的病原微生物均被认为是肠道致病菌。这些致病菌可以在人类和动物的胃肠道中生活，食品直接或间接地被粪便污染后，可能包含一种或多种这些病原菌，威胁到食品的安全性。为了确保消费者的安全，就必须知道食品是否受到某些特定肠道致病菌的污染，但对食品逐批逐件检测所有致病菌是不切实际和不划算的，因此通常检测食品样品中某群或某些种属的细菌。这些细菌来源于粪便，比病原菌数量多，而且一般是不致病的，它们的存在是食品直接或间接被粪便污染造成的，从而推测食品中可能存在肠道致病菌。大肠菌群就是作为粪便污染指示菌提出来的，以该菌群的检出情况来表示食品是否受到粪便的污染，以及肠道致病菌存在的可能性。大肠菌群数的高低，表明了粪便污染的程度，也反映了对人体健康危害性的大小。

大肠菌群作为食品卫生质量指标的原因：①大肠菌群是人和动物肠道中的正常微生物区系，并且只存在于人和动物肠道中。大肠菌群通常与动物肠道病原菌同时存在，只是数量不同。②在肠道外的环境与肠道病原菌对外界不良环境有相同的抵抗力，生存时间与肠道致病菌相同或稍长。③培养、分离、鉴定比较容易。

（三）致病菌

食源性病原菌种类繁多，一般食品卫生检验只能根据不同食品的可能污染情况进行针对性重点检查，并以此来判断某种食品中有无致病菌存在。GB 29921—2021《食品安全国家标准　预包装食品中致病菌限量》适用于预包装食品，规定了乳制品、肉制品、水产制品、即食蛋制品、粮食制品、即食豆制品、巧克力类及可可制品、即食果蔬制品、饮料、冷冻饮品、即食调味品、坚果与籽类食品、特殊膳食用食品 13 类食品中沙门菌、单核细胞增生李斯特菌、致泻大肠杆菌、金黄色葡萄球菌、副溶血性弧菌、克罗诺杆菌属（阪崎肠杆菌）等 6 种致病菌的限量。

细菌毒素也是检验致病菌的重要指标，因为许多食品经加热、辐照等方法杀菌处理后，致病菌被杀死，但细菌性内毒素、外毒素并未完全破坏。例如，可疑食物中毒样品或产生葡萄球菌肠毒素的金黄色葡萄球菌株的鉴定应检测葡萄球菌肠毒素。

（四）酵母菌

酵母菌污染食品，会引起食品品质下降，甚至腐败变质。一些较容易出现酵母菌污染的食品如饮料、蜂蜜（嗜渗酵母）、坚果炒货、发酵乳、果冻等，需要检测酵母菌的数量，保证食品的品质和安全性。

（五）霉菌

霉菌在自然界分布非常广泛，食品容易受到霉菌的污染，引起食品霉变。部分霉菌菌株在适宜的条件下，能产生霉菌毒素，严重影响食品的安全性。速冻预包装面米食品、辐照香辛料、蜂蜜、糕点、面包、坚果炒货、饮料、发酵乳、果冻等的食品安全国家标准对霉菌的数量进行了限量。GB 2761—2017《食品安全国家标准　食品中真菌毒素限量》明确规定了食品中黄曲霉毒素 B1、黄曲霉毒素 M1、脱氧雪腐镰刀菌烯醇、展青霉素、赭曲霉毒素 A 及玉米赤霉烯酮的限量指标。

第三节　放　线　菌

放线菌（actinomycete）是一类呈菌丝状生长、以孢子繁殖的陆生性强的革兰阳性原核微生物。多分布在含水量较低、有机物丰富、呈微碱性的土壤中，估计每克土壤中约含放线菌孢子 10^7 个。大部分是腐生菌，少数为寄生菌。实验室常用高氏 I 号培养基培养，28℃培养 4~7d。

放线菌是抗生素的主要产生菌。放线菌还可用于生产各种酶和维生素，在甾体转化、石油脱蜡、烃类发酵、污水处理等方面也有所应用。有些放线菌还能与植物共生，固定大气中的氮。由于放线菌有很强的分解纤维素、石蜡、琼脂、角蛋白和橡胶等复杂有机物的能力，故它们在自然界物质循环和提高土壤肥力等方面有着重要的作用。此外，少数放线菌也能引起人、畜和植物疾病，如马铃薯疮痂病和人畜共患的诺卡菌病等。

一、放线菌的形态和构造

放线菌的菌体为单细胞，最简单的为杆状或有原始菌丝，大部分放线菌由分枝发达的菌丝组成。菌丝无隔膜，菌丝直径与杆状细菌差不多，大约 $1\mu m$。细胞壁中含有 N-乙酰胞壁酸与二氨基庚二酸，而不含几丁质与纤维素。链霉菌属（*Streptomyces*）是放线菌中发育较为高等的放线菌，这里以其为例来阐明放线菌的一般形态构造。根据放线菌菌丝的形态与功能不同，分为基内菌丝、气生菌丝与孢子丝。

1. 基内菌丝

基内菌丝（substrate mycelium）又称营养菌丝（vegetative mycelium）或初级菌丝（primary mycelium），生长于培养基内，主要功能为吸收营养和排出代谢废物。链霉菌的基内菌丝有的无色，有的能产生水溶性或脂溶性色素。

2. 气生菌丝

气生菌丝（aerial mycelium）又称二级菌丝（secondary mycelium），是由基内菌丝长出培养基外，伸向空间的菌丝。气生菌丝颜色较深，比基内菌丝粗，直或弯曲，有的产生色素。

3. 孢子丝

放线菌生长至一定阶段，在其气生菌丝上分化出可以形成孢子的菌丝，称为孢子丝（spore-bearing mycelium）。孢子丝的形状以及在气生菌丝上的排列方式，随不同菌种而不同。孢子丝的形状有直形、波浪形、螺旋形等（图 1-27）。螺旋状孢子丝的螺旋结构与长度均很稳定，螺旋数目、疏密程度、旋转方向等都是种的特征。孢子丝的排列方式，有的交替着生，有的丛生或轮生。这些特征，均为放线菌菌种鉴定的依据。

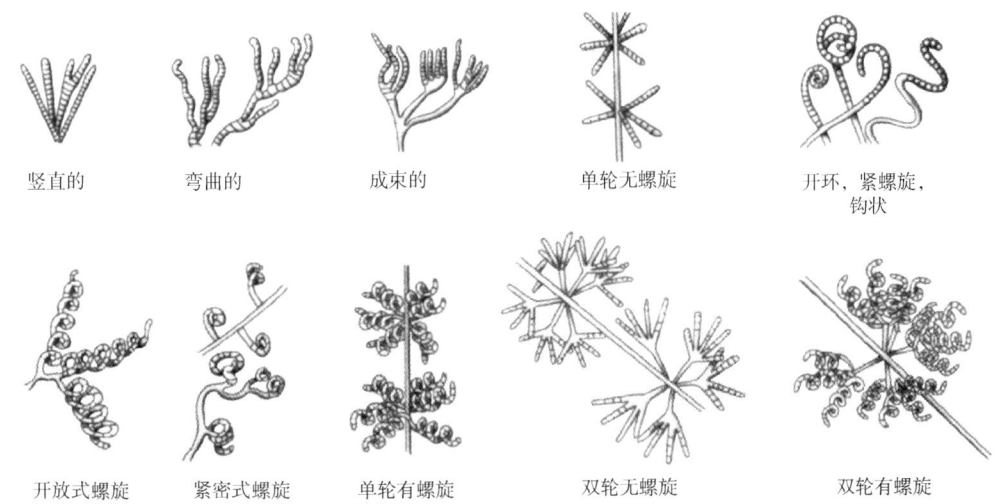

图 1-27 放线菌孢子丝的类型

（资料来源：Madigan et al., 2006）

孢子丝生长到一定阶段断裂为孢子——分生孢子（conidium）。孢子有球形、椭圆形、杆状、瓜子形等不同形状。孢子表面结构，有的光滑，有的皱褶，有的带小疣，有的生刺或毛发状。孢子常具有不同色素。孢子形状、表面结构、颜色等均为鉴定放线菌菌种的依据。

二、放线菌的繁殖

放线菌主要通过无性孢子及菌丝片段进行繁殖。放线菌通过产生横隔膜的方式使孢子丝分裂成为一串分生孢子。孢子在适宜环境中吸收水分，膨胀萌发，长出1~4根芽管，形成新的菌丝体。少数放线菌如链孢囊菌属（*Streptosporangium*）首先在菌丝上形成孢子囊，在孢子囊内形成孢囊孢子（sporangiospore）。孢子囊可在气生菌丝上形成，也可在营养菌丝上形成。孢子囊成熟后，释放出大量孢囊孢子。少数种类放线菌如放线菌属（*Actinomyces*）没有气生菌丝，通过菌丝断裂方式来繁殖。放线菌在液体振荡培养或工业发酵时很少形成分生孢子，也是利用这一方式进行增殖。

三、放线菌的群体特征

放线菌因早期发现该类群的菌落呈放射状而得名。放线菌菌落因种类不同可分为两类，一类是由产生大量分枝的气生菌丝的菌种所形成的菌落，以链霉菌的菌落为代表。链霉菌菌丝较细，生长缓慢，菌丝分枝互相交错缠绕，因而形成的菌落质地致密、干燥、多皱褶，较小而不蔓延；营养菌丝长在培养基内，菌落与培养基结合较紧，不易挑起，或整个菌落被挑起而不致破碎。当形成大量孢子布满菌落表面时，就形成外观为绒状、粉末状或颗粒状的典型的放线菌菌落；有些种类的孢子含有色素，如与基内菌丝的颜色不同，则使菌落表面与背面呈现不同颜色（图1-28）。另一类菌落由不产生大量菌丝的种类形成，如诺卡菌（*Nocardia*）的菌落，因其一般只有基内菌丝，故其菌落结构松散，黏着力差，结构呈粉质状，用针挑起易粉碎。放线菌菌落常具明显的土腥味。

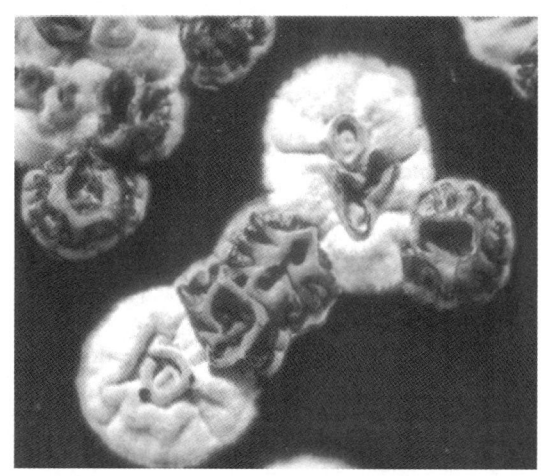

图1-28 放线菌的菌落

注：天蓝色链霉菌（*Streptomyces coelicolor*）菌落正在分泌红色抗生素——十一烷基灵菌红素

（资料来源：Madigan et al.，2006）

第四节 其他原核微生物

一、蓝细菌

蓝细菌（cyanobacteria）又称蓝藻或蓝绿藻，是一类能进行产氧光合作用的原核微生物。这种微生物是地球上第一种释放氧气的光合微生物，把大气从无氧转变为有氧。蓝细菌属于光能自养型微生物，加之许多种还具有固氮作用，因此，它们的生活条件、营养要求都不高，只要有空气、阳光、水分和少量无机盐类，便能大量生长。

蓝细菌广泛分布于自然界，各种水体和土壤中、岩石的表面、植物树干等都能生长。当其在水体中恶性增殖时，可形成"水华"或"赤潮"，造成水质恶化与污染。一些蓝细菌可与真菌、苔藓、蕨类和种子植物共生，地衣就是蓝细菌和真菌的共生体。蓝细菌中有许多食用种类，如发菜（发状念珠藻，*Nostoc flagelliforme*）、地木耳（普通念珠藻，*N. commune*）、钝顶螺旋藻（*Spirulina platensis*）、极大螺旋藻（*S. maxima*）等，后两种分别产于乍得和墨西哥，自1962年为法国学者发现后，因富含蛋白质、钙、铁和β-胡萝卜素，故已被开发成有一定经济价值的螺旋藻产品。另一方面，不少蓝细菌种类会产生可引起人和脊椎动物肝、肾疾病的蓝细菌毒素，例如微囊藻属（*Microcystis*）、拟柱胞藻属（*Cylindrospermopsis*）等。从2007年7月1日起，我国卫生部门开始实施一项重要的饮用水卫生标准，要求饮水中可引起人体肝损伤和肝癌的微囊藻素（microcystin）含量不能超过1μg/L。

蓝细菌个体细胞比细菌大，一般直径为3~10μm，最小的为0.5~1μm，如细小聚球藻（*Synechococcus parvus*）；最大的可达60μm，如巨颤藻（*Oscillatoria princeps*）。

蓝细菌的形态差异很大，可分为以下5类（图1-29）。

①通过二分裂形成的单细胞，如黏杆蓝细菌属（*Gloeothece*）。
②通过复分裂形成的单细胞，如皮果蓝细菌属（*Dermocarpa*）。
③通过二分裂形成丝状细胞，如颤蓝细菌属（*Oscillatoria*）。
④产生异形胞的丝状细胞，如鱼腥蓝细菌属（*Anabaena*）。
⑤分枝的菌丝，如飞氏蓝细菌属（*Fischerella*）。

蓝细菌细胞壁与革兰阴性细菌的化学成分相似，由肽聚糖组成，含有二氨基庚二酸。许多蓝细菌产生大量的黏质外膜或鞘，使成群细胞或丝状体黏附在一起。蓝细菌没有鞭毛，但当细胞或丝状体附着在固体表面时能够进行滑行运动，在水中时通常利用气泡做垂直运动。蓝细菌的运动还表现出趋光性和趋化性。

蓝细菌是光合微生物，其光合内膜有两种不同的结构。某些单细胞的蓝细菌，其光合反应中心和电子传递系统位于细胞质膜上，而藻胆色素则位于细胞质膜下面的内褶层中。但大多数蓝细菌的光合色素位于一种称为类囊体的片层膜中。在类囊体中含有叶绿素a、类胡萝卜素和电子传递链的有关组分。在类囊体的外表面整齐地排列着藻胆蛋白体（phycobilisome）颗粒，其中含有藻胆蛋白（phycobiliproteins）。藻胆素（phycobilin）是一类水溶性的色蛋白，在光合作用中起辅助色素的作用，是蓝细菌所特有的。藻胆素包括藻蓝素（phycocanobilin）

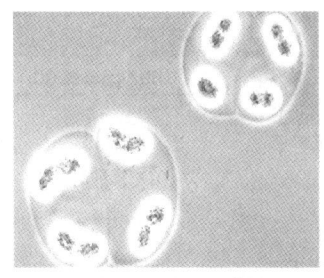
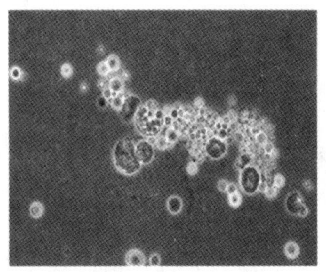
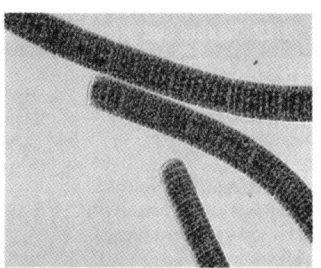

(1)单细胞,黏杆蓝细菌属　　(2)群体,皮果蓝细菌属　　(3)菌丝体,颤蓝细菌属

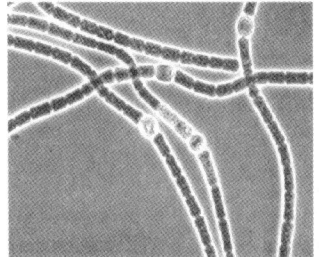
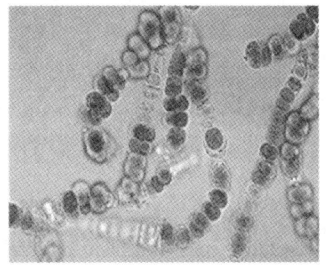

(4)丝状的异形胞,鱼腥蓝细菌属　　(5)分枝丝状,飞氏蓝细菌属

图1-29　蓝细菌的形态多样性：蓝细菌的5种主要形态类型

（资料来源：Madigan et al.，2006）

和藻红素（phycoerythrin）两种，这些色素量的比例会因生长环境条件，尤其是光照条件的变化而改变，蓝细菌的颜色也因而有所改变。大多数蓝细菌细胞中，以藻蓝素占优势，使细胞呈特殊的蓝色，故称蓝细菌。藻胆素的功能是吸收光能，并把它转移到光合系统Ⅱ中，而叶绿素a则在光合系统Ⅰ中发挥其作用。

在蓝细菌丝状体中，还可以看到比一般营养细胞稍大一些，比较透亮的细胞，称为异形胞（heterocyst）。异形胞呈圆形，处于丝状体中间或顶端。所有含有异形胞的蓝细菌都能固氮。由于异形胞仅含少量藻胆素，缺乏光合系统Ⅱ，它们不产生氧气，为固氮酶提供了缺氧的环境。但是，有些不形成异形胞的单细胞蓝细菌也能固氮。异形胞与相邻的营养细胞不仅有细胞间的连接，而且有物质的相互交换，即光合作用产物从营养细胞移向异形胞，而固氮作用的产物从异形胞转入营养细胞（图1-30）。

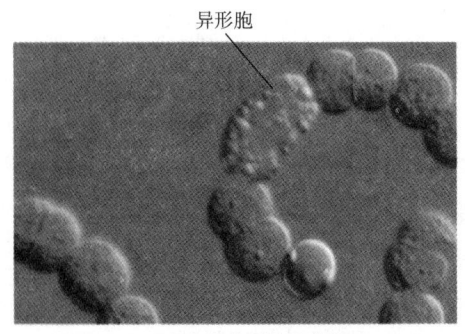
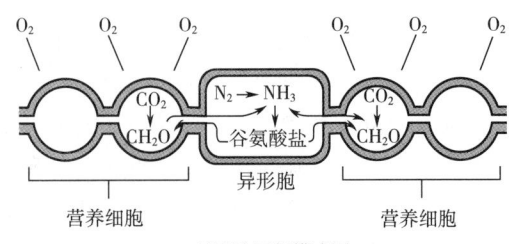

(1)鱼腥蓝细菌属的异形胞　　(2)异形胞固氮模式图

图1-30　异形胞

（资料来源：Madigan et al.，2006）

蓝细菌的繁殖方式多种多样，主要进行分裂繁殖。有些种类可以通过复分裂，在母细胞内形成许多球形或三角形的小孢子（baeocyte）。母细胞壁破裂后，释放出成熟的小孢子，再膨大成营养细胞。少数种类可以以类似于芽殖方式繁殖，在母细胞顶端以不对称的缢缩分裂形成小的单细胞，称为外生孢子。丝状蓝细菌的繁殖通过无规则的丝状体断裂或释放出链丝段（hormogonium）。有些丝状蓝细菌的营养细胞能分化形成大而壁厚的休眠细胞，称为静息孢子（akinete）。这些细胞较一般营养细胞大得多，常含有色素，并含有贮藏性物质，能抗干燥和低温，可度过不良环境。在适宜的生长条件下，静息孢子可以萌发而形成新的丝状体。

二、支原体

支原体（又称枝原体）（Mycoplasma）是一类无细胞壁、能在体外营独立生活的、最小的单细胞微生物。广泛分布在土壤、污水、昆虫、脊椎动物及人体中，肺炎支原体（*Mycoplasma pneumoniae*）是原发性非典型肺炎的病原体，解脲支原体（*Ureaplasma urealyticum*）、人型支原体（*M. hominis*）、生殖支原体（*M. genitalium*）等与泌尿生殖系统疾病密切相关。

支原体突出的结构特征是没有细胞壁，只在细胞质表面有一种包含有三层的细胞质膜。质膜的内外层为蛋白质和糖类，中层为类脂和胆固醇，质膜中含有固醇，这在其他原核微生物中是罕见的。由于没有细胞壁，故细胞柔软而形态多变，具高度多形性。大多数支原体以二分裂方式繁殖，有些可以出芽方式繁殖或从球状体长出丝状体，丝状体内原生质凝集成团，出现繁殖小体，转变为链球状而后解体，再释出单个球状体，以此循环。支原体可在人工培养基上生长，其菌落小，直径一般仅为 0.1~1.0mm，并呈典型的"煎鸡蛋"模样，中央较厚，边缘较薄，埋在琼脂中。支原体是能在人工培养基上生长的最小细胞生物。它们虽然可以在人工培养基上生长，但需要较丰富的营养物，通常需加入牛心浸出汁、动物血清，有的还要加入胆固醇。支原体的生长不受青霉素、环丝氨酸等阻碍细胞壁合成的抗生素所抑制，但对其他抗生素如土霉素、四环素等均较敏感。对溶菌酶也无反应。

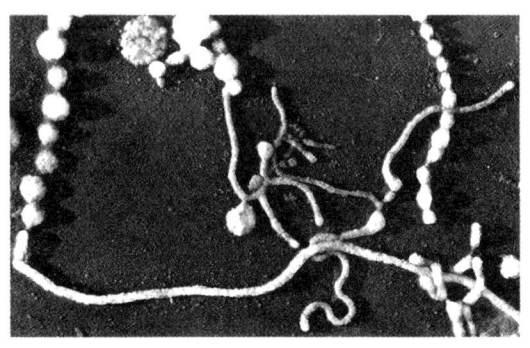

图 1-31　蕈状支原体（*Mycoplasma mycoides*）的电镜照片

(资料来源：Madigan et al., 2006)

三、衣原体

衣原体（Chlamydia）是一类在真核细胞内专性寄生的 G^- 的原核微生物。衣原体细胞呈球形或椭圆形，直径 0.2~1.5μm，代谢能力有限，对热敏感，56~60℃仅能存活 5~10min，常用消毒剂能迅速灭活衣原体，四环素、红霉素、氯霉素等可抑制其生长。衣原体通过空气感染鸟类、哺乳动物和人类，鹦鹉热衣原体（*Chlamydophila psittaci*）主要在鸟类中传播，偶尔由患病动物传染给人。肺炎衣原体（*C. pneumoniae*）与人的急性或慢性呼吸道疾病有关。沙眼衣原体（*C. trachomatis*）是沙眼、泌尿生殖系统感染的病原体。

衣原体有独特的生活周期，在一个典型的生命周期中有两种细胞类型：一种小的、致密的细胞，称原体（elementary body），具有感染性；另一种是较大、较疏松的细胞，称始体（initial body）或网状体（reticulate body），进行二分裂，是衣原体的营养体形式（图 1-32）。原体吸附在易感细胞表面，经细胞吞饮而进入细胞，使细胞内形成空泡。空泡中的原体体积逐渐长大，并演化为始体。始体无感染性，但能在空泡中以二分裂方式反复繁殖，直至形成大量新的原体，积聚于细胞质内，形成各种形状的包涵体（inclusion body）。当宿主细胞破裂时释放，重新感染新的宿主细胞。

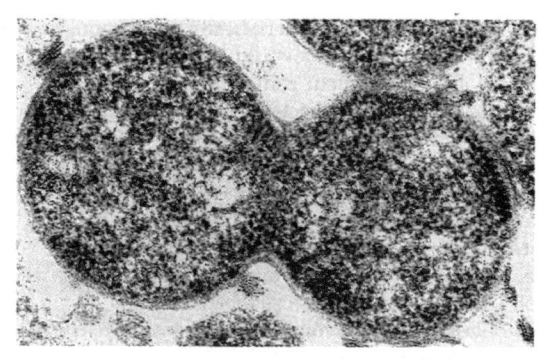

图 1-32 鹦鹉热衣原体的网状体的电镜照片
（资料来源：Madigan et al.，2006）

四、立克次体

立克次体（Rickettsia）是一类在真核细胞内专性寄生的 G⁻ 的原核微生物。立克次体细胞形态多样，可呈球状、杆状或丝状，大小一般为 (0.3~0.6) × (0.8~2) μm。除个别外，立克次体均不能在人工培养基上繁殖，其宿主一般为虱、蚤等节肢动物和人、鼠等脊椎动物。立克次体本身能量代谢系统不完整，缺少糖酵解途径，不能利用葡萄糖作为能源，但可氧化谷氨酸和三羧酸循环的中间产物。立克次体在细胞内通过二分裂繁殖，一般可用鸡胚、敏感动物或合适的组织培养物来培养立克次体。立克次体对理化因素的抵抗力弱，56℃ 30min 即被灭活，但对低温及干燥的抵抗力强。立克次体对化学消毒剂及常用的抗生素敏感，但对磺胺类药物不敏感。

立克次体是一些疾病的病原体（图 1-33），例如普氏立克次体（*Rickettsia prowazekii*）和斑疹伤寒立克次体（*R. typhi*）是斑疹伤寒的病原体，立氏立克次体（*R. rickettsii*）与斑点热有关，五日热罗卡利马体（*Rochalimaea quintana*）是战壕热的病原体。

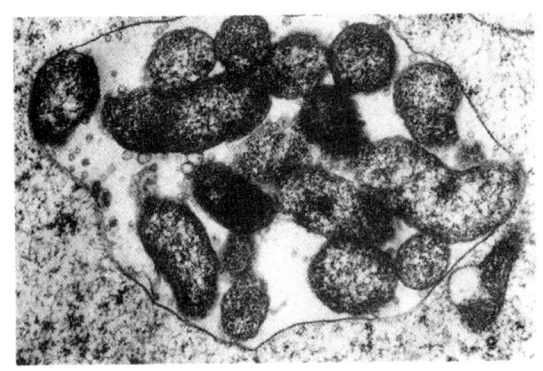

图 1-33　宿主血细胞中的日本甲虫立克次小体（*Rickettsiella popilliae*）
（资料来源：Madigan et al.，2006）

第五节　古　生　菌

"古生菌域（archaea）"这一概念是沃斯及其同事对代表性细菌类群的 16SrRNA 碱基序列进行研究比较后于 1977 年提出来的。虽然从系统发育来看，细菌和古生菌是两个不同的生物类群，但在细胞形态结构、生长繁殖、生理代谢、遗传物质存在方式等方面，细菌和古生菌类似，因而同属原核生物。事实上，古生菌在细胞化学组成上以及分子生物学水平上是不同于细菌和真核生物的另一类特殊生物类群，具有独特的基因结构或系统发育生物大分子序列，大多生活在地球上高温、高酸碱度、高盐浓度、严格无氧状态等一些极端环境或生命出现初期的自然环境。古生菌、细菌和真核生物之间有明显差别，主要方面见表 1-9。

表 1-9　　　　　　　　　　　古生菌、细菌和真核生物特性差异

项目	古生菌	细菌	真核生物
细胞大小	通常 1μm	通常 1μm	通常 10μm
核膜	−	−	+
DNA 以共价闭环状存在	+	+	−
有丝分裂	−	−	+
组蛋白	−	很少	+
细胞壁中胞壁酸	无	有	无
膜脂	醚键	酯键	酯键
细胞器	−	−	+

续表

项目	古生菌	细菌	真核生物
胞饮和阿米巴运动	-	-	+
核糖体大小	70S	70S	80S（细胞器中70S）
RNA 聚合酶亚基数	一种（8~12亚基）	一种（4亚基）	三种（10~12亚基）
启动子结构	TATA 框	Pribnow 框	TATA 框
多数基因中的内含子	-	-	+
起始氨基酸	甲硫氨酸	N-甲酰甲硫氨酸	甲硫氨酸
mRNA 帽子结构和 polyA 尾	-	-	+
操纵子	+	+	-
延长因子	能与白喉毒素反应	不能与白喉毒素反应	能与白喉毒素反应
化能无机营养	+	+	+
固氮作用	+	+	-
对氯霉素、链霉素和卡那霉素的敏感性	-	+	+
对青霉素的敏感性	-	+（支原体除外）	-
对利福平的敏感性	-	+	-

注："+"代表有或敏感；"-"代表没有或不敏感。

一、古生菌的一般特性

古生菌是一类表型特征很不相同的微生物的集合体，在形态和生理上都有很大差异。
（1）革兰阴性或阳性。
（2）细胞呈球状、杆状、螺旋状、裂片状、扁平状、不规则形状或多形态。
（3）有些是单细胞，而其他形成丝状或聚集体。
（4）细胞直径 15μm 以上，有些丝状体可生长至 200μm 以上。
（5）繁殖方式包括裂殖、芽殖和断裂。
（6）在氧气的需求程度上包括好氧、兼性厌氧或严格厌氧。
（7）营养上从化能无机自养型到有机营养型，少数能进行非一般形式的光合作用。
（8）有中温菌、超嗜热菌（100℃以上）、嗜冷菌。
（9）多生活在厌氧、高盐、高温或低温、低 pH 等极端环境，少数种作为共生体生活在动物消化道内。

二、古生菌的细胞壁

古生菌的细胞壁与细菌有很大区别，其细胞壁的结构和化学成分与细菌不同。许多革兰阳性古生菌的细胞壁类似革兰阳性细菌，有一层厚厚的均一层，革兰阴性古生菌无外膜和复杂的肽聚糖网络，一般有蛋白质或糖蛋白亚基的表层。古生菌细胞壁的化学成分与细菌非常不同，没有细菌肽聚糖的胞壁酸和 D-氨基酸。古生菌细胞壁含有各种结构复杂的多聚体，如甲烷杆菌属（*Methanobacterium*）的细胞壁多聚体（假肽聚糖）与肽聚糖类似，但是由 N-乙酰葡萄糖胺和 N-乙酰塔罗糖胺糖醛酸通过 β-1,3 糖苷键交替连接形成骨架结构，不受溶菌酶的作用。其他古生菌的细胞壁缺少肽聚糖和假肽聚糖，主要由多糖、蛋白质或糖蛋白组成，如甲烷八叠球菌属（*Methanosarcina*）的细胞壁由葡萄糖、氨基酸、半乳糖胺和乙酸组成。在古生菌的细胞壁外普遍存在类结晶表面层（S 层），S 层是由蛋白质和糖蛋白组成的，一般为六角对称，有些细菌在细胞壁外也发现了 S 层的存在（图 1-34）。

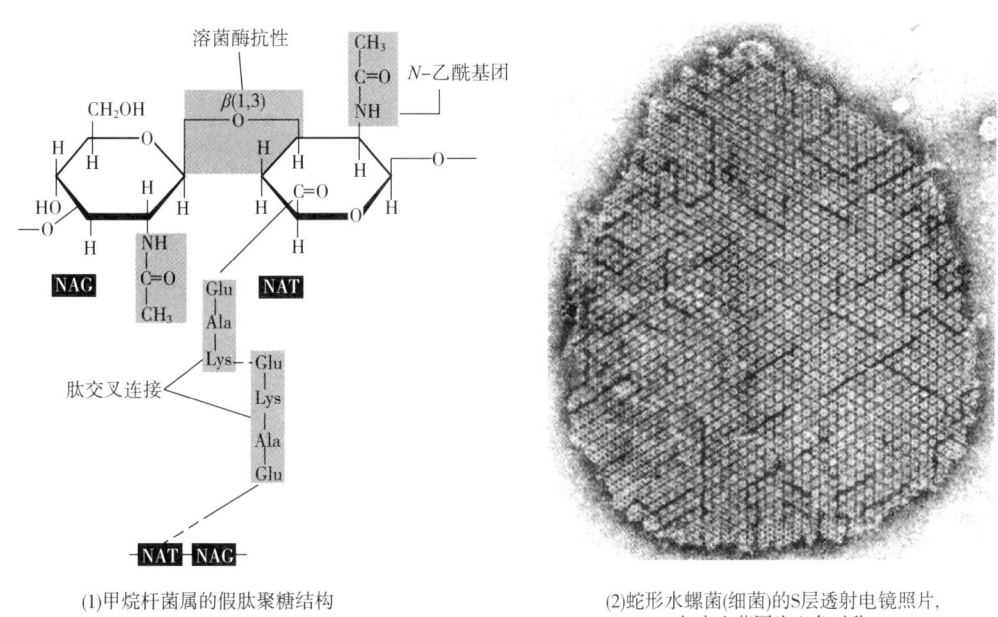

(1) 甲烷杆菌属的假肽聚糖结构　　(2) 蛇形水螺菌(细菌)的S层透射电镜照片，与古生菌同为六角对称

图 1-34　假肽聚糖和 S 层
(资料来源：Madigan et al.，2006)

三、古生菌的细胞膜

古生菌的细胞膜与细菌和真核生物差别很大，细菌和真核生物的细胞膜是由酯键连接脂肪酸和甘油分子，而古生菌的细胞膜缺乏脂肪酸，由异戊二烯重复单位通过醚键与甘油相连接。古生菌的细胞膜主要由甘油二醚和甘油四醚组成，二醚分子能够做常规双层膜，四醚分子中每个甘油分子的植烷（含有四个异戊二烯单位）侧链是由共价键结合的，这种结构形成了脂单层膜，因此脂单分子层取代了脂双分子层。在古生菌的细胞膜中存在单层膜、双层膜（图 1-35）。

四、古生菌的分类

根据古生菌的进化树，将古生菌域分为泉古生菌门、广古生菌门、古生古生菌门和纳米

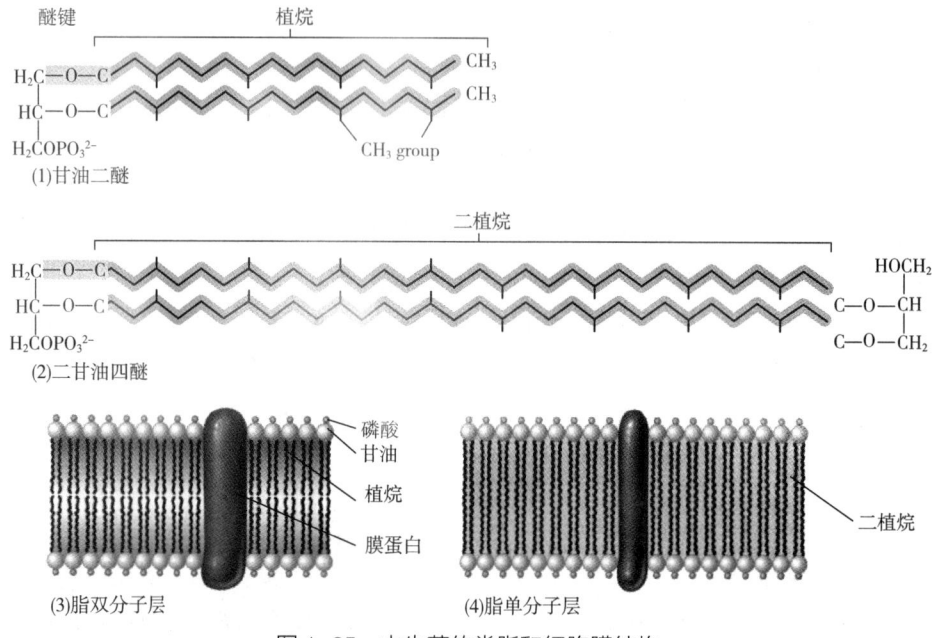

图 1-35　古生菌的类脂和细胞膜结构

(资料来源：Madigan et al., 2006)

古生菌门（图 1-36）。大多数泉古生菌极端嗜热、嗜酸，代谢硫，多生长在含硫地热水或土壤中。广古生菌门生存在许多不同的生态位中，并有各种不同代谢类型，包括产甲烷的古生菌、极端嗜盐的古生菌、极端嗜酸嗜热菌和超嗜热菌等。古生古生菌的生物学特征被认为与古老的古生菌相似，目前还不存在古生古生菌的纯培养物。纳米古生菌门只包含纳米古生菌属，个体较小（细胞直径 0.4μm），寄生于泉古生菌门的火焰球菌属。

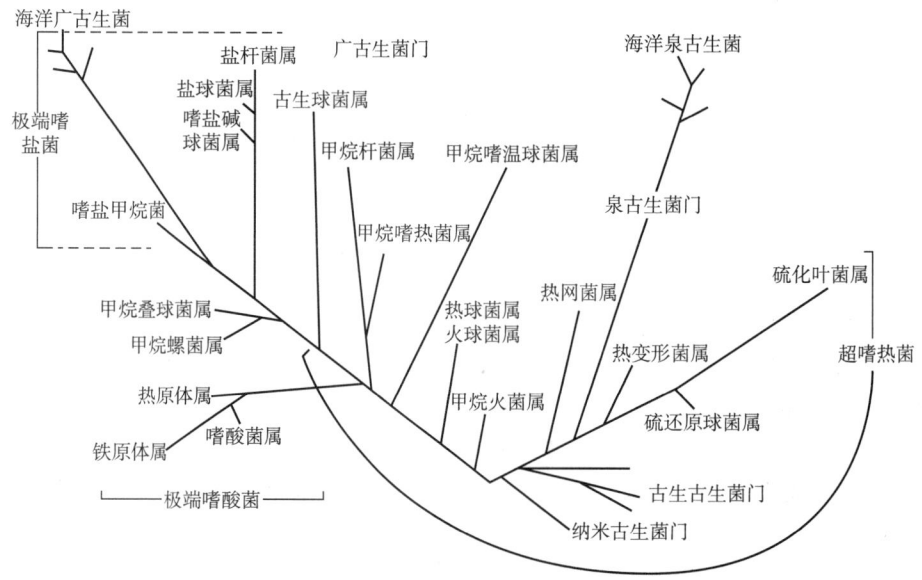

图 1-36　根据 16SrRNA 基因序列比对绘制的古生菌的系统发育树

(资料来源：Madigan et al., 2006)

五、古生菌的应用

古生菌广泛分布于地球上，它们在生态系统中发挥着重要作用，还为人类提供了丰富的微生物资源。进入20世纪90年代以后，极端微生物及其相关产物的研究以及它们在现代生物工程中的潜在价值，逐渐引起人们的广泛关注，并成为一个新的研究热点。

产甲烷菌是一类严格厌氧的原核微生物，广泛分布于海底及淡水沉积物、水稻田、动物胃肠道、地热及地矿等环境中，其独特的厌氧代谢机制使其在自然界物质循环中起着重要作用。一方面，产甲烷菌是产生温室气体的主要因素，另一方面，产甲烷菌在有机质的厌氧生物处理工业应用中发挥着关键的作用，如沼气发酵、煤层气开发、工农业有机废水和城镇生活污水处理等方面。产甲烷菌在白酒厌氧发酵过程中也起到一些有益作用。20世纪80年代首次从泸州老窖泥中分离出布氏甲烷杆菌（Methanobacterium bryantii）CS菌株，该菌和从老窖泥中分离的己酸菌——泸酒梭菌菌株存在"种间氢转移"互营共生关系，混合培养时可提高己酸产量，促进生香。

细菌视紫红质（bacteriorhodopsin，bR）是一个由248个氨基酸组成，分子质量约为26ku的光敏蛋白，是极端嗜盐菌紫膜上唯一的蛋白。它能吸收光能将H^+由胞质内泵出胞外，把光能转变为膜两侧的电化学能，驱动ATP的合成。嗜盐菌紫膜的光驱动质子泵功能可应用在光电转换器、信号储存和光学检测等很多方面。随着生物化学、生物物理学和光学等学科的发展，bR的光致变色及光电响应特性在太阳能电池、人工视网膜、光信息存储、神经网络、生物芯片等领域具有广泛的应用前景。嗜盐古生菌还可以产生嗜盐的胞外蛋白酶、脂肪酶等，可用于高盐发酵食品的生产，已有研究人员利用嗜盐古生菌的该特性发酵生产鱼露。

极端嗜热菌是一类偏喜高温的古生菌，主要分布在温泉、火山地、地热区土壤及海底火山附近等处，在微生物成矿、生物冶金、有机物的分解及元素的地球化学循环中起重要作用。在发酵工业中，嗜热古生菌可用于生产多种酶制剂，如纤维素酶、蛋白酶、淀粉酶、脂肪酶及菊糖酶等。这些酶制剂热稳定性好、催化反应速率高，易于在室温下保存。在矿产工业中，嗜热菌可用于细菌浸矿、石油及煤炭的脱硫。

极端嗜冷的古生菌主要生活在地球的南北极、冰窖、终年积雪的高山、深海和冻土地区，通过产生低温酶来适应在低温环境中的生长、繁殖和代谢。这些低温酶在低温或常温条件下具有很高的催化活性，可在食品低温加工过程中起重要作用，如低温β-半乳糖苷酶、低温果胶酶可应用于食品保鲜；低温淀粉酶、蛋白酶可以减少面团发酵时间，提高面包质量；低温脂肪酶可用于乳制品和黄油的增香；低温凝乳酶可以用在乳酪制作。嗜冷古生菌产生的低温酶如蛋白酶、酯酶、淀粉酶、纤维素酶还可以作为洗涤添加剂，具有广泛应用。

习　题

一、名词解释

1. 肽聚糖　2. 芽孢　3. 古生菌　4. 脂多糖　5. 食品安全指示菌　6. 菌落和菌苔　7. 荚膜和黏液层　8. L-form of bacteria　9. 菌毛与鞭毛　10. 球状体　11. 食物中毒　12. 大肠菌群　13. 发酵乳制品　14. 感染性食物中毒　15. 分生孢子

二、填空题

1. 细胞质中的异染颗粒为（　　）贮藏物，聚β-羟丁酸为（　　）贮藏物。
2. 写出下列菌种的中文名称：*Asperigillus niger*（　　），*Saccharomyces cerevisiae*（　　），*Escherichia coli*（　　），*Bacillus subtilius*（　　），*Lactobacillus plantarum*（　　），*Acetobacter aceti*（　　）。
3. 根据鞭毛着生多样性分为（　　）、（　　）、（　　）和（　　）。
4. 原核微生物的核糖体类型为（　　），真核微生物的核糖体类型为（　　）。
5. 肽聚糖是（　　）所特有的，（　　）菌含量高，（　　）菌含量低。
6. 细菌细胞的特殊结构有芽孢、（　　）、（　　）、（　　）和（　　）。
7. 磷壁酸是一种酸性多糖，根据其主链的化学结构不同可以分为两种类型（　　）和（　　），磷壁酸根据其连接的部位不同又可分为（　　）和（　　）。
8. 干酪是利用乳酸菌和（　　）使酪蛋白凝固后加工而成。
9. 细菌性食物中毒可分为（　　）和（　　）两种类型。
10. 通常，作为食品卫生检验的微生物指标包括（　　）、（　　）、（　　）、（　　）和（　　）。
11. 放线菌是一类介于（　　）和（　　）之间，又更接近于前者的原核微生物，它的菌丝因其形态和功能不同可分为（　　）、（　　）和（　　）。

三、选择题

1. G^+杆菌脱壁后，原生质体呈（　　）形状；若进行革兰氏染色后镜检，又呈现（　　）颜色。
   A. 杆状，紫色　　B. 球状、红色　　C. 杆状，红色　　D. 球状，紫色
2. 检查细菌运动性的方法有（　　）。
   A. 悬滴法　　B. 染色法　　C. 生化　　D. 划线
3. 用来测定细菌大小的单位是（　　）。
   A. cm　　B. μm　　C. mm　　D. nm
4. 属于原核微生物的是（　　）（多选）。
   A. 放线菌　　B. 蓝细菌　　C. 立克次氏体　　D. 螺旋体　　E. 衣原体
5. 下列属于细菌细胞的特殊结构是（　　）（多选）。
   A. 细胞壁　　B. 菌毛　　C. 芽孢　　D. 荚膜　　E. 鞭毛
6. 食物中毒的类型分为（　　）（多选）。
   A. 细菌性食物中毒　　　　B. 真菌性食物中毒
   C. 化学性食物中毒　　　　D. 有毒动植物
   E. 物理性食物中毒
7. 通过革兰阳性和阴性细菌细胞壁结构的比较，可以解释这两类细菌对（　　）染料敏感性不同。
   A. 考马斯亮蓝　　B. 荧光　　C. 酸性　　D. 碱性
8. 我国饮用水、食品的卫生细菌学常规检查的指标（　　）。

A. 葡萄球菌伤寒杆菌 B. 志贺菌
C. 沙门菌 D. 大肠菌群
9. *Clostridium* 的中文名为(　　)。
A. 芽孢杆菌属　B. 链霉菌属　C. 木霉属　D. 梭菌属
10. 革兰阴性菌的 LPS 具有毒性，其毒性成分为(　　)。
A. 类脂 A　B. 核心多糖　C. O-侧链　D. 脂蛋白
11. 霍乱弧菌侵入人体后，黏附于小肠黏膜上迅速增殖，分泌(　　)，刺激肠黏膜分泌功能，导致严重呕吐和腹泻。
A. 肉毒素　B. 肠毒素　C. 内毒素　D. 噬菌毒素
12. 国家食品卫生标准中，对致病菌项目的要求是(　　)。
A. 不得检出　B. 3CFU/100g　C. 3CFU/ml　D. 100CFU/100g
13. 谷氨酸发酵用的生产菌主要是(　　)。
A. 根霉和米曲霉 B. 棒状杆菌和短杆菌
C. 黑曲霉和青霉 D. 枯草杆菌和地衣芽孢杆菌
14. (　　)是枯草芽孢杆菌。
A. *Bacillus amarus* B. *Bacillus casei*
C. *Bacillus cereus* D. *Bacillus subtilis*
15. 下列微生物中，能在血平板上产生溶解圈的是(　　)。
A. 肉毒梭菌　B. 伤寒沙门菌　C. 金黄色葡萄球菌　D. 粪链球菌
16. (　　) are the largest and most diverse group of photosynthetic bacteria.
A. Cyanobacteria　B. Mycoplasma　C. Archaebacteria
17. 目前发现能产生抗生素最多的微生物类群是(　　)。
A. Bacteria　B. Mushroom　C. Yeasts　D. Actinomycetes

四、判断题

1. 细菌是一类个体微小，具有细胞壁的多细胞原核微生物，在自然界分布广，种类多，而且数量很大。
2. 鞭毛是细菌的运动器官，着生在细胞壁上，同时细胞壁也为其运动提供支点。
3. 细菌的繁殖以有性繁殖为主。
4. 革兰阳性细菌和革兰阴性细菌细胞壁的肽聚糖中都有 5 个氨基酸组成的肽桥。
5. 跟营养细胞相比，芽孢着色容易，脱色较难。
6. 细菌的鞭毛和菌毛都是细菌的运动器。
7. 肉毒梭菌是一种产芽孢的专性厌氧菌，在储藏肉制品中产生肉毒毒素，引起食物中毒。
8. 黄原胶可作为食品添加剂，是一种由食用菌产生的真菌多糖。
9. 梭状芽孢杆菌是专性厌氧菌。

五、问答题

1. 细菌细胞有哪些基本结构？有哪些特殊结构？

2. 比较 G^+ 细菌和 G^- 细菌细胞壁的差别。
3. 如何初步判断并进一步证实某一细菌是否长有鞭毛?
4. 什么是缺壁型细菌? 试比较 3 类缺壁型细菌的形成和特点。
5. 试验中发现倒好的牛肉膏蛋白胨平板过夜后, 出现了一些灰白色、褶皱、不透明的小菌落, 产生难闻的气味, 试分析原因。
6. 以淀粉质为发酵原料, 从物质变化角度解释醋发酵生产的生化途径, 涉及哪些菌种?
7. 什么是乳酸菌? 请举例说明其在食品制造中的应用。
8. 利用细菌可以生产哪些食品配料和酶?
9. 什么是细菌性食物中毒? 请任意举出 3 例具体说明。
10. 食品安全性评价的微生物学指标包括哪些?
11. 试解释革兰阳性菌和革兰阴性菌在抗机械压力、对青霉素和链霉素敏感性不同的主要原因。
12. 分析并提出解决方案: (1) 4℃冰箱中放置的新鲜的面条变酸; (2) 瓶装果汁涨瓶。
13. 如何鉴别固体平板上生长的灰白色圆形菌落是细菌还是放线菌?
14. 根据蓝细菌的生物学特性, 阐明为什么蓝细菌能广泛存在?
15. 酸乳生产的微生物原理是什么? 代表性菌种有哪些?
16. 检测食品中大肠菌群的意义是什么?
17. 简述沙门菌的致病机理和污染食品的途径。
18. 简述食品中菌落总数及其食品卫生学意义。

第二章 真核微生物

[学习目的与要求]

1. 重点掌握霉菌、酵母菌的细胞形态结构及其生理功能。
2. 掌握真菌无性孢子和有性孢子的形成及其特性。
3. 掌握霉菌和酵母菌的生物学特性及其在食品中的应用。

[学习重点与难点]

1. 重点为霉菌及酵母菌的形态结构。
2. 难点为霉菌及酵母菌在食品加工中的作用机制。

凡是细胞核具有核膜、能进行有丝分裂、细胞质中存在线粒体或同时存在叶绿体等细胞器的微小生物，都称为真核微生物。真菌、显微藻类、原生动物都属于真核微生物，而真菌是真核微生物中的一个庞大类群。据统计，真菌有 12 万余种，包括单细胞的酵母菌、单细胞或多细胞的丝状霉菌以及产生大型肉质子实体的蕈菌。真菌的主要特点：①无叶绿素，不能进行光合作用；②一般具有发达的菌丝体；③多数霉菌细胞壁包含几丁质（N-乙酰葡萄糖胺的多聚物），其次是纤维素，酵母细胞壁主要含有甘露聚糖和葡聚糖；④营养方式为异养；⑤以产生大量无性或有性孢子方式进行繁殖；⑥陆生性强。

真菌在自然界分布广泛，与人类关系密切，在食品加工中具有重要的作用。许多食品制造都有真菌的参与，如各种酒类、面包、酱油、豆腐乳等；有些真菌可以直接作为食品，如香菇、木耳、蘑菇等，不仅味道鲜美，而且营养丰富；还有些在发酵工业中被广泛用来生产酒精、有机酸（柠檬酸、葡萄糖酸等）和酶制剂（淀粉酶、纤维素酶等）等工业原料。

第一节 酵 母 菌

酵母菌（yeast）为单细胞真菌，具有真核细胞的基本结构和功能，是一群非菌丝型真核微生物，常以芽殖或裂殖进行无性繁殖，也有少数以形成子囊孢子的方式进行有性繁殖。酵母细胞个体与单细胞的细菌相比个体较大，与单细胞的藻类相比不含叶绿素，与单细胞的原生动物相比不具运动性。酵母菌常生活在含糖量较高、酸度较大的水生环境中。目前已发现有 56 个属，包含 500 多种。酵母菌不是分类学上的名词，它们分布在子囊菌、担子菌和半知菌中，但是它们在形态与结构上具有显著特征。通常认为酵母菌具有如下五个特点：①个体一般以单细胞存在；②多数出芽繁殖；③能发酵糖类产能；④细胞壁常含甘露聚糖；⑤常生活在含糖量较高、酸度较大的水生环境中。

酵母菌与食品工业极其密切。一方面，酵母菌及其发酵产品极大改善和丰富了人类生活。例如，白酒和黄酒的酿造，馒头和面包的制作，甘露醇和赤藓糖醇的发酵，一些维生素和有机酸的生产，均离不开酵母菌；酵母菌本身蛋白质含量高，可达干酵母的 50%，且其蛋白中含有丰富的必需氨基酸，是生产饲用、药用或食用单细胞蛋白（single cell protein, SCP）的良品。另一方面，酵母菌也会给食品工业带来危害。如鲁氏酵母（*Saccharomyces rouxii*）、蜂蜜酵母（*Saccharomyces mellis*）可使果酱、蜂蜜腐败；一些耐酸性酵母是发酵乳的主要污染菌，导致产品胀包，造成发酵乳的腐败变质等。

另外，由于酵母菌细胞结构与高等生物单个细胞的结构基本相同，并且具有传代时间短、容易培养、单个细胞能完成全部生命活动等特性，近年来酵母菌已成为分子生物学、分子遗传学等重要理论研究的良好材料。例如，酿酒酵母（*Saccharomyces cereviseae*）中的质粒可作为外源 DNA 片段的载体，并通过转化而完成组建"工程菌"等重要基因工程的研究；以甲醇营养型酵母（methylotrophic yeast）——巴斯德毕赤酵母（*Pichia pastoris*）为代表的第二代酵母表达系统，是近年来被公认的最有效的外源表达系统之一，已有多种外源蛋白在巴斯德毕赤酵母系统中获得了成功表达，成为外源蛋白的重要宿主菌而得到广泛的应用。

一、酵母菌的形态和构造

酵母菌是典型的真核微生物，它的细胞形态通常有球形、卵形和圆柱形（图 2-1）。有些酵母菌在进行一连串出芽繁殖后，子细胞和母细胞未立即分离，会形成一种藕节状的细胞串，称为假菌丝。这种假菌丝与真菌丝不同，真菌丝呈现为竹节状，表现为细胞相连的横隔面与细胞直径基本一致。酵母菌细胞比一般的单细胞细菌大得多，一般酵母细胞的长度为 2~3μm，而有些酵母细胞可达 20~50μm。例如，典型的酿酒酵母细胞大小为（2.5~10）μm×（4.5~21）μm，故可用 10×40 倍光学显微镜清晰地看见其细胞形态。

酵母菌细胞的典型构造主要包括细胞壁、细胞膜、细胞核和液泡等结构。

1. 细胞壁

酵母细胞壁的厚度为 0.1~0.3μm，质量为细胞干重的 18%~25%，可用普通光学显微镜看到其细胞壁的外廓。细胞壁具有一定柔性，但也具有一定的坚韧性，从而使酵母保持特定的形状，能有效地保护细胞正常生存。电子显微镜下酵母菌细胞壁的结构呈"三明治"状（图 2-2），外层为甘露聚糖，中间为蛋白质，大部分与多糖类结合形成糖蛋白，如甘露聚糖-蛋白质复合物，内层为葡聚糖。维持细胞壁机械强度的物质主要是位于内层的葡聚糖成分，将它除去后细胞壁完全解体。此外，细胞壁还含少量脂类和以环状形式分布在芽痕周围的几丁质。几丁质含量因菌种而异，酿酒酵母中几丁质含量占细胞干重的 1%~2%，假丝酵母（*Candida*）则超过 2%，而裂殖酵母（*Schizosaccharomyces*）却一般不含几丁质。玛瑙螺（*Helix pomatia*）胃液制得的蜗牛消化酶含有纤维素酶、甘露聚糖酶、葡萄糖酸酶、几丁质酶和酯酶等 30 余种酶类，对酵母菌细胞壁各组成成分具有良好的水解作用，是制备酵母菌原生质体的常用试剂。

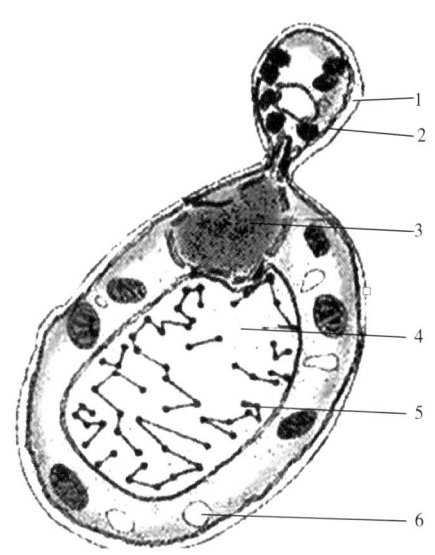

图 2-1　酿酒酵母细胞典型构造
1—细胞壁　2—细胞膜　3—细胞核
4—液泡　5—液泡粒　6—贮藏粒
（资料来源：何国庆，2009）

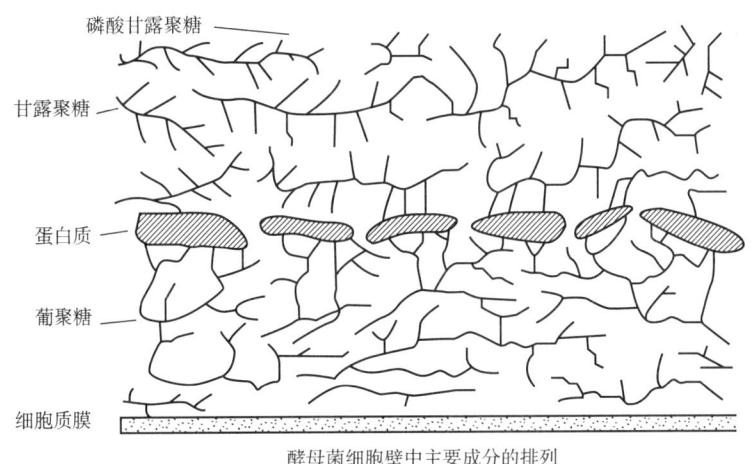

酵母菌细胞壁中主要成分的排列

图 2-2　酵母菌细胞壁结构
（资料来源：沈萍，2014）

有些酵母菌如汉逊酵母属（*Hansenula*）中的碎囊汉逊酵母（*H. capsulata*）、红酵母属（*Rhodotorula*）等酵母细胞壁外有荚膜，其基本成分包括磷酸甘露聚糖、β-糖苷键键合的甘露聚糖、杂合多糖（含有多于一种类型糖单位的多糖）和属于鞘类脂成分的疏水物质。组成荚膜成分的这些多聚体是水溶性的，在细胞表面形成黏性层。虽然荚膜多糖黏性物黏附于细胞上，但其中较大的部分可能释放入生长的培养基中，尤其是在搅拌培养时。另外，由于有的酵母荚膜物质中含有较多的四乙酰植物鞘氨醇和三乙酰二氨鞘氨醇等复杂的疏水化合物，它们的菌落会表现为表面粗糙的特征，并且在液体培养中培养时部分酵母菌具有形成小球的趋向。

2. 细胞膜

酵母菌细胞膜厚约8nm。在透射电子显微镜下观察其细胞膜的超薄切片，可以发现较暗的电子密集层被一个较亮的电子透明层所分开。暗层可能代表蛋白质（其中含有可吸收糖和氨基酸的酶），亮层则代表脂（甘油、磷脂、固醇）和磷酸。值得留意的是，麦角固醇是酵母菌细胞膜上含量居多的固醇，例如，发酵酵母（*Saccharomyces fermentati*）所含固醇量达细胞干重的22%，其中麦角固醇占到44%。另外，麦角固醇经紫外线照射后，可形成维生素D_2，这是酵母浸粉中富含微生物生长所需生长因子的一个原因。

3. 细胞核

酵母菌细胞核（nucleus）由一种光学稠密的核仁部分和较多地含有染色物质的半透明部分组成，其外面有双层细胞核膜，形成一个与细胞质间隔清楚的完整部分。一般而言，酵母菌细胞核在光学显微镜下是不易观察到的，但当酵母菌生长在含有18%~21%明胶的培养基中时，用相差显微镜即可观察到。在酵母菌细胞中，80%~90%的DNA存在于核中。酵母菌的线粒体和环状"2μm质粒"中也含有DNA。

核仁是核糖体RNA的合成位点，因此，细胞核中除了DNA外，还含有不同种类的RNA和一种具有20~40个磷酸残基的链状聚磷酸盐。链状聚磷酸盐被发现积累于RNA合成阶段，但它在核中的确切功能尚不清楚。

4. 质粒

大多数酵母菌含有一种周长约2μm（6318 bp）的质粒，称为2μm质粒，这是目前研究得比较深入且具有广泛应用价值的酵母质粒。它们是闭环的双链DNA分子，以高拷贝数存在于酵母细胞中，每个单倍体基因组含60~100个拷贝，约占酵母细胞总DNA的30%。该质粒含约600bp长的一对反向重复序列，由于反向重复序列之间的相互重组，使2μm质粒在细胞内以两种异构体（A和B）形式存在。且该质粒只携带与复制和重组有关的4种蛋白质的基因，不赋予宿主细胞以任何表型特征，故属隐秘质粒。

2μm质粒是酵母菌中进行分子克隆和基因工程的重要载体，因此以它为基础构建的克隆和表达载体已得到广泛的应用。另一方面，由于原核生物的克隆载体无法解决真核生物的基因调控和基因产物的转录及翻译后加工等问题，许多人类蛋白质在原核生物中的表达是具有局限性的，有些蛋白质必须经过翻译后修饰，如糖基化、特定位点切割等才能具有完全的生物活性，2μm质粒构建的酵母质粒载体能在真核宿主中进行表达，因此是研究真核基因调控和染色体复制的一个十分有用的模型。

酵母表达系统，如毕赤酵母是一种高效稳定的表达体系，近年来越来越多的大分子蛋白在该表达体系中得到表达。毕赤酵母表达体系具有简单的蛋白产物糖基化修饰，产物直接以可溶性、天然性形式分泌到胞外等特点，是一种高表达、高稳定、高分泌的表达体系，非常适合于基因工程高密度的发酵培养。

同原核生物表达系统一样，酵母表达系统也需要复制或整合的起点，强启动子和选择标记等表达所需元件。酵母质粒载体大都具有酵母复制起点和大肠杆菌pBR322的复制起点，故可在酵母和细菌中复制，按其结构特点主要分为以下3种类型。

(1) 酵母附加型质粒（yeast episomal plasmid, YEP）　含有酵母 2μm 质粒的复制起点和酵母选择标记 URA3 基因（尿嘧啶核苷酸合成酶基因3）；同时还含有大肠杆菌的复制起点和选择标记（Amp^r 和 Tet^r）。酵母附加型质粒来源于野生型的酵母质粒，存在于很多啤酒酵母株系中。该质粒被一段长度约为 599bp 的反向重复序列分为两个部分，每一部分都含有一个启动子和该启动子控制下的两个基因。其中一个基因为 FLP，编码一个位点特异性的重组酶，这个酶可以催化反向重复序列之间的遗传重组。该质粒在酵母细胞中能自主复制，具有较高拷贝数。

(2) 酵母复制型质粒（yeast replicating plasmid, YRP）　含有酵母自主复制序列（autonomors replication sequence, ARS）和酵母选择标记 URA3 和 TRP1 基因（色氨酸合成酶基因1）；同时还含有大肠杆菌的复制起点和选择标记（Amp^r 和 Tet^r）。虽然该质粒也能在酵母细胞中自主复制，但其属于中等拷贝型质粒。

(3) 酵母整合型质粒（yeast integrating plasmid, YIP）　含有酵母的 URA3 基因，既可作为酵母选择标记，也可与酵母染色体 DNA 进行同源重组，即将某个基因或某些基因整合到染色体中，随染色体复制而复制。由于它不含酵母复制起点，故不能在酵母细胞中自主复制。但其含有大肠杆菌的复制起点和选择标记（Amp^r 和 Tet^r），故能在大肠杆菌中自主复制。

5. 其他细胞构造

(1) 液泡　在显微镜下观察酵母菌细胞时，经常能看到直径 0.3~3μm 的一个或多个大小不等的液泡（vacuole），尤其是在酵母菌生长平衡期，即处于不繁殖状态时特别明显。液泡一般呈球形，在光束照耀下，液泡相比环绕它们的细胞质更透明。大部分酵母菌的游离氨基酸储藏于液泡中。液泡也可作为若干水解酶类的储藏体，如蛋白酶、核糖核酸酶和酯酶等。因此，若液泡破碎，可导致细胞自溶。

(2) 微丝　在酵母菌细胞表面观察到一种像头发丝一样的结构，称为微丝（microfilaments）。这些微丝的直径为 5~7nm，长度为 0.1μm，其主要成分是蛋白质，这些短的微丝与酵母菌的凝聚性有关。

二、酵母菌的繁殖方式和生活史

(一) 酵母菌的繁殖方式

酵母菌的繁殖方式多种多样，包括无性繁殖和有性繁殖两种，主要方式如下。

1. 无性繁殖

(1) 芽殖　芽殖（budding）是酵母菌最常见的繁殖方式。在良好的营养和生长条件下，酵母菌生长迅速。这时，可以看到酵母菌细胞上长出芽体，芽细胞长到一定程度脱离酵母菌细胞继续生长，而且在芽体上还可形成新的芽体。所以有时可以见到呈簇状的细胞团。不同酵母菌在母细胞上出芽的部位不同，多数酵母为多边出芽。

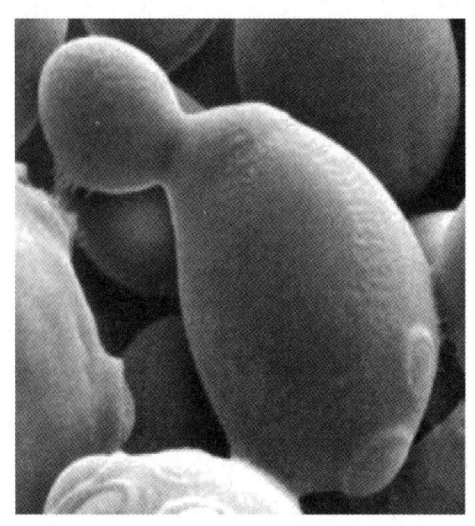

图2-3　酿酒酵母通过芽殖生长繁殖
（注意芽痕和芽体分裂）
（资料来源：Madiagan M T et al.，1999）

在酵母细胞形成芽体的部位，水解酶对细胞壁多糖进行分解，使该部位细胞壁变薄，大量新细胞物质——核物质（染色体）和细胞质等在芽体起始部位上堆积，使芽体逐步长大。当芽体达到最大体积时，它与母细胞相连部位形成一块隔壁，隔壁的成分主要是葡聚糖、甘露聚糖和几丁质。最后，母细胞与子细胞在隔壁处分离。分离后，在母细胞上就留下一个芽痕（bud scar），而在子细胞上就相应地留下一个蒂痕（birth scar）（图2-3）。

（2）裂殖　酵母菌的裂殖（fission）与细菌的裂殖相似。其过程是细胞伸长，核分裂为二，然后细胞中央出现隔膜，将细胞横分为两个相等大小的、各具有一个核的子细胞。进行裂殖的酵母菌种类很少，常见的有裂殖酵母属的八孢裂殖酵母（*S. octosporus*）。

（3）产生无性孢子　酵母菌掷孢子（ballistospore）是掷孢酵母属等少数酵母菌产生的无性孢子，外形呈肾状。这种孢子形成于卵圆形营养细胞生出的小梗上。孢子成熟后，通过一种特有的喷射机制将孢子射出而繁殖。

2. 有性繁殖

酵母菌是以形成子囊（ascus）和子囊孢子（ascospore）的方式进行有性繁殖的。它们一般通过邻近的两个性别不同的细胞各自伸出一根管状的原生质突起，随即相互接触、局部融合，并形成一个通道，两个细胞的细胞质通过管道发生融合，此过程称为质配。再经过核配和减数分裂，形成4个或8个子核，每一子核与其附近的原生质一起，在其表面形成一层孢子壁后，就形成了一个子囊孢子，而原有营养细胞就成了子囊。

（二）酵母菌的生活史

酵母菌的生活史有以下三种类型（图2-4）。

1. 营养体只能以单倍体形式存在

以八孢裂殖酵母为例，这是一种以单倍体的细胞形式存在的生活史，其双倍体世代存在时间通常很短，仅在两个单倍体细胞和它们的核接合之后，以接合子形式存在。其生活史包括以下四个过程：①单倍体营养细胞借裂殖方式进行无性繁殖；②两个单倍体营养细胞接触形成接合管，发生质配后立即核配，形成二倍体细胞；③二倍体细胞不能独立存在，马上进行三次分裂，第一次为减数分裂，分裂过程中DNA复制两次，于子囊中形成8个单倍体子囊孢子；④子囊破裂散出子囊孢子，萌发后形成单倍体营养细胞，又可借裂殖方式进行无性繁殖。

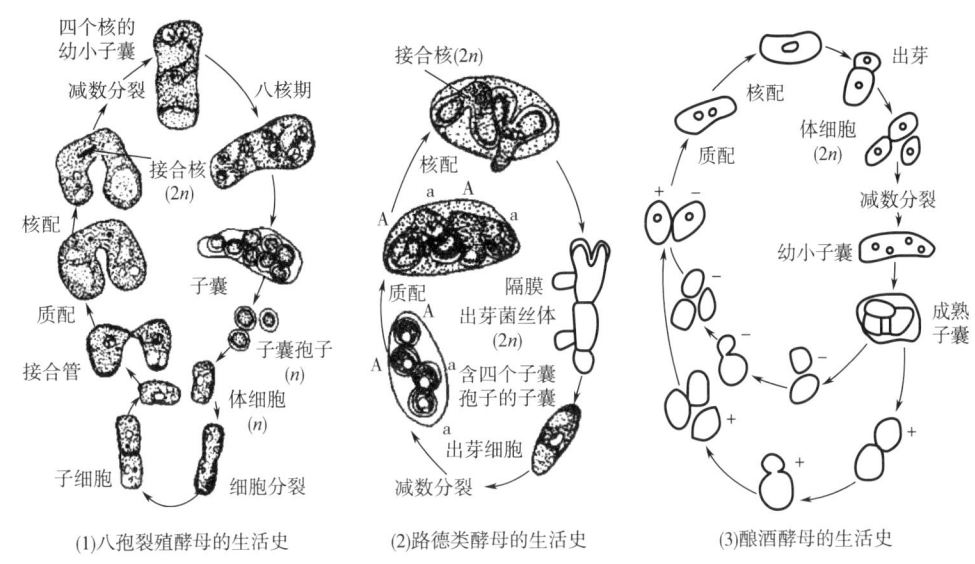

(1)八孢裂殖酵母的生活史　(2)路德类酵母的生活史　(3)酿酒酵母的生活史

图2-4　酵母菌的三种典型生活史

(资料来源：沈萍，2014)

2. 营养体只能以二倍体存在

路德类酵母（*Saccharomycodes ludwigii*）以双倍体细胞为主要存在形式，子囊孢子在子囊内就成对结合，单倍体的形式存在时间很短。其生活史包括以下四个过程：①单倍体子囊孢子在子囊内就成对结合，发生质配和核配；②结合后的二倍体细胞萌发，穿破子囊壁；③二倍体细胞借芽殖方式进行无性繁殖；④营养细胞进行减数分裂，该细胞则成为子囊，内含4个单倍体子囊孢子。

3. 营养体既能以单倍体也能以二倍体形式存在

酿酒酵母是以单双倍体细胞为主要存在形式，它们在产子囊孢子培养基上会形成1~4个子囊孢子，所以会以单倍体细胞的形式存在。在单倍体细胞接触时，它又能经质配和核配重新产生双倍体细胞活动于自然界，这是一种单、双倍体同时存在的酵母。其生活史包括以下五个过程：①单倍体营养细胞借助芽殖方式进行无性繁殖；②两个单倍体营养细胞结合，质配后发生核配，形成二倍体细胞；③二倍体细胞并不立即进行核分裂，而是通过出芽繁殖形成二倍体的营养细胞，即二倍体细胞能独立存在；④二倍体细胞在合适的生孢子条件下，经减数分裂产生4个子囊孢子；⑤单倍体的子囊孢子萌发后形成单倍体营养细胞，又可借芽殖方式进行无性繁殖。

三、酵母菌的培养特征

1. 酵母菌的菌落特征

酵母菌都是单细胞微生物，且细胞都是粗短的形状，在固体培养基表面，细胞间充满着毛细管，所以它们形成的菌落与细菌相仿，一般都具有湿润、较光滑、有一定的透明度、容易挑起、菌落质地均匀以及正反面和边缘、中央部位的颜色均一等特点。但由于酵母菌的细胞比细菌的大，细胞内颗粒较明显、细胞间隙含水量相对较少以及不能运动，故反映在宏观

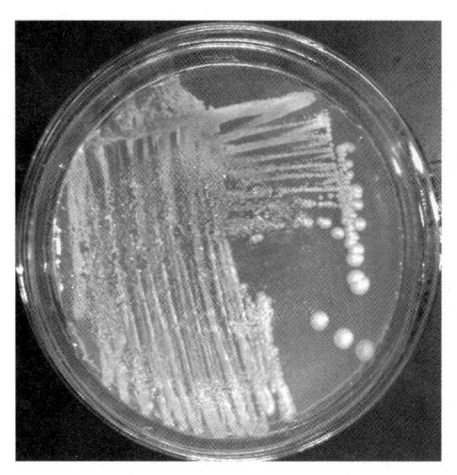

图2-5 酿酒酵母的菌落特征

上就产生了较大、较厚、外观较稠和较不透明的菌落（图2-5）。酵母菌菌落的颜色比较单调，多数都呈乳白色，少数为红色，个别为黑色。另外，凡不产生假菌丝的酵母菌，其菌落更为隆起，边缘圆整；而会产生假菌丝的酵母菌，菌落较平坦，表面和边缘较粗糙。酵母菌的菌落一般还会散发出一股悦人的酒香味。

2. 酵母菌的液体培养特征

在液体培养基中，不同酵母菌的生长情况各异。有的生长于培养基底部并沉淀，有的悬浮于培养基中生长，有的则在培养基表面生长并形成菌膜、壁环，其厚度因菌种而异。

四、酵母菌在食品中的有益作用

酵母菌与食品工业关系非常密切，早在4000年前的殷商时代，我国劳动人民就已经开始利用酵母菌酿酒。但在各种酵母菌中，只有少数酵母菌与食品的发酵有关，如酒精发酵、食品中酶制剂的生产、单细胞蛋白的生产及作为食品添加剂来增强某些食品的风味等。

（一）食品中常见的酵母菌

现将食品中常见的酵母菌按属的特性列举如下。

1. 酵母属

酵母属属于子囊菌亚门半子囊菌纲内孢霉目酵母科。这个属的一些菌种具有典型的酵母菌的形态和构造：细胞为圆形、椭圆形或腊肠形；没有真菌丝，有的有假菌丝；无性繁殖为芽殖，有性繁殖为形成子囊孢子。用于酿酒的主要是酿酒酵母和葡萄汁酵母（S. uvarum）。

（1）酿酒酵母　酿酒酵母又称啤酒酵母，是酵母属中的典型菌种，也是重要的菌种。它分布广泛，在各种水果的表皮、发酵的果汁、酒曲、土壤中，特别是果园土壤中都可分离到。酿酒酵母在25℃麦芽汁琼脂培养基上培养3d，菌落为乳白色，有光泽，平坦，边缘整齐。

酿酒酵母的种类很多，根据细胞长与宽的比例，可将酿酒酵母分为3组。第一组的细胞多为圆形、短卵形或卵形。它的应用广泛，如啤酒、白酒和酒精发酵及面包制作中多应用这类菌种。第二组的细胞为卵形或长卵形，长与宽之比通常为2，常用于葡萄酒和果酒的酿造。第三组的细胞为长圆形，长宽比大于2，这组酵母菌比较耐高渗透压，用甘蔗糖蜜作原料时可供酒精发酵。以上三组酿酒酵母细胞形态比较见表2-1。

（2）葡萄汁酵母　在Lager型啤酒酿造中，发酵结束时葡萄汁酵母沉于容器底部，又称下面发酵酵母。葡萄汁酵母在25℃麦芽汁琼脂培养基上培养3d，细胞为圆形、卵形、椭圆或长形。葡萄汁酵母与酿酒酵母的主要区别是全发酵棉籽糖，具体特性对比见表2-2，上面发酵酵母与下面发酵酵母的特性比较见表2-3。

表 2-1　　酿酒酵母三组细胞形态的比较

项目	第一组	第二组	第三组
长宽比	1~2	2	>2
细胞形态	圆形、短卵形或卵形	卵形、长卵形（椭圆形）	长圆形或腊肠形
细胞大小	大型（4.5~10.5）μm×（5.0~21.0）μm 中型（3.5~8.0）μm×（5.0~17.5）μm 小型（2.5~7.0）μm×（4.5~11.0）μm	大型（3.5~9.5）μm×（6.0~14.0）μm 中型（3.0~7.5）μm×（5.0~14.0）μm 小型（2.5~6.0）μm×（3.5~13.0）μm	一型（2.5~5.5）μm×[6.0~14.0（~33①）]μm 二型（4.0~7.0）μm×[8.0~16.0（~22）]μm 三型（3.0~6.5）μm×[6.5~14.0（~23）]μm
有无假菌丝	无假菌丝或有，较发达，但不典型	形成假菌丝，但不发达也不典型	形成假菌丝，但不典型，仅是长形细胞连成的树枝状
列举酵母	拉斯2号、拉斯12号酵母	上面发酵酵母、葡萄酒酵母	台湾396酵母（又称魏氏酵母）
发酵应用	用于以淀粉质原料生产酒精和白酒，以及面包的制作	上面发酵酵母生产英国淡色爱尔啤酒（Ale）和司陶特（Stout）型啤酒，葡萄酒酵母酿造葡萄酒和果酒	魏氏酵母耐高渗透压，用于以甘蔗糖蜜为原料生产酒精和朗姆酒

注：①该位置数字表示极个别酵母细胞的长度。
资料来源：刘慧，2014.

表 2-2　　酿酒酵母与葡萄汁酵母主要特性比较

特性	酿酒酵母	葡萄汁酵母
细胞形态	圆形、卵形、短卵形、长卵形、长圆形、腊肠形	圆形、卵形、椭圆形或长圆形，长宽比为1~1.5
培养特征	麦芽汁平板形成圆形、乳白色、平坦、不透明、光滑黏稠、有光泽的菌落，有典型酵母味；在液面上一般不形成菌膜	麦芽汁平板形成圆形、乳白色、中心隆起、不透明、光滑黏稠、有光泽的菌落，有典型酵母味；在液面上不形成菌膜
生化特征	发酵糖类产生乙醇、CO_2，能发酵葡萄糖、麦芽糖、蔗糖、半乳糖和1/3棉子糖①，不能发酵乳糖和蜜二糖	发酵糖类产生乙醇、CO_2，能发酵葡萄糖、麦芽糖、蔗糖、半乳糖和全部的棉籽糖，不发酵乳糖和蜜二糖
生理特性	最适生长温度为25~26℃ 无性繁殖为芽殖，有性繁殖由营养细胞（2n）直接形成子囊，每个子囊产生1~4个子囊孢子	最适生长温度为25~26℃ 无性繁殖为芽殖，有性繁殖于醋酸钠生孢子培养基上，18~20℃培养，形成1~4个子囊孢子

续表

特性	酿酒酵母	葡萄汁酵母
自然分布	分布于果园的土壤、各种水果表皮、发酵果汁、酒曲和食品中	同酿酒酵母
发酵应用	用于啤酒、白酒和果酒的酿造，酒精发酵和面包制作，提取 RNA、麦角固醇、抗坏血酸、凝血质和辅酶 A，生产食用、医用和饲用 SCP	用于下面发酵法酿造啤酒，发酵生产维生素（泛酸、硫胺素、吡哆醇、肌醇等），生产食用、药用和饲用 SCP

注：①能发酵 1/3 棉子糖是指单位质量棉子糖只能发酵 1/3 的量。
资料来源：刘慧，2014.

表 2-3　　　　　　　　上面发酵酵母与下面发酵酵母的特性比较

特性	上面发酵酵母（酿酒酵母第二组）	下面发酵酵母（葡萄汁酵母）
生化特性	能发酵 1/3 棉子糖	能发酵全部的棉子糖
发酵物理状态	在啤酒酿造中酵母菌漂浮于发酵液面泡沫层中，发酵温度相对较高（15~20℃）	在啤酒酿造中酵母菌悬浮于发酵液中（发酵温度在 10℃左右）
发酵结束状态	发酵结束收集漂浮于液面的菌体细胞（酵母泡盖）	发酵结束收集沉积于容器底部的菌体细胞（酵母泥）
发酵应用	用于上面发酵法酿造啤酒，如英国淡色 Ale，Stout 黑啤酒等	用于下面发酵法酿造啤酒，如德国慕尼黑啤酒和多特蒙德啤酒，丹麦嘉士伯啤酒等，我国啤酒多为此类型

资料来源：刘慧，2014.

2. 假丝酵母属

属于半知菌亚门芽孢菌纲隐球酵母目隐球酵母科，尚未发现此属酵母菌的有性繁殖。该酵母细胞为圆形、卵形或长形。无性繁殖为多边芽殖，形成假菌丝，有的菌有真菌丝，也可形成厚垣孢子，不产生色素。此属中有许多种具有酒精发酵的能力。有的菌种能利用农副产品或碳氢化合物生产蛋白质，可用于食用或饲料。

(1) 热带假丝酵母（C. tropicalis）　热带假丝酵母是最常见的假丝酵母。在葡萄糖-酵母汁-蛋白胨液体培养基中 25℃培养 3d，细胞呈球形或卵球形，大小为（4~8）μm×（6~11）μm（图 2-6）。热带假丝酵母氧化烃类的能力强，在 230~290℃石油馏分的培养基中培养 22h 后，可得到相当于烃类质量 92%的菌体。所以，该菌在治理石油污染的同时还能获得大量菌体蛋白质。

(2) 解脂假丝酵母（C. lipolytica）　解脂假丝酵母又称解脂覆膜孢酵母。它的细胞为卵形至长形，有的细胞可长达 20μm（图 2-6）。解脂假丝酵母能利用的糖种类很少，但它们分解脂肪和蛋白质的能力很强。主要用于石油发酵，可用廉价的石油为原料生产酵母蛋白。此外，还可利用解脂假丝酵母生产柠檬酸、维生素、谷氨酸和脂肪酸等。从黄油、石油井口的油黑土中，炼油厂或生产油脂车间等地方都可以分离到这种酵母。

（3）产朊假丝酵母（*C. utilis*） 又称产朊圆酵母或食用圆酵母（图2-6）。其蛋白质和维生素B的含量都比酿酒酵母高，它能以尿素和硝酸作为氮源，在培养基中不需要加入任何生长因子即可生长。它能利用五碳糖和六碳糖，以及造纸工业的亚硫酸废液、糖蜜和木材水解液等生产出酵母蛋白质。

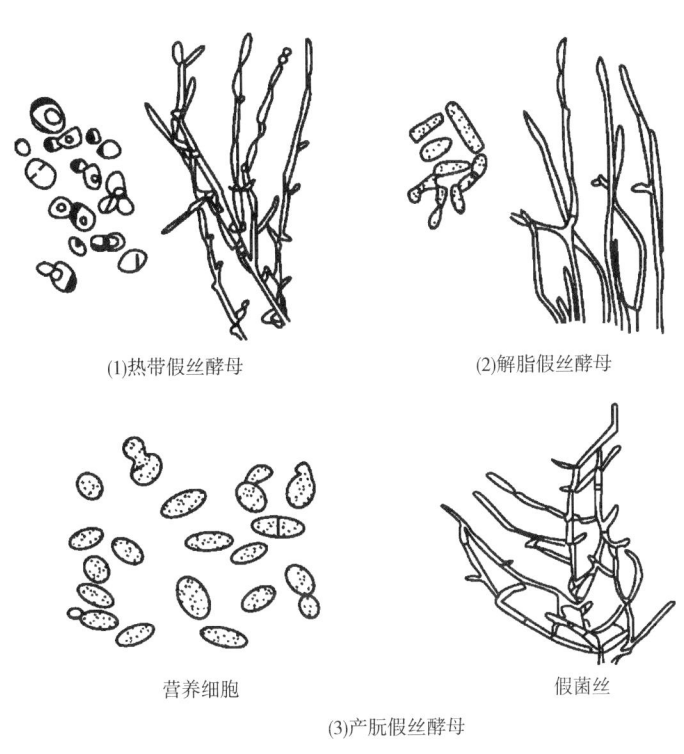

(1)热带假丝酵母　　(2)解脂假丝酵母

营养细胞　　假菌丝

(3)产朊假丝酵母

图2-6　典型假丝酵母

（资料来源：刘慧，2014）

以上3种酵母的特性比较见表2-4。

表2-4　假丝酵母属重要种的特性比较

种名	特性	应用
产朊假丝酵母	①细胞呈圆形、椭圆形或圆柱形（葡萄糖-酵母汁-蛋白胨液体培养基中，25℃培养3d） ②麦芽汁平板上菌落呈乳白色、有光泽或无光泽、质地软而平滑、边缘整齐或菌丝状 ③液面无醭，管体有菌体沉淀 ④在加盖玻片的玉米粉平板上可见不发达的假菌丝或无假菌丝，不形成真菌丝 ⑤能利用五碳糖和六碳糖，发酵葡萄糖、蔗糖和棉子糖 ⑥无性繁殖为多边芽殖	①生产食用SCP 利用原料：糖蜜、土豆淀粉废料 ②生产饲用SCP 利用原料：亚硫酸纸浆废液、木材水解液

续表

种名	特性	应用
热带假丝酵母	①细胞呈球形或卵圆形（葡萄糖-酵母汁-蛋白胨液体培养基中，25℃培养3d） ②麦芽汁平板上菌落呈白色至奶油色，无光泽或稍有光泽，软而平滑或部分有皱纹，长时间培养菌落变硬 ③液面有醭或无醭，管底有菌体沉淀 ④在加盖玻片的玉米粉琼脂平板上可见大量的假菌丝和芽生孢子，也可形成真菌丝 ⑤氧化烃类能力很强，不分解脂肪，可利用的糖类较多 ⑥无性繁殖为多边芽殖	生产饲用SCP 利用原料：230~290℃石油馏分、农副产品和工业废料、发酵废液（如生产味精的废液）
解脂假丝酵母	①细胞呈卵圆形或长柱形 ②麦芽汁平板上菌落呈乳白色、无光泽、质地黏湿而滑、有的边缘不整齐 ③液面有醭，管底有菌体沉淀 ④在加盖玻片的玉米粉平板上可见假菌丝或具有隔膜的真菌丝，在菌丝顶端或中间有单个或成对的芽生孢子 ⑤利用正烷烃 C_{10}~C_{19}（石蜡）能力强，分解脂肪和蛋白质能力强，可利用的糖类很少 ⑥无性繁殖为多边芽殖	①生产饲用SCP 利用原料：利用正烷烃，使石油脱蜡的同时也生产SCP，降低其凝固点 ②产柠檬酸 利用原料：正烷烃 C_{10-16}，柠檬酸的转化率达13%~53% ③产吡哆醇和α-酮戊二酸 利用原料：石蜡和维生素 B_1，此外，可生产脂肪酸、谷氨酸

资料来源：刘慧，2014.

3. 其他酵母属

（1）裂殖酵母属（*Schizosoccharomyces*） 裂殖酵母属属于子囊菌亚门酵母科裂殖酵母亚科。

（2）球拟酵母属（*Torulopsis*） 此属与假丝酵母同属半知菌亚门芽孢菌纲隐球酵母目隐球酵母科。

（3）红酵母属（*Rhodotorula*） 此属也为隐球酵母科，细胞为圆形、卵形或长形，为多边芽殖，其特点是有明显的红色或黄色色素，很多种因形成荚膜而使菌落呈黏质状，如黏红酵母（*Rhodotorula glutinis*）。

（4）汉逊酵母属（*Hansenula*）与毕赤酵母属（*Pichia*） 在分类学上同属于子囊菌亚门半子囊菌纲内孢霉目酵母科。

酵母菌种类较多，其他酵母属特性比较见表2-5。

表 2-5　　　　　　　　　　　　　　　　其他酵母属特性的比较

属名	特性	应用与危害
裂殖酵母属	①细胞呈椭圆形或圆柱形，有时形成假菌丝 ②八孢裂殖酵母于麦芽汁平板上菌落呈乳白色，于麦芽汁中液面无菌醭，菌体沉于管底 ③不同化硝酸盐，具有酒精发酵能力 ④无性繁殖为裂殖，有性繁殖为接合生殖产子囊孢子，子囊内有1~4个或8个子囊孢子	代表种为粟酒裂殖酵母（S. pombe），最早分离自非洲粟米酒，能发酵菊芋产生酒精。该属菌可从蜂蜜、粗制蔗糖和水果上分离到
球拟酵母属	①细胞为球形或卵圆形或略长形，无假菌丝 ②菌落呈白色或乳黄色、有光泽；在液体基质中有沉渣及环或有菌醭 ③细胞能分泌胞外多糖，有酒精发酵能力；能将葡萄糖转化为多元醇，即将40%的葡萄糖转化成不同比例的甘油、赤藓醇和甘露醇等；有的种氧化烃类能力强，可进行石油发酵；有的种能产生有机酸、油脂等；有的种蛋白质含量高，用于生产饲用SCP ④无性繁殖为多边芽殖，不产生子囊孢子	代表菌种为白色球拟酵母（Torulopsis candida）。易变球拟酵母（T. versatilis）、埃契球拟酵母（T. famata）和沪酿214蒙奇球拟酵母（T. mogii）SB214是生产酱油的常用菌种，参与酱醪的成熟和酱油特殊风味的形成。此属中有的菌株有耐高浓度糖和盐的特性，如球形球拟酵母（Torulopsis globosa）能耐高渗透压，可在高糖浓度的基质上生长，如蜜饯、蜂蜜等食品上
红酵母属	①细胞呈卵圆形或圆柱形，不形成假菌丝，多数种形成荚膜 ②产生黄色至红色的类胡萝卜素，使菌落呈橘黄色和鲜肉的粉红色；又因形成荚膜而使菌落黏质，如黏红酵母 ③不能发酵糖类产生乙醇，但能同化某些糖类，有的种能氧化烃类积蓄大量脂肪 ④无性繁殖为多边芽殖，多数不形成子囊孢子	少数种类为致病菌，在空气中时常发现。有的菌如黏红酵母，能产生脂肪，其脂肪含量可达干物质量的50%~60%，但合成脂肪的速度较慢，如培养液中添加氮和磷，可加快其合成脂肪的速度。产1g脂肪大约需4.5g葡萄糖。此外，黏红酵母还可产生丙氨酸、谷氨酸、甲硫氨酸等多种氨基酸。在食品上生长可形成红色斑点
汉逊酵母属	①细胞呈卵圆形、椭圆形，形成假菌丝或真菌丝 ②同化硝酸盐，利用葡萄糖产生磷酸甘露聚糖，可降解核酸 ③无性繁殖为多边芽殖，有性繁殖为接合生殖产子囊孢子	此属酵母菌因能产生乙酸乙酯，有时可用于食品的增香；能利用酒精为碳源在饮料表面形成皮膜。代表种为异常汉逊酵母（Hansenula anomala），常引起高糖分食品的变质

续表

属名	特性	应用与危害
毕赤酵母属	①细胞呈椭圆形、柱形、卵圆形或腊肠形,多数种形成假菌丝,形成真菌丝能力有限 ②不同化硝酸盐,能氧化乙醇,对正癸烷、十六烷氧化能力较强 ③无性繁殖为多边芽殖,有性繁殖形成1~4个子囊孢子	利用毕赤酵母以石油、农副产品或工业废料为原料生产SCP。此外,有的种能生产麦角固醇、苹果酸、磷酸、甘露聚糖等。毕赤酵母常引起泡菜、啤酒和乳制品的变质;能耐高浓度酒精使之氧化,是酿酒工业的有害菌,代表种为粉状毕赤酵母(*Pichia farinosa*)
克鲁维酵母属 (*Kluyveromyces*)	①细胞呈圆形、卵圆形或圆柱形 ②有些种能产生红色素,但菌落呈灰白色、黄灰色,有时淡红色 ③能产生β-半乳糖苷酶,故能发酵乳糖产生乙醇 ④无性繁殖为多边芽殖,有性繁殖形成子囊孢子 ⑤生长温度5~46℃	利用马克斯克鲁维酵母(*K. marxianus*)以牛乳为原料发酵生产牛乳酒;利用脆壁克鲁维酵母(*K. fragilis*)、乳酸克鲁维酵母(*K. lactis*)、保加利亚克鲁维酵母(*K. bulgaricus*)以乳清为原料生产乳糖酶和食用SCP
德巴利酵母属 (*Debaryomyces*)	①细胞有不同形状,通常为圆形,有时产生假菌丝 ②发酵能力很弱 ③无性繁殖为多边芽殖,有性繁殖形成子囊孢子(由异型或同型接合产生)	该属酵母可引起多种水果、葡萄汁、蜜饯、乳与乳制品等食品变质 汉逊德巴利酵母(*D. hansenii*)能耐受高盐浓度(18%~24%),易在腌渍食品上形成菌膜,常引起腌渍食品、咸肉、浓缩橙汁及酸乳酪等制品的腐败变质

(二)酵母菌在食品工业中的应用

目前,酵母菌在食品工业中占有极其重要的地位,最重要的种是酿酒酵母,它已被用于发酵面包,生产啤酒、葡萄酒、蒸馏酒和工业酒精等,下面重点以面包和啤酒为例进行介绍。

1. 酵母在面包加工中的应用

(1)面包生产工艺 面包生产有传统的一次发酵法、二次发酵法及新工艺快速发酵法等。我国生产面包多用一次发酵法及二次发酵法,近年来,快速发酵法应用也较多。

①一次发酵法工艺流程:见图2-7。

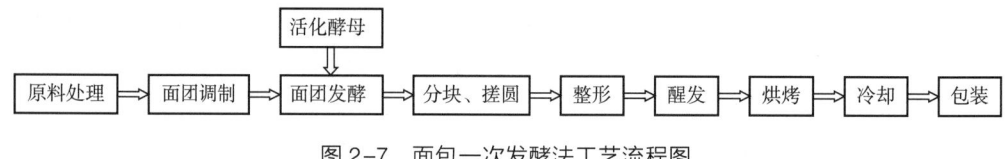

图2-7 面包一次发酵法工艺流程图

一次发酵法的特点是生产周期短,所需设备和劳动力少,产品有良好的咀嚼感,有较粗糙的蜂窝状结构,但风味较差。该工艺对时间相当敏感,大批量生产时较难操作,生产灵活性差。

②二次发酵法工艺流程:见图2-8。

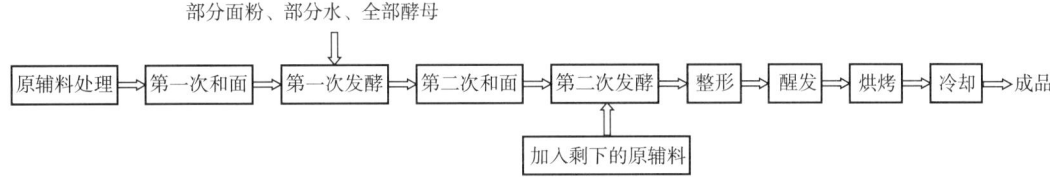

图2-8 面包二次发酵法工艺流程图

二次发酵法即采取两次搅拌、两次发酵的方法。第一次搅拌时先将部分面粉(占配方用量的1/3)、部分水和全部酵母混合至刚好形成疏松的面团。然后将剩下的原料加入,进行二次混合调制成成熟面团。成熟面团再经发酵、整形、醒发、烘烤制成成品。二次发酵法应用较多,其特点是生产出的面包体积大、柔软,且具有细腻的海绵状结构,风味良好、生产容易调整,但周期长,操作工序多。

(2) 面包酵母特性 面包酵母是一些特定的用于面包生产的酿酒酵母。面包酵母有圆形、椭圆形等多种形态,其中椭圆形的面包酵母用于生产较好;兼性厌氧性微生物;生长与发酵的最适温度为26~30℃,最适pH 5.0~5.8;面包酵母耐高温的能力不及耐低温的能力,60℃以上会很快死亡。

生产上应用的面包酵母主要有鲜酵母、活性干酵母及即发干酵母几种形式。鲜酵母是酵母菌种在培养基中经扩大培养、分离、压榨而制成的。鲜酵母发酵力较低,发酵速度慢,不易贮存运输,0~5℃可保存两个月,使用受到一定限制。活性干酵母是鲜酵母经低温干燥而制成的颗粒酵母,发酵活力及发酵速度都比较快,且易于贮存运输,使用较为普遍。即发干酵母又称速效干酵母,是活性干酵母的换代用品,使用方便,一般无须活化处理,可直接生产。

(3) 面包酵母在面团发酵过程中的作用 面团发酵就是在适宜条件下,酵母菌利用面团中的营养物质进行繁殖和新陈代谢,产生CO_2气体,使面团膨松,并使面团中的营养物质分解为人体易于吸收的物质。

单糖是酵母菌最好的营养物质,而面粉中单糖含量很少,不能满足酵母菌发酵的需要。但面粉中含有相当多的淀粉酶,它将淀粉分解为麦芽糖,麦芽糖及蔗糖在酵母菌分泌的麦芽糖酶及蔗糖酶作用下分解为单糖被酵母菌利用。面包用酵母是一种典型的兼性厌氧微生物,有氧时呼吸旺盛,将糖氧化分解成CO_2和水,并释放能量。随着发酵的进行,面团中氧气迅速减少,酵母菌的有氧呼吸转变为无氧呼吸,糖被分解为酒精和少量CO_2及能量。

实际生产中,上述两种作用是同时进行的,发酵初期,前者为主反应;发酵后期,为使发酵旺盛进行,应排除面团中的CO_2气体,补充空气。整个发酵过程中均有大量CO_2气体产生,因而能使面团膨松,形成大量蜂窝。

在面团制作过程中,酵母菌的各种酶对面团中的各种有机物发生生化反应,将高分子的结构复杂的物质变成结构简单的、相对分子质量较低、能为人体直接吸收的中间生成物和小分子有机物,如淀粉中的一部分变成麦芽糖和葡萄糖,蛋白质水解成肽和氨基酸等。这对人体消化吸收非常有利,提高了谷物的营养价值。酵母菌本身蛋白质含量甚高,且含有多种维生素,也使面包的营养价值增高。

2. 酵母菌在啤酒酿造中的应用

酿酒具有悠久的历史,产品种类繁多,如黄酒、白酒、啤酒、果酒等品种。酒的品种不同,酿酒所用的酵母菌以及酿造工艺也不同,而且同一类型的酒,各地也有自己独特的工艺。以下内容主要以生产啤酒用酵母为例介绍。

(1) 啤酒生产工艺　啤酒是以优质大麦芽为主要原料,大米、酒花等为辅料,经过制麦、糖化、啤酒酵母发酵等工序酿制而成的一种含有 CO_2、低酒精浓度和多种营养成分的饮料酒。它是世界上产量最大的酒种之一,其主要工艺流程如下。

①啤酒酵母的扩大培养:扩大培养是将实验室保存的纯种酵母菌逐步增殖,使酵母菌数量由少到多,直至达到一定数量,供生产需要的培养过程。接种量一般为麦芽汁量的10%(使发酵液中的酵母菌量达 $1×10^7$ 个酵母/mL)。扩大培养的目的一方面是获得足量的酵母菌,另一方面是使酵母菌由最适生长温度(28℃左右)逐步适应发酵温度(10℃)。

②麦芽汁制备:见图2-9。

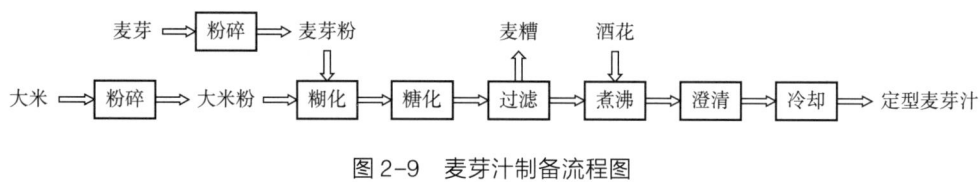

图2-9　麦芽汁制备流程图

③啤酒酿造工艺流程:见图2-10。

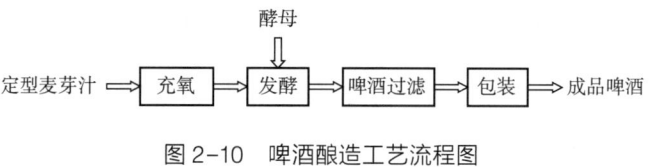

图2-10　啤酒酿造工艺流程图

(2) 啤酒酵母的特性　啤酒酵母是一些特定的适用于啤酒发酵的酿酒酵母。根据酵母菌在啤酒发酵液中的性状,可将它们分成两大类:上面啤酒酵母和下面啤酒酵母。上面啤酒酵母在发酵时,酵母菌细胞随 CO_2 浮在发酵液面上,发酵终了形成酵母泡盖,即使长时间放置,酵母菌也很少下沉。下面啤酒酵母在发酵时,酵母菌悬浮在发酵液内,在发酵终了时酵母菌细胞很快凝聚成块并沉积在发酵罐底。按照凝聚力大小,把发酵终了细胞迅速凝聚的酵母菌,称为凝聚性酵母;而细胞不易凝聚的下面啤酒酵母,称为粉末性酵母。影响细胞凝聚力的因素,除了酵母菌细胞的细胞壁结构外,外界环境(如麦芽汁成分、发酵液 pH、酵母菌排出到发酵液中的 CO_2 量等)也起着十分重要的作用。国内啤酒厂一般都使用下面啤酒酵母生产啤酒。

上面啤酒酵母和下面啤酒酵母，两者在细胞形态、对棉子糖发酵能力、凝聚性以及啤酒发酵温度等方面有明显差异（表 2-3）。但当培养基组分和培养条件改变时，两种酵母菌各自的特性也会发生变化。用于生产上的啤酒酵母，种类繁多。不同的菌株，在形态和生理特性上不一样，在形成双乙酰高峰值和双乙酰还原速度上都有明显差别，造成啤酒风味各异。

（3）啤酒酵母在啤酒酿造中的作用 啤酒发酵过程中啤酒酵母主要起降糖作用，产生乙醇和 CO_2。啤酒的发酵也遵循微生物的生长规律：酵母菌繁殖期、低泡期、高泡期、落泡期、泡盖形成期和后发酵及贮藏期。

在啤酒发酵过程中，酵母菌在厌氧环境中经过糖酵解途径将葡萄糖降解成丙酮酸，然后脱羧生成乙醛，后者在乙醇脱氢酶催化下还原成乙醇。在整个啤酒发酵过程中，酵母菌利用葡萄糖除了产生乙醇和 CO_2 外，还生成乳酸、乙酸、柠檬酸、苹果酸和琥珀酸等有机酸，同时有机酸和低级醇进一步聚合成酯类物质；经过麦芽中所含的蛋白质降解酶将蛋白质降解成肽后，酵母菌自身含有的氧化还原酶继续将低含氮化合物进一步转化成氨基酸和其他低分子物质。这些复杂的发酵产物决定了啤酒的风味、持泡性、色泽以及稳定性等各项指标，使啤酒具有独特的风格。

五、酵母菌与食品的腐败变质

酵母一般适宜生活在含糖量较高或含一定盐分的食品上，但不能利用淀粉。大多数酵母具有利用有机酸的能力，但是分解利用蛋白质、脂肪的能力很弱，只有少数较强。例如，解脂假丝酵母的蛋白酶、解脂酶的活性较强。酵母可耐高浓度的糖，如鲁氏酵母、蜂蜜酵母可使糖浆、蜂蜜、果酱和蜜饯等食品腐败变质。红酵母可在泡菜和酸菜表面形成白膜，在肉类及酸性食品上产生色素，形成红斑。毕赤酵母属耐高浓度酒精，并能使其氧化，可在酒类表面形成白色干燥的菌膜，降低产量或产生不良气味，影响品质健康，是酒类的污染菌；也可在酱油表面形成同样的菌膜。汉逊酵母属可在饮料表面生长形成干皱的菌膜，大多数能利用酒精作为碳源，对酒类品质产生一定影响。

第二节 霉 菌

霉菌（mould）不是分类学上的名称，而是一类丝状真菌的统称。凡是在固体培养基上，菌落呈现绒毛状、蜘蛛网状、棉絮状和地毯状的真菌，统称为霉菌。霉菌的主要繁殖方式包括无性孢子、有性孢子和菌丝的片段生长三种方式。在安斯沃思（Ainsworth）分类系统（1983 年）中，霉菌分属于真菌门的鞭毛菌亚门、接合菌亚门、子囊菌亚门和半知菌亚门，共有 4 万多种。霉菌是人类发现、认识和利用最早的一类微生物，在工农业生产、医疗实践、环境保护和生物学研究方面都有重要的价值。

一、霉菌的形态和构造

（一）菌丝

构成霉菌体的基本单位称为菌丝，呈长管状，宽度 $2\sim10\mu m$，可不断自前端生长并分枝，无隔或有隔。在固体基质上生长时,部分菌丝深入基质吸收养料,称为基质菌丝或营养菌丝;向空中伸展的称为气生菌丝,可进一步发育为繁殖菌丝,产生孢子。大量菌丝交织成绒毛状、絮状或网状等,称为菌丝体。菌丝体常呈白色、褐色、灰色,或呈鲜艳的颜色,有的可产生色素使基质着色。霉菌的菌丝主要分为有隔膜菌丝和无隔膜菌丝两类(图2-11)。

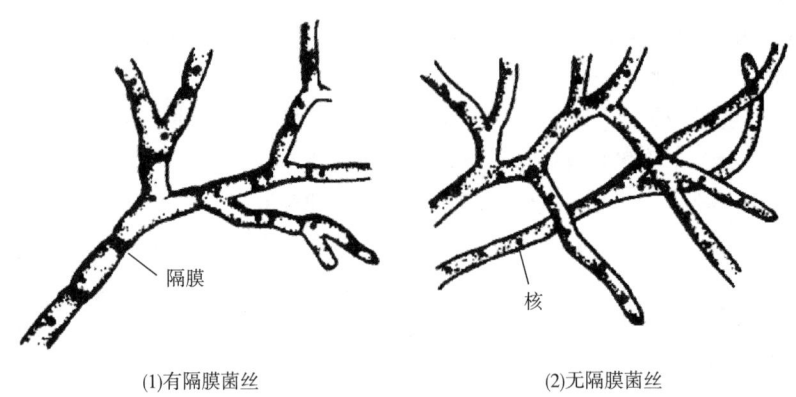

(1)有隔膜菌丝　　　　　　　(2)无隔膜菌丝

图2-11　霉菌的菌丝

(资料来源:何国庆,2009)

1. 有隔膜菌丝

有隔膜菌丝中有横隔膜将菌丝分隔成多个细胞,在菌丝的生长过程中,细胞核的分裂伴随着细胞的分裂,每个细胞,具一至多个细胞核。不同霉菌菌丝中横隔膜的结构不一样,有单孔式、多孔式和复式。但无论哪种类型的横隔膜,都能让两个细胞内的物质相互沟通。

2. 无隔膜菌丝

无隔膜菌丝中没有横隔膜,整个菌丝就是一个单细胞,菌丝内有许多核,在菌丝生长过程中有核的分裂和原生质的增加,没有细胞数目的增多。

(二) 菌丝的特异化

霉菌的菌丝有一定的分化,在固体培养基上,部分形成营养菌丝,主要执行吸收营养物质的功能;另一部分伸入空气中,形成气生菌丝。这两类菌丝在长期的进化中,因其自身的生理功能和对不同环境的高度适应,已明显地发展出各种特化的构造。主要特异化菌丝结构见图2-12。

1. 匍匐枝

匍匐枝是根霉属(*Rhizopus*)霉菌营养菌丝分化形成的具有延伸功能的匍匐状菌丝。每隔一段距离在其上长出伸入基质的假根和伸向空间的孢子囊梗,新的匍匐菌丝再不断向前延伸,以形成蔓延生长的菌苔。

2. 假根

假根是根霉属霉菌的匍匐枝与基质接触处分化形成的根状菌丝,在显微镜下假根的颜色比其他菌丝要深,起着固着和吸收营养的作用。

3. 吸器

吸器是某些寄生性真菌从菌丝上产生的旁枝,侵入寄主细胞内形成指状、球状或丛枝状结构,用以吸收寄主细胞中的养料。

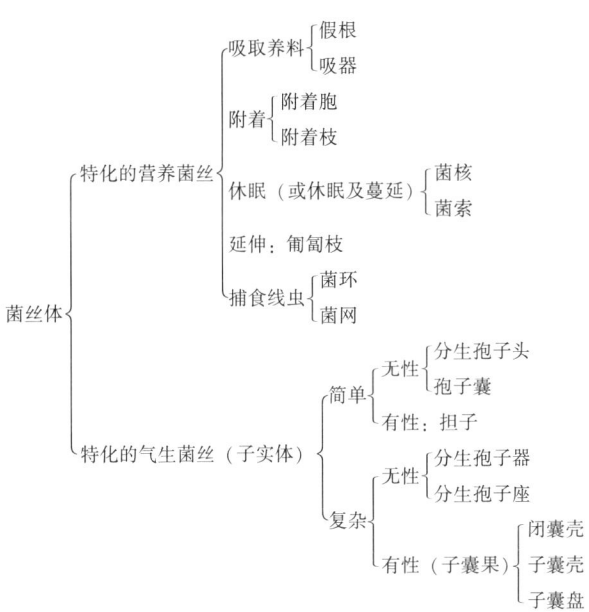

图 2-12　主要特异化菌丝结构

(资料来源：何国庆，2009)

4. 附着胞（附着枝）

附着胞是寄生真菌在穿透完整的植物表面过程中产生的特殊结构，这些结构能分泌黏液，把菌丝固定在寄主表面，同时产生细的穿透菌丝侵入植物细胞壁。

5. 菌核

菌核是由菌丝团组成的一种硬的休眠体，一般有暗色的外皮，在适宜条件可以生出分生孢子梗、菌丝子实体等。

6. 菌环（菌网）

捕食性真菌，在菌丝分枝上形成环状或网状等特化菌丝，前者称为菌环，后者称为菌网。

7. 子实体

子实体主要是由气生菌丝特异化形成的具有一定形状的产孢结构，有时由营养菌丝和气生菌丝缠结而成，如伞菌的子实体呈伞状。

真菌营养菌丝的几种特异化结构见图 2-13。

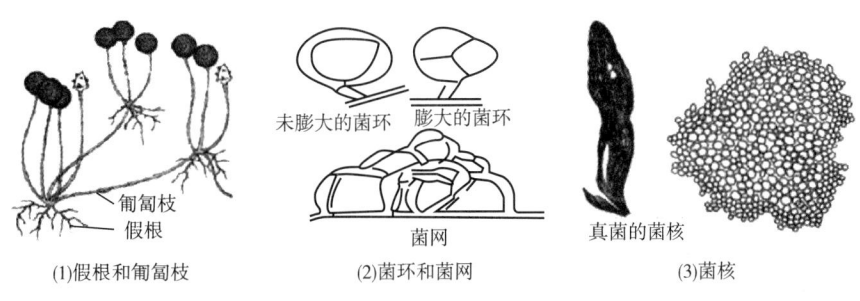

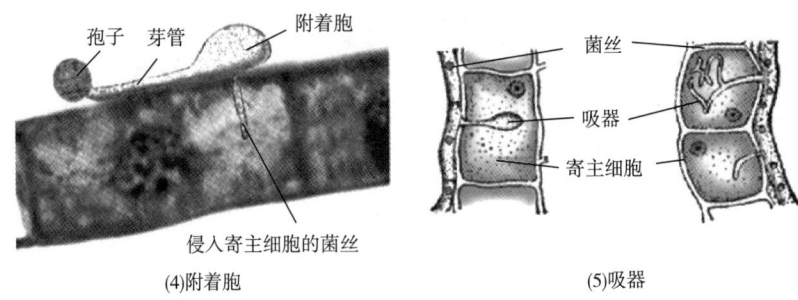

(4)附着胞　　　　　　　　　　(5)吸器

图2-13　真菌营养菌丝的几种特异化结构

(资料来源：魏明奎，2010)

二、霉菌的繁殖

霉菌的繁殖可分为无性繁殖、有性繁殖和准性生殖（图2-14）。一般以无性繁殖产生无性孢子为主要繁殖方式。

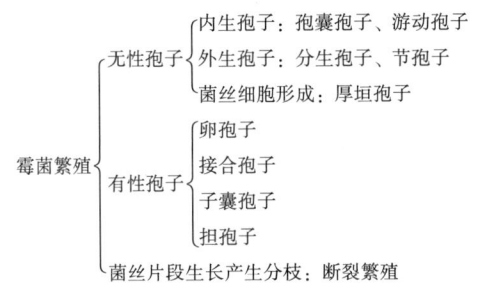

图2-14　霉菌繁殖方式

（一）无性繁殖

无性孢子是霉菌进行繁殖的主要方式。这些孢子有如下几种。

1. 节孢子

节孢子（arthrospore）是由菌丝断裂而成，又称粉孢子或裂孢子。节孢子的形成过程是菌丝生长到一定阶段，菌丝上出现许多横隔，然后从横隔处断裂，产生许多形如短柱状、筒状或两端呈钝圆形的节孢子。

2. 游动孢子

游动孢子（zoospore）产生在菌丝膨大形成的游动孢子囊内，孢子通常为圆形、洋梨形或肾形，具一根或两根鞭毛，能够游动。鞭毛的亚显微结构为9+2型，产生游动孢子的真菌多为水生真菌，大多数为鞭毛菌亚门的真菌。

3. 厚垣孢子

厚垣孢子（chlamydospore）又称厚壁孢子。它是由菌丝中间（少数在顶端）的个别细胞膨大，原生质浓缩和细胞壁变厚而形成的休眠孢子。厚垣孢子呈圆形、纺锤形或长方形，它是霉菌度过不良环境的一种休眠细胞，寿命较长，菌丝体死亡后上面的厚垣孢子还活着，一旦环境条件适宜就能萌发成菌丝体。

4. 孢囊孢子

生在孢子囊内的孢子称为孢囊孢子（sporangiospore）。这是一种内生孢子，在孢子形成时，气生菌丝或孢囊梗顶端膨大，并在下方生出横隔与菌丝分开而形成孢子囊（sporangium）。孢子囊逐渐长大，然后在囊中形成许多核，每一个核包以原生质并产生孢子壁，即成孢囊孢子。原来膨大的细胞壁就成为孢囊壁。带有孢子囊的梗称为孢囊梗。孢囊梗伸入到孢子囊中的部分称为囊轴。孢子囊成熟后破裂，孢囊孢子扩散出来，遇适宜条件即可萌发成新个体。毛霉（Mucor）和根霉的无性繁殖是形成孢囊和孢囊孢子。

孢囊孢子圆形，无鞭毛、不能运动，在空中随风飘荡，遇到适宜的环境，可萌发并形成新的菌丝体。

5. 分生孢子

分生孢子（conidiospora）是霉菌中常见的一类无性孢子，是生于菌丝细胞外的孢子，所以称为外生孢子。分生孢子着生于已分化的分生孢子梗或具有一定形状的小梗上，也有些真菌的分生孢子就着生在菌丝的顶端。

曲霉（Aspergillus）和青霉（Penicillium）大多以分生孢子萌发为菌丝体，在气生菌丝上产生分生孢子梗，在分生孢子梗上串生许多分生孢子，分生孢子在适宜的环境中萌发为菌丝体。

霉菌的无性繁殖孢子见图 2-15。

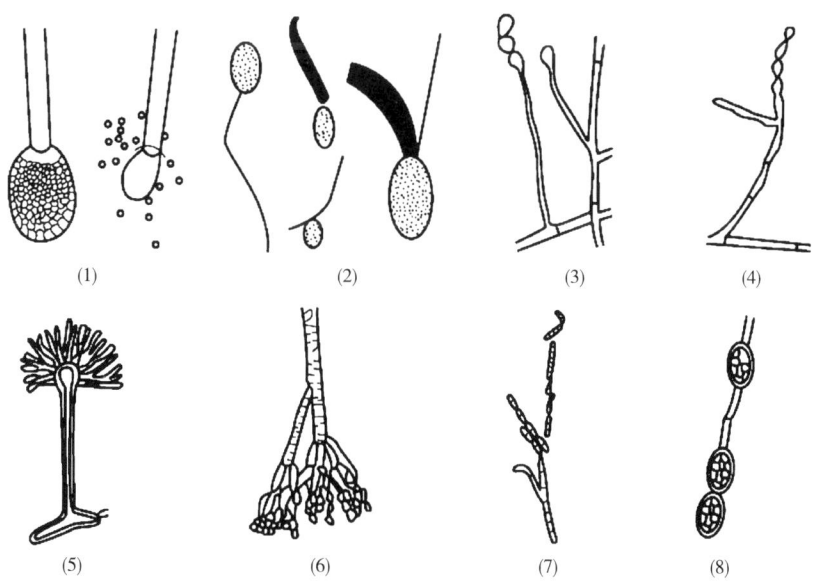

图 2-15 霉菌的无性繁殖孢子图

(1) 孢囊孢子 (2) 游动孢子 (3) ~ (6) 分生孢子 (7) 节孢子 (8) 厚垣孢子

(资料来源：沈萍，2014)

（二）有性繁殖

霉菌有性繁殖靠产生有性孢子进行。真菌有性孢子是由两个性细胞或菌丝的结合而形成的。有性孢子的形成过程一般经过质配、核配和减数分裂3个阶段。大多数真菌的菌体是单倍体,二倍体仅限于接合子(zygote)。在霉菌中,有性繁殖不及无性繁殖普遍,仅发生于特定条件下,而且一般培养基上不常出现。常见的真菌有性孢子有卵孢子、接合孢子、子囊孢子和担孢子。

1. 卵孢子

卵孢子(oospore)是由两个大小不同的配子囊结合发育而成的。小型配子囊称为雄器(antheridium),大型的配子囊称为藏卵器(oogonium),藏卵器中的原生质与雄器配合以前,收缩成一个或数个原生质团,称卵球。当雄器与藏卵器配合时,雄器中的细胞质和细胞核通过受精管而进入藏卵器与卵球配合,此后卵球生出外壁即成为卵孢子,卵孢子的数量取决于卵球的数量(图2-16)。

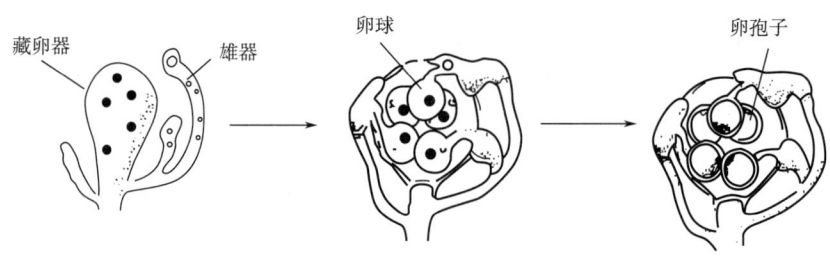

图2-16 卵孢子形成过程

(资料来源:刘慧,2014)

2. 接合孢子

接合孢子(zygospore)是由菌丝生出的形态相同或略有不同的配子囊(gametangium)接合而成的。接合孢子的形成过程是两个相邻的菌丝相遇,各自向对方生出极短的侧枝,称为原配子囊(progametangium)。原配子囊接触后,顶端各处膨大并形成横隔,即为配子囊,配子囊下面的部分称为配囊柄(suspensor)。相接触的两个配子囊之间的横隔消失,其细胞质与细胞核互相配合,同时外部形成厚壁,即为接合孢子(图2-17)。适宜的条件下,接合孢子可萌发成新的菌丝体。

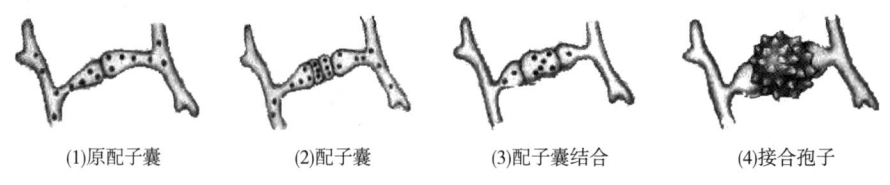

(1)原配子囊　　(2)配子囊　　(3)配子囊结合　　(4)接合孢子

图2-17 接合孢子形成过程

(资料来源:刘慧,2014)

3. 子囊孢子

子囊孢子形成于子囊中,先是同一菌丝或相邻的两菌丝上的两个大小和形状不同的性细胞互相接触并互相缠绕。接着两个性细胞经过受精作用形成分枝的菌丝,称为造囊丝。造囊丝经过减数分裂,产生子囊。每个子囊产生2~8个子囊孢子(图2-18)。

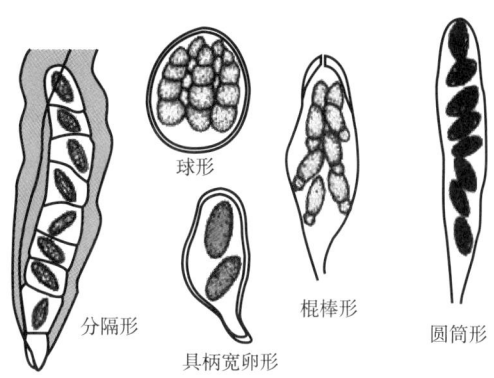

图 2-18　不同形状的子囊孢子
（资料来源：刘慧，2014）

在子囊和子囊孢子发育过程中，原来的雄器和藏卵器下面的细胞生出许多菌丝，它们有规律地将造囊丝包围，于是形成了子囊果。子囊果有 3 种类型：第一种为完全封闭圆球形，称为闭囊壳；第二种有孔，称为子囊壳；第三种呈圆盘状，称为子囊盘（图 2-19）。

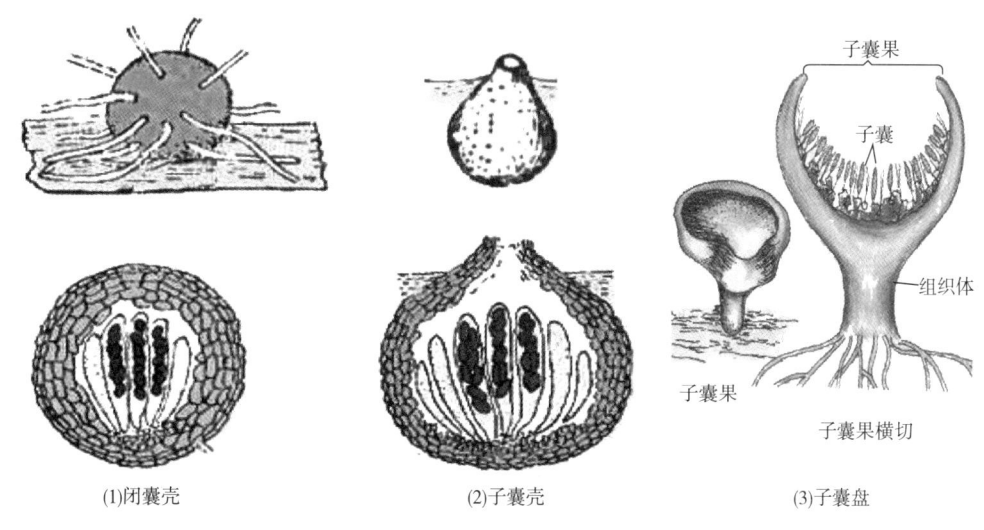

(1) 闭囊壳　　　　　　(2) 子囊壳　　　　　　(3) 子囊盘

图 2-19　子囊果的类型
（资料来源：刘慧，2014）

4. 担孢子

担孢子（basidiospore）是担子菌产生的有性孢子。在担子菌中，两性器官多退化，以菌丝结合的方式产生双核菌丝，在双核菌丝的两个核分裂之前可以产生钩状分枝而形成锁状联合，这有利于双核并列。双核菌丝的顶端细胞膨大为担子，担子内 2 个不同性别的核配合后形成 1 个二倍体的细胞核，经减数分裂后形成 4 个单倍体的核。同时在担子的顶端长出 4 个小梗，小梗顶端稍微膨大，最后 4 个核分别进入了小梗的膨大部位，形成 4 个外生的单倍体的担孢子。担孢子多为圆形、椭圆形、肾形和腊肠形等（图 2-20）。

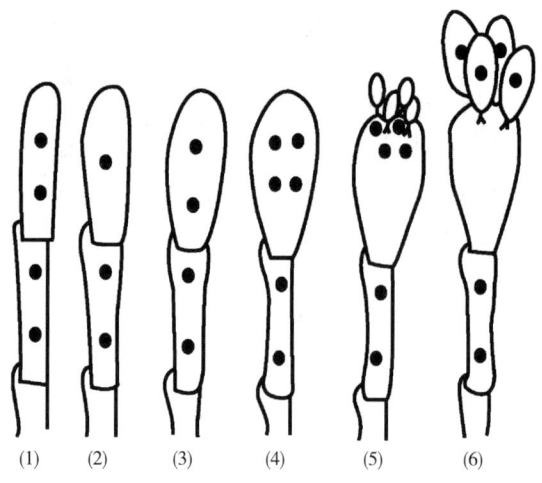

图 2-20　担孢子的形成过程

（1）双核菌丝的尖端　（2）核配　（3）第一次减数分裂（双核期）　（4）第二次减数分裂（四核期）
（5）幼担孢子在小梗上发育　（6）带有 4 个单核担孢子的成熟担子

（资料来源：刘慧，2014）

（三）准性生殖

霉菌中除了无性繁殖和有性繁殖外，还有另一种生殖方式，即准性生殖。所谓准性生殖是真菌中的一种导致基因重组的过程，Roper 于 1952 年发现构巢曲霉（*Aspergillus nidurans*）在无性繁殖过程中能形成杂合二倍体。此后 Pontecorvo 和 Roper 于 1953 年又发现了杂合二倍体的体细胞重组现象，称这一过程为准性生殖。

准性生殖具有与有性生殖同样的遗传现象，如核融合，杂合二倍体的形成，染色体的再分离，同源染色体间的交换和出现重组体等。因此，准性生殖的过程大体分三步完成，即异核体的形成、杂合二倍体的形成和有丝分裂分离。

1. 异核体的形成

异核现象是指不同类型的核存在于同一菌丝中，因此，具有不同性状的两株菌丝互相融合时，导致在同一细胞中并存有不同遗传性状的两种核，这样的菌丝称为异核体。异核体的形成可能有两种来源：第一，一个菌丝细胞和另一个菌丝细胞发生融合，细胞质和核从一个细胞中进入到另一细胞中去；第二，菌丝体内核突变导致形成的异核体。

2. 杂合二倍体的形成

在异核体内，两个遗传性状不同的细胞核偶尔能融合成一个二倍体的杂合子，称为杂合二倍体。

3. 有丝分裂分离

杂合二倍体无性繁殖系中，有极少数的细胞核在它们的分裂过程中能发生体细胞交换，分离而产生二倍体或单倍体的分离子，即重组体。

杂合二倍体在生长过程中出现分离现象和重组现象，它包括两个主要的相互独立的过程。一种称为单倍体化，染色体逐步减数形成单倍体分离子；另一种称为有丝分裂交换或体细胞交换,导致出现二倍体分离子。因为两个过程都是在有丝分裂时发生,所以统称为有丝分裂或准性重组。

三、霉菌的培养特征

1. 霉菌的菌落特征

霉菌的菌落有明显的特征,外观上易辨认。其菌落形态较大,质地疏松,外表干燥、不透明,呈现或松或紧的蛛网状、棉絮状、丝绒状、地毯状等。菌落与培养基间连接紧密,不易挑取,菌落正面与反面的颜色、构造以及边缘与中心的颜色、构造常不一致。其主要原因是气生菌丝,尤其是由它所分化出来的子实体的颜色往往比分散在固体基质内的营养菌丝的颜色深;而菌落中心与边缘颜色及结构不同的原因,是越接近中心的气生菌丝其生理年龄越大,发育分化和成熟也越早,颜色一般也越深,这样,它与菌落边缘尚未分化的气生菌丝比起来,自然会有明显的颜色和结构上的差异。霉菌的菌丝生长时分化为营养菌丝和气生菌丝,气生菌丝间没有毛细管水,故它们的菌落与细菌或酵母菌的不同,较接近放线菌。有些霉菌的菌落表面呈现颗粒状、粉状、同心圆、辐射状及不规则的条纹等。霉菌的菌丝为无色、半透明,但发育成熟的菌丝,形成各种孢子后,会呈现灰色、绿色、黑色、棕色、黄色、红色等(图2-21)。菌落形态的多样性

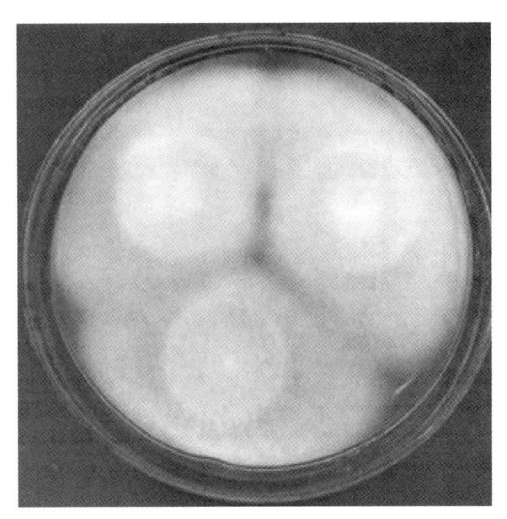

图2-21　曲霉的菌落特征

是鉴定霉菌的重要形态学指标,在实践中有重要的意义。

2. 霉菌的液体培养特征

霉菌在液体培养基中如果是静止培养,霉菌菌丝往往在液体表面生长,液面上形成菌膜。如果进行通气搅拌或振荡培养时,往往会产生菌丝球的特殊构造。此时菌丝体相互紧密缠绕形成球状颗粒,均匀悬浮于培养液中,有利于氧的传递以及营养物和代谢产物的输送,对菌丝的生长和代谢产物形成有利。

四、霉菌在食品中的有益作用

霉菌在食品工业与酿造中起着重要的作用,利用霉菌可以制造出许多生活中常见的食品,最常见的包括酱类、酱油、柠檬酸和苹果酸等。

(一)食品中的常见霉菌

应用于发酵食品的霉菌多种多样,因地域性不同,发酵的食品不同,所使用的霉菌种类有所区别。在亚洲多以植物为原料进行霉菌发酵,在欧洲常见的乳酪、发酵香肠和火腿等多以动物为原料发酵制成,其所使用的霉菌种类上存在一定差异。霉菌除了用于传统的酿酒、制酱油、乳酪、肉制品外,还广泛用于近代发酵工业和酶制剂工业。工业上常用的霉菌,有

子囊菌纲的红曲霉（*Monascus*）、藻状菌纲的毛霉、根霉和犁头霉（*Absidia*）以及半知菌纲的曲霉及青霉等。现将与食品有关的重要霉菌列举如下。

1. 曲霉属和青霉属

曲霉属与青霉属在分类学上均属于半知菌亚门，丝孢纲，丝孢目，丛梗孢科。

曲霉在自然界分布极为广泛，对有机质分解能力很强，曲霉属的很多菌种被用于发酵工业，如黑曲霉（*Aspergillus niger*）、米曲霉（*A. oryzae*）等。因其能产生多种酶系，故也是酶制剂、有机酸等生产中的主要菌种。

青霉分布广泛，种类很多，经常存在于土壤和粮食及果蔬上。有些种具有很高的经济价值，能产生多种酶及有机酸，如产黄青霉（*Penicillium chrysogenum*）是生产葡萄糖酸或葡萄糖氧化酶的主要菌种，橘青霉（*P. citrinum*）是生产抗生素和鲜味剂的菌种。曲霉与青霉两者间的异同见表2-6，其形态见图2-22。

表2-6　　　　　　　　　　曲霉属与青霉属特性比较

特性	曲霉属	青霉属
细胞形态	菌丝有隔膜，菌丝体灰白色，孢子呈黄、橙、褐、绿或黑色等 分生孢子梗顶端膨大成为顶囊 顶囊表面以辐射状长出一层或两层小梗，在小梗上着生成串的球形分生孢子，成为分生孢子链 顶囊、小梗和分生孢子链构成分生孢子穗。分生孢子穗有球形、放射形、棍棒形和直柱形等 分生孢子梗生于足细胞上	菌丝有隔膜，菌丝体灰白色，孢子呈蓝绿色、蓝色、绿色、黄绿色或灰绿色等 分生孢子梗顶端形成扫帚状，无顶囊 帚状枝自下而上长出第一轮梗基或第二轮小梗，在小梗上着生成串的球形、卵球形或椭圆形的分生孢子链 梗基、小梗和分生孢子链构成分生孢子穗。分生孢子穗分单轮、对称二轮、多轮、不对称的小梗 分生孢子梗上无足细胞
菌落特征	局限生长，菌落呈毛绒状，初为灰白色，长出孢子后具有各种颜色；有些种产生水溶性色素	局限生长，菌落呈地毯状，初为灰白色，长出孢子后具有各种颜色；有些种产水溶性色素
繁殖方式	无性繁殖产分生孢子，极少数有性繁殖产子囊孢子	无性繁殖产分生孢子，极少数有性繁殖产子囊孢子
发酵应用	①曲霉产生的糖化酶、α-淀粉酶、蛋白酶活力强，作为制酱、醋、酱油和酿酒的糖化菌种 酒精、白酒、制醋糖化曲菌种：黑曲霉 AS3.4309 酒精、白酒、黄酒的糖化菌种：米曲霉 AS384 酱油和面酱的曲子菌种：米曲霉沪酿 AS3.042	①用于生产磷酸二酯酶、葡萄糖氧化酶、脂肪酶、凝乳酶、纤维素酶等酶制剂 ②用于生产有机酸（柠檬酸、葡萄糖酸） ③用于生产抗坏血酸、5'-核苷酸 ④制作干酪菌种：沙门柏干酪青霉（*P. camemberti*）、乳酪青霉（*P. caseicola*）、娄地青霉（*P. roqueforti*），它们能分解油脂和蛋白质

续表

特性	曲霉属	青霉属
发酵应用	黄酒的纯种熟麦曲菌种：黄曲霉（A. flavus）AS3800 ②生产各种酶制剂（淀粉酶、蛋白酶、果胶酶等） 生产蛋白酶菌种：栖土曲霉（A. terricola）、黑曲霉 AS3.4309 生产果胶酶、脂肪酶等菌种：黑曲霉 AS3.4309 ③生产各种有机酸（柠檬酸、葡萄糖酸、苹果酸等） 产柠檬酸菌种：黑曲霉 AS3.4309	

资料来源：刘慧，2014.

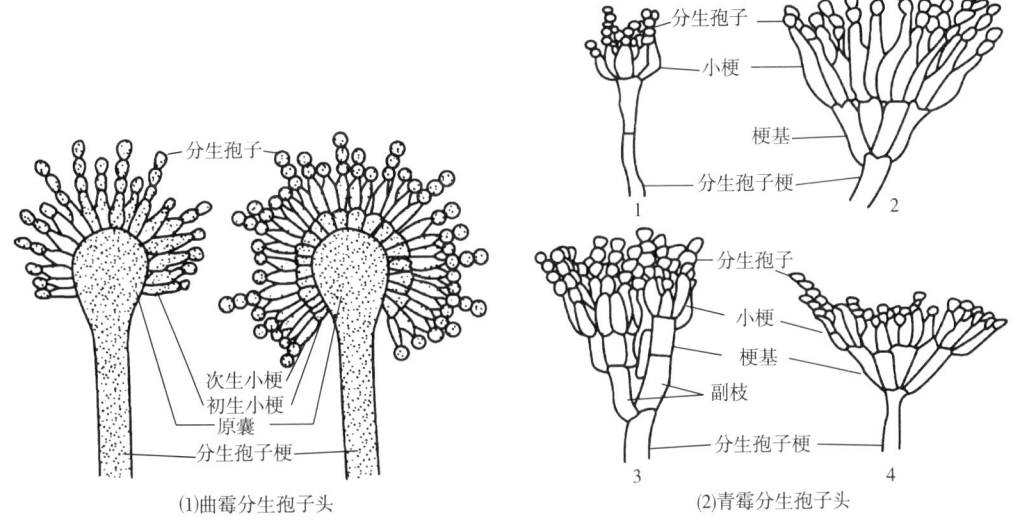

图 2-22　曲霉和青霉的分生孢子头

1—单轮组　2—对称二轮组　3—多轮组　4—不对称组

(资料来源：刘慧，2014)

2. 根霉属和毛霉属

根霉属与毛霉属在分类学上均属于接合菌亚门接合菌纲毛霉目毛霉科。

根霉是酿造工业的常见菌种，米根霉（*Rhizopus oryzae*）、黑根霉（*R. nigricans*）、华根霉（*R. chinensis*）、少根根霉（*R. arrhizus*）等均是生产发酵豆类和谷物的菌种，其中米根霉曾用于 L-乳酸的生产。

毛霉多存在于土壤和酒曲中。鲁氏毛霉（*Mucor roxianus*）最初是从我国小曲中分离出来的，能产生蛋白酶，因此常用来制作腐乳；高大毛霉（*M. mucedo*）能生产脂肪酶、琥珀酸。

还有爪哇毛霉（*M. javanicus*）、总状毛霉（*M. racemosus*）和微小毛霉（*M. pusillus*）等均能形成上述酶或化合物。

根霉属与毛霉属二者间的异同见表2-7，形态见图2-23。

表2-7　　　　　　　　　　　毛霉属与根霉属特性比较

特性	毛霉属	根霉属
细胞形态	菌丝无膈膜，菌丝体和孢子一般均呈白色 无假根和匍匐菌丝 由菌丝直接生出孢囊梗 顶端膨大后形成孢子囊 孢子囊内有孢囊孢子和囊轴 囊轴与孢囊梗相连处有囊领而无囊托	菌丝无膈膜，菌丝体白色或灰白色，孢子呈黑褐色 有假根和匍匐菌丝 由假根相对方向生出孢囊梗 顶端膨大后形成孢子囊 孢子囊内有孢囊孢子和囊轴 囊轴与孢囊梗相连处有囊托而无囊领
菌落特征	蔓延生长，菌落呈棉絮状，白色或灰白色	蔓延生长，菌落呈蜘蛛网状，初为灰白，后为黑褐色
繁殖方式	无性繁殖形成孢囊孢子，有性繁殖产生接合孢子 多数接合为异宗配合，也有同宗配合的种类	无性繁殖形成孢囊孢子，有性繁殖产生接合孢子 接合均为异宗配合（除有性根霉为同宗配合外）
发酵应用	毛霉产生的淀粉酶和蛋白酶活力强 ①鲁氏毛霉是酒曲的主要糖化菌种，也是生产腐乳的菌种 ②总状毛霉用于生产豆豉 ③微小毛霉产生的蛋白酶有凝乳活性 ④有些毛霉产生草酸、乳酸、琥珀酸和甘油等	根霉产生的糖化酶活力强，作为酿酒的糖化菌种 ①作为甜酒曲、酒药、酒曲、小曲的主要糖化菌种 酒药和酒曲菌种：米根霉、华根霉 小曲菌种：黑根霉、华根霉、爪哇根霉、河内根霉（*R. tukinensis*）、少根根霉和日本根霉（*R. japonicus*）等 ②用于有机酸（延胡索酸、乳酸）、脂肪酶、果胶酶等的生产

资料来源：刘慧，2014.

（二）霉菌与食品酿造

有些来源于曲霉和青霉的种，以及少数来源于根霉和毛霉的种，作为有益菌在食品中早已被使用。其中，绝大多数霉菌能把加工所用原料中的淀粉等碳水化合物、蛋白质等含氮化合物及其他种类的化合物进行转化。有一些食品的制造需要霉菌和细菌或酵母菌的共同作用，如酱类、酱油等。这些被使用的菌株不应产生真菌毒素，尽管在自然发酵中，要鉴别非毒素产生菌很困难，但是，在控制发酵过程中，选择无毒菌株依然不容忽视。

1. 霉菌在柠檬酸生产中的应用

柠檬酸应用广泛，在食品领域是第一食用酸味剂。

目前，深层发酵法是柠檬酸生产的主要方法，我国发酵法生产柠檬酸的研究始于1912

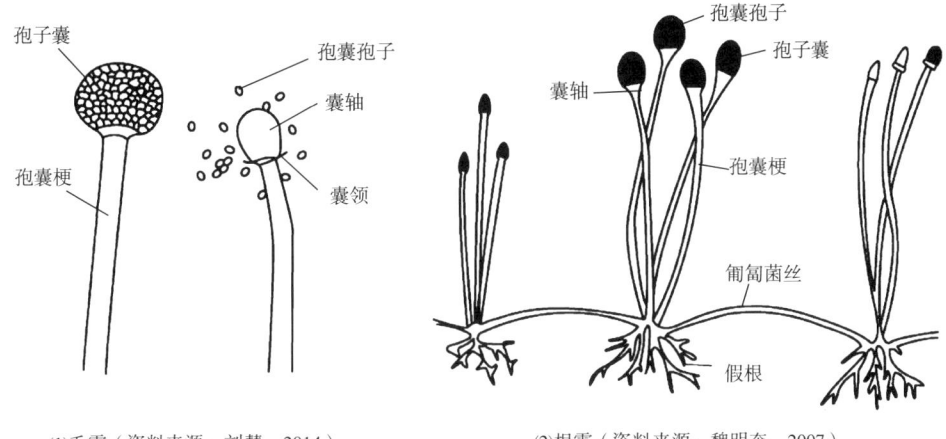

(1)毛霉（资料来源：刘慧，2014）   (2)根霉（资料来源：魏明奎，2007）

图 2-23 毛霉和根霉的孢囊孢子

年。1968 年，以薯干粉为原料，成功利用黑曲霉进行深层发酵柠檬酸，成为我国柠檬酸生产的主要工艺路线。薯干粉深层发酵柠檬酸原料丰富，工艺简单，不需添加营养盐，产率高，是我国独特的先进工艺。

（1）柠檬酸发酵工艺流程　柠檬酸发酵可分为固体发酵和液体发酵两大类。液体法又分浅盘发酵法和深层发酵法。目前世界各国多采用液体深层发酵法进行生产。我国通常采用薯类作为原料进行柠檬酸发酵。工艺流程见图 2-24。

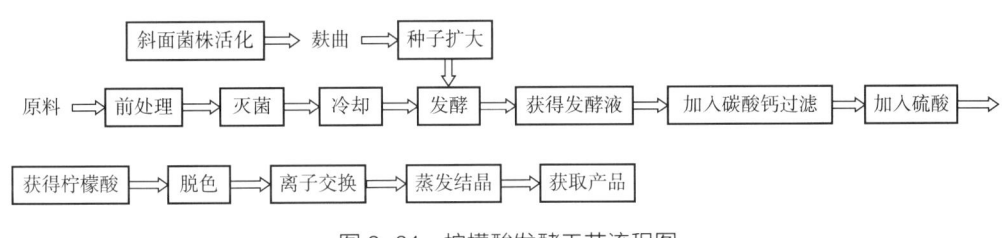

图 2-24 柠檬酸发酵工艺流程图

目前用于柠檬酸发酵生产的原料主要分为糖质原料和石油烷烃原料两大类。糖质原料主要包括甘薯、薯干、木薯、木薯干、马铃薯等薯类，玉米、小麦、面粉、大米等谷物，各种淀粉、淀粉水解糖、砂糖、糖蜜等，石油烷烃原料包括正烷烃、乙酸、乙醇等。

（2）柠檬酸发酵微生物　在自然界中能够积累和分泌柠檬酸的微生物有很多，包括黑曲霉（*Aspergillus niger*）、温氏曲霉（*A. wentii*）、梨形毛霉（*Mucor piriformis*）、橘青霉（*Penicillium citrinum*）、拟青霉（*Paecilomyces*）、棒曲霉（*A. clavatus*）、斋藤曲霉（*A. saitoi*）、绿色木霉（*Trichoderma viride*）等。目前采用糖质原料生产柠檬酸的菌株均为黑曲霉，有黑曲霉 N-558、r-114、川柠 19-1、G2B8、D353、5016、3008，近年来又增加了 T419、C0817 等，这些菌株不但能利用淀粉，而且对蛋白质、纤维素、果胶物质等均有一定分解能力。同时它的产酸能力也较高，在生产上比应用其他微生物有更多优势。

（3）微生物代谢积累柠檬酸的发酵机制　目前最认可的是三羧酸循环学说，已经证明糖质原料生成柠檬酸的生化过程中由糖变成丙酮酸的过程与酒精发酵相同，即通过 EMP 途径进行酵解，然后丙酮酸进一步氧化脱羧生成乙酰辅酶 A，乙酰辅酶 A 和丙酮酸羧化所生成的草酰乙酸缩合成为柠檬酸并进入三羧酸循环途径。

柠檬酸是代谢过程中的中间产物，在发酵过程中当微生物的乌头酸水合酶和异柠檬酸脱氢酶活性很低，而柠檬酸合成酶活性很高时才有利于柠檬酸的大量积累。

2. 霉菌在酱类制造中的应用

酱是指用粮食为原料，经微生物发酵作用而制成的呈半流动态黏稠的调味品。主要包括豆酱和面酱两种。

（1）制酱工艺　制酱工艺流程见图 2-25。

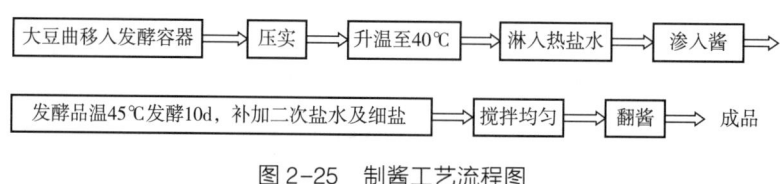

图 2-25　制酱工艺流程图

（2）酱类制造涉及的微生物　用于酱类生产的霉菌主要是米曲霉，它能分泌以蛋白酶、淀粉酶、谷氨酰胺酶等为主的多种酶系，并且其淀粉酶、蛋白酶活力较强，在其他微生物的共同作用下生成醇、酸、酯等物质，形成酱类特有的风味。目前使用较多的菌种为沪酿3042，另外，天津科技大学诱变的菌株 10B1，上海市酿造科学研究所选育的 UE336 等都是优良的酿酱菌种。

由于在酱类的发酵过程中，除了霉菌的生长以及产生的生物化学变化外，还伴随着酵母、乳酸菌的生长以及发生的生物化学变化。为更好地分析发酵产酱过程中的优势菌种变化情况，随着现代分子生物学技术的发展，新型聚合酶链反应-变性梯度凝胶电泳（polymerase chain reaction-denatured gradient gel electrophoresis，PCR-DGGE）技术得到了广泛的应用。该技术可以全面展示样品中存在的核酸种类，从而便捷地反映出样品中所含全部微生物。Kim 等人利用 PCR-DGGE 研究了日本豆酱和中国豆酱中的细菌和真菌群落组成，结果表明嗜盐四联球菌（Tetragenococcus halophilus）和鸡葡萄球菌（Staphylococcus gallinarum）是日本豆酱中的主要细菌，而中国豆酱中则以杆菌为主要菌群，在两种豆酱中都检测到了鲁氏接合酵母（Zygosaccharomyces rouxii）。M Jansen 等人研究表明，豆酱中的香气是由原料中米曲霉酶系及耐盐酵母菌、耐盐乳酸菌等微生物的发酵作用和化学反应生成的。

3. 霉菌在酱油酿造中的应用

酱油是一种常用的调味品，它是以蛋白质和淀粉质为主要原料，经米曲霉等多种微生物共同发酵酿制而成。在酱油生产中常常是多菌种发酵，以提高原料蛋白质及碳水化合物的利用率，提高成品中还原糖、氨基酸、色素以及香味物质的水平。因此，生产中除了接种霉菌[主要为米曲霉，国内常用的菌株为 AS3.863、AS3.951、UE328、UE336、渝 3.811 和酱油曲霉（Aspergillus sojae）]外，还添加酵母菌、乳酸菌等微生物，其对改善酱油的口感、促进香味的形成起着十分重要的作用。

五、霉菌与食品的腐败变质

由于霉菌具有较强的糖化和蛋白质水解能力，导致工农业产品霉变，使食品、谷物、果蔬等食物发霉变质，引起食物中毒，给人类健康带来严重威胁。不完全统计，霉菌能产生100多种真菌毒素，其中，14种毒素对实验动物致癌，严重威胁人类健康。目前已知毒性最强的黄曲霉毒素由黄曲霉产生，可诱发实验动物癌变，其在霉变的花生、玉米和大米中含量均较高，易引起食物中毒的发生。

目前已知污染粮食及食品，可引起腐败变质及产毒的霉菌有曲霉属、青霉属、镰刀菌属（Fusarium）、交链孢霉属（Alternaria）等。曲霉可导致食品特别是粮食及其制品发生腐败变质，有些种还产生毒素。曲霉中可产生毒素的种有黄曲霉、赫曲霉（Aspergillus ochraceus）、杂色曲霉（A. versicolor）、烟曲霉（A. fumigrctus）等。青霉常存在于土壤和粮食以及果蔬上，可引起水果、蔬菜、谷物及食品的腐败变质，有些菌株也产生毒素，如岛青霉（Penicillium islandicum）、橘青霉（P. citrinum）、黄绿青霉（P. citreoviridin）、红色青霉（P. rubrum）、扩展青霉（P. expansum）等。镰刀菌属大部分是植物的病原菌，并且能产毒素，常见的有禾谷镰刀菌（F. graminearum）、三线镰刀菌（F. tricinctum）、玉米赤霉（Gibberella zeae）、梨孢镰刀菌（Fusarium poae）、串珠镰刀菌（F. moniliforme）等。交链孢霉广泛存在于土壤和空气中，有些是植物病原菌，可引起果蔬的腐败变质，产生毒素。此外，一些霉菌虽然是食品工业重要的生产菌种，但当其污染食品或其他原料后可引起腐败变质，如毛霉属、根霉属和黑曲霉常出现在粮食制品中，引起面包及糕点等发霉变质。

六、真菌性食物中毒、预防及毒素的检测技术

真菌性食物中毒多由霉菌产生的毒素引起，酵母菌中的白假丝酵母也可以产生毒素而引起中毒，但该种毒素是一种不耐热外毒素，因此本节主要介绍霉菌毒素对食品的污染。霉菌毒素是霉菌产生的一种有毒的次级代谢产物，通常具有耐高温、无抗原性、主要侵害实质器官的特性，而且霉菌毒素多数还具有致癌作用。因此，粮食及食品霉变不仅会造成经济损失，有些还会造成误食人畜急性或慢性中毒，甚至导致癌症。另一方面，许多微生物，包括细菌、酵母菌、霉菌、放线菌和藻类，能够消除或降低食品和饲料中的霉菌毒素。

（一）真菌毒素中毒的特点

即使食品被产毒素的菌株污染，但不一定检测到真菌毒素的现象比较常见，这是因为产毒的菌株要在适宜产毒的条件下才可以产生毒素。但有时也可从食品中检测出毒素的存在，而检测不出产毒菌株，这往往是食品在贮藏和加工过程中产毒菌株已死亡，而毒素不易破坏所致。真菌毒素中毒的发生往往有季节性或地区性。真菌毒素是小分子有机化合物，不是复杂的蛋白质分子，所以它在动物机体中不能产生抗体，也不能产生免疫。人和畜禽一次性摄入含有大量真菌毒素的食物，往往会发生急性中毒，长期少量摄入则会发生慢性中毒。根据真菌毒素作用的靶器官可将真菌毒素分为肝脏毒、肾脏毒、神经毒、光过敏性皮炎及其他毒素5种。根据目前研究，可以使实验动物致癌的真菌毒素有黄曲霉毒素、杂色曲霉毒素、黄天精、环氯素和展青霉素。

（二）主要产毒菌株及产毒条件

可以产生毒素的霉菌种类繁多，其代谢产物也多种多样，到目前为止霉菌毒素已有100种以上，其中毒性强者有黄曲霉毒素、赭曲霉毒素、黄绿青霉素、红色青霉素及青霉酸。可以产毒的霉菌有：黄曲霉、赭曲霉、杂色曲霉、米曲霉变种、岛青霉、黄绿青霉、橘青霉、圆弧青霉（P. cyclopium）、皱褶青霉（P. rugulosum）、梨孢镰刀菌、雪腐镰刀菌（F. nivale）、

粉红单端孢霉（*Trichothecium roseum*）、绿色木霉、三线镰刀菌等。

(1) 主要产毒霉菌

①曲霉属中可产生毒素的种有黄曲霉、赭曲霉、杂色曲霉、烟曲霉、构巢曲霉和寄生曲霉（*A. parasiticus*）等。

②青霉属中产生毒素的菌株有岛青霉、橘青霉、黄绿青霉、红色青霉、扩展青霉、展开青霉（*P. patulum*）、斜卧青霉（*P. decumbens*）等。

③镰刀菌属包括的种很多，其中大部分是植物的病原菌，并能产生毒素。如禾谷镰刀菌、三线镰刀菌、梨孢镰刀菌、雪腐镰刀菌、串珠镰刀菌、拟枝孢镰刀菌（*F. sporotrichioides*）、木贼镰刀菌（*F. equiseti*）、茄病镰刀菌（*F. solani*）、粉红镰刀菌（*F. roseum*）等。

④交链孢霉属菌丝有横隔，匍匐生长，分生孢子梗较短，单生或成丛，大多不分枝，形成孢子链。无性繁殖产生分生孢子，分生孢子梗顶端生长分生孢子，其形状大小不定，形态为桑葚状，也有椭圆形和卵圆形，孢子暗褐色或橘黄色。尚未发现有性繁殖。交链孢霉广泛分布于土壤和空气中，有些是植物病原菌，可引起果蔬的腐败变质，产生毒素。

⑤其他种属包括粉红单端孢霉、木霉属（*Trichoderma*）、漆斑菌属（*Myrothecium*）、黑色葡萄穗霉（*Stachybotrys atra*）等。

(2) 产毒条件　霉菌是否产毒，受很多因素影响，通常有以下几种。

①产毒霉菌种类：霉菌种类繁多，其代谢产物也多种多样，不同霉菌可以产生相同的毒素，如黄曲霉、寄生曲霉都产生黄曲霉毒素；荨麻青霉（*P. urticae*）和棒形青霉（*P. claviforme*）等产生展青霉素。同一菌株由于客观条件的变化，培养基的不同，其产毒能力也有很大差别。在同一份样品中，有些黄曲霉菌株产毒，有些菌株不产毒，新分离的菌株产毒能力强，经过累代培养，常常由于培养基不适而丧失产毒能力。

②基质：霉菌的营养来源，主要是糖和少量的氮源及矿物质，因此极易在含糖的饼干、面包等食品中生长繁殖，不同的基质对霉菌的生长和产毒状况是有一定影响的。将产生黄曲霉毒素的霉菌接种到各种食品上来检验其产毒能力，结果是如果给予适当条件，多数食品都能够成为产毒基质，就同一菌株而言，在同样培养条件下富含糖类的小麦、米基质比油料为基质的黄曲霉毒素收获高。

③相对湿度及基质水分：影响霉菌繁殖和产毒的一个重要因素是天然基质中的水分和所放置环境的相对湿度。在贮放过程中，食品中水分含量随周围环境的湿度而变化，最终达到平衡水分。一般将食品放在相对湿度为70%的条件下所达到的平衡水分，不利于细菌和霉菌的生长繁殖。水分活度（A_w）在0.7以下，可以完全阻止产毒的霉菌繁殖；在室温24~30℃情况下，含水量越高，越有利于黄曲霉和黄曲霉毒素的生长和产生，A_w为0.93~0.98时是黄曲霉生长与产毒最适宜A_w。

④温度：基质含水量是最重要的，其次是温度。一般常见的霉菌最适宜的生长温度为25℃，小于0℃，生长几乎停止。黄曲霉生长与产毒适宜的温度范围是12~42℃，最适产毒温度是33℃。

⑤通风：快速风干防止产生黄曲霉毒素效果好于缓慢风干。

(三) 主要霉菌毒素

在我国粮食、食品及饲料中已经检出黄曲霉毒素、赭曲霉毒素、玉米赤霉烯酮、单端孢霉烯族化合物、杂色曲霉毒素、橘青霉素、青霉酸、交链孢霉甲基醚等毒素。

1. 黄曲霉毒素

黄曲霉毒素（aflatoxin，AFT 或 AF）是黄曲霉和寄生曲霉中产毒菌株的代谢产物。寄生曲霉的所有菌株都能产生黄曲霉毒素，但我国寄生曲霉罕见，黄曲霉是我国粮食和饲料中的常见毒素菌株，因而受到重视，但并非所有的黄曲霉都是产毒菌株，即使是产毒菌株也必须在适合产毒的条件下才能产毒。有时早在作物收获前、收获期和贮存期就已经有产毒菌株传染，但未必会产生毒素。

黄曲霉毒素产生条件主要有以下几个方面。

①产毒微生物：黄曲霉毒素已被证实是黄曲霉和寄生曲霉中产毒菌株的代谢产物。这些霉菌无处不在，黄曲霉毒素污染的发生和程度随地理和季节因素及作物生长、收获、贮存的条件不同而不同，黄曲霉的产毒菌株只有 60%~94%，而寄生曲霉的产毒菌株可达 100%。

②产毒基质：黄曲霉毒素污染可发生在多种食品上，如粮食、油料、水果、干果、调味品、乳与乳制品、蔬菜、肉类等。其中以玉米、花生和棉籽油最易受到污染，其次是稻谷、小麦、大麦、豆类等。花生和玉米等谷物是产生黄曲霉毒素菌株适宜生长并产生黄曲霉毒素的基质。花生和玉米在收获前就可能被黄曲霉污染，使成熟的花生不仅污染黄曲霉而且可能带有毒素，玉米果穗成熟时，不仅能从果穗上分离出黄曲霉，并能够检出黄曲霉毒素。

③产毒环境：影响黄曲霉毒素产生的两个重要条件是环境温度和基质水分活度（A_w）。黄曲霉生长最适温度 30~33℃，而产毒温度是 20~30℃。黄曲霉在水分为 18.5% 的玉米、稻谷、小麦上生长时，第 3d 开始产生黄曲霉毒素，第 10d 产毒量达到最高峰，以后便逐渐减少。黄曲霉产毒的迟滞现象主要是因为毒素是在菌体形成孢子时才将菌丝体产生的毒素逐渐排出到基质中，这也意味着高水分粮食如在 2d 内进行干燥，粮食水分降至 14% 以下，即使污染黄曲霉也不会产生毒素。另外，相比北方，我国南方及沿海湿热地区霉菌毒素的产生率要更高一些。

黄曲霉毒素是结构相似的一类化合物，基本结构都有二呋喃环和香豆素（氧杂萘邻酮），现已分离出的黄曲霉毒素有 B1、B2、G1、G2、B2a、G2a 等 20 余种。其相对分子质量是 312~346。根据黄曲霉毒素在紫外线（365nm）照射下发出的荧光颜色可将其分为两大类：即发蓝紫色荧光的为 B 族，发黄绿色荧光的为 G 族。食品中常见且危害性较大的黄曲霉毒素有 B1、B2、G1、G2、M1、M2 等，其化学结构如图 2-26 所示。其中 M1 和 M2 不是黄曲霉等产毒真菌直接产生，而是由动物摄食含有黄曲霉毒素 B1 和黄曲霉毒素 B2 的食物后经体内代谢产生的羟基化衍生物。例如，食用含有黄曲霉毒素 B1 饲料的奶牛牛乳中会检出黄曲霉毒素 M1。

黄曲霉毒素具有以下重要理化性质：①对热非常稳定。裂解温度为 200~300℃，黄曲霉毒素 B1 于 268~269℃（熔点）才分解；100℃，20h 不全部破坏，于高压锅中 0.1MPa、2h 才部分降解。因此，一般的加工烹调方法不能把它消除。②难溶于水，易溶于有机溶剂。黄曲霉毒素在水中的溶解度很低，最大溶解度为 10mg/L，能溶于油脂和三氯甲烷、甲醇、乙醇、丙酮等多种有机溶剂，但不溶于乙醚、石油醚和正己烷中。③在长波紫外线照射下毒素可显示荧光，低浓度的纯毒素易被紫外线破坏。④在中性和酸性溶液中稳定而对碱不稳定，因此加碱也能破坏一些毒素。

黄曲霉毒素作为目前最强的化学致癌物质，对肝脏有特殊亲和性并有致癌作用。它的主要作用是强烈抑制肝脏细胞中 RNA 的合成，破坏 DNA 的模板，阻止和影响蛋白质、脂肪、

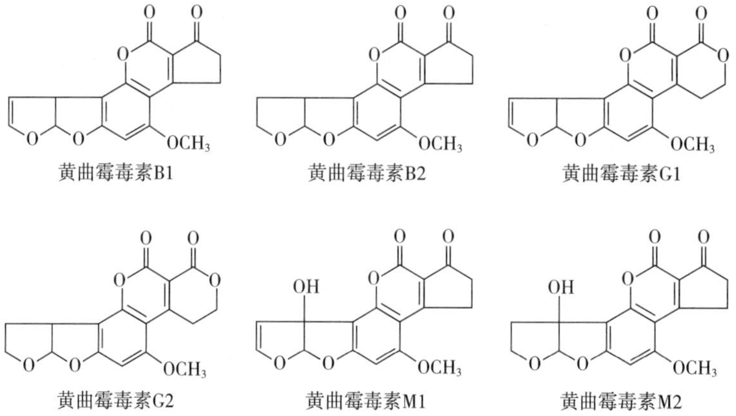

黄曲霉毒素B1　　　　　黄曲霉毒素B2　　　　　黄曲霉毒素G1

黄曲霉毒素G2　　　　　黄曲霉毒素M1　　　　　黄曲霉毒素M2

图 2-26　几种黄曲霉毒素的化学结构

（资料来源：刘慧，2014）

线粒体、酶等的合成与代谢，干扰动物的肝功能，导致突变、癌症及肝细胞坏死。同时，饲料中的毒素可以蓄积在动物的肝脏、肾脏和肌肉组织中，人食入后可引起慢性中毒。致癌作用比已知的化学致癌物都强，比二甲基亚硝胺强 75 倍。但不同种类的黄曲霉毒素毒性相差很大，以不同黄曲霉毒素对鸭雏的半数致死量（LD_{50}）为例，黄曲霉毒 B1 毒性最强（表 2-8），它的毒性比氰化钾强 100 倍，仅次于肉毒毒素，是真菌毒素中最强的。黄曲霉中只有部分菌株产毒，一般产毒的黄曲霉大多产生黄曲霉毒素 B1，在天然食品中黄曲霉毒素 B1 最多见，毒性又最大，因此，在食品卫生指标中鉴定食品中的黄曲霉毒素一般以黄曲霉毒素 B1 作为重点检查目标。

表 2-8　各种黄曲霉毒素的半数致死剂量（鸭口服）

毒素种类	半数致死量 LD_{50}/（mg/kg）	毒素种类	半数致死量 LD_{50}/（mg/kg）
B1	0.36	M1	3.2
B2	1.70	M2	12.0
G1	0.78	B2a	24.0
G2	3.5	G2a	32.0

资料来源：刘慧，2014.

世界各国都制定了各种食品和饲料中黄曲霉毒素的允许量标准。但是我国的限量标准与欧盟、日本、美国的真菌毒素标准还存在差距，不仅表现在限量水平上，还表现在有些真菌毒素还未纳入国家标准。

2. 赭曲霉毒素

赭曲霉毒素（ochratoxin）主要是由赭曲霉和青霉产生，如纯绿青霉（*Penicillium viridicatum*）、圆弧青霉（*Arc penicillium*）和产黄青霉（*Penicillium chrysogenum*）等。赭曲霉产毒的适宜基质是玉米、大米和小麦，产毒适宜温度为 20~30℃，A_w 值为 0.953~0.997。赭曲霉毒素主要分为赭曲霉毒素 A（ochratoxin A，OTA）、赭曲霉毒素 B（ochratoxin B，OTB）、赭曲霉毒素 C（ochratoxin C，OTC）三种，其中以赭曲霉毒素 A 的污染最为广泛，毒性最强，与人类健康关系最为密切。赭曲霉毒素 A 的氯原子被氢原子取代产生赭曲霉毒素 B，赭曲霉毒素 C 是赭曲霉毒素 A 的乙酯化合物。赭曲霉毒素 A 由一个二氢异香豆素的氯化衍生物通过一个肽键与 L-β-苯丙氨酸的 7-羧基相连而形成，赭曲霉毒素 A 的相对分子质量为 403.8，是一种晶体化合物，微溶于水，易溶于碱性溶液和极性有机溶剂，如甲醇、乙腈。赭曲霉毒素 A 含有一个羧基基团和一个羟基基团，其酰胺键为肽键近似物，容易在蛋白水解酶的作用下水解。赭曲霉毒素 A 具有热稳定性，研究表明，将干燥的小麦 100℃加热，需要 700min 才能使其中的赭曲霉毒素 A 破坏 50%。赭曲霉毒素 A 对光和空气不稳定，尤其是在潮湿的环境中，当暴露于光线时会出现降解和衰退。赭曲霉毒素 A 在紫外线的照射下发出绿色荧光，最大吸收波长为 333nm。

赭曲霉毒素 A 在动物体内比较稳定，在代谢过程中不易被降解，因此容易在体内蓄积。赭曲霉毒素 A 具有肾脏毒性、肝脏毒性、免疫毒性、细胞毒性、致畸性、致癌性等，还会影响体内蛋白质的合成。赭曲霉毒素 A 与黄曲霉毒素 B1 及伏马毒素 B1 等协同作用时，对动物机体造成氧化应激损伤，威胁人类和动物的健康。国际癌症研究机构（International Agency for Research on Cancer，IARC）将赭曲霉毒素 A 列为 2B 类致癌物（IARC，1993）。由于赭曲霉毒素 A 产毒菌株广泛存在于自然界中，因此赭曲霉毒素 A 在农产品和食品中的污染现象较为普遍，如粮食、茶叶、调味料、中草药、啤酒、咖啡、葡萄、动物饲料等都存在赭曲霉毒素 A 的污染。

3. 黄天精

黄天精（luteoskyrin）又称黄变米毒素，主要见于大米，也可发生在小麦和玉米上。最早是在 20 世纪 40 年代日本在大米中发现的。这种米由于被真菌污染而呈黄色，故称黄变米。导致大米黄变的真菌主要是青霉属中的一些种，这些菌株侵染大米后产生毒性代谢产物，统称黄变米毒素。黄变米毒素可分为以下三大类。

（1）黄绿青霉毒素（citreoviridin） 大米水分含量为 14.6%时易感染黄绿青霉，在 12~14℃便可形成黄变米，米粒上有淡黄色病斑，同时产生黄绿青霉毒素，该毒素不溶于水，加热至 270℃失去毒性；为神经毒素，毒性强，中毒特征为中枢神经麻痹进而心脏及全身麻痹，最后呼吸停止而死亡。

（2）橘青霉毒素（citrinin） 橘青霉污染大米后形成该种黄变米，米粒呈黄绿色。精白米易污染橘青霉。橘青霉可产生橘青霉毒素，暗蓝青霉（*P. lividum*）、黄绿青霉（*P. citreoviri*）、扩展青霉（*P. expansum*）、点青霉（*P. notatum*）、变灰青霉（*P. canescens*）、岛青霉（*P. islandicum*）、土曲霉（*Aspergillus terreus*）等霉菌也能产生这种毒素。该毒素难溶于水，为一种肾脏毒，可导致实验动物肾脏肿大、肾小管扩张和上皮细胞变性坏死。急性中毒表现为神经麻痹、呼吸障碍、惊厥等症状，可因呼吸麻痹死亡。慢性中毒发生溶血性贫血，并可致癌。

（3）岛青霉毒素（islanditoxin） 岛青霉污染大米后形成岛青霉黄变米，米粒呈黄褐色溃疡性病斑，同时含有岛青霉产生的毒素，包括黄天精、环氯肽、岛青霉素、红天精，前两种毒素都是肝脏毒，急性中毒可造成动物发生肝萎缩现象；慢性中毒发生肝纤维化、肝硬化或肝肿瘤可导致大白鼠肝癌。

4. 镰刀菌毒素

（1）单端孢霉烯族化合物（tricothecenes） 单端孢霉烯族化合物是由雪腐镰刀菌、禾谷镰刀菌、梨孢镰刀菌、拟枝孢镰刀菌等多种镰刀菌产生的一类毒素，它是引起人畜中毒最常见的一类镰刀菌毒素。

在单端孢霉烯族化合物中，我国粮食和饲料中常见的是脱氧雪腐镰刀菌烯醇（deoxynivalenol，DON），脱氧雪腐镰刀菌烯醇主要存在于麦类赤霉病的麦粒中，玉米、稻谷、蚕豆等作物也能感染赤霉病而含有脱氧雪腐镰刀菌烯醇，麦类赤霉病的病原菌是赤霉菌（*Gibberella*），其无性阶段是禾谷镰刀霉。这种病原菌适合在阴雨连绵、湿度高、气温低的气候条件下生长繁殖。如在麦粒形成乳熟期感染，随后成熟的麦粒皱缩、干瘪，有灰白色和粉红色霉状物；如在后期感染，麦粒尚且饱满，但胚部呈粉红色。脱氧雪腐镰刀菌烯醇又称呕吐毒素（vomitoxin），易溶于水、热稳定性高。烘焙温度210℃，油煎温度140℃或煮沸，只能破坏50%，人误食含脱氧雪腐镰刀菌烯醇的赤霉病麦（含10%病麦的面粉250g）后，多在1h内出现恶心、眩晕、腹痛、呕吐、全身乏力等症状。少数伴有腹泻、颜面潮红、头痛等症状。以病麦喂猪，猪体重增重缓慢，宰后脂肪呈黄色、肝脏发黄、胆囊出血。

（2）玉米赤霉烯酮（zearelenone） 玉米赤霉烯酮是一种雌性发情毒素。动物吃了含有这种毒素的饲料，就会出现雌性发情综合症状。禾谷镰刀菌（*Fusarium graminearum*）、黄色镰刀菌（*F. culmorum*）、粉红镰刀菌（*F. roseum*）、三线镰刀菌［*F. tricinctum* (Corda) Sacc.］等多种镰刀菌均能产生玉米赤霉烯酮。玉米赤霉烯酮不溶于水，溶于碱性水溶液。禾谷镰刀菌接种在玉米培养基上，在25~28℃培养2周后，再在12℃下培养8周，可获得大量的玉米赤霉烯酮。赤霉病麦中有时可能同时含有脱氧雪腐镰刀菌烯醇和玉米赤霉烯酮。饲料中含有1~5mg/kg玉米赤霉烯酮时出现症状，500mg/kg时出现明显症状。

（3）丁烯酸内酯（butenolide） 丁烯酸内酯在自然界发现于牧草中，牛饲喂带毒牧草导致烂蹄病，哈尔滨医科大学大骨节病研究室报道，在黑龙江和陕西的大骨节病区所产的玉米中发现有丁烯酸内酯存在。丁烯酸内酯是三线镰刀菌、雪腐镰刀菌、拟枝孢镰刀菌和梨孢镰刀菌产生的，易溶于水，在碱性水溶液中极易水解。

5. 杂色曲霉毒素

杂色曲霉毒素（sterigmatocystin，ST）是杂色曲霉和构巢曲霉等产生的，基本结构为一个双呋喃环和一个氧杂蒽酮。其中，杂色曲霉毒素IV_a是毒性最强的一种，不溶于水，可以导致动物的肝癌、肾癌、皮肤癌和肺癌，其致癌性仅次于黄曲霉毒素。由于杂色曲霉和构巢曲霉经常污染粮食和食品，且80%以上的菌株产毒，所以杂色曲霉毒素在肝痛病因学研究中日渐重要。糙米易污染杂色曲霉毒素，糙米经加工成标二米后，毒素含量可以减少90%。

6. 展青霉毒素

展青霉毒素（putulin）主要是由扩展青霉产生的，可溶于水、乙醇，在碱性溶液中不稳定，易被破坏。污染扩展青霉的饲料可造成牛中毒，展青霉毒素对小白鼠的毒性表现为严重水肿，扩展青霉在麦秆上产毒量很大。扩展青霉是苹果贮藏期的重要霉腐菌，可使苹果腐烂，以这种腐烂苹果为原料产出的苹果汁会含有展青霉毒素。如腐烂达50%的烂苹果制成的苹果汁，展青霉毒素可达20~40μg/L。

7. 青霉酸

青霉酸（penicillic acid）是由软毛青霉（*Penicillium puberulum*）、圆弧青霉（*Penicillium cyclopium*)、赭曲霉（*Aspergillus ochraceus*）等多种霉菌产生的，极易溶于热水和乙醇。以 1.0mg 青霉酸注射到大鼠皮下，每周 2 次，64~67 周后，在注射局部发生纤维瘤，对小白鼠试验证明有致突变作用。

8. 交链孢霉毒素

交链孢霉是粮食、果蔬中常见的霉菌之一，可引起许多果蔬发生腐败变质。交链孢霉产生多种毒素，主要有四种：链孢霉酚（alternariol，AOH）、交链孢霉甲基醚（alternariol methyl ether，AME）、交链孢霉烯（altenuene，ALT）、细偶氮酸（tenuazoni acid，TeA）。链孢霉酚和交链孢霉甲基醚有致畸和致突变作用。给小鼠或大鼠口服 50~398mg/kg 细偶氮酸钠盐，可导致胃肠道出血死亡。交链孢霉毒素在自然界产生水平低，一般不会导致人或动物发生急性中毒，但长期食用其慢性毒性值得注意，在番茄及番茄酱中均检出过细偶氮酸。

（四）真菌性食物中毒的预防与控制

1. 防霉

降低食品（原料）中的水分，控制合适的 A_w 和控制空气相对湿度。减少食品表面环境的氧浓度，控制气体成分以防止霉菌生长和毒素产生，用密封技术控制和调节贮藏环境中的气体成分，通常采取除 O_2 或加入 CO_2、N_2 等气体，在食品贮藏工作中已广泛应用。降低食品贮存温度，把食品贮藏温度控制在霉菌生长的适宜温度以下从而抑菌防霉，冷藏食品的温度界限应在 4℃ 以下方为安全。采用防霉剂，防霉化学药剂有熏蒸剂，如溴甲烷、二氯乙烷、环氧乙烷；有拌合剂，如有机酸、漂白粉、多氧霉素。环氯乙烷熏蒸用于粮食防霉效果很好；食品中加入山梨酸防霉效果很好。

2. 去毒

目前的除毒方法有两大类：一类用物理筛选法、溶剂提取法、吸附法和生物法去除毒素，称为除去法；另一类用物理或化学药物使毒素的活性被破坏，称为灭活法，用此法时，应注意所用的化学药物等不能在原食品中有残留，或破坏原有食品的营养素等。

（1）去除法

①人工或机械拣出毒粒：用于花生或颗粒大者效果较好。因为一般毒素较集中在霉烂、破损、皱皮或变色的花生仁粒中，如黄曲霉毒素，拣出花生霉粒后，则黄曲霉毒素 B1 可达允许量标准以下。

②搓洗法：可去除大米中的黄曲霉毒素。因毒素主要分布于米糠层中，是米仁的数倍，因此大米食用前用水反复搓洗至清水为止，可除去大部分毒素。

③溶剂提取：80% 的异丙醇和 90% 的丙酮可将花生中的黄曲霉毒素全部提出来。按玉米量的 4 倍加入甲醇去除黄曲霉毒素可达到满意的效果。

④吸附去毒：应用活性炭、酸性白土等吸附剂处理含有黄曲霉毒素的油品效果很好。如加入 1% 的酸性白土搅拌 30min 澄清分离，去毒效果可达 96%~98%。

⑤微生物去毒：应用微生物发酵去毒，如对污染黄曲霉毒素的高水分玉米进行乳酸发酵，在酸催化下高毒性的黄曲霉毒素 B1 可转变为黄曲霉毒素 B2，此法适用于饲料的处理；其他微生物去毒，如假丝酵母可在 20d 内降解 80% 的黄曲霉毒素 B1，根霉也能降解黄曲霉毒素，橙色黄杆菌（*Flavobacterium auranitiacum*）可使粮食食品中的黄曲霉毒素完全去毒。

（2）灭活法

①加热处理：干热或湿热都可以除去部分毒素，花生在 150℃ 以下加热 0.5h 约可除去

70%的黄曲霉毒素，0.1MPa高压蒸煮2h可以去除大部分黄曲霉毒素。

②射线处理：用紫外线照射含毒花生油可使含毒量降低95%或更多，此法操作简便，成本低廉，我国济南灯泡厂已制成专门的紫外光灯。日光曝晒也可降低粮食中的黄曲霉毒素含量。

③醛类处理：2%的甲醛处理含水量为30%的带毒粮食和食品，对黄曲霉毒素的去毒效果很好。

④氧化剂处理：5%的次氯酸钠在几秒钟内便可破坏花生中黄曲霉毒素，经1~3d可去毒。

⑤酸碱处理：对含有黄曲霉毒素的油品用氢氧化钠水洗，也可用碱炼法，它是油脂精加工方法之一，同时也可去毒。因碱可水解黄曲霉毒素的内酯环，形成溶于水的邻位香豆素钠，故可用水洗去。此外，用3%的石灰乳或10%的稀盐酸处理黄曲霉毒素污染的粮食可以去毒。

总之，预防真菌性食物中毒主要是预防霉菌及其毒素对食品的污染，其根本措施是防霉，去毒只是污染后为防止人类受危害的补救方法。霉菌和霉菌毒素污染食品后，从食品卫生和营养学角度应该考虑两方面的问题，即霉菌与霉菌毒素通过食品引起的人类中毒和霉菌引起的食品变质问题。人类霉菌毒素中毒大多数是由于食用了被产毒霉菌菌株污染的食品所引起，应加强防止食品被产毒污染。

（五）真菌毒素的检测技术

本节仅介绍黄曲霉毒素的检测技术。

1. 黄曲霉毒素的常规检测方法

黄曲霉毒素的检测方法从最初以薄层层析法（thin layer chromatography，TLC）为主，发展到高效液相色谱法（high performance liquid chromatography，HPLC）、酶联免疫吸附法（enzyme linked immunosorbent assay，ELISA）、液相色谱-质谱联用法（liquid chromatograph-mass spectrometer，LC-MS）、免疫亲和柱净化法、微柱法等多种方法。薄层层析法虽然分析成本低，但操作步骤多、灵敏度差；高效液相色谱法虽灵敏度高，但样品处理烦琐，仪器昂贵；酶联免疫吸附法重复性差、试剂寿命短，需要低温保存；微柱法所需仪器简单，操作简便、省时，但所得数据误差较大，仅适用于定性检验。

此外，这些方法还存在以下缺点：①检测室需要剧毒的黄曲霉毒素作为标品，对操作人员身体有毒害作用风险；②在对样品预处理时，需要使用多种有毒的有机溶剂，不仅毒害操作人员，而且污染环境；③操作过程烦琐，仪器复杂，难以实现现场快速分析；④灵敏度差，难以满足欧盟等国的标准要求。

2. 黄曲霉毒素的快速检测技术

（1）黄曲霉毒素 B1 免疫胶体金检测卡　该方法应用了竞争性抑制剂免疫层析原理。图 2-27，用胶体金标记特异性单克隆抗体并固化于玻璃纤维上，样品中的黄曲霉毒素 B1 在流动过程中与特异性抗体结合，从而抑制了固化于免疫层析膜 T 检测线上的黄曲霉毒素 B1-BSA（牛血清白蛋白）偶联物与抗体的结合。如果样品黄曲霉毒素 B1 含量>5ng/mL，则固化黄曲霉毒素 B1 抗原的检测线 T 不显色，结果为阳性；反之，检测线 T 显红色，结果为阴性。本法适用于现场定性或半定量快速筛选检查饲料、粮食和食品中的黄曲霉毒素 B1。

（2）黄曲霉毒素速测仪　根据 GB 5009.22—2016《食品安全国家标准　食品中黄曲霉毒素 B 族和 G 族的测定》中免疫亲和层析-荧光光度法，研制成 NYART2004 型黄曲霉毒素

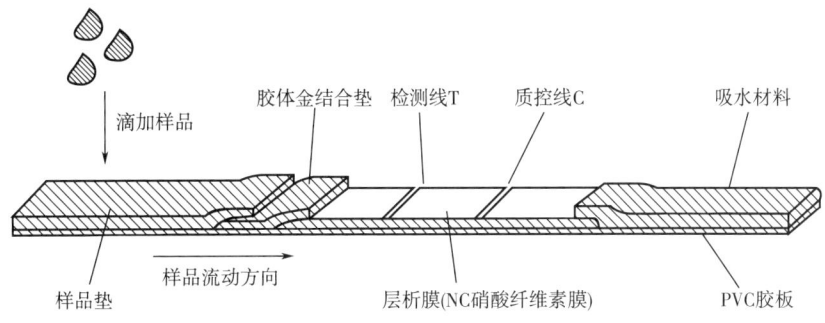

图 2-27　免疫胶体金检测卡结构示意图
(资料来源：刘慧，2014)

速测仪。该方法取消了黄曲霉毒素标准品，减小了对操作人员和环境的污染；黄曲霉毒素 B1 测定范围 0.1~20μg/kg，检测工作可在 20min 内完成。美国 Charm 公司生产的 Charm Ⅱ 6600/7600 分析系统具有黄曲霉毒素检验的单样品液体闪烁计数器/光度计，通过绘制标准工作曲线定量检测大米中的黄曲霉毒素 B1、黄曲霉毒素 B2、黄曲霉毒素 G1、黄曲霉毒素 G2，牛乳中的黄曲霉毒素 M1 以及花生、花生油、酱制品等食品和饲料中的黄曲霉毒素。检测工作可在 10~15min 完成。

第三节　蕈　菌

在自然界中生长着一类肉眼可见的大型真菌子实体，它们属于真菌门子囊菌亚门和担子菌亚门，其中大多数都属于担子菌亚门。我们把这种能形成子实体的大型真菌称为蕈。

一、蕈菌的一般形态和构造

蕈菌是真菌中进化最高级的，能产生肉眼可见的子实体，包括人们所称的蘑菇、木耳等。古代中国将这种大型的真菌称为蕈，这类又称担子菌或伞菌，蕈菌和其他真菌的区别在于它们可以产生一种孢子，称为担孢子。蕈菌的菌丝体是由发育良好而有分隔的菌丝所组成，这些菌丝穿入营养物中并吸收营养。菌丝体通常为白色、鲜黄色或橙黄色，扩展生长成扇形。蕈菌的菌丝分化分为初生、二生和三生菌丝这三个明显的发育阶段。初生菌丝从单核的担孢子萌发而成，担孢子会在此期间分裂很多次导致核期较短的一些菌丝被分隔成单核细胞；二生菌丝来源于初生菌丝之间的互相结合，互相之间通过质配形成具有双核细胞的二级菌丝，通过锁状联合的方式在尖端形成啄状突起向下弯曲与母细胞融合，双核细胞不断分裂、不断延伸；三生菌丝是由大量二级菌丝分化成多种菌丝束，表现为有组织化、特殊化；三生菌丝在适宜条件下即可形成子实体。

二、蕈菌的繁殖方式

蕈菌的繁殖特点是产生有性孢子，称为担孢子，在子实体成熟后菌丝的顶端膨大，其中两个核融合成一个新核,完成一次核配,新核经过两次分裂,产生四个单倍体子核,最后在担子细胞的顶端形成四个担孢子。

三、子实体

(一) 子实体的形成

三生菌丝在适宜条件下,于交叉处形成细小纽结,进一步分化膨大即可形成子实体。许多担子菌的子实体是可食的,口味鲜美,含有丰富的蛋白质和氨基酸。

(二) 常见的可食用蕈菌

1. 蘑菇属 (*Agaricus*)

蘑菇属又称伞菌属,其担子果通常有白色、褐色或者灰褐色的肉质菌盖,腹面又有辐射状的菌褶,在其内形成担子和担孢子,菌柄极易与菌盖分开,孢子为卵圆形或者椭圆形,大部分蘑菇属都可食用,少数有毒。

2. 虫草属 (*Cordyceps*)

虫草属是真菌寄生于昆虫,将虫体变成充满菌丝的僵虫,再从僵虫两端生出有柄头状或棍棒状的子座。本属最常见的是冬虫夏草 (*Cordyceps sinensis*),它寄生在鳞翅目昆虫的幼虫上,被害的昆虫幼虫冬天钻入土内,夏天虫草菌从虫体内生出一有柄的子座(即所谓的草)。常见子座为单个,罕见2~3个,长4~11cm,基部粗1.5~4mm,向上渐细,头部膨大形成圆柱形,褐色,初期内部充实,后变中空。子囊壳近表面生,基部大部陷入子座中,先端凸出于子座外,卵形或椭圆形,长250~500μm,直径80~200μm,每一个子囊内有8个具有隔膜的子囊孢子。虫体表面深棕色,断面白色;有20~30环节,腹面有足8对,形似蚕(图2-28)。

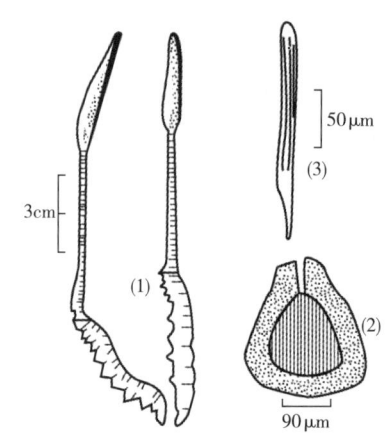

图2-28 冬虫夏草
(1) 菌核及子座 (2) 子囊壳 (内含子囊)
(3) 子囊 (内含子囊孢子)
(资料来源:沈萍,2014)

3. 灵芝属 (*Ganoderma*)

灵芝属的菌盖通常表面有坚硬的皮壳,通体会覆盖坚硬的像漆一样的具有光泽的物质,多在阔叶树林、针阔叶混交林的腐木上面找到,部分可做重要的中药材。

4. 木耳属 (*Auricularia*)

木耳属的担子果呈现杯状、耳状或者叶状,子实层平滑,有褶皱。担子呈圆柱形,有3个横隔,将担子隔成4个细胞,每个细胞上产生一个小梗,小梗上生担孢子。木耳的生活史见图2-29。

本属在我国最常见的是木耳,即黑木耳。黑木耳是一种营养丰富的食用菌,有药用价值,可作保健食品。

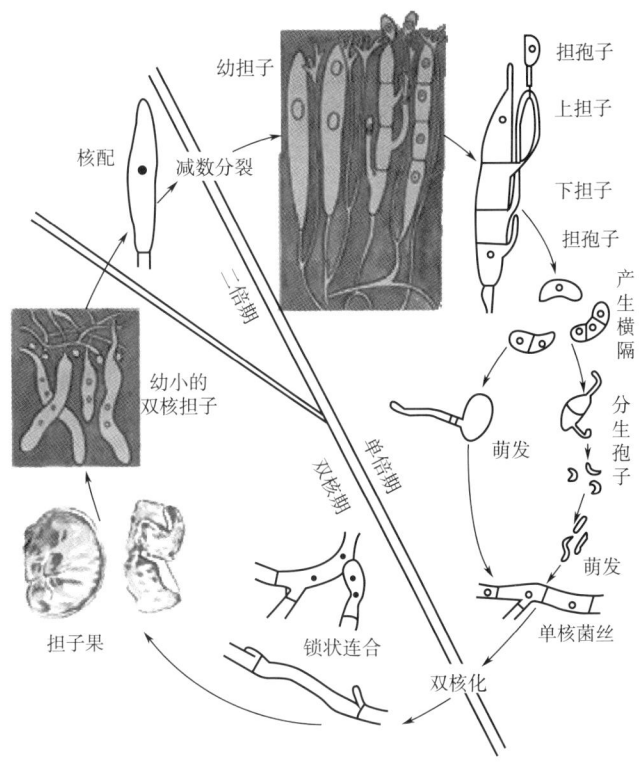

图 2-29 木耳生活史

(资料来源：何国庆，2009)

四、蕈菌与食品的关系

(一) 食用蕈菌与人体健康

1. 食用蕈菌的营养价值

食用蕈菌中的蛋白质含量接近肉类和蛋类，明显高于果蔬及瓜果。其蛋白质属于优质蛋白质，生理活性极高，吸收率高达 80% 以上。食用蕈菌含有人体所需的 8 种必需氨基酸，赖氨酸和亮氨酸含量尤为丰富。食用蕈菌中脂肪的含量虽然较低，但以不饱和脂肪酸为主，与植物油近似。如香菇、黑木耳、银耳中不饱和脂肪酸分别占脂肪中的 75%、73.1%、69.2%，其次，食用蕈菌中不含胆固醇，而含丰富的类固醇，可以降低血液中胆固醇的含量。食用蕈菌中含有多种维生素，如维生素 B_1、维生素 B_2、维生素 B_{12}、尼古丁酸、维生素 D、维生素 C 等。食用蕈菌中含有较多的可溶性纤维素，可被人体吸收利用，并把人体中不能消化的物质带出体外。

2. 食用蕈菌与人类食物结构改善

多数食用蕈菌含有生理活性物质，如高分子多糖体、天然有机锗、三萜类化合物等，对于维护人体健康有重要作用。据科学分析，其蛋白质含量一般占子实体湿重 1.75%~3.63%，比芦笋和卷心菜高出 2 倍，比柑橘高 4 倍，比苹果高 12 倍。按干重计算，通常含有 19%~35% 的蛋白质，而稻米仅含 7.3%，小麦为 13.2%，大豆为 39.1%，牛乳为 25%，猪、牛、羊肉、蛋类的蛋白质含量一般为 9.3%~21.4%。因此，食用蕈菌的天然蛋白质含量高于大多数食物，甚至包括动物乳。食用蕈菌中维生素、矿物质的种类和数量也异常丰富。

人类食物营养结构，主要是碳水化合物、脂肪和蛋白质这三类物质的数量和比例。在三大营养源中，蛋白质的作用异常重要。我国人民历来以大米、小麦等谷物为食。100g 大米中蛋白质仅 7~8g；面粉含蛋白质也只有 10g 左右。提高蛋白质的摄入量和质量关系到中华民族身体素质的提高。从各项营养价值指标看，食用蕈菌是一种优质的蛋白。与一般植物性食品比较，它所含的氨基酸数量和比例与人体每日需要的数量和比例相吻合，其蛋白质的利用率可高达 75%，比大豆的 43% 要高出 32%，而且脂肪含量和热值均较低。食用蕈菌是"三低一高"（低盐、低糖、低脂肪、高蛋白质）的首选食品。

3. 食用蕈菌的保健功能

食用蕈菌所含生理活性物质如高分子多糖体能激活免疫功能，促进干扰素的产生，增进人体健康，引起人们极大关注。从实验报道的结果来看，真菌多糖是理想的新型免疫药剂，它们通过寄主本身的防御机制而显示疗效的，对寄主的毒性很小。

香菇多糖（lentinan）是研究较详细的多糖之一。它具有广谱的抗病毒、抗肿瘤的免疫作用，并能使因载瘤状态和使用化疗药物而降低的活体免疫机能恢复。抗肿瘤作用主要是活化 T 淋巴细胞。香菇多糖的衍生物还有抗艾滋病毒的作用。

银耳多糖（tremellam）有抑制肿瘤生长的作用。它能增强巨噬细胞的吞噬功能，明显促进肝脏蛋白质及核酸的合成及骨髓的造血功能、体细胞免疫和体液免疫功能，有抗衰老作用。

木耳被用于治疗痔疮及溶解血栓。木耳中的胶质可把残留在人体消化系统内的灰尘、杂质吸附集中起来排出体外，从而起到清胃涤肠的作用。同时，它还有帮助消化纤维类物质的功能，对无意中吃下的难以消化的头发、谷壳、木渣、沙子、金属屑等异物有溶解与烊化作用。它对胆结石、肾结石等内源性异物也有比较显著的化解功能。黑木耳能减少血液凝块，预防血栓等病的发生，有防治动脉粥样硬化和冠心病的作用。它含有抗肿瘤活性物质，能增强机体免疫力，经常食用可防癌抗癌。

猴头菇可治疗胃溃疡，猴头菇所含的不饱和脂肪酸，有利于血液循环，能降低血液中的胆固醇含量，是高血压、心血管疾病患者的理想食品。它能提高人体免疫功能，可延缓衰老，对消化道肿瘤患者大有裨益，是宜药宜膳的理想食品。

草菇能降低血压及加速伤口愈合等。草菇的维生素 C 含量高，能促进人体新陈代谢，提高机体免疫力，增强抗病能力。它还具有解毒作用，如铅、砷、苯进入人体时，可与其结合，形成抗坏血元，随小便排出。草菇蛋白质中，人体八种必需氨基酸齐全、含量高，占氨基酸总量的 38.2%。草菇还含有一种异种蛋白物质，有消灭人体癌细胞的作用。所含粗蛋白超过香菇，其他营养成分与木质类食用菌也大体相当，同样具有抑制癌细胞生长的作用，特别是对消化道肿瘤有辅助治疗作用，能加强肝肾的活力。

（二）蕈菌的液态发酵

1. 蕈菌液态发酵的研究历史

液体发酵（即深层培养，submerged culture）属于现在生物工程技术之一，是从 20 世纪 40 年代中期抗生素工业的兴起开始的，当时美国弗吉尼亚大学生化工程专家 Elmer L. Gaden 设计出了培养微生物的生物反应器。后来，这一技术在医药和食品发酵工业生产中得到有效的应用。

2. 适合液体发酵的蕈菌种类

自 1948 年首次报道蕈菌的液体发酵研究以来，该技术越来越受人们的重视。经调查发现，适合液体发酵生产的蕈菌约有 70 余种。其中已成功地进行发酵生产且有产品投放市场的蕈菌有蜜环菌（*Armillariella mellea*）、发光假蜜环菌（*A. tabescens*）、白僵菌（*Beauveria bassiana*）、小头麦角菌（*Claviceps microcephala*）、冬虫夏草（*Cordyceps sinensis*）、云芝（*Coriolus versicolor*）、金针菇（*Flamm ulina veltipes*）、斑褐孔菌（*Fuscoporia punctata*）、薄盖灵芝（*Ganoderma capense*）、灵芝（*G. lucidum*）、小刺猴头菌（*Hericium caputmedusae*）、猴头菌（*H. erinaceus*）、乳白耙菌（*Irpex lacteus*）、香菇（*Lentinus edodes*）、安络小皮伞菌（*Marasmius androsaceus*）、银耳（*Tremella fuciformis*）。

用作液体菌种或加工成食品添加剂的蕈菌有双孢蘑菇（*Agaricus bisporus*）、柱状田头菇（*Agrocybe cylindracea*）、木耳（*Auricularia auricula*）、短裙竹荪（*Dictyophora duplicata*）、榆耳（*Gloeostereum incarnatum*）、灰树花（*Grifola frondosa*）、羊肚菌（*Morchella esculenta*）、滑菇（又名光帽鳞伞）（*Pholiota nameko*）、佛罗里达侧耳（*Pleurotus florida*）、糙皮侧耳（*P. ostreatus*）、漏斗状侧耳（*P. sajorcaju*）、美味侧耳（*P. sapidus*）、草菇（*Volvariella volvacea*）。已研究成功的蕈菌有野蘑菇（*Agaricus arvensis*）、姬松茸（*A. blaz ei*）、罗德曼蘑菇（*A. rodmanii*）、美味牛肝菌（*B. edulis*）、鸡油菌（*Cantharellus cibarius*）、毛头鬼伞（*Coprinus comatus*）、卧层孔菌（*Fomitiporia punctata*）、乳松菇（*Lactarius deliciosus*）、高大环柄菇（*Macrolepiota procera*）、小顶羊肚菌（*Morchella angusticeps*）、尖顶羊肚菌（*M. conica*）、粗柄羊肚菌（*M. crassipes*）、鸡土从菌（*Termitumyces albuminosus*）、松口蘑（*Tricholoma matsutake*）。正在开发研究中的蕈菌有松生拟层孔菌（*Fomitopsis pinicola*）、裂蹄木层孔菌（*Phellinus linteus*）、雷丸（*Polyporus mylittae*）、茯苓（*Poria cocos*）、裂褶菌（*Schizophyllum commune*）、竹黄（*Shiraia bambusicola*）、朱红栓菌（*Trametes cinnabarina*）、槐栓菌（*T. robiniophila*）、流苏状银耳（又名血耳）（*Tremella fimbriata*）。

3. 蕈菌液体发酵的生产工艺以及生长特性

蕈菌的液体发酵工艺流程见图 2-30。

图 2-30　蕈菌的液体发酵工艺流程

在发酵培养中，除考虑培养基的组成（C、N、C/N、pH、无机盐、微量元素、维生素、生长因子等）和发酵设备外，还必须有效地控制发酵过程中的有关参数，即物理参数（温度、压力、搅拌速度、空气流量、溶解氧、排气中 O_2 及 CO_2 含量等）、化学参数（pH、C、N 及次级代谢产物含量）和生物参数（菌丝形态、发酵液中菌丝体含量等）。蕈菌发酵培养液组成一般为 C 2%~6%，N 0.04%~0.10%，C/N（8~80）∶1，pH 5~7，无机盐、微量元素、生长因子等因菌种和发酵目的而定；温度 22~28℃，罐压 2.9~4.9Pa，空气流量 0.5~1(*V/V*)/min，接种量 5%~30%；根据发酵情况综合控制搅拌速度和泡沫的产生，以菌丝形态、数量以及养分消耗和代谢的变化作为终止发酵的指标。

适合液体发酵的蕈菌在液体培养过程中，其生长特性因蕈菌种类、接种量、菌龄、培养液组成、培养条件等有所不同。一般说来，斜面菌种接入液体培养基后，2~3d 之前菌丝生长速度缓慢，处于调整期；3~12d 处于增殖生长期，菌丝生长速率增加，12d 以后为稳定生长期，培养液中生物量增长速度减缓。总之，蕈菌液体发酵过程中，菌丝生长需要经历适应期、增殖期、平衡期及衰老期等，不同种类的蕈菌，这几个时期的划分也不一样。

4. 蕈菌液体发酵的应用前景

利用蕈菌液体发酵可以在较短时间内获得大量菌丝体及其发酵产物，由于这一过程周期短、产量高、成本低、工艺设备简单，因此在蕈菌生产中具有广阔的应用前景。

（1）蕈菌液体发酵菌丝体可作为栽培母种或原种，也可以直接作为栽培种，具有生产周期短，菌种成本低，接种简便，菌龄一致，出菇齐，便于管理和大规模工厂化生产等优点。然而，液体菌种不便久存，一旦发酵好，应立即使用；其次，液体菌种培养时涉及的技术难度较大；再次，用液体菌种进行熟料栽培，其产量不稳定，若进行生料栽培，则其产量与质量均较差。这提示了蕈菌科研工作者应注意筛选适合液体发酵的高产菌株，同时也要搞清菌丝从液体培养状态进入固体培养后的生理和生化机能的变化。总之，用液体菌种代替固体原种生产栽培种是切实可行的，用液体菌种直接进行人工栽培技术日臻完善。

（2）许多食、药用蕈菌在深层培养过程中会产生多糖、多肽、生物碱、萜类化合物、固醇、苷类、酚类、酶、核酸、氨基酸、维生素以及具抗生素作用的多种化合物等多种生理活性物质，而这些物质又分别对心血管、肝脏、神经系统、肾等人体器官具防病作用，并具有消炎、抗衰老、抗菌、抗溃疡等功效。虽然这些物质从蕈菌子实体中也可获得，但无论从生产规模、生产周期及经济效益等方面均不及深层发酵法。因此，开发利用液体发酵的食、药用蕈菌菌丝体及其发酵液来制备药物将具有一定的发展前景。

（3）液体发酵蕈菌菌丝体的营养成分，无论是蛋白质、氨基酸还是维生素均类似于子实体，因此，用液体发酵菌丝体可以制备食用蕈菌的饮料、调味品、食品添加剂等。由于用工业化液体发酵来生产食用蕈菌蛋白质，要比饲养家禽或家畜来获取蛋白质的时间短、效率高、成本低，因此，食用蕈菌的深层发酵在食品加工方面将有很大的发展前途，它将成为 21 世纪人类所需的主要蛋白质的原料之一。

（4）用液体发酵法生产蕈菌菌丝体要比栽培子实体简便、快速，因此，许多目前还不能进行人工栽培的野生蕈菌（如鸡油菌、块菌、美味牛肝菌、松乳菇等）可以采用液体发酵技术来生产菌丝体，从而使这些野生蕈菌的研究和开发利用切实可行。随着蕈菌液体发酵研究的深入，我国河北、江苏、湖北、福建、浙江和山东等省相继成功地进行了液体菌种固体栽培的生产模式，并开发了相应的生产设备及技术，为液体菌种在生产上的应用奠定了基础。随着科学技术的发展，尤其是微生物学、蕈菌学、发酵工艺学和工程学的相互渗透和交叉，特别是发酵产物分离技术的发展，使蕈菌液体发酵技术应用更广泛、前景更宽阔。

（三）蕈菌及其次级代谢物的生物活性

蕈菌的活性成分主要来源于其次级代谢产物。蕈菌次级代谢产物是蕈菌产生的一类重要天然产物。采用化学分类方法把蕈菌次生代谢产物中活性成分大致分为 8 类：多糖、萜类、类固醇、生物碱、色素类、醌类、类脂、环肽以及非蛋白质氨基酸。

1. 蕈菌代谢产物中的多糖

蕈菌中的多糖主要是指蕈菌在代谢过程中产生的对微生物有保护作用的生物高聚物，这种聚合物由醛糖或酮糖通过糖苷键连接在一起。蕈菌中的多糖从结构上可划分为葡聚糖甘露聚糖、杂多糖、糖蛋白和多糖肽。

2. 蕈菌代谢产物中的萜类化合物

蕈菌的萜类化合物主要有倍半萜、二萜、三萜化合物，也含有一些极少量的二倍半萜、四萜类化合物。这些化合物有重要的活性作用，如降低致癌物质的致癌作用、抗肿瘤、细胞毒性和抗微生物活性。

3. 蕈菌代谢产物中的固醇

固醇在蕈菌的代谢产物中发现较少，但近年来不断有研究人员从蕈菌中提取固醇类物质如麦角固醇类化合物，其具有抗癌等多种活性作用。

4. 蕈菌代谢产物中的生物碱

在蕈菌代谢产物中已经发现了一些具有重要生理活性的生物碱类化合物。研究发现一些药用真菌提取物中含有生物碱，对治疗糖尿病、艾滋病、高血压等有明显的效果。而有毒蕈菌的代谢产物中所含的生物碱具有毒杀昆虫的活性。

5. 蕈菌代谢产物中的醌类

我国研究人员最早从红菇、竹黄中发现了含苝醌类化合物骨架的次生代谢产物。含苝醌类化合物蕈菌的代谢产物在民间常用于治疗胃病、风湿性关节炎和某些皮肤病，现在研究还发现苝醌类化合物具有不同程度的抗癌活性和抑制艾滋病毒的作用。因此在医药学方面的研究受到越来越多的重视。

6. 蕈菌代谢产物中的色素类

蕈菌色素是蕈菌中一大类重要的化合物，其结构变化丰富，生物活性显著，至今已经发现和认识了大量的色素化合物。已发现的真菌色素主要是一些酮类、酸类、醌类以及含氮化合物。我国大型真菌资源丰富，如果从中筛选出一些色素含量高，又具有一定的食用及保健价值的色素种类，则非常具有开发利用潜力，可作为大型真菌研究发展的一个方向。

7. 蕈菌代谢产物中的类脂

蕈菌代谢产物中的类脂主要为鞘脂类化合物，这类化合物具有抗肿瘤、免疫调节、保肝等作用。且这种化合物对细胞膜生物学功能具有调节作用，可应用于研究细胞膜的生物试剂。

8. 蕈菌代谢产物中的环肽以及非蛋白质氨基酸

目前报道的具有生物活性的环肽以及非蛋白质氨基酸就是 3 种蕈菌毒素：鹅膏毒环肽、鹅膏蕈氨基酸、鬼伞菌素。鹅膏毒环肽直接侵犯细胞核，与 RNA 聚合酶 II 结合，导致 RNA 及蛋白质合成停止。这为我们研究细胞质遗传及治疗 RNA 病毒引起的疾病提供了新的手段。鹅膏蕈氨酸（ibotenic acid）是毒蝇鹅膏菌（*Amanita muscaria*）分泌的，它与其他鹅膏蕈中的鹅膏毒环肽的生物活性不同，它作用于中枢神经系统，引起肌肉痉挛、眩晕、深睡、奇异的梦境，而且能持续作用 2h，醒来时会兴高采烈、过度兴奋，做些强迫性和不协调的动作、多语等。所以，可以很好地利用这种作用机制和原理研发治疗一些神经系统疾病的药物。

习 题

一、填空题

1. 霉菌产生的无性孢子有( )、( )、( )。
2. 霉菌优先利用的糖类是( )。
3. 酵母菌细胞膜上有( ),这点与原核生物有显著的差别。
4. 酵母菌的繁殖方式有( )、( )和产生孢子繁殖3种。
5. 担子菌在有性繁殖时,在双核菌丝顶细胞能发育产生( )。
6. 酵母菌细胞壁的主要成分是( )和( )。
7. 根霉的无性孢子为( ),有性孢子为( )。
8. 真菌包括单细胞真菌如( )、丝状真菌如( )、大型子实体真菌如( )。
9. 低等真菌的细胞壁成分以( )为主,酵母菌以( )为主,而高等陆生真菌以( )为主。

二、选择题

1. 孢子着生方式为辐射状的霉菌为( )。
   A. 毛霉   B. 根霉   C. 曲霉   D. 链霉菌
2. ( )是黑曲霉。
   A. *Aspergillus flavus*   B. *Aspergillus fumigalus*
   C. *Aspergillus glaucus*   D. *Aspergillus niger*
3. 下列孢子中属于霉菌有性孢子的是( )。
   A. 孢囊孢子   B. 接合孢子   C. 分生孢子   D. 粉孢子
4. ( )不是霉菌菌丝的特化结构。
   A. 吸器   B. 菌网   C. 附着枝   D. 羧酶体
5. 下列( )为真菌的有性孢子。
   A. 分生孢子   B. 接合孢子   C. 芽孢子   D. 节孢子
6. 酵母菌的细胞壁主要含( )。
   A. 葡聚糖和脂多糖   B. 肽聚糖和甘露聚糖
   C. 几丁质和纤维素   D. 葡聚糖和甘露聚糖
7. 下列孢子中属于霉菌无性孢子的是( )。
   A. 孢囊孢子   B. 子囊孢子   C. 卵孢子   D. 接合孢子
8. 分生孢子头呈扫帚状的霉菌是( )。
   A. 毛霉   B. 根霉   C. 青霉   D. 曲霉
9. 在生物界分类中,食用菌属于( )。
   A. 病毒界   B. 真菌界   C. 原核原生生物界   D. 真核原核生物界

三、判断题

1. 酵母菌和霉菌同属原核生物。( )

2. 酵母菌是一群单细胞的真核微生物，通常以芽殖和裂殖来进行无性繁殖，少数种类可产生子囊孢子进行有性繁殖。（   ）

四、问答题

1. 酵母菌的繁殖方式有哪些？各有什么特点？
2. 酿酒酵母单、双倍体共存的生活史。
3. 请设计一种用 ELISA 方法快速检测食品中黄曲霉毒的实验方案，并说明理由。
4. 简述细菌、放线菌、酵母菌和霉菌生长的最适 pH 范围。
5. 比较曲霉、毛霉、青霉、根霉的异同点。
6. 什么是蕈菌？冬虫夏草有哪些特点？
7. 简述啤酒酵母在啤酒发酵中的作用。
8. 污染食品并能产生毒素的霉菌有哪些？各产生什么毒素？产毒霉菌的产毒特点是什么？
9. 简述黄曲霉毒素的理化性质及产毒条件，并举例如何除去食品中的黄曲霉毒素。
10. 简述黄曲霉毒素检测方法的优缺点。
11. 论述真菌、细菌和放线菌的菌落及细胞结构的异同点。
12. 请比较原核细胞与真核细胞的主要区别。

第三章 病毒

[学习目的与要求]

掌握病毒的概念、特点、结构及繁殖方式。了解噬菌体、亚病毒以及引起食源性疾病的常见病毒。

[学习重点与难点]

病毒的构造、化学成分和复制过程。

病毒（virus）是一类个体极为微小，不具备细胞结构，专性寄生的微生物。从19世纪90年代发现病毒以来，人们发现绝大多数病毒对人类有害。在由微生物引起的人类传染性疾病中，有80%左右由病毒引发。并且，许多导致人类死亡的新病毒正在不断出现，给社会造成了难以估量的损失。虽然病毒不能在食物中生长，但是病毒仍然是食品中重要的微生物类群之一。一些病毒可以通过食品传染给人类，威胁食品安全和人类健康。此外，人们认识到噬菌体会引起食品发酵失败有很长时间了。因此，了解病毒的特点、结构、化学组成和繁殖，对于防止病毒对食品造成的污染，减少食品安全事件的发生，具有十分重要的现实意义。

第一节 病 毒

一、病毒的特点、形态构造和化学成分

（一）病毒的特点

1. 个体极为微小

大多数病毒都小于细菌，可以通过细菌过滤器；只有在电子显微镜下，才能直接观察；

大小以纳米来表示,一般在10~300nm。

2. 不具备细胞结构

大多数病毒都是由蛋白质与核酸组成的生命体,而且只含单一类型的核酸(DNA或RNA)。

3. 专性寄生

病毒不具备细胞结构和独立进行新陈代谢的酶系统,必须在易感宿主的活细胞中才能进行生命活动,在活体外不表现任何生命特征。

(二)病毒的形态

病毒的基本形态分为球状、杆状、蝌蚪状,此外还有卵形、砖形、丝状等(图3-1)。动物病毒和真菌病毒多呈球状,如疱疹病毒、流感病毒;少数呈弹形或砖形,如狂犬病毒、痘病毒。植物病毒多呈杆状,如苜蓿花叶病毒;少数为球状,如牵牛花叶病毒。细菌病毒多为蝌蚪状,也有微球形及丝状。

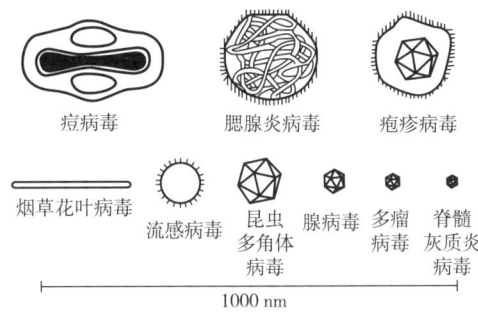

图3-1 常见的病毒的形状

(三)病毒的结构和化学成分

病毒的基本结构主要包括核心、衣壳、包膜等(图3-2)。

1. 核心

核心又称核髓,位于病毒的中心,由核酸组成。一种病毒只含有一种类型的核酸。大多数植物病毒的核酸为RNA,少数为DNA;大多数噬菌体的核酸为DNA,少数是RNA;动物病毒包括昆虫病毒的核酸,部分是DNA,部分是RNA。含DNA的病毒称为DNA病毒,含RNA的病毒称为RNA病毒。核酸可以是单链也可以是双链;DNA病毒多数是双链,少数是单链。

2. 衣壳

衣壳又称壳体,位于核心的外部,与核心合称为核衣壳或者核壳体。衣壳的主

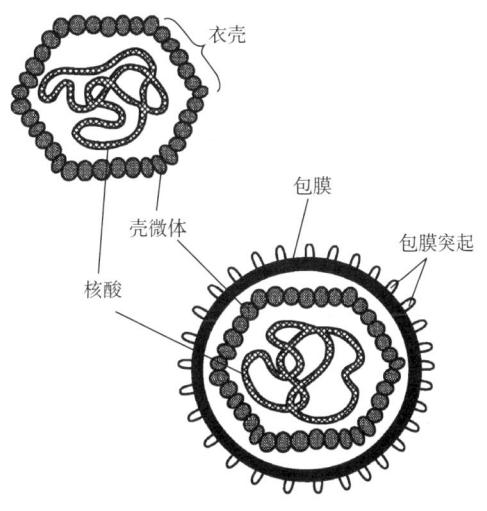

图3-2 病毒的一般结构

要成分是蛋白质，由基本单位-衣壳粒或壳微体组成，每个衣壳粒由一个或者多个多肽链折叠而成。衣壳粒有规律的对称排列，成为不同的病毒构型。

（1）螺旋对称　大多数的单链 RNA 病毒，其衣壳粒一个接一个地呈螺旋对称排列，核酸存在于衣壳内侧的螺旋状沟中，如烟草花叶病毒的杆状衣壳。

（2）二十面体对称　外观为球形的双链病毒，一般是 20 面体，衣壳粒组成 20 个等边三角形，形成 12 个顶角和 30 条边，不同的种，其边上的衣壳粒数不同，总衣壳粒数也不同，如痘病毒。

（3）复合对称　蝌蚪状的噬菌体病毒，既有二十面体体对称的头部也有螺旋对称的尾部，如大肠杆菌 T4 噬菌体，其头部外壳含 8 种蛋白质，呈椭圆形 20 面体，尾部含 2 种蛋白质，呈棒状。

3. 包膜

一些大型病毒衣壳体外还有一层膜，称为包膜或被膜。包膜上有的还有突出物，称为刺突、包膜粒或包膜突起。包膜含有脂类和蛋白质。由于包膜是在病毒成熟以后，以芽生的方式通过宿主细胞膜或细胞核膜时产生的，所以具有宿主细胞的脂类特点；而膜中的蛋白质是由病毒核酸指导而合成的。

4. 尾部

绝大多数的细菌病毒，除去二十面体的头部以外，还有螺旋对称的尾部，尾部由尾髓和尾鞘组成。尾髓中空，是注射核酸的通道。尾鞘末端附有六边形基板和数根细长的尾丝以及刺突状的尾钉，尾鞘分为可收缩和不可收缩两类。尾部的衣壳粒螺旋排列，蛋白质组成和头部蛋白质不同。尾部的作用是附着在宿主的细胞上，并注入核酸。

二、病毒的分类

目前，病毒间的进化关系还是未知的，其分类系统是建立在它们的致病性、核酸成分和形态结构的不同上。

病毒分布广泛，具有专性寄生特性，可以引起宿主的特定病害。在早期的病毒分类中，很自然地以宿主的种类和宿主的症状特征为分类依据，并且以致病性为病毒命名。20 世纪 30 年代，病毒学家提出了以症状特征为依据的分类系统，根据病毒的寄生性质，将病毒分为动物病毒、植物病毒和细菌病毒（噬菌体）三大类。虽然这个分类系统没有反映出病毒的本质特性以及亲缘关系，但是由于它的方便实用，至今仍被采用。

随着对病毒研究的深入，发现病毒（尤其是噬菌体）是一种良好的抗原，与抗体之间的反应和其他常见的抗原抗体反应相似，20 世纪 40 年代初，提出了以血清学反应为依据的分类方法，主要应用于噬菌体的分类。

在电子显微技术发展的前提下，又提出了以形态特征为依据的分类方法，将病毒分为棒状、球状和其他三大类形态。

随着生物化学、分子物理学的发展，对病毒的化学组成和结构日益了解，结合病毒的形态结构，特别是核酸的性质，国际病毒命名委员会在 20 世纪 70 年代初提出了生物化学分类系统。在该系统中，根据宿主的范围（指脊椎动物、无脊椎动物、植物和细菌），将病毒分为五大类群：①能感染一种以上宿主（指上述四种宿主）的病毒；②只能感染脊椎动物的病毒；③只能感染无脊椎动物的病毒；④只能感染植物的病毒；⑤只能感染细菌的病毒。各类群再根据核酸特性和形态特征分为若干科、属、种。同时，制定了一套分类的密码符号，用密码的形式表示病毒的理化性状和形态结构。

三、病毒的繁殖方式

病毒的一般增殖方式，是病毒核酸在宿主的细胞内指挥宿主的生物合成机构，合成病毒核酸和病毒蛋白质，装配成新的病毒粒子，然后以各种方式释放出来，再侵入新的易感细胞中，这种繁殖方式称为复制，整个过程称为复制周期。由于复制病毒没有大小变化，因此病毒没有生长现象。复制过程基本上分为以下五个步骤。

（一）吸附

病毒粒子通过随机碰撞或者布朗运动，依靠表面电荷的吸引力接触到不同的细胞表面。一旦与易感细胞表面的特异性受体接触，就会发生不可逆的特异性结合。环境温度、pH、某些离子的存在等因素都可能影响吸附，如 Cu^{2+}、Ca^{2+}、Na^+、K^+ 等阳离子能促进噬菌体的吸附，一些抗生素和有机酸等能阻碍噬菌体的吸附；所有噬菌体都需要 Ca^{2+} 来实现在细菌细胞表面的附着。

（二）穿入

病毒粒子如何进入宿主细胞，因病毒种类而异。在动物病毒中，无包膜病毒可以直接通过胞饮方式进入细胞，有包膜病毒的包膜与宿主细胞的细胞膜结合后核壳体进入细胞。植物病毒主要通过伤口、胞间联丝或昆虫口器进入宿主细胞。蝌蚪状的噬菌体，通过尾部分泌一种酶，水解宿主细胞壁，产生小孔，再将核酸注入细胞内。

（三）脱壳

核衣壳进入细胞质，在脱壳酶的作用下脱掉衣壳，释放核酸。以胞饮方式进入细胞的病毒，在其吞噬泡中与溶酶体混合，经溶酶体的作用，脱去衣壳。有的病毒在细胞膜上脱去衣壳，如脊髓灰质炎病毒。有些病毒不脱掉全部衣壳，如呼肠孤病毒。

（四）生物合成

病毒核酸控制宿主细胞的生物合成机构，利用宿主的能量和原料复制病毒核酸，合成大量的病毒蛋白质。一般 DNA 病毒大多数在细胞核内复制 DNA，在细胞质中合成蛋白质。RNA 病毒大多在细胞质中进行复制和合成，少数在细胞核中进行复制和合成。

病毒核酸的复制和病毒蛋白质的合成，可分为五个阶段。

1. 转录

DNA 病毒、双链 RNA 病毒和部分单链 RNA 病毒，在依赖 DNA 聚合酶或特异的 RNA 聚合酶的催化下，按照病毒核酸的碱基顺序，形成与其碱基互补的 mRNA 链，某些单链 RNA 病毒可直接呈现 mRNA 的作用。

2. 翻译

转录的 mRNA 在细胞质的核糖体上翻译出病毒所需的酶、病毒成熟所需的特殊蛋白质以及对宿主细胞有毒害作用的毒性蛋白质等，称为早期蛋白质。

3. 复制

DNA 病毒在 DNA 聚合酶的催化作用下，按碱基互补原则进行自我复制，RNA 病毒在特异的 RNA 聚合酶的催化作用下，按照碱基互补的原则形成负链，再由负链合成正链。

4. 再转录

在新合成的 RNA 聚合酶的作用下，由母病毒及 2 代病毒的 DNA 进一步转录出新的 mRNA。RNA 病毒仍然由 RNA 直接转录。

5. 再翻译

mRNA 在核糖体上进一步翻译出构成病毒衣壳的微粒蛋白以及组成包膜的包膜粒蛋白质等，称为后期蛋白质。

（五）装配与释放

复制的病毒核酸经过进一步分化、浓聚，合成的病毒蛋白质亚单位聚合成衣壳。随后，核酸进入衣壳，形成核壳体。具有尾部的噬菌体，其尾部结构（尾鞘、尾髓、尾丝）与核壳体结合起来，成为新的子代噬菌体，这个过程称为装配。大多数的 DNA 病毒在细胞核内进行装配。装配时大约有半数以上的核酸和蛋白质不能结合成病毒粒子。装配以后，有的病毒释放到宿主细胞的外部。释放的方式可以有多种，如无包膜的病毒常合成溶解细胞的酶，导致宿主细胞膜部分分解，乃至整个细胞崩溃，从而使子代病毒释放到外部环境中；有包膜的病毒以出芽的方式逐个释放，通过细胞膜或者核膜时，形成带有宿主细胞膜或者核膜的包膜，释放病毒以后，宿主细胞仍然存活，可以继续分裂增殖；此外，有些病毒很少释放到细胞的外面，而是通过细胞间桥或细胞融合，在寄主细胞间传播。

四、噬菌体概述

（一）什么是噬菌体

噬菌体是感染细菌、放线菌等微生物的病毒的总称。噬菌体具有病毒的一般特性：个体微小；不具有完整细胞结构；只含有单一核酸；专性活细胞寄生。

（二）噬菌体的特点

噬菌体基因组含有许多个基因，但所有已知的噬菌体都是在细菌细胞中，利用细菌的核糖体、蛋白质合成时所需的各种因子、各种氨基酸和能量产生系统，来实现其自身的生长和增殖。一旦离开了宿主细胞，噬菌体既不能生长，也不能复制。噬菌体分布极广，凡是有细菌的场所，就可能有相应噬菌体的存在。在人和动物的排泄物或污染的井水、河水中，常含有肠道菌的噬菌体。在土壤中，可找到土壤细菌的噬菌体。噬菌体有严格的宿主特异性，只寄居在易感宿主菌体内，故可利用噬菌体进行细菌的流行病学鉴定与分型，以追查传染源。一个噬菌体的宿主可以是一个特定的菌株，或几个相关菌株；一个细菌菌株也可以是多种不同噬菌体的宿主。由于噬菌体结构简单（图 3-3）、基因数少，是分子生物学与基因工程的良好实验系统。

（三）温和噬菌体、烈性噬菌体和溶原性细菌

在病毒感染寄主细胞后，发现有些噬菌体很快地大量繁殖，通过裂解细菌，形成透明的"噬菌斑"，而有些噬菌体感染细菌后并不立即复制合成，而是将本身的核酸与寄主的核酸聚合在一起，或在寄主细胞质中呈质粒状存在，随着寄主细胞的分裂，而传给子细胞，前者被称为烈性噬菌体，后者被称为温和噬菌体。侵入寄主后，温和噬菌体被称为前（原）噬菌体，带有前噬菌体的寄主细胞，称为溶原性细菌。如果前噬菌体自发地，或者在某些物理、化学因素（如紫外线、烷化剂）的诱导下，离开寄主染色体，自行复制，就可以造成寄主细胞裂解，由于温和噬菌体只造成部分寄主细胞裂解，所以噬菌斑呈半透明状，有一薄层菌存

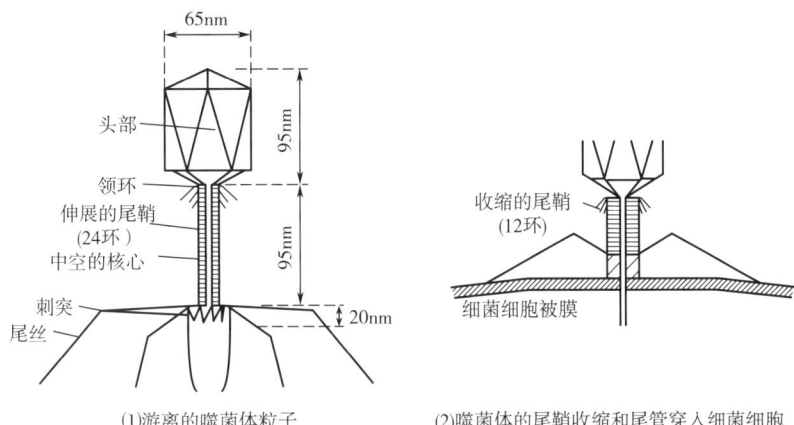

图 3-3 噬菌体的结构

在，当溶原性细菌带有前噬菌体时，能指导合成一种抑制性蛋白质，抑制随后进入的相同核酸的复制，对烈性噬菌体有免疫作用，并且还可能产生新的生理特性，如白喉棒状杆菌（*Corynebacterium diphtheriae*），只在含有某种特定的噬菌体（β-棒状杆菌噬菌体）时，才能产生白喉毒素。此外，有的噬菌体很特别，如丝状的嗜雄性噬菌体，繁殖后，子代噬菌体穿透寄主细胞壁释放出来，但寄主细胞不破裂，仍然存活。

（四）乳酸菌噬菌体

目前，乳酸菌噬菌体的分类普遍采用的是科、族和形态型分类。三个科即肌尾噬菌体科、长尾噬菌体科和短尾噬菌体科，分别属于族 A（具有可收缩的尾）、族 B（具有不可收缩的长尾）和族 C（具有不可收缩的短尾）。它们具有 3 种形态型，即 1 型（具有小的二十面体对称的头部）、2 型（具有小的扁长的头部）和 3 型（具有大的扁长的头部）。乳酸乳球菌乳酸亚种（*Lactococcus lactis* subsp. *lactis*）和乳酸乳球菌乳脂亚种（*Lactococcus lactis* subsp. *cremoris*）一般有比较多样的噬菌体，它们被分成 12 个种，其中 3 个属于长尾噬菌体科，是烈性噬菌体，因而比较重要。嗜热链球菌噬菌体的基因组序列分析显示它们具有较好的同源性。乳杆菌属的几个种的噬菌体的基因组序列目前可以获得，如德氏乳杆菌的 LL-H，植物乳杆菌的 phi-gle，詹氏乳杆菌（*L. jensenii*）的 Lj965，格氏乳杆菌（*L. gasseri*）的 adh 和干酪乳杆菌的 a2。明串珠菌属和酒球菌属（*Oenococcus*）中分离的噬菌体很少，而片球菌属中尚未分离到噬菌体。

五、噬菌体与食品发酵工业

很长时间以来，人们已经认识到噬菌体会引起食品发酵失败。噬菌体与食品实践的关系主要体现在对发酵工业的危害。噬菌体广泛存在于环境中，特别是食品发酵环境中。目前已经发现了多种食品发酵中常用菌种的噬菌体，包括乳球菌、链球菌、明串珠菌、乳杆菌和酒球菌。当发酵液受噬菌体严重污染时，会出现：发酵周期明显延长、碳源消耗缓慢、发酵液变清，镜检时有大量异常菌体出现；发酵产物的形成缓慢或根本不形成；用敏感菌做平板检查时，出现大量噬菌斑；用电子显微镜观察时，可见到有无数噬菌体粒子存在。当出现以上现象时，轻则延长发酵周期、影响产品的产量和质量，重则引起倒罐甚至使工厂被迫停产。这种情况在谷氨酸发酵、细菌淀粉酶或蛋白酶发酵、丙酮丁醇发酵以及各种抗生素发酵中可能发生，应严加防范。

要防治噬菌体的危害，首先是提高有关工作人员的思想认识，建立防重于治的观念。

预防噬菌体污染的措施主要有：①绝不使用可疑菌种。认真检查斜面、摇瓶及种子罐所使用的菌种，坚决废弃任何可疑菌种。②严格保持环境卫生。良好的卫生设施可以减少噬菌体在加工设备上的积累。③绝不排放或随便丢弃活菌液。环境中存在活菌，就意味着存在噬菌体赖以增殖的大量宿主，其后果将是极其严重的。因此，摇瓶菌液、种子液、检验液和发酵后的菌液绝对不能随便丢弃或排放，正常发酵液或污染噬菌体后的发酵液均应严格灭菌后才能排放；发酵罐的排气或逃液均需经消毒、灭菌后才能排放。④注意通气质量。空气过滤器要保证质量并经常进行严格灭菌，空气压缩机的取风口应设在30~40m高空。⑤加强管道及发酵罐的灭菌。⑥在制备生产发酵剂或发酵生产过程中，采用非噬菌体敏感培养物；不断筛选抗性菌种；经常轮换生产菌种以及采用混合菌种。⑦严格执行会客制度。

关于抗噬菌体菌株的研发构建，起初是通过在有某种特定的裂性噬菌体存在的条件下培养敏感细菌菌株，从中分离出不被噬菌体杀死的细胞。近年来的研究表明，通过基因技术，可以构建出对一种或多种噬菌体不敏感的细菌菌株，例如，通过基因修饰以抑制噬菌体吸附，通过细胞的限制性酶系统破坏噬菌体的DNA，在裂解前杀死噬菌体等。

一旦发现噬菌体污染时，要及时采取合理措施。例如：①尽快提取产品。如果发现污染时发酵液中的代谢产物含量已较高，即应及时提取或补加营养并接种抗噬菌体菌种后再继续发酵，以挽回损失。②使用药物抑制。目前防治噬菌体污染的药物还很有限，在谷氨酸发酵中，加入某些金属螯合剂（如0.3%~0.5%草酸盐、柠檬酸铵）可抑制噬菌体的吸附和侵入；加入1~2μg/mL金霉素、四环素或氯霉素等抗生素或0.1%~0.2%的"吐温60""吐温20"或聚氧乙烯烷基醚等表面活性剂均可抑制噬菌体的增殖或吸附。③及时改用抗噬菌体生产菌株。

六、病毒介导的食源性疾病

（一）病毒介导的食源性疾病的重要性

在大多数国家，肠道病毒是食源性疾病的主要潜在因素之一。但是，与致病细菌不同，它很难在被污染的食品中检测。主要原因如下：对于一些病毒，目前尚无有效的分离、检测方法；此外，因为病毒需要活体细胞才能繁殖，所以肠道病毒不能在食品中繁殖，有些病毒在不断变化的食物贮藏和保存条件下还会迅速死亡，如甲型肝炎病毒能在细胞培养物中增殖，而诺如样病毒尚不能在细胞培养基中培养。随着检测技术的不断改进，可以预见食源性病毒感染的发生率将会增加。

（二）食源性病毒疾病的特征

食源性病毒感染只能是来自于人类肠道致病性病毒。在20世纪40年代以前，来自生牛乳的脊髓灰质炎病毒（polio virus）被认为是引起食源性病毒感染的唯一病毒。但是，近年来，甲型肝炎病毒（hepatitis A virus，HAV）、诺如病毒（norovirus，NV）、轮状病毒、非甲非乙型肝炎病毒已被确认与食源性感染有关。其中，甲型肝炎病毒和诺如病毒占据首要位置。这些病毒来自于动物的肠道，从人类粪便中也可排出大量病毒。通过食物或人-人传播是最常见的肠道病毒传播途径。肠道病毒引起感染的剂量很低。

(三) 与食源性病毒感染相关的食物

某些类型的食品或在特殊条件和环境中生产的食品比其他食品更能引起食源性疾病。食品可被感染人群的粪便直接（食品从业人员）或间接（通过下水道的水和被污染的水）污染。蔬菜可被污水污染。从污染的水源中捕获的贝壳类动物，如果直接生食或食用前加热不当，将会引发多种不同病毒疾病的暴发。把待食用的贝壳类动物放在已消毒的生理盐水中净化，或者转入无污染的海水中漂洗一段时间，使其进行自我清洗，并不能特别有效地避免感染病毒。即食食物也是引起病毒食源性疾病暴发的主要食物之一。

(四) 食源性病毒感染的预防

预防食源性病毒感染的方法主要包括两个方面：杀死食物中的病毒和建立良好的卫生习惯控制污染。合适的热处理，如巴氏杀菌，足以杀死病毒。近年来用静水压来打开贝壳，如果压力达到300MPa，就能够杀死病毒。使用氯化物（如次氯酸盐）也可以杀死环境中的病毒，包括水中的病毒。保持良好的个人卫生习惯，避免可疑人群接触即食食品，也是避免病毒传播的有效方法。此外，射线处理也能有效地杀死肠道病毒。

(五) 食源性病毒的检测方法

因为肠道病毒不能在食物中繁殖，而且通常在食物中的量相对较少，所以不容易将它们从污染的食物中检测出来。首先，需要浓缩样品中的病毒；然后，通过酶联免疫试验和聚合酶链反应等方法，可以对病毒进行检测。逆转录聚合酶链反应（reverse transcription‐polymerase chain reaction，RT-PCR）核酸扩增方法能够有效检测贝壳类动物中的甲型肝炎病毒和诺如病毒。在该方法中，根据碱基互补原理，用病毒RNA的特异性引物扩增病毒RNA。通过该方法，能从可疑食物样品中检测下限达$10^2 \sim 10^3$CFU/mL的病毒量。

(六) 与食源性疾病有关的主要病毒

尽管许多病毒都与食源性疾病暴发有关，但是，其中有一些比其他的病毒更易导致食源性疾病的发生。例如，在由于食用了受污染的食物和水而患上的最普通的两种病毒疾病中，甲肝较易暴发，而诺如病毒易使更多的人受影响。

1. 诺如病毒

诺如病毒又称诺瓦克病毒（Norwalk viruses，NV），是人类杯状病毒科（human calicivirus，HuCV）中诺如病毒属的原型代表株。诺如病毒是一组形态相似、抗原性略有不同的病毒颗粒。诺如病毒最早是从1968年在美国诺瓦克市暴发的一次急性腹泻的患者粪便中分离的病原。此后，世界各地陆续自胃肠炎患者粪便中分离出多种形态与之相似但抗原性略异的病毒样颗粒，均以发现地点命名，如Hawaii Virus（HV）、Snow Mountain Virus（SMV）、Mexico Virus（MxV）、Southampton Virus（SOV）等，先是称为小圆结构病毒（small round structural virus，SRSV），后称为诺瓦克样病毒（Norwalk-like virus，NLV），直至2002年8月第八届国际病毒命名委员会批准名称为诺如病毒（Norovirus，NV）。诺如病毒与在日本发现的札幌样病毒（Sapporo-like virus，SLV），正式名称为札如病毒（Sapovirus，SV），合称为人类杯状病毒。

诺如病毒感染性腹泻在全世界范围内均有流行，全年均可发生感染，寒冷季节呈现高发。美国每年在所有的非细菌性腹泻暴发中，60%~90%是由诺如病毒引起的。荷兰、英国、日本、澳大利亚等发达国家也都有类似结果。在中国5岁以下腹泻儿童中，诺如病毒检出率为15%左右，血清抗体水平调查表明，中国人群中诺如病毒的感染也十分普遍。1995年，中国报道了首例诺如病毒感染，之后先后发生多起诺如病毒感染性腹泻暴发疫情。

诺如病毒具有高度变异性，在同一时期和同一社区内可能存在遗传特性不同的毒株流行。诺如病毒抗体没有显著的保护作用，尤其是没有长期免疫保护作用，极易造成反复感染。

诺如病毒有许多共同特征：直径为26~35nm，无包膜，表面粗糙，球形，呈二十面体对称；从急性胃肠炎病人的粪便中分离，不能在细胞或组织中培养，也没有合适的动物模型；基因组为单股正链RNA；在氯化铯密度梯度中的浮力密度为$1.36~1.41g/cm^3$；电镜下缺乏显著的形态学特征，负染色电镜照片显示诺如病毒是具有典型的羽状外缘、表面有凹痕的小圆状结构。

诺如病毒感染性强，以肠道传播为主，可通过污染的水源、食物、物品、空气等传播，常在社区、学校、餐馆、医院、幼儿园、敬老院及军队等处引起集体暴发。疾控专家称，病程为自限性，一般2~3d即可恢复。

感染者粪便和呕吐物中可以发现诺如病毒，人可以通过几种方式感染诺如病毒：①食用诺如病毒污染的食物或饮用诺如病毒污染的饮料，病毒很小，摄入不到100个病毒就能使人发病。接触诺如病毒污染的物体或表面，然后手接触到口。②直接接触感染者，如照顾病人、与病人共餐或使用相同的餐具也可引起传播。③食物可以被污染的手、呕吐物或粪便污染的物体表面直接污染，或者通过附近呕吐物细小飞沫污染。尽管病毒在人体外很难繁殖，但是一旦存在于食品或水中，就能引起疾病。④有些食品在送至饭店或商店前可能被污染。一些暴发是由于食用从污染的水中捕获的牡蛎。其他产品如沙拉和冰冻水果也可能在来源地被污染。

诺如病毒感染潜伏期多在24~48h，最短12h，最长72h。诺如病毒可感染覆盖在肠道上的成熟细胞，使大部分细胞损害和发生吸收障碍，但是，它不影响未成熟的肠细胞。感染者发病突然，主要症状为恶心、呕吐、发热、腹痛和腹泻。儿童患者呕吐普遍，成人患者腹泻为多，24h内腹泻4~8次，粪便为稀水便或水样便，无黏液脓血。原发感染患者的呕吐症状明显多于续发感染者，有些感染者仅表现出呕吐症状。此外，也可见头痛、寒颤和肌肉痛等症状，严重者可出现脱水症状。

目前尚无特效的抗诺如毒药物，以对症或支持治疗为主，一般不需使用抗生素，预后良好。脱水是诺如病毒感染性腹泻的主要威胁，对严重病例尤其是幼儿及体弱者应及时输液或口服补液，以纠正脱水、酸中毒及电解质紊乱。

由于诺如病毒感染病是一种常见的肠道传染病，容易在人群密集的场所发生局部聚集病例，应做好预防工作。

2. 甲型肝炎病毒

甲型肝炎病毒是一种RNA病毒，属微小核糖核酸病毒科，是直径约27nm的球形颗粒，由32个壳微粒组成对称二十面体核衣壳，内含线形单股RNA。甲型肝炎病毒具有4个主要多肽，即VP1、VP2、VP3、VP4，其中VP1与VP3为构成病毒壳蛋白的主要抗原多肽，诱生中和抗体。甲型肝炎病毒在体外抵抗力较强，在-20℃条件下保存数年，其传染性不变，能耐受56℃ 30min及pH为3的酸度。

甲型肝炎病毒引起甲型肝炎，这种肝炎的传染源主要是病人。其病毒通常由病人粪便排出体外，通过被污染的手、水、食物、食具等传染，严重时会引起甲型肝炎流行。如 1988 年 1 月，上海市出现了较大规模的流行性甲型肝炎，主要原因是人们食用了被甲肝病毒污染的毛蚶。

摄入甲型肝炎病毒污染的食品（或是其他来源），个体可能出现症状，也可能不出现症状。该病毒迅速移动到肝，并侵入肝细胞。其潜伏期可能为 2~7 周，症状一般在 4 周后出现，可能持续 1~2 周或更长。基本症状为发热、恶心、呕吐、腹部不适和肝部发炎，随后可能会出现黄疸。病毒通常在潜伏期的后半期可随粪便排出。

为防止甲型肝炎的发生和流行，应重视保护水源，管理好粪便，加强饮食卫生管理，讲究个人卫生，病人排泄物、食具、床单、衣物等应认真消毒。

3. 口蹄疫病毒

口蹄疫病毒（foot and mouth disease virus，FMDV）属于小 RNA 病毒科，口蹄疫病毒属，该病毒有七个血清型，各型之间无交叉保护反应。口蹄疫病毒基因组 RNA 全长约 85kb，依次为 5′UTR、ORF 和 3′UTR 组成，其中 5′UTR 长约 1300 bp，含有 VPg 二级结构、poly（C）区段和内部核糖体进入位点等；ORF 长约 6.5kb，由 L 基因、$P1$ 结构蛋白基因、$P2$ 和 $P3$ 非结构蛋白基因以及其起始密码子和终止密码子组成。

病毒可通过空气，灰尘，病畜的水疱、唾液、乳汁、粪便、尿液、精液等分泌物和排泄物，被污染的饲料、褥草以及接触过病畜的人员的衣物传播。口蹄疫通过空气传播时，病毒能随风散播到 50~100km 以外的地方。牛、羊、猪等是高易感动物。

人一旦受到口蹄疫病毒感染，经过 2~18d 的潜伏期后突然发病，表现为发烧，口腔干热，唇、齿龈、舌边、颊部、咽部潮红，出现水疱（手指尖、手掌、脚趾），可把病毒传染给牲畜动物，再度引起畜间口蹄疫流行。

动物患口蹄疫会影响使役，减少产乳量，一般采用宰杀并销毁尸体进行处理，给畜牧业造成严重损失。国际兽疫局将口蹄疫列为 A 类动物传染病名单中的首位。世界上许多国家把口蹄疫列为最重要的动物检疫对象，我国把它列为进境动物检疫一类传染病。口蹄疫很少感染人类，但人类接触或摄入污染的畜产品后，口蹄疫病毒会通过受伤的皮肤和口腔黏膜侵入人体。

4. 腺病毒

腺病毒（adenovirus）是一种没有包膜的直径为 70~90nm 的颗粒，由 252 个壳粒呈二十面体排列构成。衣壳里是线状双链 DNA 分子，腺病毒分两个属，共 100 余种血清型。一般会造成呼吸系统的不适，对啮齿类动物有致癌能力，或能转化体外培养的啮齿类动物细胞，但对人体不出现致癌性。

腺病毒引起的急性传染病，易侵犯呼吸道及消化道黏膜、眼结膜和淋巴结。主要表现为急性上呼吸道感染（急性呼吸道感染由腺病毒引起者占 2%~4%），其次为眼部和胃肠道感染。人群普遍易感，多见于儿童。约半数病人为隐性感染。婴幼儿易患腺病毒肺炎，病情重，病死率高。无特效治疗。根据人群血清特异性抗体调查和病毒分离，可知腺病毒感染十分广泛。中国 20%~25% 的儿童和成人，可在血清中查得腺病毒抗体；手术切除的扁桃体和淋巴腺标本中，50% 以上可分离出腺病毒。传染源为病人和隐性感染者，病毒由呼吸道和眼结膜分泌物、粪便及尿排出体外，经空气飞沫、密切接触及粪-口途径传播。

5. 轮状病毒

轮状病毒（rotavirus）因在电镜下呈车轮状而得名（图3-4）。该病毒核酸为dsRNA；有六个血清型，其中A型、B型和C型可感染人类。轮状病毒能引起人的急性胃肠炎，是人胃肠炎常见的原因之一。人轮状病毒引起的腹泻传染性强，主要见于婴幼儿。据统计，医院中5岁以下儿童的腹泻约有1/3是由轮状病毒引起的。轮状病毒主要由水源和食品经口传染，在人群生活密集的地方，主要是通过带毒者的手造成食品污染，感染剂量为10~100个感染性病毒颗粒。

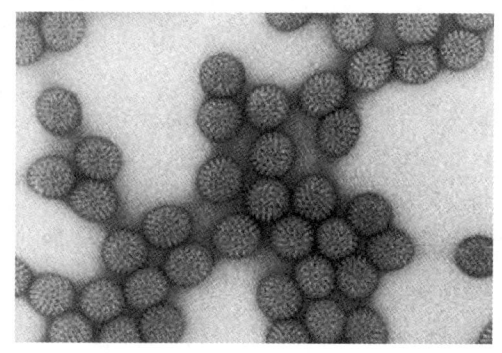

图3-4 轮状病毒（300nm×203nm）

6. 柯萨奇病毒

柯萨奇病毒（coxsackie virus）呈球形，无包膜，ssRNA。该病毒可分为两组，A组病毒大约有24个血清型，B组为6个血清型。柯萨奇病毒通过粪-口途径感染后，多数人不呈明显症状，而是呈隐性感染，只有极少数人发病。该病毒对热敏感，50℃能迅速被灭活，低温下可较长期存活，对环境的抵抗力较强，在自来水中可存活2~168d，土壤中可存活2~130d，在牡蛎中存活超过90d。

7. 埃可病毒

埃可病毒（enteric cytopathogenic human orphan virus，ECHO virus）即肠道致细胞病变孤儿病毒，呈球形，单股正链RNA，无包膜。其特性与柯萨奇病毒和脊髓灰质炎病毒基本相同。该病毒有34个血清型。多数人呈隐性感染，只有少数人表现出临床症状。埃可病毒感染所涉及的食品主要见于牡蛎、毛蚶等，在牡蛎中已见的埃可病毒血清型有1、2、3、9、13、15、20、23及30等型。该病毒对热敏感，对低温稳定，对去污剂等化学试剂耐受性较强，对外环境有较强的抵抗力。

8. 禽流感病毒

禽流感病毒（avian influenza virus，AIV）的病毒颗粒呈多形性，包括球状、杆状或多丝状，新分离的禽流感病毒多为丝状。有包膜和纤突，负链单股RNA。纤突糖蛋白有两种，一种为血凝素（haemagglutinin，H），另一种为神经氨酸酶（nueraminidase，N）。禽流感病毒的血凝素和神经氨酸酶是两个最重要的分类指标。基于血凝素和神经氨酸酶表面抗原的差异，禽流感病毒可分为15个H亚型和9个N亚型。不同的亚型，其热稳定性及适宜pH存在差异，传染性和致病力也存在差异。包括H5和H7亚型的某型毒株，如H5N1、H5N2、H7N7、H7N1等，毒性较强。与所有有包膜的病毒一样，禽流感病毒抵抗力不强，对热和脂溶剂敏感，在外环境中极不稳定。在65~70℃，数分钟即可灭活。在阳光直射下，40~48h灭活。去氧胆酸钠、羟胺、十二烷基磺酸钠和铵离子可迅速破坏病毒，使之丧失传染性。禽流感病毒的传染源主要是鸡、鸭，目前已有证据显示，病人也可以成为传染源。发生疫情时，应尽量避免与禽类接触，对鸡肉等食物应彻底煮熟；保持室内空气流通，注意个人卫生。

9. 非甲非乙型肝炎病毒

非甲非乙型肝炎病毒又称 E 型肝炎病毒（hepatitis E virus，HEV）或戊型肝炎病毒，该病毒与甲型肝炎病毒无血清学关系，常规细胞培养无法分离。该病毒是 ssRNA。它是一种水源性病毒，在亚洲、拉丁美洲和非洲等地的一些发展中国家暴发过几次，引起急性肝炎，并伴有温和性黄疸。水生贝壳类食品是主要涉及的食品。近年来，有几起与鹿肉、粗加工或未烹饪的猪肝有关的疾病在日本发生，而且，非甲非乙型肝炎病毒已经从加拿大、韩国、日本、西班牙、荷兰、新西兰和美国的猪肉中分离出来。对于戊型肝炎病毒病，可用抗-HEV-lgG 和抗-HEV-lgM 试验结合肝功能化验来测测，分子生物学检测方法也有很大进展。

第二节 亚 病 毒

一、亚病毒概述

亚病毒（subviruses）是一类比病毒更为简单，仅具有某种核酸不具有蛋白质，或仅具有蛋白质而不具有核酸，不具有完整的病毒结构的一类微生物，主要包括类病毒、拟病毒和朊病毒。近年来，朊病毒已被证实能引起人和动物的传染性海绵状脑病（transmissible spongiform encephalopathies，TSEs）。

二、亚病毒的种类

（一）类病毒

20 世纪 70 年代初期，美国学者迪纳（T. O. Diener）团队在研究马铃薯纺锤块茎病病原时，观察到病原无病毒颗粒和抗原性，具有对酚等有机溶剂不敏感，耐热（70~75℃），对高速离心稳定（说明其分子质量小），对 RNA 酶敏感等特点。所有这些特点表明病原并不是病毒，而是一种游离的小分子 RNA，从而提出了一个新的概念——类病毒（viroid）。后又相继在菊花矮缩病、菊花绿斑病、柑橘裂皮病等患病植株中分离到低分子质量的病原 RNA。推测它也可能存在于其他植物、动物甚至人体内。

类病毒是一类能感染某些植物使其致病的单链闭合环状 RNA 分子。类病毒基因组小。已测序的类病毒变异株有 100 多个，其 RNA 分子呈棒状结构，由一些碱基配对的双链区和不配对的单链环状区相间排列而成。它们的一个共同特点就是在二级结构分子中央处有一段保守区。类病毒通常有 246~399 个核苷酸。所有的类病毒 RNA 没有 mRNA 活性，不编码任何多肽，它的复制是借助宿主的 RNA 聚合酶 II 的催化，在细胞核中进行的 RNA 到 RNA 的直接复制。

类病毒是目前已知最小的可传染的致病因子。类病毒能独立引起感染，在自然界中存在着毒力不同的类病毒的株系。马铃薯纺锤块茎类病毒的弱毒株系使马铃薯只减产 10% 左右，而强毒株可使马铃薯减产 70%~80%。

所有的类病毒均能通过机械损伤的途径来传播，经耕作工具接触的机械传播是在自然界中传播这种病害的主要途径。有的类病毒，如马铃薯纺锤块茎类病毒，还可经种子和花粉直接传播。类病毒病与病毒病在症状上没有明显的区别，病毒病大多数典型症状也可以由类病毒引起。类病毒感染后有较长的潜伏期，并呈持续性感染。

不同的类病毒具有不同的宿主范围。如对马铃薯纺锤块茎类病毒敏感的寄主植物就数以百计，除茄科外，还有紫草科、桔梗科、石竹科、菊科等。它通常在宿主细胞核内，借助汁液传染，相对分子质量75000～130000。绝大部分类病毒均具有共同的结构特征：①位于棒状结构中心有一个高度保守的序列；②靠近这一保守中心区的左侧有一个多聚嘌呤区；③棒状结构左侧序列保守性强，右侧变异性大。它可能是通过核苷酸序列或结构改变直接与宿主细胞相互作用，干扰细胞的代谢而致病。

（二）拟病毒

拟病毒（virusoids）又称类类病毒（viroid-like）或壳内类病毒，是指一类包裹在真病毒粒子中的缺陷类病毒。拟病毒极其微小，一般仅由裸露的 RNA（300～400 个核苷酸）所组成。拟病毒是一种环状单链 RNA。它的寄生对象是病毒，被寄生的病毒称为辅助病毒（helper virus）。拟病毒必须通过辅助病毒才能复制，单独的辅助病毒或拟病毒都不能使宿主受到感染。

拟病毒大小和二级结构均与类病毒相似，而在生物学性质上却与卫星 RNA（satellite RNA）相同，如单独没有侵染性，必须依赖于辅助病毒才能进行侵染和复制，其复制需要辅助病毒编码的 RNA 依赖性 RNA 聚合酶；其 RNA 不具有编码能力，需要利用辅助病毒的外壳蛋白，并与辅助病毒基因组 RNA 一起包裹在同一病毒粒子内；卫星 RNA 和拟病毒均可干扰辅助病毒的复制；卫星 RNA 和拟病毒同辅助病毒基因组 RNA 比较，它们之间没有序列同源性。根据卫星 RNA 和拟病毒的这些共同特性，现在也有许多学者将它们统称为卫星 RNA 或卫星病毒。

拟病毒的发现具有重要的科学意义：①有助于探索核酸的结构与功能。拟病毒是一种低分子质量的侵染性核酸分子，因而易于进行细致的化学组分和结构分析；通过拟病毒与类病毒的结构与功能的比较，对核酸的结构与功能可能会得到更深入的了解。②有助于探索拟病毒与辅助病毒间的相互关系。拟病毒必须依靠辅助病毒的存在才能复制，而辅助病毒的复制却不需要拟病毒的存在。拟病毒的存在可以影响辅助病毒的产量和改变辅助病毒在宿主上的症状及反应的程度。③利用拟病毒这类低分子 RNA 来组建新的弱毒疫苗。它与普通类病毒的差异在于它的侵染对象不是高等植物或动物，而是小小的病毒。根据拟病毒的存在可影响辅助病毒的产量和改变辅助病毒在宿主上的症状和反应程度的原理，有可能用它来人工组建具有防病功能的弱化疫苗。④对拟病毒的深入研究，也有助于进一步探索病毒的本质和生命起源等重大生物学理论问题。

（三）朊病毒

美国学者普鲁西纳（S. B. Prusiner）因发现了羊瘙痒病致症因子——朊病毒（1982 年）而获得了 1997 年的诺贝尔生理和医学奖。朊病毒（prion）又称蛋白侵染因子（proteinaceous infectious agents），是一种比病毒小、疏水的具有侵染性的蛋白质分子。纯化的感染因子称为朊病毒蛋白（prion protein，PrP）。致病性朊病毒用 PrP SC 表示，它具有抗蛋白酶 K 水解的能力，可特异地出现在被感染的脑组织中，呈淀粉样形式存在。

许多致命的哺乳动物中枢神经系统功能退化症均与朊病毒有关，如人的库鲁病（kuru，一种震颤病）、克-雅氏症（Creutzfeldt-Jakob disease，CJD，一种阿尔茨海默病）、致死性家族失眠症（fatal familiar insomnia，FFI）和动物的羊瘙痒病（scrapie）、牛海绵状脑病（bovine spongiform encephalopathy，BSE）或称"疯牛病"（mad cow disease）、猫海绵状脑病（feline spongifoem encephalopathy，FSE）等。朊病毒具有易溶于去污剂、有致病力和不诱发抗体等特性，给患病动物及人类的诊断和防治带来很大麻烦，给人类和动物的健康和生命带来严重的威胁。法国专家发现，导致疯牛病等疾病的朊病毒从一类动物传染给另一类动物后，即这种病毒跨物种传播后，其毒性更强，潜伏期更短。

朊病毒主要存在于中枢神经系统，包括大脑和神经元。该蛋白质的单体大小为22~36ku，其感染因子是大分子聚合体，分子质量>400ku。朊病毒对大多数处理具有抗性。它能耐受160℃ 24h、360℃ 1h和常规的高压灭菌。朊病毒对化学处理也有抵抗性，如耐甲醛、强碱；在0.5%的次氯酸钠中能存活1h；在3%的过氧化氢中，能存活1h；也能抵抗乙醇。朊病毒颗粒对一些理化因素的抵抗力之强，大大高于已知的各类微生物和寄生虫。

三、亚病毒与食品的关系

牛海绵状脑病是一种侵犯牛中枢神经系统的慢性的致命性疾病，由一种朊病毒引起，是一种亚急性海绵状脑病，这类病还包括绵羊的瘙痒病、人的克-雅氏病、变异克-雅氏症（VCJD）、库鲁病以及最近发现的致死性家庭性失眠症等。共同特征是：生物体的认知和运动功能严重衰退直至死亡。其中人的克-雅氏病是一种罕见的主要发生在50~70岁的可传播的脑病，产生的危害极大，可统称为传染性海绵状脑病。

食用了被朊病毒污染的含大脑、淋巴结和神经元的牛肉制品，有可能会在人类中引起该疾病的传播。有记载显示，牛感染该病可能就是将以牛、羊或乳牛的残渣组成的肉骨粉作为饲料引起的。1996年3月20日，英国政府宣布，英国20余名克-雅氏病患者与"疯牛病"传染有关，引起世界的震惊。为此，英国将"疯牛病"疫区的1100多万头牛屠宰处理，造成了约300亿美元的损失，并引起了全球对英国牛肉的恐慌。1997年，美国食品与药物管理局（FDA）禁止使用以哺乳动物残渣作为饲料喂养反刍动物，以预防该疾病的传播。

该疾病临床表现为脑组织的海绵体化、空泡化，星形胶质细胞和微小胶质细胞的形成以及致病型蛋白积累，无免疫反应。病原体通过血液进入人的大脑，将人的脑组织变成海绵状，如同糨糊，完全失去功能。受感染的人会出现睡眠紊乱、失语症、肌肉萎缩和进行性痴呆等症状，并且会在发病的一年内死亡。该病有常染色体家族遗传倾向，并且有一个新的克-雅氏病的报道，该病与牛海绵状脑病有潜在的联系。此病的病理学特征包括以小脑和大脑皮层为主的海绵样变性和朊病毒的出现。

牛的感染过程通常是：被"疯牛病"病原体感染的肉和骨髓制成饲料被牛食用后，经胃肠消化吸收，经过血液到大脑，破坏大脑，使其失去功能呈海绵状，导致"疯牛病"。

人类感染通常是因为以下几个因素：

①食用感染了"疯牛病"的牛肉及其制品会导致感染，特别是从脊椎剔下的肉。

②某些化妆品除了使用植物原料之外，也可能使用动物原料，所以化妆品也有可能含有"疯牛病"病毒（化妆品所使用的牛羊器官或组织成分有：胎盘素、羊水、胶原蛋白等）。

③有一些科学家认为"疯牛病"在人类变异成"克-雅氏病"的病因，不是因为吃了感染"疯牛病"的牛肉，而是环境污染直接造成的。认为环境中超标的金属锰含量可能是"疯牛病"和"克-雅氏病"的病因。

现在对于"疯牛病"的处理,还没有什么有效的治疗办法,只有防范和控制这类朊病毒在牲畜中的传播。一旦发现有牛感染了"疯牛病",只能坚决予以宰杀并进行焚化深埋处理。目前,对于这种病毒究竟通过何种方式在牲畜中传播,又是通过何种途径传染给人类,还不清楚。

习　题

一、名词解释

1. 前噬菌体　2. Virus　3. Lysogeny　4. 噬菌体　5. 裂解量　6. Virulent phage　7. 病毒粒子　8. Temperate phage

二、填空题

1. (　　)和(　　)合称核衣壳,是病毒都具有的基本结构。肉眼观察到噬菌体在菌苔上形成的"负菌落"称为(　　)。

2. 病毒这类非细胞生物可分成(　　)和(　　)两类,后者又包括(　　)、拟病毒和(　　)三类。

3. 病毒的对称体制有(　　)、二十面体对称和(　　)。

4. 带有原噬菌体的细菌叫(　　),不带有原噬菌体的细菌叫(　　)。

5. 噬菌体繁殖的五个阶段为(　　)、(　　)、(　　)、(　　)和(　　)。

三、问答题

1. 什么是病毒?病毒的特点有哪些?
2. 病毒的结构是怎样的?存在独立代谢的酶体系吗?
3. 病毒的繁殖过程是怎样的?
4. 什么是噬菌体?烈性噬菌体有哪些特点?
5. 什么是亚病毒?亚病毒有哪些?
6. 请列举几种能够介导食源性疾病的病毒。
7. 从形态结构方面阐述细菌、放线菌、霉菌、酵母菌和病毒间的差异。
8. 简述烈性噬菌体的一步生长曲线。
9. 论述噬菌体侵染敏感细菌后可能引起的结果。

四、图解题

请画出烈性噬菌体与温和噬菌体的生活史。

第四章

食品微生物的营养

[学习目的与要求]

1. 重点掌握培养基的选择、设计原则及方法。
2. 掌握影响营养物质进入细胞的因素及其进入细胞的方式。

[学习重点与难点]

1. 重点是掌握培养基（尤其是食品领域相关）的基本设计方法。
2. 难点是理解营养物质进入细胞的方式。

微生物同其他生物一样，其生存、生长、繁殖等众多生命活动均需要营养素的生成或摄入。营养（nutrition），是指生物体从外部环境中摄取生命活动所必需的物质和能量，以满足其生长和繁殖需要的一种最基本的生理功能。营养是生命活动的起始点，它为一切生命活动提供了必需的物质基础。营养物质（nutrient），是指参与营养过程并具有营养功能的物质，在微生物学中，它还包括非常规物质形式的光辐射能在内。为了生存，微生物必须从环境吸收营养物质，通过新陈代谢将这些营养物质转化成自身新的细胞物质或代谢物，并从中获取生命活动必需的能量，同时将代谢活动产生的废物排出体外。营养物质是微生物生存的物质基础，而营养是微生物维持和延续其生命形式的一种生理过程。总之微生物的营养物可为它们的正常生命活动提供结构物质、能量、代谢调节物质和必要的生理环境。

食品既可以作为微生物改变的对象（发酵类食品），又因其所含的丰富营养物质给微生物（特别是有害微生物）提供了迅速生长的条件。因此，明确微生物利用营养的种类及方式，无论是对于如何实现经济、高效的微生物培养，还是对于有害微生物的抑制和预防，都有着深刻的意义和用途。

学习微生物的营养知识并掌握其中的规律，是认识、利用和深入研究微生物的必要基础，尤其对更自觉和有目的地选用、改造和设计符合微生物生理要求的培养基，以便进行科学研究或用于生产实践，具有极其重要的作用。

第一节　微生物的营养要素

一、微生物细胞的化学组成

根据微生物对各类化学元素需要量的大小可分为：主要元素（C、H、O、N、P、S、K、Ca、Mg、Na、Fe等）和微量元素（Zn、Cu、Mn、Co、Mo等）。其中前6种主要元素可占细菌细胞干重的97%，水是细胞维持正常生命活动所必不可少的物质，一般可占菌体鲜重的70%~90%。

各类元素主要以有机物、无机物和水的形式存在于细胞中。其中有机物包括：蛋白质、糖、脂肪、核酸、维生素以及它们的降解产物和一些代谢产物等物质。无机物是指与有机物相结合或单独存在于细胞中的无机盐等物质。除去水分的干物质中，碳、氢、氧、氮四种元素占全部干重的90%~97%，其余的3%~10%为矿质元素，又称无机元素。各种微生物细胞干物质的含碳量较稳定，占干重的50%±5%。氮素含量差别较大，为5%~13%。在矿质元素中，以磷的含量为最高，约占全部矿质含量的50%，占细胞干物质总量的3%~5%。其次为钾、镁、钙、硫、铁及钠等。

微生物矿质元素的含量，可随微生物生理活性的不同而有很大变化。如硫细菌细胞中可积存大量的硫，铁细菌的鞘中可含有大量的铁，海洋微生物中氯化钠的含量较高。同一种微生物在生长的不同时期及不同环境条件下，其细胞内各元素的含量也会有所改变。

微生物细胞内绝大部分元素都组成细胞的各种有机物质，包括细胞的结构物质、细胞中的营养物质与贮藏物质。各类元素的比例常因微生物种类、微生物菌龄及其培养条件的不同而在一定的范围内变化。

不论从元素的水平还是营养要素的水平来分析，微生物的营养要求与摄食型的动物（包括人类）和光合自养型的绿色植物十分接近，它们之间存在着"营养上的统一性"（都需要20种左右元素，且以碳、氢、氧、氮、硫、磷6种元素为主，而营养要素都在六大营养素的范围内）。

二、营养物质及其生理功能

微生物需要从外界获得营养物质，而这些营养物质主要以有机和无机化合物的形式为微生物所利用，也有小部分以分子的气体形式提供。根据营养物质在机体中生理功能的不同，可将它们分为碳源、氮源、生长因子、无机盐、水和能源。

1. 碳源

碳通常是微生物细胞需要量最大的元素。一切可以被微生物利用，构成细胞代谢产物碳元素来源的物质，统称为碳源（carbon source）。碳源的功能：构成细胞组分和提供能量。对于为数众多的化能异养微生物来说，碳源同时又兼有能源功能，一般这种碳源又称双功能营养物。微生物细胞含碳量约占干重的50%，除水分外，碳源是需要量最大的营养物。根据碳元素的来源不同，可将碳源物质分为无机碳源物质和有机碳源物质（表4-1）。

表4-1　　　　　　　　　　　　　　　微生物的碳源谱

类型	元素	化合物	培养基原料
有机碳	C·H·O·N·X	复杂蛋白质、核酸等	牛肉膏、蛋白胨、花生饼粉等
	C·H·O·N	多数氨基酸、简单蛋白质等	一般氨基酸、明胶等
	C·H·O	糖、有机酸、醇、脂类等	葡萄糖、蔗糖、各种淀粉、糖蜜等
	C·H	烃类	天然气、石油及其不同馏分、石蜡油等
无机碳	C·O	CO_2	CO_2
	C·O·X	$NaHCO_3$、$CaCO_3$	$NaHCO_3$、$CaCO_3$、白垩等

注：X指除C、H、O、N外的任何其他一种或几种元素。
资料来源：周德庆，2011。

凡是必须要利用有机碳源的微生物，都被称为异养微生物；反之，凡是以无机碳源作为主要碳源的微生物，则被称为自养微生物。从元素水平、化合物水平直至培养基原料水平来考察碳源，可见其数目是逐级扩大的甚至可多到无法计算。微生物能利用的碳源已大大超过了动物界或植物界所能利用的，有人认为，至今人类已经发现或合成的700余万种有机物，对微生物而言，几乎都能分解或利用。自然界中可被利用的碳源物质十分广泛，简单的无机含碳化合物CO_2、碳酸盐；复杂的天然有机含碳化合物糖及糖衍生物、脂类、醇类、有机酸、烃类、芳香族化合物等；另外，有些有毒的含碳物质如氰化物、酚等也能被某些细菌分解利用。

微生物的碳源虽广，但异养微生物在元素水平上的最适碳源则是"C·H·O"型。具体地说，"C·H·O"中的糖类是最广泛利用的碳源，其次是有机酸类和醇类等。实验室中常用的碳源是：葡萄糖、果糖、蔗糖、麦芽糖、淀粉，其次是有机酸、醇、酯类等。从微生物对碳源的利用率角度来讲，单糖优于双糖和多糖，己糖优于戊糖，葡萄糖、果糖优于甘露糖、半乳糖；在多糖中，淀粉明显优于纤维素或几丁质等纯多糖，纯多糖则优于琼脂等杂多糖；在有机碳源中，"C·H·O·N·X"和"C·H·O·N"类虽也可以被利用，但在设计培养基时，从成本角度考虑还应尽量避免将其作为相对廉价的碳源使用。

微生物利用碳源物质具有选择性，糖类是一般微生物的良好碳源，但微生物对不同糖类物质的利用也有差别。例如，在以葡萄糖和半乳糖为碳源的培养基中，大肠杆菌首先利用葡萄糖，然后利用半乳糖，前者称为大肠杆菌的速效碳源，后者称为迟效碳源。微生物工业发酵中利用的碳源大多来自植物体，主要是：单糖、饴糖、糖蜜（制糖工业副产品）、淀粉（玉米粉、山芋粉、野生植物淀粉）、麸皮、米糠等。为了节约粮食，人们已经开展了代粮发酵的科学研究，以自然界中广泛存在的纤维素作为碳源和能源物质来培养微生物。实验室中常用于微生物培养基的碳源主要有葡萄糖、果糖、蔗糖、淀粉、甘露醇、甘油和有机酸等。

不同种类微生物利用碳源物质的能力也有差别。有的微生物能广泛利用各种类型的碳源物质，而有些微生物可以利用的碳源物质则比较少，例如，假单胞菌属中的某些种可以利用多达90种以上的碳源物质，而一些甲基营养型微生物只能利用甲醇或甲烷等一碳化合物作为碳源物质。

另外，在进行碳源选择时，尤其是对于一些培养基的"天然碳源"，应充分认知其营养本质而并非单纯碳源。例如，经常作为生产食用酵母发酵碳源的糖蜜，含有丰富的糖类、氨基酸、有机酸、维生素、无机盐和色素等；甜薯干、马铃薯、玉米粉等都是发酵工业中的常用原料，习惯上把它们都当作"碳源"使用，而事实上它们几乎包含了微生物所需要的全部营养要素，只是各要素之间的比例不一定合适而已。

2. 氮源

凡能满足微生物生长繁殖所需氮元素的营养物，都称为氮源（nitrogen source）。氮是构成重要生命物质蛋白质和核酸等的主要元素，氮占细菌干重的12%~15%，故与碳源相似，氮源也是微生物的主要营养物。氮源物质为微生物提供氮素来源，这类物质主要用来合成细胞中的含氮物质，一般不作为能源，只有少数自养微生物能利用铵盐、硝酸盐同时作为氮源与能源。例如，化能自养菌中的亚硝化细菌和硝化细菌能从 NH_3 和 NO_2^- 等还原态无机含氮化合物的氧化过程中获得其生命活动所需的能量，所以，对于硝化细菌来说，NH_3 和 NO_2^- 是兼有氮源与能源功能的双功能营养物质。若把微生物作为一个整体来考察，则它们能利用的氮源范围即氮源谱（spectrum of nitrogen source）也是十分广泛的（表4-2）。

表 4-2　　　　　　　　　　　　微生物的氮源谱

类型	元素	化合物	培养基原料
有机氮	N·C·H·O·X	复杂蛋白质、核酸等	牛肉膏、酵母膏、饼粕粉、蚕蛹粉等
	N·C·H·O	尿素、一般氨基酸、简单蛋白质等	尿素、蛋白胨、明胶等
无机氮	N·H	NH_3、铵盐等	$(NH_4)_2SO_4$等
	N·O	硝酸盐等	KNO_3等
	N	N_2	空气

资料来源：周德庆，2011.

微生物的氮源谱有许多特点。与碳源谱类似，微生物的氮源谱也明显比动物或植物的要广泛。一般地说，异养微生物对氮源的利用顺序是："N·C·H·O"或"N·C·H·O·X"类优于"N·H"类，更优于"N·O"类，而最不易利用的是"N"类。常用的蛋白质类氮源包括蛋白胨、鱼粉、蚕蛹粉、玉米浆、牛肉膏和酵母浸膏等，其主要以蛋白质及其不同程度降解产物为主，大分子蛋白质难以进入细胞，一些真菌和少数细菌能分泌胞外蛋白酶，将大分子蛋白质降解利用，而多数细菌只能利用相对分子质量较小的降解产物，以动、植物蛋白质经酶消化后的各种蛋白胨尤为使用广泛；无机氮中的氨、铵盐以及硝酸盐都是容易被微生物吸收利用的小分子氮源；对于以 N_2 为主的分子氮，则只能被固氮微生物所利用，但当环境中有化合态氮源时，固氮微生物就失去固氮能力。

微生物对氮源的利用具有选择性。玉米浆中的氮源物质主要以较易吸收的蛋白质降解产物形式存在，氨基酸等降解产物的氮可以通过转氨作用直接被机体利用，而黄豆饼粉和花生饼粉中的氮主要以大分子蛋白质形式存在，需进一步降解成小分子的肽和氨基酸后才能被微生物利用，速度较慢。因此玉米浆为速效氮源，黄豆饼粉和花生饼粉为迟效氮源，前者有利于菌体生长，后者有利于代谢产物的形成。在发酵过程中，往往将两者按一定比例制成混合氮源，以控制菌体生长时期与代谢产物形成时期的协调。

从微生物所能利用的氮源种类来看，存在着一个明显的界限：一部分微生物是不需要利用氨基酸做氮源的，它们能把尿素、铵盐、硝酸盐甚至氮气等简单氮源自行合成所需要的一切氨基酸，因而可称为"氨基酸自养型生物（amino acid autotrophs）"；反之，凡需要从外界吸收现成的氨基酸作为氮源的微生物，称为"氨基酸异养型生物（amino acid heterotrophs）"。大多数微生物吸收利用铵盐和硝酸盐的能力较强，NH_4^+被细胞吸收后可直接被利用，因而$(NH_4)_2SO_4$等铵盐一般被称为速效氮源，而NO_3^-被吸收后需进一步还原成NH_4^+后再被微生物利用。许多腐生型细菌、肠道菌、动植物致病菌等可利用铵盐或硝酸盐作为氮源，例如，大肠杆菌、产气肠杆菌（Enterobacter aerogenes）、枯草杆菌、铜绿假单胞菌等。

3. 生长因子

生长因子（growth factor）是一类调节微生物正常代谢所必需，但不能用简单的碳、氮源自行合成的有机物或合成量不足以满足自身生长，需要外源提供的微量有机物。其功能是提供微生物细胞重要化学物质（蛋白质、核酸和脂质）、辅因子（辅酶和辅基）的组分并参与代谢。由于它没有能源和碳、氮源等结构材料的功能，因此需要量一般很少。狭义的生长因子一般仅指维生素；广义的生长因子除维生素外，还包括碱基、卟啉及其衍生物、胺类、$C_4 \sim C_6$的分支或直链脂肪酸，有时还包括氨基酸营养缺陷变株所需要的氨基酸。各种微生物需求的生长因子的种类和数量不同，见表4-3。

表4-3 某些微生物生长所需的生长因子

微生物	生长因子	需要量/（μg/mL）
肠膜明串珠菌（Leuconostoc mesenteroides）	吡哆醛	0.25
弱氧化醋杆菌（Acetobacter suboxydans）	P-氨基苯甲酸	0~0.01
	烟碱酸	3
丙酮丁醇梭菌（Clostridium acetobutylicum）	P-氨基苯甲酸	0.00015
粪链球菌（Streptococcus faecalis）	叶酸	200
	精氨酸	50
	烟碱酸	0.1
阿拉伯糖乳杆菌（Lactobacillus arabinosus）	泛酸	0.02
德氏乳杆菌（Lactobacillus delbruckii）	甲硫氨酸	10
	酪氨酸	8
	胸腺核苷	0~2
干酪乳杆菌（Lactobacillus casei）	生物素	0.001
	麻黄素	0.02

根据生长因子的化学结构和它们在机体中的生理功能的不同，可将生长因子分为维生素、氨基酸、嘌呤和嘧啶三大类。维生素：最早发现的生长因子，在机体中主要作为酶的辅基或辅酶参与新陈代谢。氨基酸：不同的微生物合成氨基酸的能力差异很大。有些必须在它

们生长的培养基里补充一些氨基酸或补充含这些氨基酸的小肽物质，机体才能生长。在某些情况下，由于小肽物质较易被微生物吸收利用，因而生长好。另外，在某些情况下，培养基中一种氨基酸含量过高，也会导致抑制其他氨基酸的吸收（氨基酸不平衡）。嘌呤和嘧啶：作为酶的辅酶或辅基以及用来合成核苷、核苷酸和核酸等物质。

生长因子虽属一种重要营养要素，但它与碳源、氮源和能源有所区别，即并非任一具体微生物都需要外界为它提供生长因子。现按微生物对生长因子的需要与否，把它们分成3种类型。

（1）生长因子自养型微生物　它们不需要从外界吸收任何生长因子，多数真菌、放线菌和不少细菌都属于这类。

（2）生长因子异养型微生物　它们需要从外界吸收多种生长因子才能维持正常生长，如各种乳酸菌、动物致病菌、支原体和原生动物等。例如，一般的乳酸菌都需要多种维生素；许多微生物及其营养缺陷突变株需要碱基等。

在各种色谱分析方法还未普及前，生长因子异养型的微生物如乳酸菌等曾被用于维生素等生长因子的生物测定中。

（3）生长因子过量合成的微生物　少数微生物在其代谢活动中，能合成并大量分泌某些维生素等，因此可作为维生素的生产菌种。例如，可用阿舒假囊酵母（*Eremothecium ashbyii*）或棉阿舒囊霉（*Ashbya gossypii*）生产维生素 B_2；可用谢氏丙酸杆菌（*Propionibacterium shermanil*）、若干链霉菌和产甲烷菌产生维生素 B_{12} 等。

在配制培养基时，一般可用生长因子含量丰富的天然物质作为原料以保证微生物对它们的需要，例如酵母膏、蛋白胨、麦芽汁、玉米浆、动植物组织或细胞浸液以及微生物生长环境的提取液等。

4. 无机盐

无机盐是微生物生长必不可少的一类营养物质，它们在机体中的生理功能主要是作为酶活性中心的组成部分或酶的激活剂、维持生物大分子和细胞结构的稳定性、调节并维持细胞的渗透压平衡、控制细胞的氧化还原电位、作为某些微生物生长的能源物质等（表4-4和表4-5）。

表4-4　　　　　　　　　　　　　　无机盐及其生理功能

元素	化合物形式（常用）	生理功能
磷	KH_2PO_4、K_2HPO_4	核酸、核蛋白、磷脂、辅酶及ATP等高能分子的成分，作为缓冲系统调节培养基pH
硫	$(NH_4)_2SO_4$、$MgSO_4$	含硫氨基酸（半胱氨酸、甲硫氨酸等）、维生素的成分，谷胱甘肽可调节胞内氧化还原电位
镁	$MgSO_4$	影响钾离子和钙离子的转运，调控信号的传递，参与能量代谢、蛋白质和核酸的合成
钙	$CaCl_2$、$Ca(NO_3)_2$	某些酶的辅因子，维持酶（如蛋白酶）稳定性；为芽孢和某些孢子形成及建立细菌感受态所需物质

续表

元素	化合物形式（常用）	生理功能
钠	NaCl	参与水的代谢，保证细胞内水的平衡，维持体内酸和碱的平衡
钾	KH_2PO_4、K_2HPO_4	调节细胞内适宜的渗透压和体液的酸碱平衡，参与细胞内糖和蛋白质的代谢

表 4-5　　微量元素的生理作用

元素	生理作用
锌	存在于乙醇脱氢酶、乳酸脱氢酶、碱性磷酸酶、醛缩酶、RNA 与 DNA 聚合酶中
锰	存在于过氧化物歧化酶、柠檬酸合成酶中
钼	存在于硝酸盐还原酶、固氮酶、甲酸脱氢酶中
铜	存在于细胞色素氧化酶中
钨	存在于甲酸脱氢酶中
钴	存在于谷氨酸变位酶中
硒	存在于甘氨酸还原酶、甲酸脱氢酶中

微生物细胞中矿物元素占干重的 3%~10%，它是微生物细胞结构物质不可缺少的组成成分和微生物生长不可缺少的营养物质。无机盐或矿质元素主要为微生物提供除 C、N 以外的各种生物元素。凡生长所需浓度在 10^{-4}~10^{-3}mol/L 的元素，可称为大量元素，如 P、S、K、Mg、Ca、Na、Fe 等；凡生长所需浓度在 10^{-8}~10^{-6}mol/L 的元素，则称为微量元素，如 Mn、Zn、Cu、Cl、Co、Mo、Ni、B、W、Sn、Se 等。不同微生物所需的无机盐浓度有时差别很大，上述划分只是使用上的方便。

如果微生物在生长过程中缺乏微量元素，会导致细胞生理活性降低甚至停止生长。由于不同微生物对营养物质的需求不同，微量元素的概念也是相对的。应该注意：许多微量元素是重金属，如果它们过量，就会对机体产生毒害作用，且单独一种微量元素过量产生的毒害作用更大（单盐毒害作用），因此，有必要将培养基中的微量元素的量控制在正常范围内，并注意各种微量元素间保持恰当的比例。

在配制微生物培养基时，对于大量元素，可加入相关化学试剂，例如，常用 K_2HPO_4 及 $MgSO_4$ 可提供 4 种需要量最大的元素。对于微量元素，由于水、化学试剂、玻璃器皿或其他天然成分的杂质中已含有可满足微生物生长需要的各种微量元素，因此在配制普通培养基时一般不再另行添加。但如果要配制研究营养代谢等的精细培养基，所用的玻璃器皿应是硬质的，试剂是高纯度的，此时就须根据需要加入必要的微量元素。

5. 水

水是微生物营养和生长中必不可少的一种物质。水在细胞中的生理功能主要有：①起到溶剂与运输介质的作用，营养物质的吸收与代谢产物的分泌必须以水为介质才能完成；②参与细胞内一系列化学反应；③维持蛋白质、核酸等生物大分子稳定的天然构象；④水的比热容高,是热的良好导体,能有效地吸收代谢过程中产生的热并及时地将热迅速散发出体外,从而有效地控制细胞内温度的变化;⑤保持充足的水分是细胞维持自身正常形态的重要因素;⑥微生物通过水合作用与脱水作用控制由多亚基组成的结构,如酶、微管、鞭毛及病毒颗粒的组装与解离。

微生物生长的环境中水的有效性常以水分活度(water activity,A_w)表示,水分活度是指在一定的温度和压力条件下,溶液的蒸气压力与同样条件下纯水蒸气压力之比,即:$A_w = P_w/P_{0w}$,式中P_w代表溶液蒸气压力,P_{0w}代表纯水蒸气压力。纯水A_w为1.00,溶液的$A_w<1$。微生物一般在A_w为0.60~0.99的条件下生长,对某些微生物而言,A_w过低时,微生物生长的迟缓期延长,比生长速率和总生长量减少。一般来说,细菌生长最适A_w较酵母菌和霉菌高,只有少数几种耐盐菌和耐旱真菌能在$A_w=0.6$左右情况下生长(表4-6)。

表4-6　　　　　几类微生物生长最适水分活度

微生物	A_w	微生物	A_w
一般微生物	0.91	嗜盐细菌	0.76
酵母菌	0.88	嗜盐真菌	0.65
霉菌	0.80	嗜高渗酵母	0.60

资料来源:曾寿瀛,2003。

当环境中的A_w低于微生物生长需要时,微生物生长受阻,甚至停止生长。微生物对水分的吸收或排出决定于水分活度。如果微生物生长环境的A_w大于菌体生长的最适A_w,细胞就会吸水膨胀,甚至引起细胞破裂。反之,如果环境A_w小于菌体生长的最适A_w,则细胞内的水分就会外渗,造成质壁分离,使细胞代谢活动受到抑制甚至引起死亡。为了抑制有害微生物生长,往往加入高浓度的食盐或蔗糖,降低环境中的A_w,使菌体不能正常生长,从而达到长久保存食品的目的。

除蓝细菌等少数微生物能利用水中的氢来还原CO_2以合成糖类外,其他微生物并非真正把水当作营养物。即使如此,由于水在微生物代谢活动中的不可缺少性,故仍应作为营养要素来考虑。微生物细胞的含水量很高,细菌、酵母菌和霉菌的营养体分别含水80%、75%和85%左右,霉菌孢子约含39%的水,而细菌芽孢核心部分的含水量低于30%。

6. 能源

能为微生物生命活动提供最初能量来源的营养物或辐射能,称为能源(energy source)。由于各种异养微生物的能源就是其碳源,因此,它们的能源谱就显得十分简单。微生物的能源谱主要包括:有机物(碳源)、无机物(非碳源)及辐射能。其中化能自养微生物的能源十分独特,它们都是一些还原态的无机物,如NH_4^+、NO_2^-、S、H_2S、H_2和Fe^{2+}等。能氧化利用这些物质获得能量的微生物都是一些原核微生物,包括亚硝酸细菌、硝酸细菌、硫化细菌、硫细菌、氢细菌和铁细菌等。由于化能自养微生物的存在,使人们扩大了对生物圈能源的认识,改变了以往关于生物界的能源都是直接或间接地依靠太阳能的认知。

三、益 生 元

益生元作为益生菌的增殖因子,它在全球范围内被不断地了解和深入研究。英国科学家格伦·吉布森（Glenn R. Gibson）和马塞尔·罗博弗若德（Marcel B. Roberfroid）在 1995 年引入了益生元的概念。益生元（prebiotics）作为一种膳食补充剂，其早先的定义为：可以通过选择性刺激大肠内一种或少数种类细菌的生长和/或活力，产生对其宿主有益效果、改善其健康的一类不消化性食物成分。具体来说是通过选择性的刺激一种或少数种细菌的生长与活性而对寄主产生有益的影响进而改善寄主健康的不可被消化的食品成分。其定义或被表述为"可被选择性发酵利用，通过改变肠道菌群的组成或活力，从而对其宿主健康或感觉产生有利的效果"。

自从这一概念引入后，引起了学术界和产业界的高度关注。然而，由于缺乏严格规范的定义及标准，多种食物成分，尤其是食物中的寡聚糖和多糖（包括膳食纤维），都曾被宣称为益生元。

而一种膳食成分能否作为益生元，需要更清晰的标准，具体包括：①可耐受胃酸，不能被哺乳动物来源的酶分解，也不能被消化道（尤其是胃肠道的上部）吸收；②能被肠道菌群发酵；③可以选择性地刺激那些对宿主健康或舒适感有益的肠道菌群的生长或活力。难消化性并不意味着益生元完全不被消化，但却要确保这些化合物的大多数能进入肠道（尤其是大肠）。虽然这几条标准都很重要，但第三条尤其难以满足。如果不考虑在体内不同细菌间的相互作用，而仅仅通过单一或少数几种微生物（例如粪便液）在体外或体内培养的结果来确定其可发酵性，所得结论难以说明其作为益生元的效果。

目前最为典型的益生元主要来自各种功能性的寡聚糖类，常见的有：低聚果糖、低聚木糖、低聚半乳糖、低聚甘露糖、水苏糖、大豆低聚糖、低聚壳聚糖、菊粉（又称菊糖）等。它们具有相似的特性，可刺激某些益生菌的增殖，但增殖对象和每日的作用量（通常指每日所需剂量）有显著差异。这些低聚糖类可作为双歧杆菌的增殖因子，它们又简称为双歧因子。它们具有多种生理功能，且甜度和热量都比蔗糖低，可部分代替蔗糖，广泛应用于功能性食品或健康食品工业。此外，某些多元醇类（如乳糖醇、木糖醇等）与天然的植物和中草药的提取物也常被认为是益生元的组成部分。国内学者通过动物试验和临床研究也发现，某些中草药如人参、党参、灵芝、阿胶、枸杞、茯苓等具有调节肠道菌群平衡、增加定植抗力的作用，这些都有类似益生元的功效。除此以外，某些具有生物活性的蛋白质对益生菌也有支持作用，它们可有益地影响着肠道内微生物菌群的平衡。与其他益生元一样，常混合添加在益生菌类食品或膳食补充剂中。

第二节　微生物的营养类型

营养类型是指根据微生物生长所需要的主要营养要素即能源和碳源以及电子供体的不同，而划分的微生物类型。微生物营养类型的划分方法很多（表 4-7），较多的是按它们对能源、氢供体和基本碳源的需要分类（表 4-8）。

一般将微生物的营养类型分为：光能无机自养型、光能有机异养型、化能无机自养型、化能有机异养型 4 类，具体内容可见表 4-8。

表 4-7　微生物营养类型的分类

分类标准	营养类型
以能源分	光能营养型（phototroph） 化能营养型（chemotroph）
以氢供体分	无机营养型（lithotroph） 有机营养型（organotroph）
以碳源分	自养型（autotroph） 异养型（heterotroph）
以合成氨基酸能力分	氨基酸自养型（amino acid autotroph） 氨基酸异养型（amino acid heterotroph）
以生长因子分	原养型（prototroph）或野生型（wild type） 营养缺陷型（auxotroph）
以取食方式分	渗透营养型（osmotroph） 吞噬营养型（phagotroph）
以取得死或活有机物分	腐生（saprophytism） 寄生（parasitism）

资料来源：周德庆，2011.

表 4-8　微生物的营养类型

营养类型	能源	氢供体	基本碳源	实例
光能无机自养型	光	无机物	CO_2	蓝细菌、紫硫细菌、绿硫细菌、藻类
光能有机异养型	光	有机物	CO_2及简单有机物	红螺菌科的细菌
化能无机自养型	无机物	无机物	CO_2	硝化细菌、硫化细菌、铁细菌、氢细菌、硫细菌等
化能有机异养型	有机物	有机物	有机物	绝大多数细菌和全部真核微生物

资料来源：周德庆，2011.

光能无机自养型和光能有机异养型微生物可利用光能生长，在地球早期生态环境的演化过程中起重要作用；化能无机自养型微生物广泛分布于土壤及水环境中，参与地球物质循环；对化能有机异养型微生物而言，有机物通常既是碳源也是能源。目前已知的大多数细菌、真菌、原生动物都是化能有机异养型微生物。值得注意的是，已知的所有致病微生物都属于此种类型。根据化能有机异养型微生物利用的有机物性质的不同，又可将它们分为腐生型和寄生型两类，前者可利用无生命的有机物作为碳源，后者则寄生在活的寄主机体内吸取营养物质，离开寄主就不能生存。在腐生型和寄生型之间还存在着一些中间类型，如兼性腐生型和兼性寄生型。

某些菌株发生突变（自然突变或人工诱变）后，失去合成某种（或某些）对该菌株生长必不可少的物质（通常是生长因子如氨基酸、维生素）的能力，必须从外界环境获得该物质才能生长繁殖，这种突变型菌株称为营养缺陷型。营养缺陷型菌株通常用来进行微生物遗传学方面的研究，相关内容会在后续章节做进一步介绍和分析。

必须明确，无论哪种分类方式，不同营养类型之间的界限并非绝对的，异养型微生物并非绝对不能利用 CO_2 同化为细胞物质。同样，自养型微生物也并非不能利用有机物进行生长。另外，有些微生物在不同生长条件下生长时，其营养类型也会发生改变。例如，紫色非硫细菌在没有有机物时可以同化 CO_2，它为自养型微生物，而当有机物存在时，它又可以利用有机物进行生长，此时它为异养型微生物。再如，紫色非硫细菌在光照和无氧条件下可利用光能生长，为光能营养型微生物，而在黑暗与有氧条件下，依靠有机物氧化产生的化学能生长，则为化能营养型微生物。微生物营养类型的可变性无疑有利于提高微生物对环境条件变化的适应能力。

第三节　营养物质进入细胞的方式

营养物质能否被微生物利用的一个决定性因素是这些营养物质能否进入微生物细胞。只有营养物质进入细胞后，才能被微生物细胞内的新陈代谢系统分解利用，进而使微生物正常生长繁殖。影响营养物质进入细胞的因素主要有以下3个：

其一是营养物质本身的性质。相对分子质量、溶解性、电负性、极性等都影响营养物质进入细胞的难易程度。

其二是微生物所处的环境。温度通过影响营养物质的溶解度、细胞膜的流动性及运输系统的活性来影响微生物的吸收能力；pH 和离子强度通过影响营养物质的电离程度来影响其进入细胞的能力。当环境中存在诱导运输系统形成的物质时，有利于微生物吸收营养物质。而环境中存在的代谢过程抑制剂、解偶联剂以及能与原生质膜上的蛋白质或脂质物质等成分发生作用的物质（如巯基试剂、重金属离子等）时，都可以在不同程度上影响物质的运输速率。另外，环境中被运输物质的结构类似物也影响微生物细胞吸收被运输物质的速率，例如，L-刀豆氨酸、L-赖氨酸或 D-精氨酸都能降低酿酒酵母吸收 L-精氨酸的能力。

其三是微生物细胞的透过屏障。所有微生物都具有一种保护机体完整性且能限制物质进出细胞的透过屏障，透过屏障主要是由原生质膜、细胞壁、荚膜或黏液层等组成的结构。荚膜与黏液层的结构较为疏松，对细胞吸收营养物质影响较小。革兰阳性菌细胞壁主要由网状结构的肽聚糖组成，对营养物质的吸收有一定的影响，相对分子质量>10000 的葡聚糖难以通过这类细菌的细胞壁。革兰阴性菌细胞壁由外膜和很薄的肽聚糖组成，外膜上存在非特异性孔蛋白，3个非特异性孔蛋白形成一个通道，允许相对分子质量小于800的溶质（如单糖、双糖、氨基酸、二肽、三肽等）通过，而维生素 B_{12}、核苷酸、铁-铁载体复合物需要通过特异性孔蛋白形成的通道进入周质空间。真菌和酵母菌细胞壁只能允许相对分子质量较小的物质通过。与细胞壁相比，原生质膜在控制物质进入细胞的过程中起着更为重要的作用，它对跨膜运输的物质具有选择性。

微生物没有专门的摄食器官，除原生动物外，各种营养物质直接通过细胞膜的渗透和选择性吸收进入细胞。营养物质从微生物所处的周围环境通过细胞膜进入细胞的方式，可分为四种类型，即单纯扩散、促进扩散、主动运输和基团转位（表4-9）。

表4-9　　　　　　　　　　营养物质进入微生物细胞的运送方式

能量消耗	特异性载体蛋白	运输前后溶质分子	运送方式
不耗能	无	不变	单纯扩散
	有	不变	促进扩散
耗能	有	不变	主动运输
	有	改变	基团转位

1. 单纯扩散

单纯扩散（simple diffusion）是物质非特异地从浓度较高的一侧被动或自由地透过膜向浓度较低的一侧扩散的过程，其驱动力是细胞膜两侧物质的浓度差，即浓度梯度，不需要由外界提供任何形式的能量。这是一个纯粹的物理过程，被扩散的分子不发生化学反应，其构象也没有变化。单纯扩散的物质主要是一些气体（O_2、CO_2）、水、一些水溶性小分子和某些离子（Na^+）等。此过程无特异性或选择性，扩散的速度很慢，因此通常不是物质进出细胞的主要方式。一旦细胞膜两侧的物质浓度梯度消失（即细胞膜两侧的物质浓度相等），单纯扩散就停止。但是，由于进入细胞的营养物质不断被消耗，使胞内始终保持较低的浓度，故胞外物质能源源不断地通过单纯扩散进入细胞。通过细胞膜中的含水小孔由高浓度的胞外环境向低浓度的胞内扩散是非特异性的；但膜上小孔的大小和形状对被渗透扩散的营养物质的分子大小有一定的选择性。

2. 促进扩散

与单纯扩散一样，促进扩散（facilitated diffusion）也是一种被动的物质跨膜运输方式，在这个过程中不消耗细胞的能量，参与运输的物质本身的分子结构不发生变化，不能进行逆浓度运输，运输速率与膜内外物质的浓度差成正比。营养物质经促进扩散进入细胞的运输过程中，需要借助位于膜上的一种载体蛋白的参与，并且每种载体蛋白只运输相应的物质。因此，促进扩散对被运输的物质具有高度专一性，被传送的物质先在细胞膜外面与载体蛋白结合，然后在细胞内表面释放。载体蛋白能促进物质运输加快进行，但营养物质仍不能逆浓度梯度吸收。促进扩散的运输方式多见于真核微生物，如酵母菌运输糖类就是通过这种方式，但在原核生物中却少见，在厌氧微生物中，促进扩散的过程常参与某些化合物的吸收和发酵产物的排出，然而在好氧微生物中这种传递机制似乎不太重要。

促进扩散与单纯扩散主要区别在于通过促进扩散进行跨膜运输的物质需要借助载体的作用才能进入细胞（图4-1），而且每种载体只运输相应的物质，具有较高的专一性。被运输物质与相应载体之间存在一种亲和力，而且这种亲和力在原生质膜内外的大小不同，当物质与相应载体在胞外亲和力大而在胞内亲和力小时，通过被动运输物质与相应载体之间亲和力的大小变化，使该物质与载体发生可逆性的结合与分离，导致物质穿过原生质膜进入细胞。

被运输物质与载体之间亲和力大小变化是通过载体分子的构象变化来实现的。参与促进扩散的载体主要是一些蛋白质，这些蛋白质能促进物质进行跨膜运输，自身化学性质在这个过程中不发生变化，而且在促进扩散中载体只影响物质的运输速率，并不改变物质在膜内外形成的动态平衡状态，被运输物质在膜内外浓度差越大，促进扩散的速率越快，但是当被运输物质浓度过高而使载体蛋白饱和时，运输速率就不再增加，这些性质都类似于酶的作用特征。因此，膜结合载体蛋白又称透过酶（permease）。透过酶大都是诱导酶，只有在环境中存在机体生长所需的营养物质时，相应的透过酶才被合成。

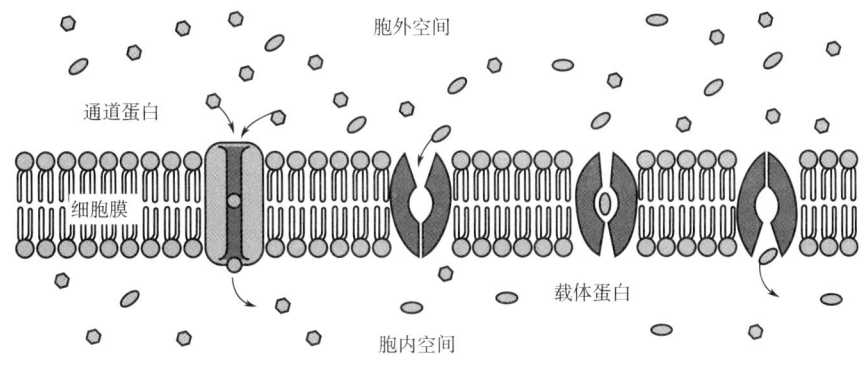

图 4-1 促进扩散示意图

单靠单纯扩散，对营养物质的吸收是有限的，微生物细胞为了加速对营养物质的吸收，以适应生长发育的需要，在细胞膜上渗透酶的存在，使其具有运载多种营养物质的功能，通过促进扩散进入细胞的营养物质主要有氨基酸、单糖、维生素及无机盐等。一般微生物通过专一的载体蛋白运输相应的物质，但微生物对同一物质的运输可以由 1 种以上的载体蛋白来完成，例如，鼠伤寒沙门菌利用 4 种不同载体蛋白运输组氨酸，酿酒酵母有三种不同的载体蛋白来完成葡萄糖的运输。另外，某些载体蛋白可同时完成几种物质的运输，例如，大肠杆菌可通过一种载体蛋白完成亮氨酸、异亮氨酸和缬氨酸的运输，但这种载体蛋白对这 3 种氨基酸的运输能力有差别。现在已分离出有关葡萄糖、半乳糖、阿拉伯糖、酪氨酸、磷酸、Ca^{2+} 等的载体蛋白，它们的分子质量为 9000~40000u，而且都是单体。

3. 主动运输

主动运输（active transport）是指一类须提供能量（包括 ATP、质子动势或离子泵等）并通过细胞膜上特异性载体蛋白构象的变化，而使膜外环境中低浓度的溶质进入膜内的一种运输方式。与上述促进扩散方式不同，在主动运输中，载体分子构型变化以消耗能量为前提，且可逆浓度梯度运输，是一种广泛存在于微生物中的主要物质运输方式。微生物在生长与繁殖过程中所需要的多数营养物质如氨基酸等主要是通过此方式运输的，由于它可以逆浓度梯度运输营养物，所以对于许多生存于低浓度营养环境中的贫养菌的生存极为重要。主动运输的例子很多，主要有无机离子、有机离子和一些糖类（乳糖、葡萄糖、麦芽糖或蜜二糖）等。在大肠杆菌中，通过主动运输，1 分子乳糖约消耗 0.5 分子 ATP，而运输 1 分子麦芽糖则要耗费 1.0~1.2ATP。

主动运输与促进扩散类似之处在于物质运输过程中同样需要载体蛋白，区别在于主动运输过程中的载体蛋白对被运输的物质有高度的立体专一性，载体蛋白在运输过程中构象变化需要细胞提供能量。不同的微生物在主动运输过程中所需的能量的来源不同，好氧微生物中直接来自呼吸能，厌氧微生物中主要来自化学能，光合微生物中则主要来自光能。主动运输的具体方式有多种，主要有初级主动运输、次级主动运输、ATP 结合性盒式转运蛋白（ATP-binding cassette transporter，ABC）系统等。

（1）初级主动运输 初级主动运输（primary active transport）是指由电子传递系统、ATP 酶或细菌视紫红质引起的质子运输方式，从物质运输的角度考虑是一种质子的主动运输方式（图 4-2）。呼吸能、化学能和光能的消耗，引起胞内质子（或其他离子）外排，导致原生质膜内外建立质子浓度差（或电势差），使膜处于充能状态即形成能化膜（energized membrane）。不同微生物的初级主动运输方式也有不同。

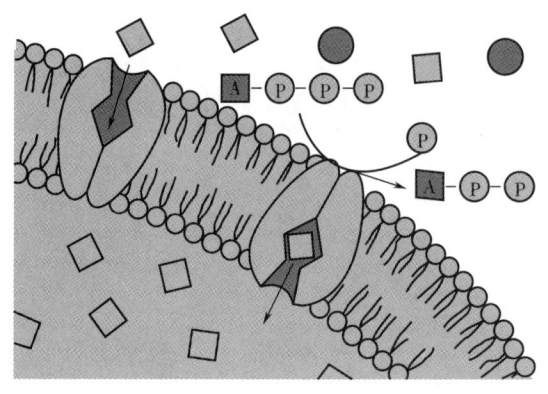

图 4-2 主动运输示意图

一般来说，通过初级主动运输建立的能化膜在质子浓度差（或电势差）消失的过程中，往往偶联其他物质的运输，包括以下 3 种方式：同向运输是指某种物质与质子通过同一载体按同一方向运输，除质子外，其他带电荷离子建立起来的电势差也可引起同向运输；逆向运输是指某种物质与质子通过同一载体按相反方向进行运输；单向运输是指质子浓度差在消失过程中，可促使某些物质通过载体进出细胞，运输结果通常导致胞内阳离子积累或阴离子浓度降低。

（2）次级主动运输 次级主动运输（secondary active transport）又称继发性主动转运或联合转运。某种物质能够逆浓度差进行跨膜运输，但是其能量不是来自于 ATP 分解，而是由主动转运其他物质时造成的高势能提供，这种转运方式称为次级主动转运。

（3）ATP 结合性盒式转运蛋白系统 除利用质子浓度差进行主动运输外，细菌还可以利用 ATP 结合性盒式转运蛋白转运糖类、氨基酸和维生素 B_{12} 等溶质。ABC 转运蛋白通常由两个疏水性跨膜域与位于质膜内表面的两个核苷酸结合结构域形成复合物，两个疏水性跨膜域在质膜上形成一个孔，两个核苷酸结合结构域可与 ATP 结合（图 4-3）。ABC 转运蛋白可以与专一性的溶质结合蛋白结合，革兰阴性和阳性菌的溶质结合蛋白分别位于周质空间和附着在质膜外表面。溶质结合蛋白携带被转运的溶质分子在质膜外表面与 ABC 转运蛋白跨膜域结合，ATP 则结合在 ABC 转运蛋白的核苷酸结合结构域，ATP 水解产生的能量使跨膜域构象发生改变，被转运的溶质分子进入胞内。

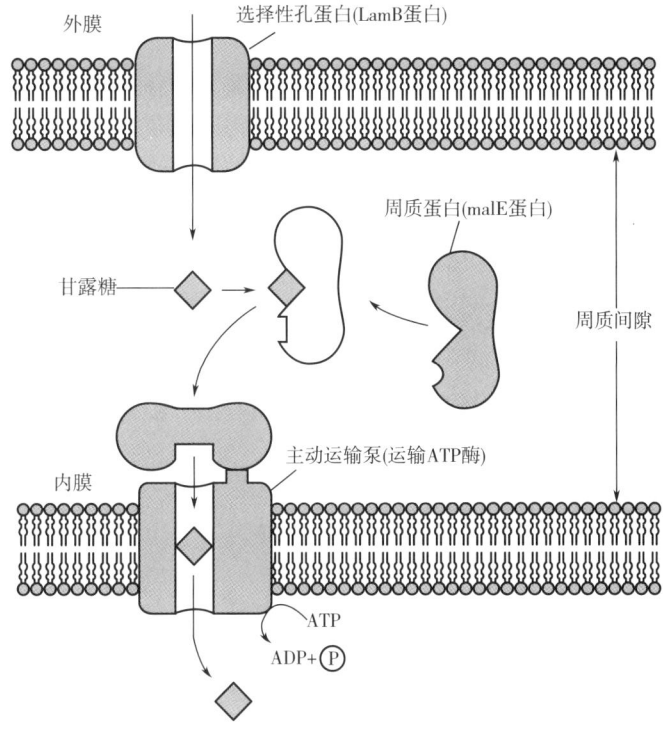

图 4-3　ATP 结合性盒式转运蛋白示意图

4. 基团转位

基团转位（group translocation）与其他主动运输方式的不同之处在于它有一个复杂的运输系统来完成物质的运输，而物质在运输过程中发生化学变化，是一种既需要载体蛋白，又需要消耗能量的物质运输方式，同时底物在运输过程中发生化学结构变化。这种运输方式主要存在于厌氧细菌和兼性厌氧细菌中，主要用于糖的运输以及脂肪酸、核苷、碱基等物质的运输。

在研究大肠杆菌对葡萄糖和金黄色葡萄球菌对乳糖的吸收过程中，发现这些糖进入细胞后以磷酸糖的形式存在于细胞质中，表明这些糖在运输过程中发生了磷酸化作用，其中的磷酸基团来源于胞内的烯醇式丙酮酸磷酸（phosphoenolpyruvate，PEP），因此也将基团转位称为烯醇式丙酮酸磷酸-磷酸糖转移酶运输系统，简称磷酸转移酶系统（phosphotransferase system，PTS）。

第四节　培　养　基

培养基（medium）是指由人工配制的、适合微生物生长繁殖或产生代谢产物用的混合营养料。任何培养基都应具备微生物生长所需要的六大营养素，且其间的比例是合适的。培养基是微生物学研究和微生物发酵工业的基础。制作培养基时应尽快配制并立即灭菌，否则就会杂菌丛生,并破坏其固有的成分和性质。少数称为难养菌的寄生或共生微生物,至今还不能在人工培养基上生长。

配制培养基需要考虑的因素有:①根据不同微生物的营养需要配制不同的培养基。②控制好不同营养物质的浓度和比例,保持合适的 pH、氧化还原电势、渗透压或 A_w。在实践中,针对某些微生物在生长过程中产酸性或碱性代谢产物较多的情况,在配制培养基时常添加一些缓冲剂或不溶性的碳酸盐,以维持培养基 pH 的相对稳定;常用的缓冲剂是 K_2HPO_4 与 KH_2PO_4 组成的混合物或 $CaCO_3$。③培养基配制后应尽快灭菌。④经济节约(生产上),在所选培养基成分能满足微生物培养要求的前提下,一般尽可能选用价格低廉、资源丰富的材料作培养基成分。

一、选用和设计培养基的原则和方法

综合文献资料和实践经验,在选用和设计培养基时,应遵循以下四个原则和四种方法。

(一)四个原则

1. 目的明确

在设计新培养基前,先要明确拟培养何菌?或何产物?是用作实验室研究还是大生产用?是进行一般研究还是作精密的生理、生化或遗传学研究?是用作"种子"培养基还是发酵培养基?是生产含氮量低的发酵产物(如乙醇、乳酸、柠檬酸等),还是生产含氮量高的产物(如氨基酸、酶制剂、SCP 等)?根据不同的工作目的,运用自己丰富的生物化学和微生物知识,可为提出最佳实验方案打下良好的基础。

2. 营养协调

对微生物细胞组成元素的调查或分析,是设计培养基时的重要参考依据,表 4-10 和表 4-11 是两份有价值的参考数据。微生物细胞内各种成分间有一较稳定的比例。因此,在大多数为化能异养微生物配制的培养基中,除水分外,碳源(兼能源)的含量最高,其后依次是氮源、大量元素和生长因子。为便于记忆,可以认为,它们之间大体上存在着 10 倍序列的递减趋势,即:

要素:$H_2O > C+能源 > N 源 > P、S > K、Mg > 生长因子$

含量:$\sim 10^{-1}$ $\sim 10^{-2}$ $\sim 10^{-3}$ $\sim 10^{-4}$ $\sim 10^{-5}$ $\sim 10^{-6}$

表 4-10　　　　　　　　　　原核细胞的化学成分

分子名称	占干重/%	每一细胞所含分子数	种类
1. 水	—		1
2. 大分子总数	96	24609802	~2500
蛋白质	55	2350000	~1850
多糖	5	4300	
脂类	9.1	22000000	
DNA	3.1	2.1	
RNA	20.5	255500	~660

续表

分子名称	占干重/%	每一细胞所含分子数	种类
3. 单体总数	3.5		~350
氨基酸及其前体	0.5		~100
糖类及其前体	2		~50
核苷酸及其前体	0.5		~200
4. 无机离子	1		18

资料来源：周德庆，2002.

表4-11　　　　　三大类微生物细胞中各种成分的含量　　　　　单位:%干重

成分	细菌	酵母菌	霉菌
碳	48（46~52）	48（46~52）	48（45~55）
氮	12.5（10~14）	7.5（6~8.5）	6（4~7）
蛋白质	55（50~60）	40（35~45）	32（25~40）
糖类	9（6~15）	38（30~45）	49（40~55）
脂类	7（5~10）	8（5~10）	8（5~10）
核酸	23*（15~25）	8（5~10）	6（4~10）
灰分	6（4~10）	6（4~10）	
磷		1.0~2.5	
硫、镁		0.3~1.0	
钾、钙		0.1~0.5	
钠、铁		0.01~0.1	
锌、铜、锰		0.001~0.01	

注：＊只有用快速生长的细胞进行分析才可取得这一高值。

在上述序列中，碳源与氮源含量之比称为碳氮比（C/N），严格来讲，碳氮比应是指在微生物培养基中所含的碳源中的碳原子摩尔数与氮源中的氮原子摩尔数之比。这是因为，在不同种类的碳源或氮源分子中，其实际含碳量或含氮量差别很大，从以下常用氮源化合物的含氮量占其总质量的百分比（表4-12），即可明白其中的道理。

表4-12　　　　　　　　　　　常用氮源含氮量

氮源	含氮量/%	氮源	含氮量/%
NH_3	82	$(NH_4)_2SO_4$	21
$CO(NH_2)_2$	46	氨基酸	8~27
NH_4NO_3	35	蛋白质	约16
$(NH_4)_2CO_3$	29.2		

碳氮比对微生物营养细胞的合成、增长和新陈代谢都有一定影响。一般来讲，真菌需碳氮比较高的培养基（似动物的"素食"），细菌尤其是动物病原菌需碳氮比较低的培养基（似动物的"荤食"）。

3. 理化适宜

理化适宜指培养基的 pH、渗透压、水分活度、氧化还原势等物理化学条件较为适宜。

（1）pH　从整体上来看，各大类微生物都有其生长适宜的 pH 范围，如细菌为 7.0~8.0，放线菌为 7.5~8.5，酵母菌为 3.8~6.0，霉菌为 4.0~5.8，藻类为 6.0~7.0，原生动物为 6.0~8.0。但对某一具体微生物来说，其生长的最适 pH 范围常可大大突破上述界限，其中一些嗜极菌尤为突出。

由于在微生物（尤其是一些产酸菌）的生长、代谢过程中会产生引起培养基 pH 改变的代谢产物，如糖类和脂肪代谢产酸，蛋白质代谢产碱，以及其他物质代谢产生酸碱。一般随着培养时间的延长，培养基会变得较酸。当然，上述过程与培养基的碳氮比也有极大的关系，碳氮比高的培养基，例如培养真菌的培养基，经过一段时间的培养后其 pH 通常会明显下降；而碳氮比低的培养基，如培养一般细菌的培养基，经过培养后，其 pH 会明显升高。这种情况如不及时调节，就会抑制甚至杀死培养物，因而在涉及此类培养基时就要考虑培养基成分对 pH 的调节能力，这种通过培养基内在成分所进行的调节作用可称为 pH 的内源调节。内源调节方式主要有以下两种。

①磷酸缓冲液进行调节：例如，调节 K_2HPO_4 和 KH_2PO_4 两者浓度比即可获得 pH 在 6.0~7.0 的一系列稳定的 pH，当两者为等物质的量浓度比时，溶液的 pH 可稳定在 6.8。其反应原理如下。

$$K_2HPO_4 + HCl \longrightarrow KH_2PO_4 + KCl$$
$$KH_2PO_4 + KCl \longrightarrow K_2HPO_4 + H_2O$$

②以 $CaCO_3$ 作"备用碱"进行调节：$CaCO_3$ 在水溶液中溶解度极低，故将它加入至液体或固体培养基中时，并不会明显提高培养基的 pH。但当微生物生长过程中不断产酸时，却可溶解 $CaCO_3$，从而发挥其调节培养基 pH 的作用。因为 $CaCO_3$ 既不溶于水又是沉淀性的，故配制培养基时很难使它分布均匀，为方便起见，有时可用 $NaHCO_3$ 来调节。

（2）渗透压和水分活度　渗透压（osmotic pressure）是某水溶液中一个可用压力来量度的物化指标，它表示两种不同浓度的溶液间若被一个半透膜性薄膜隔开时，稀溶液中的水分子会因水势的推动而透过隔膜流向浓缩溶液，直至浓溶液所产生的机械压力足以使两边水分子的进出达到平衡为止，这时浓溶液中的溶质所产生的机械压力即为它的渗透压值。渗透压的大小是由溶液中所含有的分子或离子的质点数所决定的，等重的物质，其分子或离子越小，质点数越多，因而产生的渗透压就越大。绝大多数微生物适宜于在等渗的溶液中生长，高渗溶液会使细胞发生质壁分离，而低渗溶液会使细胞吸水膨胀，形成很高的膨压（例如，大肠杆菌细胞的膨压可达 0.2MPa，与汽车胎压相当），这对细胞壁脆弱或丧失的各种缺壁细胞，如原生质体、球状体或 L 型细菌来说，是致命的。当然，微生物在其长期进化过程中，已进化出一套高度适应渗透压的特性，例如可通过体内糖原、聚-β-羟丁酸（PHB）等大分子贮藏物的合成或分解来调节细胞内的渗透压。据测定，革兰阳性细菌的渗透压可达 2MPa，革兰阴性细菌的渗透压可达到 0.5~1MPa。

水分活度即（water activity，A_w），是一个比渗透压更有生理意义的物理化学指标，它表示在天然或人为环境中，微生物可实际利用的自由水或游离水的含量。各种微生物生长繁殖 A_w 在 0.60~0.998。知道了各类微生物生长的 A_w 后，不仅有利于设计它们的培养基，而且还对防止食物的霉腐具有指导意义。现将若干食物和其他物料的 A_w 列举在表 4-13 中。

表 4-13　　　　　　　　　　若干食品和其他物料的 A_w

食品	A_w	食品	A_w
纯水	1.00	香肠	0.85
海水	0.98	饱和蔗糖液	0.76
新鲜水果	0.97~0.98	咸鱼	0.75
家畜鲜肉	0.97	糖果、干果	0.70
面包	0.95	谷物、面粉	0.65
糖酱、火腿	0.90	乳粉	0.20

资料来源：周德庆，2002.

一般培养基的渗透压都是适宜的。但培养嗜盐微生物（如嗜盐细菌）和嗜渗透微生物（如高渗酵母）时应提高培养基的渗透压。培养嗜盐微生物常加适量的 NaCl，海洋微生物的最适生长盐度约 3.5%。培养嗜渗透微生物时要加接近饱和量的蔗糖。

（3）调节 O_2 和 CO_2 的浓度　自养微生物需以 CO_2 为碳源，但空气中的 0.03% 的 CO_2 含量难以满足其生长需要。因此必须外加 CO_2，直接向培养基中供应 CO_2 会改变培养基的 pH，因此必须采取缓冲的措施。方法是：在培养厌氧菌时，培养基中加 $NaHCO_3$，培养好氧菌时，培养基中加入 $CaCO_3$。

4. 经济节约

在设计大生产用的培养基时，经济节约的原则是十分重要的。在保证微生物生长与积累代谢产物需要的前提下，可遵循以下原因。

（1）以粗代精　以粗制的培养基原料代替纯净的原料，如以糖蜜取代蔗糖等。

（2）以"野"代"家"　以野生植物原料代替栽培植物原料，如以粗木薯粉代替优质淀粉等。

（3）以废代好　将生产中营养丰富的废弃物作为培养基，如造纸厂的亚硫酸废液（含戊糖）可培养酵母菌，豆制品厂的黄浆水可培养白地霉（*Geotrichum candidum*）等。

（4）以简代繁　生产上改进培养基成分时，一般存在越改进，其成分总是有越来越丰富和复杂，故有时应转换思维方式，尝试"减法"。

（5）以氮代胺　即尽量利用氨基酸自养微生物的生物合成能力，以廉价的大气氮、铵盐、硝酸盐或尿素等来代替氨基酸或蛋白质，作为配制培养基的原料。

（6）以纤代糖　是指在微生物的碳源中，在可能的条件下，尽量以纤维素代替淀粉或糖类原料。

（7）以烃代粮　以石油或天然气作碳源培养某些石油微生物，从而节约宝贵的粮食原料。在微生物中，已知有 28 属细菌、12 属酵母菌和 30 属丝状真菌能降解石油或利用天然气。

(8) 以"国"代"进" 以国产原料代替进口原料,这实为"以粗代精"原则的另一特殊形式。

(二) 四种方法

1. 生态模拟

在自然条件下,凡有某种微生物大量生长繁殖的环境,必存在着该微生物所必要的营养和其他条件。若直接取用这类自然基质(经过灭菌)或模拟这类自然条件,就可获得一个"初级的"天然培养基,例如可用肉汤、鱼汁培养细菌,用果汁培养酵母菌,用润湿的麸皮、米糠培养霉菌以及用米饭或面包培养根霉等。

2. 参阅文献

任何科技工作者绝不能事事都靠直接经验。多查阅、分析和利用文献资料上一切与自己研究对象直接或间接有关的信息,对设计新培养基有着重要的参考价值,因此,要时时注意和收集这类文献资料。

3. 精心设计

在设计、试验新配方时,常常要对多种因子进行比较和反复试验,工作量极大。借助优选法或正交试验设计等行之有效的数学工具,可明显提高工作效率。

4. 试验比较

要设计一种优化的培养基,在上述三项工作的基础上,还得经过具体试验和比较才能最后予以确定。试验的规模一般都遵循由定性到定量、由小到大、由实验到工厂等逐步扩大的原则。

(三) 六个因素

1. 选择适宜的营养物质

总体而言,所有微生物生长繁殖均需要培养基含有碳源、氮源、无机盐、生长因子、水及能源,但由于微生物营养类型复杂,不同微生物对营养物质的需求是不一样的,因此,首先要根据不同微生物的营养需求配制针对性强的培养基。自养型微生物能从简单的无机物合成自身需要的糖类、脂类、蛋白质、核酸、维生素等复杂的有机物,因此培养自养型微生物的培养基完全可以(或应该)由简单的无机物组成。

对光能自养型微生物而言,除需要各类营养物质外,还需光照提供能源。培养异养型微生物需要在培养基中添加有机物,而且不同类型异养型微生物的营养需求差别很大,因此其培养基组成也相差很远。例如,培养大肠杆菌的培养基组成比较简单(表4-14),而有些异养型微生物的培养基的成分非常复杂,如肠膜明串珠菌需要生长因子,若配制培养它的培养基时,需要在培养基中添加生长因子多达33种,因此通常采用天然有机物来为它提供生长所需要的生长因子。

表4-14　　　　　　几种类型培养基组成

成分	氧化硫硫杆菌培养基	大肠杆菌培养基	牛肉膏蛋白胨培养基	高氏1号培养基	查氏培养基	LB培养基	主要作用
牛肉膏			5				碳源(能源)、氮源、无机盐、生长因子

续表

成分	氧化硫硫杆菌培养基	大肠杆菌培养基	牛肉膏蛋白胨培养基	高氏1号培养基	查氏培养基	LB培养基	主要作用
蛋白胨			10			10	氮源、碳源（能源）、生长因子
酵母浸膏						5	生长因子、氮源、碳源（能源）
葡萄糖		5					碳源（能源）
蔗糖					30		碳源（能源）
可溶性淀粉				20			碳源（能源）
CO_2	来自空气						碳源（能源）
$(NH_4)_2SO_4$	0.4						氮源、无机盐
$NH_4H_2PO_4$		1					氮源、无机盐
KNO_3				1			氮源、无机盐
$NaNO_3$					3		氮源、无机盐
$MgSO_4 \cdot 7H_2O$	0.5	0.2	0.5	0.5			无机盐
$FeSO_4$	0.01			0.01	0.01		无机盐
KH_2PO_4	4						无机盐
K_2HPO_4		1			0.5	1	无机盐
NaCl		5	5	0.5		10	无机盐
KCl					0.5		无机盐
$CaCl_2$	0.25						无机盐
S	10						能源
H_2O	1000	1000	1000	1000	1000	1000	溶剂
pH	7.0	7.0~7.2	7.0~7.2	7.2~7.4	自然	7.0	
灭菌条件	121℃ 20min	121℃ 30min	121℃ 20min	121℃ 20min	121℃ 20min	121℃ 20min	

注：表中培养基各组分含量均为每升培养基中该成分的克数。
资料来源：唐劲松，2012.

就微生物主要类型而言，有细菌、放线菌、酵母菌、霉菌、原生动物、显微藻类及病毒之分，培养它们所需的培养基各不相同。在实验室中常用牛肉膏蛋白胨培养基培养细菌，用高氏1号培养基培养放线菌，培养酵母菌一般用麦芽汁培养基，麦芽粉组成复杂，能为酵母菌提供足够的营养物质，培养霉菌一般用察氏培养基（表4-14）。

原生动物也可用培养基培养，有的原生动物需要较多的营养物质，大多数藻类可以利用光能，只需CO_2、水和一些无机盐就可生长，某些藻类可在黑暗条件下利用有机物质生长。有些藻类需要在培养基中补加土壤浸液，培养海洋藻类时可直接利用海水，但如果在特殊情况下需要合成培养基培养海藻类时，则必须在培养基中加入海水中含有的各种盐。

2. 营养物质浓度及配比

培养基中营养物质浓度合适时，微生物才能生长良好，营养物质浓度过低时，不能满足微生物正常生长所需，浓度过高时，可能对微生物生长起抑制作用，例如高浓度糖类物质、无机盐、重金属离子等不仅不能维持和促进微生物的生长，反而起到抑菌或杀菌作用。另外，培养基中各营养物质之间的浓度配比也直接影响微生物的生长繁殖和（或）代谢产物的形成和积累，其中碳氮比的影响较大。例如，在利用微生物发酵生产谷氨酸的过程中，培养基碳氮比为4∶1时，菌体大量繁殖，谷氨酸积累少；当培养基碳氮比为3∶1时，菌体繁殖受到抑制，谷氨酸产量大量增加。

3. 控制pH条件

培养基的pH必须控制在一定的范围内，以满足不同类型微生物的生长繁殖或产生代谢产物。值得注意的是，在微生物生长繁殖和代谢过程中，由于营养物质被分解利用和代谢产物的形成与积累，会导致培养基pH发生变化，若不对培养基pH条件进行控制，往往导致微生物生长速度下降或（和）代谢产物产量下降。因此，为了维持培养基pH的相对恒定，通常在培养基中加入pH缓冲剂，部分相关内容已如前述。KH_2PO_4和K_2HPO_4缓冲系统只能在一定的pH范围内（pH 6.4~7.2）起调节作用。有些微生物，如乳酸菌能大量产酸，上述缓冲系统就难以起到缓冲作用，此时可在培养基中添加难溶的碳酸盐（如$CaCO_3$）来进行调节。在培养基中还存在一些天然的缓冲系统，如氨基酸、肽、蛋白质都属于两性电解质，也可起到缓冲剂的作用。

4. 控制氧化还原电位

不同类型微生物生长对氧化还原电位（redox potential，通常用Eh表示）的要求不一样，一般好氧性微生物在Eh为+0.1V以上时可正常生长，一般以+0.3~+0.4V为宜，厌氧性微生物只能在Eh低于+0.1V条件下生长，兼性厌氧微生物在Eh为+0.1V以上时进行好氧呼吸，在+0.1V以下时进行发酵。Eh与氧分压和pH有关，也受某些微生物代谢产物的影响。在pH相对稳定的条件下，可通过增加通气量（如振荡培养、搅拌）提高培养基的氧分压，或加入氧化剂，从而提高Eh；在培养基中加入抗坏血酸、硫化氢、半胱氨酸、谷胱甘肽、二硫苏糖醇等还原性物质可降低Eh。

5. 原料来源的选择

在配制培养基时应尽量利用廉价易得的原料作为培养基成分，特别是在发酵工业中，培养基用量很大，利用低成本的原料更体现出其经济价值。例如，在微生物单细胞蛋白的工业生产过程中，糖蜜、乳清（乳制品工业中含有乳糖的废液）、豆制品工业废液及黑废液（造纸工业中含有戊糖和己糖的亚硫酸纸浆）等都可作为培养基的原料。另外，大量的农副产品或制品，如麸皮、米糠、玉米浆、酵母浸膏、酒糟、豆饼、花生饼、蛋白胨等都是常用的发酵工业原料。

6. 灭菌处理

要获得微生物纯培养，必须避免杂菌污染，因此必须对所用器材及工作场所进行消毒与灭菌。对培养基而言，更是要进行严格的灭菌。对培养基一般采取高压蒸汽灭菌，一般培养基用 $1.05 kg/cm^2$、$121.3℃$条件下维持 15~30min 可达到灭菌目的。在高压蒸汽灭菌过程中，长时间高温会使某些不耐热物质遭到破坏，如使糖类物质形成氨基糖、焦糖，因此含糖培养基常在 $0.56 kg/cm^2$、$112.6℃$、15~30min 进行灭菌，某些对糖类要求较高的培养基，可先将糖进行过滤除菌或间歇灭菌，再与其他已灭菌的成分混合；长时间高温还会引起磷酸盐、碳酸盐与某些阳离子（特别是钙、镁、铁离子）结合形成难溶性复合物而产生沉淀。因此，在配制用于观察和定量测定微生物生长状况的合成培养基时，常需在培养基中加入少量螯合剂，避免培养基中产生沉淀，常用的螯合剂为乙二胺四乙酸（EDTA）。还可以将含钙、镁、铁等离子的成分与磷酸盐、碳酸盐分别进行灭菌，然后再混合，避免形成沉淀；高压蒸汽灭菌后，培养基 pH 会发生改变（一般使 pH 降低），可根据所培养微生物的要求，在培养基灭菌前后加以调整。

在配制培养基过程中，泡沫的存在对灭菌处理极不利，因为泡沫中的空气形成隔热层，使泡沫中微生物难以被杀死。因而有时需要在培养基中加入消泡沫剂以减少泡沫的产生，或适当提高灭菌温度。

二、培养基的种类

培养基种类很多，可根据构成培养基的成分、物理状态、用途将培养基分成若干类型。

1. 按成分不同划分

根据对构成培养基的化学成分的了解程度，可将培养基分成合成、半合成和天然培养基三大类。

（1）天然培养基（complex medium，undefined medium） 是指用化学成分并不十分清楚或化学成分不恒定的天然有机物质配制而成的培养基。常用的有机物有牛肉膏、酵母膏、蛋白胨、麦芽汁、豆芽汁、玉米粉、麸皮、牛乳、血清、血浆等。如实验室常用于培养细菌的牛肉膏蛋白胨培养基等就属于此类培养基。其优点是营养丰富、种类多样、配制方便、培养效果好、价格低廉；缺点是成分不十分清楚、不稳定，来源也受限。因此，通常适用于一般实验室中的菌种培养、发酵工业中生产菌种的培养和某些发酵产物的生产等。

（2）合成培养基（synthetic medium） 又称组合培养基。它是由化学成分完全了解的物质配制而成的培养基。例如用于分离培养放线菌的高氏 1 号培养基，分离培养霉菌的察氏培养基，其成分均为明确已知的化学成分。优点是成分精确、重演性高；缺点是价格较贵、配制麻烦，且微生物生长较一般，因此，通常仅适用于营养、代谢、生理、生化、遗传、育种、菌种鉴定或生物测定等对定量要求较高的研究工作中。

（3）半合成培养基（semi-synthetic medium） 又称半组合培养基，是指一类主要用已知化学成分的试剂配制，同时又添加某些未知成分的天然物质制备而成的培养基。如一般用于培养霉菌的马铃薯蔗糖培养基、培养真菌的 LB 培养基等。

2. 根据物理状态分

根据其物理状态将培养基分成液体培养基、固体培养基与半固体培养基等类型。

（1）液体培养基（liquid medium） 是指呈液体状态的培养基。无论在实验室还是生产实践中，液体培养基被广泛应用。尤其是工业生产上，液体培养基被用于培养微生物细胞或获得代谢产物。

（2）固体培养基（solid medium） 是指呈固化状态的培养基。根据固态性状，又可分为以下几种类型。

①固化培养基：由液体培养基中加入凝固剂而成。琼脂（agar）（融化温度、凝固温度分别约为96℃和40℃）是最优良且应用最广泛的凝固剂。常在液体培养基中加入1%~2%的琼脂配制固体培养基。

②不可逆固体培养基：这类培养基一旦凝固就不能再被融化，故称为不可逆固体培养基，如医学微生物分离培养中常用的血清培养基等。

③天然固体培养基：是指由天然固态营养基质制备而成的固体培养基。常用的天然固态营养基质有麦麸、米糠、木屑、植物秸秆纤维粉、马铃薯片、胡萝卜条、大豆、大米、麦粒等，如食用菌生产常用植物秸秆纤维粉为主要原料的天然固体培养基。

④滤膜：一种坚韧且带有无数微孔的醋酸纤维薄膜。将滤膜制成圆片覆盖在营养琼脂或浸有液体培养基的纤维素衬垫上，就形成具有固化培养基性质的培养条件。滤膜主要用于对含菌量很少的水中微生物进行过滤、浓缩，然后揭下滤膜，放于含合适培养基的衬垫上培养，根据长出的菌落数，可算出水样中的实际含菌量。

固体培养基在科研和生产实践上用途广泛，如菌种分离、鉴定、菌落计数、检验杂菌、选种、育种、菌种保藏、生物活性物质的生物测定，获取大量真菌孢子，以及用于微生物的固体培养和大规模生产等。

（3）半固体培养基（semi-solid medium） 是在液体培养基中加入少量凝固剂而制成的坚硬度较低的固体培养基。一般常用的琼脂浓度为0.2%~0.7%。半固体培养基常用于细菌运动性观察、趋化性研究、厌氧菌培养、分离和计数、细菌和酵母菌的菌种保藏，以及双层平板法测定噬菌体效价等。

3. 根据用途划分

根据培养基的用途可分为基础培养基、加富培养基、选择性培养基、鉴别性培养基等。

（1）基础培养基（basal medium） 尽管不同微生物的营养需求各不相同，但大多数微生物所需的基本营养物质是相同的。基础培养基是含有一般微生物生长繁殖所需的基本营养物质的培养基。牛肉膏蛋白胨培养基是最常用的基础培养基。基础培养基也可以作为一些特殊培养基的基础成分，再根据某种微生物的特殊营养需求，在基础培养基中加入所需营养物质。

（2）加富培养基（enrichment medium） 在基础培养基中加入某些特殊营养物质制成的一类营养丰富的培养基，这些特殊营养物质包括血液、血清、酵母浸膏、动植物组织液等。加富培养基一般用来培养营养要求比较苛刻的异养型微生物。加富培养基还可以用来富集和分离某种微生物，这是因为加富培养基含有某种微生物所需的特殊营养物质，该种微生物在这种培养基中较其他微生物生长速度快，并逐渐富集而占优势，逐步淘汰其他微生物，从而容易达到分离该种微生物的目的。从某种意义上讲，加富培养基类似选择培养基，两者区别在于，加富培养基是用来增加所要分离的微生物的数量，使其形成生长优势，从而分离到该种微生物；而选择培养基一般是抑制不需要的微生物的生长，使所需要的微生物增殖，从而达到分离所需微生物的目的。

（3）选择性培养基（selective medium） 是根据某些微生物的特殊营养要求或其对化学、物理因素的抗性而设计的培养基，广泛用于菌种筛选等领域。选择性培养基配制时可根据不同的用途选择特殊的营养成分或添加特定的抑制剂，以达到分离特定微生物的目的。在实践中有两种方式，一种是正选择（投其所好），另一种是反选择（取其所抗）。

正选择是添加某种特定成分作为培养基主要或唯一的营养物，以分离能利用该种营养物的微生物，即根据某些微生物的特殊营养需求设计的。如从混杂的微生物群落中选择性地分离能利用纤维素的微生物时，则把纤维素作为选择培养基的唯一碳源，把混杂的微生物群落样品涂布于此种培养基上，凡能在该培养基上生长繁殖的微生物即为能利用纤维素的微生物；利用以蛋白质作为唯一氮源的选择培养基，可分离产胞外蛋白酶的微生物；以此类推，可以分离利用各种各样营养物的微生物。

反选择是在培养基中加入某种或某些微生物生长抑制剂，以抑制所不希望出现的微生物，从而从混杂的微生物群体中分离不被抑制和所需要的目标微生物，即在培养基中加入某种化学物质，这种化学物质没有营养作用，对所需分离的微生物无害，但可以抑制或杀死其他微生物。如在培养基中加入青霉素、链霉素以抑制细菌，从而分离霉菌与酵母菌；在培养基中加入数滴10%苯酚溶液可以抑制细菌和霉菌的生长，从而由混杂的微生物群体中分离出放线菌；在培养基中加入亚硫酸铋，可抑制革兰阳性菌和绝大多数革兰阴性菌的生长，革兰阴性的沙门菌可以在这种培养基上生长；在培养基中加入染料亮绿或结晶紫，可抑制革兰阳性菌的生长，从而达到分离革兰阴性菌的目的；在基因工程中，在筛选含有重组质粒的基因工程菌过程中，利用质粒上具有的对某种抗生素的抗性选择标记，在培养基加入相应抗生素，就能比较方便地淘汰非重组菌株，以减少筛选目标菌株的工作量。

在实际应用中，有时需要配置既有选择作用又有鉴别作用的培养基。例如，当要分离金黄色葡萄球菌时，在培养基中加入7.5% NaCl、甘露糖和酸碱指示剂，金黄色葡萄球菌可耐高浓度NaCl，且能利用甘露糖产酸。

（4）鉴别性培养基（differential medium） 是用于鉴别不同类型微生物的培养基。如在培养基成分中加有能与目的菌的无色代谢产物发生显色反应的指示剂，从而达到只需用肉眼辨别颜色就能方便地从近似菌落中找出目的菌菌落的培养基。鉴别培养基主要用于微生物的分类鉴定和分离，或筛选产生某种或某些代谢产物的微生物菌株。如伊红美蓝（eosin methylene blue，EMB）培养基中的伊红和美蓝两种苯胺染料可抑制革兰阳性菌和一些难培养革兰阴性菌。在低酸度下，这两种染料会结合并形成沉淀，起着产酸指示剂的作用。因此，试样中多种肠道细菌会在伊红美蓝培养基平板上产生易于用肉眼识别的多种特征性菌落，特别是大肠杆菌因其能强烈分解乳糖而产生大量混合酸，表面带H^+，故可染上酸性染料伊红，伊红与美蓝结合使菌落呈现深紫色，且从菌落表面的反射光中还可看到似金龟子色的绿色金属闪光。

选择性、鉴别性培养基只是为应用方便而人为划分的。实际应用时两种功能常结合在一起，如伊红美蓝培养基既是鉴别性培养基又是选择性培养基。一些鉴别性培养基见表4-15。

表 4-15　　一些鉴别性培养基

培养基名称	加入化学物质	微生物代谢产物	培养基特征性变化	主要用途
酪素培养基	酪素	胞外蛋白酶	蛋白水解圈	鉴别产蛋白酶菌株
明胶培养基	明胶	胞外蛋白酶	明胶液化	鉴别产蛋白酶菌株
油脂培养基	食用油、吐温、中性红指示剂	胞外脂肪酶	由淡红色变成深红色	鉴别产脂肪酶菌株
淀粉培养基	可溶性淀粉	胞外淀粉酶	淀粉水解圈	鉴别产淀粉酶菌株
H_2S 培养基	醋酸铅	H_2S	产生黑色沉淀	鉴别产 H_2S 菌株
糖发酵培养基	溴甲酚紫	乳酸、乙酸、丙酸等	由紫色变成黄色	鉴别肠道细菌
远藤氏培养基	碱性复红、亚硫酸钠	酸、乙醛	带金属光泽深红色菌落	鉴别水中大肠菌群
伊红美蓝培养基	伊红、美蓝	酸	带金属光泽深紫色菌落	鉴别水中大肠菌群
溴甲酚紫葡萄糖琼脂（BCP-MSG）	溴甲酚紫	色素	菌落色泽鲜艳	石膏样小孢子菌（*Microsporum gypseum*）、犬小孢子菌（*Microsporum canis*）、堇色毛癣菌（*Achorin violaceum*）等
铜绿假单胞菌鉴定培养基	KNO_3、AMD	产气、色素	培养基呈淡绿色、硝酸盐脱氮而产生 N_2	铜绿假单胞菌
10%金钱草液吐温80琼脂培养基	金钱草液、吐温80	产生厚膜孢子	孢子大呈圆形	白假丝酵母

（5）种子培养基（seminalmedium）　是供孢子发芽、生长和大量繁殖菌丝体，并使菌体长得粗壮，成为活力强的"种子"。所以种子培养基的营养成分要求比较丰富和完全，氮源和维生素的含量也要高些，但总浓度以略稀薄为好，这样可达到较高的溶解氧，供大量菌体生长繁殖。同时应尽量考虑各种营养成分的特性使微生物代谢过程中能维持稳定的 pH，以利于菌种的正常生长和发育，其组成还要根据不同菌种的生理特征而定。一般种子培养基都用营养丰富而完全的天然有机氮源，因为有些氨基酸能刺激孢子发芽。但无机氮源容易利用，有利于菌体迅速生长，所以在种子培养基中常包括有机及无机氮源。最后一级的种子培

养基的成分最好能较接近发酵培养基,这样可使种子进入发酵培养基后能迅速适应,快速生长。有时,还需加入使菌种能适应发酵条件的基质。菌种的质量关系到发酵生产的成败,所以种子培养基的质量非常重要。

(6) 发酵培养基(zymolyticmedium) 是生产中用于供菌种生长、繁殖并积累发酵产物之用。它既要使种子接种后能迅速生长,达到一定的菌丝浓度,又要使长好的菌体能迅速合成所需产物。该培养基的目的是使微生物快速、最大量的产生代谢产物。因此,发酵培养基的组成除有菌体生长所必需的元素和化合物外,碳氮比要适宜,还要有产物所需的特定元素、前体和促进剂等。但若因生长和生物合成产物需要的总的碳源、氮源、磷源等的浓度太高,或生长和合成两阶段各需的最佳条件要求不同时,则可考虑培养基用分批补料来加以满足。一般配制数量较大,配料较粗。发酵培养基中碳源含量往往高于种子培养基。若产物含氮量高,则应增加氮源。在大规模生产时,原料应来源充足、价格低廉,还应有利于产物的分离提取。

习 题

一、名词解释

1. 生长因子 2. 生长限制因子 3. 碳氮比 4. 培养基 5. 天然培养基 6. 合成培养基 7. 益生元 8. 完全培养基 9. 选择性培养基 10. 主动运输 11. 基团转位 12. EMB 培养基 13. 鉴定培养基 14. 氨基酸自养型微生物 15. 水分活度

二、选择题

1. 固体平板培养基中,琼脂含量为(　　)。
A. 0.1%~0.5%　　B. 0.5%~1.0%　　C. 1.0%~1.5%　　D. 1.5%~2.0%
2. 绝大多数微藻是(　　)类型的微生物。
A. 光能自养型　　B. 光能异养型　　C. 化能自养型　　D. 化能异养型
3. 细菌在哪一类食品上最容易生长?(　　)
A. 苹果　　B. 脱水蔬菜　　C. 谷物　　D. 鲜肉或鲜鱼
4. 当脱水食品的水分含量增加至足以使微生物生长时,其中首先生长起来的微生物最可能是(　　)。
A. 霉菌　　B. 酵母菌　　C. 细菌　　D. 放线菌
5. 食品工业中常见的生长因子异养型微生物室(　　)。
A. 大肠杆菌　　B. 毛霉　　C. 根霉　　D. 乳酸菌
6. 以高糖培养酵母菌,其培养基类型为(　　)。
A. 加富培养基　　B. 选择培养基　　C. 鉴别培养基　　D. 普通培养基
7. 琼脂作为最常用的凝固剂,其熔点为(　　)。
A. 100℃　　B. 96℃　　C. 75℃　　D. 40℃
8. 真菌的营养类型为(　　)。
A. 光能自养型　　B. 光能异养型　　C. 化能自养型　　D. 化能异养型

9. 下列微生物中能够利用分子氮的是(　　)。
A. 葡萄球菌　　　B. 弗兰克氏菌　　　C. 根霉　　　D. 酵母菌

三、问答题

1. 试述微生物营养中的六大要素物质及其生理功能。

2. 什么是碳源？什么是氮源？工业发酵和实验室常用的微生物碳源和氮源物质分别有哪些？

3. 根据培养基成分、外观物理状态和对微生物的功能的不同，分别可将培养基分为哪几种类型？不同类型培养基的特点和用途分别如何？

4. 比较微生物吸收营养物质四种方式的异同点。

5. 试举细菌、酵母菌和霉菌培养基各一例，并指出每一种培养基中各组分的功能。

6. 如果要从自然界中分离特定类型的微生物（如降解某种农药的细菌、耐酒精的酵母菌），根据所学知识如何选用或配制适合的培养基？

7. 什么是培养基？简述设计微生物培养基的基本原则。

8. 微生物营养物质进入细胞的四种运输方式。

9. 简述微生物的营养类型及分类依据，并举例。

10. 有一培养基配方如下：甘露醇 10g；KH_2PO_4 0.2g；$MgSO_4 \cdot 7H_2O$ 0.2g；$CaCO_3$ 5.0g；NaCl 0.2g；$CaSO_4 \cdot H_2O$ 0.1g；琼脂 20g；水 1000mL。试述其碳源、氮源、能源物质各是什么？NaCl 和 $CaCO_3$ 起何作用？

第五章

食品微生物的代谢

[学习目的与要求]

1. 掌握微生物的代谢过程和生物氧化类型。
2. 理解微生物代谢与食品加工和食品质量控制的关系。

[学习重点与难点]

1. 重点掌握微生物的特殊代谢途径和能量产生方式。
2. 理解和掌握微生物发酵类型的多样性与传统发酵食品质量的关系。
3. 难点是微生物代谢调控和菌株的选育。

代谢是所有生物体表现其生命活动的重要特征之一，贯穿于它们生命活动的始终。代谢作用包括分解代谢（catabolism）和合成代谢（anabolism）。分解代谢是指细胞将大分子降解成小分子物质，并在这个过程中产生能量。这些能量一部分以热的形式散失，一部分以高能磷酸键的形式储存在三磷酸腺苷（ATP）中，主要用于维持微生物的生理活动或供合成代谢需要。合成代谢是指细胞利用简单的小分子物质合成新的细胞物质、贮藏物、代谢产物等复杂大分子的过程，在这个过程中要消耗能量。合成代谢所利用的小分子物质来源于分解代谢过程中产生的中间产物或环境中的小分子营养物质。微生物的代谢过程见图5-1。

对于食品微生物来说，可利用其代谢过程生产种类丰富的食品及食品添加剂，如醋酸菌在充分供氧的条件下可将乙醇氧化为乙酸；酵母菌在厌氧条件下可将葡萄糖发酵为乙醇；乳酸菌可发酵生产酸制奶油、干酪、酸牛乳等，以及利用霉菌、酵母菌和细菌等多种微生物的代谢过程将原料转化成酱油，这些传统的发酵食品的生产和加工过程就是充分利用了不同微生物的代谢多样性。但同时，食品加工和贮藏过程中有害微生物的代谢过程也是引起食品腐败的主要原因，尤其是一些产毒素的细菌或真菌对人体健康的危害性更大，如黄曲霉毒素、肠毒素、肉毒毒素等，因此需要了解食品微生物的代谢过程和代谢产物，掌握微生物代谢调

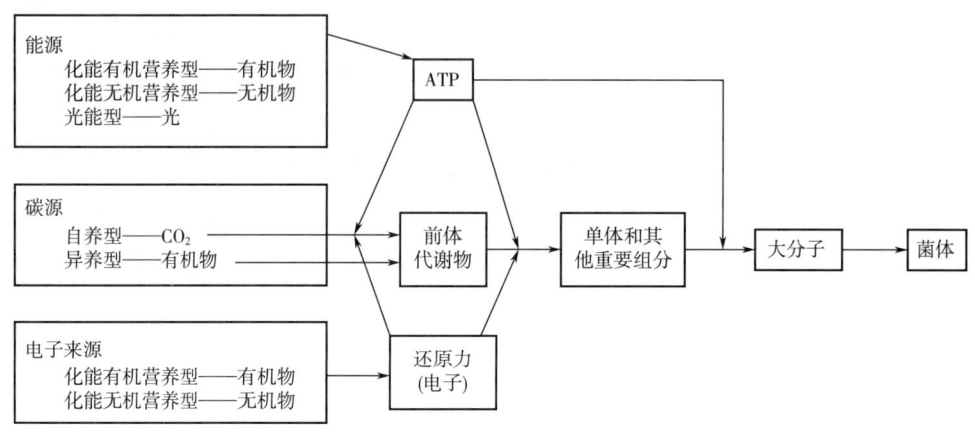

图 5-1 微生物的代谢过程图
(资料来源：李颖，关国华，2013)

控的方法和技术，并有目的地改造和驯化微生物，以适应食品行业的需求，保证食品的安全和质量。

第一节 微生物的能量代谢

能量代谢是一切生物代谢的核心问题，研究能量代谢的根本目的是追踪生物体如何把外界环境中多种形式的最初能源（primary energy source）转换成一切生命活动都能利用的通用能源（universal energy source）。在代谢过程中，微生物通过分解代谢产生化学能，光合微生物还可将光能转换成化学能，这些能量除用于合成代谢外，还可以用于微生物的运动和物质运输，另有部分能量以热或光的形式释放到环境中去。

一、微生物代谢产生 ATP 的方式

ATP 在细胞代谢的能量流通中扮演着"能量货币"的重要角色，它作为能量的载体参与代谢途径中能量的储存、释放和转移。当代谢过程中某一反应捕获或产生能量时，通常就会以二磷酸腺苷（ADP）磷酸化的形式将能量储存在 ATP 中。当某些代谢反应是吸热反应，需要外界能量参与才能完成时，ATP 便降解或水解成 ADP 和磷酸（Pi），将能量释放出来。ATP 和 ADP 的转化方程如下：

$$ATP+H_2O \longrightarrow ADP+Pi+能量$$

ATP 将释放自由能的产能反应与需要自由能投入促进其完成的耗能反应相联，这样，细胞的产能反应和耗能反应便在 ATP 的参与下来完成。生物体具有三种磷酸化方式产生 ATP。

（一）光合磷酸化

光合磷酸化（photophosphorylation）存在于绿色植物和光合微生物中，是通过光能驱动

的磷酸化产生 ATP 的方式，只存在于光合作用细胞中。这种细胞含有捕获光能的色素，如叶绿素等。在光合作用时，利用光能，由低能化合物 CO_2 和水合成有机分子，例如糖。在此过程中，光合磷酸化把光能转化为以 ATP 和 NADH 形式储存的化学能，进而被用于合成有机分子。与氧化磷酸化一样，光合磷酸化中也有电子传递链。

（二）非氧化磷酸化

非氧化磷酸化（non-oxidative phosphorylation）是生物体在缺氧条件下，特别是一些厌氧微生物获取能量的重要方式。该方式也可以发生在有氧氧化的某些中间过程中。这种磷酸化方式，既不需氧也没有代谢物脱氢（氧化），而是在代谢物脱水、基团转移过程中，分子内部能量发生重新分布和转移，利用这部分能量合成 ATP。例如，在糖酵解过程中，2-磷酸甘油酸经过脱水，生成磷酸烯醇式丙酮酸，然后再生成丙酮酸，即发生了分子内部能量的重新分布，最后形成 ATP。此反应没有伴有氧化作用（即脱氢）。

（三）氧化磷酸化

电子从有机化合物通过一系列的电子载体（NAD^+ 等）被转给分子氧或其他有机分子时发生氧化磷酸化（oxidative phosphorylation）。氧化磷酸化发生在原核微生物的质膜内膜上或真核微生物的线粒体的内膜上。氧化磷酸化中的一系列电子载体组成了电子传递链。电子从一个电子载体转移到下一个电子载体时，能量被释放，这些被释放的能量中，一部分通过化学渗透作用把能量传递给 ADP 而形成 ATP。

二、微生物利用葡萄糖的产能代谢途径

葡萄糖是微生物最容易利用的碳源和能源物质，微生物分解葡萄糖的主要途径包括 EMP 途径、ED 途径、TCA 循环、HMP 途径、磷酸解酮酶途径等，每条途径既有产生多种形式小分子中间代谢物以供合成反应作原料的功能，又具有脱氢、产能的功能。

（一）EMP 途径

EMP 途径（embdem-meyerhof-parnas pathway），又称糖酵解途径（glycolysis）或己糖二磷酸途径（hexose diphosphate pathway），这是绝大多数微生物共有的一条基本代谢途径。通过 EMP 途径，1 分子葡萄糖转变成 2 分子丙酮酸，产生 2 分子 ATP 和 2 分子 $NADH+H^+$。EMP 途径的产能效率很低，每一个葡萄糖分子仅净产 2 个 ATP，但其中产生的多种中间代谢物不仅可为合成反应提供原材料，还能起到连接许多有关代谢途径的作用，而且 EMP 途径产生的 $NADH+H^+$ 和丙酮酸都还能继续代谢。在有氧条件下，2 分子 $NADH+H^+$ 可经呼吸链的氧化磷酸化反应产生 6 分子 ATP，同时，EMP 途径与 TCA 循环连接，并通过后者把丙酮酸彻底氧化成 CO_2 和 H_2O。在无氧条件下，$NADH+H^+$ 可还原丙酮酸产生乳酸或还原丙酮酸的脱羧产物（乙醛）而产生乙醇等多种重要发酵产物，与生产实践密切相关。

（二）ED 途径

ED 途径（entner-doudoroff pathway）最早（1952 年）由 Entner 和 Doudoroff 两人在嗜糖假单胞菌（*Paeudomonas saccharophila*）中发现，因此称为 ED 途径。ED 途径是少数 EMP 途径不完整的细菌所特有的利用葡萄糖的替代途径，可独立存在，也可与 HMP 途径同时存在，一般存在于好氧的革兰阴性细菌中，如假单胞菌和发酵单胞菌（*Zymomonas*）等。ED 途径又称 2-酮-3-脱氧-6-磷酸葡萄糖酸（KDPG）裂解途径，特点是葡萄糖经转化成为 2-酮-3-脱氧-6-磷酸葡萄糖酸后，经脱氧酮糖酸醛缩酶催化，裂解成丙酮酸和 3-磷酸甘油醛，后者

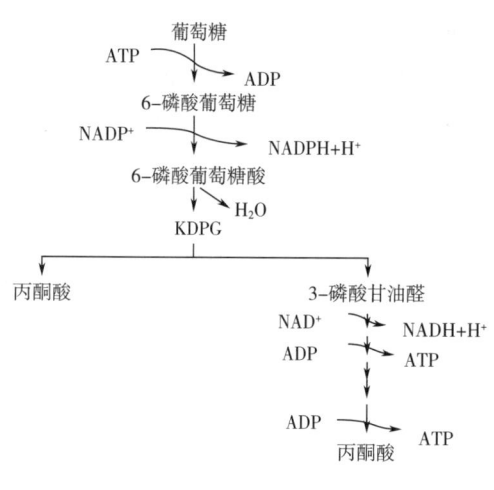

图 5-2 ED 途径概况
（资料来源：贺稚非，2010）

经 EMP 途径后半部分酶催化，转化成丙酮酸，结果和 EMP 途径一样，都是每分子葡萄糖产生两分子丙酮酸，但产生的能量水平只有 EMP 途径的 1/2，即产生 1 分子 ATP。ED 途径可概括如图 5-2 所示。在该途径中，关键反应是 2-酮-3-脱氧-6-磷酸葡萄糖酸的裂解。

此外，在运动发酵单胞菌（*Zymomonas mobilis*）这类微好氧菌中，ED 途径中所产生的丙酮酸可脱羧成乙醛，乙醛进一步被 NADH 还原为乙醇。这种经 ED 途径发酵产生乙醇的过程与传统的由酵母菌通过 EMP 途径生产乙醇不同，被称为细菌乙醇发酵。利用细菌生产乙醇，比传统的酵母菌酒精发酵有许多优点，包括代谢速率高、产物转化率高、菌体生成少、代谢副产物少、发酵温度较高、不必定期供氧等。当然，细菌乙醇发酵也有其缺点，主要是其生长 pH 为 5，较易染菌（而酵母菌 pH 为 3），其次是细菌耐乙醇力较酵母菌低（前者约为 7.0%，后者为 8%~10%）。

（三）三羧酸循环

三羧酸循环（tricarboxylic acid cycle）简称 TCA 循环，又称 Krebs 循环或柠檬酸循环（citric acid cycle）。葡萄糖经 EMP 途径或 ED 途径代谢产生的丙酮酸可以进入 TCA 循环继续彻底氧化，分解为 CO_2 和 H_2O，并释放能量和 $NADH+H^+$。TCA 循环在绝大多数异养微生物的氧化性代谢中起着关键性的作用。在真核微生物中，TCA 循环的反应在线粒体内进行，其中大多数酶定位在线粒体的基质中；在细菌等原核生物中，大多数酶都存在于细胞质内。琥珀酸脱氢酶属于例外，它在线粒体或细菌中都是结合在膜上的。

（四）HMP 途径

HMP 途径（hexose monophosphate pathway）即己糖单磷酸途径，又称戊糖磷酸途径或磷酸葡萄糖酸途径。通过 HMP 途径，葡萄糖可以不经 EMP 途径和 TCA 循环而得到彻底氧化，并能产生大量 $NADPH+H^+$ 和多种重要的中间代谢物，如丙糖磷酸、己糖磷酸、果糖磷酸、景天庚酮糖磷酸等，这些中间产物是合成核酸和某些氨基酸的重要前体物。同时，该途径还是从 $NADP^+$ 产生 $NADPH+H^+$ 的重要来源。1 分子葡萄糖通过磷酸戊糖途径被完全氧化时，可以产生 12 分子 $NADPH+H^+$。$NADPH+H^+$ 可以用于细胞中各种生物合成反应。大多数好氧和兼性厌氧微生物中都有 HMP 途径，而且在同一微生物中往往同时存在 EMP 和 HMP 途径，单独具有 HMP 途径的微生物较少见，已知的仅有弱氧化醋杆菌（*Acetobacter suboxydans*）和氧化醋单胞菌（*Acetomonas oxydans*）。

在不同的微生物中，EMP、ED 和 HMP 三条途径在己糖分解代谢中的重要性是有明显差别的，有关实例可见表 5-1。

表 5-1　　　　　　　　　　不同微生物中葡萄糖降解三条途径所占比例

	微生物	EMP/%	ED/%	HMP/%
细菌	大肠杆菌（Escherichia coli）	72		28
	枯草杆菌（Bacillus subtilis）	74		26
	运动发酵单胞菌（Zymomonas mobilis）		100	
	嗜糖假单胞菌（Pseudomonas saccharophila）		100	
	铜绿假单胞菌（Pseudomonas aeruginosa）		71	29
	氧化葡糖杆菌（Gluconobacter oxydans）			100
	藤黄八叠球菌（Sarxina lutea）	70		30
放线菌	灰色链霉菌（Streptomyces griseus）	97		3
真菌	酿酒酵母（Saccharomyces cerevisiae）	88		12
	产朊假丝酵母（Candida utilis）	66~81		19~34
	产黄青霉（Penicillium chrysogenum）	77		23

（五）PK 途径

PK 途径（phosphoketolase pathway）即磷酸解酮酶途径，磷酸解酮酶有两种，一种是戊糖磷酸解酮酶，另一种是己糖磷酸解酮酶。有些异型乳酸发酵的微生物，如明串珠菌属和乳杆菌属中的肠膜明串珠菌（Leuconostoc mesenteulides）、短乳杆菌（Lactobacillus brevie）、甘露乳杆菌（Lactobacillus manitopoeum）等，由于没有转酮-转醛酶系，而具有戊糖磷酸解酮酶，因此就不能通过 HMP 途径进行异型乳酸发酵，而是通过戊糖磷酸解酮酶途径进行。这个途径的特点是降解 1 分子葡萄糖只产生 1 分子 ATP，相当于 EMP 途径的 1/2，另一特点是几乎产生等量的乳酸、乙醇和 CO_2。总反应式为：

$$C_6H_{12}O_6 + ADP + Pi \longrightarrow CH_3CHOHCOOH + CH_3CH_2OH + CO_2 + ATP$$

戊糖磷酸解酮途径的关键酶系是磷酸木酮糖解酮酶，它催化 5-磷酸木酮糖裂解为 3-磷酸甘油醛和乙酰磷酸的反应。

以上介绍了生物氧化分解的五条主要途径，它们之间相互联结，将底物彻底氧化分解，并相互协调、互为补充，以满足微生物对能量、NAD（P）$H+H^+$ 以及不同中间代谢物的需要。其中，TCA 循环至关重要，在一切分解和合成代谢中占据枢纽地位。

第二节　微生物的生物氧化

生物氧化是物质在生物体内经过一系列连续的氧化还原反应，逐步分解并释放能量的过程。细胞在分解代谢中利用生物的氧化还原反应将高还原态的营养物质氧化为高氧化态，并获得能量，表 5-2 所示为细胞内存在的典型氧化还原对的氧化还原电势。

表 5-2　　　　　　　　　　　　　典型氧化还原对的氧化还原电势

氧化还原对	E_0'（氧化还原电势）
$2H^+ + 2e^- \longrightarrow H_2$	−0.420
$NAD(P)^+ + H^+ + e^- \longrightarrow NAD(P)H$	−0.320
$S + 2H^+ + 2e^- \longrightarrow H_2S$	−0.274
$FAD + 2H^+ + 2e^- \longrightarrow FADH_2$	−0.180
$Cyt\ b\ (Fe^{3+}) + e^- \longrightarrow Cyt\ b\ (Fe^{2+})$	0.075
$Cyt\ c\ (Fe^{3+}) + e^- \longrightarrow Cyt\ c\ (Fe^{2+})$	0.254
$NO_3^- + 2H^+ + 2e^- \longrightarrow NO_2^- + H_2O$	0.421
$NO_2^- + 8H^+ + 6e^- \longrightarrow NH_4^+ + 2H_2O$	0.44
$Fe^{3+} + e^- \longrightarrow Fe^{2+}$	0.771
$O_2 + 4H^+ + 4e^- \longrightarrow 4H_2O$	0.815

资料来源：路福平，2005.

一、呼吸链

在原核生物质膜和真核生物线粒体膜上，由一系列氧化还原势不同的氢传递体（或电子传递体）组成的一组链状传递顺序，称为呼吸链（respiratory chain，RC），又称电子传递链（electron transport chain，ETC），它能把氢或电子从低氧化还原势的化合物传递给高氧化还原势的分子氧或其他无机、有机氧化物，并使它们还原。在氢或电子的传递过程中，通过与氧化磷酸化反应发生偶联，就可以产生 ATP 形式的能量。在原核生物和真核生物中，呼吸链的主要组分是类似的，一般为：NADH—FMN—CoQ—Cyt. b—Cyt. c—Cyt. a—Cyt. a_3。呼吸链中这些电子传递体传递电子的顺序，正是按照它们的氧化还原电势大小排成的顺序，这个顺序恰恰符合它们对于电子亲和力的不断增加顺序。从热力学关系上看，呼吸链中的电子传递体的标准势能是逐步下降的，电子流动的方向是朝向分子氧进行的。

在原核生物中，呼吸链各组分变化很大。不同种原核微生物之间，甚至同一种原核微生物生活在不同的环境条件（例如不同生长期、不同碳源、不同末端电子受体等）下时，其呼吸链也会发生明显的变化。例如，大肠杆菌在缺氧条件下，在 CoQ 后的呼吸链就分成两支（图 5-3），一支是 Cyt. b552—Cyt. o，另一支是 Cyt. b558—Cyt. b505—Cyt. d（这一支可抗氰化物抑制）；又如，在维涅兰德固氮菌（*Azotobacter vinelandii*）的 Cyt. b 后，呼吸链可分出 4 条分支。

二、化能异养型微生物的生物氧化类型

微生物有不同的产能代谢途径，根据递氢特别是受氢过程中氢受体性质的不同，可以将化能异养型微生物的生物氧化区分成有氧呼吸（aerobic respiration）、无氧呼吸（anaerobic respiration）和发酵（fermentation）三种类型（图 5-4）。

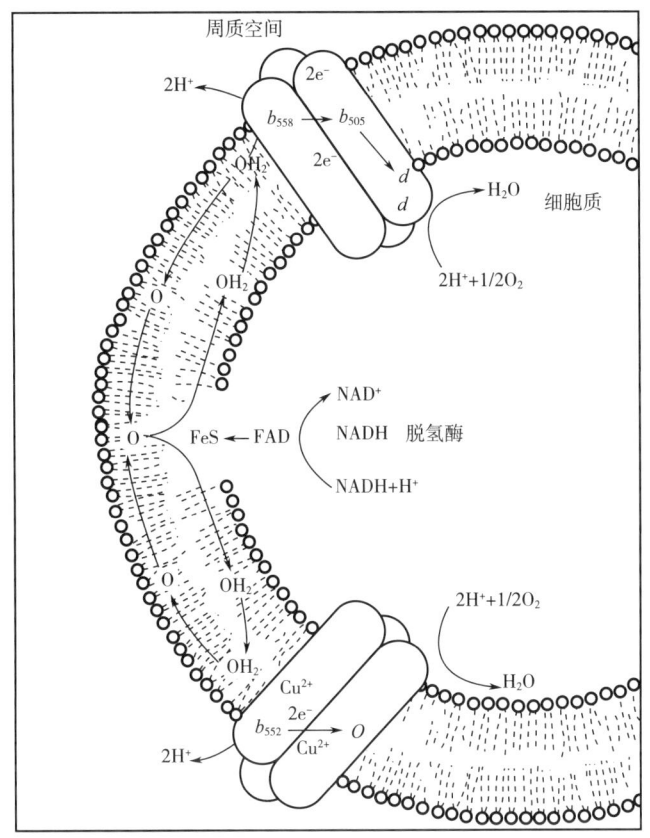

图 5-3 大肠杆菌中的呼吸链
(资料来源：路福平，2005)

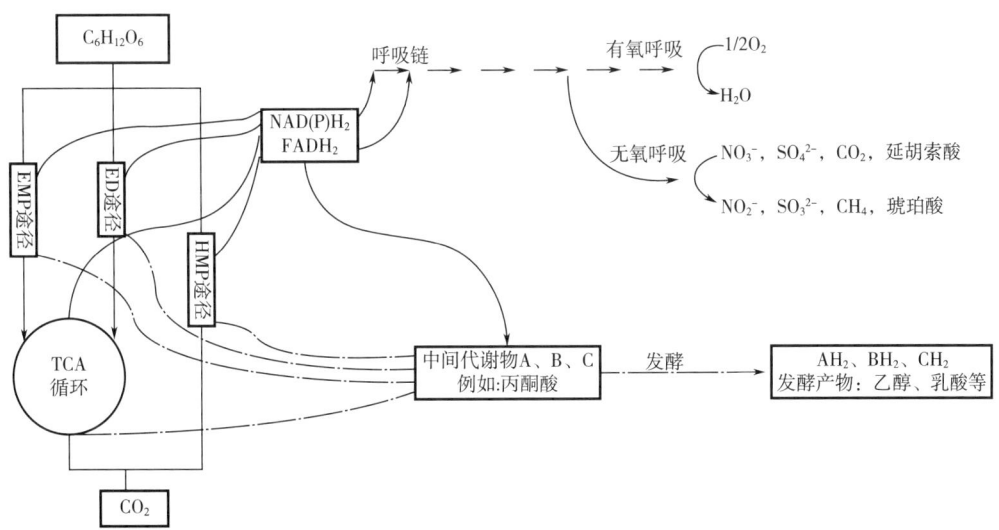

图 5-4 呼吸和发酵
(资料来源：路福平，2005)

（一）有氧呼吸

有氧呼吸是一种最普遍和最重要的生物氧化方式，其特点是底物分解产生的氢，经完整的呼吸链递氢，最终由分子氧接受氢并产生水和释放能量 ATP。伴随电子从底物到氧的传递，ADP 被磷酸化形成 ATP 的酶促过程即是氧化磷酸化作用（oxidative phosphorylation）。

在原核微生物的有氧呼吸中，将 1 分子葡萄糖经 EMP 途径和 TCA 循环完全氧化分解，共产生 32 分子 ATP，见表 5-3。而在真核微生物中，由于电子在穿越线粒体膜时消耗了能量，只能产生 30 分子 ATP。

表 5-3　　　　　　　　　　原核微生物葡萄糖有氧呼吸产生 ATP 总结

	来源	ATP 产量和产生方式
EMP 途径	葡萄糖氧化成丙酮酸	2 分子 ATP（底物水平磷酸化）
	2 分子 NADH 产生	5 分子 ATP（呼吸链中的氧化磷酸化）
TCA 循环	琥珀酰 CoA 氧化成琥珀酸	2 分子 GTP（等同 ATP，底物水平磷酸化）
	8 分子 NADH	20 分子 ATP（呼吸链中的氧化磷酸化）
	2 分子 FADH	3 分子 ATP（呼吸链中的氧化磷酸化）
		总计：32 分子 ATP

（二）无氧呼吸

无氧呼吸是一类呼吸链末端的氢受体为外源无机氧化物（个别为有机氧化物）的生物氧化，如 NO_3^-、SO_4^{2-}、CO_2 等均可作为电子受体。无氧呼吸是一类在无氧条件下进行的产能效率较低的特殊呼吸，其特点是底物按常规途径脱氢后，经部分呼吸链递氢，最终由氧化态的无机物或有机物受氢，并完成氧化磷酸化产能反应。根据呼吸链末端受体的不同，可以把无氧呼吸分成表 5-4 中的多种类型。

表 5-4　　　　　　　　　　无氧呼吸类型

末端氢受体	无氧呼吸类型	代表微生物
无机物	硝酸盐呼吸　$NO_3^- \rightarrow NO_2^-$，NO，$N_2O$，$N_2$	地衣芽孢杆菌（*B. licheniformis*），脱氮副球菌（*Paracoccus. denitrificans*），铜绿假单胞菌（*P. aeruginosa*），斯氏假单胞菌（*P. stutzeri*），
	硫酸盐呼吸　$SO_4^{2-} \rightarrow SO_3^{2-}$，$S_3O_6^{2-}$，$S_2O_3^{2-}$，$H_2S$	脱硫脱硫弧菌（*Desulfovibrio desulfuricans*），致黑脱硫肠状菌（*Desulfotomaculum nigrificans*），瘤胃脱硫肠状菌（*D. ruminis*），
	硫呼吸　$S \rightarrow HS^-$，S^{2-}	乙酸氧化脱硫单胞菌（*Desulfuromonas acetoxidans*）
	铁呼吸　$Fe^{3+} \rightarrow Fe^{2+}$	氧化亚铁硫杆菌（*Thiobacillus ferrooxidans*）
	碳酸盐呼吸　CO_2，$HCOO^- \rightarrow CH_3COOH$，$CH_4$	反刍兽甲烷短杆菌（*Methanobrevibacter ruminantium*）

续表

末端氢受体	无氧呼吸类型		代表微生物
有机物	延胡索酸呼吸	延胡索酸→琥珀酸	埃希菌属（*Escherichia*），变形杆菌属（*Proteus*），克雷伯菌属（*Klebsiella*），拟杆菌属（*Bacteroides*），丙酸菌属（*Propionibacterium*），产琥珀酸弧菌（*V. succinogenes*）
	甘氨酸呼吸	甘氨酸→乙酸	
	二甲基亚砜呼吸	二甲基亚砜→二甲基硫化物	
	氧化三甲胺呼吸	氧化三甲胺→三甲胺	

（1）硝酸盐呼吸（nitrate respiration） 硝酸盐呼吸又称反硝化作用（denitrification）。硝酸盐在微生物生命活动中主要具有两种功能：第一，在有氧或无氧条件下微生物利用硝酸盐作为其氮源营养物，称为同化性硝酸盐还原作用；第二，在无氧条件下，微生物利用硝酸盐作为呼吸链的最终氢受体，这是一种异化性的硝酸盐还原作用，又称硝酸盐呼吸。上述两个还原过程的共同特点是硝酸盐都要经过一种含钼的硝酸盐还原酶使其还原为亚硝酸。

能进行硝酸盐呼吸的都是一些兼性厌氧微生物即反硝化细菌，而专性厌氧微生物是无法进行硝酸盐呼吸的。能进行硝酸盐呼吸的细菌种类很多，例如地衣芽孢杆菌、脱氮副球菌、铜绿假单胞菌、斯氏假单胞菌以及脱氮硫杆菌（*Thiobacillus denitrificans*）等。

（2）硫酸盐呼吸（sulfate respiration） 硫酸盐呼吸是由硫酸盐还原细菌（或称反硫化细菌）把经呼吸链传递的氢交给硫酸盐这类末端氢受体的厌氧呼吸。这是一种异化性的硫酸盐还原作用，通过这一过程，微生物就可在无氧条件下借呼吸链的电子传递磷酸化而获得能量。硫酸盐还原的最终产物是 H_2S，自然界中的大多数 H_2S 是由这一反应产生的。硫酸盐还原细菌都是一些严格依赖于无氧环境的专性厌氧细菌，例如脱硫脱硫弧菌、巨大脱硫弧菌（*Desulfovibrio gigas*）、致黑脱硫肠状菌以及瘤胃脱硫肠状菌等。

（3）硫呼吸（sulphur respiration） 硫呼吸是指以无机物硫作为无氧呼吸的最终氢受体，结果硫被还原成 H_2S，能进行硫呼吸的是一些兼性或专性厌氧菌，例如乙酸氧化脱硫单胞菌。

（4）碳酸盐呼吸（carbonate respiration） 是一类以 CO_2 或重碳酸盐作为呼吸链的末端氢受体的无氧呼吸。根据其还原产物的不同，可分为两种类型，一类是产甲烷菌产生甲烷的碳酸盐呼吸，另一类为产乙酸细菌产生乙酸的碳酸盐呼吸。

（5）铁呼吸（iron respiration） 铁呼吸的无氧呼吸链的末端氢受体是 Fe^{3+}，这方面的研究仅在嗜酸性的氧化亚铁硫杆菌中进行。

（6）延胡索酸呼吸（fumarate respiration） 在延胡索酸呼吸中，延胡索酸被充作无氧呼吸链的末端氢受体，而琥珀酸则是延胡索酸的还原产物。许多兼性厌氧细菌，例如埃希菌属、变形杆菌属、沙门菌属和克雷伯菌属等肠杆菌，以及厌氧细菌例如拟杆菌属、丙酸杆菌属和产琥珀酸弧菌等,都能进行延胡索酸呼吸。近年来,又发现了几种类似于延胡索酸呼吸的无氧呼吸,它们都以有机氧化物作为无氧环境下呼吸链的末端氢受体,包括甘氨酸(还原成乙酸)、二甲基亚砜(还原成二甲基硫化物)、氧化三甲胺(还原成三甲胺)等。

三、发　酵

广义上,发酵是指任何利用好氧或厌氧微生物来生产有用代谢产物的一类生产方式。而在生物氧化或能量代谢中,发酵仅是指在无氧条件下,底物脱氢后不经过呼吸链传递而直接将其交给某一内源氧化性中间代谢产物的一类低效产能反应,可简示为图5-5。

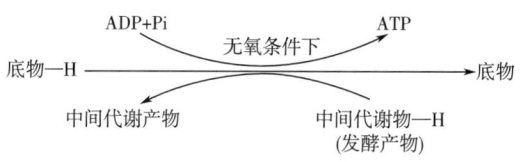

图5-5　发酵的含义

发酵的类型很多(图5-6),不同的微生物中,能够进行的发酵类型也不同。也就是说,微生物发酵产生什么样的终产物依赖于微生物的种类及其体内起作用的酶。因此,可以通过分析终产物来鉴定微生物的种类。

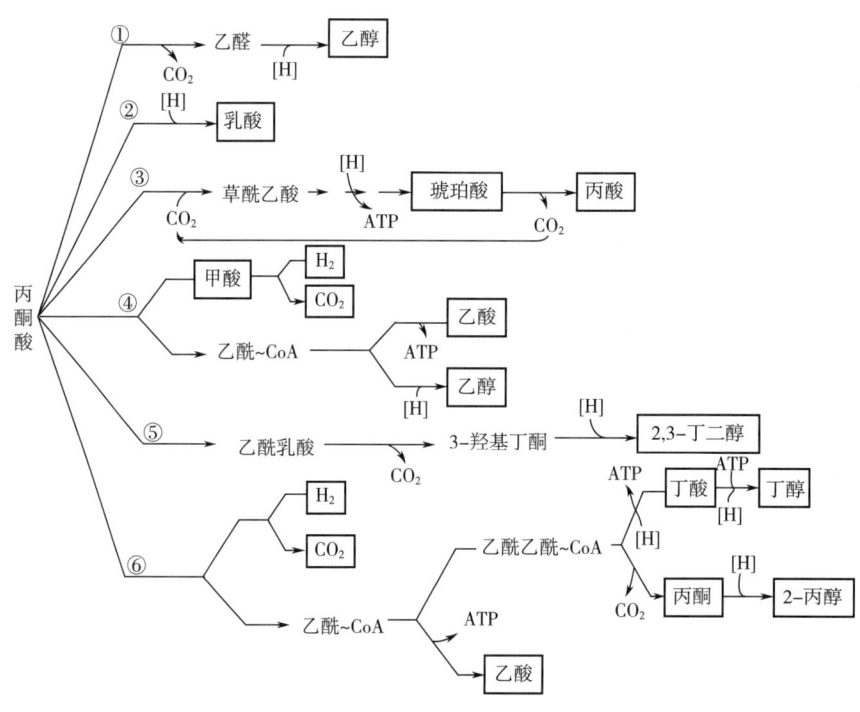

图5-6　微生物的发酵类型

(资料来源:周德庆,2002)

(1) 乳酸发酵　很多细菌能利用葡萄糖发酵产生乳酸,能产生乳酸的这类细菌通常称为乳酸细菌。乳酸发酵被广泛地应用于泡菜、酸菜、酸乳、乳酪等发酵食品中，由于乳酸细菌活动的结果，积累了乳酸，抑制其他微生物的发展，使蔬菜、牛乳等得以保存，并赋予了食品特殊的风味和口感。

乳酸发酵分为同型乳酸发酵和异型乳酸发酵。前者是指发酵的产物单纯为乳酸，后者是指经葡萄糖发酵后除主要产生乳酸外，还产生乙醇、乙酸和CO_2等多种发酵产物。它们在菌种、发酵产物、发酵途径以及产能水平上均不相同。

①同型乳酸发酵：乳杆菌属（*Lactobacilus*）、链球菌属（*Streptococcus*）的多数细菌通过同型乳酸发酵途径产生乳酸，其中工业发酵中最常用的菌种是乳杆菌属中的一些种类，如德式乳酸杆菌（*L. delhruckii*）、保加利亚乳杆菌（*L. bulgaricus*）、干酪乳杆菌（*L. casei*）等。同型乳酸发酵的基质主要是己糖，其发酵过程是葡萄糖经EMP途径降解为丙酮酸后，不经脱羧，而是在乳酸脱氢酶的作用下，直接被还原为乳酸（图5-7）。

$$丙酮酸+NADH+H^+ \xrightarrow{乳酸脱氢酶} 乳酸+NAD^+$$

1分子葡萄糖经EMP途径共产生2分子乳酸和2分子ATP。总反应式为：

$$葡萄糖+2ADP+2Pi \longrightarrow 2乳酸+2ATP$$

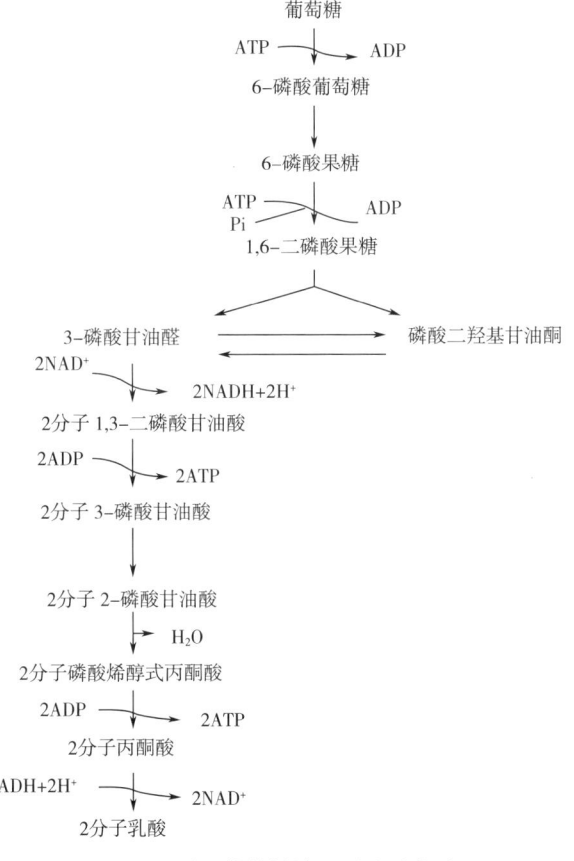

图5-7 利用葡萄糖的同型乳酸发酵

②异型乳酸发酵：异型乳酸发酵基本都是通过磷酸解酮酶途径进行的，包括PK途径和HK途径（图5-8）。其中肠膜明串珠菌（*Leuconostoc mesentewides*）、葡萄糖明串珠菌

（*L. dextranicum*）、短乳杆菌（*L. brevis*）、番茄乳杆菌（*L. lycopersici*）等通过磷酸戊糖解酮酶途径（PK途径）将1分子葡萄糖发酵产生1分子乳酸、1分子乙醇和1分子CO_2，并且只产生1分子ATP。总反应式如下：

$$葡萄糖+ADP+Pi \longrightarrow 乳酸+乙醇+CO_2+2ATP$$

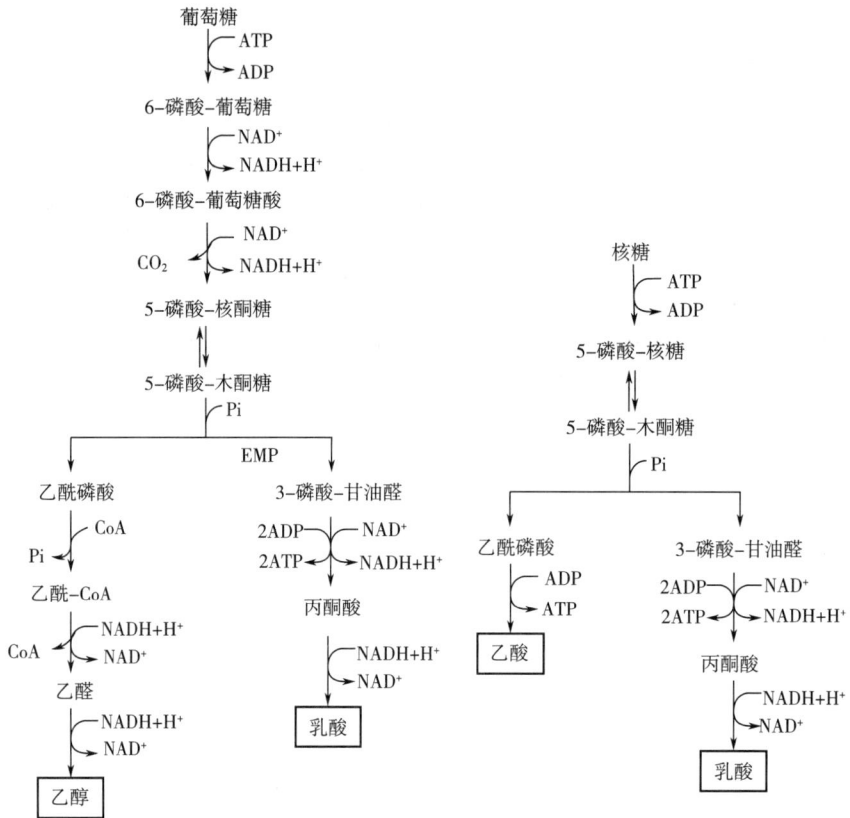

(1) 肠膜明串珠菌利用葡萄糖的异型乳酸发酵　　(2) 肠膜明串珠菌利用核糖的异型乳酸发酵

图5-8　异型乳酸发酵

（资料来源：路福平，2005）

双叉乳杆菌（*L. bifidus*）、两歧双歧杆菌（*Bifidobacterium bifidus*）等则通过己糖磷酸解酮酶途径（HK途径）将2分子葡萄糖发酵为2分子乳酸和3分子乙酸，并产生5分子ATP，总反应式为：

$$2\,葡萄糖+5ADP+5Pi \longrightarrow 2\,乳酸+乙醇+CO_2+5ATP$$

（2）乙醇发酵　是指丙酮酸在无氧条件下生成乙醇的过程。乙醇发酵是酿酒工业的基础，它与酿造白酒、果酒以及乙醇的生产等有密切的关系。典型的乙醇发酵是指酵母菌发酵生成乙醇的过程，其产物较纯，只有乙醇和CO_2，为同型乙醇发酵（homoalcholic fermentation）。生成途径是葡萄糖经EMP途径降解为2分子丙酮酸，然后在丙酮酸脱羧酶的作用下生成乙醛和CO_2，乙醛接受糖酵解中产生的$NADH+H^+$，在乙醇脱氢酶的作用下还原为乙醇。如酿酒酵母（*Saccharomyces cerevisiae*）能够通过EMP途径进行同型乙醇发酵。这是一个低效的产

能过程,大量能量仍然贮存于乙醇中,其总反应为:

$$葡萄糖 + 2ADP + 2Pi \longrightarrow 2\text{乙醇} + 2CO_2 + 2ATP$$

某些细菌也可以进行同型乙醇发酵,不过它们是通过 ED 途径进行的,例如运动发酵单胞菌能够进行这种类型的乙醇发酵,产物与酵母菌发酵类似,也是乙醇和 CO_2,但它们的反应细节和乙醇分子上的碳原子来源是不同的,产能水平也不同。

$$葡萄糖 + ADP + Pi \longrightarrow 2\text{乙醇} + 2CO_2 + ATP$$

前已述及,一些细菌能够通过 HMP 途径进行异型乳酸发酵产生乳酸、乙醇和 CO_2 等,我们也可以称其为异型乙醇发酵(heteroalcoholic fermentation),例如肠膜明串珠菌进行的异型乙醇发酵总反应式为:

$$葡萄糖 + ADP + Pi \longrightarrow 乳酸 + 乙醇 + CO_2 + ATP$$

(3) 混合酸发酵 许多微生物还能通过发酵将 EMP 途径产生的丙酮酸转变成琥珀酸、乳酸、甲酸、乙醇、乙酸、H_2 和 CO_2 等多种代谢产物,由于该代谢产物中有多种有机酸,因此这种发酵被称为混合酸发酵。大多数肠杆菌例如大肠杆菌能够进行这种类型的发酵,它们将丙酮酸裂解生成乙酰 CoA 与甲酸,甲酸在酸性条件下可以进一步裂解生成 H_2 和 CO_2。因此,大肠杆菌发酵葡萄糖能够产酸同时产气。然而,志贺菌不能使甲酸裂解生成 H_2 和 CO_2,因此,志贺菌发酵葡萄糖只产酸不产气。通过观察发酵结果中的产酸产气情况,可将大肠杆菌和志贺菌区分开来。

(4) 2,3-丁二醇发酵 一些微生物,例如产气肠杆菌(*Enterobacter aerogenes*),能够发酵葡萄糖产生大量的 2,3-丁二醇和少量乳酸、乙醇、H_2 和 CO_2 等多种代谢产物,被称为 2,3-丁二醇发酵。其主要反应过程见图 5-9,由 EMP 途径代谢产生的丙酮酸可以通过缩合与脱羧两步反应生成乙酰甲基甲醇(3-羟基丁酮),然后进一步被还原成 2,3-丁二醇。乙酰甲基甲醇在碱性条件下,容易被氧化成双乙酰,双乙酰又能与精氨酸的胍基起反应生成红色化合物,这就是分类鉴定中常用的 V.P. 实验的原理。由于在同样的条件下,大肠杆菌不产生(或很少产生)2,3-丁二醇,因此大肠杆菌 V.P. 实验反应呈阴性,而产气肠杆菌 V.P. 实验反应呈阳性。

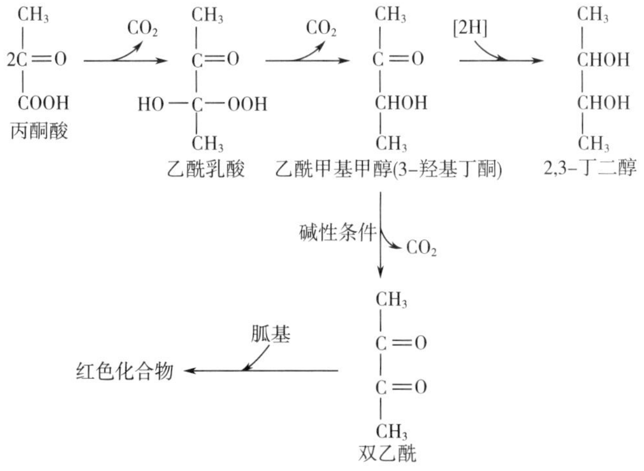

图 5-9 2,3-丁二醇发酵及 V.P. 实验原理

另外，通过测定大肠杆菌和产气肠杆菌发酵液的 pH，也能将它们区分开来。前面讲过，大肠杆菌进行的混合酸发酵，产生较多的有机酸，它们可以使发酵液的 pH 下降到 4.2 以下，但在产气肠杆菌的 2,3-丁二醇发酵中，主要产生一些有机醇等中性化合物，有机酸含量较少，因此发酵液 pH 较高。在上述两种细菌的发酵液中加入指示剂-甲基红，会发现大肠杆菌发酵液呈红色（甲基红试验阳性），产气肠杆菌发酵液呈橙黄色（甲基红试验阴性）。

(5) 丁酸发酵 丁酸梭菌（*Clostridium butyricum*）能够发酵葡萄糖产生丁酸，称为丁酸发酵。其主要反应过程见图 5-10，由 EMP 途径代谢产生的丙酮酸首先被脱去 CO_2 生成乙酰 CoA 和 H_2，乙酰 CoA 进一步生成乙酰磷酸，乙酰磷酸可与 ADP 反应生成 ATP。同时，乙酰 CoA 能够在缩合后逐步还原成丁酸。

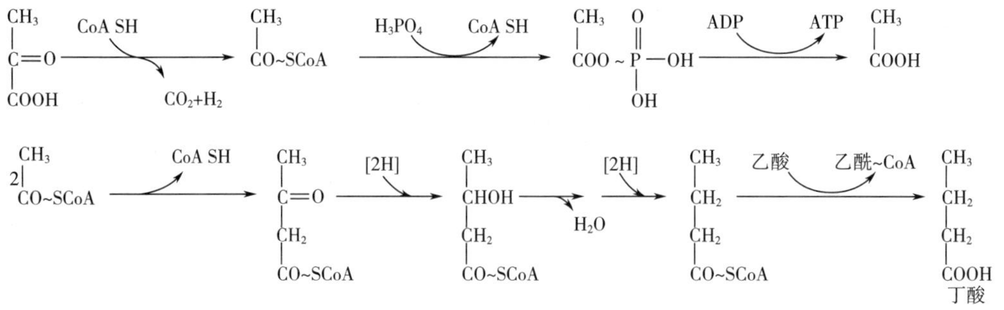

图 5-10 丁酸发酵

(6) 丙酮丁醇发酵 在丙酮丁醇梭菌（*C. acetoutylicum*）中，上述的丁酸发酵还可以继续进行，使丁酸转变为丙酮丁醇，称为丙酮丁醇发酵，见图 5-11。

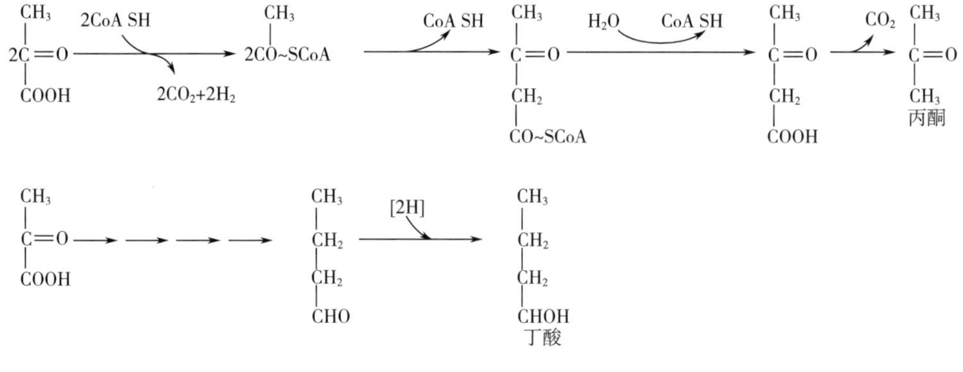

图 5-11 丙酮丁醇发酵

(7) 乙酸发酵 好氧性的乙酸发酵是制醋工业的基础。制醋原料或酒精接种醋酸菌后，即可发酵生成乙酸发酵液供食用，乙酸发酵液还可以经提纯制成重要的化工原料。厌氧性的乙酸发酵是我国用于酿造糖醋的主要途径。

醋酸菌是参与乙酸发酵的微生物（主要是细菌）的统称。醋酸菌是两端钝圆的杆状菌，单个或呈链状排列，有鞭毛，无芽孢，属革兰阴性菌。包括好氧性和厌氧性细菌。醋化醋杆菌（*Acetobacter aceti*）、氧化醋杆菌（*A. oxydans*）、巴氏醋杆菌（*A. pasteurianus*）、氧化醋单胞菌（*Acetomonas oxydans*）等是好氧菌；热醋酸梭菌（*C. themoacidophilus*）、木醋杆菌（*A. xylinum*）等为厌氧性细菌。

好氧性的醋酸细菌在有氧条件下，能将乙醇直接氧化为乙酸，是醋酸菌的有氧呼吸，其氧化过程是一个脱氢加水的过程。

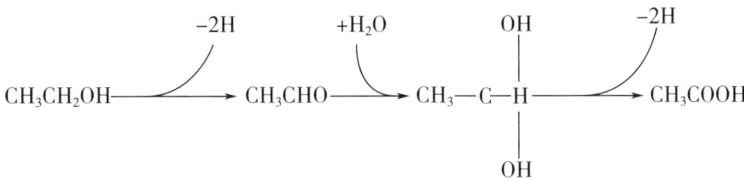

脱下的氢最后经呼吸链和氧结合形成水，并放出能量，总反应式为：

$$CH_3CH_2OH+O_2 \longrightarrow CH_3COOH+H_2O+493kJ$$

厌氧性细菌热醋酸梭菌能通过 EMP 途径发酵葡萄糖，产生乙酸。研究证明该菌利用丙酮酸脱羧酶和辅酶 M（CoM），以 CO_2 为受体接受氢生成乙酸，反应过程如下：

$$C_6H_{12}O_6+2ADP+2Pi \longrightarrow 2CH_3COCOOH+4[H]+2ATP$$

$$2CH_3COCOOH+2H_2O+2ADP+2Pi \xrightarrow{\text{丙酮酸脱羧酶}} 2CH_3COOH+2CO_2+4[H]+2ATP$$

$$2CO_2+8H^+ \xrightarrow{\text{CoM}} CH_3COOH+2H_2O$$

总反应式：

$$C_6H_{12}O_6+4(ADP+Pi) \longrightarrow 3CH_3COOH+4ATP$$

（8）柠檬酸发酵　柠檬酸是发酵法生产的最重要的有机酸，它广泛应用于食品、饮料等行业。柠檬酸是 TCA 循环中的 1 个中间体，是葡萄糖经 TCA 循环形成的最有代表的发酵产物，利用葡萄糖通过黑曲霉的工业发酵可合成柠檬酸。在 TCA 正常运转的情况下，细胞内不积累柠檬酸；当 TCA 在柠檬酸合成的下一步反应处受阻时，柠檬酸才在微生物细胞内累积，并分泌至细胞外的发酵液中。目前认为柠檬酸的合成不是主要以 TCA 循环，而是采用如图 5-12 的方式。按理论计算，1 分子葡萄糖只能产生 2/3 分子柠檬酸，相当于 100g 葡萄糖产生 71.1g 柠檬酸，而生产上却可得到 75~87g 柠檬酸。同位素 ^{14}C 研究证明，柠檬酸合成中伴随大量 CO_2 固定，这就是柠檬酸超量合成的原因。

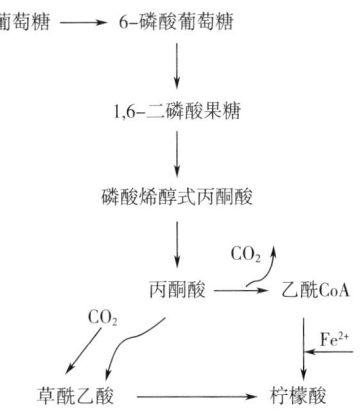

图 5-12　柠檬酸的合成途径

能够积累柠檬酸的霉菌以曲霉属、青霉属和橘霉属（*Citromyces*）为主。其中以黑曲霉、米曲霉、灰绿青霉（*P. glaucum*）、淡黄青霉（*P. luteum*）、光橘霉（*C. glaber*）等产酸量最高。

第三节　微生物的初级代谢

根据微生物代谢过程中产生的代谢产物在微生物体内的作用不同，又可将代谢分成初级代谢（primary metabolism）与次级代谢（secondary metabolism）两种类型。初级代谢是指微生物把碳源、氮源和能源等高分子化合物分解为简单物质，再由此合成氨基酸、核苷酸、维生素和脂肪酸等中间产物，进一步再合成为蛋白质、核酸、脂类、多糖等高分子化合物，装配成具有特殊结构和功能的单元，完成细胞的生长、分化和繁殖，能使营养物质转换成细胞结构物质、维持微生物正常生命活动的生理活性物质或能量的代谢。初级代谢的产物称为初级代谢产物，如糖、氨基酸、有机酸、核苷酸和维生素以及由这些化合物聚合而成的高分子化合物，如多糖、蛋白质、脂类和核酸等。次级代谢是指某些微生物进行的非细胞结构物质和维持其正常生命活动的非必需物质的代谢。次级代谢产物是从初级代谢产生的中间产物出发，合成的一些生理功能不够明确、化学结构特殊、与维持生命活动无关、并不影响生命活动的一些代谢产物，如抗生素、色素、毒素、激素等。

一、糖　代　谢

（一）糖的分解代谢

由单糖及其衍生物聚合而成的大分子多糖一般不溶于水，不能直接透过微生物的细胞膜进入细胞。所以，能够利用多糖的微生物首先要分泌胞外酶将多糖水解，然后吸收到胞内，按不同的方式加以利用。

（1）淀粉的分解　淀粉分为直链淀粉和支链淀粉两种。直链淀粉由 α-1,4 糖苷键相互连接；支链淀粉除了具有 α-1,4 糖苷键以外，在链的分支处还有 α-1,6 糖苷键。许多微生物能够分泌胞外淀粉酶将淀粉水解成葡萄糖或麦芽糖，然后吸收利用。淀粉酶是水解淀粉及其衍生物中 α 糖苷键的一类酶的总称，包括 α-淀粉酶、β-淀粉酶、葡萄糖淀粉酶和异淀粉酶等，它们普遍存在于微生物细胞中，但不同的微生物中含量不一，如枯草芽孢杆菌已经在工业生产中得到应用。

（2）纤维素的分解　纤维素是葡萄糖由 β-1,4 糖苷键连接成的长链，主要存在于植物细胞壁，每个分子由 10000 个以上的葡萄糖残基组成，其基本结构单位是纤维二糖。微生物通过分泌纤维素酶对纤维素进行分解，纤维素酶是能够水解纤维素形成纤维二糖和葡萄糖的一类酶的总称，包括 C_1 酶、C_x 酶和 β-葡萄糖糖苷酶三种，可水解纤维素的细菌多见于腐殖土中，好氧性细菌如纤维单胞菌属（*Cellulomonas*）、纤维弧菌属（*Cellvibrio*）、噬胞菌属（*Cytophaga*）等；厌氧性细菌，例如产琥珀酸拟杆菌（*Bacteroides succinogenes*）、生黄瘤胃球菌（*Ruminococcus flavefaciens*）、白色瘤胃球菌（*R. albus*）、溶纤维丁酸弧菌（*Butyrivibrio fibrisolvens*）等。

（二）糖的合成代谢

单糖和多糖的合成对自养和异养微生物的生命活动具有十分重要的意义，在细菌荚膜、细胞壁的合成中尤为重要。单糖在微生物中很少以游离的形式出现。通常它们是以多糖或其他多聚体的形式存在，或者以少量的糖磷酸酯或糖核苷酸的形式存在。

糖的合成与其他合成代谢相同，在糖合成过程中，需要能量、NAD(P)H$_2$和底物。

1. 糖合成的能量来源

微生物营养类型繁多，因此，它们用于生物合成的能量来源也多种多样。化能异养型微生物依靠分解有机物产生能量，化能自养型微生物通过氧化无机物产能，光能微生物通过固定光能产生自身代谢的所需能量。

化能异养型微生物的能量主要来自有机物的氧化，氧化方式包括有氧呼吸、无氧呼吸和发酵，ATP主要是通过氧化磷酸化和底物磷酸化产生；在化能自养型微生物中，其ATP是通过氧化还原态无机物产生的，其NAD(P)H$_2$是通过消耗ATP将无机氢（H$^+$+e）逆呼吸链传递产生的，化能自养微生物能够氧化的无机底物包括NH$_4^+$、NO$_2^-$、H$_2$S、S^0、H$_2$和Fe^{2+}等，ATP也主要通过呼吸链的氧化磷酸化反应生成。因此，绝大多数化能自养菌属于好氧微生物。即使少数可进行厌氧生活，它们也是通过以硝酸盐或碳酸盐代替氧的无氧呼吸产能。除呼吸链产能（氧化磷酸化）外，少数硫杆菌在生长环境中富含无机硫化物时，还能部分地进行底物水平磷酸化产能。光能营养微生物主要通过光合作用将光能转变为化学能，用于生长繁殖和合成代谢产物等，如蓝细菌和光合细菌等微生物。

2. 糖合成的前体物质（底物）

无论自养微生物还是异养微生物，它们合成单糖的途径都是通过EMP途径的逆行来合成葡萄糖-6-磷酸，然后再转化为其他的单糖或合成二糖和多糖。用于合成葡萄糖前体的物质可以来自以下几个方面。

（1）自养微生物　自养微生物主要通过CO$_2$固定生成糖合成的前体物质，CO$_2$固定的途径主要有四条：Calvin循环、厌氧乙酰辅酶A途径、还原性三羧酸循环途径和羟基丙酸途径，现简述如下。

①卡尔文循环（Calvin循环）：Calvin循环是光能自养生物和化能自养生物固定CO$_2$的主要途径，又称Calvin-Bussham循环、核酮糖二磷酸途径或还原性戊糖循环。Calvin途径的两个关键酶是磷酸核酮糖激酶和二磷酸核酮糖羧化酶。蓝细菌、绝大多数光合细菌、全部好氧性的化能自养菌，以及绿色植物都是利用Calvin循环进行CO$_2$的固定。

Calvin循环的整个过程可分三个阶段：羧化反应、还原反应和再生阶段。羧化反应是1,5-二磷酸核酮糖-（Ru-1,5-P）通过二磷酸核酮糖羧化酶将CO$_2$固定，转变为2个C$_3$化合物——3-磷酸甘油酸。这一基本反应进行3次，就可利用固定的3个CO$_2$分子净产1个C$_3$分子。还原反应是3-磷酸甘油酸生成后马上被还原成3-磷酸甘油醛，形成1个3-磷酸甘油醛分子（固定3个CO$_2$）需要消耗6个ATP和6个NAD(P)H$_2$。CO$_2$受体的再生是指在循环中除净产的1个3-磷酸甘油醛分子可进一步通过EMP途径逆转形成葡萄糖分子外，其余5个分子经过复杂的反应并消耗3个ATP后，最终再生出3个1,5-二磷酸核酮糖分子，以便重新接受CO$_2$分子。

为了从二氧化碳合成6-磷酸果糖或6-磷酸葡萄糖，该循环必须进行六次，以产生所需的己糖。

$$6RuBP + 6CO_2 \longrightarrow 12PGA \longrightarrow 6RuBP + fructose\text{-}6\text{-}P$$

将1个二氧化碳还原进入有机物中需要消耗3个ATP和2个NADPH。如果以产生1个葡萄糖分子来计算，则Calvin循环的总式为：

$$6CO_2 + 12\ NAD(P)H_2 + 18ATP \longrightarrow C_6H_{12}O_6 + 12\ NAD(P) + 18ADP + 18Pi$$

②厌氧乙酰-辅酶 A 途径：厌氧乙酰-辅酶 A 途径是在一些能利用氢的严格厌氧菌包括产甲烷菌、硫酸盐还原菌和产乙酸菌中发现的自养微生物 CO_2 还原途径，又称活性乙酸途径。这些自养微生物中不存在 Calvin 循环，因此由乙酰辅酶 A 途径来承担 CO_2 还原功能。

在厌氧乙酰-辅酶 A 途径的 CO_2 还原过程中，1 分子 CO_2 先被还原成甲醇水平（甲基-X），另一分子 CO_2 被一氧化碳脱氢酶还原成一氧化碳。通过甲基-X 的羧化产生乙酰-X，进而形成乙酰 CoA，在丙酮酸合成酶的催化下，由乙酰 CoA 接受第 3 个 CO_2 分子进而羧化成丙酮酸。然后就可由丙酮酸通过已知代谢途径去合成细胞所需要的各种有机物。

③还原性 TCA 循环途径：只有少数光合细菌例如嗜硫代硫酸盐绿菌（*Chlorobium thiosulfatophilum*）能够通过还原性 TCA 循环固定 CO_2 分子。在这一途径中，CO_2 通过琥珀酰 CoA 的还原性羧化作用而被固定。

④羟基丙酸途径：羟基丙酸途径是少数绿色硫细菌在以 H_2 或 H_2S 作为电子供体进行自养生活时所特有的一种 CO_2 固定机制。这类细菌既无 Calvin 循环，也没有厌氧乙酰 CoA 途径，而是通过羟基丙酸途径将 2 个 CO_2 分子转变为草酰乙酸。总反应式如下。

$$2CO_2 + 4[H] + 3ATP \longrightarrow 草酰乙酸$$

（2）异养微生物　异养微生物可利用不同物质作为碳源合成单糖，主要是分解代谢产生的各种中间代谢产物，具体见表 5-5。

表 5-5　　　　　　　　　　　异养微生物用以合成单糖的底物

碳源	途径	产物
乙酸	乙醛酸循环	草酰乙酸
乙醇酸、草酸、甘氨酸	甘油酸途径	甘油醛-3-磷酸
乳酸	氧化	丙酮酸
谷氨酸、天冬氨酸	脱氨基	α-酮戊二酸、草酰乙酸
亮氨酸	降解	丙酮酸

总之，微生物可通过各种途径合成葡萄糖的前体物质，包括：丙酮酸、草酰乙酸、磷酸烯醇式丙酮酸、甘油醛-3-磷酸等。

3. 多糖的合成

微生物中的多糖可分为两类，即同型多糖和杂多糖。同型多糖是由相同单糖分子聚合而成的糖类，如糖原、纤维素、甲壳素、多聚葡萄糖、多聚果糖等。杂多糖是由不同单糖分子聚合而成的糖类，如肽聚糖、脂多糖、透明质酸等。虽然，它们的结构不同，但是多糖合成都具有以下特点：

①不需要模板，而是由转移酶的特异性来决定亚单位在多聚链上的次序。

②合成的开始阶段需要引物，引物通常由小片断多糖充当。

③多糖合成时，由糖核苷酸作为糖基载体，将单糖分子转移到受体分子上，使多糖链逐步加长。

（1）肽聚糖的合成

①由葡萄糖合成 *N*-乙酰葡萄糖胺-UDP：葡萄糖首先由 ATP 获得磷酸成为 6-磷酸葡萄糖，继而转变为 6-磷酸果糖，并获得 L-谷氨酰胺提供的氨基形成 6-磷酸葡萄糖胺，又经乙

酰化形成 1-磷酸-N-乙酰葡萄糖胺，在 UTP 存在时，经焦磷酸化酶催化，形成 N-乙酰葡萄糖胺-UDP，主要过程见图 5-13。

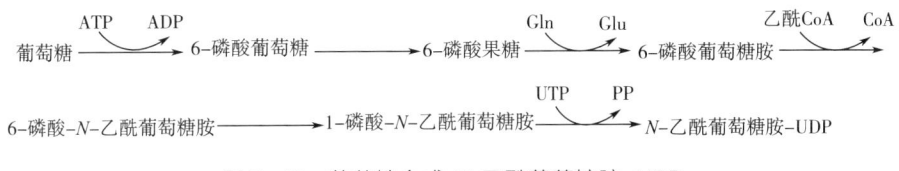

图 5-13　葡萄糖合成 N-乙酰葡萄糖胺-UDP

② 由 N-乙酰葡萄糖胺-UDP 合成 N-乙酰胞壁酸-UDP：N-乙酰葡萄糖胺-UDP 和磷酸烯醇式丙酮酸在 N-乙酰葡萄糖胺-UDP 丙酮酸转移酶催化下，合成 N-乙酰葡萄糖胺-UDP-丙酮酸醚，再经还原作用生成 N-乙酰葡萄糖胺-UDP-乳酸醚（N-乙酰胞壁酸-UDP），主要过程见图 5-14。

$$N\text{-乙酰葡萄糖胺-UDP} \xrightarrow[\text{转移酶}]{PEP \quad Pi} N\text{-乙酰葡萄糖胺-UDP-丙酮酸醚} \xrightarrow{NADH_2 \quad NAD} N\text{-乙酰葡萄糖胺-UDP-乳酸醚}\\ N\text{-乙酰胞壁酸-UDP}$$

图 5-14　N-乙酰葡萄糖胺-UDP 合成 N-乙酰胞壁酸-UDP

③ 由 N-乙酰胞壁酸-UDP 合成 UDP-N-乙酰胞壁酸-五肽：以金黄色葡萄球菌为例，首先 L-Ala 与 N-乙酰胞壁酸-UDP 中的羟基通过肽键相连，接着 D-Glu、L-Lys 也通过肽键依次相连。同时，L-Ala 经消旋酶催化成为 D-Ala（该反应可被环丝氨酸所抑制），然后 2 个 D-Ala 连接成为二肽。最后 D-Ala-D-Ala 二肽与上述第三个氨基酸（L-Lys）通过肽键相连，成为 UDP-N-乙酰胞壁酸-五肽。在此过程中，每加入一个氨基酸，需要消耗 1 分子 ATP，用于氨基酸的活化，具体过程见图 5-15。

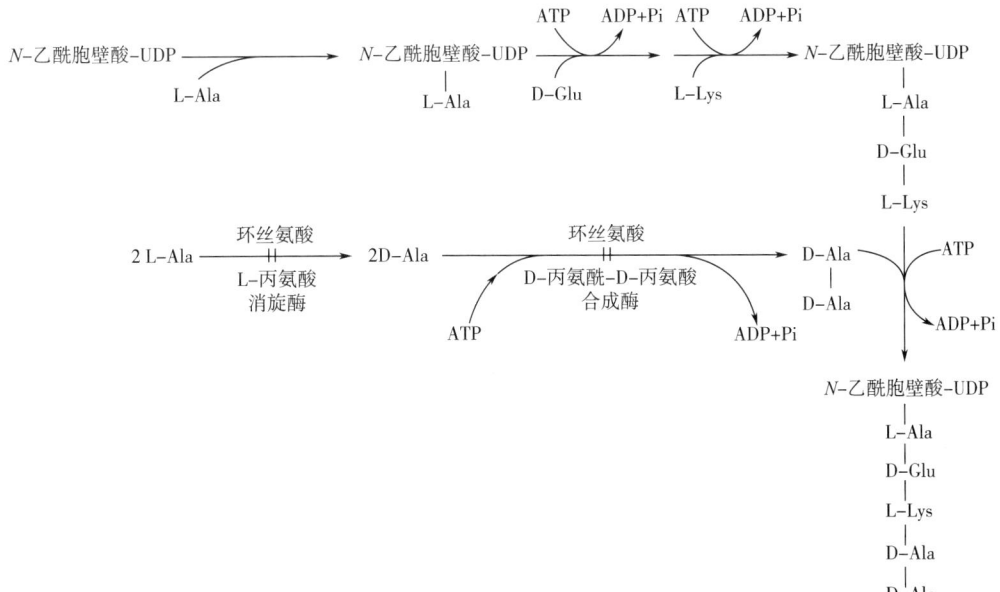

图 5-15　N-乙酰胞壁酸-UDP 合成 UDP-N-乙酰胞壁酸-五肽

④肽聚糖单体的合成和连接：N-乙酰葡萄糖胺-UDP 和 UDP-N-乙酰胞壁酸-五肽都是在细胞质中合成的，而后穿过细胞膜，再组装为肽聚糖单体。

由于细胞膜是疏水性的，所以，亲水性化合物 UDP-N-乙酰胞壁酸-五肽在穿过细胞膜时需要载体的帮助，即细菌萜醇（bactoprenol）的类脂载体。该类脂载体是一种含 11 个异戊二烯单位的 C_{55} 类异戊二烯醇，它可通过两个磷酸基与 N-乙酰胞壁酸分子相接，使其呈现很强的疏水性，从而顺利通过疏水性很强的细胞膜并转移到膜外。该载体除在肽聚糖的合成中具有重要作用外，还可参与微生物中多种多糖的生物合成，例如细菌的磷壁酸、脂多糖，细菌和真菌的纤维素，以及真菌的几丁质和甘露聚糖等。其结构为：

$$CH_3C{=}CHCH_2(CH_2C{=}CHCH_2)_9CH_2C{=}CHCH_2{-}OH$$
$$\quad\;\;|CH_3\qquad\qquad\;\;|CH_3\qquad\qquad\;|CH_3$$

肽聚糖单体合成和连接的简单过程如下，见图 5-16。

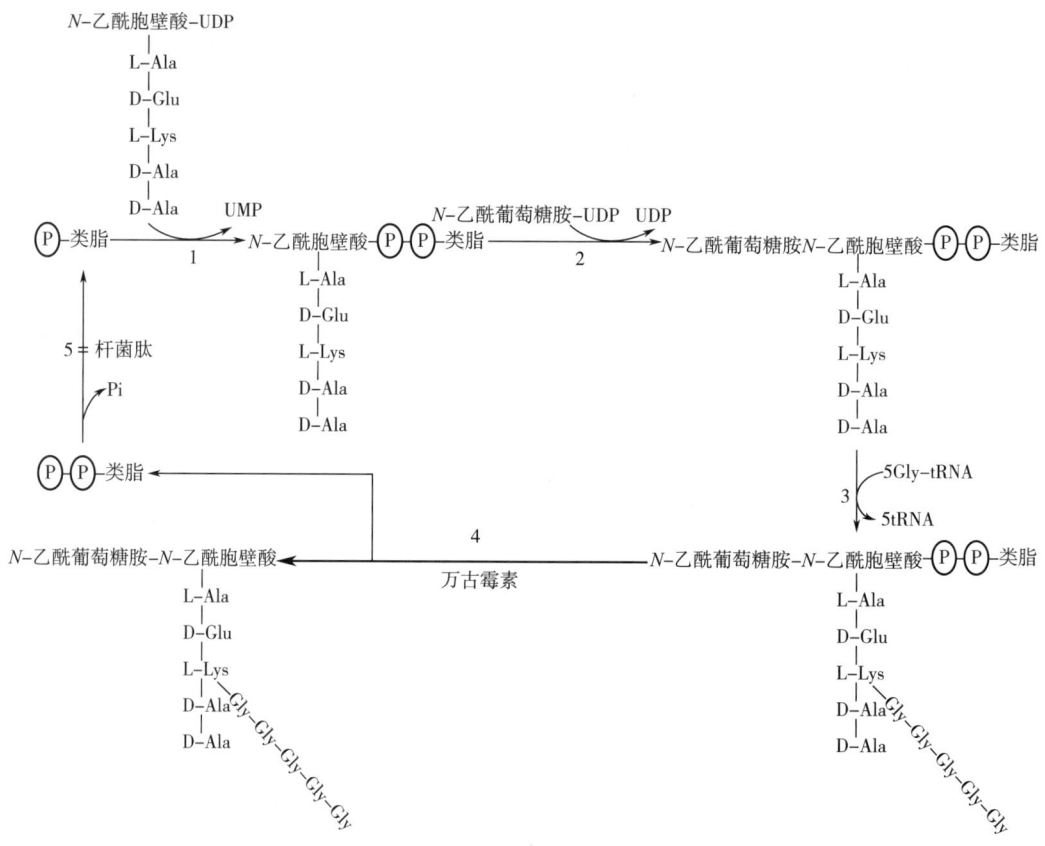

图 5-16　肽聚糖单体合成和连接

a. 细胞膜上的 P-类脂载体与 UDP-N-乙酰胞壁酸-五肽聚合生成类脂-P-P-N-乙酰胞壁酸-五肽，放出尿苷酸（UMP）。

b. 在转移酶催化下，N-乙酰葡萄糖胺-UDP 与类脂-P-P-N-乙酰胞壁酸-五肽通过 β-1,4-糖苷键相连，形成 N-乙酰葡萄糖胺-β-1,4-N-乙酰胞壁酸-五肽-P-P-类脂，放出尿苷二磷酸（UDP）。

c. 金黄色葡萄球菌中，五个甘氨酸形成的肽桥连接在第三个氨基酸（L-Lys）的自由氨基上，成为一个由类脂载体运载的新的肽聚糖单体，革兰阴性细菌中（例如 E.coli）没有这步反应。

d. 在肽聚糖转移酶的催化下，通过 β-1,4 糖苷键，将类脂载体运载的新肽聚糖单体连接到细胞壁生长点的原有肽聚糖上，同时放出 P-P-类脂，该过程可被万古霉素阻断。

e. P-P-类脂在焦磷酸酯酶的催化下，水解出一个磷酸，转变为 P-类脂，可以继续运载其他 UDP-N-乙酰胞壁酸-五肽，该过程可被万古霉素和杆菌肽阻断。

⑤肽聚糖的交联：肽聚糖的交联是指肽聚糖中肽链之间的连接。革兰阴性细菌中（例如 E.coli），一般是由一条肽链的第 4 个氨基酸的羧基与另一条肽链的第 3 个氨基酸的自由氨基之间以肽键的方式连接；革兰阳性细菌中，是在相应位置上通过肽桥连接（例如 S. aureus 中是甘氨酸五肽）。交联过程是由转肽酶催化的，在转肽的同时，肽尾上的第 5 个氨基酸释放出来，见图 5-17。

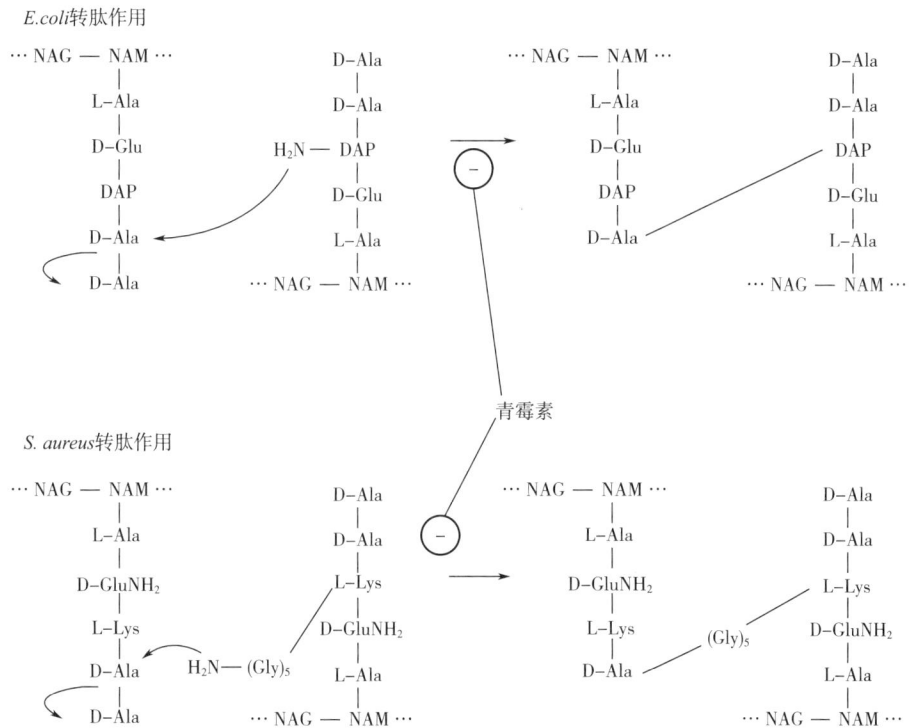

图 5-17 E. coli 和 S. aureus 中的转肽反应

该转肽酶的转肽作用可被青霉素所抑制。其作用机制是：青霉素是肽聚糖单体五肽尾末端的 D-丙氨酰-D-丙氨酸的结构类似物，它们两者可相互竞争转肽酶的活力中心。当转肽酶与青霉素结合后，因前后两个肽聚糖单体间的肽尾无法交联，因此只能合成缺乏正常机械强度的缺损"肽聚糖"，从而形成了细胞壁缺损的细胞，例如原生质体或原生质球等，它们在渗透压变动的不利环境下，极易因破裂而死亡。因为青霉素的作用机制在于抑制肽聚糖的生物合成，因此对处于生长繁殖旺盛期的微生物具有明显的抑制作用，而对处于生长休止期的细胞无抑制作用。

(2) 多聚葡萄糖和多聚果糖的合成　多聚葡萄糖又称葡萄糖胶，是葡萄糖经 α-1,6 糖苷键连接而成的聚合物。它是醋酸菌、肠膜明串珠菌、牛链球菌（*Streptococcus bovis*）等微生物胞外黏液层的主要成分。醋酸菌产生的多聚葡萄糖还有 α-1,4 糖苷键的分枝，肠膜状明串珠菌产生的多聚葡萄糖还有 α-1,3 糖苷键的分枝。

多聚果糖又称果糖胶，它是果糖经 β-2,6 糖苷键连接而成的聚合物，有的含有 β-2,1 糖苷键连接的分枝。许多微生物，例如枯草杆菌、马铃薯杆菌（*Bacillus mesentericus*）等微生物能够利用蔗糖合成果糖胶。

多聚葡萄糖和多聚果糖都是从外源性底物（蔗糖）合成的，即它们以蔗糖为受体分子，在葡萄糖胶蔗糖转化酶和果糖胶蔗糖转化酶的催化下，将单糖一个一个地连接到受体分子（蔗糖）上，最后形成多糖。但是这种胞外多糖具有不同的合成起始步骤：果糖胶的合成是在果糖胶蔗糖转化酶的催化下，将蔗糖分解生成游离的葡萄糖，并将果糖分子聚合到受体分子上，因此，果糖胶分子中有一个末端葡萄糖残基；葡萄糖胶的合成是在葡萄糖胶蔗糖转化酶的催化下，将蔗糖分解生成游离的果糖，并将 α-葡萄糖分子聚合到受体分子上，因此，葡萄糖胶分子中有一个末端 β-果糖残基。

利用蔗糖作为底物合成葡萄糖胶和果糖胶时不消耗 ATP，这是因为在作为底物的蔗糖中，储存在糖苷键中的能量可以被转化，所以只要通过转糖苷酶作用就能延长多糖链。正是由于这个原因，这些细菌不能从单糖合成葡萄糖胶和果糖胶，所以蔗糖是合成这两种多聚体的专一性底物。通常产生葡萄糖胶和果糖胶的细菌也只有在含蔗糖的培养基上生长时，才合成这类物质。

(3) 糖原的合成　糖原含有较多的分枝，每一分枝大都含有 12~18 个葡萄糖分子。与植物合成淀粉时以 UDP-葡萄糖作为糖基供体不同，细菌在合成糖原时，是以 ADP-葡萄糖作为糖基供体的。

(4) 甲壳素、多聚甘露糖、纤维素的合成　甲壳素（几丁质）是 N-乙酰氨基葡萄糖通过 β-1,4 糖苷键连接而成的聚合物。一些真菌和放线菌含有甲壳素合成酶，它可以催化 UDP-N-乙酰氨基葡萄糖把 N-乙酰氨基葡萄糖转移到受体分子上，使甲壳素链延长。

酵母菌以相似的方式，以 UDP-甘露糖作为甘露糖的供体，合成多聚甘露糖。

纤维素的结构单位是纤维二糖，它是由两分子葡萄糖经 β-1,4 糖苷键合成的。木醋杆菌（*Acetobacter xylinum*）又称胶醋杆菌，它在转糖苷酶的催化下，把 UDP-葡萄糖的葡萄糖基转移到纤维素引物分子上，使纤维素分子逐渐延长。

二、氨基酸代谢

（一）氨基酸的合成

多数微生物能够合成自身所需要的各种氨基酸，有的微生物甚至可以过量积累某种氨基酸，也有些微生物失去了合成某些氨基酸的能力，以致必须在其生长环境中直接摄取这些氨基酸来满足生长代谢的需要。以下从氨、硫、碳骨架的来源三个方面讨论氨基酸的合成。

1. 氨的来源

用于氨基酸合成的氨主要有 4 个来源：①直接从外界环境吸收；②体内含氮化合物的分解；③硝酸盐还原；④生物固氮作用。

2. 硫的来源

大多数微生物可以从环境中吸收硫酸盐，并以此作为硫的供体。硫酸盐中的硫是高度氧化状态（化合价为+6），而氨基酸和其他有机化合物中的硫是还原态（化合价为-2），所以无机硫要经过一系列还原反应，才能用于生物合成。

3. 氨基酸碳骨架的来源

合成氨基酸的碳骨架来自糖代谢产生的中间产物，这些中间产物作为前体物质通过氨基化作用、转氨基作用等，形成不同的氨基酸，可将这些前体物质分为六组，见表5-6。

表5-6　　　　　　　　　　　氨基酸碳骨架的来源前体与合成氨基酸

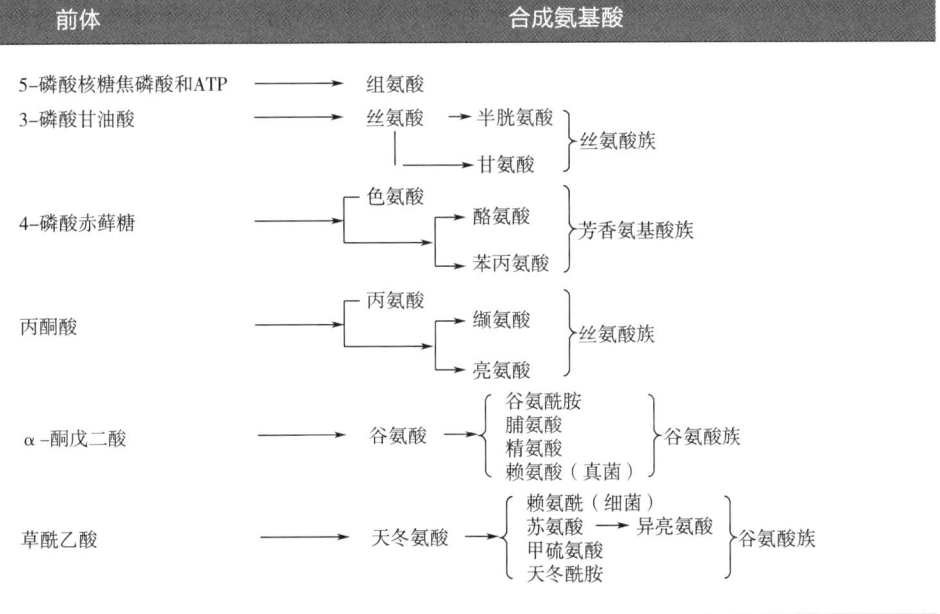

4. 氨基酸合成的途径

微生物体内合成氨基酸主要通过三类途径，即氨基化作用、转氨基作用和由初生氨基酸合成次生氨基酸。

（1）氨基化作用　α-酮酸与氨基形成相应的氨基酸称为氨基化作用，包括还原性氨基化反应、直接氨基化反应和酰胺化反应。氨基化作用是微生物同化氨的主要途径。

（2）转氨基作用　所谓转氨基作用是指在转氨酶（氨基转移酶）的催化下，使一种氨基酸的氨基转移给酮酸，形成新的氨基酸的过程。转氨酶的辅酶是磷酸吡哆醛。转氨基作用普遍存在于各种微生物体内，是氨基酸合成代谢和分解代谢中极为重要的反应，由于其广泛存在，某些氨基酸营养缺陷型菌株可以在含有相应酮酸的培养基中生长。一般来说，微生物能合成与全部氨基酸相对应的各种α-酮酸，因此通过转氨基作用可以合成全部氨基酸。

转氨酶是细胞氮代谢的必需酶，大多数微生物细胞内都至少含有几种转氨酶。目前，在大肠杆菌中发现了3种转氨酶，天冬氨酸转氨酶、芳香族转氨酶和支链氨基酸转氨酶，它们分别催化不同的氨基酸与酮酸之间的转氨基反应，见图5-18。有些固氮微生物，如根瘤菌（*Mesorizobium loti*），甚至含有50种转氨酶。

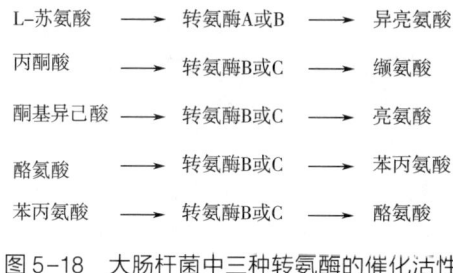

图 5-18 大肠杆菌中三种转氨酶的催化活性

（3）由初生氨基酸合成次生氨基酸 由 α-酮酸经氨基化作用合成的氨基酸称为初生氨基酸，由初生氨基酸经转氨基作用或以其为前体进一步合成的氨基酸称为次生氨基酸。许多氨基酸，尤其是谷氨酸、天冬氨酸、甘氨酸是合成某些次生氨基酸的重要前体物质，具体见图 5-19。

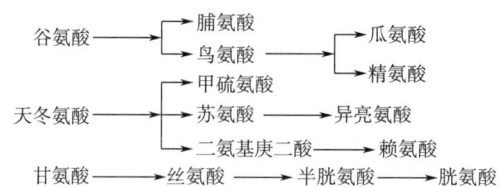

图 5-19 通过谷氨酸、天冬氨酸、甘氨酸合成次生氨基酸

（4）其他氨基酸的合成 除了上述各种氨基酸的合成途径外，还有一些氨基酸，例如芳香族氨基酸、组氨酸、分枝氨基酸和 D-氨基酸等具有特殊的合成途径。

（二）氨基酸的分解

氨基酸的功能除去它是蛋白质的组成单位外，还是能量代谢的物质，又是许多生物体内重要含氮化合物的前体。微生物通过三种方式分解氨基酸：脱氨、脱羧和转氨。不同的微生物分解氨基酸的能力不同，在细菌中，一般认为革兰阴性菌分解能力大于革兰阳性菌。

1. 脱氨基作用

氨基酸失去氨基的作用称为脱氨基作用，这是氨基酸分解代谢的第一步。脱氨基作用有氧化和非氧化两类。不同微生物在不同条件下脱氨基方式不同。氧化脱氨基作用是一个需氧过程，好氧和兼性好氧微生物都可以通过这种方式脱氨基，催化该反应的酶主要是氨基酸氧化酶和氨基酸脱氢酶。

2. 脱羧基作用

氨基酸脱去羧基生成胺的过程称为脱羧基作用，催化脱羧反应的酶称为脱羧酶，这类酶的辅酶是磷酸吡哆醛，只有组氨酸脱羧酶不需要辅酶。氨基酸脱羧酶专一性很高，一般是一种氨基酸一种脱羧酶，并只对 L-型氨基酸起作用。而且它们大都是诱导酶，催化的反应不可逆。

二元氨基酸脱羧后生成各种二胺，如尸胺（1,5-二氨基戊烷）、腐胺（1,4-二氨基丁烷）等。二胺对人体有毒害作用。当肉类蛋白质腐败时，不同微生物将氨基酸脱羧生成大量尸胺、腐胺等，会引起食物中毒。当然，在正常人体肠道内，微生物活动也会产生少量二胺，但由于量很少不会使人中毒。

3. 转氨基作用

转氨基作用是 α-氨基酸和酮酸之间氨基的转移作用：α-氨基酸的 α-氨基借助酶的催化作用转移到酮酸的酮基上，结果原来的氨基酸生成相应的酮酸，而原来的酮酸形成相应的氨基酸。用 ^{15}N 标记氨基酸的氨基进行实验证明，构成蛋白质的氨基酸（除甘氨酸、赖氨酸、苏氨酸、脯氨酸和羟脯氨酸外），都能以不同程度参加转氨基作用。不同氨基酸和 α-酮戊二酸的转氨基作用在氨基酸的分解代谢中占有重要的地位。催化转氨基反应的酶称为转氨酶。动物和高等植物的转氨酶一般只催化 L-氨基酸和 α-酮戊二酸的转氨基作用。某些细菌，例如枯草杆菌的转氨酶能催化 D- 和 L- 两种氨基酸的转氨作用。

氨基酸通过不同的途径氧化分解后，可形成 5 类产物进入 TCA 循环进一步氧化分解，最后形成 CO_2 和水，它们是：乙酰 CoA、α-酮戊二酸、琥珀酰 CoA、延胡索酸和草酰乙酸，进入位点见图 5-20。

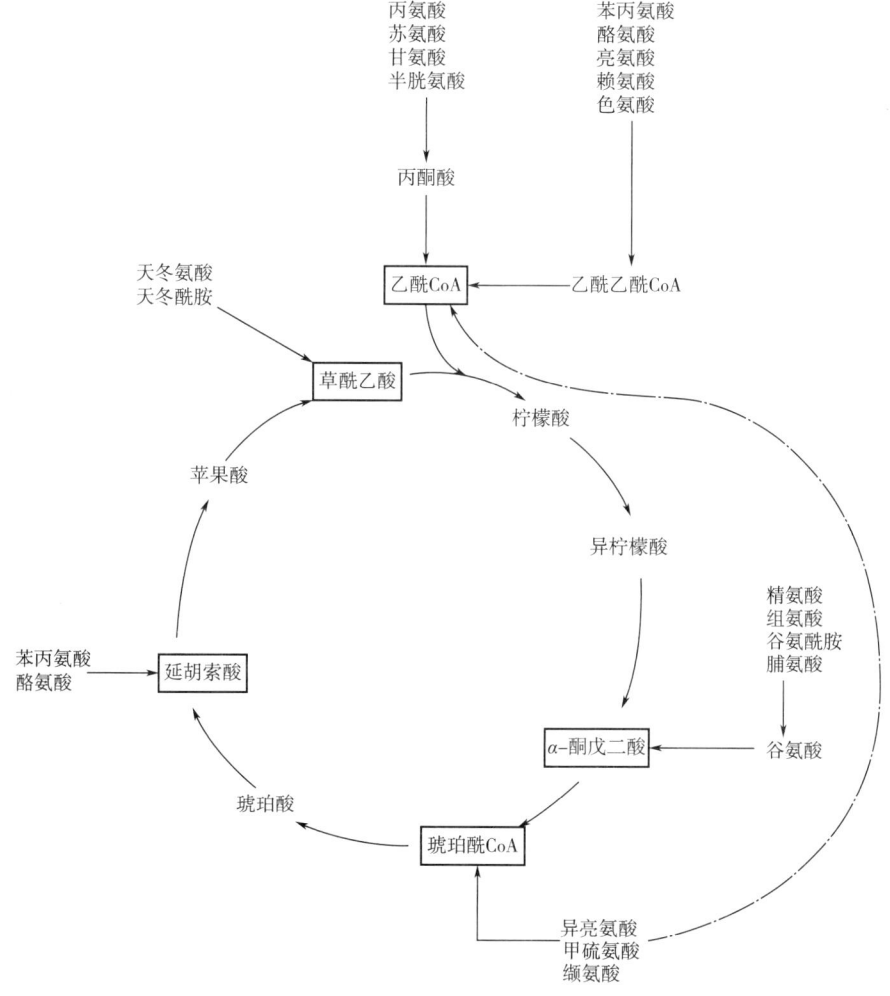

图 5-20　氨基酸分解途径
（资料来源：路福平，2005）

三、蛋白质代谢

（一）蛋白质的合成

蛋白质是生命活动的重要物质基础，要不断进行代谢和更新，因此蛋白质的生物合成在细胞代谢中占有十分重要的地位。细胞内蛋白质主要是通过翻译途径合成的。所谓翻译即在信使 RNA（mRNA）的控制下，根据核苷酸链上每三个核苷酸决定一种氨基酸的规则，合成出具有特定氨基酸顺序的蛋白质肽链过程。在这个过程中，mRNA 是蛋白质合成的模板，tRNA 是搬运氨基酸的工具，作为蛋白质合成场所的核糖体相当于装配机器，使氨基酸相互以肽键结合。合成后的多肽链有的还要经过一定的处理或与其他化合物结合（蛋白质的折叠和修饰等）后才形成具有活性的蛋白质。

但是，在细菌和真菌中，一些重要多肽类物质的合成可以绕开核糖体、mRNA 和 tRNA，其原料不仅包括 20 种氨基酸，还有许多稀有氨基酸甚至一些其他的化合物，在这一特殊的多肽合成系统中起关键作用的是一类特殊的酶——非核糖体多肽合成酶（nonribosomal peptide synthetase，NRPS）。

细菌和真菌利用 NRPS 生成许多重要的多肽类物质，包括抗生素、抗病毒物质等。这些多肽类物质在结构上往往与核糖体系统合成的多肽不同，它们的组成中包括一些非蛋白质源的氨基酸甚至一些其他的化合物，而且往往是环化的。这种特殊的结构有利于它们在生物体内的稳定和特定功能的发挥。非核糖体多肽合成系统通过一种由模板指导但不依赖于核酸模板的非核糖体机制进行运作，其中发挥关键作用的 NRPS 是一类自然界中存在的相对分子质量最大的酶，它们能识别特定的氨基酸并将其直接相连形成多肽链。

NRPS 大多由 4~10 个组件（module）顺次排列而成，也有的组件数高达 50 个。每个组件负责一个反应循环，一个典型的组件大约由 1000 个氨基酸残基组成，每一个组件又是由 3 个结构域组成的，它们是腺苷酸化结构域（A）、巯基化结构域（T）和缩合结构域（C）。A 结构域的作用是对特定底物的识别和通过 ATP 对底物的活化，T 结构域负责对反应中间物硫酯的固定，而 C 结构域负责催化两个紧邻组件上已活化的反应中间物（分别结合着氨酰基和肽酰基）之间肽键的形成。所以，NRPS 中依序排列的组件即构成了该酶所合成多肽的一种模板。

（二）蛋白质的分解

每一种蛋白质都有自己的存活时间，短到几分钟，长到几周。细胞总是不断地从氨基酸合成蛋白质，又把蛋白质降解为氨基酸。表面看来，这种变化过程好像是一种浪费，实际上它有两方面重要功能：①排除不正常的蛋白质，这些蛋白质的积累对细胞有害；②通过排除累积过多的酶和调节蛋白，使细胞代谢秩序井然。

四、脂类代谢

（一）脂类的合成

微生物的细胞组成尤其是细胞膜中含有丰富的脂类，它们是由微生物自身合成的。微生物油脂（microbial oils）又称单细胞油脂（single cell oil，SCO），是由酵母、霉菌、细菌和藻类等微生物在一定条件下利用碳水化合物、碳氢化合物和普通油脂为碳源、氮源，辅以无机盐生产的油脂和另一些有商业价值的脂质。在适宜条件下，某些微生物产生并储存的油脂占其总生物量的 20% 以上，能够生产油脂的微生物有酵母、霉菌、细菌和藻类等，其中真核的酵母、霉菌和藻类能合成与植物油组成相似的甘油三酯，而原核的细菌合成特殊的脂类。目前研究得较多的是酵母、藻类和霉菌。现在用于生产多不饱和脂肪酸的微生物主要为藻类、细菌和真菌，由于细菌产量低，所以目前主要集中在藻类和真菌。常见的产油酵母有：浅白色隐球酵母（*Cryptococcus albidus*）、弯隐球酵母（*Cyptococcus albidun*）、斯达油脂酵母（*Lipomyces starkeyi*）、苗芽丝孢酵母（*Trichospiron pullulans*）、产油油脂酵母（*Lipomyces lipofer*）、胶黏红酵母（*Rhodotorula glutinis*）、红冬孢酵母（*Rhodosporidium toruloides*）等。常见的产油霉菌有：土霉菌（*Asoergullus terreus*）、紫癜麦角菌（*Claviceps purpurea*）、高粱褶孢黑粉菌（*Tolyposporium ehrenbergii*）、高山被孢霉（*Mortierella alpina*）、深黄被孢霉（*Mortierella isabellina*）等。常见的产油海藻有硅藻（*Diatom*）和螺旋藻（*Spirulina*）。

微生物产生油脂的过程，本质上与动植物产生油脂的过程相似，都是从乙酰 CoA 羧化酶催化羧化的反应开始，然后经过多次链延长，或再经过去饱和作用等完成整个生化过程。在此过程中，有两个主要的催化酶，即乙酰 CoA 羧化酶和去饱和酶。其中乙酰 CoA 羧化酶催化脂肪酸合成的第一步，是第一个限速酶。此酶是由多个亚基组成的复合酶，结构中有多个活性位点，因此该酶能为乙酰 CoA、ATP 和生物素所激活。去饱和酶是微生物通过氧化去饱和途径生成不饱和酸的关键酶，这一过程称为脂肪酸氧化循环。

综合目前国外的研究，黏红酵母（*Rhodotorula glutinis*）油脂合成的机制可分为四个环节：两个前体乙酰 CoA 和 3-磷酸甘油的形成；甲羟戊酸的合成，乙酰 CoA 形成脂酰 CoA 和鞘脂，以甲羟戊酸为前体合成固醇、类胡萝卜素和碳水化合物；以乙酰 CoA 和 3-磷酸甘油为前体合成磷脂酸、甘油二酯、甘油三酯和磷脂。由此可见，在酵母细胞内油脂合成的多少，乙酰 CoA 起了主导作用，而乙酰 CoA 的形成又受到氮源多少、AMP 和异柠檬酸脱氢酶活力等诸多因素的影响。

（二）脂类的分解

脂类物质是微生物获取能量的重要来源之一，其中具代表意义的是甘油三酯。甘油三酯首先被微生物分解为脂肪酸和甘油，接着，脂肪酸和甘油又都能够在进一步的分解代谢中释放能量，为微生物的生命活动所用。

微生物，尤其是真菌对脂肪酸的分解过程基本上与动植物分解脂肪酸的方式相同，主要是通过 β-氧化途径。

第四节　微生物初级代谢的调节

微生物细胞的代谢调节方式很多，其中酶的调节是代谢最本质的调节。在酶的调节中又以调节代谢流的方式最为重要，它包括两个方面，一是"粗调"，即调节酶分子的合成或降解以改变酶分子的含量；二是"细调"，即通过激活或抑制以改变细胞内已有酶分子的催化活力，两者往往密切配合和协调，以达到最佳的调节效果。

利用微生物代谢调控能力的自然缺损或通过人为方法获得突破代谢调控的变异菌株，从而使有用目的产物大量生成、积累的发酵称为代谢控制发酵（metabolic control fermentation）。

它与生产实际紧密相连,是微生物育种工作的理论基础。本节主要以氨基酸等初级代谢产物的调节机制为例进行阐述。

一、酶的调节

(一)酶活力的调节

酶活力调节比调节酶的合成迅速、及时而且有效,这是微生物在饥饿情况下的一种经济的调节方式。这种调节是在酶分子水平上的一种代谢调节,它通过改变现成的酶分子活力来调节新陈代谢的速率,包括酶活力的激活和抑制两个方面。

酶活力的激活指在分解代谢途径中,后面的反应可被较前面的中间产物所促进。酶活力的抑制主要是反馈抑制(feedback inhibition),它主要表现在某代谢途径的末端产物(即终产物)过量时,这个产物可反过来直接抑制该途径中第一个酶的活性,促使整个反应过程减慢或停止,从而避免了末端产物的过多累积。反馈抑制具有作用直接、效果快速以及当末端产物浓度降低时又可重新解除等优点。

1. 反馈抑制的机制

研究表明,受反馈抑制调节的酶一般都是变构酶(allosteric enzyme),酶活力调节的实质就是对变构酶的变构调节。

变构酶在代谢调节中的功能,除了对同一合成途径进行反馈抑制之外,还具有协调不同代谢途径的功能。这是因为,变构酶除了能与它的专一底物和同一途径代谢产物相结合外,有时还能与其他代谢途径的产物相结合,从而受到该代谢途径产物的激活或抑制。

2. 反馈抑制的类型

反馈抑制这种调节方式可以分为直线式代谢途径中的反馈抑制和分支代谢途径中的反馈抑制两大类。

(1)**直线式代谢途径中的反馈抑制** 大肠杆菌在合成异亮氨酸时,因合成产物过多可抑制途径中的第一个酶-苏氨酸脱氨酶的活性,从而使α-酮丁酸及其后一系列中间代谢物都无法合成,最终导致异亮氨酸合成的停止(图5-21)。

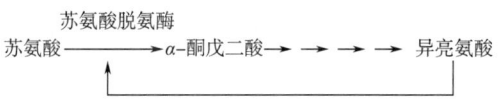

图5-21 异亮氨酸合成途径中的直线式反馈抑制

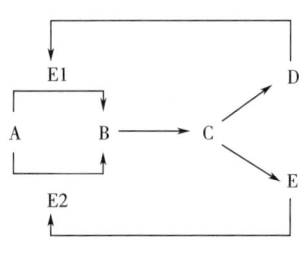

图5-22 同工酶共同调节代谢示意图

(2)**分支代谢途径中的反馈抑制** 在分支代谢途径中,反馈抑制的情况较为复杂。当一个分支上的产物过多时,为避免同时影响另一分支上产物的供应,微生物发展出多种调节方式,包括同工酶调节、协作反馈抑制、合作反馈抑制、累积反馈抑制、顺序反馈抑制等。

例如,图5-22中A→B的反应由同工酶1(E1)和同工酶2(E2)所催化,它们分别受末端产物 D、E 所抑制，这样，当环境中只有一种末端产物过多时，就只能抑制相应酶的活力，而不致影响其他几种末端产物的形成。

在代谢控制中，细胞利用同工酶进行调节的实例很多，例如在大肠杆菌的赖氨酸和苏氨酸的合成中，同工酶天冬氨酸激酶Ⅰ和天冬氨酸激酶Ⅲ可分别被苏氨酸和赖氨酸所抑制（图5-23）。

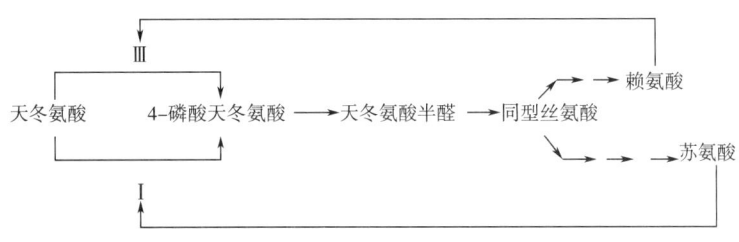

图5-23 大肠杆菌中天冬氨酸合成的同工酶调节

（二）酶合成的调节

酶合成的调节是一种通过调节酶的合成量进而调节代谢速率的调节机制，这是一种基因水平上的代谢调节。酶量的调节主要包括酶的合成和降解两个方面，酶的合成占主导地位，主要包括诱导和阻遏两个方面。靠阻遏与去阻遏调节氨基酸的生物合成一般比别构调节缓慢。

1. 酶合成调节的机制

微生物不仅能够通过酶活力对代谢进行控制，而且还能够通过控制基因组的表达来控制酶的合成，从而实现对细胞代谢的控制。目前认为，由 J. Monod 和 F. Jacob 于 1960—1961 年提出的操纵子模型可以较好地解释酶合成的诱导和阻遏现象。

2. 酶合成调节的类型

（1）诱导 微生物的基因组能够编码数量庞大的酶，但是这些酶并不同时出现在细胞中，其中只有少部分是稳定存在的，另外大部分蛋白质只有当需要时才合成。如大肠杆菌基因组可编码 2000~4000 条肽链，而当它以葡萄糖作为能量来源时，仅有约 800 个酶在其生长过程中出现。通常，细胞内的酶可划分成组成酶和诱导酶两类，组成酶是细胞固有的酶类，其合成是在相应的基因控制下进行的，它不因底物或其结构类似物的存在而受影响，例如 EMP 途径的有关酶类。诱导酶是细胞为适应外来底物或其结构类似物而临时合成的一类酶，例如大肠杆菌在以乳糖为碳源生长时，每个细胞含约 3000 个 β-半乳糖苷酶分子，但当乳糖不存在时，该酶的分子数低于 3 个。能促进诱导酶产生的物质称为诱导物（inducer），它可以是该酶的底物，也可以是难以代谢的底物类似物或是底物的前体物质。例如，β-半乳糖苷酶的诱导物除了其正常底物乳糖外，不能被其利用的异丙基-β-D-硫代半乳糖苷（isopropyl-beta-D-thiogalactoside，IPTG）也可诱导该酶的合成，且其诱导效果要比乳糖高。例如，在大肠杆菌培养基中，加入 IPTG 后，其 β-半乳糖苷酶的活力可突然提高 1000 倍。

酶的诱导合成又可分为两种，一种称同时诱导，即当诱导物加入后，微生物能同时或几乎同时诱导几种酶的合成，它主要存在于短的代谢途径中。例如，将乳糖加入到大肠杆菌培养基中后，即可同时诱导出 β-半乳糖苷透性酶、β-半乳糖苷酶和半乳糖苷转乙酰酶的合成。

另一种称顺序诱导,即先合成能分解底物的酶,再依次合成分解各中间代谢物的酶,以达到对复杂代谢途径的分段调节。

(2) 阻遏　在微生物的代谢过程中,当代谢途径中某末端产物过量时,通过阻遏作用来阻碍代谢途径中包括关键酶在内的一系列酶的生物合成,可以更彻底地控制代谢和减少末端产物的合成,这有利于生物体节省有限的养料和能量。阻遏的类型主要有末端代谢产物阻遏和分解代谢产物阻遏两种。

①末端产物阻遏(end-product repression):是指由某代谢途径末端产物的过量累积而引起的阻遏。对直线式反应途径来说,末端产物阻遏的情况较为简单,即产物作用于代谢途径中的各种酶,使之合成受阻遏,又称协调阻遏(coordinate repression),例如精氨酸的生物合成途径(图5-24)。

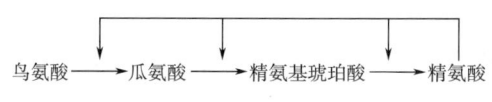

图5-24　精氨酸代谢途径的调节

对分支代谢途径来说,情况就较复杂。如果每种末端产物仅专一地阻遏合成它的那条分支途径的酶,而代谢途径分支点以前的"公共酶"只受所有分支途径末端产物的阻遏,称为多价阻遏作用(multivalent repression)。也就是说,任何单独一种末端产物的大量存在,都不影响酶的合成,只有当所有末端产物都同时大量存在时,才能发挥出阻遏功能。芳香族氨基酸、天冬氨酸族和丙氨酸族氨基酸的生物合成中的反馈阻遏就属于这一种。如果每个分支途径的末端产物仅按一定百分数部分地阻遏"公共酶"的合成,各末端产物的阻遏效应互不影响,则称为积累阻遏(cumulative repression)。如大肠杆菌中氨甲酰磷酸合成酶受尿嘧啶和精氨酸的积累阻遏,尿嘧啶和精氨酸对该酶的阻遏百分数不随对方的存在与否而改变。

末端产物阻遏在代谢调节中有着重要的作用,它帮助细胞内各种物质维持在适当的浓度。

②分解代谢物阻遏(catabolite repression):是指细胞内同时有甲、乙两种同类分解底物(如两种碳源或两种氮源)存在时,利用快的那种分解底物会阻遏利用慢的底物的有关酶合成的现象。现在知道,这种现象并非由于甲碳源(或氮源等)本身被快速利用的结果,而是通过甲碳源在其分解过程中所产生的中间代谢物所引起的阻遏作用。因此,分解代谢物的阻遏作用,就是指代谢反应链中,某些中间代谢物或末端代谢物的过量累积而阻遏代谢途径中一些酶合成的现象。葡萄糖分解代谢物阻遏乳糖操纵子的现象就属于这一类。此外,将乳糖换成山梨酸或乙酸时,也有类似的结果。由于这类现象在其他代谢中(例如铵离子的存在可阻遏微生物对精氨酸的利用等)的普遍存在,后来,人们便把类似葡萄糖效应的阻遏统称为分解代谢物阻遏。

二、代谢调节在食品工业中的应用

正常菌株自身拥有精细的代谢调控系统,使其可以经济地利用营养资源和能量,但是这一特点却使我们无法利用微生物大量获得对人类有益的各种代谢产物。为了解决这一矛盾,必须打破微生物原有的代谢平衡,通过对细胞的代谢途径进行修饰,使微生物可以大量积累某种代谢产物，随着基因工程在这一领域的应用，代谢控制发酵获得了更为广阔的发展空间和应用前景。

代谢控制发酵的具体措施主要从以下几方面入手。

1. 解除菌体自身的反馈调节

通过传统诱变方法或基因工程手段选育解除自身反馈调节的菌株，可以大量积累中间代谢产物或终产物。

(1) 选育代谢拮抗物抗性突变株　代谢拮抗物是指那些与正常代谢产物结构相似，并具有与之同等的与阻遏物或变构酶相结合能力的物质。但是，代谢拮抗物不能代替正常的终产物而合成为细胞内大分子物质，它们在细胞中的浓度不会降低。因此，它们与阻遏物以及变构酶的结合是不可逆的，这就使得有关酶不可逆地停止了合成，或是酶的催化作用不可逆地被抑制。因此，将代谢拮抗物作为选择压力进行突变株的选育，得到的代谢拮抗物抗性突变株的变构酶将对反馈抑制不敏感或对阻遏有抗性，又或二者兼而有之，即在这类菌株中的反馈抑制或阻遏已解除，或是反馈抑制和阻遏已同时解除，所以能分泌大量的末端代谢产物。

例如，当把钝齿棒杆菌培养在含苏氨酸和异亮氨酸的结构类似物 α-氨基-β-羟基戊酸（AHV）的培养基上时，由于 AHV 可干扰该菌的高丝氨酸脱氢酶、苏氨酸脱氢酶以及二羧酸脱水酶，所以抑制了该菌的正常生长。如果采用诱变后所获得的抗 AHV 突变株进行发酵，就能分泌较多的苏氨酸和异亮氨酸。这是因为，该突变株的高丝氨酸脱氢酶或苏氨酸脱氢酶和二羧酸脱水酶的结构基因发生了突变，故不再受苏氨酸或异亮氨酸的反馈抑制，于是就有大量的苏氨酸和异亮氨酸的累积。

(2) 选育营养缺陷型突变株　营养缺陷型菌株由于其在合成途径中某一步骤发生缺陷，致使终产物不能积累，因此解除了正常的反馈调节，使得中间产物或另一分支途径的末端产物得以积累。

为了解除正常的代谢调节以获得赖氨酸的高产菌株，工业上选育了谷氨酸棒杆菌的高丝氨酸缺陷型菌株作为赖氨酸的发酵菌种（图 5-25）。这个菌种由于不能合成高丝氨酸脱氢酶（homoserine dehydrogenase，HSDH），故不能合成高丝氨酸，也不能产生苏氨酸和甲硫氨酸，在补给亚适量高丝氨酸（或苏氨酸和甲硫氨酸）的条件下，提供较高糖分和铵盐，能产生大量的赖氨酸。

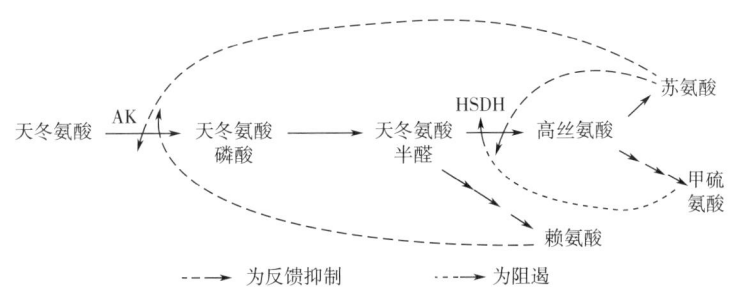

图 5-25　谷氨酸棒杆菌的代谢调节与赖氨酸生产

(3) 选育营养缺陷型回复突变株　营养缺陷型回复突变是对一个由于突变失去某一遗传性状的菌株再次进行诱变，使其能够回复其原有的遗传性状的一种育种方法。这是因为，实践证明，当菌株的某一结构基因发生突变后，该结构基因所编码的酶就因结构改变而失活。经过回复突变后，该酶的活性中心结构可以复原，而调节部位的结构常常没有恢复。这样，可以得到具有酶活力，同时反馈抑制已全部或部分解除的突变株。

（4）选育渗漏缺陷型突变株　渗漏缺陷型是一种不完全缺陷型，这种突变是使微生物的某一种酶活力下降但不完全丧失。渗漏缺陷型菌株只能够少量地合成某种代谢终产物，因此不会造成终产物对该途径酶的反馈抑制，因此也就不会影响中间代谢产物的积累。

2. 增加前体物

增加目标产物的前体物的合成，可以为目标代谢物合成途径供给更多的"原料"，使目标代谢物大量积累，具体方法有以下几种。

（1）提高前体物合成酶活力，使前体物合成量增加。

（2）解除代谢途径中对前体物合成酶的各种反馈抑制和阻遏。

（3）切断支路代谢。在分支代谢途径中，将目标代谢物途径之外的其他分支途径切断，使分支点的代谢中间物只用于合成目标代谢物。

（4）利用基因工程技术将前体物合成酶基因克隆到多拷贝载体上，使其大量扩增，从而加快前体物的合成。

3. 去除代谢终产物

代谢途径的反馈抑制或阻遏是由于代谢终产物在细胞内积累到一定浓度后产生的，如果能够及时将合成的代谢终产物排出细胞，使其无法形成高浓度，就可以达到解除反馈抑制的目的。采取生理学或遗传学方法，可以改变细胞膜的透性，使细胞内的代谢产物迅速渗漏到细胞外。这种解除末端产物反馈抑制作用的菌株，可以提高发酵产物的产量。

（1）控制完整细胞膜的渗透性　控制发酵培养基中生物素的含量可改善细胞膜的透性。生物素是脂肪酸生物合成中乙酰 CoA 羧化酶的辅基，此酶可催化乙酰 CoA 的羧化并生成丙二酸单酰辅酶 A，进而合成细胞膜磷脂的主要成分——脂肪酸。因此，限量添加生物素可以改变细胞膜的成分，从而有利于产物的分泌。如在谷氨酸发酵中，将生物素控制在亚适量情况下，可以分泌出大量的谷氨酸。

另外，在培养基中添加适量的青霉素也有助于改善细胞膜的透性。其原因是青霉素可抑制细菌细胞壁肽聚糖合成中转肽酶的活性，结果引起其结构中肽桥间无法进行交联，造成细胞壁的缺损。这种细胞的细胞膜在细胞膨胀压的作用下，有利于代谢产物的外渗。

（2）使细胞膜缺损控制其渗透性　应用谷氨酸产生菌的油酸缺陷型菌株，在培养基中限量添加油酸，可使细胞膜发生渗漏而提高谷氨酸的产量。这是因为油酸是细菌细胞膜磷脂中的一种重要脂肪酸。油酸缺陷型突变株因其不能合成油酸而使细胞膜缺损。

又如，利用石油发酵产生谷氨酸的解烃棒杆菌（*Corynebacterium hydrocarbolastus*）的甘油缺陷型突变株，由于缺乏 α-磷酸甘油脱氢酶，故无法合成甘油和磷脂，造成细胞膜缺损。当限量供应甘油时，菌体即能合成大量谷氨酸。

4. 其他措施

除以上提到的主要代谢调控方法外，还应采取一定的措施防止已合成的目标代谢物被分解代谢，如选育目标代谢物分解产物的缺陷型等。

在具体的发酵生产中，还应注意一些特殊代谢机制对目标代谢物的影响，如目标代谢物的合成有时受代谢途径完全无关的终产物控制的代谢互锁（metabolic interlock）机制，分支代谢途径中因酶活力不同而导致某一支路代谢优先进行的优先合成（preference synthesis）机制，以及多种分支途径交叉作用的复杂调控机制等。另外，选育温度敏感型菌株等条件突变株也是代谢控制发酵的有效手段。

第五节　微生物的次级代谢

微生物的次级代谢产物是为了和微生物发育、增殖所必需的初级代谢产物相区别而提出来的，次级代谢是指微生物在一定的生长时期内，以初级代谢为基础，合成一些对微生物生命活动没有明确功能物质的代谢，它与微生物生长、繁殖无关，其种类很多，包括抗生素、生长激素、色素、生物碱与毒素等。

一、次级代谢产物的特征

与初级代谢产物相比较，次级代谢产物分子结构复杂、代谢途径独特、参与的酶数量多、在生长后期合成、产量较低、生理功能不很明确（尤其是抗生素），其合成一般受质粒控制。一般来说，形态构造和生活史越复杂的微生物，其次级代谢产物的种类越多。但各种初级代谢途径，如糖代谢、TCA循环、脂肪代谢、氨基酸代谢以及萜烯、类固醇化合物代谢等仍是次级代谢途径的基础。初级代谢与次级代谢的关系见图5-26。

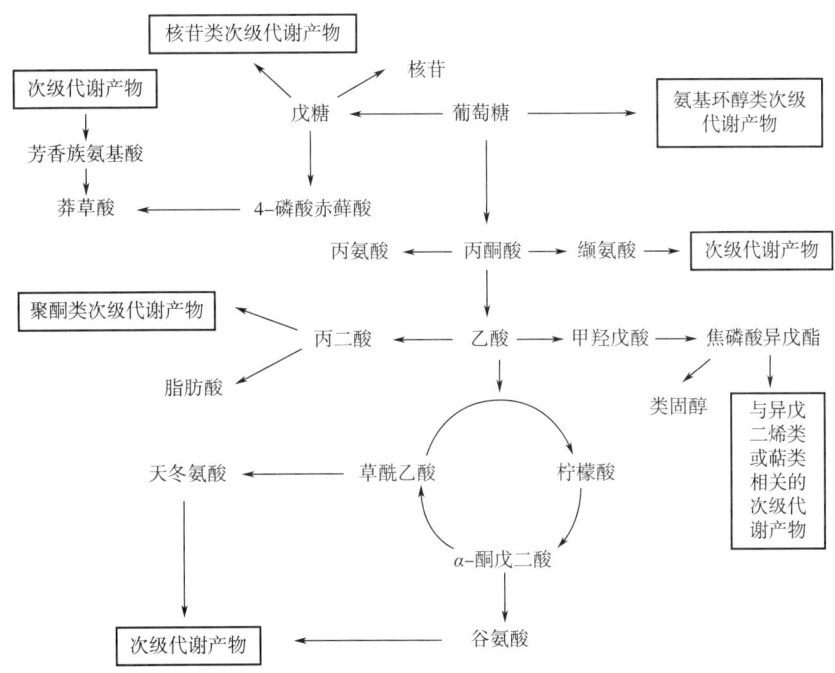

图5-26　初级代谢与次级代谢的关系
(资料来源：李颖，关国华，2013)

二、次级代谢产物的合成途径

次级代谢产物的合成途径主要有以下四个。

1. 糖代谢延伸途径

由糖类转化、聚合产生的多糖类、糖苷类和核酸类化合物进一步转化而形成核苷类、糖苷类和糖衍生物类抗生素。

2. 莽草酸延伸途径

莽草酸延伸途径由莽草酸分支途径产生氯霉素等。

3. 氨基酸延伸途径

氨基酸延伸途径由各种氨基酸衍生、聚合形成多种含氨基酸的抗生素，如多肽类抗生素、β-内酰胺类抗生素、D-环丝氨酸和杀腺癌菌素等。

4. 乙酸延伸途径

乙酸延伸途径又可分两条支路，其一是乙酸经缩合后形成聚酮酐，进而合成大环内酯类、四环素类、灰黄霉素类抗生素和黄曲霉毒素；另一分支是经甲羟戊酸而合成异戊二烯类，进一步合成重要的植物生长激素——赤霉素或真菌毒素——隐杯伞素和橘霉素等。红曲霉（*Monascus*）在食物中的应用非常广泛，如红曲米的生产、黄酒的酿造等。红曲霉能够生成多种生理活性物质，但研究发现，多种长期应用于工业生产的红曲霉在产生色素和生理活性物质的同时，还能分泌一种真菌毒素——橘霉素。橘霉素主要作用的靶器官是肾脏，它不仅可以致畸、导致肿瘤的发生，而且可以诱发突变。橘霉素主要通过1分子乙酰CoA和3分子丙二酰CoA在I型聚酮合酶的催化作用下经反复缩合和延伸形成四酮体，然后继续与乙酰CoA缩合，通过甲基化、缩合、还原、甲氧基化、还原、氧化和脱水等多个步骤最终形成。

三、次级代谢产物的类型

根据次级代谢产物的结构特征与生理作用的研究，次级代谢产物可大致分为抗生素、生长刺激素、色素、生物碱与毒素等不同类型，与食品领域密切相关的微生物次级代谢产物包括乳酸链球菌素、维生素、色素及微生物毒素等。

1. 乳酸链球菌素

乳酸链球菌素（nisin）又称乳链菌肽或尼生素，是乳酸乳球菌乳酸亚种（*Lactococcus lactis* subsp. *lactis*）菌株产生的一种细菌素，在1969年，联合国粮食及农业组织/世界卫生组织（FAO/WHO）就确认了nisin为安全、高效、可靠的食品防腐剂，也是目前唯一一个被允许作为食品防腐用的细菌素。nisin能有效地杀死或抑制引起食品腐败的革兰阳性菌，如乳酸杆菌、肉毒梭菌、葡萄球菌、李斯特菌、耐热腐败菌、棒杆菌、小球菌、明串珠菌、分枝杆菌等。特别是对产生孢子的细菌，如芽孢杆菌、梭状芽孢杆菌、嗜热芽孢杆菌、肉毒梭菌、细菌孢子等有很强的抑制作用。在特定条件下，如较酸性条件，nisin也能杀灭一些革兰阴性菌及其他菌。nisin对蛋白酶特别敏感，进入人体后可被消化道胰蛋白酶降解为多种氨基酸，可吸收、无残留、不产生抗药性、不影响人体正常菌群，与其他抗生素不会产生交叉抗性。目前，作为食品防腐剂，nisin已经广泛应用于乳制品、肉制品、罐装食品、植物蛋白制品、果汁饮料、袋装食品、焙烤食品等多种食品的防腐保鲜上，同时在黄原胶、明胶等工业化生产过程中使用，可起到有效的抑菌作用，保障了产品的高品质生产。

2. 维生素

维生素是指某些微生物在特定条件下合成远远超过产生菌本身正常需要的那部分维生素。丙酸细菌、芽孢杆菌和某些链霉菌与耐高温放线菌在培养过程中可以积累维生素 B_{12}，某些分枝杆菌能利用碳氢化合物合成吡哆醛与烟酰胺，某些假单胞菌能过量合成生物素，某些醋酸细菌能过量合成维生素 C，各种霉菌不同程度地积累核黄素等，酵母菌类细胞中除含有大量维生素 B_1、维生素 B_2、烟酰胺、维生素 B_5、维生素 B_6 以及维生素 B_{12} 外，还含有各种固醇，其中麦角固醇是维生素 D 的前体，经紫外光照射，即能转变成维生素 D。

3. 色素

色素是指由微生物在代谢中合成的积累在胞内或分泌于胞外的各种呈色次级代谢产物。例如黏质沙雷菌和小球菌细胞中含有花青素类物质，使菌落出现红色。放线菌和真菌产生的色素分泌于体外时，使菌落底面的培养基呈现紫、黄、绿、褐、黑等色。积累于体内的色素多在孢子、孢子梗或孢子器中，使菌落表面呈现各种颜色。红曲霉产生的红曲素使菌体呈现紫红色，并分泌到体外。

4. 毒素

对人和动植物细胞有毒杀作用的一些微生物次级代谢产物称为毒素。毒素大多是蛋白质类物质，例如肉毒梭菌产生的肉毒毒素。其他许多病原细菌如葡萄球菌、链球菌、沙门菌、志贺菌等也都产生各种外毒素和内毒素。真菌中产生毒素的种类也很多，很多种蕈菌是有毒的，曲霉属中也有一些产毒素的种，如霉变的花生、米、面等食物中常含黄曲霉毒素，红曲霉常常产生橘霉素等。

四、次级代谢的调节

（一）初级代谢对次级代谢的调节

与初级代谢类似，次级代谢的调节过程中也有酶活力的激活和抑制及酶合成的诱导和阻遏。由于次级代谢一般以初级代谢产物为前体，因此次级代谢必然会受到初级代谢的调节。例如青霉素的合成会受到赖氨酸的强烈抑制，而赖氨酸合成的前体 α-氨基己二酸可以缓解赖氨酸的抑制作用，并能刺激青霉素的合成。这是因为 α-氨基己二酸是合成青霉素和赖氨酸的共同前体。如果赖氨酸过量，它就会抑制这个反应途径中的第一个酶，减少 α-氨基己二酸的产量，从而进一步影响青霉素的合成。

（二）碳、氮代谢物的调节作用

1. 碳代谢物调节

次级代谢产物一般在菌体对数生长后期或稳定期间合成，这是因为在菌体生长阶段，被快速利用的碳源的分解物阻遏了次级代谢酶系的合成。因此，只有在对数期后期或稳定期，这类碳源被消耗完之后，解除阻遏作用，次级代谢产物才能得以合成。

例如，在青霉素发酵过程中，虽然葡萄糖被菌体利用最快，但对青霉素合成并不适宜。而乳糖利用虽然较为缓慢，却能提高青霉素产量。如果细菌在葡萄糖和乳糖的混合培养基中生长，那么在抗生素合成前，菌体一般先利用葡萄糖，在葡萄糖耗尽后，抗生素合成开始，此时菌体才利用第二种碳源。这种情况说明，次级代谢的碳源分解调节比初级代谢更为复杂。

2. 氮代谢物调节

氮源分解调节是类似于碳源分解调节一类的分解阻遏方式。它主要是指含氮底物的酶（如蛋白酶、硝酸还原酶、组氨酸酶和脲酶）的合成受快速利用的氮源，尤其是氨的阻遏。

例如，高浓度的 NH_4^+ 可以降低谷氨酰胺合成酶的活性，而后者的比活力与抗生素的合成呈正相关性，因此高浓度的 NH_4^+ 对抗生素的生产有不利影响。而另一种含氮化合物——硝酸盐却可以大幅度地促进利福霉素的合成，因其可以促进糖代谢和 TCA 循环酶系的活力，以及琥珀酰 CoA 转化为甲基丙二酰 CoA 的酶活力，从而为利福霉素的合成提供了更多的前体，同时它可以抑制脂肪合成，使部分用于合成脂肪的前体乙酰 CoA 转为合成利福霉素脂肪环的前体，另外硝酸盐还可提高菌体中谷氨酰胺合成酶的比活力。

3. 磷酸盐的调节

磷酸盐不仅是菌体生长的主要限制性营养成分，还是调节抗生素生物合成的重要参数。过量的磷酸盐对四环类、氨基糖苷类和多烯大环内酯类等 32 种抗生素的生物合成产生阻抑作用。所以，在工业生产中，磷酸盐常被控制在适合菌体生长的浓度以下，即亚适量。

4. 酶的诱导调节

次级代谢产物的诱导机制可能按以下两种方式进行：通过诱导物刺激影响初级代谢，造成代谢流的改变，从而大量生产次级代谢产物；通过诱导来提高次级代谢产物合成酶的合成，从而大量生产次级代谢产物。

5. 诱导作用及产物的反馈抑制

在次级代谢中也存在着诱导作用，例如，巴比妥虽不是利福霉素的前体，也不掺入利福霉素，但能促进将利福霉素 SV 转化为利福霉素 B 的能力。同时，次级代谢产物的过量积累也能像初级代谢那样，反馈抑制其合成酶系。

此外，培养基中金属离子、溶解氧及细胞膜透性也会对次级代谢产生或多或少的影响。

习　题

一、名词解释

1. 呼吸链　2. 有氧呼吸　3. 无氧呼吸　4. 发酵　5. 同型乳酸发酵　6. 异型乳酸发酵　7. 初级代谢　8. 次级代谢　9. 代谢控制发酵

二、简答题

1. 微生物细胞为什么要代谢？其代谢能量来自何处？
2. 列表比较有氧呼吸、无氧呼吸和发酵的异同点。
3. 试述在细菌鉴定中 V.P. 试验的原理。
4. 比较同型乳酸和异型乳酸发酵的异同。
5. 细菌的乙醇发酵途径是什么？它与酵母菌的乙醇发酵有何不同？细菌的乙醇发酵有何优缺点？
6. 分别简述柠檬酸、乳酸、乙酸和乙醇发酵的代谢机制。
7. 次级代谢途径与初级代谢途径之间有何联系？

8. 如何利用代谢调控提高发酵产物的产量？
9. 如何应用代谢工程原理控制传统发酵食品的风味和质量？
10. 什么是无氧呼吸？比较无氧呼吸和有氧呼吸产生能量的多少，并说明原因。
11. 说明革兰阳性菌细胞肽聚糖合成过程以及青霉素的抑制机制。
12. 说明次级代谢及其特点。如何利用次级代谢的诱导调节机制及氮和磷调节机制来提高抗生素的产量？
13. 如何利用营养缺陷突变株进行赖氨酸发酵工业化生产？
14. 什么是发酵？试简要说明由葡萄糖出发的 6 种发酵类型及其发酵产物。
15. 应用代谢调控理论，如何解除菌体自身的反馈抑制提高目标产物产量？列举具体措施。
16. 如何应用代谢调控理论提高目标产物产量，请列举具体措施。
17. 利用筛选抗终代谢物结构类似物突变株的方法来获得高产菌株的原理是什么？
18. 什么是营养缺陷型？代谢控制发酵中，通过选育营养缺陷型突变株和营养缺陷型回复突变株来获得高产菌株的调控机制是什么？

三、综合设计题

1. 受某工厂委托，要求该厂获得的产吡哆醇（维生素 B_6）的野生型菌株（某种黄杆菌），通过紫外线诱变育种的方法，成为可能的高产工业化生产菌株，请设计一个最佳方案（试说明诱变处理和高产突变株筛选的主要步骤、采用的初筛培养基及筛选原理、诱变操作的注意事项等）。

注：异烟肼是吡哆醇的结构类似物。

2. 微生物的代谢途径如下图所示：

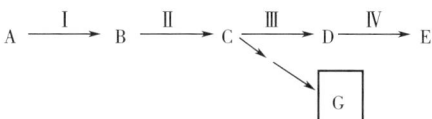

请应用诱变育种技术和基因工程技术构建高产代谢产物 G 的代谢工程菌株，简述实验设计方案及相关菌株的筛选原理（注：Ⅰ、Ⅱ、Ⅲ、Ⅳ是该代谢途径中的几个关键酶，产物 G 过量酶 I 存在反馈抑制作用）。

第六章
食品微生物的生长及其控制

[学习目的与要求]

1. 掌握微生物的生长规律及其测定、表达方式。
2. 掌握食品的腐败变质。
3. 掌握食品的污染源及污染途径。
4. 掌握影响微生物生长的主要因素，有害微生物的控制及预测微生物学等。

[学习重点与难点]

1. 重点是微生物生长的规律，影响微生物生长的重要环境因素及控制条件，消毒灭菌的概念和主要方法，食品腐败与微生物的关系。
2. 难点是有害微生物的控制原理及应用。

微生物与食品的关系主要有有益、有害、有益和有害相互转化几种情况。有益分为直接有益和间接有益，又可进一步分为有益于人体健康和有益于生产；对于食品有害的微生物，有些是微生物自身是病原菌，可以引起食品污染，有些是因为这些微生物并无危害，但是其代谢产物有毒性，危害人体健康；还有一些微生物自身不会致病也不会产生有害代谢物，但是其生长繁殖会给生产带来一些影响。一些微生物对生产和健康的影响较小，而另一些微生物在一些情况下有利于生产和健康，但在另一些情况下则不利于生产，有害于健康。因此，通过掌握食品微生物的生长规律，学习食品微生物生长的重要环境因素及控制条件，对于食品领域有着重要的影响。

生物个体物质有规律地、不可逆地增加，导致个体体积扩大的生物学过程，称为生长。繁殖是指生物个体生长到一定阶段，通过特定方式产生新的生命个体，即引起生命个体数量增加的生物学过程。生长是一个逐步发生的量变过程，繁殖是一个产生新的生命个体的质变过程。在高等生物里这两个过程可以明显分开，但在低等特别是在单细胞的生物里，由于细胞小，这两个过程是紧密联系又很难划分的过程。

一个微生物细胞在合适的外界条件下，吸收营养物质，进行代谢。如果同化作用的速度超过了异化作用，则其原生质的总量（质量、体积）就不断增加，表现为个体的生长现象。如果各细胞组分是按恰当的比例增长，则达到一定程度后就会发生繁殖，从而引起个体数目的增加，这时，原有的个体就发展成一个群体。随着群体中各个个体的进一步生长，就引起了这一群体的生长，这可以以其质量、体积、密度或浓度做指标来衡量。所以说，微生物生长是指在一定时间和条件下细胞数量的增加（微生物群体生长），在微生物学中提到的"生长"，一般均指群体生长，这一点与研究大生物时有所不同。

第一节 微生物生长繁殖的测定

微生物的生长情况可以通过测定单位时间里微生物数量或生物量的变化来评价。通过测定微生物生长繁殖可以获得的相关信息包括：可以客观地评价培养条件、营养物质等对微生物生长的影响，或评价不同的抗菌物质对微生物产生抑制（或杀死）作用的效果，或客观地反映微生物生长的规律，便于指导生产实践活动。微生物生长的测定有计数法、重量法和生理指标法等方法。可根据研究的目的和条件，选择性地使用各种方法来测定微生物的生长。

一、测生长量

测定生长量的方法有很多，适用于一切微生物，可分为两大类：直接法和间接法。

（一）直接法

1. 测体积

该方法用于初步比较，例如，把待测微生物的培养液放在带有刻度离心管中作自然沉降或进行一定时间的离心，然后观察其细胞沉降物的体积。该方法优点在于简单易行，便于观察结果；不足之处在于较为粗放。

2. 测干重

使用离心法或过滤法测定，一般微生物干重为湿重的10%~20%。

（1）离心法　将单位体积的微生物培养液离心，用蒸馏水离心洗涤1~5次后，方可进行干燥，可采用105℃、100℃或红外线烘干至恒重，也可在较低的温度（40~80℃）下真空干燥，然后称干重，便可计算出培养物的总生物量。

（2）过滤法　丝状真菌可采用滤纸法过滤，细菌可采用醋酸纤维素膜法过滤。将细胞进行过滤后，用少许水洗涤细胞，40℃以下真空干燥，然后称取干重。例如乳酸菌，液体培养基中的细胞浓度大约是2×10^8个/mL，100mL培养物可获得10~70mg干重的细胞。该方法是测定多细胞及丝状真菌生长情况的有效方法。

（二）间接法

1. 比浊法

微生物培养物在其生长过程中，由于原生质含量增加，导致培养物混浊度的升高。

目前，可采用分光光度计进行精确的测定。在一定波长下，用分光光度计测定菌悬液的光密度（optical density，OD）表示菌量。实验测量时应控制在菌浓度与光密度成正比的线性范围内，否则不准确。如果要对某一微生物培养物进行生长动态测定，可采用不必取样的侧臂三角烧瓶来进行原位测定。

2. 生理指标法

微生物的生理指标，如呼吸强度、耗氧量、酶活力、生物热等与其群体的规模成正相关。样品中微生物数量多或生长旺盛，这些指标较明显，因此可以借助特定的仪器如瓦勃氏呼吸仪、微量量热计等来测定相应的指标，它们都可以作为生长测定的相对值，常用于对微生物的快速鉴定与检测。

(1) 含氮量测定法　微生物细胞中的主要成分是蛋白质，而且细胞中的含氮量通常较为稳定。大部分细菌的含氮量约为干重的12.5%，酵母菌是7.5%，霉菌是6.5%，根据含氮量乘以6.25，即为其粗蛋白含量（因其中包含了杂环氮和氧化型氮）。总氮量与细胞粗蛋白的含量关系如式（6-1）所示：

$$粗蛋白总量 = 含氮量（\%）\times 6.25 \tag{6-1}$$

测含氮量有很多方法，如用硫酸、过氯酸、碘酸或磷酸等消化法和 Dumas 测氮气法。对于细胞浓度较高的生物样品，可采用凯氏定氮法等化学方法测定待测样品中的含氮量。蛋白质含量越高，细胞中的干物质含量和菌体数越高。

(2) 含碳量测定法　将干重为 0.2~2.0mg 的少量生物材料混入 1mL 水或无机缓冲液中，用 2mL 2% 重铬酸钾溶液 100℃下加热 30min，冷却后，再加水稀释至 5mL，在 580nm 波长下读取其光密度值（可采用试剂作为空白对照，标准样品作为标准曲线），即可推算出微生物的生长量。

(3) DNA 含量测定法　核酸是微生物的重要遗传物质，每个细菌的 DNA 含量相当恒定，可从细菌细胞中提取 DNA，求得 DNA 含量，计算出一定体积的细菌悬液所含的细菌总数。微生物细胞中的 DNA 含量虽然不高（比如大肠杆菌的 DNA 含量仅占 3%~4%），但比较稳定，所以可采用适当的荧光指示剂或染色剂与微生物 DNA 作用，然后通过荧光比色法或者分光光度法来测定样品的 DNA 含量，从而推算微生物细胞的生物量。

(4) 其他生理指标测定法　如测定磷、RNA、ATP、二氨基庚二酸（DAP）和 N-乙酰胞壁酸等的含量，以及产酸、产气、产 CO_2（用标记的葡萄糖作基质）、耗氧、黏度和产热等指标，都可用于测定微生物的生长量。但此类方法属于间接法，影响因素较多，误差较大，仅适用于特定条件下使用。

ATP 发光微生物快速检测技术是一种以生物发光反应为基础的快速检测技术，可作为一种便捷而又相对准确的菌落总数快速检测方法，可以广泛用于生活饮用水质量卫生的现场监督、食品加工条件快速评价和食品中微生物的快速检测。与传统方法相比，具有灵敏、便捷以及相对准确等优点。

二、计个体数

计个体数与测定生长量不同，需要计算微生物繁殖出的个体数目，通常用来测定细菌、酵母菌等单细胞微生物的生长情况，或样品中所含微生物个体的数量（细菌、孢子、酵母菌）。

(一)直接法

直接法是采用细菌计数板或血球计数板,在显微镜下对微生物数量进行直接计数(计算一定容积里样品中微生物的数量)。其缺点在于不能区分死菌与活菌,不适于对运动细菌的计数,样品需要相对高的细菌浓度,并且个体小的细菌在显微镜下难以观察。

1. 血细胞计数器法

该方法是利用血细胞计数器,对微生物细胞直接计数,计数前需对样品作适当稀释,按照规定方法及计算公式运算后即可得出实际数值。血细胞计数器是一块特制的载玻片,见图6-1,玻片上有四条沟和两条嵴,中央有一短横沟和两个平台,两个平台上面各刻有9个大方格,中央一个大方格为计数室,供计数用,计数室的长和宽各为1mm,高为0.1mm,因此计数室体积为$0.1mm^3$,容积为$10^{-4}mL$。

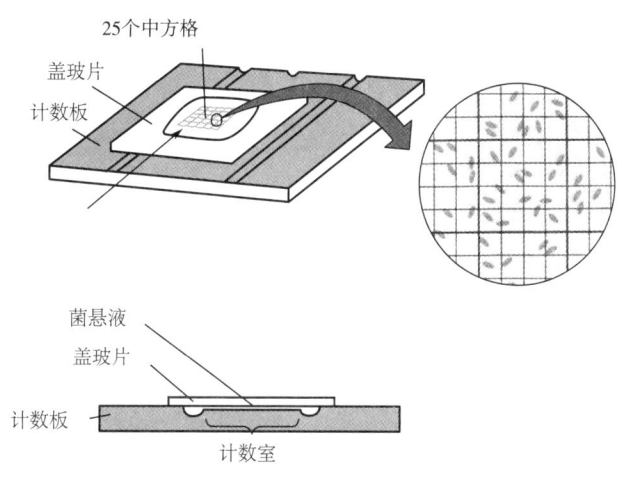

图6-1 血细胞计数器

(资料来源:Gerard J. Tortora et al., 1997)

血细胞计数器有两种规格,一种是将计数室的$1mm^2$面积分为25个中方格,每中格再分为16个小格(25×16);另一种是16个中方格,每个中方格再分为25个小格(16×25)。两者的计数室都是总共有400个小格。将专用盖玻片置于两条嵴上,从两个平台侧面加入菌液后,400个小方格($1mm^2$面积)计数室上形成$0.1mm^3$的体积。通过对大方格内微生物数量的统计,可计算出1mL菌液所含的菌体数。

血细胞计数器法适用于酵母菌和霉菌孢子的数量测定,若要测定细菌数量则误差较大。此外,该方法测得的是菌体总数,不能区分是活菌体还是死菌体。

2. 比例计数法

该方法是一种较为粗放的计数方法,是把已知颗粒浓度的样品(例如,霉菌孢子或红细胞等)与待测细胞浓度的样品混匀后,在显微镜下根据二者之间的比例直接推算待测微生物细胞浓度。

3. 过滤计数法

当样品中菌数很低时,可以将一定体积的湖水、海水或饮用水等样品通过膜过滤器,过滤样品,见图6-2,由于滤膜的作用而将微生物保留在膜的表面上。然后,将滤膜放在培养基上培养，营养物和代谢物通过滤膜的微孔进行交换，在滤膜表面上培养出的菌落可以计数，并和样品量相关。

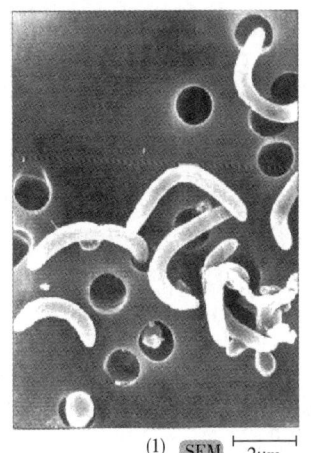

图 6-2　细菌过滤计数法

(1) 在 100mL 水中的细菌被筛出到膜过滤器的表面
(2) 该平皿上统计得到了 124 个单菌落，所以该样品每 100mL 水中含有 124 个细菌

(资料来源：Gerard J. Tortora, et al., 1997)

4. 活菌计数法

采用特定的染色技术也可对活菌和死菌进行分别计数。比如酵母活细胞计数可用美蓝染色液，染色后在显微镜下进行观察，活细胞为无色，死细胞为蓝色。

（二）间接法

间接计数法的原理是依据活菌通过生长繁殖后，会使液体培养基混浊，或在固体培养基表面形成菌落，然后计数活菌的方法。

1. 平板菌落计数法

平板菌落计数法是将待测微生物样品经适当稀释后，样品中的微生物充分分散成单个细胞，取一定量的稀释液接种到平板上，经过一定时间的培养后，由每个单细胞生长繁殖而形成肉眼可见的菌落，即一个单菌落应代表原样品中的一个单细胞。统计菌落数，根据其稀释倍数和取样结合总量即可换算出样品中的菌含量。

该方法具体操作流程如下：取一定体积的稀释菌液与合适的固体培养基在其凝固前均匀混合，或涂布于已凝固的固体培养基平板上，见图 6-3。经保温培养后，在平板上出现的菌落数乘以菌液的稀释度，即可计算出菌液的含菌数。一个菌落可能是多个细胞一起形成，所以在科研中一般用菌落形成单位（colony forming units，CFU）来表示，而不是直接表示为细胞数。

平板菌落计数法是一种最常用的活菌计数法，其优点是检测结果较精确，缺点是要求操作熟练、准确，否则难以得到正确的结果，另外方法烦琐，耗时长。

为此，近年来国内外已经出现多种微型、快速、商品化的菌落计数的纸片或密封琼脂板，共同原理是在滤纸或琼脂中吸有适量的培养基，同时在培养基中添加活菌指示剂 2,3,5-

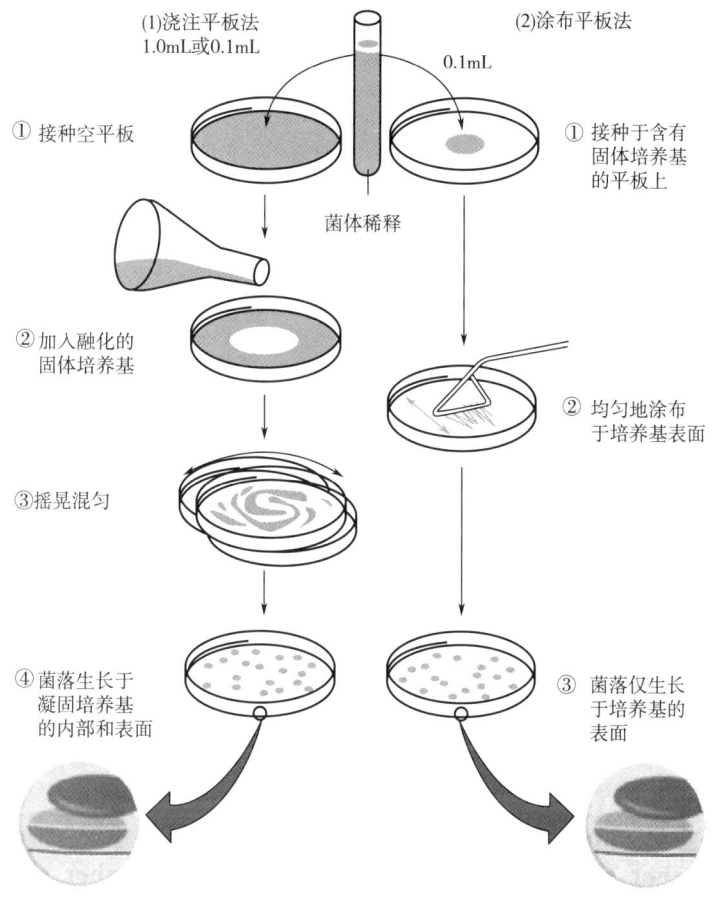

图 6-3 平板菌落计数法

(资料来源：Gerard J. Tortora, et al., 1997)

氯化三苯基四氮唑（triphenyl tetrazolium chloride，TTC，无色），它的存在可使菌落被染色为玫瑰红色。由于微生物中普遍存在还原酶，在微生物生长过程中，氧化染料 TTC 进入菌体发生氧化还原反应，脱氢酶将 TTC 作为受氢体使之还原为不溶性的红色 2,3,5-三苯基甲臜（triphenyl formazan，TF，红色）。

2. 液体稀释法

对未知样品进行 10 倍稀释，然后根据估算取 3 个连续的稀释度平行接种多支试管，对这些平行试管的微生物生长情况进行统计，长菌的为阳性，未长菌的为阴性，然后根据数学统计计算出样品中的微生物数目，见图 6-4。液体稀释法主要适用于只能进行液体培养的微生物，或采用液体鉴别培养基进行直接鉴定并计数的微生物。

测定或估计微生物细胞的数量或质量，将有助于正确了解微生物生长和死亡率，了解细胞生长的真实情况，便于指导生产实践活动，如预防食品腐败和控制传染性疾病等。本节介绍了多种测定微生物的生长量或计算繁殖数的方法，需注意的是，每种方法都有自己的优缺点及使用范围。因此，要根据各自的研究对象和研究目的不同，选择最合适的方法。

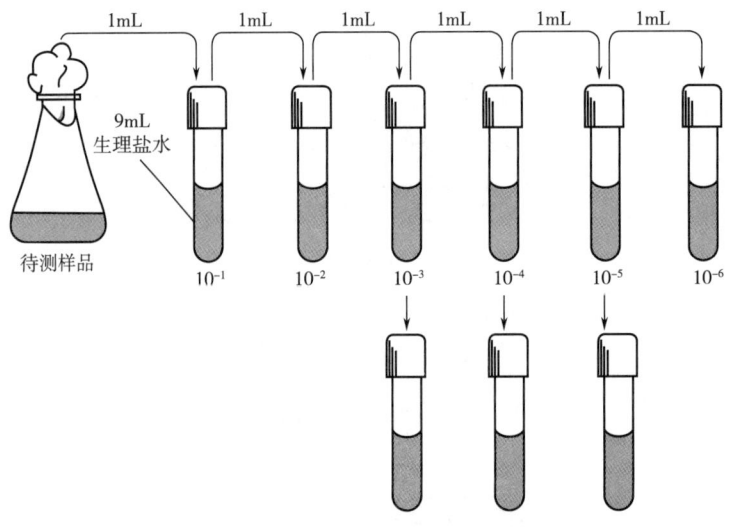

图 6-4 液体稀释法的一般步骤

第二节 微生物的生长规律

微生物的特点之一是个体微小，肉眼看到或接触到的微生物是成千上万个单个的微生物组成的群体。因此，微生物接种是群体接种，接种后的生长是微生物群体繁殖生长，对微生物群体生长规律的了解是对其进行研究与利用的基础。

一、微生物的个体生长和同步生长

微生物群体生长的基础是微生物个体生长，群体中的每个个体可能分别处于个体生长的不同阶段，所以，它们的生长、生理与代谢活动等特性不一致，导致出现生长与分裂不同步的现象。例如，在一支试管或摇瓶中研究某种微生物的生长、生理生化特性，其结果实际上是培养物中所有微生物在某一段时间内活动的总和。显然，如果以群体测定结果的平均值代表单个细胞就必须设法使群体处于同一发育阶段，使群体和个体行为变得一致，因而发展了单细胞的同步培养技术。

同步培养（synchronous culture）是群体中的细胞生长发育均处于同一阶段上，即大多数细胞能同时进行生长或分裂的培养方法。同步生长（synchronous growth）即以同步培养方法使群体细胞能处于同一生长阶段，并同时进行分裂的生长方式。通过同步培养方法获得的细胞被称为同步细胞或同步培养物，见图 6-5。

采用同步培养技术可以用研究群体的方法来研究个体水平上的问题。获得同步培养的方法很多，最常用的有以下两种。

1. 机械法

机械法又称选择法，是依据微生物细胞在不同生长阶段的细胞体积与质量不同或根据它们同某种材料结合能力不同的原理设计出来的方法。常用的有以下三种。

(1) 离心法　该方法是把不同步的细胞培养物悬浮在不被该细菌利用的蔗糖或葡聚糖的不同梯度溶液里，不同细胞可通过密度梯度离心分布成不同的细胞带，处于同一生长期的细胞大致是处于同一细胞带的，将它们分别取出进行培养，就可以获得同步细胞，见图6-6（1）。

(2) 过滤分离法　应用各种孔径大小不同的微孔滤膜来过滤分离不同步的细胞培养物，可将大小不同的细胞分开，然后分别将滤液中的细胞取出来培养，从而获得同步细胞。例如，选用适宜孔径的微孔滤膜，将不同步的大肠杆菌群体过滤，由于刚分裂的幼龄菌体较小，可以通过滤孔，而其余菌体则留在滤膜上面，将滤液中的幼龄细胞进行培养，就可获得同步培养物。

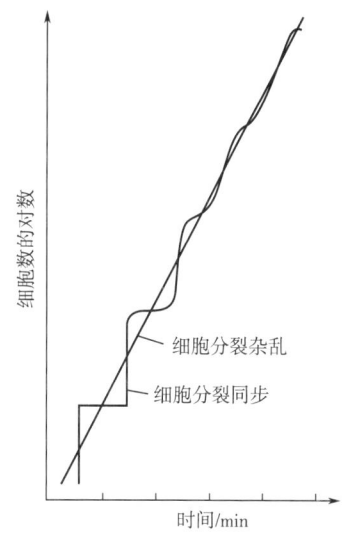

图6-5　细菌的同步生长与非同步生长

(3) 硝酸纤维素滤膜法　硝酸纤维素滤膜法是最经典的获得同步生长的方法［图6-6（2）］。其原理是依据细菌能紧密结合到硝酸纤维素滤膜上，用垫有硝酸纤维素滤膜的过滤器过滤细菌悬液，再将滤膜颠倒过来，然后让培养基流过滤器，用来洗去未结合的细菌，再将滤器放入适宜条件下培养一段时间，其后仍将培养基流过滤器，会洗下新分裂产生的细菌，分批收集并通过培养获得同步细胞。

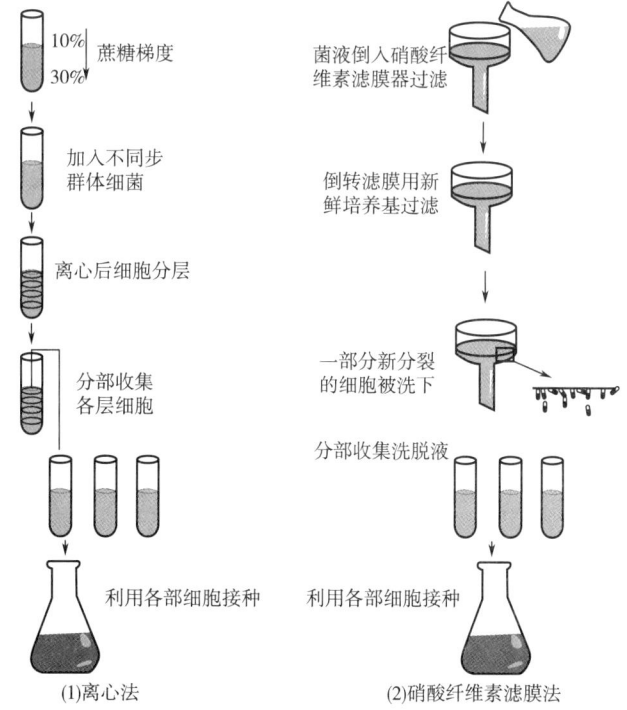

图6-6　同步培养方法

（资料来源：沈萍，2000）

采用机械法进行同步培养是在不影响微生物代谢的情况下获得的,因而菌体的生命活动必然较为正常。该方法的缺点在于,有些微生物在相同的发育阶段,细胞大小不一致,甚至差别很大,该类微生物则不宜采用机械法。

2. 环境条件控制方法

(1) 温度　细菌处于最适生长温度下,有利于其生长和分裂;处于不适宜温度下,不利于细菌的生长和分裂。通过采用交替最适温度和不适宜温度处理后,来获得同步细胞。

(2) 培养基成分控制　通过控制培养基中的营养物浓度或培养基成分来达到同步生长。比如,培养基中的碳源、氮源或生长因子缺乏,可造成细胞只能进行一次分裂而不能继续生长,从而获得刚分裂的细胞群体,然后再转移到营养丰富的培养基中,从而获得了同步细胞。同样对于营养缺陷型菌株,可通过控制其所缺乏的某种营养物质而达到同步生长。如大肠杆菌胸腺嘧啶(thymine)缺陷型菌株,先将其在不含胸腺嘧啶的培养基内培养一段时间,由于缺乏胸腺嘧啶,所有的细胞在分裂后,新的DNA无法合成而停留在DNA复制前期,随后在培养基中加入适量的胸腺嘧啶,从而使所有的细胞都处于同步生长的状态。

(3) 其他　对于光合性微生物而言,可采用光照和黑暗交替培养的方式获得同步细胞。对于芽孢杆菌,可通过诱导芽孢在同一时间内萌发的方法,得到同步培养物。

通过环境条件控制技术实现同步生长的方法多种多样,但不论哪种诱导因子都必须具有以下特性:不能影响微生物的生长,但能特异性地抑制细胞分裂,当移去(或消除)该环境条件后,微生物又可恢复分裂。

二、 单细胞微生物的典型生长曲线

当少量纯种单细胞微生物接种到均匀的液体培养基后,在适宜的条件下培养,定期取样测定单位体积培养基中的菌体(细胞)数,可发现开始时群体生长缓慢,然后逐渐加快,进入一个生长速率相对稳定的高速生长阶段,随着培养时间的延长,生长达到一定阶段后,生长速率又表现为伴着时间延长而逐渐降低的趋势,随后出现一个细胞数目相对稳定的阶段,最后转入细胞衰老死亡期。如用坐标法作图,以培养时间为横坐标,以菌数为纵坐标,根据不同培养时间里细菌数量的变化,可以作出一条反映细菌在整个培养期间菌数变化规律的曲线,这种曲线称为生长曲线(growth curve)。一条典型的生长曲线至少可以分为迟缓期、对数期、稳定期和衰亡期四个生长时期(图6-7)。

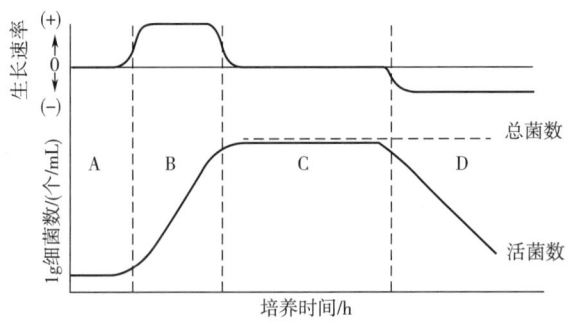

图6-7　典型生长曲线

A—迟缓期　B—对数期　C—稳定期　D—衰亡期

1. 迟缓期

迟缓期（lag phase）又称适应期、停滞期，是指把少量微生物接种到新鲜培养基时，细胞数目在一段时间内不会增加的时期。迟缓期的特点如下：①细胞形态变大或增长，例如巨大芽孢杆菌，在迟缓期末期，细胞的平均长度比刚接种时长 6 倍。一般来说处于迟缓期的细菌细胞体积最大。②细胞内 RNA，尤其是 rRNA 含量增高，合成代谢活跃，核糖体、酶类和 ATP 的合成加快，易产生诱导酶。③对外界不良条件反应敏感。

出现迟缓期的原因可能是调整代谢。微生物接种到一个新的环境，暂时缺乏分解和催化有关底物的酶，或是缺乏充足的中间代谢产物等。为产生诱导酶或合成中间代谢产物，就需要一段适应期。迟缓期的长短与菌种的遗传性、菌龄以及移种前后所处的环境条件等因素有关，短的只需要几分钟，长的需数小时。例如大肠杆菌的迟缓期就比分枝杆菌短得多，一般细菌、酵母菌的迟缓期短，霉菌次之，放线菌最长。同一菌种或菌株，接种用的纯培养物所处的生长发育时期不同，迟缓期的长短也不一样。比如接种用的菌种都处于生理活跃时期，接种量适当加大，营养和环境条件适宜，将显著缩短迟缓期，甚至直接进入对数生长期。

在微生物发酵工业中，如果有较长的迟缓期，则会导致发酵设备的利用率降低、能耗增加、产品生产成本上升，最终造成劳动生产率低下与经济效益下降。只有缩短迟缓期才有可能缩短发酵周期，提高经济效益。在微生物应用实践中，可采取的缩短迟缓期的常用手段有：①通过遗传学方法改变菌种的遗传特性使迟缓期缩短；②利用对数生长期的细胞作为种子；③尽量使接种前后所使用的培养基组成不要相差太大；④适当扩大接种量。

2. 对数期

对数期（log phase）又称指数期（exponential phase），是在生长曲线中，紧挨着迟缓期的细胞数目以几何级数增长的一段时期（图 6-8）。在对数期，细菌以最大的速率生长和分裂，细菌数量呈对数增加，细菌内各成分按比例有规律地增加，表现为平衡生长。对数生长期的细菌个体形态、化学组成和生理特性等均较一致，代谢旺盛、生长迅速、代时稳定，所以是研究微生物基本代谢的良好材料。它也常在生产上用作种子，使微生物发酵的迟缓期缩短，提高经济效益。

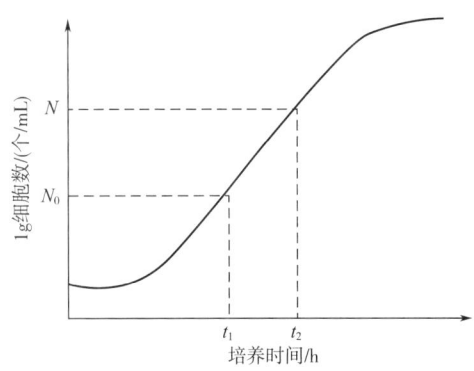

图 6-8 生长曲线的对数期

以二分裂的细菌为代表，在细菌的对数期中，有 3 个参数尤为重要：

（1）繁殖代数（n） 由图 6-8 可以得出：$N=N_0 \cdot 2^n$，用对数表示为 $\lg N = n\lg 2 + \lg N_0$

$$n = (\lg N - \lg N_0)/\lg 2 = 3.322(\lg N - \lg N_0) \tag{6-2}$$

（2）生长速率常数（R） 生长速率常数（growth rate constant），即每小时分裂次数，用来描述细胞生长繁殖速率。按照定义可知：

$$R = n/(t_2 - t_1) = 3.322(\lg N - \lg N_0)/(t_2 - t_1) \tag{6-3}$$

（3）代时（G） 代时（generation time）是指细胞每分裂一次所需的增代时间，或原生质增加一倍所需的倍增时间。按照平均代时的定义可知：

$$G = 1/R = (t_2 - t_1)/3.322(\lg N - \lg N_0) \tag{6-4}$$

影响对数期微生物代时的因素有很多,主要包括以下四项。

①菌种:不同种的微生物及微生物的不同菌株代时不同(表6-1)。

表6-1　　　　　　　　　　　某些细菌的生长代时

细菌	培养基	培养温度/℃	代时/min
蜡样芽孢杆菌	肉汤	30	18
嗜热芽孢杆菌	肉汤	55	18.3
枯草杆菌	肉汤	25	26~32
巨大芽孢杆菌	肉汤	30	31
丁酸梭菌	玉米醪	30	51
大肠杆菌	肉汤	37	17
嗜酸乳杆菌	牛乳	37	66~87
伤寒沙门菌	肉汤	37	23.5
金黄色葡萄球菌	肉汤	37	27~30
乳酸链球菌	牛乳	37	26
霍乱弧菌	肉汤	37	21~38

②营养成分:同一种细菌,在营养丰富的培养基中生长代时短,反之较长。

③营养物浓度:在一定范围内,生长速率与营养物浓度呈正比。营养物浓度也可影响微生物的生长速率和总生长量。在营养物质浓度很低的情况下,营养物的浓度才会影响生长速率,随着营养物浓度逐步增高,生长速率不受影响,而只影响最终的菌体产量;如果进一步提高营养物的浓度,则生长速率和菌体产量两者均不受影响。凡是处于较低浓度范围内,影响生长速率和菌体产量的营养物,就称为生长限制因子。

④温度:在一定范围,生长速率与培养温度呈正相关。在微生物的最适生长温度范围时,代时就短。

3. 稳定期

稳定期(stationary phase)又称恒定期或最高生长期,此时培养液中活细菌数最高并维持稳定。由于营养物质消耗、代谢产物积累和pH等环境变化,逐步不适宜细菌生长,导致生长速率降低直至零(即细菌分裂增加的数量等于细菌死亡数)。

稳定期是细胞重要的分化调节阶段,储存糖原等细胞质内含物,芽孢杆菌在此阶段形成芽孢或建立自然感受态等。它也是发酵过程积累代谢产物的重要阶段。生产上常通过补充营养物质(补料)或取走代谢产物、调节pH、调节温度、对好氧菌增加通气、搅拌或振荡等措施延长稳定生长期,以获得更多的菌体物质或积累更多的代谢产物。

4. 衰亡期

由于营养物质耗尽和有毒代谢产物的大量积累,细菌死亡速率超过新生速率,整个群体呈现出负增长。衰亡期(decline或death phase)死亡的细菌以对数方式增加,但在衰亡期的后期，由于部分细菌产生抗性，也会使细菌死亡的速率降低，仍有部分活菌存在。

处于衰亡期，细菌代谢活性降低，细菌衰老并出现自溶，产生或释放出一些产物，如氨基酸、转化酶、外肽酶或抗生素等。细胞呈现多种形态，有时产生畸形，细胞大小悬殊，有些革兰染色反应阳性菌变成阴性反应等。

三、微生物的连续生长

微生物的连续培养（continuous culture）是相对于分批培养（bath culture）或密闭培养（closed culture）而言的。连续培养又称开放培养（open culture），是指在微生物的整个生长培养期间，通过一定的方式使微生物能以恒定的比生长速率生长并能持续生长下去的一种培养方法。培养过程中不断地补充营养物质和以同样的速率移出培养物是实现微生物连续培养的基本原则。

连续培养的显著特点与优势是，它可以根据研究者的目的，在一定程度上，人为控制典型生长曲线中的某个时期，使之缩短或延长时间，使某个时期的细胞加速或降低代谢速率，从而大大提高培养过程的人为可控性和效率。连续培养模式应用于发酵工业则称为连续发酵（continuous fermentation）。在连续培养过程中，根据研究者的目的和研究对象不同，分别采用不同的连续培养方法。常用的连续培养方法有恒浊法与恒化法两类。

1. 恒浊连续培养

恒浊连续培养法的原理是根据培养器内微生物的生长密度，自动调节新鲜培养基流入和培养物流出培养室的流速，使培养物维持在某一恒定浊度的连续培养方法。

在恒浊连续培养中，用于恒浊培养的装置称为恒浊器（turbidostat）。恒浊器的工作精度是由光电控制系统的灵敏度来决定的。培养器中装有浊度计，借光电池检测培养室中的浊度（即菌液浓度），并根据光电效应产生的电信号的强弱变化，自动调节新鲜培养基流入和培养物流出培养室的流速。当培养室中浊度超过预期数值时，流速加快，使浊度降低；反之，当培养室中的浊度低于预期数值时，流速减慢，使浊度升高，以此来维持培养物的某一恒定浊度。如果所用培养基中有过量的必需营养物，就可使菌体维持最高的生长速率。

恒浊连续培养中，细菌生长速率不仅受流速的控制，也与菌种种类、培养基成分及培养条件有关。采用恒浊法连续培养微生物，可控制微生物在最高生长速率与最高细胞密度的水平上生长繁殖，达到高效率培养的目的。目前在发酵工业上有多种微生物菌体的生产就是根据这一原理，使用大型恒浊器进行恒浊法连续发酵生产。连续发酵与单批发酵相比的优点在于：①高效性，能缩短发酵周期，提高设备利用率；②自控性，便于利用各种仪表进行自动控制；③可降低动力消耗及体力劳动强度；④产品质量较稳定。但存在的缺点是杂菌污染和菌种退化。与菌体相平衡的微生物代谢产物的生产也可采用恒浊法连续发酵生产，例如乳酸、乙醇等。

2. 恒化连续培养

恒化连续培养是指使培养液流速保持不变，并使微生物始终在低于其最高生长速率下进行生长繁殖。已知营养物浓度对生长有影响，但营养物浓度高时并不影响微生物的生长速率，只有在营养物浓度低时才影响生长速率，而且在一定的范围内，生长速率与营养物的浓度呈正相关，营养物浓度越高，生长速率也越高。恒化法是监控对象不同于恒浊法的另一种连续培养方式。用于恒化培养的装置称为恒化器（chemostat）。恒化连续培养中，必须将某种必需的营养物质控制在较低的浓度,以作为限制性因子,而其他营养物均过量。

随着细菌的生长,限制因子的浓度降低,致使细菌生长速率受到限制,但同时通过自动控制系统来保持限制因子的恒定流速,不断予以补充,就能使细菌保持恒定的生长速率。用不同浓度的限制性营养物进行恒化连续培养,可以得到不同生长速率的培养物。

作为恒化连续培养限制因子的物质很多。限制性因子必须是机体生长所必需的营养物质,如氨基酸和氨等氮源,或是葡萄糖、麦芽糖等碳源,或者是无机盐。

恒化连续培养往往控制微生物在低于最高生长速率的条件下生长繁殖,在研究微生物利用某种底物进行代谢的规律方面被广泛采用。因此,它是微生物营养、生长、繁殖、代谢和基因表达与调控等基础与应用基础研究的重要技术手段。

恒浊器与恒化器的比较见表6-2。

表6-2　　　　　　　　　　　恒浊器与恒化器比较

装置	恒浊器	恒化器
控制对象	菌体密度（内控制）	培养基流速（外控制）
培养基	无限制生长因子	有限制生长因子
培养基流速	不恒定	恒定
生长速率	最高速率	低于最高速率
产物	大量菌体或与菌体相平行的代谢产物	不同生长速率的菌体
应用范围	生产为主	实验室为主

第三节　影响微生物生长的主要因素

生长是微生物与外界环境因素共同作用的结果。影响微生物生长的外界因素很多,包括前面讨论的营养物质以及许多的物理、化学因素。环境条件的改变,可引起微生物形态、生理、生长、繁殖等特征的改变或者抵抗、适应环境条件的某些改变;当环境条件的变化超过一定极限,则造成微生物的死亡。

在这些影响微生物生长与死亡的物理、化学因素中,有三种因素对控制微生物生长起着主要的作用,这三种因素是温度、氧气、pH。

一、温　度

微生物的生命活动是由一系列生物化学反应组成的,而这些反应受温度的影响极为显著,所以温度是影响微生物生长繁殖最重要的因素之一。本节要讨论的是在微生物生长范围内的各种温度。

微生物细胞被温度用两种相反的方式所影响。温度对机体的影响表现在两方面:在一定的温度范围内,随着温度的上升,机体的生化反应速率和生长速率加快,即代谢活动和生长繁殖增加,在一般情况下,温度每升高10℃,生化反应速率增加一倍;当温度上升到一定程度后，开始对机体产生不利影响，微生物细胞内的重要组成如蛋白质、核酸等对温度都较敏感，随着温度的增高而可能遭受不可逆的破坏，当温度继续升高，细胞功能急剧下降甚至死亡。

总体而言，微生物生长的温度范围较广，已知的微生物在-12~100℃均可生长。任何微生物的生长温度尽管有高有低，但各种微生物都有其生长繁殖的最适生长温度、最低生长温度和最高生长温度这三个重要指标，这就是生长温度的三基点。它反映了每一类微生物的特征，但不完全固定，因为温度三基点可能被其他环境因素尤其是生长所用的培养基成分轻微地改变。一般而言，最适生长温度更接近于最高生长温度而不是最低生长温度。如果将微生物作为一个整体来看，它的温度三基点是极其宽的，由图6-9可以看出：

生长温度三基点的最低生长温度一般为-10~-5℃，极端为-30℃；最高生长温度一般为80~95℃，极端为105~300℃；最适生长温度：嗜冷菌15℃，嗜热菌55~65℃，中温菌20~45℃。

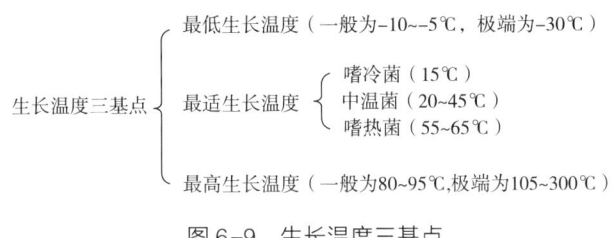

图6-9 生长温度三基点

对于某一具体微生物而言，有的生长温度很广，有的很窄，这取决于它们长期生存的生态环境是否有较稳定的温度。例如，一些生长在土壤中的芽孢杆菌，它们属于宽温微生物（15~40℃）；大肠杆菌由于既可以在人体大肠中生活，也可在体外环境中生活，所以也属于宽温微生物（10~47.5℃）；专性寄生在人体泌尿生殖道中的淋病奈瑟氏球菌属于窄温微生物（36~40℃）。

最适生长温度是指微生物分裂代时最短或生长速率最高时的培养温度。不同微生物的最适生长温度是不一样的。对于同一微生物来说，不同的生理生化过程也有着不同的最适温度，也就是说，最适生长温度并不等于生长量最高时的培养温度，也不等同于发酵速度最高时的培养温度或积累代谢产物量最高时的培养温度，更不等于积累某一代谢产物量最高时的培养温度。所以，在生产上要根据微生物不同生理代谢过程温度的特点，采用分段式变温培养或发酵。例如，嗜热链球菌的最适生长温度是37℃，最适发酵温度为47℃。

从表6-3中，可以看到同一微生物的不同生理过程有着不同的最适温度。

表6-3 微生物各生理过程的不同最适温度

菌名	生长温度/℃	发酵温度/℃	积累产物温度/℃
嗜热链球菌	37	47	37
乳酸链球菌	34	40	产细胞：25~30 产乳酸：30
黑曲霉	37	—	产糖化酶：32~34

对于微生物的不同生理、代谢过程各有其相应的最适温度的研究有着重要的实践意义。

最低生长温度是指微生物能进行繁殖的最低温度界限。如果微生物处于这种温度条件，其生长速率很低；如果低于此温度，则生长完全停止。不同微生物的最低生长温度也不一样，这取决于微生物的原生质物理状态和化学组成，也可随着环境条件变化而变化。

最高生长温度是指微生物生长繁殖的最高温度界限。微生物细胞处于此温度，易于衰老和死亡。微生物所能适应的最高生长温度与其细胞内酶的性质有关。例如细胞色素氧化酶以及各种脱氢酶的最低破坏温度与该菌的最高生长温度呈正相关（表6-4）。

表6-4 细胞色素氧化酶以及各种脱氢酶的最低破坏温度与该菌最高生长温度的关系

细菌	最高生长温度/℃	最低破坏温度/℃		
		细胞色素氧化酶	过氧化氢酶	琥珀酸脱氢酶
蜡样芽孢杆菌	45	48	46	50
巨大芽孢杆菌	46	48	50	47
枯草杆菌	54	60	56	51
嗜热脂肪芽孢杆菌	67	65	67	59

如果生长温度进一步升高，超过最高生长温度，便可杀死微生物，这种导致微生物死亡的最低温度界限即为致死温度。致死温度与处理时间有关，在一定的温度下处理时间越长，微生物的死亡率越高。严格意义上讲，以 10min 为标准时间。细菌在 10min 被完全杀死的最低温度称为致死温度。一般在生理盐水中进行微生物致死温度的测定，以减少有机物质的干扰。

微生物按其生长温度范围可分为低温型、中温型和高温型微生物三类（表6-5）。

表6-5 不同类型微生物的生长温度范围

微生物类型		生长温度范围/℃			分布的主要处所
		最低	最适	最高	
低温型	专性嗜冷	-12	5~15	15~20	两极地区
	兼性嗜冷	-5~0	10~20	25~30	海水及冷藏食品上
中温型	室温	10~20	20~35	40~45	腐生菌
	体温	10~20	35~40	40~45	寄生菌
高温型		25~45	50~60	70~95	温泉、堆肥、土壤表层等

（一）低温型微生物

低温型微生物分为嗜冷微生物和耐冷微生物，可在较低的温度下生长。低温型微生物常分布在地球两极地区的水域、土壤、冷冻场所及冷藏食品中，即使在极其微小的液态水间隙中也有微生物的存在。常见的产碱杆菌属、假单胞菌属、黄杆菌属、微球菌属等常导致冷藏食品腐败变质。有些肉类上的霉菌在-10℃仍能生长，比如芽枝霉（*Blastocladia*）；荧光假单胞菌可在-4℃生长，并造成冷冻食品变质腐败。

耐冷微生物的分布范围要比嗜冷微生物广泛，可以从温带环境的土壤、水、肉、乳及其乳制品和贮存在冰箱中的苹果汁、蔬菜以及水果中分离得到。耐冷微生物在20~40℃可以很好地生长。当环境发生改变，比如夏天或温带环境变暖，环境的温度升高后不利于热敏感嗜冷微生物的生存，环境变暖实际上发挥了一种选择的作用，它的出现有利于耐冷微生物种属的生存，却淘汰了嗜冷微生物。耐冷微生物虽然能在0℃生长，但并不能快速繁殖，在培养基中需要几个星期才能生长到肉眼可以观察的程度。耐冷微生物存在于真菌、藻类及原核微生物的许多种属中。

低温也能抑制微生物的生长。在0℃以下，菌体内的水分冻结，无法进行生化反应而停止生长。有些微生物由于细胞内水分变成了冰晶，造成细胞脱水或细胞膜的物理损伤，导致在冰点下就会死亡。根据这一规律，生产上常用低温保藏食品，各种食品的保藏温度不同，可分为寒冷温度、冷藏温度和冻藏温度。

嗜冷微生物的嗜冷机制是由于嗜冷微生物所产生的酶在低温下能有效地催化，在高温或常温下反而变性或失活。其次，嗜冷微生物的原生质膜构造与一般微生物不同，它们含有较高的不饱和脂肪酸，这些不饱和脂肪酸在低温下可以保持半流动状态，进行主动运输。而饱和脂肪酸组成的细胞膜在极低温度下会凝固失去功能。某些嗜冷细菌的细胞膜组分中有多不饱和脂肪酸和多个双键的碳氢化合物，目前已经从生存于南极的细菌脂类组分中鉴别出了有9个双键的碳氢化合物。

（二）中温型微生物

绝大多数微生物属于中温型微生物。最适生长温度在20~40℃，最低生长温度为10~20℃，最高生长温度是40~45℃。中温型微生物又可分为室温型微生物和体温型微生物。室温型微生物主要为腐生或植物寄生，多在植物或土壤中。体温型微生物大多数是人和温血动物的病原菌，其生长的极限温度范围在10~45℃，最适生长温度与其宿主体温相近，在35~40℃，人体寄生菌为37℃左右。引起人和动物疾病的病原微生物、发酵工业应用的微生物菌种以及导致食品原料和成品腐败变质的微生物，大都属于这一类群的微生物。所以，它与食品工业的关系密切。

（三）高温型微生物

又称嗜热微生物，是指最适生长温度在45℃以上的微生物，在80℃以上的称为嗜高温微生物。嗜热微生物在自然界中的分布仅局限于某些地区，比如温泉、日照充足的土壤表层、堆肥、发酵饲料等腐烂有机物中。能在55~70℃中生长的微生物包括芽孢杆菌、梭状芽孢杆菌等。有的甚至可以在接近于100℃的高温中生长。这类高温型的微生物，给罐头工业、发酵工业的灭菌技术等带来了一定难度。

食品中存在的微生物数量对杀菌效果的影响实验证明，食品中微生物的数量（尤其是细菌的芽孢）多，杀菌的时间就要长，或所需温度要高。用一种从污染罐头中分离到的嗜热菌的芽孢，把它放在pH 6.0的玉米糊中，处理温度为120℃，其结果见表6-6。

表6-6　　　　　　　　　　　细胞加热数量与加热时间的关系

孢子浓度/（个/mL）	杀死芽孢需要时间/min	孢子浓度/（个/mL）	杀死芽孢需要时间/min
50000	14	500	9
5000	10	50	8

对多数细菌、酵母、霉菌的营养细胞来说，抗热性较差者 50~65℃、10min 就可致死，见表 6-7，而嗜热脂肪芽孢杆菌的营养细胞可在 80℃下生长，121℃时经 12min 才致死。一般来说细菌芽孢和霉菌的孢子抗热力比营养细胞强，而其中细菌芽孢的抗热力最强。

表 6-7　　　　　　　　不同类型的微生物的生长温度上限的近似值

微生物名称	温度上限/℃	微生物名称	温度上限/℃
原生动物	45~50	原核藻类	70~73
真菌	60		

同一菌种不同菌株或不同菌龄，其抗热性也有差异，一般幼龄细胞比老龄细胞对热敏感。细菌细胞生长以及形成芽孢时所处的条件对抗热性也有影响，比如培养基、培养温度、生长阶段等，见表 6-8。一般来说，对生长较好的培养基和提供充足的生长因素，有助于抗热细胞芽孢的形成。培养温度接近微生物最适生长温度，则抗热性随之提高。例如大肠杆菌，当生长在 38.5℃时（接近最适温度），其抗热性比 28℃下生长的要高。

表 6-8　　　　　　　　枯草杆菌芽孢形成的温度对其抗热性的影响

培养温度/℃	100℃时杀死芽孢需要时间/min	培养温度/℃	100℃时杀死芽孢需要时间/min
21~23	11	41	18
37	16		

食品本身的组成，如含水量、pH 等对杀菌效果也有影响。食品水分含量直接影响细菌的抗热性，水分含量高的食品，杀菌效率也高。例如，枯草杆菌芽孢在 120℃蒸汽中不到 10min 就死亡，而在无水甘油中则需要 170℃条件下 30min 才能杀死。

高温型微生物的耐热机制可能是菌体内的蛋白质和酶比中温型的微生物更能抗热，尤其蛋白质对热更稳定；同时高温型微生物的蛋白质合成机构——核糖体和其他成分对高温抗性也较大；核酸具有较高的稳定性，核酸中 G+C 含量高，增加热稳定性；另外发现，细胞膜中饱和脂肪酸含量高，它比不饱和脂肪酸可以形成更强的疏水键，因此可保持在高温下的稳定性并发挥正常功能。

二、氧　气

氧气对微生物的生命活动有着极其重要的影响。按照微生物与氧气的关系，可把它们分为两大类：好氧菌（aerobe）和厌氧菌（anaerobe）。好氧菌又分为专性好氧菌、兼性厌氧菌和微好氧菌；厌氧菌分为专性厌氧菌、耐氧性厌氧菌（表 6-9）。

表 6-9　　　　　　　　　　　　微生物与氧的关系

微生物类型	最适生长的氧气的体积分数
专性好氧菌（strict aerobe）	≥20%
微好氧菌（microaerophile）	2%~10%

续表

微生物类型	最适生长的氧气的体积分数
耐氧性厌氧菌（aerotolerent anaerobe）	2%以下
兼性厌氧菌（facultative anaerobe）	有氧或无氧
专性厌氧菌（obligate anaerobe）	不需要氧、有氧时死亡

以下就把这五种与氧有关的微生物类型做比较。

1. 专性好氧菌

专性好氧菌必须在有分子氧的条件下才能生长，有着完整的呼吸链，并以分子氧作为最终氢受体，细胞有超氧化物歧化酶（superoxide dismutase，SOD）和过氧化氢酶。绝大多数真菌和细菌都是专性好氧菌，例如米曲霉、铜绿假单胞菌、枯草杆菌等。

2. 兼性厌氧菌

该类型菌在有氧或无氧条件下都可生长，但是在有氧条件下生长状况更好。兼性厌氧菌在有氧时可进行呼吸产能，无氧时进行发酵或无氧呼吸产能；细胞含 SOD 和过氧化氢酶。许多酵母菌和细菌都是兼性厌氧菌，常见的包括酿酒酵母、大肠杆菌、普通变形杆菌（*Proteus vulgaris*）等。

3. 微好氧菌

微好氧菌是只能在较低氧分压（1~3kPa）（正常大气压为 20kPa）下才能正常生长的一类微生物。可以通过呼吸链并以氧作为最终氢受体而产能，例如霍乱弧菌、发酵单胞菌属、拟杆菌属等。

4. 耐氧性厌氧菌

耐氧性厌氧菌是一类可以在分子氧存在下进行厌氧生活的厌氧菌。耐氧性厌氧菌的生长不需要氧，但是分子氧的存在对它也没有毒害。它们不具有呼吸链，仅依靠专性发酵获得能量。细胞内存在 SOD 和过氧化物酶，但是缺乏过氧化氢酶。一般乳酸菌多属于耐氧性厌氧菌，例如乳链球菌、粪链球菌、乳酸乳杆菌和肠膜明串珠菌等；乳酸菌以外的耐氧菌还有雷氏丁酸杆菌（*Butyribacterium rettgeri*）等。

5. 专性厌氧菌

专性厌氧菌具备以下几个特点：分子氧的存在对它们有毒，即便短期接触空气，也会抑制其生长甚至致死；在空气或含 10% CO_2 的空气中，它们不能在固体或半固体培养基的表面上生长，只能在深层的无氧或低氧化还原势的环境下才能生长；厌氧菌的生命活动所需能量是通过发酵、无氧呼吸、循环光合磷酸化或甲烷发酵等提供；细胞内缺乏 SOD 和细胞色素氧化酶，大多数还缺乏过氧化氢酶。常见的厌氧菌有：梭菌属（*Clostridium*）、拟杆菌属（*Bacteroides*）、梭状杆菌属（*Fusbacterium*）、双歧杆菌属（*Bifidobacterium*）、优杆菌属（*Eubacterium*）、消化球菌属（*Peptococcus*）、丁酸弧菌属（*Butyrivibrio*）、脱硫弧菌属等。

绝大多数微生物都属于好氧菌或兼性厌氧菌。严格厌氧菌的种类相对较少，但近年来已陆续发现越来越多的严格厌氧菌。

关于严格厌氧菌的氧毒害机制曾有学者陆续提出过，但直到 1971 年在麦考德（McCord）和弗雷德维奇（Fridovich）提出超氧化物歧压酶（SOD）学说后，才有了进一步的认识。他们认为，厌氧菌由于缺乏 SOD，所以才容易被生物体内产生的超氧阴离子自由基毒害致死。超氧阴离子自由基是活性氧的形式之一，在细胞内可破坏各种重要生物高分子和膜，也可形成其他活性氧化物，所以对生物体十分有害。

除了分子氧、单体氧对厌氧菌有毒害作用外，其他强毒性氧还包括超氧负离子、过氧化氢和羟基自由基，这些都是呼吸过程中 O_2 还原成水时偶然产生的副产物。生物在其长期进化的过程中，已经发展出去除超氧阴离子自由基等各种有害的活性氧的机制。好氧微生物所共有的 SOD 就是其中最重要的方式之一。好氧生物因为有 SOD 存在，因此剧毒的超氧负离子就被歧化成毒性较低的过氧化氢，在过氧化氢酶的作用下，过氧化氢又被还原为无毒的水。厌氧菌由于不能合成 SOD，所以无法使超氧负离子歧化成过氧化氢。因此，当环境中有氧存在时，它们体内形成的超氧负离子就使自身受到毒害作用。

三、pH

环境中的酸碱度通常以氢离子浓度的负对数即 pH 来表示。环境中的 pH 对微生物的生命活动影响很大，主要作用在于：引起细胞膜电荷的变化，从而影响了微生物对营养物质的吸收；影响代谢过程中酶的活性；改变生长环境中营养物质的可给性以及有害物质的毒性。微生物在生长过程中机体内发生的绝大多数反应都是酶促反应，而酶促反应都有一个最适 pH 范围，当条件合适且处于最适 pH 范围内，酶促反应速率最高，微生物生长速率最大，因此，微生物生长也有一个最适生长的 pH 范围。微生物作为一个总体而言，其生长的 pH 范围极广（pH 2~8），有少数种类还可超出这一范围，实际上，绝大多数种类都生长在 pH 5~9。

每种微生物都有其最适 pH 和一定的 pH 范围，与温度三基点类似，对于不同生物的生长 pH 而言，也存在最高、最适、最低三个数值（表6-10）。在最适 pH 范围内微生物生长速度快，在最低或最高 pH 的环境中，微生物虽然能生存和生长，但生长非常缓慢并且容易死亡。一般霉菌适应 pH 范围最大，酵母菌适应的范围较小，细菌最小。酵母菌、霉菌适合于 pH 5~6 的酸性环境，但生存范围在 pH 1.5~10。大多数细菌、藻类和原生动物最适 pH 6.5~7.5，在 pH 4~10 也可以生长。

表 6-10　　　　　　　　　　不同微生物的生长 pH 范围

微生物	pH		
	最低	最适	最高
嗜酸乳杆菌	4.0~4.6	5.8~6.6	6.8
金黄色葡萄球菌	4.2	7.0~7.5	9.3
大肠杆菌	4.3	6.0~8.0	9.5
伤寒沙门菌	4.0	6.8~7.2	9.6
一般酵母菌	3.0	5.0~6.0	8.0
黑曲霉	1.5	5.0~6.0	9.0

一些最适生长 pH 偏于碱性范围内的微生物，有的是嗜碱性，称为嗜碱性微生物（basophile），例如根瘤菌、硝化细菌、尿素分解菌和放线菌等；有的是不一定要在碱性条件下生

活,但是能耐较碱性的环境条件,称为耐碱微生物(basotolerant microorganism),如若干链霉菌等。与之相对应的,生长 pH 偏于酸性范围内的微生物也可分为两大类:一类是嗜酸微生物(acidophile),如硫杆菌属等;另一类是耐酸微生物(acidotolerant microorganism),如假单胞菌、乳酸杆菌、醋酸杆菌和许多肠杆菌等。

除了不同种类的微生物有其最适的生长 pH 外,同一微生物在其不同的生长阶段和不同的生理、生化过程中,也有不同的最适 pH 要求,这对于发酵工业生产中的 pH 控制尤为重要。比如黑曲霉最适生长 pH 5.0~6.5;在 pH 2.5~6.5 范围内有利于产柠檬酸;在 pH 7 左右时,则以合成草酸为主。

有关微生物生长和 pH 需要注意的是,尽管特定的微生物生长需要一定的 pH,最适生长所需的 pH 条件只代表了外环境的 pH,而微生物胞内环境 pH 必须接近中性,防止酸碱对细胞内大分子如 DNA 等的破坏。极端的嗜酸菌和嗜碱菌,它们内部的 pH 可以从中性改变 1~1.5,大多数微生物生长的最适 pH 6~8,其细胞质膜保持中性或极接近中性。微生物在其代谢过程中,一般胞内酶的最适 pH 都接近中性,保护了核酸和酶的活性不被破坏;而周质空间中的酶和胞外酶的最适 pH 接近环境的 pH。

既然在微生物的培养过程中培养基的 pH 会发生变化,对于发酵生产而言,这种变化往往对于生产是不利的,因此,在微生物培养过程中,如何及时调节合适的 pH,以有利于积累代谢产物就成为了发酵生产中的一项重要措施。总结生产经验,可把这类调节措施分为"治标"和"治本"两大类。前者是根据表面现象进行的直接、快速、短期的调节;后者是根据内在机制所采取的间接、缓效、持久的调节。将微生物培养过程中调节 pH 的方法简要归纳,见图 6-10。

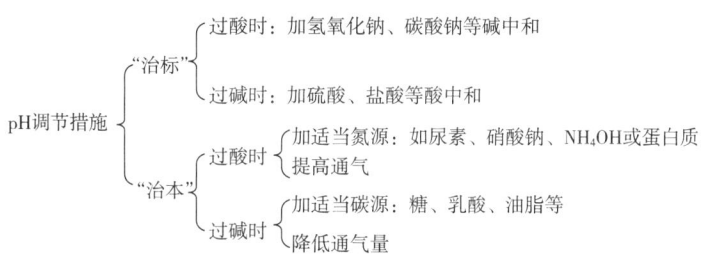

图 6-10 调节 pH 的措施

强酸和强碱具有杀菌力。无机酸杀菌力虽强,但腐蚀性大。某些有机酸如苯甲酸可用作防腐剂。强碱可用作杀菌剂,但由于它们的毒性大,其用途局限于对排泄物及仓库、棚舍等环境的消毒。强碱对革兰阴性菌与病毒比对革兰阳性菌作用强。

第四节 微生物的培养方式

微生物有很多培养方法,一般根据微生物对氧气的需求量的差异,可以将其分为好氧培养和厌氧培养。好氧培养要求给微生物提供生长需要的足够量的氧气,而厌氧培养则要根据微生物对氧气的敏感程度来调节氧分压。常用的微生物培养方法有以下几种。

一、好氧培养法

(一) 固体培养法

固体培养法是将微生物接种在固体培养基表面进行培养的方法。固体培养法广泛应用于好氧微生物的培养。为了提高培养效率，获得较多的菌体，通常需要增大培养的表面积。实验室中常采用克氏瓶、罗氏瓶或锥形瓶，工厂常采用曲盘、帘子以及通风制曲池等方法培养菌体。

(二) 液体培养法

液体培养法是将微生物接种到液体培养基中进行培养的方法。

1. 静止培养

静止培养即接种后的液体静止不动。由于所用容器不同，培养方法也会有所不同。其中试管培养法是将菌种接种至装有液体培养基的试管后摇匀置于试管架上，然后放入培养箱中培养并定时观察微生物液体培养特征，装液量可根据微生物对氧气的需要而定；浅盘培养法是将菌种接入装有液体培养基的搪瓷盘内，使液面与空气广泛接触。由于液体中溶氧速度较慢，通常只适用于兼性厌氧菌的培养。

2. 摇瓶振荡培养

由于摇瓶振荡培养简便、实用，自20世纪30年代问世以来，很快发展成为微生物培养中极重要的技术，广泛用于"种子"培养和扩大发酵。摇瓶培养设备主要有旋转式摇床和往复式摇床两种类型。用旋转式摇床进行振荡培养时，固定在摇床上的锥形瓶随摇床以200~250r/min的速度运动，由此带动培养物围绕着锥形瓶内壁平稳转动；而用往复式摇床进行振荡培养，培养物被前后抛掷，引起较为激烈的搅拌和撞击。如需获得更大的氧供应，可在较大的烧瓶（250~500mL锥形瓶）中装相对较小容积培养基（20~30mL），由此可获得更高的氧传递速率，便于细胞迅速生长；相反，若需获得较低的氧供应，则应采用较慢的振荡速度和相对大的培养基体积。

3. 发酵罐培养

一般实验室中较大量的通气扩大培养可采用小型发酵罐，罐容为5~30L。发酵罐培养可为所培养微生物提供充足的营养物质与氧气，使微生物均匀生长，从而大量生产微生物细胞或代谢产物，并可在实验过程中获得必要的数据。工业上主要采用深层液体通气法向培养液内通入压缩无菌空气，并设法将气泡微小化以促进氧溶解。最常见的是通用型搅拌发酵罐和无须搅拌的气升式发酵罐。

二、厌氧培养法

由于氧气为厌氧微生物生长的抑制因素，因此厌氧微生物的培养要尽量降低氧气的含量。在培养室无须供给氧气，并且应该采取各种方法除氧或者在较低的氧化还原电位条件下培养。实验室中无论液体或固体厌氧培养都需要特殊的培养装置，主要有厌氧手套箱、亨盖特（Hungate）滚管和厌氧罐等（图6-11）。工业上主要采用液体静置培养法，即将液体培养基盛于发酵罐中，接入菌种后不通入空气，静置保温培养，常用于发酵生产乙醇、啤酒、丙酮、丁醇以及乳酸等。

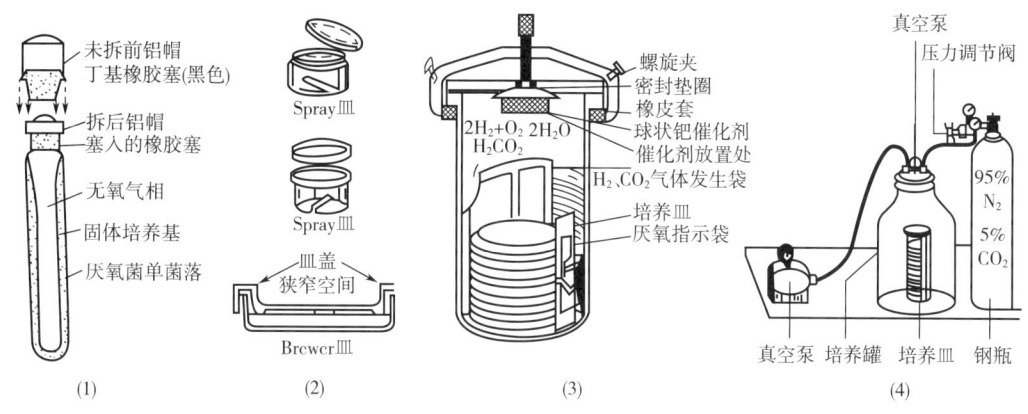

图 6-11 厌氧菌的培养装置

(1) Hungate 厌氧滚管　(2) 厌氧培养皿　(3) 厌氧罐　(4) 真空及气体交换装置

(资料来源：林稚兰，罗大珍，2011)

三、微生物培养方式在发酵食品生产中的应用

（一）好氧菌的曲法培养

我国人民在距今 4000—5000 年前，已发明制曲酿酒了。原始的曲法培养就是将麸皮、碎麦或豆饼等固态基质经蒸煮和自然接种后，薄薄地铺在培养容器表面，使微生物既可获得充足的氧气，又有利于散发热量，对真菌来说，还十分有利于产生大量孢子。曲（qu 或 mouldy bran）的定义可从图 6-12 中来理解。

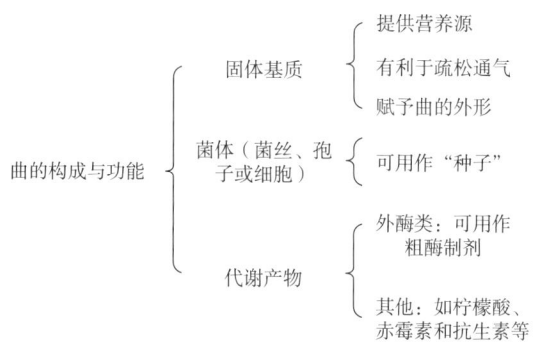

图 6-12 曲的构成与功能

根据制曲容器的形状和生产规模的大小，可把各种制曲方法分成瓶曲、袋曲（一般用塑料袋制曲）、盘曲（用木盘制曲）、帘子曲（用竹帘子制曲）、转鼓曲（用大型木质空心转鼓横向转动制曲）和通风曲（即厚层制曲）等。其中瓶曲、袋曲形式在目前的食用菌制种和培养中仍有广泛应用。通风曲是一种机械化程度和生产效率都较高的现代大规模制曲技术，在我国酱油酿造业中广泛应用。一般是由一个面积在 $10m^2$ 左右的水泥曲槽组成，槽上有曲架和用适当材料编织成的筛板，其上可摊一层约 30cm 厚的曲料，曲架下部不断通以低温、湿润的新鲜过滤空气，以此制备半无菌状态的固体曲（图 6-13）。

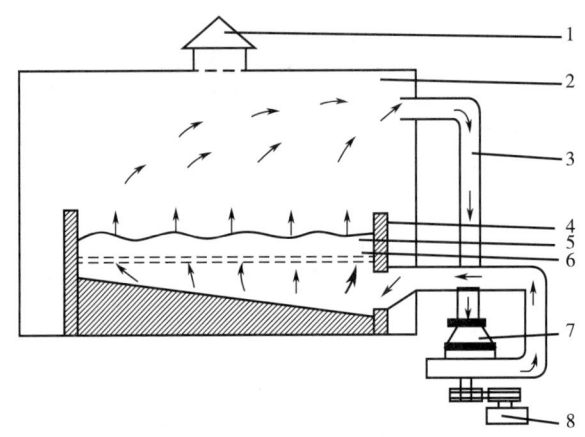

图 6-13　通风曲槽结构模式图

1—天窗　2—曲室　3—风道　4—曲槽　5—曲料　6—篾架　7—鼓风机　8—电动机

（资料来源：岑沛霖，蔡瑾，2000）

（二）厌氧菌的堆积培养法

生产实践上对厌氧菌进行大规模固态培养的例子还不多见，在我国的传统白酒生产中，一向采用大型深层地窖对固态发酵料进行堆积式固态发酵，这对酵母菌的乙醇发酵十分有利，可生产名优大曲酒。

（三）好氧菌液体培养

1. 浅盘培养

浅盘培养（shallow pan cultivation）是一种用大型盘子对好氧菌采用浅层液体静止培养的方法。在早期的柠檬酸发酵中使用过这种方法，但因存在劳动强度大、生产效率低以及易污染杂菌等缺点，故未能广泛使用。

2. 深层液体通气培养

这是一类应用大型发酵罐进行深层液体通气搅拌的培养技术，它的发明在微生物培养技术发展史上具有革命性的意义，并成为现代发酵工业的标志。

发酵罐的主要作用是为微生物提供丰富、均匀的养料，良好的通气和搅拌，适宜的温度和酸碱度，并能消除泡沫和确保防止杂菌的污染等。为此，除了罐体有相应的各种结构外，还要有一套必要的附属装置。例如培养基配制系统，蒸汽灭菌系统，空气压缩和过滤系统，营养物流加系统，传感器和自动记录、调控系统，以及发酵产物的后处理系统［俗称"下游工程（down-stream processing）"］等（图6-14）。除了上述典

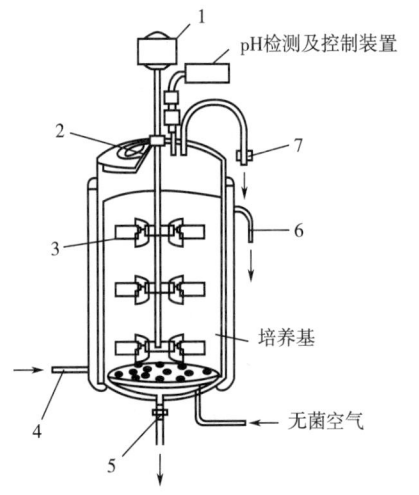

图 6-14　典型发酵罐的构造及其运转原理

1—电动机　2—加料口　3—搅拌器　4—冷却水进口
5—放料口　6—冷却水出口　7—排气口

型发酵罐作为好氧菌的深层液体培养装置外，还有各种其他型式的发酵罐、连续发酵罐和用于固定化细胞（immobilized cell）发酵的各种生物反应器。

第五节　食品腐败变质的过程与机制

食品的腐败变质一般是指食品在一定的环境因素影响下，在由微生物为主的各种因素作用下所发生的降低或失去食用价值的一切变化，包括食品成分和感官性质的变化，如鱼肉的腐臭、油脂的酸败、水果蔬菜的腐烂和粮食的霉变等。食品中的不良微生物增殖并在新陈代谢过程中产生挥发性化合物，使腐败食品尝起来和闻起来不正常，导致食品的食用价值丧失。

一、食品腐败变质的过程

食品在收获、加工和手工操作过程中会受到各种微生物的污染。在销售和储存过程中，一旦条件适宜，某些微生物就能够生长繁殖导致食品腐败。至于哪种微生物会生长，或出现哪种生化和化学反应，则取决于食品及其内外条件参数的不同。引起食品腐败变质的因素按其属性可以划分为生物学因素、化学因素和物理因素，每类因素中包含诸多不同的引发食品腐败变质的因子。如生物因素中包括微生物、害虫和鼠类污染引起的腐败变质。其中由微生物污染所引起的食品腐败变质是最为重要和普遍的一种。

（一）食品中蛋白质的分解

蛋白质在动植物组织酶及微生物分泌的蛋白酶和肽链内切酶等的作用下，首先水解形成多肽，进而裂解形成氨基酸。氨基酸通过脱氨基、脱羧基、脱硫等作用进一步分解形成相应的氨、胺类、有机酸类和各类碳氢化合物，食品表现出腐败特征。

$$食物中蛋白质 \xrightarrow[\text{或组织蛋白酶}]{\text{微生物蛋白酶}} 多肽 \xrightarrow{\text{肽链内切酶}} 氨基酸 \xrightarrow[\text{脱氨基、脱硫作用}]{\text{脱羧基作用}} 氨+胺+硫化氢等$$

蛋白质分解后产生的胺类是碱性含氮化合物。伯胺、仲胺及叔胺等具有挥发性和特异的臭味，例如甘氨酸分解产生甲胺，鸟氨酸产生腐胺，精氨酸产生色胺进而分解成吲哚，含硫氨基酸分解产生硫化氢和氨、乙硫醇等。这些物质都是蛋白质产生臭味的主要物质。

（二）食品中脂肪的分解

虽然脂肪发生变质的主要原因是由于化学作用引起的，但是许多研究表明，它与微生物也有着密切的关系，脂肪发生变质的特征是产生酸和刺激性的哈喇味，一般将脂肪产生的变质称为酸败。

食品中油脂酸败的化学反应主要是油脂自身氧化的过程，其次是加水水解。油脂的自身氧化是一种自由基的氧化反应，而水解则是在微生物或动物组织中的解脂酶作用下，使食物中的中性脂肪分解成甘油和脂肪酸等。

$$食物中脂肪 \xrightarrow{\text{微生物的解脂酶}} 脂肪酸+甘油+其他产物$$

脂肪酸可断裂进而形成具有不愉快味道的酮类和酸类。不饱和脂肪酸的不饱和键可形成过氧化物。脂肪酸也可再氧化分解成具有特臭的醛类和醛酸。这就是食用油脂和含脂肪丰富的食品发生酸败后感官性状发生改变的原因。

（三）食品中碳水化合物的分解

在微生物及动植物组织中的各种酶及其他因素作用下，这些食品组成成分被分解成单糖、醇、醛、酮、酸、二氧化碳和水等低级产物。由微生物引起糖类物质的变质，习惯上称为发酵或酵解。

$$碳水化合物 \xrightarrow{\text{分解糖类的微生物}} 有机酸+酒精+气体等$$

碳水化合物含量高的食品变质主要特征为酸度升高、产气、稍带有甜味和醇类气味等。水果中果胶可被一种曲霉和多酶梭菌（*Clostridium ultifermentans*）产生的果胶酶分解，使果蔬软化。

引起食品腐败变质的微生物种类很多，主要有细菌、酵母菌和霉菌三大类。我们把引起食品腐败的微生物称作腐败微生物，引起食品腐败变质的各种微生物中，一般情况下细菌常比酵母菌占优势。在这些微生物中有病原菌和非病原菌，有芽孢菌和非芽孢菌，有嗜冷、嗜热、嗜温菌，有分解蛋白质、糖类、脂肪能力强的菌。表6-11所示为引起不同食品腐败的微生物。

表6-11　　　　　　　　　　　引起不同食品腐败的微生物

食品	腐败类型	微生物
面包	发霉产生黏液	黑根根霉（*Rhizopus nigrican*）、青霉属、黑曲霉、枯草杆菌
糖浆	产生黏液发酵呈粉红色发霉	产气肠杆菌、类酵母属（*Saccharomycodes*）、结合酵母（*Zygosacchromyces*）、玫瑰色微球菌（*Micrococcus roseus*）、曲霉属、青霉属
果蔬类	软腐灰色霉菌腐烂，黑色霉菌腐烂	根霉属、欧文菌属（*Erwinia*）、葡萄孢属（*botrytis*）、黑曲霉、假单胞菌属
新鲜肉	腐败变黑	产碱菌属、普通变形杆菌、荧光假单胞菌、腐败假单胞菌（*Pseudomonas putrefaciens*）、曲霉属、根霉属、青霉属
鱼	变色腐败	假单胞菌属、产碱菌属、黄杆菌属、腐败希瓦菌（*Shewanella putrefaciens*）
蛋	呈绿色、褪色腐败，黑色腐败	假单胞菌属、产碱菌属、变形杆菌属
家禽	变黏、有气味	假单胞菌属、产碱菌属
浓缩橘汁	失去风味	乳杆菌属、明串株菌属、醋杆菌属

二、常见食品的腐败变质

（一）肉类的腐败变质

肉类的水分活度适于大多数微生物的生长，是非常容易腐败的食品。肉类的高蛋白具有较强的缓冲性，所以微生物生长不会造成显著的 pH 降低。由于肉类营养高，很快会因为微生物的生长而变腐，甚至由于食源性病原菌的污染而具有毒性。

1. **肉类中的微生物来源**

健康畜禽具有健全而完整的免疫系统，能有效地防御微生物的侵入和在肌肉组织内扩散，所以动物本身的组织内部是没有微生物的，但身体表面、呼吸道、免疫器官有微生物存在。有时肉的内部也会有微生物存在，这些微生物主要是在牲畜宰杀时和宰杀后从环境中污染的。患病的畜禽其器官和组织内部可能有微生物存在，如病牛体内可能带有结核分枝杆菌（*Mycobacterium tuberculosis*）、口蹄疫病毒等。

2. **肉类中微生物的种类**

肉类中常见的微生物有细菌、霉菌和酵母。其中细菌具有较强的分解蛋白质的能力，主要细菌是假单胞菌属、无色杆菌属、产碱杆菌属、埃希菌属、变形杆菌属、梭状芽孢杆菌属、枯草杆菌、微球菌属、乳杆菌属、链球菌属、明串珠菌属；酵母菌和霉菌主要包括假丝酵母属、丝孢酵母属、球拟酵母属、红酵母属、交链酵母属、曲霉属、芽枝霉属、毛霉属、根霉属和青霉属。有时还可能患有各种病原菌，如沙门菌、金黄色葡萄球菌、结核分枝杆菌、布氏杆菌，它们对肉的主要影响不在于使肉腐败变质，严重的是传播疾病，造成食物中毒。

3. **鲜肉的腐败变质**

鲜肉在 0℃ 左右的低温环境中，一般可保存 10d 不变质。之后，若肉体表面比较干燥，则逐渐出现霉菌生长；若肉体表面湿润，则有假单胞菌、无色杆菌等革兰阴性菌的低温菌生长并占优势。当温度在 10℃ 左右时，其他一些细菌，如黄杆菌和一些肠道杆菌会生长；温度在 20℃ 以上时，会有较多的大肠杆菌、链球菌、芽孢杆菌、梭状芽孢杆菌等繁殖。肉类表面上的需氧微生物繁殖后，肉组外内部即发生变质并逐渐向组织内部伸展，一些兼性厌氧微生物是主要活动的类群，如大肠杆菌、变形杆菌、枯草杆菌等。当继续往深部伸展时，出现较多的厌氧性微生物，主要为梭状芽孢杆菌。

（1）**有氧条件下的腐败**　在有氧条件下，需氧菌和兼性厌氧菌引起肉类的腐败有以下表现。

①发黏：微生物在肉表面大量繁殖后，使肉体表面有黏状物质产生，这是由于微生物形成菌落，以及微生物分解蛋白质的产物。这主要是由革兰阴性菌、乳酸菌和酵母菌产生。发黏的肉块切开时会出现拉丝现象，并有臭味产生。

②变色：微生物在肉表面出现各种颜色变化。最常见的是绿色，这是由于蛋白质分解产生的硫化氢和肉质中的血红蛋白结合后形成硫化氢血红蛋白而造成的，这种化合物积蓄在肌肉和脂肪表面，即显示暗绿色。另外，黏质沙雷菌在肉表面产生红色斑点，某些假单胞菌能产生蓝色斑点，黄杆菌能产生黄色斑点。有些霉菌能产生白色、粉红色、灰色等斑点。

③产生异味：肉体腐烂变质，通常还伴随一些不正常的气味，如微生物分解蛋白质产生的恶臭味；无色杆菌属或酵母菌引起的脂肪酸败产生酸味；乳酸菌和酵母菌作用下产生的挥发性有机酸的酸味；霉菌产生霉味等。

（2）**无氧条件下的腐败**　在室温条件下，一些不需要严格厌氧的梭状芽孢杆菌首先在肉上生长繁殖，随后严格厌氧的梭状芽孢杆菌，如双酶梭菌（*Clostridium bifermentants*）、生孢梭菌（*C. sporogenes*）、溶组织梭菌（*C. histolyticum*）等开始生长繁殖，蛋白质产生酸臭味，股骨周围的肌肉为褐色、骨膜下有黏液出现，这种变质称为股腐败。在厌氧条件下，兼性厌氧菌和专性厌氧菌的生长繁殖引起肉类的腐败变质有以下表现。

①产生异味：由于梭状芽孢杆菌、大肠杆菌和乳酸菌的作用，产生甲酸、乙酸、乳酸和脂肪酸，而形成酸味；蛋白质被微生物分解产生硫化氢、硫醇、吲哚、粪臭素、胺类等化合物，呈现异臭味，同时还可能产生毒素。

②腐烂：腐烂主要是由梭状芽孢杆菌属中的某些种以及假单胞菌属、产碱杆菌属、变形杆菌属中的某些兼性厌氧菌引起的。

（二）乳制品的腐败变质

各种不同的乳，如牛乳、羊乳、马乳等，其成分虽然各有差异，但都含有丰富的营养成分，容易消化吸收，是微生物良好生长的培养基。乳一旦被微生物污染，在适宜条件下，就会迅速繁殖引起腐败变质而失去营养价值，甚至可能引起食物中毒或其他传染病的传播。

1. 牛乳中微生物的来源

通常根据其来源可以分为两类。

（1）乳房内的微生物　牛乳在乳房内不是无菌状态，即使遵守严格无菌操作挤出乳汁，在 1mL 中也有数百个细菌。乳房中的正常菌群主要是小球菌属和链球菌属。由于这些细菌能在乳房中很好地生长，称为乳房细菌。此外，乳畜感染后，体内的微生物也可通过乳房进入乳汁而引起人类的传染。常见的引起人畜共患疾病的微生物主要有：结核分枝杆菌、布氏杆菌、葡萄球菌、溶血性链球菌、沙门菌等。

（2）环境中的微生物　包括挤乳过程中细菌的污染和挤后食用前的一切环节中受到的细菌的污染。

2. 乳液的变质过程

鲜乳及消毒乳均残留一定数量的微生物，特别是污染严重的鲜乳，消毒后残存的微生物还很多，常引起乳的腐败，这是乳发生变质的主要原因。乳中含有溶菌酶等抑菌物质，使乳汁本身具有抗菌性。但这种特性延续时间的长短，随乳汁温度高低和细菌的污染程度而不同。乳的变质主要可以分为以下几个阶段。

（1）抑制期　又称混合菌群期，在新鲜的乳液中含有溶菌酶、乳烃素（lactenin）等抗菌物质，对乳中存在的微生物具有杀灭或抑制作用。在杀菌作用终止后，乳中各种细菌均发育繁殖，由于营养物质丰富，暂时不发生拮抗或互联现象，这个时期延续 12h。

（2）乳酸链球菌期　鲜乳中的抗菌物质减少或消失后，存在于乳中的微生物，如链球菌、乳酸杆菌、大肠杆菌和一些蛋白质分解菌等迅速繁殖，其中以乳酸链球菌生长繁殖居优势，分解乳糖产生乳酸，使乳中的酸性物质不断增高。由于酸度的增高，抑制了腐败菌、产碱菌的生长。以后随着产酸增多，当 pH 降到 4.5 左右时，乳酸链球菌本身的生长也受到抑制，开始减少，并有乳凝块出现。

（3）乳酸杆菌期　在 pH 降至 6.0 时，乳酸杆菌的活动逐渐增强。当乳液的 pH 降至 4.5 以下，乳酸链球菌受到抑制，而乳酸杆菌的耐酸力较强，仍能继续繁殖并产酸。在此期间，可出现大量乳凝块，并析出大量乳清，这个时期约有 2d。

（4）真菌期　当酸度继续升高，pH 下降至 3.0~3.5 时，绝大多数的细菌被抑制或死亡。而霉菌、酵母菌尚能适应高酸环境，并能利用乳酸及其他有机酸作为营养来源而开始大量生长。由于酸被利用，乳酸的 pH 会逐渐上升至接近中性。

（5）腐败期　经过上述各阶段，乳中的乳糖已经被大量消耗，但蛋白质和脂肪的含量仍然相对较高。此时能分解蛋白质的胨化细菌和脂肪分解菌开始大量生长，使凝乳块逐渐被消化，pH 不断上升，向碱性转化。同时伴随有芽孢杆菌属、假单胞菌属、变形杆菌属腐败细菌的生长和繁殖，出现腐败臭味。

鲜乳的腐败变质还会出现产气、发黏和变色的现象。气体主要是由细菌及少数酵母菌产生的，主要是大肠菌群，其次为梭状芽孢杆菌属、芽孢杆菌属、异型发酵的乳酸菌类及酵母菌。这些微生物分解乳中糖类产酸并产生 CO_2 和 H_2。发黏现象是具有荚膜的细菌导致的，主要是产碱杆菌属、肠杆菌属和乳酸菌中的某些种。在菌群交替现象结束时，乳产生各种异色、苦味、恶臭味及有毒物质，外观上呈现黏液体或清水状。

（三）蛋类的腐败变质

蛋类具有较高的营养价值，含有较多的蛋白质、脂肪、B 族维生素，若保存不当，易受微生物污染而引起腐败。

1. 蛋类中的微生物来源

通常新产的鲜蛋内部应是无菌的。在一定条件下鲜蛋的无菌状态可保持一段时间，这是因为蛋壳上有一层防水角质层和两层内膜，而且新蛋壳表面有一层黏液胶质层，具有防止水分蒸发、阻止外界微生物侵入的作用；其次，在蛋壳膜和蛋白质中，存在一定的溶菌酶和铁螯合剂等抑菌物质，也可以杀灭侵入壳内的微生物，而且较低的温度可使溶菌酶的杀菌作用保持较长的时间。此外，刚产的禽蛋蛋白的 pH 为 7.4~7.6，一周内会上升到 9.4~9.7，如此高的 pH 环境不适于一般微生物的生存。

然而鲜蛋也会受到微生物的污染，主要来源有：卵巢内，当母禽不健康时，机体防御功能减弱，外界的细菌可侵入到输卵管，甚至卵巢，母禽带病时，病原菌可通过血液循环进入卵巢，在蛋黄形成时进入蛋中，常见的卵巢内感染有鸡白痢沙门菌（*Salmonella pullora*）、鸡沙门菌（*S. galinrarum*）等；产蛋时形成污染，在形成蛋壳之前，排泄腔内的细菌上行至输卵管，导致蛋的污染；蛋壳污染，蛋产下后，蛋在收购、运输、贮藏过程中更容易被微生物借水的渗透作用侵入蛋内，大量生长繁殖造成蛋的腐败。

2. 蛋类的腐败变质

由于上述多种原因，鲜蛋也容易发生腐败变质，其变质有两种类型。

（1）腐败　主要是由细菌引起的鲜蛋变质。侵入到蛋中的细菌不断生长繁殖并形成各种相应的酶，然后分解蛋内的各组成成分，使鲜蛋发生腐败和产生难闻的气味。主要由荧光假单胞菌所引起，使蛋黄膜破裂，蛋黄流出与蛋白混合。如果进一步发生腐败，蛋黄中的核蛋白和卵磷脂也被分解，产生有恶臭的 H_2S 等气体和其他有机物，使整个内含物变为灰色或暗黑色。这种黑腐病主要是由变形杆菌属、某些假单胞菌和气单胞菌属引起。

（2）霉变　外界的霉菌可在蛋壳表面或进入内侧生长，形成深色霉斑，造成蛋液黏着。霉菌菌丝经过蛋壳气孔侵入后，首先在蛋壳膜上生长起来，逐渐形成斑点菌落，造成蛋液黏壳，蛋内成分分解并有不愉快的霉变气味产生。

（四）果蔬及其制品的腐败变质

各类水果与蔬菜中一般都含有大量的水分、碳水化合物、一定量的蛋白质，特别是含有较丰富的维生素类。多数品种既可以生食，也可以进一步烹饪加工。

1. 水果与蔬菜类的微生物污染来源

采摘自正常植株的水果及蔬菜，在一般情况下其内部组织应是无菌的。但其表面总会含有相当数量的微生物，这些微生物主要来自田园的土壤和空气。细菌、酵母菌和霉菌的孢子均可在果蔬表面发现。在某些情况下，外观看上去正常的水果或蔬菜的内部组织中，也可能有某些微生物存在。例如有人从苹果、樱桃等的组织内部分离出酵母菌；从番茄组织中分离出酵母菌和假单胞菌。这些微生物是在果蔬开花期侵入并生存于果实内部的。此外，水果、蔬菜遭受植物病原微生物的侵染时，这些病原微生物可在果蔬的生长季节里从根、茎、叶、花、果实等不同途径侵入组织内部；或者在收获后的贮藏期间侵入组织内部，引起果蔬的病害或腐烂变质。

2. 水果与蔬菜腐败变质的特点

大多数新鲜的水果或蔬菜的表皮及表皮外被覆的一层蜡状物质，都有机械地防止微生物侵染的作用，这种作用可使健康的果蔬在相当长的一段时间内免遭微生物的侵染。然而当这层防护屏障受到损伤，即使是肉眼觉察不到的微小损伤时，微生物就会由此而侵入并进行生长繁殖，从而促成果蔬的溃烂、变质。

大多数水果和蔬菜是以水分和碳水化合物为主要成分的，pH 多为酸性，如蔬菜的 pH 多数在 5.0~7.0，水果的 pH 大多在 4.5 以下。这些特点决定了引起水果和蔬菜变质的微生物主要是霉菌、酵母菌和少数的细菌。在一般情况下，霉菌或酵母菌首先在果蔬表皮损伤处开始繁殖。由于霉菌等侵入果蔬组织，细胞壁的纤维素首先被破坏，进一步分解细胞内的果胶、蛋白质、糖类、有机酸等物质。接着细菌开始生长繁殖，使果蔬内的营养物质进一步被分解、破坏。水果、蔬菜经微生物的分解作用后，感观上可发现表面出现深色斑点，组织变得松软、凹陷、变形，逐渐变成浆状乃至水液状，并可产生各种不同的酸败味、芳香味等。

3. 引起水果与蔬菜变质的微生物类群

如前所述，引起水果和蔬菜腐烂变质的微生物，以霉菌为多，其中相当一部分是植物病原菌，它们是水果和蔬菜在贮藏过程中发生变质的主要微生物类群，现将一些常见的引起果蔬变质的微生物列于表 6-12。

表 6-12　　　　　　　　　　常见的引起果蔬变质的微生物

微生物名称	感染的主要果蔬
白边青霉（*Penicillium italicum*）	柑橘
扩展青霉（*P. expansum*）	苹果、番茄
致病疫霉（*Phytophthora infestans*）	马铃薯、番茄、茄子
茄绵疫霉（*Phytohpthora meongenae*）	茄子、番茄
交链孢霉属（*Alternaria*）	柑橘、苹果
镰刀霉属（*Fusarium*）、灰葡萄孢霉（*Botrytis cinerae*）	番茄、黄瓜、梨、葡萄、苹果、甘蓝
串珠镰刀霉（*F. moniliforme*）	香蕉
柑橘拟茎点霉（*Phomopsis citri*）	柑橘

续表

微生物名称	感染的主要果蔬
生囊孢壳霉（*Physalospora piricola*）、黑根霉	桃、梨、草莓、番茄
黑曲霉	苹果、柑橘
苹果枯腐病毒（*Clomerella eingulata*）	葡萄、梨、苹果
软腐病欧文菌（*Erwinia aerodidese*）	马铃薯、洋葱
胡萝卜软腐病欧文菌（*Erwinia carotovora*）	胡萝卜、白菜、番茄

第六节 食品中有害微生物的控制

食品微生物污染是指食品在加工、运输、贮藏、销售过程中被微生物及其毒素污染。由于自然界的微生物分布很广，在食品加工或出仓过程中不可避免地会受到不同类型的微生物污染，不仅降低了食品的营养和卫生质量，而且还可能危害人体健康。研究食品中有害微生物的污染途径和控制，对于控制食品的污染、延长食品保质期、预防食品中毒的发生都有非常重要的意义。研究环境条件与有害微生物生长的相互关系，有助于人们在食品加工过程中有效地控制微生物的生命活动，从而保证食品的安全性，延长食品的保质期。

一、相关基本概念

控制（有害）微生物的生长速率或消灭不需要的微生物，在实际应用中具有重要的意义。为了抑制和消除微生物的有害作用，人们采用多种物理、化学或生物学方法，来抑制或杀死微生物。常用以下术语来表示对微生物的杀灭程度。

①抑制（inhibition）：生长停止，但不死亡。

②防腐（antisepsis）：防止或抑制霉腐微生物在食品等物质上的生长的一种抑菌措施。用于防腐的化学药品称为防腐剂。某些化学药物在低浓度时为防腐剂，在高浓度时则成为消毒剂。在食品工业中常用一些防腐剂包括苯甲酸钠、山梨酸钾等，或利用低温、干燥、糖渍、盐腌、高酸度等方法防腐。

③化疗（chemotherapy）：杀死或抑制宿主体内的病原微生物。

④死亡（death）：微生物的生长能力不可逆丧失，即便将微生物再放到合适的环境中也不再进行生长和繁殖。

⑤消毒（disinfection）：用物理或化学方法仅杀灭物体上的病原微生物，而对非病原微生物及芽孢和孢子不一定完全杀死，称为消毒，可达到防止传染病的目的。用来消毒的药物称为消毒剂。如将物体在100℃煮沸10min或在60~70℃煮沸30min，就可以达到杀灭病原菌营养体的目的，但是杀不死芽孢。食品加工厂的厂房以及加工工具都需要进行定期消毒，操作人员的手部也要进行消毒，才可进行食品生产线上的操作。

⑥灭菌（sterilization）：用物理或化学方法杀灭物体上所有的微生物（包括病原微生物和非病原微生物及细菌芽孢、霉菌孢子等）的方法称为灭菌。这属于彻底的杀菌方法。

⑦商业灭菌（commercial sterilization）：是指食品经过杀菌处理后，按照规定的微生物检验方法，在所抽检的食品中检测不到活的微生物，或是仅能检出极少数的非病原微生物，并且在食品保藏过程中，它们是不能进行生长繁殖的。商业灭菌是从商品角度对某些食品进行的灭菌方法。

"杀菌"这个名词常用于食品工业中，它包括上述所称的"灭菌"和"消毒"，比如牛乳的杀菌是指消毒；而罐藏食品的杀菌，则是指商业灭菌。

⑧无菌（sterile）：是指没有活的微生物存在。防止或杜绝一切微生物进入动物机体或物体的方法，称为无菌法。以无菌法操作时称为无菌操作。在发酵工业中进行菌种制备时，或食品加工中的无菌灌装技术时，要求严格的无菌操作技术，防止微生物的污染。

不同的微生物对各种理化因子的敏感性不同，同一因素不同剂量对微生物的效应也不同，或者起灭菌作用，或者可能只起消毒或防腐作用。在了解和应用任何一种理化因素对微生物进行抑制或致死作用时，还应考虑多种因素的综合效应。例如，在增高温度的同时加入另一种化学药剂，则可加速对微生物的破坏作用；大肠杆菌在有酚存在的情况下，温度从30℃增至42℃时明显加快死亡。微生物的生理状态也影响理化因子的作用。营养细胞一般较孢子抗逆性差，幼龄的、代谢活跃的细胞较之老龄的、休眠的细胞易被破坏。微生物生长的培养基以及它们所处的环境对微生物遭受破坏的效应也有明显的影响。如在酸或碱中，热对微生物的破坏作用加大；培养基的黏度影响抗菌因子的穿透能力；有机质的存在干扰抗微生物化学因子的效应，或者由于有机物与化学药剂结合而使之失效，或者有机质覆盖于细胞表面，阻碍了化学药剂的渗入。

二、食品的微生物污染

微生物污染是指食品受到外来一种或多种微生物的污染，这些微生物主要有细菌、霉菌以及它们产生的毒素等。由于食品在原料、生产、加工、贮藏、运输、销售等各个环节，不可避免地与环境发生各种方式的接触，进而直接或间接地使食品受到污染，有些污染物还有致病性。污染食品的微生物来源可分为土壤、空气、水、操作人员、动植物、加工设备、包装材料等方面。

（一）食品的微生物污染源

1. 土壤

土壤为微生物的生长繁殖提供了有利的营养条件和环境条件。因此，土壤素有"微生物的天然培养基"和"微生物大本营"之称。土壤中的微生物数量可达 $10^7 \sim 10^9$ 个/g。土壤中的微生物种类十分庞杂，其中细菌占有比例最大，可达70%~80%，放线菌占5%~30%，其次是真菌、藻类和原生动物。不同土壤中微生物的种类和数量有很大差异，在地面下3~25cm是微生物最活跃的场所，肥沃的土壤中微生物的数量和种类较多，果园土壤中酵母的数量较多。土壤中的微生物除了自身发展外，分布在空气、水和人及动植物体的微生物也会不断进入土壤中。许多病原微生物就是随着动植物残体以及人和动物的排泄物进入土壤的。因此，土壤中的微生物既有非病原的，也有病原的。通常无芽孢菌在土壤中生存的时间较短，而有芽孢菌在土壤中生存时间较长。例如，沙门菌只能生存数天至数周，炭疽杆菌却能生存数年或更长时间。同时土壤中还存在着能够长期生活的土源性病原菌。霉菌及放线菌的孢子在土壤中也能生存较长时间。

2. 空气

空气中的微生物主要为霉菌、放线菌的孢子和细菌的芽孢及酵母。不同环境空气中微生物的数量和种类有很大差异。公共场所、街道、畜舍、屠宰场及通气不良处的空气中微生物的数量较高。空气中的尘埃越多，所含微生物的数量也就越多。室内污染严重的空气微生物数量可达 10^6 个/m³，海洋、高山、乡村、森林等空气清新的地方微生物的数量较少。空气中可能会出现一些病原微生物，它们直接来自人或动物呼吸道、皮肤干燥脱落物及排泄物，或间接来自土壤，如结核杆菌、金黄色葡萄球菌、沙门菌、流感嗜血杆菌（*Hemophilus influenzae*）和病毒等。患病者口腔喷出的飞沫小滴含有 1 万~2 万个细菌。

3. 水

自然界中的江、河、湖、海等各种淡水与咸水水域中都生存着相应的微生物。由于不同水域中的有机物和无机物种类、含量、温度、酸碱度、含盐量、含氧量及不同深度光照度等的差异，各种水域中的微生物种类和数量呈明显差异。通常水中微生物的数量主要取决于水中有机物质的含量，有机物质含量越多，其中微生物的数量也就越大。

淡水域中的微生物可分为两大类型：一类是清水型水生微生物，这类微生物习惯于在洁净的湖泊和水库中生活，以自养型微生物为主，可被看作是水体环境中的土居微生物，如硫细菌、铁细菌、衣细菌及含有光合色素的蓝细菌、绿硫细菌和紫细菌等。也有部分腐生性细菌，如色杆菌属（*Chromobacterium*）、无色杆菌属和微球菌属的一些种能在低含量营养物的清水中生长。霉菌中也有一些水生性种类，如水霉属（*Saprolegnia*）和绵霉属（*Achlya*）的一些种可以生长于腐烂的有机残体上。此外还要单细胞和丝状的藻类以及一些原生动物常在水中生长，通常它们的数量不大。另一类是腐败型水生微生物，它们是随腐败的有机物质进入水域，获得营养而大量繁殖的，是造成水体污染、传播疾病的重要原因。其中数量最大的是革兰阴性菌，如变形杆菌属、大肠杆菌、产气肠杆菌和产碱杆菌属等，还有芽孢杆菌属、弧菌属和螺菌属中的一些种。当水体受到土壤和人畜排泄物的污染后，会使肠道菌的数量增加，如大肠杆菌、粪链球菌和魏氏梭菌（*Clostridium welchii*）、沙门菌、产气荚膜梭菌（*Bacillus perfringens*）、炭疽杆菌（*B. anthracis*）、破伤风杆菌（*B. tetani*）。污水中还会有纤毛虫类、鞭毛虫类和根足虫类原生动物。进入水体的动植物致病菌，通常因水体环境条件不能完全满足其生长繁殖的要求，故一般难以长期生存，但也有少数病原菌可以生存达数月之久。

海水中也含有大量的水生微生物，主要是细菌，它们均具有嗜盐性。近海中常见的细菌有：假单胞菌、无色杆菌、黄杆菌、微球菌属、芽孢杆菌属和噬纤维菌属（*Cytophaga*），它们能引起海产动植物的腐败，有的是海产鱼类的病原菌。海水中还存在可引起人类食物中毒的病原菌，如副溶血性弧菌。

4. 动物体

人体及各种动物，如犬、猫、鼠等的皮肤、毛发、口腔、消化道、呼吸道均带有大量的微生物，如未经清洗的动物被毛、皮肤微生物数量可达 $10^5 \sim 10^6/cm^2$。当人或动物感染了病原微生物后，体内会存在不同数量的病原微生物，其中有些菌种是人畜共患病原微生物，如沙门菌、结核杆菌、布氏杆菌。这些微生物可以通过直接接触或通过呼吸道和消化道向体外排出而污染食品。

蚊、蝇及蟑螂等各种昆虫也都携带有大量的微生物，其中可能有多种病原微生物，它们接触食品同样会造成微生物的污染。

5. 加工机械及设备

各种加工机械设备本身没有微生物所需的营养物质，但在食品加工过程中，由于食品的汁液或颗粒黏附于内表面，食品生产结束时机械设备没有得到彻底的灭菌，使原本少量的微生物得以在其上大量生长繁殖，成为微生物的污染源。这种机械设备在后来的使用中会通过与食品接触而造成食品的微生物污染。

6. 包装材料

各种包装材料如果处理不当也会带有微生物。一次性包装材料通常比循环使用的材料所带有的微生物数量要少。塑料包装材料由于带有电荷会吸附灰尘及微生物。

7. 原料及辅料

（1）动物性原料　屠宰前健康的畜禽具有健全而完整的免疫系统，能有效地防御和阻止微生物的侵入和在肌肉组织内扩散。所以正常机体组织内部（包括肌肉、脂肪、心、肝、肾等）一般是无菌的，而畜禽体表、被毛、消化道、上呼吸道等器官总是有微生物存在，如家畜粪便微生物数量可多达 10^7 个/g，瘤胃成分中微生物的数量可达 10^9 个/g。

患病的畜禽其器官及组织内部可能有微生物存在，如病牛体内可能带有结核杆菌、口蹄疫病毒等。这些微生物能够冲破机体的防御系统，扩散至机体的其他部位，此多为致病菌。屠宰后的畜禽即丧失了先天的防御功能，微生物侵入组织后迅速繁殖。屠宰过程卫生管理不当将提高微生物污染的机会。最初污染微生物是在使用非灭菌的刀具放血时，将微生物引入血液中的，随着血液短暂的微弱循环而扩散至胴体的各部位。在屠宰、分割、加工、贮藏和配销过程中的每一个环节，微生物的污染都可能发生。

屠宰前畜禽的状态也很重要。屠宰前给予充分休息和良好的饲养，使其处于安静舒适的条件，此种状态下进行屠宰其肌肉中的糖原将转变为乳酸。在屠宰后 6~7h 内由于乳酸的增加使胴体的 pH 降低到 5.6~5.7，24h 内 pH 降低至 5.3~5.7。在此 pH 条件下，污染的细菌不易繁殖。如果宰前家畜处于应激和兴奋状态，则将动用贮备糖原，宰后动物组织的 pH 接近于 7，在这样的条件下腐败细菌的侵染会更加迅速。

健康禽类所产生的鲜蛋内部本应是无菌的，但是鲜蛋中经常可发现微生物存在，即使是刚产出的鲜蛋也是如此。微生物污染的来源如下。

①卵巢内：病原菌通过血液循环进入卵巢，在蛋黄形成时进入蛋中。常见的感染菌有雏沙门菌、鸡沙门菌等。

②排泄腔（生殖道）：禽类的排泄腔内含有一定数量的微生物，当蛋从排泄腔排出体外时，由于蛋内遇冷收缩，附在蛋壳上的微生物可穿过蛋壳进入蛋内。

③环境：鲜蛋蛋壳的屏障作用有限，蛋壳上有许多大小为 4~6μm 的气孔，外界的各种微生物都有可能进入，特别是贮藏期长或经过洗涤的蛋，在高温、潮湿的条件下，环境中的微生物更容易借水的渗透作用侵入蛋内。

刚生产出来的鲜乳总是会含有一定数量的微生物，这是由于即使是健康乳畜的乳房内，也可能生存有一些细菌，特别是乳头管及其分支，常生存着特定的乳房菌群，主要有微球菌属、链球菌属、乳杆菌属。当乳畜患乳房炎时，乳房内还会含有引起乳房炎的病原菌，如无乳链球菌（*Streptococcus agalactiae*）、化脓棒状杆菌（*Corynebacterium pyogenic*）、乳房链球菌（*Streptococcus uberis*）和金黄色葡萄球菌等。患有结核或布氏杆菌病时，乳中可能有相应的病原菌存在。

鱼类生活在水域中，由于水域中含有多种微生物，所以鱼的体表、鳃、消化道内都有一定数量的微生物。活鱼体表附着的细菌有 $10^2 \sim 10^7$ 个/cm^2，鱼的肠液中含细菌数为 $10^5 \sim 10^8$ 个/mL。因此，刚捕捞的鱼体所带有的细菌主要是水生环境中的细菌，主要有假单胞菌属、黄色杆菌属、无色杆菌属等，淡水中的鱼还有产碱杆菌属、气单胞菌属和短杆菌属等。

近海和内陆水域中的鱼可能受到人或动物的排泄物污染而带有病原菌，如副溶血性弧菌。它们在鱼体上存在的数量不多，不会直接危害人类健康，但如贮藏不当，病原菌大量繁殖后可引起食物中毒。在鱼上发现的病原菌还可能有沙门菌、志贺菌、霍乱弧菌、红斑丹毒丝菌（*Erysipelothrix rhusiopathiae*）、产气荚膜梭菌，它们也是由环境污染导致的。捕捞后的鱼类在运输、贮藏、加工、销售等环节中，还可能进一步被陆地上的各种微生物污染。这些微生物主要有微球菌属和芽孢杆菌属，其次还有变形杆菌、大肠杆菌、八叠球菌及梭状芽孢杆菌。

（2）植物性原料　健康的植物在生长期与自然界广泛接触，其体表存在有大量的微生物，所以收获后的粮食一般都含有其原来生活环境中的微生物。据测定，每克粮食含有几千个以上的细菌。这些细菌多属于假单胞菌属、微球菌属、乳杆菌属和芽孢杆菌属等。此外，粮食中还含有相当数量的霉菌孢子，主要是曲霉属、青霉属、交链孢霉属、镰刀霉属等，还有酵母菌。植物体表还会附着有植物病原菌及来自人畜粪便的肠道微生物及病原菌。健康的植物组织内部应该是无菌或仅有极少数菌，如有时外观看上去是正常的水果或蔬菜，其内部组织中也可能有某些微生物的存在。有人从苹果、樱桃等组织内部分离出酵母菌，从番茄组织中分离出酵母菌和假单胞菌属的细菌。这些微生物是果蔬开花期侵入并生存于果实内部的。

染病后的植物组织内部会存在大量的病原微生物，这些病原微生物是在植物的生长过程中通过根、茎、叶、花、果实等不同途径侵入组织内部的。

果蔬汁是以新鲜水果为原料，经加工制成的。由于果蔬原料本身带有微生物，而且在加工过程中还会再次污染，所以制成的果蔬汁中必然存在大量微生物。果汁的 pH 一般在 2.4~4.2，糖度较高，可达 60~70°Bx，因而在果汁中生存的微生物主要是酵母菌，其次是霉菌和极少数的细菌。

粮食在加工过程中，经过洗涤和清洁处理，可除去籽粒表面上的部分微生物，但某些工序可使其受环境、机具及操作人员携带的微生物再次污染。多数市售面粉的细菌含量为每克几千个，同时还含有 50~100 个霉菌孢子。

（二）**食品的微生物污染途径**

食品在生产加工、运输、贮藏、销售以及食用过程中都可能遭受到微生物的污染，其污染的途径可分为两大类。

1. 内源性污染

凡是作为食品原料的动植物体在生活过程中，由于本身带有的微生物而造成食品的污染称为内源性污染，又称第一次污染。如畜禽在生活期间，其消化道、上呼吸道和体表总是存在一定类群和数量的微生物。当受到沙门菌、布氏杆菌、炭疽杆菌等病原微生物感染时，畜禽的某些器官和组织内就会有病原微生物的存在。当家禽感染了鸡白痢、鸡伤寒等传染病，病原微生物可通过血液循环侵入卵巢，在蛋黄形成时被病原菌污染，使所产卵中也含有相应的病原菌。

2. 外源性污染

食品在生产加工、运输、贮藏、销售、食用过程中,通过水、空气、人、动物、机械设备及用具等而使食品发生微生物污染称外源性污染,又称第二次污染。

(1)通过水污染 在食品的生产加工过程中,水既是许多食品的原料或配料成分,也是清洗、冷却、冰冻不可缺少的物质,设备、地面及用具的清洗也需要大量用水。各种天然水源包括地表水和地下水,不仅是微生物的污染源,也是微生物污染食品的主要途径。自来水是天然水净化消毒后而供饮用的,在正常情况下含菌较少,但如果自来水管出现漏洞、管道中压力不足以及暂时变成负压时,则会引起管道周围环境中的微生物渗漏进入管道,使自来水中的微生物数量增加。在生产中,即使使用符合卫生标准的水源,由于方法不当也会导致微生物的污染范围扩大。如在屠宰加工场中的宰杀、除毛、开膛取内脏的工序中,皮毛或肠道内的微生物可通过用水的散布而造成畜体之间的相互感染。生产中所使用的水如果被生活污水、医院污水或厕所粪便污染,就会使水中微生物数量骤增,水中不仅会含有细菌、病毒、真菌、钩端螺旋体,还可能会含有寄生虫。用这种水进行食品生产会造成严重的微生物污染,同时还可能造成其他有毒物质对食品的污染,所以水的卫生质量与食品的卫生质量有密切关系。食品生产用水必须符合饮用水标准,采用自来水或深井水。循环使用的冷却水要防止被畜禽粪便及下脚料污染。

(2)通过空气污染 空气中的微生物可能来自土壤、水、人及动植物的脱落物和呼吸道、消化道的排泄物,它们可随着灰尘、水滴的飞扬或沉降而污染食品。人体的痰沫、鼻涕与唾液的小水滴中所含有的微生物包括病原微生物,当有人讲话、咳嗽或打喷嚏时均可直接或间接污染食品。人在讲话或打喷嚏时,距人体1.5m内是直接污染区,大的水滴可悬浮在空气中达30min之久;小的水滴可在空气中悬浮4~6h,因此食品暴露在空气中被微生物污染是不可避免的。

(3)通过人及动物接触污染 从事食品生产的人员,如果他们的身体、衣帽不经常清洗,不保持清洁,就会有大量的微生物附着其上,通过皮肤、毛发、衣帽与食品接触而造成污染。在食品的加工、运输、贮藏及销售过程中,如果被鼠、蝇、蟑螂等直接或间接接触,同样会造成食品的微生物污染。试验证明,每只苍蝇带有数百万个细菌,80%的苍蝇肠道中带有志贺菌,鼠类粪便中带有沙门菌、钩端螺旋体等病原微生物。

(4)通过加工设备及包装材料污染 在食品的生产加工、运输、贮藏过程中所使用的各种机械设备及包装材料,在未经消毒或灭菌前,总是会带有不同数量的微生物而成为微生物污染食品的途径。在食品生产过程中,使用不经消毒灭菌的设备越多,造成微生物污染的机会也越多。已经过消毒灭菌的食品,如果使用的包装材料未经过无菌处理,则会造成食品的重新污染。

(三)食品中微生物的消长

食品受到微生物的污染后,其中的微生物种类和数量会随着食品所处环境和食品性质的变化而不断地变化。这种变化所表现的主要特征就是食品中微生物出现的数量增多或减少,即食品微生物的消长。食品中微生物的消长通常有以下规律及特点。

1. 加工前

食品加工前,无论是动物性原料还是植物性原料都已经不同程度地被微生物污染,加之运输、贮藏等环节,微生物污染食品的机会进一步增加,因而使食品原料中的微生物数量不断增多。虽然有些种类的微生物污染食品后因环境不适而死亡，但是从存活的微生物总数看，一般不表现减少而只有增加。这一微生物消长特点在新鲜鱼肉类和果蔬类食品原料中表现明显，即使食品原料在加工前的运输和贮藏等环节中曾采取了较严格的卫生措施，但早在原料产地已污染而存在的微生物，如果不经过一定的灭菌处理它们仍会存在。

2. 加工过程中

在食品加工的整个过程中，有些处理工艺如清洗、加热消毒或灭菌对微生物的生存是不利的。这些处理措施可使食品中的微生物数量明显下降，甚至可使微生物几乎完全消除。但如果原料中微生物污染严重，则会降低加工过程中微生物的下降率。在食品加工过程中的许多环节也可能发生微生物的二次污染。在生产条件良好和生产工艺合理的情况下，污染较少，故食品中所含有的微生物总数不会明显增多；如果残留在食品中的微生物在加工过程中有繁殖的机会，则食品中的微生物数量就会出现骤然上升的现象。

3. 加工后

经过加工制成的食品，由于其中还残存有微生物或再次被微生物污染，在贮藏过程中如果条件适宜，微生物就会生长繁殖而使食品变质。在这一过程中，微生物的数量会迅速上升，当数量上升到一定程度时不再继续上升，相反活菌数会逐渐下降。这是由于微生物所需营养物质的大量消耗，使变质后的食品不利于该微生物继续生长，而逐渐死亡，此时食品不能食用。如果已变质的食品中还有其他种类的微生物存在，并能适应变质食品的基质条件而得到生长繁殖的机会，这时就会出现微生物数量再度升高的现象。加工制成的食品如果不再受污染，同时残存的微生物又处于不适宜生长繁殖的条件，那么随着贮藏日期的延长，微生物数量就会日趋减少。

由于食品的种类繁多，加工工艺及方法和贮藏条件不尽相同，致使微生物在不同食品中呈现的消长情况也不可能完全相同。充分掌握各种食品中微生物消长规律的特点，对于指导食品的生产具有重要的意义。

三、微生物的物理控制

物理方式对微生物的控制主要是指物理灭菌。它是利用加热、射线或滤过等物理方法杀死或除去微生物。

（一）加热灭菌法

1. 热对微生物的致死作用

如果培养环境中的温度超过了微生物的最高生长温度，会导致微生物死亡。高温致死的机制是微生物蛋白质和核酸不可逆的变性，或者破坏了细胞的其他成分，比如细胞膜被热溶解形成了极小的孔，使细胞内含物泄漏而引起死亡。在食品工业中，微生物耐热性常用以下几个物理量表示。

（1）热力致死时间（thermal death time，TDT）　是指在特定的条件和特定的温度下，杀死一定数量微生物所需要的时间。

（2）D 值（decimal reduction time）　是指在一定温度条件下，杀死某样品中90%微生物或孢子或芽孢所需要的时间（min）。测定 D 值时的加热温度，会标明在 D 的右下角。例如，含菌数为 10^5/mL 的菌悬液，在100℃的水浴温度中，当活菌数降低至 10^4/mL 时，所需时间为 10min，该菌的 D 值即为 10min，即 $D_{100}=10$min。如果加热的温度为121.1℃（250℉），其

D 常用 D_T 表示。D 值大小还与微生物的种类、生长时期、检测培养基的性质等因素有关。

（3）Z 值 在加热致死曲线中，时间降低一个对数周期（即缩短 90% 的加热时间）所需要升高的温度（℃），即为 Z 值。

（4）F 值 在一定的基质中，其温度为 121.1℃，加热杀死一定数量微生物所需要的时间（min），即为 F 值。

2. 影响微生物对热抵抗力的因素

（1）菌种 由于不同微生物的细胞结构和生物学特性不同，对热的抵抗力也不同。一般的规律是，嗜温菌和嗜冷菌的抗热力要小于嗜热菌，非芽孢菌小于芽孢菌，非芽孢杆菌小于球菌，革兰阴性菌小于革兰阳性菌，酵母菌小于霉菌，霉菌和酵母菌的菌丝体小于其孢子。其中细菌的芽孢和霉菌的菌核抗热力特别大。

（2）菌龄 同样的培养条件下，对数期的菌体抗热力较差，而稳定期的老龄细胞较大，抗热力也较强，老龄的细菌芽孢比幼龄的细菌芽孢抗热力强。

（3）菌体数量 菌体数目越多，抗热力越强，因此，加热杀死最后一个微生物所需的时间也长。微生物群集在一起时，受热致死不是同时的，而是时间上有先有后。菌体分泌的一些蛋白质物质具有保护作用，菌体数目越多，分泌的保护物质也越多，菌体的抗热性也就越强。

（4）基质的因素 微生物的抗热力随含水量减少而增大，同一种微生物在干热环境中比在湿热环境中抗热力大；基质中的脂肪、糖、蛋白质等物质对微生物有保护作用，微生物的抗热力随这类物质的增多而增大；微生物在 pH 为 7 左右时抗热力最强，pH 升高或下降都可以减少微生物的抗热力，特别是酸性环境中微生物的抗热力减弱更明显。

（5）加热的温度和时间 加热的温度越高，微生物的抗热力越弱，越容易死亡，加热的时间越长，热致死作用越大。在一定高温范围内，温度越高杀死微生物所需时间越短。另外，一些盐类等其他因素，在基质中具有降低水分活性作用，从而增强抗热力；而另一些盐类如钙盐、镁盐可减弱微生物对热的抵抗力。

3. 加热灭菌法的种类

食品加热灭菌包括湿热灭菌和干热灭菌两大类。在同一温度下，湿热灭菌的杀菌效力比干热大，因为在湿热情况下，菌体吸收水分，使蛋白质易于凝固；同时湿热的穿透力强，热蒸汽的穿透力比热空气强，可增加灭菌效力。因此，无论是对芽孢杆菌还是无芽孢杆菌，在同一温度下效果都比干热法好。

（1）干热灭菌法（dry heat sterilization） 是指通过使用干热空气杀灭微生物的方法。干热灭菌法常用于空玻璃器皿、金属器具的灭菌。具体包括烘箱灭菌法和火焰灭菌法。

①烘箱灭菌法：在干燥箱中利用热空气达到灭菌的目的。

电热干燥箱灭菌操作过程如下。

a. 把要灭菌的物品放在箱内，堆置时留空隙勿使接触四壁，关闭箱门。

b. 接通电源，把箱顶的通气口适当打开，使箱内湿空气能逸出，至箱内温度达到 100℃时关闭。

c. 调节温度控制器旋钮，直至箱内温度达到所需温度为止，观察温度是否衡定；若温度不够再行调节，调节完毕后不可再拨动调节旋钮和通气口，保持 140~160℃，2~3h。

d. 切断电源，冷却至 60℃时，才能把箱门打开，取出灭菌物品。

e. 将温度调节控制旋钮返回原处,并将箱顶通气口打开。所有空的、干净的玻璃器皿及其他耐热皿,一般都可以应用干热灭菌;但是含有水分的物质,如培养基和其他不耐热的橡皮塞等不可用此法灭菌。

②火焰灭菌法:本方法的特点是灭菌快速、彻底。常用于接种工具和污染物品的灭菌,比如微生物接种时所使用的接种环就是采用火焰灭菌法。具体操作是直接用火焰灼烧灭菌,迅速彻底。此外,在接种过程中,试管或三角瓶口,也可通过火焰而达到灭菌的目的。该方法使用范围窄。

(2) 湿热灭菌法(moist heat sterilization) 是指物质在灭菌器内利用高压蒸汽或其他热力学灭菌手段杀灭细菌,灭菌能力强,为热力学灭菌中最有效及用途最广的方法。药品、药品的溶液、玻璃器械、培养基以及其他遇高温与湿热不发生变化或损坏的物质,均可用本法灭菌。具体包括以下各种方法:

①煮沸消毒法(boiling sterilization):将物品在水中100℃煮沸15min以上,细菌的营养细胞和部分芽孢被杀死,为了杀菌效果更好,可在水中加入1%碳酸钠或2%~5%石炭酸。该方法适用于注射器和解剖用具等的消毒。

②巴氏灭菌法(pasteurization):又称低温消毒法,是一种利用较低的温度既可杀死病菌又能保持物品中营养物质风味不变的消毒法,常被广义地用于定义需要杀死各种病原菌的热处理方法。灭菌的温度一般在60~85℃,处理时间为15~30min,可以杀死微生物的营养细胞,但达不到完全灭菌的目的。该方法主要用于不适于高温灭菌的食品,如牛乳、果汁、啤酒、果酒、蜂蜜和酱腌菜类等,主要目的是杀死其中无芽孢的病原菌,而又不影响营养和风味。

③超高温瞬时灭菌法(ultra-high temperature instantaneous sterilization,UHT):灭菌的温度在135~137℃,处理时间为3~5s,即可杀死微生物的营养细胞和耐热性强的芽孢细菌,但污染严重的鲜乳需要在142℃以上杀菌效果才好。该方法适用于各种果汁、牛乳、酱油、花生乳等液态食品的杀菌。

④高压蒸汽灭菌法(autoclaving):该方法是实验室和食品工业中常用的灭菌方法。高压蒸汽灭菌是在特定的设备——灭菌锅内进行的,称为高压蒸汽灭菌锅。在食品工业中,它是由能承受一定压力的特定钢材制成的双层设备,蒸汽可以通过仪表与阀门控制一定的温度与压力,用来对不同类型的微生物进行灭菌。高压蒸汽灭菌用途广、效率高,是微生物学实验室中最常用的灭菌方法。这种灭菌方法是基于水的沸点随着蒸汽压力的升高而升高的原理设计的。当蒸汽压达到$1.05kg/cm^2$时,水蒸气的温度升高到121℃,经15~30min,可全部杀死锅内物品上的各种微生物和它们的孢子或芽孢。一般培养基、玻璃器皿以及传染性标本和工作服等都可应用此法灭菌。

⑤间歇灭菌法(fractional sterilization或tyndallization):该方法是采用流通蒸汽达到反复灭菌的目的,通常温度不超过100℃,每日一次,每次加热时间为30min,连续3次灭菌,从而杀死微生物的营养细胞。每次灭菌后,要将灭菌的物品在28~37℃培养,促使芽孢发育成为繁殖体,以便在连续灭菌中将其杀死。

(二) 射线灭菌法

1. 紫外线灭菌法

紫外线灭菌法是指用紫外线照射杀灭微生物的方法。一般波长200~300nm的紫外线可用于灭菌，灭菌力最强的是波长254nm。

紫外线是直线传播的，其强度与距离平方成比例地减弱，并可被不同的表面反射，普通玻璃及空气中的灰尘、烟雾均易吸收紫外线；其穿透力较弱，作用仅限于被照射物的表面，不能透入溶液或固体深部，故只适宜于无菌室空气、表面灭菌，装在玻璃瓶中的药液不能用本法灭菌。

紫外线灯的灭菌作用与照射强度、时间和距离有关。一般在 $6\sim15m^3$ 的房间安装一只30W 紫外线灯，其高度离操作台面不超过 1.5m，被灭菌物离灯与台面的垂直点中心不超过 1.5m，相对湿度以 45%~60% 为宜，温度宜在 10~55℃，并必须保持紫外线灯管无尘、无油垢。紫外线对人体有一定的影响，照射时间过久能产生结膜炎、红斑及皮肤烧灼等现象。不同规格紫外线灯均有一定使用期限规定，一般为 3000h，故使用时应记录开启时间，并定期检查灭菌效果。

2. 辐射灭菌法

辐射灭菌法是以放射性同位素（^{60}Co 或 ^{137}Cs）放射的 γ 射线杀菌的方法。其特点是可不升高产品的温度，穿透力强，所以适用于不耐热食品的灭菌。但辐射灭菌设备费用高，某些食品经辐射后，存在营养成分如维生素等损失，辐射操作时还须有安全防护措施。

3. 微波灭菌法

微波灭菌法是指用微波照射产生热而杀灭微生物的方法。频率在 300MHz~300GHz 的微波，可被水吸收，进而水分子转动、摩擦而生热。其特点是低温、省时（2~3min）、常压、均匀、高效、保质期长、节约能源、不污染环境、操作简单、易维护，但存在灭菌不完全及劳动保护等问题。

（三）滤过除菌法

滤过除菌法是利用滤过方法除去活的或死的微生物的方法。常用的滤器有 G6 号垂熔玻璃漏斗、0.22μm 微孔滤膜等。为保证无菌，采用本法时，必须配合无菌操作法，并加抑菌剂；所用滤器及接受滤液的容器均必须经 121℃ 热压灭菌。

四、微生物的化学控制

（一）化学抑菌剂

食品加工中允许使用的化学抑菌剂主要为防腐剂。

1. 苯甲酸及其钠盐

苯甲酸及其钠盐在酸性食品中（pH 4.6 以下）能抑制酵母和霉菌生长，多用于果汁等酸性饮料和果酱，最高允许量不超过 0.1%。

2. 山梨酸及其钾盐或钠盐

山梨酸对细菌的作用较弱，尤其对梭状芽孢杆菌和乳酸菌的抑菌作用更差，在 pH 4.5 以下时，对酵母菌才显示出较好的抑菌效果，对霉菌却有较好的抑制效果。这类化合物一般适用于糕点、干果、果酱、果汁及其他无酒精饮料、腌菜等。食品中最高允许量为 0.1%。

3. 丙酸及其钙盐或钠盐

丙酸在酸性条件下抑制霉菌生长，对酵母无效。用于面包、糕点、干酪等制品的防霉。最高允许量为 0.32%。

4. 脱氢醋酸及其钠盐

脱氢醋酸及其钠盐杀菌效果随酸度的增高而加强，对微生物的抑菌作用比苯甲酸强，在 pH 6.0 时也有效，对梭状芽孢菌属和乳酸菌无抑菌作用。可应用于浓缩橘浆、清凉饮料、炼乳、面包等。在面包中使用 0.005%~0.0075% 时可维持 3~5d 内不发生霉变。

（二）化学杀菌及消毒剂

食品工业中经常用到的化学杀菌及消毒剂主要有以下几类。

1. 醇类

醇类是强烈的表面活性剂，乙醇杀菌作用在于使菌体蛋白脱水而变性，同时乙醇吸附于菌体表面有降低表面张力、改变细胞膜渗透性及原生质结构的作用，一般 70% 乙醇液作用最强。纯乙醇杀菌作用差的原因在于易使菌体蛋白质表面凝固，形成一个保护层，使乙醇不再渗透入内部。细菌的繁殖体对乙醇敏感，对芽孢则没有什么作用。其杀菌作用需较长时间，杀死金黄色葡萄球菌需 0.5h，杀死大肠杆菌需 6h。如加入稀酸或稀碱可增加乙醇的杀菌效能，70% 乙醇中含有 1% 硫酸可在 24h 内杀死枯草杆菌的芽孢，在有碘存在下也可以增加杀菌效能。醇的杀菌作用随着相对分子质量的增加而增强，杀菌效果丁醇>丙醇>乙醇，甲醇最差。

2. 氧化剂

（1）过氧化氢　是一种活泼的氧化剂，易分解为水与初生 [O]，3% 浓度只需几分钟可杀死一般细菌，0.1% 浓度 60min 可杀死大肠杆菌、伤寒沙门菌和金黄色葡萄球菌，1% 浓度需数小时才能杀死芽孢，若在 60℃，1min 内可杀死 50% 芽孢。过氧化氢是一种无毒的消毒剂，可用于食品的消毒。目前较普遍用于软包装饮料袋的消毒。

（2）过氧乙酸　是一种高效广谱杀菌剂，能迅速杀死细菌、酵母菌、霉菌和病毒，0.01% 浓度可杀死大肠杆菌、金黄色葡萄球菌，0.05%~0.5% 可杀死枯草杆菌、蜡样芽孢杆菌和嗜热脂肪芽孢杆菌。酵母菌和霉菌也可以在杀灭细菌繁殖体浓度下遭杀灭，以及杀死脊髓灰质炎病毒等病毒。过氧乙酸有较强的腐蚀性和刺激性，这使其使用范围受到限制，但是使用后几乎无残毒遗留。适用于各种塑料、玻璃制品、棉布、人造纤维、食品表面（如水果、蔬菜及鸡蛋表面）和地面墙壁等的消毒。供手浸洗消毒，只能用 0.5% 以下，才不会有刺激性。

（3）氯及漂白粉　氯能侵入细胞取代蛋白质氨基的氢使蛋白质变性，同时在水中又能生成次氯酸，次氯酸分解为盐酸和初生氧，破坏细胞质，有较强的杀菌作用。漂白粉含有次氯化钙 $Ca(ClO)_2$，在水中生成氯原子和次氯酸。常用于饮水和食品厂用具的消毒，5% 水溶液在 1h 内可杀死芽孢，有机质存在会影响杀菌效果。其反应式如下：

$$Ca(OCl)_2 + 2H_2O \longrightarrow Ca(OH)_2 + 2HClO$$

$$HClO \longrightarrow HCl + [O]$$

五、栅栏技术

栅栏技术（hurdle technology，HT）是在实际食品生产中，运用不同的栅栏因子，科学合理地组合起来，发挥其协同作用，从不同的侧面抑制引起食品腐败的微生物，形成对微生物的多靶攻击，从而保证食品的微生物安全性的一种综合抑菌技术。

食品要达到可贮性与卫生安全性，其内部必须存在能够阻止食品所含腐败菌和病原菌生长繁殖的因子，这些因子通过临时和永久性地打破微生物的内平衡，从而抑制微生物的致腐与产毒，保持食品品质。这些因子被称为栅栏因子（hurdle factor）。栅栏因子及其互作效应决定了食品的微生物稳定性，食品的货架期可通过两个或多个栅栏因子的相互作用而得以保证，即栅栏效应（hurdle effect）。栅栏效应是食品保存的有效手段。

食品中抑制微生物生长繁殖的栅栏因子如下。

1. 水分活度（A_w）

降低 A_w 是控制微生物的第一步。在食品的贮藏过程中，微生物的繁殖速度及微生物群的构成种类取决于 A_w 的水平，对孢子形成、发芽和毒素的产生程度也有直接的影响。

2. 温度

高温处理或低温冷藏可以杀灭微生物或抑制微生物的生长。高温处理能杀灭大多数微生物。但随着制冷技术的发展和人民生活水平的提高，冷藏保鲜已成为一种普遍接受和采用的技术，低温冷藏既能最大限度地保存食品中的营养素，又能有效地抑制微生物的生长繁殖。

3. 酸度（pH）

通过调节酸度可以抑制一些微生物的生长。当 pH 降低时大多数细菌的繁殖速度会减慢，当 pH 低于 5.0 时，绝大多数的微生物被抑制，只有一些特殊的微生物如乳酸菌可以繁殖。

4. 氧化还原电势（Eh）

大多数腐败菌均属于好氧菌，食品中含氧量的多少影响着其中残存微生物的生长代谢。因此可以通过 Eh 判定食品中氧存在的多少。食品中氧残存多，Eh 高，对食品的保存不利。反之 Eh 低，可以抑制需氧微生物的生长。

5. 添加防腐剂

有机酸的抑菌作用主要是因为其能透过细胞膜，进入细胞内部并发生解离，从而改变细胞内的电荷分布，导致细胞代谢紊乱或死亡。nisin 能够杀死或抑制革兰阳性菌，特别是对食品的主要腐败菌——梭状芽孢杆菌有效，阻止其孢子的萌发。同时，添加 nisin 后可大大降低灭菌温度和灭菌时间。此外，香辛料中含有杀菌、抑菌成分，将其组分作为天然防腐剂，既安全又有效。

6. 辐照

辐照包括紫外线照射、微波处理、放射线辐照等。所有种类的食品均可用 1MGy 或更小剂量进行辐射来避免食品被微生物和害虫破坏。如微波杀菌具有快速、节能，以及对食品的品质影响很小的特点。

7. 竞争性微生物或拮抗性微生物

竞争性或拮抗性微生物是指利用乳酸菌等有益微生物来抑制其他有害微生物的生长繁殖。

8. 压力

压力包括高压或低压。利用高压处理保鲜技术将肉类等普通食品经数千个大气压处理后，细菌就会被杀灭，而肉类等食品仍可保持原有的鲜度和风味。

9. 气调

气调主要用于食品的气调包装中。二氧化碳能抑制细菌和真菌的生长，特别是细菌繁殖的早期；同时，也可以抑制食品和微生物细胞中酶的活性，从而达到延长货架期的目的。氧气能防止厌氧微生物引起的食品腐败变质；氮气能起到防止氧化、酸败和霉菌生长的作用。

10. 包装

包装包括真空包装、活性包装、无菌包装、涂膜包装等。包装是隔绝污染的最有效的方法。

11. 物理加工法

物理加工法包括磁振动场、高频无线电、荧光灭活、超声波处理、射频能量、阻抗热处理、高电场脉冲等。

六、 预测微生物学

预测食品微生物学（predictive food microbiology）是结合微生物学、数学、统计学和计算机等学科，采用数学的方法描述微生物数量变化和外部环境因素之间的关系，并对微生物的生长动态情况做出预测。因此，为了确保食品安全性，科学家们通过引入预测食品微生物学理论对食品微生物进行量化和行为预测。它通过计算机软件进行病原菌和腐败菌生长模型以及在特定条件下产生污染物概率模型等的拟合。通过拟合模型快速判断食品内主要病原菌和腐败菌生长或残存的动态变化以及有害物含量的高低，从而依据标准对特定阶段食品的安全性作出快速评价。

微生物预测模型最早应用于食品贮藏阶段细菌生长模型。一般来说，微生物模型主要分为两类。初级模型是用来描述微生物在一定生长条件下其数量随时间的变化关系，如菌株生长、菌体的失活等。而二级模型在一级模型的基础上增加了环境因素，如温度、水分含量、pH 等因素，表征环境条件的改变如何影响菌株的萌发和生长。

1. 微生物生长初级模型

常用的一级模型主要有 Logistic 方程、Gompertz 模型、Baranyi&Roberts 模型、Boltzmann 模型、致死模型。

（1）Logistic 方程

$$y = \frac{a}{[1 + \exp(b - cx)]} \tag{6-5}$$

式中　a, b, c——数学参数；
　　　　x——时间，d 或 h；
　　　　y——菌落直径，mm。

（2）Gompertz 模型

$$y = a \cdot \exp[-\exp(b - cx)] \tag{6-6}$$

上式中两个模型中的参数（a, b, c）只是数学意义上的参数，并不具有生物学意义，不能直接用于微生物生长曲线的拟合。需要对其中的参数进行修改，使用具有生物学意义的参数如 λ，μ_m，A，来代替纯数学参数 a, b, c。

修正后的 Logistic 模型：

$$y = \frac{y_{\max}}{\left\{1 + \exp\left[\frac{4\mu_m}{y_{\max}}(\lambda - t) + 1\right]\right\}} \tag{6-7}$$

修正后的 Gompertz 模型：

$$y = y_{max}\exp\left\{-\exp\left[\frac{\mu_m e}{y_{max}}(\lambda - t) + 1\right]\right\} \tag{6-8}$$

式中 μ_m——最大比生长速率，mm/d 或 mm/h；

λ——迟滞期时间，d 或 h；

t——培养时间，d 或 h；

e——自然常数；

y_{max}——菌落最大直径，mm。

(3) Boltzmann 模型

$$Y = A_2 + \frac{A_1 - A_2}{1 + \exp\left(\frac{x - x_0}{dx}\right)} \tag{6-9}$$

式中 A_1——菌落最大直径，mm；

A_2——菌落直径，mm；

x——培养时间，d 或 h；

x_0——微生物菌落达到最大值的一半所需的培养时间，d 或 h；

dx——生长速率常数，s。

(4) Baranyi &Roberts 模型

$$y(t) = y_0 + \mu_{max}A - \ln\left\{1 + \frac{\exp(\mu_{max}A) - 1}{\exp(y_{max} - y_0)}\right\} \tag{6-10}$$

其中 $A = t + \left(\frac{1}{\mu_{max}}\right)\ln[\exp(\mu_{max}t) + \exp(-\mu_{max}\lambda) - \exp(\mu_{max}t - \mu_{max}\lambda)]$

式中 μ_{max}——最大比生长速率，mm/d 或 mm/h；

λ——迟滞期时间，d 或 h；

t——培养时间，d 或 h；

A——微生物数量最大值，CFU/g 或 CFU/mL；

y——微生物数量，CFU/g 或 CFU/mL。

(5) 致死模型　模拟温度高低或致死剂浓度对微生物群体致死处理模型时，使用经典的一级方程对孢子灭活建立模型：

$$\frac{dN}{dt} = -k_i N; \quad \ln N(t) - \ln N_0 = -k_i t \tag{6-11}$$

式中 N——孢子数，CFU/mL；

N_0——初始孢子数，CFU/mL；

$N(t)$——经过处理后孢子数，CFU/mL；

k_i——致死率，(min^{-1})。

2. 微生物生长二级模型

二级模型主要有 Ratkowsky 平方根模型、Arrhenius – Davey 模型、Rsso cardinal 模型、Polynomial 模型、Gamma Concept 模型。

(1) Ratkowsky 平方根模型　最初是为细菌开发的。

$$\sqrt{\mu_m} = b_2(T - T_{min2})\{1 + \exp[C_2(T + T_{max2})]\} \tag{6-12}$$

式中 μ_m——最大比生长速率，mm/d 或 mm/h；

T——环境温度,℃；

T_{min2}——最低生长温度,℃；

T_{max2}——最高生长温度,℃；

b_2、C_2——假定系数。

（2）修正的线性 Arrhenius-Davey 方程　最初用于描述温度对细菌生长的影响，Panagou 等人模拟温度、pH 和水分活度对从绿茶橄榄提取的红曲霉生长速度影响时，将该模型变量因素延伸到 pH 和水分活度。

$$\ln\mu_{max} = C_0 + C_1/T + C_2/T^2 \tag{6-13}$$

式中　　μ_m——最大比生长速率，mm/d，mm/h；

T——开氏温度，K；

C_0、C_1、C_2——三个参数。

（3）Rosso cardinal 模型　Rosso 等人在 1993 年提出了这个温度模型，它使用三个基本温度（T_{min}，T_{max}，T_{opt}），和最佳温度下的生长速率 μ_{opt}。该模型是在经验基础上建立的作为描述数据的工具，模型的一个很大的优点是所有参数都具有生理学意义，有利于对初始参数的估计。

$$\mu_R(T, A_w) = \mu_{opt} \cdot \tau(T) \cdot \rho(A_w) \tag{6-14}$$

$$\tau(T) = \left(\frac{(T - T_{min})^2 \cdot (T - T_{max})}{(T_{opt} - T_{min}) \cdot [(T_{opt} - T_{min})(T - T_{opt}) - (T_{opt} - T_{max})(T_{opt} + T_{min} - 2T)]}\right) \tag{6-15}$$

$$\rho(A_w) = \left(\frac{(A_w - A_{wmin})^2 \cdot (A_w - 1)}{(A_{wopt} - A_{wmin})[(A_{wopt} - A_{wmin})(A_w - A_{wopt}) - (A_{wopt} - 1)(A_{wopt} + A_{wmin} - 2A_w)]}\right) \tag{6-16}$$

式中　　μ_R——菌落径向生长速率，mm/d 或 mm/h；

μ_{opt}——最大比生长速率，mm/d 或 mm/h；

T——环境温度，℃；

T_{min}——菌株生长最低生长温度,℃；

T_{max}——菌株生长最高生长温度,℃；

T_{opt}——菌落直径达到最大值时对应的温度；℃；

A_{wopt}——菌落直径达到最大值时对应水分活度；

A_{wmin}——菌株生长最小水分活度；

A_{wmax}——记作 1，方便计算无特殊意义。

（4）Gibson 模型　Gibson 模型是第一个专门为霉菌开发的模型，Gibson 等人发现真菌生长速率的对数与 (1-A_w) 的平方根呈抛物线关系，所以将多项式模型应用于黄曲霉的生长。

$$\ln(\mu_{max}) = a_0 + a_1\sqrt{1 + A_w} + a_2(1 - A_w) \tag{6-17}$$

式中　　μ_{max}——最大比生长速率，mm/d 或 mm/h；

A_w——水分活度；

a_0、a_1、a_2——三个需要估计的参数。

Tassou 等人研究环境温度（25℃）和选定温度（45℃和55℃）下的高静水压力对火腿中金黄色葡萄球菌的灭活动力学建模，在 Gibson 模型中增加温度变量。

$$\ln(\mu_{max}) = a_0 + a_1\sqrt{1 - A_w} + a_2(1 - A_w) + a_3T + a_4T^2 + a_5T(1 - A_w) \tag{6-18}$$

a_0、a_1、a_2、a_3、a_4、a_5 为三个需要估计的参数。

（5）Gamma Concept 模型　Gamma Concept 模型由 Zwietering 等人提出，认为影响微生物生长速率的各种因素可以通过单独效应的乘积来组合。使用这种方法的优点是，对于确定影响生长速率每个变量，可以通过分离各种变量的影响来计算相对效应。这个模型有一般形式：

$$\gamma = \frac{\mu_{max}}{\mu_{opt}} = \gamma(T) * \gamma(pH) * \gamma(A_w) \tag{6-19}$$

式中　$\gamma(T)$、$\gamma(pH)$、$\gamma(A_w)$——确定温度，pH，水分活度对菌株生长的影响；

μ_{opt}——菌落径向生长速率，mm/d 或 mm/h；

μ_{max}——最大比生长速率，mm/d 或 mm/h；

T——环境温度，℃；

T_{min}——菌株生长最低生长温度，℃；

T_{max}——菌株生长最高生长温度，℃；

T_{opt}——菌落直径达到最大值时对应的温度，℃；

pH——环境酸碱度；

pH_{max}——菌株生长最高 pH；

pH_{min}——菌株生长最低 pH；

pH_{opt}——菌落直径达到最大值时对应的 pH；

A_w——水分活度；

A_{wmin}——菌株生长最小水分活度。

其中给定变量的相对影响可以通过该变量的 gamma 因子来描述：

$$\gamma(T) = \left(\frac{T - T_{min}}{T_{opt} - T_{min}}\right) \tag{6-20}$$

$$\gamma(pH) = \frac{(pH - pH_{min})(pH_{max} - pH)}{(pH_{opt} - pH_{min})(pH_{max} - pH_{opt})} \tag{6-21}$$

$$\gamma(A_w) = \frac{(A_w - A_{wmin})}{(1 - A_{wmin})} \tag{6-22}$$

习　题

一、名词解释

1. 生长　2. 繁殖　3. 同步生长　4. 连续培养　5. 连续发酵　6. 恒浊器　7. 恒化器　8. 专性好氧菌　9. 兼性厌氧菌　10. SOD　11. CFU　12. 代时　13. 消毒和防腐　14. D 值和 Z 值　15. MIC　16. 胖听　17. 商业灭菌　18. LD_{50}　19. 栅栏技术　20. 腐败和酸败　21. 平酸败坏

二、填空题

1. 根据微生物生长对温度的要求，微生物可以分为（　　）、（　　）、（　　）三种生理类型。

2. 根据食品的pH范围分，一般pH在（　　）以下者为酸性食品，在此pH以上者为非酸性食品，其中（　　）相对更容易发生微生物腐败。

3. 牛乳消毒用的超高温瞬时消毒法是在120~140℃下保持时间为（　　）；实验室中常用的加压蒸汽灭菌法是将器材或物料放在灭菌锅内121℃维持时间为（　　）；干热灭菌是利用高温时微生物细胞内的（　　）而达到灭菌的目的。

4. 蔬菜加盐腌制得以保藏是因为（　　）、（　　）、（　　）。

5. 果蔬的腐败常由（　　）等菌引起，是因为（　　）。

三、判断题

1. 专性好氧菌以分子氧为最终氢受体，具有超氧化物歧化酶和过氧化氢酶。（　　）
2. 微生物生长的最适pH与合成某种代谢产物的pH是一致的。（　　）
3. 同种微生物生长的最适温度与积累代谢产物的最适温度一定相同。（　　）
4. 防腐一般指采用较温和的方法杀灭有害的病原菌生长的方法。（　　）
5. 干热灭菌相对湿热灭菌达到相同的灭菌效果采用的温度高、时间短。（　　）
6. 罐头食品等的灭菌一般达到商业无菌就可以。（　　）
7. 间歇灭菌不能够达到完全灭菌的目的。（　　）
8. 紫外线表面杀菌力强，而穿透力弱。（　　）
9. 常用的高压蒸汽灭菌，是由于灭菌压力高，而迅速达到灭菌的效果。（　　）
10. 为了保持严格的无菌条件，在进行微生物方面的操作时必须打开紫外灯。（　　）

四、选择题

1. 下列微生物形式耐温顺序正确的是（　　）。
  A. 营养体>孢子>芽孢　　　　B. 芽孢>孢子>营养体
  C. 孢子>营养体>芽孢　　　　D. 芽孢>营养体>孢子
2. 常用消毒酒精的浓度为（　　）。
  A. 95%　　　　B. 75%　　　　C. 55%　　　　D. 35%
3. 能抑制病毒生长和成熟的物质是（　　）。
  A. 抗生素　　　B. 干扰素　　　C. 制霉菌素　　　D. 青霉素
4. 鲜乳室温储存期间，由于微生物的活动将使乳中pH变化（　　）。
  A. 先下降，后上升　　　　　　B. 先上升，后下降
  C. 先上升，后下降，再上升　　D. 不变
5. 果汁、牛乳常用的灭菌方法为（　　）。
  A. 巴氏消毒　　　B. 干热灭菌　　　C. 间歇灭菌　　　D. 高压蒸汽灭菌

五、问答题

1. 试述单细胞微生物的典型生长曲线可分为几期，及其划分的依据。
2. 对数生长期的特点有哪些？处于此期的微生物有何实际应用？
3. 试举1~2例，说明典型生长曲线在实际工作中的应用，并拟出具体的试验步骤。
4. 常用测定微生物生长量的方法有几种？试比较其优缺点。

5. 表示微生物生长量的生理指标有哪些？

6. 什么叫同步生长，如何使微生物达到同步生长？

7. 恒浊器和恒化器连续培养的细菌生长速率的特点有何异同？为什么？它们各有哪些不同的应用范围？

8. 温度、pH 等因子对微生物生长的影响最主要的机制是什么？

9. 微生物的最适生长温度是什么？温度对同一微生物的生长速度、生长量、代谢速度、代谢产物累积量的影响是否相同？研究它有何实践意义？

10. 微生物在生长的过程中，引起 pH 改变的原因有哪些？举例说明微生物最适生长 pH 与最适发酵 pH 是否一致。

11. 说明控制微生物生长繁殖的主要方法及原理。

12. 简述测定微生物生长的意义、微生物生长测定方法的原理，并比较各种测定方法的优缺点。

13. 控制微生物生长繁殖的主要方法及原理有哪些？

14. 什么是食品的腐败变质？导致食品变质的微生物种类有哪些？

15. 微生物引起食品腐败变质的环境条件有哪些？

16. 简述食品中蛋白质、脂肪、碳水化合物分解变质的主要化学过程。

17. 常见的物理灭菌方法有哪些？请简要叙述其原理。

18. 常用的化学灭菌方法有哪些？其优缺点是什么？

19. 什么是栅栏技术？栅栏因子包括哪些？

20. 什么是预测微生物学？

21. 预测微生物学的模型如何分类？分别包含哪些模型？

CHAPTER 7

第七章

食品微生物的遗传与育种

[学习目的与要求]

1. 掌握基因突变的类型、特点及突变机制。
2. 了解原核生物与真核生物基因重组的不同方式。
3. 掌握微生物诱变育种与杂交育种的基本原理及基本方法。
4. 能正确分析微生物发生菌种衰退的原因并掌握菌种复壮的方法。
5. 理解菌种保藏的原理,掌握常用的菌种保藏方法和措施。

[学习重点与难点]

1. 重点是学习食品微生物遗传与菌种选育相关的基本概念及基本原理。
2. 难点是原核生物与真核生物基因重组的不同方式。

遗传(heredity)是包括微生物在内的一切生物体的最基本属性。微生物通过繁殖延续后代,使亲代与子代之间在形态、构造、生理生化和生态特征等方面具有一定的相似性,这就是微生物的遗传。遗传可以使微生物的性状保持相对稳定,且能够代代相传,使微生物的种属得以保存和延续。

遗传并不是一成不变的,微生物在繁殖的过程中,在一定的内因或外因作用下,其遗传物质的结构或数量会发生某些变化(即遗传性发生改变),使微生物的世代之间以及同代个体之间存在或多或少的差异,这种现象称为变异(variation)。变异可以是由遗传物质的改变所引起的遗传性变异,也可以是由环境因素导致的非遗传性变异。遗传性变异其基因结构发生了不可逆改变,可遗传给后代;非遗传性变异其基因结构未发生变化,可逆,具有不可遗传性。

微生物的遗传性和变异性是微生物生存和进化的基础。微生物的形态、结构、新陈代谢、抗原性、毒力以及对药物的敏感性等均是由微生物的遗传物质(DNA或RNA)所决定的,并受到环境条件的影响。在一定的培养条件下,这些性状在亲代与子代之间表现相同,即表现出遗传性。遗传使微生物保持种属的相对稳定性。由于微生物世代时间较短，且易受外界环境因素的影响，所以微生物菌种易发生变异。基因型变异使微生物产生变种与新种，有利于微生物的生存及进化。正是由于微生物的遗传和变异相互促进，相互制约，才推动了微生物不断的进化和发展。

我国地域辽阔，环境类型与条件多样而复杂，微生物资源极其丰富。了解和掌握微生物遗传变异的特性，将遗传变异的理论知识应用于食品微生物菌种的选育、保藏，能够使其更好地发挥有益作用，为人类提供更安全、更健康、更营养的食品。

第一节 基因突变和诱变育种

从自然界分离到的任何微生物即为野生型（wild type），其 DNA 中碱基及其顺序的改变称为突变（mutant）。突变包括基因突变和染色体畸变。

基因突变（gene mutation）是指构成基因碱基对的组成和排列顺序发生了改变。因其仅涉及 DNA 分子中一个基因中一对或少数几对碱基的改变，所以又称点突变（point mutation）。

染色体畸变（chromosomal aberration）又称染色体突变（chromosome mutation），是指染色体结构和数目的改变。染色体畸变涉及多个基因的改变。

染色体畸变往往是致死突变，所以对微生物突变类型的研究主要集中在基因突变方面。对微生物而言，重组等外源遗传物质整合而引起 DNA 的改变，不属于突变的范围。

一、基因突变

（一）基因突变的类型

根据不同的分类标准，基因突变可以分成不同的类型（表 7-1）。

表 7-1　　　　　　　　基因突变的不同类型及主要特征

分类依据	类型	主要特征
基因突变发生的原因不同	自发突变型	自然条件下发生
	诱发突变型	人为干预
基因结构改变的方式不同	碱基置换突变型	一个碱基对被另一个不同的碱基对所取代
	移码突变型	碱基对的排列顺序发生改变
	重组突变型	基因之间发生交换重组，产生不同于原来的 DNA 分子序列
基因突变的结果不同	同义突变型	氨基酸的种类及蛋白质的结构和功能都未发生改变
	中性突变型	氨基酸的种类发生改变，但蛋白质的功能未发生改变
	错义突变型	氨基酸种类发生改变，且蛋白质功能异常

续表

分类依据	类型	主要特征
基因突变的结果不同	无义突变型	翻译过程提前终止，蛋白质大多失去活性或功能异常
	终止密码突变型	形成了延长的异常肽链
	抑制突变型	tRNA 基因的突变抑制了 mRNA 上突变基因的表达，蛋白质功能正常
基因突变引起表型不同	形态突变型	细胞或菌落形态发生改变
	生化突变型	代谢途径发生改变
	致死突变型	基因突变而造成个体死亡
	条件致死突变型	仅在特定条件下才呈现致死效应

1. 根据基因突变发生的原因分类

（1）自发突变型　在自然条件下发生的突变。

（2）诱发突变型　人为利用物理因素或化学诱变剂等因素诱发的突变。

2. 根据基因结构改变方式的不同分类

（1）碱基置换突变型　指 DNA 分子中的一个碱基对被另一个不同的碱基对所取代而引起的突变。

（2）移码突变型　是指 DNA 片段中某一位点增加或减少一个或几个（非 3 或 3 的倍数）碱基对时，造成碱基对的排列顺序发生改变所引起的突变。

（3）重组突变型　位于不同 DNA 分子上的基因间发生交换重组，产生不同于原来的 DNA 分子序列，从而导致多种突变体的出现。

3. 根据基因突变的结果分类

（1）同义突变型　由于密码子的简并性，基因中碱基的置换并不改变它所在位置密码子编码的氨基酸种类，最终得到的蛋白质的结构和功能都没有发生改变。

（2）中性突变型　基因中某碱基发生置换后改变了 mRNA 上的密码子，编码产生新的氨基酸取代了原来的氨基酸，但是取代的氨基酸并未改变或影响蛋白质的功能，这种突变称为中性突变。

（3）错义突变型　基因中某碱基发生置换后改变了 mRNA 上的密码子，从而导致合成的多肽链中一个氨基酸被另一个氨基酸所取代，且蛋白质功能异常，称为错义突变。

（4）无义突变型　基因中某碱基置换导致 mRNA 中产生了无义密码子或终止密码子（UAG，UAA，UGA）时，翻译合成多肽链的过程将提前终止，所产生的蛋白质大多失去活性或丧失正常功能，这种突变称为无义突变。

（5）终止密码突变型　当 DNA 分子中一个终止密码子发生突变成为编码氨基酸的密码子时，多肽链的合成将继续进行，肽链延长直到遇到下一个终止密码子时才停止，从而形成了延长的异常肽链，这种突变称为终止密码突变。

（6）抑制突变型　基因中某碱基置换改变了 mRNA 上的密码子，但这种突变正好被

tRNA 的基因突变所纠正，结果使突变基因的最终产物蛋白质并未发生改变。这种由于 tRNA 基因的突变，在翻译过程中抑制了 mRNA 上的突变基因的表达，称为抑制突变。

4. 根据基因突变引起的表型分类

（1）形态突变型　是指细胞或菌落形态发生改变的那些突变型。如细菌的鞭毛、芽孢或荚膜的变化，菌落的大小、形态或颜色的变化等。

（2）生化突变型　是指一类发生代谢途径变化但没有明显形态变化的突变类型。生化突变型依据不同的代谢途径又可以分为以下不同的类型。

①营养缺陷型：是指一类重要的生化突变型，由基因突变而引起微生物代谢过程中某种酶的合成能力的丧失，而必须在原有培养基中添加相应的营养成分才能正常生长的突变型。营养缺陷型菌株由于某些酶的缺失导致细胞所需要的代谢产物无法合成，造成了这些物质的缺乏（又称此菌株为某物的营养缺陷型），所以在这种营养缺陷型菌株的生长过程中，需加入一定量的这种缺陷物（又称必需生产因子）。经过数代的人工培育，这种某种营养缺陷的性状就被后代保留。由于营养缺陷型菌株代谢过程中的某些合成反应不能进行，所以其可以生产出许多正常菌株无法生产的中间代谢产物，在科研和生产实践中有着重要的应用。

②抗性突变型：是指一类能抵抗有害理化因素的生化突变型。根据其抵抗的对象可分为抗药性、抗紫外线或抗噬菌体等突变类型。

③抗原突变型：指细胞成分尤其是细胞表面成分（细胞壁、荚膜、鞭毛等）的细微变异而引起抗原性变化的突变型。

④毒力突变型等其他生化突变型。

（3）致死突变型　由于基因突变而造成个体死亡的突变类型，称为致死突变型。

（4）条件致死突变型　指在某一特定条件下呈现致死效应，而在另一许可条件下却不表现致死效应的突变类型。

（二）基因突变的特点

（1）自发性　由于外界自然环境因素的影响和微生物内在的生理生化特点，在没有人为诱发因素的情况下，各种遗传性状的改变可以自发地发生。

（2）不对应性　即突变后表现的性状与引起突变的原因间没有直接的对应关系。

（3）稀有性　自发突变虽然不可避免，并可能随时发生，但其突变的频率（突变率）是极低的，一般在 $10^{-10} \sim 10^{-6}$。

（4）独立性　突变的发生对于微生物细胞和基因都是随机的，某一基因的突变和其他突变互不干扰。

（5）可逆性　野生型基因经过突变成为突变型基因的过程称为正向突变。正向突变的稀有性说明野生型基因是一个比较稳定的结构。突变基因又可以通过突变而成为野生型基因，这一过程称为回复突变。任何性状既可正向突变，也可发生回复突变。

（6）多害少利性　一般基因突变是有害的，但是极少数的突变是有益突变。

（7）可诱变性　通过各种物理、化学诱发因素的作用，可以提高突变率。

（三）基因突变的机制

基因突变中碱基变化引起遗传信息的改变既可以在自然条件下自发地发生，也可以人为地利用物理、化学因素诱导发生，但无论是自发突变还是诱发突变，其基因突变的本质是 DNA 分子的结构发生了改变。DNA 分子结构的改变主要有以下 3 种类型，见图 7-1。

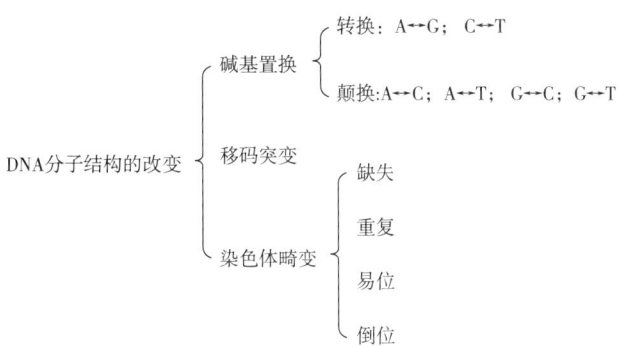

图 7-1　DNA 分子结构改变的类型

1. 碱基置换

碱基置换（substitution）包括转换和颠换。转换是指 DNA 链中的一个嘌呤被另一个嘌呤或是一个嘧啶被另一个嘧啶所置换。颠换是指一个嘌呤被一个嘧啶或一个嘧啶被一个嘌呤所置换。碱基置换的结果只是影响到一个基因的变异甚至不变，对 DNA 来说属于一种微小的损伤，是一种点突变。

对某一诱变剂来说，既可以同时引起转换和颠换，也可以只具有其中的一种功能。

2. 移码突变

移码突变（frame shift mutation）是指诱变剂使 DNA 分子中的一个或少数几个核苷酸发生增添或缺失，从而使该部位后面的全部遗传密码发生转录和转译错误的一类突变。与染色体畸变相比，移码突变也只是 DNA 分子的微小损伤，也属于点突变。

3. 染色体畸变

染色体畸变（chromosomal aberration）是染色体较大的损伤，如染色体数量的变化和染色体结构上的缺失、重复、易位、倒位等改变。染色体畸变可以发生在染色体内或染色体间。

（1）缺失　是指染色体部分片段丢失。

（2）重复　在一对同源染色体的不同部位上各有一个断裂点，一条染色体的断片接到另一条染色体的相应部位，结果使后者发生重复。

（3）易位　若易位发生在同一条染色体上，是指断裂下来的一小段染色体再顺向或逆向地插入到同一染色体的其他部位上。若易位发生在染色体间，则指两条非同源染色体同时发生断裂，断片相互交换位置后重接，形成易位。

（4）倒位　是指断裂下来的一段染色体旋转 180° 后，重新插入到原来染色体的位置上，从而使其基因顺序与原基因顺序方向相反。

许多理化诱变剂的诱变作用都不是单一功能的，能同时诱发 DNA 多种损伤。例如，亚硝酸既能引起碱基的转换作用，又能诱发染色体的畸变。

二、诱变育种

（一）基因突变的诱发因素

1. 外界诱发因素

自然环境或人工条件下的物理和化学因素是微生物基因突变的重要诱发因素。

凡能提高突变率的任何因素都可以称为诱变剂。而诱变是指通过人为的方法，利用物理、化学或生物因素显著提高基因自发突变频率的手段。

（1）物理诱变剂　物理诱变剂包括非电离辐射的紫外线、激光和离子束，还有能引起电离辐射的X射线、α射线、β射线、γ射线和超声波等物理辐射以及热处理等。其中，非电离辐射的紫外线是最常用的物理诱变剂。

（2）化学诱变剂

①碱基类似物：是与DNA正常碱基结构相类似的化合物，能在DNA复制时取代正常的碱基，掺入并与互补碱基配对。如5-溴尿嘧啶和2-腺嘌呤，都能引起A-T碱基对转换为G-C碱基对。

②嵌入染料：如吖啶类染料、溴化乙锭等。

③亚硝基化合物：亚硝酸、亚硝基胍等都能使嘌呤或嘧啶脱氨。

④叠氮化钠：一种呼吸抑制剂，能引起基因突变，可获得较高的突变频率，无残毒。

⑤烷化剂：通过与核苷酸中的磷酸、嘧啶和嘌呤碱基等分子直接反应来诱发突变。

2. 细胞内的诱发因素

生物体细胞的代谢活动会产生一些诱变物质，如过氧化氢、咖啡因和重氮丝氨酸等，它们都是引起自发突变的内源性诱变剂。

（二）诱变育种

诱变育种是指利用物理或化学诱变剂处理均匀而分散的微生物细胞群，促进其突变率显著提高，然后采用简便、快速和高效的筛选方法，从中挑选少数符合育种目的的突变株，以供工业生产或科学实验之用。诱变育种是国内外提高菌种产量和性能的主要手段。

1. 诱变育种的诱变方法

目前，诱变育种的诱变方法有物理诱变、化学诱变、复合诱变和空间技术诱变四种方法。

较为简单的处理方法是采用单一的物理或化学因素诱变处理材料。但实践证明复合诱变具有协同效应，其诱变效果更好。

空间技术诱变又称航天诱变育种，是将供试诱变材料搭乘返回式卫星或宇宙飞船，送到距离地球200~400km的太空，利用空间宇宙产生的强辐射，在高真空、微重力和交变磁场等特殊环境中进行的诱变处理，返回地面后继续采用常规育种技术，从中选育出新品种。因此，航天诱变育种技术是将航天技术、生物技术和育种技术相结合，使供试材料产生有利变异的一种新型育种技术。

2. 诱变育种的筛选方法

诱变处理后，微生物群体中会出现各种突变型个体，但其中绝大部分是负突变株。因此，要想得到产量显著提高的正突变株，就要求设计高效率的筛选方案和采取适当的筛选策略。

在筛选工作中，应分为初筛和复筛两个阶段，通过初筛首先确定一个较大的菌株数量，再通过复筛，精确测定菌株的各项数据，缩小筛选范围。

初筛一般在培养皿平板上进行。利用在平板上的生化反应进行筛选，如变色圈、透明圈、抑制圈等，其优点是快速简便，工作量小，结果直观性强，符合初筛的大批量要求。

复筛一般是将微生物接种在三角瓶内的培养液中做摇瓶培养，然后再对培养液进行分析测定。在摇瓶培养条件下，微生物在培养液内分布均匀，既能满足丰富的营养，又能使好氧微生物获得充足的氧气，能充分排出代谢产物，与发酵罐的条件较为接近，所测得的数据也更具有实际意义。

3. 诱变育种

诱变育种的基本步骤见图 7-2。

(1) 出发菌株的选择　用来进行诱变或基因重组育种处理的起始菌株称为出发菌株。在诱变育种中，出发菌株的选择会直接影响到最后的诱变效果，因此必须对出发菌种的产量、形态、生理等方面有相当的了解，挑选出对诱变剂敏感性强、变异幅度广、产量高以及生命力强的出发菌株。

(2) 单细胞、单孢子悬液的制备　采用对数期细胞或成熟而新鲜的孢子制成适宜浓度的单细胞或单孢子悬液。

(3) 诱变剂的选择和处理　确定简便有效的诱变剂。使用化学诱变剂主要是调节浓度、处理时间和温度、pH 等处理条件。而物理诱变剂主要是控制照射距离、时间和照射过程中的氧气、水分等条件。同一诱变剂可以重复使用多次，但在实际生产中往往采用两种或多种诱变剂同时使用的方法以增加诱变剂的协同效应。

(4) 中间培养　对刚经诱变处理的菌株，有一个微生物学性状表现迟滞的过程，尽管菌株的基因型已经发生突变，但细胞内决定性状表现的相关分子如性状相关酶和蛋白等依然存在并在性状决定上发挥作用，需要经过三代以上的繁殖

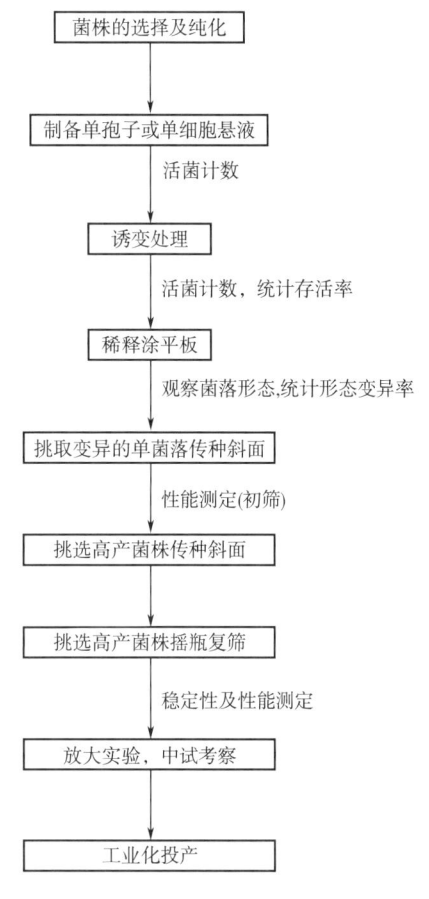

图 7-2　诱变育种的基本步骤

才能将突变性状表现出来。因此，诱变处理后，细胞在液体培养基中应该培养几个小时，使细胞的遗传物质复制、繁殖三代以上，以得到纯的变异细胞，使稳定的变异显现出来。

(5) 分离和筛选　经过中间培养，分离出大量的较纯的单个菌落，接着要从这几千万个菌落中要筛选出所谓性能良好的正突变株，往往要花费巨大的人力和物力。因此，要选择最经济、便捷的筛选方法，如利用形态突变直接淘汰低产突变菌株或利用平皿中的反应直接挑取高产变异菌株等。

第二节　基因重组和杂交育种

基因重组（gene recombination）是指将两个具有不同性状的生物细胞中的遗传基因转移

到一起，经过遗传物质的重新组合，形成新遗传型个体的方式。基因重组是遗传的基本现象，病毒、原核微生物和真核微生物都存在基因重组的现象（表7-2）。基因重组的特点是双 DNA 链间进行物质交换。

表7-2　　　　　　　　　　　微生物基因重组类型的比较

类型	重组基因的来源	存在范围
转化	供体菌的游离 DNA 片段	原核微生物和少数真核微生物中普遍存在
转导	噬菌体携带的 DNA	细菌中普遍存在
接合	F 因子	大肠杆菌及其他部分细菌
溶原转换	完整噬菌体	部分细菌、放线菌及少数真核微生物
原生质体融合	融合亲本细胞的遗传物质	非常广泛，原核生物如细菌和放线菌，真核微生物如酵母菌、霉菌和蕈菌等
有性杂交	性细胞	能产生有性孢子的酵母菌和霉菌
准性生殖	体细胞	不具有典型有性生殖的酵母和霉菌

一、原核微生物的基因重组

在原核微生物中，基因重组主要有转化、转导、接合、溶原性转换和原生质体融合五种形式。

（一）转化

转化（transformation）是细菌中最早被发现的遗传物质转移形式，它是指受体细胞直接吸收了来自供体细胞的 DNA 片段，并把它整合到自己的基因组中，从而获得了供体细胞部分遗传性状的现象。转化一般只发生在同一物种或近缘物种之间。转化在原核微生物中是一种比较普遍的现象，但在酵母、粗糙链孢霉（Neurospora crassa）和黑曲霉等真核微生物中也发现了转化现象。受体菌只有处于感受态时，才能吸收外源 DNA 实现转化。感受态是指受体细胞最容易接受外源 DNA 片段并实现转化的一种生理状态。凡是能吸收外来的 DNA 片段，并把它整合到自己的染色体组上以实现转化的受体细胞，都称为感受态细胞。细胞感受态的出现与其遗传特性、生理状态及培养环境等因素有关。目前已经可以采用 $CaCl_2$ 处理或电穿孔处理等技术使受体细胞处于一种可以摄取外来 DNA 的"人工感受态"来制备感受态细胞进行人工转化，以提高转化的效率。

影响转化效率的因素包括：受体细胞的感受态，它决定了转化因子能否被吸收进入受体细胞；受体细胞的限制酶系统和其他核酸酶，它们决定了转化因子在整合前是否被分解；受体和供体染色体的同源性，它决定了转化因子的整合。

（二）转导

转导（transduction）是通过完全缺陷或部分缺陷的噬菌体为媒介，把供体细胞的 DNA 片段携带到受体细胞中，通过交换与整合，从而使后者获得前者部分遗传性状的现象。由于绝大多数细菌都有一种或更多种的噬菌体，因而转导作用比转化更为普遍。

携带供体部分遗传物质（DNA 片段）的噬菌体称为转导噬菌体。转导噬菌体包括完全缺陷型噬菌体和部分缺陷型噬菌体两种。在噬菌体内仅含有供体细胞 DNA 的称为完全缺陷型噬菌体；在噬菌体内同时含有供体细胞 DNA 和噬菌体 DNA 的（即部分噬菌体 DNA 被供体细胞 DNA 所替换）称为部分缺陷型噬菌体。根据噬菌体转导供体细胞基因的差异，可将转导分为普遍性转导和局限性转导。

通过完全缺陷型噬菌体可将供体宿主细菌的任何基因传递到受体宿主细胞中，这种转导称为普遍性转导。根据噬菌体转导的供体细胞 DNA 片段（称为转导 DNA）是否整合到受体细胞染色体上，又可将普遍性转导分为完全转导和流产转导。完全缺陷型噬菌体将转导 DNA 转入到受体菌细胞内后，如果转导 DNA 与受体菌 DNA 进行重组并复制，称为完全转导。反之，如果转导 DNA 不能与受体菌 DNA 进行重组并复制，其上的基因仅经过转录而得到了表达，则称为流产转导。

局限性转导指部分缺陷型噬菌体只能传递供体菌染色体上原噬菌体整合位置附近基因的传导。

（三）接合

接合（conjugation）是指供体菌和受体菌完整细胞间直接接触而实现大片段 DNA 传递的现象。接合现象研究得最清楚的是大肠杆菌。大肠杆菌中存在一种决定性别的质粒，称为 F 因子。F 因子是一种存在于细菌染色体外的小型独立的环状 DNA 分子，它具有控制自我复制和转移到其他细胞中的能力。

雌性细菌中不含 F 因子，称为 F^- 菌株。雄性细菌含有 F 因子，根据 F 因子在细胞中存在的不同方式而有不同的分类。F^+ 菌株是指 F 因子以游离状态存在，可独立于染色体之外进行自主复制的一类菌株。高频重组菌株（Hfr 菌株）是指 F 因子整合在宿主染色体的一定部位，并与宿主染色体同步复制的一类菌株。此外，由于 F 因子整合到细胞核 DNA 上是一种可逆的过程，当 F 因子从上面脱落时，会携带一小段细胞核 DNA，这时的 F 因子称为 F′ 因子。三种不同状态的雄性菌株与雌性菌株接合时，分别表现出不同的接合结果。

（四）溶原性转换

溶原性转换是指温和噬菌体感染细胞后使之发生溶原化，因噬菌体的基因整合到宿主染色体上，而使后者获得新性状的现象。这是一种与转导相似但又有着本质不同的遗传物质传递方式。例如，白喉棒状杆菌（*Corynebacterium diphtheriae*）不产白喉毒素的菌株在受到 β 温和噬菌体感染而发生溶原化时会转变具有形成白喉毒素的能力。某些特定噬菌体与肉毒梭菌、沙门菌、链霉菌等细菌间也会发生溶原性转换，与毒素形成、抗原结构变异和抗生素合成等性质有关。

（五）原生质体融合

原生质体融合是将具有不同遗传性状的同种或异种亲本微生物的原生质体在高渗溶液下混合，在物理或化学或生物促融条件下，双亲的原生质体发生相互凝集，通过细胞质融合、细胞核融合，而后发生遗传物质的交换、重组，进而可以在适宜的条件下再生出细胞壁，获得兼具亲本微生物性状重组子的过程。原生质体融合广泛存在于不同类型的微生物中，包括原核生物中的细菌和放线菌，真核微生物中的酵母菌、霉菌和蕈菌等。

原生质体融合的优越性在于：①它打破了微生物的种属界限，可以实现远缘菌株的基因重组；②原生质融合可使遗传物质传递更为完整、获得更多基因重组体的机会，有利于提高育种效率。

原生质体融合育种的主要步骤包括：标记菌株的筛选和稳定性验证，原生质体制备，等量原生质体加聚乙二醇促进融合，涂布于再生培养基，再生出菌落，选择性培养基上划线培养、分离验证、挑取融合子进一步试验保藏，生产性能筛选。

二、真核微生物的基因重组

在真核微生物中，基因重组主要有有性杂交、准性杂交、原生质体融合和遗传转化等形式。由于后两种形式与原核生物中的相应内容基本相同，故此处仅介绍有性杂交和准性杂交。

（一）有性杂交

有性杂交是指在微生物的有性繁殖过程中，两个性细胞相互结合，通过质配、核配后形成双倍体的合子，随后合子进行减数分裂，部分染色体可能发生交换而进行随机分配，由此产生重组染色体及新的遗传型，并把遗传性状按一定的规律遗传给后代的过程。凡能产生有性孢子的酵母菌或霉菌，都能进行有性杂交。

（二）准性杂交

准性杂交是丝状真菌，尤其是不产生有性孢子的丝状真菌特有的遗传现象。它是一种类似于有性杂交但比其更原始的生殖方式。准性杂交可使同一种生物的不同来源的体细胞经融合后，不经过减数分裂和接合的交替，不产生有性孢子和特殊的囊器，仅导致低频率的基因重组。准性杂交与有性杂交最大的区别在于准性杂交不经过减数分裂、不产生有性孢子，其主要过程一般包括菌丝联结、异核体的形成、杂合二倍体的形成以及体细胞交换与单倍体化四个阶段。

三、杂交育种

杂交育种是利用两个或多个遗传性状差异较大的菌株，通过有性杂交、准性杂交、原生质体融合和遗传转化等方式，从而导致菌株间的基因重组，把亲代的优良性状集中在后代中的一种育种技术。

通过杂交育种可以实现不同遗传性状菌株间的杂交，使遗传物质进行交换和重新组合，改变亲株的遗传物质基础，扩大变异范围，获得新的品种。同时，杂交育种不仅可以克服因长期诱变造成的菌株活力下降，代谢缓慢等缺陷，也可以提高对诱变剂的敏感性，降低对诱变剂的"疲劳"效应。

微生物杂交育种所使用的配对的菌株称为直接亲本，为了便于筛选，往往使亲本菌株带上一定的遗传标记，最常用的有颜色、营养要求和抗药性标记等，其中营养缺陷型是最常用的遗传标记之一。

（一）有性杂交育种

有性杂交育种一般是把来自不同亲本、不同性别的单倍体细胞通过离心等方式使之密集地接触，这样就有更多的机会出现双倍体的有性杂交后代。在这些双倍体杂交子代中，通过筛选，就有可能得到具优良性状的杂种。

（二）准性杂交育种

准性生殖为一些没有有性繁殖过程但有生产价值的半知菌及其他微生物的育种提供了重要的手段。准性杂交的方式主要有接合、转化和转导，其局限性在于等位基因的不亲和性。

霉菌中的酱油曲霉、黑曲霉已经采用准性杂交育种的方法获得了优良菌株。

（三）原生质体育种

原生质体育种技术主要有原生质体融合、原生质体转化和原生质体诱变等技术。原生质体融合育种是基因重组的一种重要方法，目前已成为一种重要的微生物育种手段。

四、微生物的菌种驯化

菌种驯化是指通过创造人为环境条件等人工方法使某种微生物逐步适应某一条件，使微生物某一性状如环境耐受能力、生产性能、致病性等向人类需要的方向转化的定向微生物菌种选育方法。通过菌种驯化可以取得具有较高耐受力及活力的菌株。

五、基因工程菌株的构建

（一）基因工程

基因工程是指人们利用分子生物学的理论和技术，自觉设计、操纵、改造和重建细胞的遗传核心——基因组，从而使生物体的遗传性状发生定向变异，以最大限度地满足人类活动的需要。这是一种自觉的、可人为操纵的体外 DNA 重组技术，是一种可达到超远缘杂交的育种技术，更是一种前景广阔、正在迅速发展并得到广泛应用的定向育种新技术。

（二）基因工程的操作和基因工程菌的构建

基本操作包括目的基因（即外源基因或供体基因）的取得，载体系统的选择，目的基因与载体重组的构建，重组载体导入受体细胞，"工程菌"或"工程细胞株"的表达、检测以及实验室和一系列生产性试验等。

1. 目的基因的取得

取得具生产意义的目的基因主要有 3 条途径：①从适当的供体生物包括微生物、动物或植物中提取；②通过逆转录酶的作用，由 mRNA 合成 cDNA；③由化学合成方法合成有特定功能的目的基因。

2. 优良载体的选择

优良的载体必须具备几个条件：①是一个相对分子质量较小、结构清楚、具自我复制能力的复制子；②能在受体细胞内大量扩增；③载体上最好只有一个限制性核酸内切酶的切口，使目的基因能固定地整合到载体 DNA 的一定位置上；④其上必须有一种选择性遗传标记，以便及时高效地选择出"工程菌"或"工程细胞"。

涉及食用微生物的基因工程，宜选择食品级的表达载体和系统。目前，分子克隆的载体系统大多是以抗生素抗性作为选择标记，而抗性基因容易向环境中漂移扩散，导致微生物抗药性的广泛传播，其细胞和产物也不能直接应用于食品。乳酸菌作为益生菌的主要来源，具有长久的安全食用历史，一般是被公认为安全（generally recognized as safe，GRAS）的食品级微生物，它的应用也是和食品密切相关。随着人们对食品安全问题日益重视，众多学者一直致力于高效、无毒副作用的食品级表达载体的研究。食品级表达载体应该具备下列条件：①转化载体的宿主菌必须是食品级微生物；②乳酸菌基因载体必须是食品级；③乳酸菌使用的诱导物必须是食品级。

目前在食品级乳酸菌中已经形成了一些基于乳酸菌的食品级基因表达系统,例如:糖诱导表达系统、噬菌体 Φ31 诱导表达系统、乳链球菌素调控表达系统、pH 调控表达系统等。利用食品级基因表达载体构建食品级重组菌株,可以用于生产食品工业用酶制剂、蛋白质及其他食用配料与添加剂等,应用于食品、医药、保健品业和工业等领域,具有巨大的应用前景和商业价值。

3. 目的基因与载体 DNA 的体外重组

采用限制性核酸内切酶的处理或人为地在 DNA 的 3′端加上 polyA 和 polyT,就可使参与重组的两个 DNA 分子产生"榫头"和"卯眼"似的互补黏性末端。然后把两者放在 5~6℃ 下温和地"退火"。由于每一种限制性核酸内切酶所切断的双链 DNA 片段的黏性末端都有相同的核苷酸组分,所以当两者相混时,凡与黏性末端上碱基互补的片段,就会因氢键的作用而彼此吸引,重新形成双链。这时,在外加连接酶的作用下,目的基因就与载体 DNA 进行共价结合("缝补"),形成一个完整的、有复制能力的环状重组载体或称嵌合体。

4. 重组载体导入受体细胞

上述由体外操纵构建成的重组载体,只有通过转化等途径将它导入受体细胞中,才能使其中的目的基因获得扩增和表达。受体细胞种类极多,最初以原核生物为准,后来发展到真核微生物以及各种高等动植物的细胞株、组织,目前正在向各种大生物扩展,如转基因动物和转基因植物等。把重组载体导入受体细胞有多种途径,如质粒可用感受态细胞转化法,噬菌体或病毒可用感染法,DNA 片段的基因枪法等。

5. 基因工程重组菌的筛选和鉴定

含有重组基因的基因工程重组菌的筛选和鉴定方法有直接筛选法和间接筛选法。重组菌的直接筛选是利用选择和鉴别性培养基能快速鉴别和区分的遗传表型和功能特征,如抗药性、营养缺陷型、噬菌斑等,从大量菌株中筛选出目的重组菌株。间接筛选是利用重组目的基因大小、核苷酸序列、基因表达产物的分子生物学特性等来进行。

第三节 菌种的衰退、复壮与保藏

一、菌种的衰退与复壮

(一)菌种的衰退

菌种的衰退是指在较长时期传代保藏后,菌株的一个或多个生理性状和形态特征逐渐减退或消失的现象。在生产实践中经常会遇到菌种衰退的问题,有的是菌种的发酵力或繁殖力下降,有的是发酵产品的得率降低,这些都给生产带来很多不利的影响。

菌种退化的原因有两种:一是菌种保藏不当;二是菌种生长的要求没有得到满足,或是遇到某些不利条件,或是失去某些需要的条件。此外,还有经诱变得来的新菌株发生回复突变,从而丧失了新的性状。

（二）菌种衰退的防止与复壮

1. 菌种衰退的防止

要防止菌种衰退，首先要做好菌种的保藏工作，使菌种的优良特性得以保存，其次应满足其生长的要求。由于每次培养不完全一致，且微生物存在个体差异，取得培养条件也不一致，因此要使微生物得到比较恰当的生长条件，既要根据微生物生长、发育的特性，尽可能满足其营养条件，避免有害因素的影响，又要尽量减少传代的次数。为防止诱变菌种的退化，一方面要使用一些高效的诱变剂，另一方面要进行很好的纯化，将初筛得到的高产菌株进行单菌落分离后再进行复筛。

2. 衰退菌种的复壮

因为在退化的菌种中仍有一些保持原有菌种特性的细胞，故有可能采取一些相应措施，使这些尚未衰退的细胞生长、繁殖，以更新退化的菌株，这一过程称为菌种的复壮。具体的复壮措施如下。

（1）纯种分离 对大多数好氧微生物或兼性微生物可采用平板划线、稀释倒平板或平板涂布的方法，让稀释后的单细胞在平板上形成单菌落，挑取单菌落，把仍保持原有典型优良性状的单细胞分离出来，经扩大培养恢复原菌株的优良性状。

（2）寄主复壮 对于寄生微生物，可接种到相应敏感寄主体内以提高菌株的活力和毒力，通过寄主进行复壮。

（3）遗传育种 可把退化菌株作为出发菌株，重新进行遗传育种，从中选出高产、不易退化的菌株。

二、菌种的保藏

微生物菌种的保藏方法多样，采用何种方法，要根据被保藏菌株的种类、需要保藏的时间及实验室的设备条件等多因素确定。

微生物菌种保藏是指利用合适的物理、化学或生物方法在适宜条件下将微生物的代谢速率降至最低，使其长期存活、不被污染、不易衰退，能稳定保持原有生物学性状，便于以后使用的储存过程。菌种保藏是微生物资源挖掘和利用方面重要的基础性工作。菌种保藏的基本原则是能保证性状的长期稳定性，同时兼顾考虑方法的通用性、操作的简便性和设备的普及性。

以下介绍几种常用的菌种保藏方法。

（一）定期移植保藏法

定期移植保藏法又称传代培养保藏法，包括斜面培养和穿刺培养等。

操作方法为将菌种接种于所要求的培养基上，在最适温度下培养，待长出健壮菌落时，置入5℃的冰箱（或冰库）中保存。在培养和保存的过程中，由于代谢产物的累积而改变了原菌株的生活条件，造成菌落群体中的个体不断衰老和死亡，因此每5~15d或1~4个月需要重新移植一次，具体间隔时间因微生物种类不同而异。凡能人工培养的微生物都可用定期移植保藏法保存。此法不需特殊设备，但烦琐、费时，且经常移植容易引起菌种的退化。

（二）矿油封藏法

矿油封藏法是将化学纯的液体石蜡（矿油）经高压蒸汽灭菌后，放在40℃恒温箱中蒸发其中的水分，然后注入试管斜面培养物上，使液面高出试管斜面约1cm。将试管直立，置于温度 4~15℃、干燥条件下保藏。由于在斜面培养物上覆盖了一层液体，既能隔绝空气，又能防止培养基因水分蒸发而干燥，可以延长菌种保藏的时间。但注入的液体必须不与培养基混溶、对菌种无毒，且不易被利用和挥发。矿油封藏法适用于酵母菌、芽孢杆菌，不适用于乳酸杆菌、明串珠菌、沙门菌等菌株的保藏。

（三）沙土保藏法

将沙或土过筛、烘干、装管、灭菌，将菌种制成孢子悬液滴入其中，混匀，放到盛有氯化钙的干燥器里吸除水分，干燥后保存或用火焰封管后保存。吸附在干燥沙土上的孢子因缺水而处于休眠状态，可保存较长的时间。此法适用于芽孢杆菌、梭状芽孢杆菌、放线菌、镰刀菌等的保藏。

（四）真空冷冻干燥保藏法

真空冷冻干燥保藏法简称冻干法，其原理是利用低温、干燥、隔氧的方法保藏菌种，使菌种的代谢终止并处于休眠状态，保藏期得以延长。

操作方法是将细胞悬液每 0.1~0.2mL 注入一无菌安瓿瓶，于-40℃下预冻 1h，再于-20~30℃、真空度为 13.3Pa 的条件下脱水。在脱水过程的后期，安瓿瓶外温度可逐渐升至 25℃。脱水后的样品含水量应在 3% 以下。最后，将安瓿瓶保持真空度 1.3Pa，用火焰融封，置于 10℃ 保存。

为防止细胞在冻结和脱水过程中损伤或死亡，要用保护剂制备细胞悬液。常用的保护剂有脱脂乳、血清、10%蔗糖或葡萄糖溶液等。真空冷冻干燥保藏法适用于病毒、细菌、酵母菌、丝状真菌等的长期保存，是当前微生物菌种保藏的主要手段。

（五）液氮超低温保藏法

液氮超低温保藏法是根据在低于-130℃时一切生化反应处于停止状态、微生物也不能进行代谢活动而设计的冻结保藏法。目前，液氮超低温保藏法被认为是长期保藏所有微生物菌种比较有效的方法。

操作方法为用甘油或二甲基亚砜（DMSO）作保护剂制备细胞悬液，分装入无菌安瓿瓶，每管 0.2mL，在控制温度下降速率为 1℃/min 的条件下预冻至-40℃，然后立即放入液氮生物贮存罐中气相（-150℃）或液相（-196℃）下保存。恢复培养时，先直接浸入 38℃ 水浴中解冻 5~10min，再接种于适宜培养基内培养。为避免冻死、冻伤或细胞内形成大量冰晶，用保护剂制备悬液并控制预冻时的冷却速率和解冻时的融化速率。

习 题

一、名词解释

1. 营养缺陷型 2. 转化和转导 3. F^+菌株 4. 移码突变 5. 完全培养基 6. 基本培养基 7. 基因突变 8. 密码子

二、填空题

1. 在菌种保藏时，可通过人工创造（　　）、（　　）和（　　）三种条件，使微生物的代谢处于不活泼、生长繁殖受到抑制的休眠状态。

2. 按突变体表型特征的不同，基因突变分为(　　)、(　　)、(　　)、(　　)等不同类型。

3. 证实微生物的遗传物质是 DNA 或 RNA 的三个经典实验分别是(　　)、(　　)和(　　)。

4. 获得微生物纯种常用的分离方法有(　　)和(　　)。

5. 质粒在基因工程中的主要作用是(　　)。

6. 梭状芽孢杆菌的分离用(　　)法，因为(　　)。

三、是非题

1. 感受态是指受体细胞最容易接受外源 DNA 片段并能实现转化的生理状态。(　　)

2. 转导是指用提纯的病毒核酸去感染其宿主细胞或原生质体，可增殖出一群正常病毒后代的现象。(　　)

3. Ts 突变株是一类条件致死突变株。(　　)

4. 转导是以噬菌体为媒介达到基因重组的。(　　)

四、问答题

1. 简述微生物的遗传性和变异性及其特点。
2. 微生物基因重组的方式有哪些？对每种方式进行简要说明。
3. 图解 E. coli 基因工程菌的构建流程。
4. 简要说明基因工程的主要步骤。
5. 请谈谈微生物与基因工程的关系及基因工程在食品工业中应用的前景。
6. 什么是菌种衰退？防止发生菌种衰退的措施有哪些？
7. 菌种保藏的基本原则是什么？常用的保藏方法及对应原理是什么？
8. 何谓菌种的复壮？方法有几种？
9. 简述艾姆氏（Ames）法检测致癌剂的原理和方法。

第八章 食品微生物的生态

CHAPTER 8

[学习目的与要求]

1. 了解微生物在自然界的分布情况。
2. 掌握微生物菌种资源分离纯化的一般方法。
3. 掌握微生物与生物环境间的关系。

[学习重点与难点]

1. 重点是微生物菌种资源开发。
2. 难点是微生物与生物环境间的相互关系。

微生物与环境密不可分,环境中的各种因素影响着微生物,同样,微生物通过新陈代谢等活动反过来影响着环境。在这种长期的相互作用过程中,微生物与其环境形成一个整体,即微生物生态系统。研究微生物与环境之间的关系,对于我们进一步认识微生物在自然界物质循环中的作用以及微生物对工农业生产、环境保护等方面的作用,都有重大的意义。

食品可以看成是一个特殊的微生物生态系统。食品在原料、生产、加工、贮藏、运输、销售等各个环节,常不可避免地与微生物发生接触。因此,食品总是存在着多种微生物区系(microbial flora)。这些微生物与食品环境相互作用构成了一个具有特定功能的生态系统。

第一节 基本概念

一、微生物生态学与微生物生态系统

生态学(ecology)是研究生物系统与其周围环境系统间相互作用规律的科学。微生物生

态学（microbial ecology）是生态学的一个分支，它是研究微生物群体（微生物区系或正常菌群）与其周围的生物和非生物环境之间相互作用规律的一门科学。

20世纪以来，随着电子显微技术和分子生物学的不断发展，在生命科学研究领域，从宏观到微观一般可分成10个水平：生物圈（biosphere）、生态系统（ecosystem）、群落（community）、种群（population）、个体（individual）、器官（organ）、组织（tissue）、细胞（cell）、细胞器（organelle）和分子（molecule）。其中前4个客观层次都是生态学的研究范围。

生态系统（ecosystem）是指在自然界的一定空间环境内，生物与环境构成的统一整体。特定环境里的非生物因子（如空气、光照、水及土壤等）与其间的生物之间相互作用，不断地进行物质和能量的交换，并借由物质流和能量流连接，而形成一个整体，即称为生态系统或生态系。微生物生态系统（microbial ecosystem）是各种环境因子如物理、化学及生物因子对微生物区系（及自然群体）的作用，以及微生物区系对外界环境的反作用。由于微生物与环境的关系极为密切，环境中的各种因素影响着微生物，与此同时，微生物通过新陈代谢等活动反过来也影响着环境。

二、微 环 境

微环境是指直接影响微生物生存和生长繁殖的，与微生物关系最为密切的微生物细胞周围环境。微环境是一个与宏观环境相对应的概念。如果把一块土壤看作微生物的大环境，那么，小环境则是将这块土壤细分为许多块中的每一小块的局部环境，这些局部环境由于水分、氧气、营养物质等的分布不均，可以形成许多不同的微环境，而这些小环境中生存的微生物的种类和数量就可能不同。此外，人体中尤其是消化道中存在着大量微生物，如果将整个消化道看作大环境，小环境就是将消化道分成许多段中的每一小段的局部环境。这些局部环境差别很大，例如，口腔中氧气含量较高，肠道中则较低，胃中酸性较强，正是这些千差万别的小环境的存在，使得消化道中生活着千差万别的微生物种类。其中，肠道是人体内最大的微环境。据统计，肠道内有拟杆菌、双歧杆菌、乳酸杆菌、芽孢杆菌、肠球菌、肠杆菌、变形杆菌、葡萄球菌、链球菌等多达100多种细菌，数量约10^{14}个，质量可达1.5kg。其中双歧杆菌比大肠杆菌多1000倍，约有1000亿个。庞大的菌群之间相互依存、相互制约，处于相对平衡状态，组成体内最大的微生态环境。

三、食品中的微生物生态系统

食品中的微生物生态系统是指在一定的外界条件下，微生物与食品构成的统一整体。

食品作为特殊的微生物生态系统有其自身的特点：①食品生境的不均一性。这种不均一性是由食品组织结构、食品内在环境、外部环境和微生物活动等因素决定的。一般来说，肉类食品富含蛋白质和脂肪，但碳水化合物含量较少。植物源食品中碳水化合物含量较高，但缺乏蛋白质。不均一性直接影响着微生物种群的分布。②表面环境和生物被膜。微生物个体微小，比表面积大，表面环境作为微生物环境非常重要。因为环境中的营养成分可以吸附到它的表面上，这样表面的局部营养物质浓度要比溶液中高许多。这种情况必然会影响微生物的生长代谢速率。由于吸附作用，表面微生物数量和代谢水平通常比自由水中要大许多，表面微生物利用营养物质进行快速生长繁殖，逐步形成表面生物被膜。③营养物的供给。由于食品中含有丰富的微生物所需的营养物，微生物在食品环境中生长，使食品的营养浓度和环境状况发生了改变，结果反过来也会影响微生物本身，导致食品中异源微生物种群生长起伏。这种变化往往比微生物在空气中、水中更为激烈和迅速。

四、微生态制剂

微生态制剂（microecologics）又称微生态调节剂，是依据生态学理论，利用益生菌或促进益生菌生长的物质制成的制剂。常用的益生菌包括双歧杆菌、乳酸杆菌、肠球菌、嗜热链球菌、枯草杆菌和酵母菌等。微生态制剂在食品、医药、饲料、农业等领域中有广泛的应用。

微生态制剂按照菌种特性、宿主对象、所含成分和生理功能等可分为多种类型，通常，根据其主要成分分为以下三类。

①益生菌：是指一类通常分离自宿主相应部位的正常菌群，以一至几种高含量活菌为主体，经口服或黏膜等摄入，有助于改善宿主特定部位的微生态平衡，并有其他有益生理活性的活菌制剂；

②益生元：是指寡糖等一些不被上消化道消化吸收却能有选择性地促进有益菌的代谢和增殖，改善肠道微生态平衡，增进宿主健康作用的制剂；

③合生元：是兼有益生菌和益生元成分的混合制剂。微生态制剂的剂型有胶囊、微胶囊型的冻干菌粉和片剂等。微生态制剂能够调整微生态失调，促进人体胃肠道功能的恢复，形成生物屏障，维持肠道内的微生态平衡，提高机体的健康水平，从而达到保健和预防疾病的作用。

第二节　微生物在自然界中的分布与菌种资源的开发

微生物种类繁多、繁殖迅速、适应环境能力强，因此在自然界中分布广泛，无论是陆地、水体、空气、食品、动植物以及人体的外表面和内部的某些器官，甚至在一些极端环境中都有微生物的存在。虽然自然界中微生物资源十分丰富，但要设法从中筛选到具有经济价值，有助于改善人类生活和生存环境的理想菌种也不容易。因此，需要采用特殊的方法及手段对野生菌种进行分离筛选。

一、微生物在自然界中的分布

（一）土壤中的微生物

1. 土壤是微生物的良好生境

自然界中，土壤是微生物的天然培养基，它具有微生物生长繁殖所需要的一切营养物质和生命活动的各种条件。大多数微生物不能进行光合作用，土壤为微生物提供了丰富的有机营养；土壤矿质元素中，有微生物生长必需的磷、硫、钾、钙、铁、镁等大量元素，还有锰、硼、锌、钼等微量元素；土壤中含有微生物生长所需的水分，且渗透压能为微生物所适应；土壤的pH一般在中性，且缓冲性较强，适合大多数微生物生长；土壤的保温性能好，与空气相比,昼夜和季节温度变动幅度较小;土壤团粒间充满空气和水分,为好氧和厌氧微生物的生长提供了良好的环境。在表土几毫米以下,微生物便可免于被阳光直射致死。这些都为微生物生长繁殖提供了有利的条件。所以说土壤是微生物的"天然培养基",这里的微生物数量最大,类型最多,是人类最丰富的"菌种资源库"。

2. 土壤中的微生物数量和分布

土壤中微生物的数量和种类都很多,包含细菌、放线菌、真菌、藻类和原生动物等类群。土壤中微生物的含量受到土壤类型、季节等的影响。一般来说,每克耕作层土壤中的微生物含量大体上有一个 10 倍系列的递减规律:细菌($\sim10^8$)>放线菌($\sim10^7$)>霉菌($\sim10^6$)>酵母菌($\sim10^5$)>藻类($\sim10^4$)>原生动物($\sim10^3$)。

土壤的不同深度微生物的分布也不相同。其主要原因是土壤不同层次中的水分、养料、通透性、温度等环境因子的差异,及微生物的特性不同。在土壤表面,微生物受紫外线照射及干燥等因素的影响,微生物不易生存;离地表 5~20cm 土壤层中微生物数量最多,自 20cm 以下,微生物数量随土层深度增加而减少。

(二)水体中的微生物

水体是微生物栖息生存的第二个天然生境。水生生境主要包括湖泊、池塘、溪流、河流、港湾和海洋。水体中微生物的数量和分布主要受到营养物水平、酸碱度、水压、温度、光照、溶解氧、渗透压等因素的影响。天然水体可大致区分为淡水和海水两大类型,在淡水和海水中,微生物的分布各有特点。

1. 淡水型水体的微生物

地球上的淡水仅占地球水总贮量的 2.7%,并且绝大部分的淡水以冰川和雪山的形式存在。在江、河、湖、地下水和水库等的淡水中,按其中的有机质含量多少及与微生物的关系,可分为以下两类。

(1)清水型水生微生物 在有机质含量低的水体中,微生物数量很少,以化能自养微生物和光能自养微生物为主,如硫细菌、铁细菌、蓝细菌、绿硫细菌和紫细菌等。也有少量异养微生物可以生长,但都属于能在 1~15mg/L 低有机质含量的培养基上生长的贫营养细菌(oligotrophic bacteria),例如寡养土壤单胞菌(*Agromonas oligotrophica*)、色杆菌属(*Chromobacterium*)、无色杆菌属(*Achromobacter*)和微球菌属。在低营养物浓度水体中,微生物倾向于生长在固体的表面和颗粒物上,它们要比悬浮和随水流动的微生物吸收利用更多的营养物,常有附着器和吸盘,这有助于其附着在各种表面上。

(2)腐生型水生微生物 即在含有大量外来有机物的水体中生长的微生物。腐败的有机残体,动物和人类排泄物,生活污水和工业有机废物、废水大量进入水体,引起水质腐败,有机质含量大增,同时也加入了大量外来细菌。由于有机物和无机盐的浓度大大增加,致使水中微生物尤其是细菌和原生动物大量繁殖,微生物含量可达到 $10^7\sim10^8$ 个/mL。这类微生物主要为各种肠道杆菌、芽孢杆菌、螺菌和弧菌等,原生动物有纤毛虫类、鞭毛虫类和肉足虫类。蓝细菌和藻类在腐生型水体中也大量繁殖,形成有机质丰富的微环境,从而使细菌也随之大量繁殖。

在较深的湖泊和水库中,由于光线、温度和溶解氧的差异,微生物具有明显的垂直层次分布特点。在光线充足和溶氧量大的沿岸带(littoral zone)、浅水区(limnetic zone)分布着大量蓝细菌、光合藻类和好氧微生物,如假单胞菌(*Pseudomonas*)、噬纤维菌(*Cytophaga*)、柄杆菌（*Caulobacter*）、生丝微菌（*Hyphomicrobium*）等。深水区（profundal zone）位于光补偿水平面以下，光线微弱、溶解氧低和硫化氢含量较高，分布的微生物主要有紫色和绿色硫细菌及其他兼性厌氧菌。湖底区（benthic zone）是厌氧的沉积物，只有一些厌氧微生物才能生长，主要有脱硫弧菌属、甲烷杆菌（Methanobacteria）、芽孢杆菌、梭状芽孢杆菌等。

2. 海水型水体的微生物

海洋覆盖了地球表面的71%，是地球上最大的水体。一般海水的含盐量为3%~4%。海洋生境的特点是有机质含量低、含盐量高和温度低。海水的pH多为碱性（8.3~8.5），100m以下的温度为0~5℃，表层的温度变化也不超过35℃。此外，深海底层还有很高的静水压力。阳光入射水体的深度一般为10~100m，由于阳光中含的紫外光对表层微生物有致死作用，因而使海水中的微生物总量以表面稍下的层次最多，由此向上和向下时均减少，下至底层时又可因厌氧菌的生长而增加。

海洋微生物具有耐压、嗜冷和低营养要求等特点。海洋中的微生物主要是显微藻类，它们是初级生产者，多分布在浅海区和远洋表层，种类包括绿藻、褐藻、硅藻、裸藻和金藻等中的许多类群。海洋中的细菌以芽孢杆菌、假单胞菌、弧菌和发光细菌为主，在海底污泥中主要有严格厌氧的脱硫弧菌和甲烷杆菌等。

3. 水体的自净作用

在自然水体尤其是快速流动的水体中，存在着水体对有机或无机污染物的自净作用。虽然物理性稀释、水解、氧化、光分解等起到了一定的作用，但自净作用的实质，主要是生物学作用。例如好氧微生物对有机质的降解作用，原生动物对细菌的吞噬作用，噬菌体对宿主细胞的裂解作用，微生物的次级代谢产物对污染物的吸附、沉降作用。一系列生物学和生物化学的作用是"流水不腐"的重要原因。

（三）空气中的微生物

空气中没有可为微生物生长繁殖所需要的营养物质和充足的水分，相反，日光中的紫外线对微生物的生命活动影响较大，因此，空气不是微生物生长繁殖的良好生境。然而，空气中仍能找到多种微生物，空气中的微生物主要来源于土壤、水体和其他生物源。进入空气的土壤尘粒、水面吹来的小水滴、动植物体表的干燥脱落物、污水处理厂曝气产生的气溶胶，呼吸道的排泄物等都是空气中微生物的来源。主要种类是霉菌和细菌，常见霉菌种类是曲霉、木霉、青霉、毛霉、白地霉等。细菌有球菌、杆菌和一些病原菌。

空气中的微生物以气溶胶的形式存在，且分布很不均匀，所含微生物的种类和数量取决于所处环境和飞扬的尘埃量。一般公共场所、医院、城市街道、宿舍的空气中微生物含量较高，在高山、森林地带、雪山、极地上空的空气中，微生物含量极少。空气传播是动植物病害传播、发酵工业污染及食品加工污染的重要根源之一。

（四）食品环境中的微生物

1. 农产品上的微生物

农产品主要包括粮食、蔬菜和水果三大类，在农产品上存在着大量的微生物，由此引起的腐败及产生的微生物毒素，对人畜危害极大。据统计，每年全世界由于霉变而损失的粮食占总产量的2%左右。霉菌是粮食的主要污染微生物，其中有些霉菌还能产生真菌毒素。据调查，在目前已知的9万种真菌中，至少有200多个种可产生100余种真菌毒素，其中14种能致癌。已证实的可污染粮食并发现具有产毒菌株的霉菌包括以下属种。

(1) 曲霉属　玉米、花生和棉籽油最易受到黄曲霉毒素污染，其次是稻谷、小麦、大麦、豆类等。花生和玉米等粮食作物是产生黄曲霉毒素菌株适宜生长并产生黄曲霉毒素的基质。花生和玉米在收获前就可能被黄曲霉污染，使成熟的花生不仅污染黄曲霉而且可能带有毒素，玉米果穗成熟时，不仅能从果穗上分离出黄曲霉，并能够检出黄曲霉毒素。

(2) 青霉属　青霉可引起水果、蔬菜、谷物及食品的腐败变质，有些种及菌株同时还可产生毒素。例如，岛青霉、橘青霉、黄绿青霉、红色青霉、扩展青霉、展开青霉、斜卧青霉（*Penicillium decumbens*）等。由青霉产生的真菌毒素主要有橘青霉毒素、岛青霉毒素、青霉酸、展青霉毒素等。

(3) 镰刀菌属　镰刀菌属包括的种很多，其中大部分是植物的病原菌，并能产生毒素，如禾谷镰刀菌、三隔镰刀菌、梨孢镰刀菌、串珠镰刀菌、拟枝孢镰刀菌、木贼镰刀菌等。

(4) 交链孢霉属　交链孢霉广泛分布于土壤和空气中，有些是植物病原菌，可引起果蔬的腐败变质，产生毒素。

2. 食品中的微生物

(1) 引起食品变质的微生物　在食品的加工、包装、运输和贮藏等过程中，都不可能做到严格的无菌操作，因此，食物可能会被各种微生物所污染，后者在适宜的条件下，就会迅速生长繁殖，引起食品变质。污染食品的微生物主要是曲霉属、青霉属、镰刀菌属、交链孢霉属、拟青霉属、根霉属、毛霉属、大肠杆菌、金黄色葡萄球菌、枯草杆菌、巨大芽孢杆菌、沙门菌属、肠球菌属、铜绿假单胞菌、乳杆菌属、乳球菌属、梭状芽孢杆菌属和酿酒酵母等。因此，为防止食品的腐败，除在制造、包装环节尽量杀灭食品中存在的微生物和酶（或者钝化），还可以在食品中添加防腐剂。此外，还应采用适当的保藏方法，例如低温处理（冷冻）、脱水干燥（干藏、盐藏）、增加酸或碱浓度、气相置换等。

(2) 传统发酵食品中的微生物　中国传统发酵食品有发酵乳制品、食醋、酱油、白酒、豆瓣酱等，它们具有独特的风味且营养丰富。传统发酵食品大多采用非人工接种的自然接种发酵方式，其中微生物大多源自自然界、经长期驯化或是原料自身携带。在整个发酵的过程中，由多种微生物共同作用完成，微生物间及微生物与环境间的相互作用形成了一个稳定的微生物群落结构。传统发酵食品中常用的微生物可以分为细菌和真菌两大类。

细菌根据门的不同又可以分为厚壁菌门（Firmicutes）、放线菌门（Actinobacteria）和变形菌门（Proteobacteria）。首先，厚壁菌门中，凝结芽孢杆菌（*Bacillus coagulans*）、卷曲乳杆菌（*Lactobacillus crispatus*）、德式乳杆菌保加利亚亚种（*Lactobacillus delbrueckii* subsp. *bulgaricus*）、德式乳杆菌乳亚种（*Lactobacillus delbrueckii* subsp. *lactis*）、瑞士乳杆菌（*Lactobacillus helveticus*）和副干酪乳杆菌（Lactobacillus paracasei）等主要用于乳制品的发酵，改善乳制品的品质；地衣芽孢杆菌、枯草杆菌枯草亚种（*Bacillus subtilis* subsp. *subtilis*）和丁酸梭菌等主要用于白酒的酿造，促进风味物质的生成；有嗜盐片球菌（*Pediococcus halophilus*）、嗜盐四联球菌（*Tetragenococcus halophilus*）等主要用于酱油的酿造；戊糖乳杆菌（*Lactobacillus pentosus*）和乳明串珠菌（*Leuconostoc lactis*）等常被用于泡菜的发酵。厚壁菌门中嗜酸乳杆菌、短乳杆菌和干酪乳杆菌等可以用于发酵乳制品和泡菜等多种食品的发酵。其次，放线菌门中的青春双歧杆菌、两歧双歧杆菌、短双歧杆菌和费氏丙酸杆菌谢氏亚种（*Propionibacterium freudenreichii* subsp. *shermanii*）常用于乳制品的发酵，可以缩短发酵时间，促进产酸和凝乳过程；藤黄微球菌（*Micrococcus luteus*）用于腐乳发酵，改善其风味和品质。最后，变形菌门中的奥尔良醋杆菌（*Acetobacter orleanensis*）和巴氏醋杆菌（*Acetobacter pasteurianus*）在醋的发酵过程中产生乙醇脱氢酶和乙醛脱氢酶，催化乙醇生成乙酸且具有良好的酸、醇耐受性；氧化葡糖杆菌在醋的发酵过程中可以增加醋的风味。

传统发酵食品中的真菌主要分为酵母菌和丝状真菌。其中酵母菌主要分为三个科：①德巴利酵母科（Debaryomycetaceae），主要包括埃切假丝酵母（*Candida etchellsii*）、莫格假丝酵母（*Candida mogii*）、齐藤假丝酵母（*Candida saitoana*）、易变假丝酵母（*Candida versatilis*）等，常应用于酱油的生产；②毕赤酵母科（Pichiaceae），其中库德里阿兹威毕赤酵母（*Pichia kudriavzevii*）应用于白酒的发酵，生成风味物质；③酵母科（Saccharomycetaceae），包括乳酸克鲁维酵母（*Kluyveromyces lactis*）、马克斯克鲁维酵母（*Kluyveromyces marxianus*）、酿酒酵母、异常威克汉姆酵母（*Wickerhamomyces anomalus*）和鲁氏接合酵母，可用于催化乳糖水解，促进酸乳发酵，在酒、酱油、醋和腐乳等的生产中都有应用。丝状真菌分为三科：①发菌科（Trichocomaceae），其中黑曲霉和米曲霉用于酱油、醋、黑茶等的发酵；②红曲科（Monascaceae），其中代表性的紫色红曲霉（*Monascus purpureus*）和红色红曲霉（*Monascus ruber*）应用于食醋的生产；③毛霉科（Mucoracea），其中雅致放射毛霉（*Actinomrcor elegans*）、总状毛霉、卷枝毛霉（*Mucor circinelloides*）、印度毛霉（*Mucor indicus*）、黄色毛霉（*Mucor flavus*）等用于腐乳的发酵。

（五）极端环境下的微生物

极端环境下微生物的研究有三个方面的重要意义：①开发利用新的微生物资源，包括特异性的基因资源；②为微生物生理、遗传和分类乃至生命科学及相关学科许多领域，如功能基因组学、生物电子器材等的研究提供新的课题和材料；③为生物进化、生命起源的研究提供新的材料。

1. 嗜热微生物

细菌是微生物中最耐热的，按它们耐热程度的不同又可以分成五个不同类群：耐热菌、兼性嗜热菌、专性嗜热菌、极端嗜热菌和超嗜热菌。

嗜热微生物生长的生态环境有热泉（温度高达100℃），高强度太阳辐射的土壤，岩石表面（温度高达70℃），各种堆肥、厩肥、干草、锯屑及煤渣堆，此外还有家庭及工业上使用的温度比较高的热水及冷却水。

嗜热微生物有远大的应用前景，高温发酵可以避免污染和提高发酵效率，其产生的酶在高温时有更高的催化效率，高温微生物也易于保藏。嗜热细菌的耐高温DNA聚合酶使DNA体外扩增的技术得到突破，为聚合酶链式反应（PCR）技术的广泛应用提供基础，这是嗜热微生物应用的突出例子。

2. 嗜冷微生物

嗜冷微生物（psychrophilic microorganisms）能在较低的温度下生长，可以分为专性和兼性两类，前者的最高生长温度不超过20℃，可以在0℃或低于0℃条件下生长；后者可在低温下生长，也可以在20℃以上生长。嗜冷微生物的主要生境有极地、深海、寒冷水体、冷冻土壤、阴冷洞穴、保藏食品的低温环境。从这些环境中分离到的主要嗜冷微生物有针丝藻（*Raphidonema*）、黏球藻（*Gloeocapsa*）、假单胞菌等。从深海中分离出来的细菌既嗜冷，也耐受高压。嗜冷微生物适应环境的生化机制是因为细胞膜脂组成中有大量的不饱和、低熔点脂肪酸。

嗜冷微生物低温条件下生长的特性可以使低温保藏的食品腐败，甚至产生细菌毒素。研究开发嗜冷微生物的最适反应温度低的酶，在工业和日常生活中都有应用价值。

3. 嗜酸微生物

生长最适 pH 在 3~4 以下，中性条件不能生长的微生物称为嗜酸微生物（acidophilic microorganisms）；能在高酸条件下生长，但最适 pH 接近中性的微生物称为耐酸微生物（acidotolerant microorganisms）。

温和的酸性（pH 3~5.5）自然环境较为普遍，如某些湖泊、泥炭土和酸性的沼泽。极端的酸性环境包括各种酸矿水、酸热泉、火山湖、地热泉等。嗜酸微生物一般都是从这些环境中分离出来，其优势菌是无机化能营养的硫氧化菌、硫杆菌。酸热泉不但具有高酸度，而且还具有高温的特点，从这些环境中分离出独具特点的嗜酸嗜热细菌，如嗜酸热硫化叶菌（*Sulfolobus acidocaldarius*）等。嗜酸微生物的胞内 pH 从不超出中性大约 2 个 pH 单位，其胞内物质及酶大多数接近中性。

嗜酸微生物能在酸性条件下生长繁殖，需要维持胞内外的 pH 梯度，现在一般认为它们的细胞壁、细胞膜具有排斥 H^+，对 H^+ 离子不渗透或把 H^+ 从胞内排出的机制。而嗜酸微生物的外被要高 H^+ 来维持其结构。

4. 嗜碱微生物

一般把最适生长 pH 在 9 以上的微生物称为嗜碱微生物（alkalophilic microorganisms），其中，中性条件下不能生长的为专性嗜碱微生物，中性条件甚至酸性条件都能生长的称为耐碱微生物（alkalitolerant microorganisms）或碱营养微生物（alkalitrophic microorganisms）。

地球上碱性最强的自然环境是碳酸盐湖及碳酸盐荒漠，极端碱性湖，如肯尼亚的 Magadi 湖和埃及的 Wadynatrun 湖，是地球上最稳定的碱性环境，那里 pH 10.5~11.0。我国的碱性湖有青海湖等。碳酸盐是这些环境中碱性的主要来源。人为碱性环境是石灰水、碱性污水。嗜碱微生物有两个主要的生理类群：盐嗜碱微生物和非盐嗜碱微生物。前者的生长需要碱性和高盐度（达 33% NaCl 和 Na_2CO_3）。代表性种属有嗜盐碱杆菌（*Natronbacterium*）、嗜盐碱球菌（*Natronococcus*）等。虽然嗜碱微生物生长最适 pH 在 9 以上，但胞内 pH 都接近中性。细胞外被是胞内中性环境和胞外碱性环境的分隔，是嗜碱微生物嗜碱性的重要基础，其调控机制是具有排出 OH^- 的功能。

嗜碱微生物产生大量的碱性酶，包括蛋白酶（活性 pH 10.5~12）、淀粉酶（活性 pH 4.5~11）、果胶酶（活性 pH 10.0）、支链淀粉酶（活性 pH 9.0）、纤维素酶（活性 pH 6~11）、木聚糖酶（活性 pH 5.5~10）。这些碱性酶被广泛用于洗涤剂或作其他用途。

5. 嗜盐微生物

含有高浓度盐的自然环境主要是盐湖，如青海湖、大盐湖（美国）、死海（黎巴嫩）和里海（俄罗斯），此外还有盐场、盐矿和用盐腌制的食品。海水中含有约 3.5% 的氯化钠，是一般的含盐环境。根据对盐的不同需要，嗜盐微生物（halophilic microorganisms）可以分为弱嗜盐微生物、中度嗜盐微生物和极端嗜盐微生物。弱嗜盐微生物的最适生长盐浓度为 0.2~0.5mol/L，大多数海洋微生物都属于这个类群。中度嗜盐微生物的最适生长盐浓度为 0.5~2.5mol/L，从许多含盐量较高的环境中都可以分离到这个类群的微生物。极端嗜盐微生物的最适生长盐浓度为 2.5~5.2mol/L，它们大多生长在极端的高盐环境中，已经分离出来的主要有藻类、嗜盐球菌（*Halococcus*）和嗜盐杆菌（*Halobacterium*）。可以在高盐浓度下生长,但最适生长盐浓度较低的称为耐盐微生物。

6. 嗜压微生物

需要高压才能良好生长的微生物称为嗜压微生物(barophilic microorganisms)。最适生长压力为正常压力,但能耐受高压的微生物称为耐压微生物(barotoblerant microorganisms)。海洋深处和海底沉积物平均水压超过 $4.05×10^7 Pa$。从深海底部 $1.01×10^8 Pa$ 处,分离到耐压假单胞菌(*Pseudomonas bathycetes*),从油井深部约 $4.05×10^7 Pa$ 处,分离到耐压的硫酸盐还原菌。

(六)人体肠道中的微生物

肠道微生物是一类生长在人体肠道中的微生物,它们构成了一个独特、多变的生态系统。婴儿出生后,其肠道就会被来自母体和环境中的微生物定植,肠道微生态系统便开始建立,这是在已发现的生态系统中细胞密度最高的系统之一。该系统中积聚着大量的微生物,其数量超过人体细胞数量的 10 倍,所含基因信息量是人体的 100 倍以上,其中主要是细菌,还有一些古生菌、真菌、病毒和原生生物等。细菌与宿主细胞之间紧密地接触在一起,肠道定植的细菌具有数量巨大、多样化、复杂性和动态性的特点,构成了人体的肠道菌群(intestinal microflora)。

1. 人体肠道微生物的分类及功能

在人类肠道微生物中,细菌占比超过 99%,约为 10^{14} 个,包括 500~1000 个不同的种类。根据肠道微生物对人体的作用,可以将其分为有益菌、中性菌和有害菌。

(1)有益菌 主要是乳酸杆菌和双歧杆菌等,为专性厌氧菌,对于人体来说是极其重要的菌类,并且具有一定的功能性,包括合成各种维生素,促进人体的肠胃蠕动和消化,抑制病原菌生长,将有毒有害物质分解等。

(2)中性菌 又称条件致病菌和机会致病菌。例如大肠杆菌、肠球菌,为兼性厌氧菌。它们在正常菌群之间,正常菌群与宿主之间,通过营养竞争、代谢产物的相互制约等因素,维持着良好的生存平衡。但在一定条件下,如果平衡关系被打破,原来不致病的细菌可成为致病菌,引发多种疾病。

(3)有害菌 又称病原菌,数量一旦失控,极易使人致病,使人体自身的免疫功能急剧下降,严重情况下可能导致患者出现癌症。例如:由于患者粪便长期堆积,使得肠道内有害菌群不断滋生,导致腹泻;患者身体状况不佳,肠道菌群处于严重不健康状态,产生大量有害物质(如硫化氢和粪臭素等),从而加快肠壁的老化,产生致癌物质,引发大肠癌等相关癌症。

2. 不同阶段人体肠道微生物定殖规律

(1)新生儿阶段 如果为自然顺产,胎儿在经过产道的过程中,口腔不可避免地会吸入少量羊水,阴道微生物菌群就会成为第一批定植在新生儿体内的菌群,包括乳杆菌、普雷沃菌属(*Prevotella*)和奇异菌属(*Atopobium*)等;若是剖宫产,新生儿体内首先定植的菌群则以母体皮肤和产房环境中的微生物为主,主要包括葡萄球菌属、棒状杆菌属、丙酸杆菌属、艰难梭菌等。

(2)婴幼儿阶段 肠道菌群主要受喂养方式的影响,婴儿口腔及粪便中的菌群和母乳及乳晕菌群相似,说明母体通过母乳提供的微生物,影响婴幼儿肠道微生物菌群的定植。随膳食补充剂的添加和断乳后食物的食用,幼儿的肠道微生物菌群越来越复杂,双歧杆菌数量逐渐减少，同时微生物群和机体的免疫系统逐步成熟。

（3）青春期和成人阶段　肠道菌群种类丰富。青春期阶段，肠道菌群多样性与成人差别不大，但双歧杆菌属和梭菌属数量比成人高。人体肠道表面积随年龄增加而逐渐扩大，在成人时期达到高峰，因此肠道微生物群多样性也达到顶峰。成人肠道菌群主要由厚壁菌门和拟杆菌门组成，占比超过90%，除此之外还有变形菌门和放线菌门等。

（4）老年阶段（一般是指年龄超过65岁）肠道菌群中拟杆菌、普氏菌（*Prevolla*）、乳酸杆菌、双歧杆菌、链球菌等显著降低，进而体内与微生物菌群代谢相关的产物逐渐减少。但在百岁以上的老人肠道菌群中，双歧杆菌、克氏黏帚菌科和阿克曼氏菌属（*Akkemrmansia*）增加，这些菌群的增长与长寿的关系有待进一步探究。

二、菌种资源的开发

我国幅员辽阔，各地气候条件、土质条件、植被条件差异很大，这为自然界中各种微生物提供了良好的生存环境。由于微生物到处都有，无孔不入，所以它们在自然界大多是以混杂的形式群居于一起的。而现代发酵工业是以纯种培养为基础，故采用各种筛选手段，挑选出性能良好、符合生产需要的纯种是工业育种的关键一步。工业菌种分离筛选的主要步骤是：采样、增殖培养、培养分离和筛选。如果产物与食品制造有关，还需对菌种进行毒性鉴定。

（一）采样

以采集土壤为主。一般在有机质较多的肥沃土壤中微生物的数量最多，中性偏碱的土壤以细菌和放线菌为主，酸性红土壤及森林土壤中霉菌较多，果园、菜园和野果生长区等富含碳水化合物的土壤和沼泽地中酵母菌和霉菌较多。采样的对象也可以是植物、腐败物品、某些水域等。采样应充分考虑季节性和时间因素，以温度适中、雨量不多的秋初为好。因为真正的原地菌群的出现可能是短暂的，如在夏季或冬季的土壤中微生物存活数量较少，暴雨后土壤中微生物会显著减少。采样方式是在选好适当地点后，用无菌刮铲、土样采集器等，采集有代表性的样品，如特定的土样类型和土层，叶子碎屑和腐质，根系及根系周围区域，海底水，泥及沉积物，植物表皮及各部，阴沟污水及污泥，反刍动物第一胃内含物，发酵食品等。

具体采集土样时，就森林、旱地、草地而言，可先掘洞，由土壤下层向上层顺序采集；就水田等浸水土壤而言，一般是在不损土层结构的情况下插入圆筒采集。如果层次要求不严格，可取离地面5~15cm处的土。将采集到的土样盛入清洁的聚乙烯袋、牛皮纸袋或玻璃瓶中。采好的样必须完整地标上样本的种类及采集日期、地点以及采集地点的地理、生态参数等。采好的样品应及时处理，暂不能处理的也应贮存于4℃下，但贮存时间不宜过长。这是因为一旦采样结束，试样中的微生物群体就脱离了原来的生态环境，其内部生态环境就会发生变化，微生物群体之间就会出现消长。如果要分离嗜冷菌，则在室温下保存试样会使嗜冷菌数量明显降低。

在采集植物根际土样时，一般方法是将植物根从土壤中慢慢拔出，浸渍在大量无菌水中约20min，洗去黏附在根上的土壤，然后再用无菌水漂洗下根部残留的土，这部分土即为根际土样。

在采集水样时，将水样收集于100mL干净、灭菌的广口塑料瓶中。由于表层水中含有泥沙，应从较深的静水层中采集水样。方法是：握住采样瓶浸入水中30～50cm处，瓶口朝下打开瓶盖，让水样进入。如果有急流存在的话，应直接将瓶口反向于急流。水样采集完毕，盖上瓶盖，迅速取出采集瓶。水样不应装满采样瓶，采集的水样应在24h之内迅速进行检测，或者4℃下贮存。

（二）增殖培养

一般情况下，采集的样品可以直接进行分离。如果样品中分离所需要的菌类含量并不很多，而另一些微生物却大量存在，此时，为了容易分离到所需要的菌种，必须设法增加所要菌种的数量，以增加分离的概率。可以通过配制选择性的培养基，选择一定的培养条件（如培养温度、培养基酸碱度等）来控制。例如，根据微生物利用碳源的特点，可选定糖、淀粉、纤维素或者石油等，以其中的一种为唯一碳源，那么只有利用这一碳源的微生物才能大量正常生长，而其他微生物就可能死亡或淘汰。对革兰阴性菌有选择的培养基（如结晶紫营养培养基、煌绿胆汁琼脂等）通常含有5%～10%的天然提取物。在分离细菌时，培养基中添加浓度一般为50μg/mL的抗真菌剂，如放线菌酮和制霉素。在分离真菌时，利用低碳氮比的培养基可使真菌生长菌落分散，利于计数、分离和鉴定；在分离培养基中加入一定的抗生素如氯霉素、四环素、卡那霉素、青霉素、链霉素等即可有效地抑制细菌生长及其菌落形成。

（三）培养分离

通过增殖培养，样品中的微生物还是处于混杂生长状态。因此还必须分离、纯化。在这一步，增殖培养的选择性控制条件还应进一步应用，而且要控制得细一些，好一些。同时必须进行纯种分离，常用的分离方法有稀释分离法、划线分离法和组织分离法。

1. 稀释分离法

将样品进行适当稀释，然后将稀释液涂布于培养基平板上进行培养，待长出独立的单个菌落，进行挑选分离。

2. 划线分离法

首先倒培养基平板，然后用接种针（接种环）挑取样品，在平板上划线。划线方法可用分步划线法或一次划线法，无论用哪种方法，基本原则是确保培养出单个菌落。

3. 组织分离法

主要用于食用菌菌种或某些植物病原菌的分离。分离时，首先用10%漂白粉或0.1%升汞液对植物或器官组织进行表面消毒，用无菌水洗涤数次后，移植到培养皿中的培养基上，于适宜温度培养数天后，可见微生物向组织块周围扩展生长。经菌落特征和细胞特征观察确认后，即可由菌落边缘挑取部分菌种进行移接斜面培养。

对于有些微生物如毛霉、根霉等，在分离时，由于其菌丝的蔓延性，极易生长成片，很难挑取单菌落。常在培养基中添加0.1%的去氧胆酸钠或在察氏培养基中添加0.1%的山梨糖及0.01%的蔗糖，利于单菌落的分离。

（四）筛选

经过分离培养，在平板上出现很多单个菌落，通过菌落形态观察，选出所需菌落，然后取菌落的一半进行菌种鉴定，对于符合目的菌特性的菌落，可将之转移到试管斜面纯培养。这种从自然界中分离得到的纯种称为野生型菌株。这只是筛选的第一步，所得菌种是否具有生产上的实用价值，能否作为生产菌株，还必须采用与生产相近的培养基和培养条件，进行小型发酵试验，以求得到适合于工业生产用菌种。如果此野生型菌株产量偏低，达不到工业生产的要求，可以留存作为菌种选育的出发菌株。

（五）安全性评价

自然界的一些微生物在一定条件下将产生毒素，为了保证食品的安全性，凡是与食品工业有关的菌种，除酿酒酵母、脆壁克鲁维酵母、黑曲霉、米曲霉和枯草芽孢杆菌无须做毒性试验外，其他微生物均需通过食品安全性评价。

第三节　微生物与生物环境间的关系

在自然界中，微生物极少单独存在，总是较多种群聚集在一起。当微生物的不同种类或微生物与其他生物出现在一个限定的空间内，它们之间互为环境，相互影响，既有相互依赖又有相互排斥，表现出相互间复杂的关系。但从总的方面来看，大体上可分为以下5种关系。

一、互　　生

互生是指两种可以单独生活的生物生活在一起时有利于对方。这是一种可分可合，合比分好的相互关系。在人和动物体内外生活着为数众多的微生物种类，数量惊人。生活在人体内外的微生物高达 10^{14} 个，约为人体细胞总数的 10 倍。生活在健康动物身体各部位的微生物种群，数量大、种类较稳定，一般能发挥有益作用，称为正常菌群。正常菌群与人和动物的关系多为互生关系。人和温血动物肠道中的微生物从机体消化的食物中取得营养，进行生长繁殖，而它们合成的维生素 B_1（硫胺素）、维生素 B_2（核黄素）、维生素 B_3（烟酸）、维生素 B_{12}、维生素 K（生物素）等，则是人和动物维持正常生命活动所不可缺少的。

自然界中，微生物间的互生关系使复杂有机物得以彻底降解为简单的无机物，供生产者利用。某些微生物的有毒代谢产物，也可由这种互生关系而得以消除，使高等生物不至于受到危害。微生物间的互生现象也被应用于生产实践和环境保护中。例如，将自生固氮的芽孢杆菌接种于食用菌的培养基中，可提高培养基中的氮源含量，提高食用菌的产量和质量。维生素 C 也是利用微生物的互生关系，混菌培养发酵生产的。

二、共　　生

共生是指两种生物共居在一起相互分工协作，彼此分离就不能很好地生活。地衣就是微生物间共生的典型例子，它是真菌和蓝细菌或藻类的共生体。在地衣中，藻类和蓝细菌进行光合作用合成有机物，作为真菌生长繁殖所需的碳源，而真菌则起保护光合微生物的作用，在某些情况下，真菌还能向光合微生物提供生长因子和运输无机营养。

三、寄　　生

寄生是指一种小型生物生活在另一种较大型生物体内（包括细胞内）或体表，从中夺取营养并进行生长繁殖，同时使后者蒙受损害，甚至被杀死的一种相互关系。前者称为寄生物，后者称为宿主或寄主。

例如，微生物间的寄生有蛭弧菌（*Bdellovibrio*）寄生于大肠杆菌；微生物与植物间的寄生有白粉菌属（*Erysiphe*）及全部植物病毒专性寄生于植物，也有能生活在死植物上或人工配制的培养基中的兼性寄生物；寄生于动物的病原微生物种类极多，包括各种病毒、细菌和真菌。

四、拮　抗

拮抗又称抗生，是指一种微生物在其生命活动中，产生某种代谢产物或改变环境条件，从而抑制其他微生物的生长繁殖，甚至杀死其他微生物的现象。例如，在制造泡菜时，乳酸杆菌产生大量乳酸，导致环境变酸，即pH下降，抑制了其他微生物的生长，这属于非特异性的拮抗作用。而可产生抗生素的微生物则能够抑制甚至杀死其他微生物，例如，某些乳酸菌产生的细菌素能够抑制其他细菌的生长繁殖，这些属于特异性的拮抗关系。

五、捕　食

捕食一般是指一种较大型的生物直接捕捉、吞食另一种小型生物以满足其营养需要的相互关系。在微生物间的捕食关系主要是原生动物吞食细菌和藻类的现象。这种捕食关系在污水净化和生态系统的食物链中都具有重要的意义。

习　题

一、名词解释

1. 嗜极菌　2. 拮抗作用　3. 微生态平衡和微生态制剂　4. 共生

二、填空题

1. 微生物污染食品的途径通过（　　）、（　　）、（　　）、（　　）而污染。
2. 产甲烷细菌和甲烷氧化菌在生态学上的相互关系称为（　　）关系；泡菜制作过程中乳酸菌与腐败菌相互竞争，乳酸菌产生乳酸抑制其他腐败菌生长，其生态学上称为（　　）关系。
3. 植物体内的内生菌与植物为（　　）关系；豆科植物根部的根瘤菌与豆科植物为（　　）关系。
4. 人体肠道正常菌群与宿主之间的关系为（　　）。

三、选择题

1. 地衣是微生物间（　　）的典型代表。
   A. 竞争关系　　B. 共生关系　　C. 互生关系　　D. 寄生关系
2. 土壤中三大类群微生物以数量多少排序为（　　）。
   A. 细菌>放线菌>真菌　　　　　B. 细菌>真菌>放线菌
   C. 放线菌>真菌>细菌　　　　　D. 真菌>细菌>放线菌
3. 噬菌体与细菌的关系为（　　）。

A. 互生　　　　　B. 寄生　　　　　C. 猎食　　　　　D. 拮抗

4. 菌根是(　　)和植物的共生体。

A. 细菌　　　　　B. 放线菌　　　　C. 真菌　　　　　D. 酵母菌

四、判断题

1. 嗜酸微生物可以在酸性环境中较好地生长，因细胞内酶系等可以是酸性的。(　　)
2. 菌相是指一食品样品中的菌群构成及其相对数量关系。(　　)

五、问答题

1. 什么是微生物生态？研究它有什么的意义？
2. 为什么说土壤是微生物资源的"大本营"？
3. 食品环境中的极端微生物包括哪些？
4. 举例说明微生物间的协同关系。
5. 什么是极端微生物，它们与食品生产有何关系？
6. 设计实验从自然界中分离乳酸菌。
7. 以一种水产食品为例，叙述食品国家标准中微生物指标分析方法？
8. 菌种退化的主要原因是什么？表现在哪些方面？如何防止？
9. 讨论温度对微生物生长和生存的关系。
10. 如何从自然界中筛选一株 α-淀粉酶产生细菌（芽孢杆菌）？
11. 简述泡菜生产中如何利用微生物间的相互关系，主要关系有哪些？说明主要依据。

第九章

免疫学技术在食源性微生物检测中的应用

[学习目的与要求]

1. 掌握基于免疫学的微生物快速检测方法的基本原理及其应用范围。
2. 掌握基于免疫学的检测微生物的生物反应器的工作原理及其应用范围。

[学习重点与难点]

1. 重点是基于免疫学的微生物快速检测方法和生物反应器的使用方法。
2. 难点是基于免疫学的微生物快速检测方法和生物反应器的基本原理。

第一节 基于免疫学的微生物快速检测方法及其应用

紧急出现的食品生物安全问题对消费者和食品厂商来说,都是非常重要的。尽管食源性致病菌的统计数据表明,案例发生率呈轻微下降的趋势,但是,暴发性的事件和产品召回仍然给生产商造成巨大的经济压力。

基于微生物培养的常规方法被认为是对微生物检测的黄金标准。这些方法依靠特定的微生物培养基,对食品中的活菌细胞进行分离和计数。它一般包括5个步骤:预富集、选择性富集、用选择性培养基平板进行菌落鉴定、生化假定测试和血清学证实试验。传统培养方法灵敏度很高,而且相对比较便宜,不仅可以定性分析,还可以对微生物的数量和性质进行定量分析。然而,它需要大量的人力并且需要很长时间(7~10d)。为了克服这些困难,人们建立了不同的快速检验方法,其中许多是自动化的。它们中的一些方法已被有关管理部门批准。除了迅速,它们对目标菌有很强的特异性,较为灵敏,相对准确,并且只需要较少的劳动力。

使用最广泛的快速检测方法是基于免疫测定技术。该体系对于筛选和鉴定与各种各样的食品有关的特定细菌是令人满意的。用于这些体系的抗体可以检测许多细胞目标(多克隆抗体）或特定目标（单克隆抗体）。几种快速且自动化的检测方法已经相继建立，这些方法依赖于抗原抗体的特异性反应及凝聚物的形成、显色底物颜色的形成、免疫条带的出现或发出荧光。

一、免疫磁性分离技术

（一）免疫磁性分离技术原理

免疫磁性分离是微生物检测的一种强有力的辅助技术。具有抗体分子涂层的磁性小珠能够从样品中筛选一种特定的细菌或从样品中分离一种目标细菌，被用于从混合物中捕获和浓缩目标菌，这种方法被称为免疫磁性分离（immunomagnetic separation，IMS）技术，通常又称免疫磁珠分离技术（immunomagnetic beads separation techniques，IMB），或称磁场激活的细胞分选法（magnetic activated cell sorting，MACS）。其分离细胞是基于细胞表面抗原能与连接有磁珠的特异性单克隆抗体相结合，在外加磁场中，通过抗体与磁珠相连的细胞被吸附而滞留在磁场中，无该种表面抗原的细胞由于不能与连接着磁珠的特异性单克隆抗体结合而没有磁性，不在磁场中停留，从而使细胞得以分离（图9-1）。

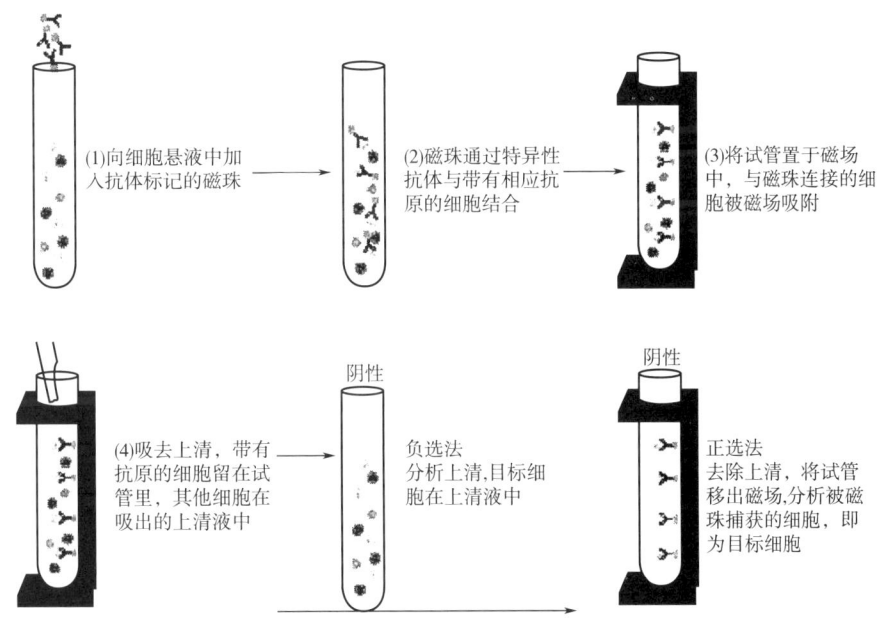

图9-1 免疫磁珠法分离细胞的原理
（资料来源：冯仁青，郭振泉，宓捷波，2006）

用于免疫磁性分离技术的磁珠具有超顺磁性，也就是说，它们只有在外部磁场中才表现出磁性。最常见的磁珠是磁性纳米颗粒，直径为$2.8 \sim 4.5 \mu m$，是一些聚丙烯包被的铁氰化物。通过磁性分离器，它们很容易从悬液中移除掉。由于没有磁性剩余，粒子不会互相吸引，因此，在没有外部磁场存在时很容易形成均质混悬液（图9-2）。

免疫磁性分离分为两个步骤。首先，一份涂覆有一种特定抗体的磁珠被加入到一个含有目标微生物的样品中，此处，样品通常为液体培养物。样品被保温处理30~60min，以促进

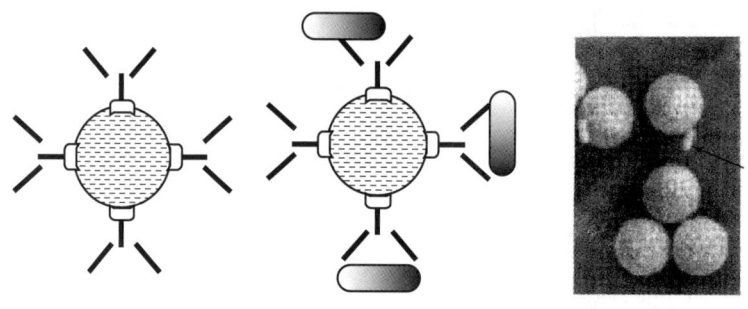

(1)用抗体包被的磁珠颗粒　　(2)捕获的细菌细胞　　(3)扫描电镜图像显示捕获
　　　　　　　　　　　　　　　　　　　　　　　　　　的李斯特菌细胞(箭头)

图 9-2　磁珠颗粒显示抗体捕获的细菌

(资料来源：Bibek Ray，Arun Bhunia，江汉湖译，2012)

目标细胞与抗体的结合。然后，将含有磁性复合物的反应管放置在一个磁性分离器（磁铁）中，倾倒掉液体。第二步，将磁性复合物用缓冲液洗涤几次，以除去那些无关的污染物，从样品中分离出复合物，做进一步分析。

免疫磁性分离技术分为正选法和负选法。正选法即磁珠结合的细胞就是所要分离获得的细胞；负选法即磁珠结合不需要的细胞，游离于上清液的细胞为所需细胞（图 9-1）。一般而言，负选法比正选法的磁珠用量大。

正选法又可以分为直接法和间接法。在直接法中，磁珠表面涂覆着一层目标微生物的特异性抗体（一抗），使它们连接在一起，这样通过一抗，菌体细胞便吸附到磁珠上。在间接法中，一抗被加入到悬液中，使其与目标微生物结合，而磁珠表面涂覆的是针对一抗的特异性二抗，将此磁珠加入反应体系中，一抗和二抗结合。二抗是抗特异种的异种抗体，也就是说，如果一抗是来自小鼠，那么二抗是使用小鼠产生的一抗免疫兔、山羊或其他动物而产生的抗体。

作为一种微生物检测的辅助技术，免疫磁性分离技术经常与一些技术联合使用，例如选择性琼脂平板、酶联免疫吸附测定（enzyme-linked immunosorbent assays，ELISA）、化学发光检测、DNA 杂交、基于 PCR 的测定法、激光细胞计量仪（laser cytometry）、质谱法和生物传感分析等，用来检测细菌类病原体。

免疫磁性分离方法的缺点是：对非目标菌的非特异性捕获，以及在 10%~70% 的不稳定的捕获率，这与抗体或目标微生物有关。

（二）免疫磁性分离技术在微生物快速检测中的应用

免疫磁珠已用于环境中不同微生物的浓缩和分离，食品中的各种微生物也可以通过免疫磁珠直接或间接地分离和浓缩。已经证实，免疫磁珠分离系统已经可以用于从一系列食品样品中分离副溶血性弧菌、酸土脂环酸芽孢杆菌（*Alicyclobacillus acidoterrestris*）、耶尔森菌、大肠杆菌 O157∶H7、李斯特菌和沙门菌等。

1. 在副溶血性弧菌检测中的应用

革兰阴性、嗜盐的海洋细菌副溶血性弧菌已经成为与全球食源性疾病暴发相关的海产品的一个重要污染菌。贝类，尤其是牡蛎，经常涉及副溶血性弧菌污染。已经建立了很多方法来检测食品和环境中的副溶血性弧菌。使用常规的培养和以生化为基础的测定法进行检测，费时费力。近年来，分子技术如实时 PCR（real-time PCR）、环介导等温扩增（loop mediated isothermal amplification，LAMP）测定法等已经得到了发展。其中，LAMP 测定法尤其操作简便、反应迅速和检测容易。然而，只有细菌细胞被浓缩至一个适当的量用于反应，分子方法才能进行。此外，当总的细菌 DNA 是从食物中被直接提取时，使用分子技术检测受污染样品中的细菌可能会受到食物成分、选择性富集培养基或大量的非靶 DNA 的抑制。而免疫磁性分离（IMS）技术就可以避免这些问题，并提高海产品中副溶血性弧菌的回收和检测。

IMS 可以有效地消除样品中的聚合酶抑制剂，减少富集所需要的时间，提高检测限。起初，用于副溶血性弧菌的 IMS 是使用微米尺寸的磁珠进行的；最近，纳米材料已经用于 IMS。使用纳米材料替代微珠的主要优点是其具有较高的捕获效率（capture efficiency，CE）、较快的反应动力学和最小的样品制备量。

Zeng J. 等（2014）在副溶血性弧菌快速检测中联合使用了基于纳米颗粒的 IMS 与实时 LAMP。通过针对副溶血性弧菌的鞭毛而产生的单克隆抗体，将磁性纳米颗粒功能化，用于从生牡蛎中捕获和分离靶细胞。免疫磁性纳米颗粒（immunomagnetic nanoparticles，IMNPs）的捕获效率为 87.3%。该免疫磁性分离-环介导等温扩增（IMS-LAMP）方法，无须扩增，特异性高，不经富集，其灵敏度为 $1.9×10^3$ CFU/g。而在富集培养 6~8h 后，检测限能够提升到 0.19~1.9CFU/g。

2. 在酸土脂环酸芽孢杆菌检测中的应用

Wang Z. L. 等（2013）将特异性的抗酸土脂环酸芽孢杆菌的抗体固定在磁性纳米颗粒的表面，用于免疫捕获苹果汁中酸土脂环酸芽孢杆菌。氧化型抗体定向固定到由 3-氨丙基三乙氧基硅烷涂覆的磁性纳米颗粒上，表现出较好的识别能力。在最佳条件下，磁性纳米颗粒的最大的抗体吸附能力能够达到 75.6μg/mg，对酸土脂环酸芽孢杆菌的分离效率能够达到 80% 或者更高，而对其他菌种的非特异性吸附较低。

3. 在耶尔森菌检测中的应用

Cecilia S. M. 等（2012）通过 4 种方法，评估了肉制品中耶尔森菌。方法 A：在胰酪胨大豆肉汤培养基中冷富集；方法 B：在改良的 Rappaport 肉汤培养基中 25℃ 下富集；方法 C：通过免疫磁性分离浓缩；方法 D：yadA 巢式 PCR。该科研小组在 2007—2008 年期间，在阿根廷的圣路易斯市的食品零售场所，收集了总计 238 个样品。通过方法 D，观察到在肉制品中耶尔森菌的最高流行（92 个阳性样品），其次是方法 A（13 个阳性样品）和方法 C（5 个阳性样品）；通过方法 B，没有获得分离。

4. 在大肠杆菌 O157：H7 检测中的应用

纳米磁性颗粒的使用能够提高细菌的分离效率，但是需要更高梯度和强度的磁场。Lin J. H. 等（2015）开发出一个平均场强为 1.35 T 和平均梯度为 90 T/m 的强大的磁性生物分离器，使用 30nm 和 180nm 的磁性颗粒来特异性分离和高效地浓缩大肠杆菌 O157：H7。他们通过 1-（3-二甲基氨基丙基）-3-乙基碳二亚胺盐酸盐（EDC·HCl）法和链霉亲和素-生物素结合法，将多克隆抗体固定于磁性纳米颗粒的表面。使用 30nm 或 180nm 免疫磁性颗粒的生物分离器，都能够使大肠杆菌 O157：H7 在浓度范围为 10^2~10^5 CFU/mL 时达到 >90% 的分离效率。综合考虑耗时、花费和分离效率，180nm 的磁性颗粒对于快速筛选应用是实用的；30nm 磁性颗粒对于特异性的检测应用更加合适。

5. 在沙门菌检测中的应用

Zheng Q. W. 等（2014）考查了一种快速方法来检测生鸭翅上的健康的和热损伤的鼠伤寒沙门菌，该方法结合了实时 PCR 和免疫磁性分离。在最佳的 IMS 条件下（30min 磁珠保温时间和 3min 磁性分离时间），大约 85% 和 64% 的鼠伤寒沙门菌细胞分别从纯培养和人工接种的生鸭翅中被磁珠捕获。在 7h 的富集培养之后，优化的 PCR-IMS 测定法在检测健康的沙门菌细胞时，显著优于传统的 PCR 方法（$P=0.0011$）。然而，在经过较长时间（14h）的富集之后，两种方法之间没有显著的差异。PCR-IMS 的诊断准确率为 98.3%，能够为生鸭翅上的沙门菌提供一种灵敏、特异和快速的检测方法，可实现 10h 之内的检测。对于热损伤细胞的复苏和可靠的检测，可能需要一个更长的富集培养时间。

二、反向被动乳胶凝集法

（一）反向被动乳胶凝集法原理

反向被动乳胶凝集法（reverse passive latex agglutination，RPLA）是把固定在乳胶颗粒上的特异毒素抗体与疑似含有毒素的制品样品在微量反应板小孔中混合。如果样品中含有相应毒素，底部会出现一个云雾状扩散（抗原抗体凝集物）；如果没有，会出现环状或者纽扣状。该方法不是那么灵敏，因为目标微生物的数量要大于 10^6 CFU 才能产生肉眼可见的反应。但是，该方法是快速的，为筛选一种目标微生物提供了一种简便方法。

（二）反向被动乳胶凝集法在微生物快速检测中的应用

这种方法已应用到许多食源性致病菌的毒素检测，如金黄色葡萄球菌、产气荚膜梭菌、蜡样芽孢杆菌、霍乱弧菌以及肠毒素型大肠杆菌等，也可以用于病毒检测。

1. 反向被动乳胶凝集法在肠道致病性大肠杆菌快速检测中的应用

Lu Y. 等（2002）通过检测致病因子 EspB，鉴定肠道致病性大肠杆菌（enteropathogenic *Escherichia coli*，EPEC）。在 DMEM（Dulbecco's modification of eagle's medium）培养基中培养大肠杆菌，通过反向被动乳胶凝集法检测培养物上清液中的 EspB。当通过 RPLA 和 Western 印迹检测时，EspB 的 α、β 和 γ 亚型之间呈抗原性交叉反应。在临床实验室和现场，这个用于 EspB 检测的 RPLA 可能是一种确定 EPEC 的实用方法。

2. 反向被动乳胶凝集法在葡萄球菌快速检测中的应用

SET-RPLA 是一种市售的试剂盒，用于检测食品中的葡萄球菌肠毒素（staphylococcal enterotoxin，SET）。最初，在对乳酪使用该试剂盒时，呈现非特异性反应，从而限制了它的使用。Rose S. A. 等（1989）试验了各种乳制品，发现非特异性反应只与在制造过程中添加凝乳酶的那些产品相关联。通过向试剂盒中提供的稀释剂加入 10mmol/L 的六偏磷酸钠，可以消除这些反应，同时不会影响检测乳制品中葡萄球菌肠毒素的能力。SET-RPLA 的灵敏度为 0.25ng/mL。

3. 反向被动乳胶凝集法在白斑综合征病毒快速检测中的应用

Okumura T. 等（2004）开发了一种反向被动乳胶凝集测定法，用于检测斑节虾（*Penaeus japonicus*）的胃组织匀浆中的白斑综合征病毒（white spot syndrome virus，WSSV），该病毒在日本被正式命名为对虾杆状 DNA 病毒（penaeid rod-shaped DNA virus，PRDV）。采用高密度的乳胶颗粒和特异性的多克隆抗体，在 4h 的保温处理后即能检测白斑综合征病毒。他们从一只已通过实验感染了白斑综合征病毒的虾中提取血淋巴、胃和鳃，然后使用 PRLA 和 PCR

测定法检测每个样品中所含有的病毒。通过 RPLA 测定法,可以检测来自胃组织匀浆的白斑综合征病毒,并且,用于检测白斑综合征病毒的 RPLA 和 PCR 测定法之间存在一致性。RPLA 测定法不需要生物化学专业知识和乳胶试剂,而且所有设备能够被一种试剂盒的形式提供,因此,该测法定作为一种方便的方法,可用于在虾的养殖池或现场的病毒检测。

三、酶联免疫吸附测定

(一)酶联免疫吸附测定原理

酶联免疫吸附测定(ELISA)是目前应用最广泛的生物免疫技术之一。在 96 孔聚苯乙烯微孔板上,首先将抗原(病原菌或毒素)与一抗结合,然后使用酶标二抗进行定量检测。常用的酶是辣根过氧化物酶和碱性磷酸酶。添加显色底物如邻苯二胺或四甲基联苯胺(分别是过氧化物酶和碱性磷酸酶的底物),阳性呈色,反应可通过分光光度计测量颜色的深浅进行定量。酶量可以由颜色深浅估计,而酶量又反映了受检抗原的数量。三种最常用的 ELISA 方法是间接法、双抗体夹心法(三明治夹心法)和竞争法(图9-3)。

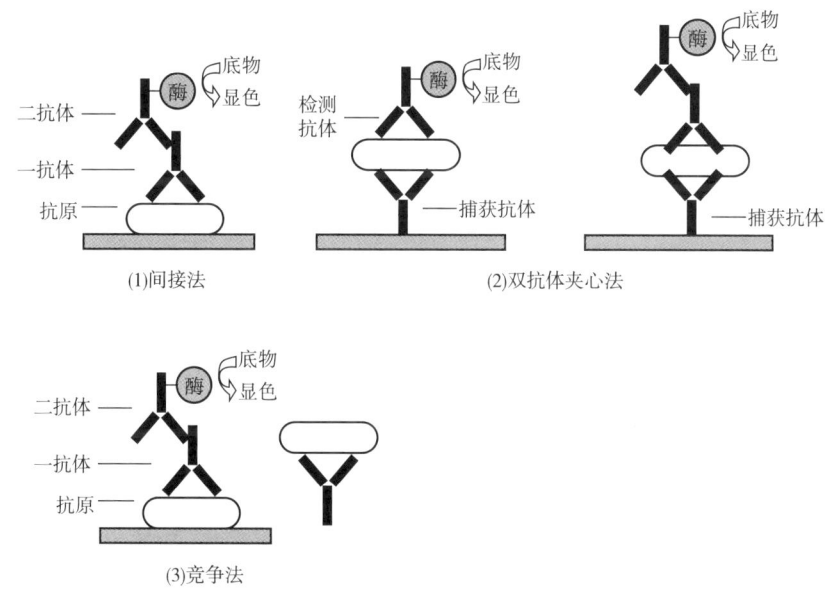

图 9-3 不同形式的 ELISA 示意图

(资料来源:Bibek Ray,Arun Bhunia,江汉湖译,2012)

1. 间接法

抗原首先被固定在聚苯乙烯板上,然后与一抗反应;充分洗涤后,加入酶标二抗,与固相复合物中的一抗结合。然后,加入底物显色。

2. 双抗体夹心法

抗体首先被包被固定于反应板上,然后与微生物抗原反应而将其捕获;然后,加入微生物特异性酶标抗体形成典型的夹心式复合物。抗原至少要有两个与两种抗体结合的位点。

3. 竞争法

菌体细胞或抗原首先固定在小孔中。在另外的反应管中,一抗与不同稀释度的菌体(或抗原）混合，然后加入到含有固定化抗体的微量反应板小孔中。只有那些没有结合的游离抗体会与固定化抗原结合；冲洗后，加入酶标二抗及底物并显色。抗原最高的稀释度表明最低的反应或等同于对照，而认为是阳性。

（二）酶联免疫吸附测定在微生物快速检测中的应用

一般来说，ELISA 方法的检测限为 $10^6 \sim 10^7$ 个菌细胞数/mL。现在已经有了一些商业的 ELISA 试剂盒用于从富集后的食品样品中检测食源性致病菌。对于在属或种的水平上检测和鉴定真菌，基于 ELISA 的方法也是可用的。霉菌毒素也可以使用商业化的 ELISA 系统检测。这种方法已应用到许多食源性致病菌的检测，如酸土脂环酸芽孢杆菌、大肠杆菌等。

1. 酶联免疫吸附测定在酸土脂环酸芽孢杆菌快速检测中的应用

酸土脂环酸芽孢杆菌是一种嗜酸的产芽孢的细菌，它能够在酸性果汁加工中耐受热处理而存活。当果汁贮存在适宜的温度下时，酸土脂环酸芽孢杆菌可以增长，导致腐败。因此，酸土脂环酸芽孢杆菌正在吸引食品工业特别是果汁生产厂的大量关注。

酸土脂环酸芽孢杆菌的传统检测方法是平板培养和计数，它需要 5d 才能得到结果。因此，迫切需要一种快速、有效的方法，以便更好地控制这种腐败微生物。RT-PCR 方法曾被用于检测酸性饮料中的酸土脂环酸芽孢杆菌，在 15h 的富集后，最初以 2~3CFU/mL 酸土脂环酸芽孢杆菌接种的样品，通过 RT-PCR 测定法被鉴定为阳性。后来，一种基于 RT-PCR 的检测方法被开发，该方法能在 5h 之内检测酸土脂环酸芽孢杆菌。定量竞争 PCR（quantitatively competitive PCR，QC-PCR）方法在 4~5h 就可以完成酸土脂环酸芽孢杆菌的检测，其检测限为 $5×10^3$CFU/PCR。其他的快速检测方法还包括检测酸土脂环酸芽孢杆菌代谢物的顶空固相微萃取气质联用（SPME-GCMS）技术、疏水性格栅滤膜（hydrophobic grid membrane）和衰减全反射红外光谱法（attenuated total reflectance infrared spectroscopy）、电子鼻以及作为检测酸土脂环酸芽孢杆菌的脂肪酶和酯酶指纹图谱的工具的高效液相色谱（HPLC）。然而，这些方法都有缺点。例如，PCR 方法不易操作，还存在假阳性问题；其他的快速检测方法仍处于初步研究阶段。那些方法都因设备昂贵及检测时间较长而不适于实际应用。在检测之前，必须将耐热细菌培养至对数期或 24~48h。

Li J. 等曾报告了一种新型的间接酶联免疫吸附测定法（indirect enzyme-linked immunosorbent assay，ID-ELISA），以检测浓缩苹果汁（apple juice concentrate，AJC）中的酸土脂环酸芽孢杆菌，和一种改进的 ELISA 方法，即葡萄球菌蛋白 A 酶联免疫吸附测定法（staphylococcal protein A enzyme-linked immunosorbent assay，SPA-ELISA）。这两种方法都能满足实际应用的国际标准要求。为使 ELISA 更加方便和实用，Li J. 等（2014）通过用分离自浓缩苹果汁的一个酸土脂环酸芽孢杆菌菌株免疫 Sprague Dawley（SD）大鼠和日本白兔，获得了两个抗酸土脂环酸芽孢杆菌的异源的抗体。通过使用这两种抗体，建立了一种双抗体夹心酶联免疫吸附测定法（double antibodies sandwich ELISA，DAS-ELISA），用于浓缩苹果汁中酸土脂环酸芽孢杆菌的快速检测，其检测限为 $5×10^3$CFU/mL。该测定法与七种常见的食源性微生物之间没有交叉反应，并且，在各独立运行之内和之间的变异系数（coefficient of variation，CV）分别低于 5.0% 和 10%，显示了良好的特异性和可重复性。该 DAS-ELISA 测定法被成功地应用于检测浓缩苹果汁样品中的酸土脂环酸芽孢杆菌，其间与 12h 的选择性培养偶联，结果和从常规的 K 培养基法获得的结果具有极大的一致性。此外，这种方法与该团队之前报告的 ID-ELISA 和 SPA-ELISA 测定法相比，具有优势，有利于这种新发展的测定方法在食品中的使用。

2. 酶联免疫吸附测定在大肠杆菌快速检测中的应用

为了建立 ELISA 方法以测定水环境中的大肠杆菌总数，Wang N. 等（2007）根据各种大肠杆菌血清型的特征，制备了水环境中的大肠杆菌多特征抗原，包括全细胞抗原、受损全细胞的抗原、菌体抗原、鞭毛抗原和菌毛抗原。从用这五种抗原分别免疫的新西兰兔体内，获得总的大肠杆菌多克隆抗体。这些抗体效价高，纯度好，能够特异地、稳定地和强烈地与抗原结合。间接 ELISA 显示，全细胞抗体和受损全细胞的抗体的效价均超过 1×10^5。抗体的交叉反应性是 12%~30%，这表明总的大肠杆菌的抗体具有特异性。基于这些抗体，建立了间接 ELISA 法来检测水环境中的大肠杆菌总数。基质（matrix）的所有因素都没有显著的影响；检测限可以达到 10^4CFU/L。该间接 ELISA 方法作为一种快速筛选方法，非常适合实际水样中的大肠杆菌总数分析。

Blais B. W. 等（2006）研制了基于多黏菌素的酶联免疫吸附测定法（多黏菌素-ELISA）体系，以检测在富集之后碎牛肉中的大肠杆菌 O111 和 O26。固定在微量滴定板的板孔中的多黏菌素是脂多糖抗原的一种高亲和吸附剂，使用市售的抗大肠杆菌 O111 或抗大肠杆菌 O26 的抗血清进行脂多糖抗原的免疫酶学检测。多黏菌素-ELISA 选择性地检测出含有 O111 和 O26 脂多糖抗原的大肠杆菌菌株，能够区分这些目标菌株和一组各种各样的非目标革兰阴性和革兰阳性菌。在具有新生霉素的改良胰蛋白酶大豆肉汤（trypticase soy broth，TSB）或血清型特异性培养基——补充以头孢克肟和万古霉素的 TSB 中富集培养大肠杆菌 O111，而含有亚碲酸钾的相同的培养基用于富集培养大肠杆菌 O26，之后，实现了接种到碎牛肉中的大肠杆菌 O111 和 O26 菌株的检测。对于碎牛肉的富集培养物中的大肠杆菌 O111 和 O26，多黏菌素-ELISA 显示出其具有作为一种快速、简便和廉价的筛选工具的前景。

四、免疫荧光法

（一）免疫荧光法原理

在免疫荧光（immunofluorescence，IF）法中，荧光物质标记的检测抗体（抗菌体抗原或抗鞭毛抗原）同抗原结合成免疫复合物后会发射荧光。通过在载玻片或 96 孔聚苯乙烯微孔板上反应，利用荧光显微镜或数码相机或荧光分光光度计检测荧光。采用的荧光标记物有罗丹明 B、异氰酸荧光素和异硫氰酸荧光素。在直接法中，抗原直接与荧光标记的特异性抗体进行反应。在间接法中，一抗不用荧光标记，但是，具有种属特异性的二抗上偶联荧光素分子；荧光标记的二抗可以检测一抗与抗原形成的免疫复合物，从而消除了必须为每一种待测微生物制作荧光标记抗体的麻烦。

（二）免疫荧光法在微生物快速检测中的应用

免疫荧光法已应用到许多食源性致病菌的检测，如大肠杆菌 O157∶H7 等。

1. 免疫荧光法在大肠杆菌 O157∶H7 快速检测中的应用

肠出血性大肠杆菌血清型 O157∶H7 是最危险的食源性病原菌之一，它能够产生一种或多种类志贺毒素（Shiga-like toxin）或维罗细胞毒素（Vero cytotoxin）。这些毒素可以引起严重的胃肠道感染。大肠杆菌 O157∶H7 已经在全球涉及与摄入各种污染食物相关的食源性疾病的暴发。为了预防普遍暴发的发生，需要使用快速和灵敏的方法以鉴定这种有害的细菌。荧光标记是一种使生物细胞可见的常用方法，用于检测病原菌存在的各种技术已经在该方法的基础上进行。但是，由于其较差的光稳定性，基于传统的有机荧光染料的探针并不适宜。纳米颗粒技术方面的进步已经产生了比传统荧光染料更加稳定和灵敏的荧光探针。加入染料的二氧化硅纳米颗粒（nanoparticles，NPs），相比于传统的荧光染料，展示了重要的优点，如高发光性和光稳定性，已经被广泛应用于生物成像和超灵敏生物分析，包括细胞染色、DNA检测、细胞表面受体定位和细菌的超灵敏检测。每一个纳米颗粒在保护性的二氧化硅基质中包裹了数以千计的荧光染料分子，为基于荧光的生物分析提供了高度放大和可再生的信号。在传统的免疫测定中，一个抗体分子仅仅与一些染料分子相连，而生物结合的纳米颗粒使分析信号显著放大，因为大量的染料分子被包裹在单个的纳米颗粒中。

Chen Z.Z.等（2015）研制了一种基于荧光纳米颗粒的间接免疫荧光测定的方法，以快速检测大肠杆菌O157：H7，该方法用到了荧光显微镜或流式细胞仪。他们使用W/O微乳液（microemulsion）方法合成掺入染料的二氧化硅纳米颗粒（NPs）。蛋白A通过共价结合于羧基连接（carboxyl linker）而固定于NPs表面。兔抗-大肠杆菌O157：H7的抗体被用作第一抗体来识别大肠杆菌O157：H7，然后，用掺入异硫氰酸荧光素（FITC）的二氧化硅纳米颗粒（FITC-doped silica NPs，FSiNPs）标记的抗体结合蛋白（蛋白A）产生荧光信号。通过使用显微成像和流式细胞仪，分别在缓冲液和细菌混合物中进行大肠杆菌O157：H7的无分离检测。FSiNPs比直接使用传统的荧光染料具有优异的性能，其适用于病原体的信号放大生物测定。

2. 免疫荧光法在其他微生物快速检测中的应用

Veena M.S.等（2002）研制了一种间接的免疫荧光菌落染色法，以检测番茄种子传播的重要细菌病原体。该方法涉及使用特异的抗血清以对靶细菌初始结合，使用一种缀合有FITC的市售第二抗血清（secondary antiserum）和在荧光显微镜下观察，使得阳性菌落可视化。这种间接方法尤其适用于实验室、种子公司和那些没有第一抗血清（primary antiserum）缀合设施的检疫站。它更加经济，并且克服了在新批次从相同的第一抗血清制备的缀合物中通常会遭遇到变化的缀合物的质量问题。该测定法易于操作，并且结果通过视觉评分或图像分析仪很容易评估。相比于传统方法中的30~45d，结果在4~5d可得。所得的细菌培养物可以通过PCR或宿主感染性进行检测，并且培养物可以存储起来以备将来参考。与高度特异性的抗体（市售单克隆抗体和重组抗体）结合使用，该方法可以作为一种非常敏感的检测工具，并在定位分析中也有应用潜力。然而，在测定中，必须选择正确的第二缀合物，才能得到最好的结果。

五、 侧流免疫层析法

（一）侧流免疫层析法原理

侧流免疫层析分析（lateral-flow immunochromatographic assay，LFIA）又称试纸条分析，是一种夹心分析技术。它是在膜上进行的（图9-4）。首先，将捕获抗体固定于膜上预先划定的一个区域，用胶体金或乳胶颗粒预先标记的检测抗体也包埋在硝酸纤维素试纸条上；将含有特异性抗原（微生物）的样品加到样品孔中，并与试纸条检测抗体相结合，该免疫复合物依靠毛细管虹吸作用向多孔膜的另一端迁移。在试纸条上有两条捕获带，一条特异性捕获病原菌；另一条特异性捕获没有与抗原结合的游离抗体，被称为对照线。如果膜上只有对照线一条捕获带显色，表明这是一个阴性样品；如果两条捕获带都显色，说明结果呈阳性。侧流分析技术在 5~10min 内可以得到结果，简便易行，经济节约，适用于初筛试验。

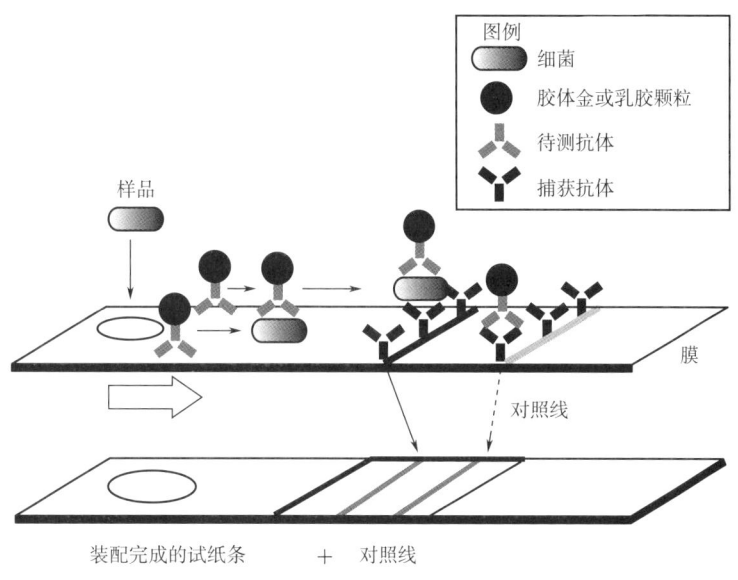

图 9-4　侧流免疫层析试验
（资料来源：Bibek Ray，Arun Bhunia，江汉湖译，2012）

（二）侧流免疫层析法在微生物快速检测中的应用

侧流免疫层析测定法（LFIA）是用于检测样品中的目标的简单和小型的装置。自从 20 世纪 80 年代出现血清学侧流检验以来，由于其快速响应、成本低和简单，该技术已被广泛应用于医学诊断、生物防御、食品安全及其他领域。这项技术结合了薄层层析法和免疫反应。捕获蛋白（抗体或抗原）通常由胶体金标记，结合其目标物，然后通过毛细管力沿一条色谱带流动。当层析完成时，蛋白质-目标物的复合物和游离的捕获蛋白积聚在条带的两个不同区域，分别形成了测试线（test line）和对照线（control line）。通过肉眼或借助便携式设备，可以评估各种分析物的定性或定量检测。近来，许多新的标记，如量子点（quantum dot）、磁性颗粒/碳纳米颗粒和荧光生物缀合物（fluorescent bioconjugate）已经被用于侧流免疫层析法，提高了检测的灵敏度。然而，侧流免疫层析法主要用于检测蛋白质、药物和其他小分子，并且总是受到测试样品中的颗粒状成分的干扰。侧流免疫层析法也已应用到一些食源性致病菌的检测，如炭疽杆菌、金黄色葡萄球菌、鼠疫耶尔森菌等。

1. 侧流免疫层析法在炭疽杆菌快速检测中的应用

炭疽杆菌，一种革兰阳性的好氧细菌，由于是炭疽的病原体而臭名昭著，属于 A 类生物威胁。除了传统的细菌学检验，许多技术能够鉴定炭疽杆菌，包括免疫测定、DNA 测序、生物传感器检测系统、拉曼显微光谱技术（Raman microspectroscopy）、气相色谱-质谱法及其他以纳米材料为基础的先进方法。这些方法往往检测时间长，需要使用昂贵的设备，流程复杂或需要经验丰富的操作人员。因此，在野外条件下检测炭疽杆菌的芽孢仍然具有挑战性。

为了解决这个问题，Wang D. B. 等起初研制了特异性的、高亲和力的单克隆抗体，该抗体可以直接结合到天然的炭疽杆菌的表面。使用单克隆抗体和超顺磁性氧化铁作为标记，建立了一个超顺磁性侧流免疫检测系统，用于检测纯的炭疽杆菌芽孢和含有炭疽杆菌芽孢的人工样品。该系统稳定性好，储存时间长，检测限灵敏，为 $4.0×10^3$ CFU/mL。然而，层析步骤几乎需要 30min，并且低浓度的炭疽杆菌芽孢不能被肉眼检测。这可能是因为超顺磁性颗粒（直径 100~300nm）和炭疽杆菌芽孢体积大（直径 $\leq 1\mu m$），形成巨大的免疫复合物，该复合物在进行层析时会导致"封路（road closure）"，尤其是当抗体结合到芽孢表面的多个抗原决定簇时。这样，芽孢的庞大及易于聚集的特点限制了应用侧流免疫层析法检测天然的芽孢。

Wang D. B. 等（2014）开发了一种新的侧流免疫层析法。该方法基于如下事实：炭疽杆菌芽孢子和抗体标记的超顺磁性颗粒的结合物将会阻塞色谱条带的孔隙，并在条带处形成滞留线（retention line），而不是在经典的侧流免疫层析法中通常报道的测试线和对照线。该方法包括两个步骤：免疫富集和层析。与传统的侧流免疫层析法相比，该方法不需要预先将抗体加到层析膜上，在层析过程中也没有形成检测线和对照线。通过用肉眼、便携式磁信号阅读仪或数字化的层析阅读仪从滞留线中检测信号，这种新的侧流免疫层析法能够同时实现光学的、磁性的和肉眼的检测。少至 500~700 个的纯炭疽杆菌芽孢在 5min 的色谱法内能够被识别，总时间为 20min，CV 值低于 8.31%。对于粉状样品的测试，没有任何样品预处理，这种侧流免疫层析法能够容忍 25%（质量浓度）牛乳、10%（质量浓度）小苏打和 10%（质量浓度）淀粉的干扰，相应的检测限为 $6×10^4$ 芽孢/g 乳粉、$2×10^5$ 芽孢/g 淀粉和 $5×10^5$ 芽孢/g 小苏打。与现存的方法相比，新的方法在灵敏性、特异性、费用和操作简便性等方面具有良好的竞争力。

2. 侧流免疫层析法在鼠疫耶尔森菌快速检测中的应用

为了对鼠疫耶尔森菌进行快速、特异的定量检测，Yan Z. 等（2006）研制了基于上转换发光技术（up-converting phosphor technology，UPT）的侧流免疫测定法。在该测定法中，400nm 的上转换发光颗粒被用作报告颗粒（reporter）。通过使用一种固定在硝酸纤维素膜上的抗鼠疫耶尔森菌 F1 抗原的多克隆抗体以及结合到 UPT 颗粒上的相同抗体，一种夹心免疫测定法被采用。通过基于 UPT 的生物传感器进行条带的信号检测，该生物传感器可提供一种 980nm 的红外激光来激发发光颗粒，然后收集 UPT 颗粒发出的可见光，最后将其转换为电压信号。VT 和 VC 分别代表测试线和对照线的复合电压单位（multiplied voltage unit），VT/VC 的比值与样品中的鼠疫耶尔森菌的数量成正比。该比值与鼠疫耶尔森菌的 lgCFU/mL 值在检测限以上存在着良好的线性关系，检测限约为 10^4 CFU/mL。组内（intra-assay）和组间（inter-assay）的精确度低于 15（变异系数 CV）。未发现与相关的革兰阴性肠细菌存在交叉反应。此处描述的 UPT-侧流免疫测定系统从样品处理到数据分析只需不到 30min 的时间。

六、流式细胞分析

流式细胞分析（flow cytometry，FCM）又称流式细胞术，是以高能量激光照射高速流动状态下被荧光素染色的单细胞或微粒，测量其产生的散射光和发射荧光的强度，从而对细胞或微粒的物理、生理、生化、免疫、遗传、分子生物学性状及功能状态等进行定性或定量检测的一种现代细胞分析技术。它具有如下特点：①标本只要是单细胞即可用于分析；②极短时间内可分析大量细胞，能以每秒钟数十、数百、数千个细胞的速率进行测量；③当同时用多种分子探针,可同时分析单个细胞的多种特征;④定性或定量分析细胞。概要来说,流式细胞分析技术主要包括了样品的液流技术、细胞的分选和计数技术以及数据的采集和分析技术等。

流式细胞仪(flow cytometer)是进行流式细胞分析的装置。它是一种对细胞进行自动分析和分选的仪器,可以快速测量、存储、显示悬浮在液体中的分散细胞的一系列重要的生物物理、生物化学方面的特征参量,并可以根据预选的参量范围把指定的细胞亚群从中分选出来。流式细胞仪主要由四部分组成:流动室和液流系统、激光源和光学系统、光电管和检测系统、计算机和分析系统(图9-5)。

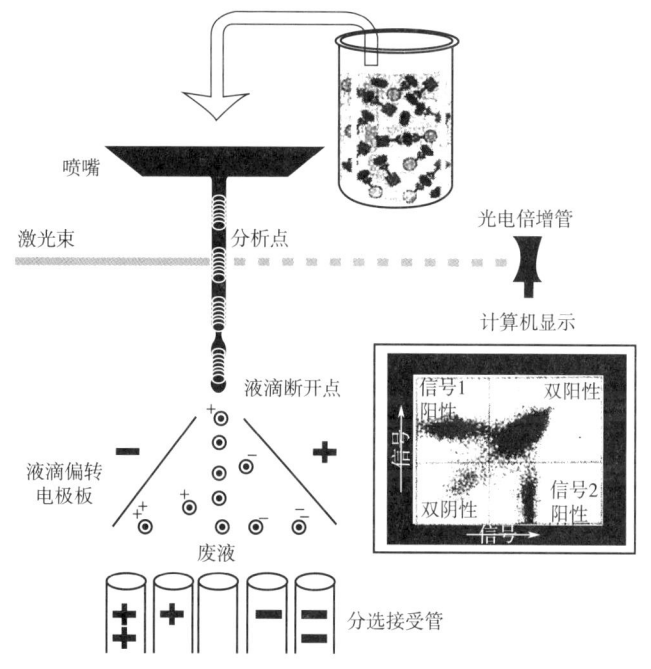

图9-5 流式细胞仪的工作原理
(资料来源:冯仁青,郭振泉,宓捷波,2006)

流式细胞分析可以基于一些参数,如细胞形态、核酸含量、表面抗原等,快速对一个细胞群体进行鉴定。细胞用适当的荧光素标记后,制成单细胞悬液,逐个快速通过通道,同时用激光束进行检测。通过分析每个细胞同激光束的相互作用(散射光或荧光),便可获得群体中符合预期参数的代表性菌体细胞。在流式细胞分析中,荧光标记的抗体可被用于直接检测菌体细胞。该方法的一个缺点是无法区分细胞死活以及来自食品基质的干扰。

第二节 基于免疫学的检测微生物的生物传感器及其应用

生物传感器是一种检测抗原-抗体、酶-底物或受体-配体形式的生物或化学复合物的装置。当这些复合物在位置上与换能器非常近时,换能器就会产生电、光或量变信号。生物传感器具有在自动或半自动仪器中对微生物进行灵敏和近乎实时检测的能力，以其为基础的工具一直受到研究者的青睐。作为传统方法的替代，以生物传感器为基础的技术被不断应用于食源性病原菌的检测。

目前，生物传感方法仍然处于发展的早期阶段，其中一些方法已被证明是快速的和灵敏的，有潜力成为一种自动便携式的病原菌在线检测设备。在大多数应用中，生物传感器将被用作在数小时内快速得到结果的初筛工具，而对于验证，可能仍需要传统的培养方法。将来需要定向提高生物传感器在检测食品和环境样品中食源性病原菌的实用性和有效性。

利用生物传感器进行病原体检测通常是基于微生物的四种基本生理学或遗传学特性：底物利用，利用抗体对毒力、生理或结构标记的表型表达进行分析，基因分析，病原菌对真核细胞的利用（致细胞病变作用）。目前，许多基于生物传感器的方法都是利用前面提到的四种原理中的一种或是它们的结合而开发的。其中，基于抗体的免疫传感技术是最普遍、应用最广和最方便的。

免疫传感器（immunosensor）是指将传统的免疫测定技术与传感器技术相结合的一类新型的生物传感器。免疫传感器由3部分组成：生物敏感元件、转换器和信号数据处理器。生物敏感元件是免疫反应的平台，即固定抗原或抗体的元件。抗原或抗体可以通过化学方法直接固定在转换器的表面，也可通过先固定在尼龙膜上再附着在转换器的表面。转换器是将抗原-抗体反应的信号转变成光或电信号的仪器。信号数据处理器是进行信号放大、处理并进行显示或记录的部分。因此，免疫传感器就是利用免疫反应中抗原-抗体的识别和结合的特点，将抗原（或抗体）与电化学转换器连接而成的检测装置。

常用的免疫传感器可分为两种类型：非标记型免疫传感器和标记型免疫传感器。非标记型免疫传感器是将抗原或抗体固定在膜或电极表面，与待检物发生特异性免疫反应后，抗原-抗体复合物改变了膜或电极的物理性质，如介电常数、电导率、膜电位和离子通透性等，从而引起电化学或电学变化。通过检测以上信号的变化，即可直接测得免疫反应的发生。该方法的优点是不需要额外的标记试剂，仪器要求简单，操作容易，反应快，但是也有灵敏度较低、由于非特异吸附引起假阳性结果等缺点。标记型免疫传感器是将抗原或抗体与标记物结合，免疫反应结束后，将未结合的抗原或抗体除去，然后再检测标记物的存在，一般的标记物是酶。

免疫传感器在微生物检测中获得了应用。一般来说，固定在膜表面的抗体都是菌体抗体。

一、光纤免疫传感器

（一）光纤免疫传感器工作原理

光纤生物传感器常利用以纤维或薄片形式存在的聚苯乙烯或玻璃波导。这种方法利用了光的全内反射（total internal reflection，TIR）特性。当光穿过波导管时，会在波导表面上产生一个逐渐消失的光波限，即隐失波的界限。在隐失场内的荧光分子受到激发而发出荧光，荧光以高度有序的方式穿过纤维返回，被荧光计检测到。

光纤免疫传感器（fiber-optical immunosensor）使用双抗夹心免疫测定法。在该方法中，首先，捕获特异性抗原的抗体被固定在波导的表面。然后，把样品注射到含有纤维的复合管中与捕获抗体结合。冲洗后，加入荧光标记的检测抗体，与抗原、捕获抗体形成双抗夹心形式。之后，将纤维与激光源/探测器连接。激光（635mm）穿过波导，产生隐失波，激发位于抗原-抗体复合物中的荧光分子，荧光分子便发出荧光，后者被检测器检测到。荧光的强度与抗原的量成正比（图9-6）。

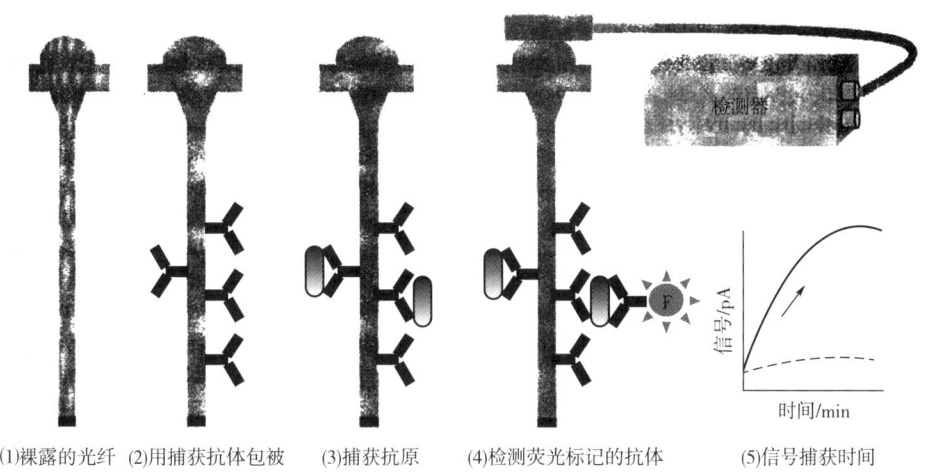

(1)裸露的光纤　(2)用捕获抗体包被　(3)捕获抗原　(4)检测荧光标记的抗体　(5)信号捕获时间

图9-6　检测食源性病原菌的光纤免疫传感器
（资料来源：Bibek Ray，Arun Bhunia，江汉湖译，2012）

通常在光纤免疫传感器应用中使用的荧光分子是花青5和爱力生荧光647（Alexa-fluor 647），它们各自的激发光和发射光的波长是不相同的，因此能很容易地被荧光计检测到。一个名为RAPTOR的国际研究机构制造的一种半自动化的光纤装置已经商品化。该装置由样品注射孔、微射流通管、激光二极管和用于数据处理的电脑界面组成。它能接收含有4种纤维的试样管，因此一次可以同时检测4种病原体。并且，只要没有得到阳性反应结果，纤维可以重复使用。

（二）光纤免疫传感器在微生物快速检测中的应用

光纤免疫传感器已经成功应用于金黄色葡萄球菌肠毒素、炭疽杆菌芽孢、土拉弗菌（*Franciscella tularensis*）、球芽孢杆菌（*Bacillus globigii*）芽孢、肉毒素、鼠疫耶尔森菌、马耳他布鲁氏菌（*Brucella melitensis*）和疫苗病毒等的检测。利用光纤免疫传感器，可以从不同食品样品中检测单核细胞增生李斯特菌、空肠弯曲杆菌、沙门菌和大肠杆菌O157：H7等食源性病原菌。此外，通过多路传输的传感器，可以以微阵列的方式高通量检测赭曲霉毒素A、烟曲霉毒素B1、黄曲霉毒素B1和脱氧雪腐镰刀菌烯醇等霉菌毒素。通常，细菌细胞的检出限为$10^3 \sim 10^4$CFU/mL，而毒素的检出限为0.5~20ng/mL。

Zhou C. 等（1997）开发和测试了一种小型的光纤衰逝波传感系统，它具有全光纤设计（all-fiber optical design）和红色半导体激光激发（red semiconductor-laser excitation）的特征。一种2×2光纤耦合器（fiber coupler）引导输入光到SMA连接的传感光纤末端，并将荧光信号反馈到一个CCD光纤分光光度计（fiber spectrophotometer）。在这个系统中，荧光信号被限制在光纤系统中，因此使信噪比大大提高，并且系统可以在环境光线条件下进行操作。一种二极管激光器（diode laser）作为光源具有体积小、耐久、成本低和稳定的优点；更重要的是，因为生物基质在650nm的激光波长显示最小的荧光背景，该系统可以减少非必要的生物分子的背景信号。为了表明该生物传感器的判断能力，开发了一种检测沙门菌的夹心式免疫测定。此外，还对具有不同的形状和处理的锥形光纤末端进行了研究和优化。该系统可以检测浓度低至 10^4 CFU/mL 的沙门菌。

二、表面等离子体共振免疫传感器

（一）表面等离子体共振免疫传感器工作原理

表面等离子体共振（surface plasmon resonance，SPR）是金属表面被光照射时发生的一种现象，可以用来分析生物分子之间的相互作用。表面等离子体共振传感器（surface plasmon resonance immunosensor）可以在不需要任何荧光标记的条件下量化两个分子的结合动力学，是一个非常强有力的检测工具。在表面等离子体共振免疫传感器中，抗体被固定在某种珍稀金属（如金）的薄层（共振层）表面上，这个基底金属层放置在一个光学透明波导的反射面上。将传感面置于高共振频率层或低反应层的上面或下面。当光线穿过波导时，它在波导表面发生全反射。在红光或近红外波长范围内，光与高频共振金属表面的等离子体或电子云反应，产生的共振效应引起很强的光吸收。引起光吸收的精确波长取决于入射角度、金属、固定在表面的捕获分子的数量以及周围的物质。抗原与抗体的结合使共振向长波转移，转移的数量与被结合分子的浓度成正比（图9-7）。

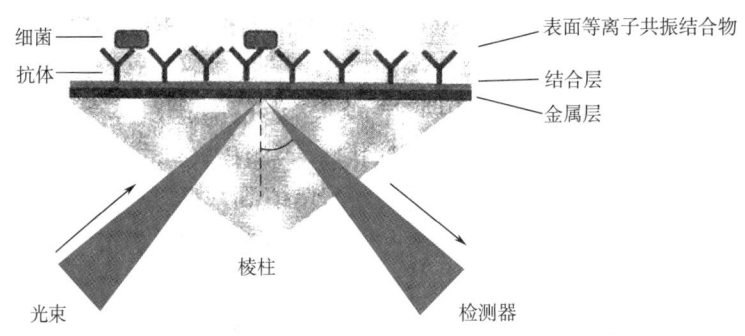

图9-7 表面等离子体共振免疫传感器检测病原菌和毒素

（资料来源：Bibek Ray，Arun Bhunia，江汉湖译，2012）

表面等离子体共振传感器的优点是：在 30min 内可以实时或近乎实时检测到两个分子之间的结合反应；检测系统无须标记，因此省去了额外的试剂、分析步骤，并节省时间；通过改变溶液的 pH，可使已结合的分析物解离，从而对相同的分析物可以重复使用；灵敏度很高，可以检测到纳克水平的分子。

作为一个研究热点，表面等离子体共振（SPR）生物传感器近年来得到了迅速的发展。作为一种分析生物分子如 DNA、RNA、激素、碳水化合物、脂质体，尤其是抗原的生物技术工具，这种方法已经被广泛研究。然而，SPR 生物传感器无法检测到折射率的极其小的变化，因而阻断了它在超灵敏检测中的应用。为了克服这个障碍，已经提出了一些针对这个问题的方法，包括使用敏化材料和利用蛋白 A 来控制固定化抗体的方向。在这些敏化材料中，金/银合金纳米颗粒继承了金和银纳米颗粒对于 SPR 生物传感器的优势，如易于制备、好的化学稳定性、良好的生物相容性和高灵敏度。通过化学偶联制备的免疫亲和（immunoaffinity，IA）层已被报道用来随机定位抗体，在 IA 层中只有 20%的抗体处于结合分析物的适当位置。蛋白 A，它可以在被称为抗体 Fc 的恒定区上结合多糖，常被用于免疫传感器和各种免疫测定，以暴露可变区（Fab）于分析物。

（二）表面等离子体共振免疫传感器在微生物快速检测中的应用

一些表面等离子体共振系统已经商品化，如 BIACORE、Spreeta、SPR spectroscope、Optrel GBR、Reichert SR7000、IAsys 等。表面等离子体共振免疫传感器已被用于食源性病原菌和病毒的检测，如葡萄球菌的肠毒素、大肠杆菌 O157∶H7 细胞、鼠伤寒沙门菌、小肠结肠炎耶尔森菌、单核细胞增生李斯特菌等。目前，这个系统对毒素的检测结果大多数令人满意，但是其对全细胞的检测信号不一致，有些仪器不能检测全细胞。

1. 表面等离子体共振免疫传感器在苏云金芽孢杆菌快速检测中的应用

苏云金芽孢杆菌（Bt）在生物防治领域是最重要的杀虫剂。科学家利用基因改造技术将外源 Bt 基因导入作物中，使植物产生 Bt 蛋白，从而达到抗虫的目的。从 1996 年起，转基因 Bt 作物在农业上已经大规模种植，它们很快在全世界范围内流行开来，已长达十几年。在 Bt 蛋白中，Cry1Ab 蛋白因其对鳞翅目害虫的高毒性而被引入到了几种作物（如棉花、玉米、水稻）中。然而，转基因作物栽培的逐渐增加已经引发了对生态系统的关注。这些关注包括对非目标物种的伤害、基因漂移和昆虫抗药性的增强。因此，Bt 蛋白的检测已经成为相当重要的事。Bt 蛋白的检测已经获得了成功，如利用 ELISA、侧流免疫测定、生物测定和 Western 印迹法等。这些方法各有优势，然而它们往往需要复杂的程序和高昂的成本，费时，并且特异性有限。因此，需要更灵敏、准确和快速的检测方法。

Ming H. 等（2015）设计了两种新型的 SPR 免疫传感器来检测 Cry1Ab 蛋白和用于作物样品分析。在 Cry1Ab 蛋白浓度分别为 10~500ng/mL 和 8~1000ng/mL，两种免疫传感器都显示良好的线性响应，它们的检测限分别为 5.0ng/mL 和 4.8ng/mL。两种免疫传感器均具有良好的特异性和可重复性。此外，作物样品在经过简单的处理之后即可被用于分析。通过这两种免疫传感器，转基因作物能够很容易地与传统作物识别开来。

2. 表面等离子体共振免疫传感器在鼠伤寒沙门菌快速检测中的应用

Oh B. K. 等（2004）研制了一种基于表面等离子体共振（SPR）、使用 G 蛋白的免疫传感器，用于鼠伤寒沙门菌的检测，其检测范围为 $10^2 \sim 10^9$CFU/mL。通过化学地结合到金表面上的 11-巯基十一烷酸（mercaptoundecanoic acid，MUA）的自组装单层膜（self-assembly monolayer，SAM），制作一个 G 蛋白层。通过使用 G 蛋白和吐温-20，抗原结合到固定在金表面上的抗体的效率被分别提升到约 85%和 100%。

3. 表面等离子体共振免疫传感器在其他微生物快速检测中的应用

Baccar H. 等（2010）研制了两种基于表面等离子体共振技术的细菌生物传感器。第一个生物传感器是基于功能化的金基底（functionalized gold substrate），第二个生物传感器是基于固定化的金纳米颗粒。一种多克隆的抗大肠杆菌抗体被固定化，用于特异性（大肠杆菌）和非特异性（乳杆菌）的细菌检测。第一个生物传感器和第二个生物传感器获得的大肠杆菌的检测限分别为 10^4CFU/mL 和 10^3CFU/mL，具有良好重现性。由于细菌的吸附作用，折射率变化在 $5×10^{-3}$ 之下时也可以被检测到。

三、电化学免疫传感器

(一)电化学免疫传感器工作原理

电化学免疫传感器(electrochemical immunosensor)是对传统的 ELISA 的扩展和延伸。在该方法中,与抗体结合的酶催化底物产生产物,引起 pH 改变、离子生成或氧气消耗,从而在换能器上产生电信号。测量电势、电容和电流的换能器已被使用。在电流的检测中,和抗体结合碱性磷酸酶水解对硝基苯酯生成苯酚,然后用伏安表检测。在光定位电势传感器(light addressable potentiometric sensor, LAPS)中,捕获抗体首先被固定在膜上或磁珠上来捕获靶细胞。在双抗夹心检测中,标有荧光的检测抗体和目标细胞反应,然后加入脲酶标记的抗荧光抗体。在尿素存在时,生成氨,改变了涂有 pH 敏感绝缘体 n 型硅片溶液的 pH,从而记录电压的变化。

(二)电化学免疫传感器在微生物快速检测中的应用

电化学免疫传感器非常灵敏,已经可以在 30~90min 检测一些食源性病原菌。例如,用电化学免疫传感器检测大肠杆菌 O157:H7,整个检测过程可以在 10min 内完成,检测精度达到 10CFU/mL。

1. 电化学免疫传感器在单核细胞增生李斯特菌快速检测中的应用

单核细胞增生李斯特菌(Listeria monocytogenes, LM)是一种革兰阳性的食源性病原菌,能引起李斯特菌病,该病是一种严重的疾病,症状包括脑膜炎、败血症、流产以及发热性胃肠炎。李斯特菌病患者的死亡率约为 30%,孕妇、新生儿、免疫功能低下者和老人感染的风险最大。单核细胞增生李斯特菌会污染许多食品,如肉、牛乳、乳酪、冰淇淋、生蔬菜和甜瓜。因此,单核细胞增生李斯特菌被认为是最危险的、并可能威胁生命的食源性致病菌之一。在美国,疾病预防和控制中心(CDC)估计,每年有 2500 人感染,其中超过 500 人的死亡与李斯特菌病有关。目前,美国对于食品中单核细胞增生李斯特菌是零容忍政策,而加拿大允许在食品中只能存在 100CFU/g 的单核细胞增生李斯特菌。因此,为了食品安全,需要开发单核细胞增生李斯特菌的灵敏和快速检测的方法。

用于检测食品中单核细胞增生李斯特菌的传统方法,包括标准的 ISO 和 USDA/FSIS 方法,准确而可靠。已经研发了一些方法,用于快速检测或鉴定食品中的单核细胞增生李斯特菌,包括 PCR 测定法和 ELISA。这些方法可在很大程度上满足单核细胞增生李斯特菌检测的要求,但是也存在一些缺点。例如,这些方法劳动密集且耗时;ELISA 需要在分析之前进行样品富集和处理,而 PCR 测定法需要预富集、DNA 提取、扩增等。此外,基于 PCR 的方法很大程度上取决于高效的 DNA 分离,并且被其在检测活细菌细胞时的准确性所限制,从而导致假阳性鉴定。也有一些用于单核细胞增生李斯特菌检测的生物传感器的报道,如石英晶体微天平(quartz crystal microbalance, QCM)免疫传感器,光纤免疫传感器和表面等离子体共振,它们的检测限分别是 10^7CFU/mL、4.3×10^5CFU/mL 和 10^5CFU/mL。

近年来,因为电化学免疫传感器的快速响应、简单、灵敏、成本低和高选择性,它们已引起了人们极大的兴趣,被广泛用于许多不同物质的检测,如毒素、激素、病原菌、杀虫剂和兽药等。同时,因为电化学免疫传感器的主要优点是它们是非损伤的,并且需要很少的样品前处理,所以它们几乎总是用于抗体-抗原相互作用的检测。抗原或抗体的固定化在免疫传感器的建造中至关重要,尤其在测量信号的稳定性、重现性和灵敏度方面。随着科学研究的发展，发现了免疫传感器的许多固定化工艺，如 Langmuir-Blodgett 膜、聚合物膜、用蛋白 A 预先修饰、金纳米颗粒和硫基自组装单层（SAM）。其中，SAM 提供了产生可再生、超微和结构良好的单层的最简单的方法。检测系统的选择对于检测限也是至关重要的。在最近几年，水溶性染料，如亚甲基蓝、麦尔多拉蓝（Meldola blue）、硫堇，已被用作过氧化氢的还原和氧化的电子传递介质。为了提高灵敏度和放大信号，标记的辣根过氧化物酶（HRP）和硫堇-过氧化氢体系已经用于电化学免疫传感器中。

Cheng C. 等（2014）研制了一种新型的用 SAM 修饰的金电极的电化学免疫传感器，用于检测 LM。开发了一种夹心形式，其中捕获抗体通过 SAM 被固定在金电极表面上，第二抗体缀合到 HRP。LM 的鼠单克隆抗体通过一种稳定的酰基氨基酯中间体被固定在 SAM 上，所述中间体是通过共同添加 1-乙基-3-（3-二甲氨基丙基）-碳二亚胺（EDC）和 N-羟基琥珀酰亚胺（NHS）生成的。然后，开发了一个直接的夹心形式，其中，LM 的多克隆抗体被结合至 HRP 作为酶标记。当应用于检测牛乳中的 LM 时，无须样品的预处理。与平板计数法进行比较，两种方法的相对误差低于 8%。该传感器是 LM 分析的一种直截了当的可靠方法，操作简单、灵敏、成本低。

2. 电化学免疫传感器在鼠伤寒沙门菌快速检测中的应用

Salam F. 等（2009）描述了一种检测鼠伤寒沙门菌的电化学免疫传感器，该传感器是基于丝网印刷金工作电极（screen-printed gold working electrode），具有板载的碳计数器（onboard carbon counter）和银-氯化银假参考电极（pseudo-reference electrode）。使用物理的固定化和经由羧甲基葡聚糖的氨基交联的共价固定化，将单克隆抗-鼠伤寒沙门菌抗体固定于金工作电极的表面上。然后，开发和优化了一个直接的夹心 ELISA 形式，使用一种结合于辣根过氧化物酶（HRP）的多克隆的抗-沙门菌抗体作为酶标记。3，3′,5，5′-四甲基联苯胺盐酸盐（TMB）/H_2O_2 被用作酶介体/底物系统（enzyme mediator/substrate system）。对于物理的和共价的抗体固定化，鼠伤寒沙门菌的检测限分别为 5×10^3 细胞/mL 和 20 细胞/mL。该传感器作为沙门菌污染的简便和灵敏的检测系统，是一种有前途的技术。

四、压电生物传感器

（一）压电生物传感器工作原理

压电生物传感器（piezoelectric biosensor）检测在石英水晶表面的质量变化。抗体特异性捕获抗原（病原体）后，将增加水晶的质量。当在仪器周围加一个振荡电场时，将改变共振的频率。石英分析仪可以测量频率的变化。

（二）压电生物传感器在微生物快速检测中的应用

压电生物传感器已经用来检测葡萄球菌肠毒素、鼠伤寒沙门菌、副伤寒沙门菌、单核细胞增生李斯特菌、蜡样芽孢杆菌和大肠杆菌 O157∶H7 等。用压电晶体免疫传感器检测白假丝酵母和沙门菌已有成功的报道。检测白假丝酵母时，先将压电晶体表面用 γ-氨基丙基三乙氧基硅烷处理，再用抗白假丝酵母的抗体进行包被，将此传感器浸入待测样品液中，即可根据频率的变化测出是否存在相应的抗原。对沙门菌的检测也可用同样的方法。

Campbell G. A. 等（2008）制造了压电激发的毫米尺寸的悬臂（piezoelectric-excited millimeter-sized cantilever，PEMC）生物传感器，并用免疫球蛋白 M（IgM）进行了功能化，以在一个 1mL/min 的流式构造中检测微小隐孢子虫（*Cryptosporidium parvum*）卵囊。在 1min 之

内，100 卵囊/mL、1000 卵囊/mL 和 10000 个卵囊/mL 的检测获得了阳性的传感器响应。牛血清白蛋白在每一个实验中被用作阻断剂，并且可以清除非特异性结合。传感器的共振频率响应与微小隐孢子虫卵囊的浓度的对数具有相关性。在从 100～10000 个卵囊/mL 的浓度增加中，卵囊附着率根据级数顺序而增加。因此，IgM-功能化的 PEMC 传感器对微小隐孢子虫卵囊具有高度选择性和灵敏性，它具有准确鉴定和定量饮用水中微小隐孢子虫卵囊的潜力。

Tombelli S. 等（2000）报道了一种与 PCR 偶联的 DNA 压电生物传感器，用于检测一种特定的细菌毒力因子。生物素化的 23-聚合度的探针被固定于一个石英晶体的链霉亲和素涂覆的金表面上；链霉亲和素被共价结合到巯基/葡聚糖修饰的金表面上。研究了固定化的探针与合成的寡聚核苷酸的杂交；采用非互补的寡聚核苷酸，验证了不存在非特异性吸附。通过使用 1mmol 的 HCl 对单链进行再生，多个循环的测量可以在同一晶体表面进行。然后，使用从细菌提取的并通过 PCR 扩增的 DNA 的实际样品进行相同的杂交试验。PCR 产物是嗜水气单胞菌（*Aeromonas hydrophila*）的一个特定基因的片段。压电生物传感器能区分含有或不含该基因的样品。通过这种方式，或许可以确定从自来水、蔬菜或人的样品中分离的不同气单胞菌菌株的致病性。非特异性样品的实验证实，在用已报道程序处理的石英晶体上，不存在吸附或非特异性的作用。

五、细胞传感器

在真核细胞或原核细胞与目标分析物相互作用的过程中，释放特殊的信号分子，可视为细胞传感器。在分析物存在时，这种方法可在很短时间内产生信号。

一种基于 B 淋巴细胞的传感器被基因工程化以表达细胞溶质———一种 Ca 敏感的生物发光蛋白以及病原菌特异性表面抗体。当病原菌与表面抗体结合时，它就产生特异的生物发光信号。已经证实，这种方法可以在数分钟内检测到数量非常少的致病菌，如大肠杆菌 O157：H7、炭疽杆菌的芽孢和鼠疫耶尔森菌等。

总之，免疫传感器具有样品处理简单（有时甚至不需要处理）、响应和检测速度迅速、操作简单、仪器携带方便、可进行现场检测和在线检测等优点。但是，在检测的重复性、稳定性和抗原-抗体反应的特异性等方面，仍需要进一步改进。

第三节 食源性微生物的其他快速检测方法

食品微生物学指标与食品的货架期密切相关，同时也可以反映食品的质量安全性状况，食品微生物学指标作为食品安全性综合评价的一部分，也常用于评价食品及其加工场所的环境卫生状况，食品微生物检测技术是保证食品安全的重要手段。传统的平板计数法是检测微生物污染的"金标准"，但该方法比较烦琐、检测周期长，在食品安全管理和监管工作中的应用受到了限制。

为了缩短微生物检测所用的时间，快速检出食品中特定的微生物，各种微生物快速检测技术不断涌现，一些快速检测方法应用起来简便、准确，可以大大缩短检测时间，提高检测效率,在食品微生物早期诊断、鉴定等方面发挥了重要作用,在食品生产过程控制中,采用快速检测方法有助于通过环境微生物的监控以及在线监测实现对食品质量安全的过程管理,尤其对于实施 HACCP 认证和食品质量安全管理体系企业来说,快速检测方法可以实现对环境、原料、半成品中微生物的快速检测,以便于及时采取相应的预防性前提方案和纠正措施,确保产品的质量安全。此外,快速检测在食品检测领域的应用将有助于加快资金周转,节约人力资源成本。

目前食品微生物检测技术主要有基于传统活菌计数的改进方法,如快速测试片方法;基于微生物代谢产物检测方法,如电阻抗法、ATP 生物发光法;基于分子生物学检测的检测方法,如基因探针法、基因芯片法、PCR 方法以及等温扩增方法等;基于免疫学的传感器方法等。但由于食品中微生物的多样性,不能用一种方法检测出所有的微生物,本节将介绍几种应用比较广泛的快速检测方法的原理及其特点,在生产实践或科学研究中应根据具体情况采用适宜的方法进行检测。

一、快速测试片法

快速测试片是指以纸片、纸膜、无纺布、胶片等作为培养基载体,将特定的培养基和显色物质附着在上面,通过微生物在上面的生长、显色来测定食品微生物的方法。

美国 3M 公司发明的 Petrifilm 测试片,是一种用于菌落计数的可再生的水合物干膜,由上下两层薄膜组成,下层的聚乙烯薄膜上印有网格并且覆盖有培养基,上层是聚丙烯薄膜。培养基中含有微生物生长及生化试验所需的营养及试剂,并通过一种冷水可溶性的凝胶剂附着在上下两层膜上。生化试剂有特异性显色物质和抗生素。

Petrifilm 菌落总数测试片的培养基中含有的氯化三苯四氮唑(TTC)是一种氧化还原指示剂,标准氧化电位条件下溶于水中为无色。由于细菌细胞内具有脱氢酶,在脱氢酶的作用下,TTC 接受氢生成红色而不溶于水的三苯甲胺,三苯甲胺比较稳定,不会被空气中的氧自动氧化,使菌落呈红色(图 9-8),计数红点的多少,即为细菌总数。待测样品处理后不需要增菌,直接接种纸片,在适宜温度培养后计数。

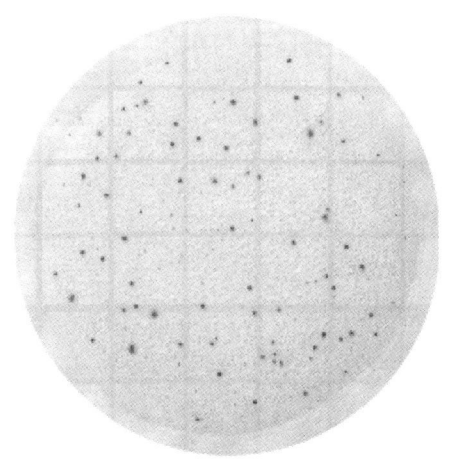

图 9-8 Petrifilm 菌落总数测试片

大肠菌群的检测通常采用试管发酵法,其原理是依据大肠菌群能够发酵乳糖产酸、产气等特点,通过产酸、产气实验结果,检索 MPN 表,报告大肠菌群的 MPN 值。该法培养时间长,共需 3~4d,前期准备工作复杂、烦琐、费时费力。采用 Petrifilm 快速大肠菌群测试片(图 9-9),大肠菌群在测试片中生长产酸,pH 指示剂使培养基的颜色由橘色变为黄色,周围有气泡者可以证实为大肠菌群,24h 即可以确认检测结果。Petrifim 纸片已经通过国际组织美国分析化学家协会(AOAC)的认可,实际样本试验显示 Petrifilm 测试片法与传统方法相比在统计学上无显著差异,快速测试片已开始广泛应用于企业日常检测以及监管机构

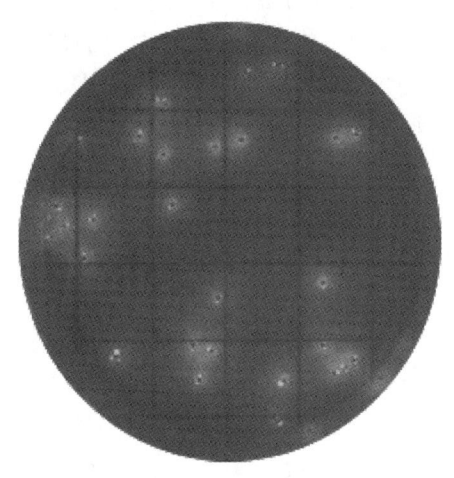

图 9-9 Petrifilm 快速大肠菌群测试片

监测的初筛工作中。

快速测试片法检测具有以下优点：①由于采用冷水可溶性凝胶，避免了热琼脂法不适宜受损细菌恢复的缺陷。②快速测试片可以在取样时同时接种，结果更能反映取样时样本中真实的细菌数，防止由于样品运输或贮存过程延长接种时间导致细菌繁殖造成的数量增多。故适用于实验室、生产现场和野外环境工作使用。③不需要配制试剂，不需要大量的器皿，操作简便迅速；易于消毒保存，便于运输，携带方便，价格低廉，加之除纸片外无其他任何废液、废物，可以减少环境污染以及试验后的清洗工作，大大减少了工作量。

随着微生物学的发展，许多微生物的特异性生理生化反应已经明确，多种微生物特异的显色物质相继开发，如金黄色葡萄球菌、沙门菌、溶血性链球菌、单核细胞增生李斯特菌等，适用于食品微生物快速测试片的项目会更多、更有效、更准确，将成为微生物检测中的重要方法。

二、ATP 生物发光法

ATP 存在于食物残渣以及动物、植物、微生物在内的一切活细胞内，是各种生命活动的直接能量来源。细菌在代谢过程中形成的高能磷酸键存于 ATP 中，每个细胞中的 ATP 平均含量为 $4.7 \times 10^{-10} \mu g$，典型细菌细胞的 ATP 含量为每克细胞干重含有 1mg ATP。因为细胞死亡后几分钟内 ATP 被水解消失，故以 ATP 为测定指标即可快速检测活菌数量。

ATP 生物发光法是利用有氧条件下，荧光素被氧化脱羧，将化学能转化为光能，释放出光量子，产生光的强度与 ATP 的含量成正比，而 ATP 浓度与活细胞数密切相关。利用生物发光法测出 ATP 含量后，即可间接计算出样品中的总活菌数。因此，ATP 快速检测系统通过检测荧光信号的强度判断待测目标被微生物或食物残渣污染的程度。

$$荧光素 + O_2 + ATP \longrightarrow 荧光素酶氧化荧光素 + AMP + Ppi + CO_2 + 光量子$$

基于 ATP 生物发光法原理开发的 ATP 荧光检测仪广泛应用于食品、化妆品和药品企业对于环境和人员卫生监控中（图 9-10）。与其他方法相比，ATP 荧光检测仪具有以下优势：①反应为即时反应，可以在几秒之内得到检测结果。因此，便于进行实时监控，可根据结果立即采取纠正措施。②ATP 荧光检测仪可以检测各种有机物或微生物的存在，可以用于指示清洁或杀菌效果。③使用简便，结果易于判读。非专业技术人员也可轻松使用 ATP 荧光检测仪、拭子和软件，检测结果以相对发光单位（relative light unit，RLU）来显示，代表了污染物产生的光总量，RLU 读数越小表示表面越洁净，检测结果可以直接与设定的限值进行比较。

因此，ATP 荧光检测仪主要适用于对生产线和管道、手部卫生、餐饮器具等食品接触面进行快速清洁程度检测。通过实时监控环境的卫生状况，有助于对食品中污染的微生物进行

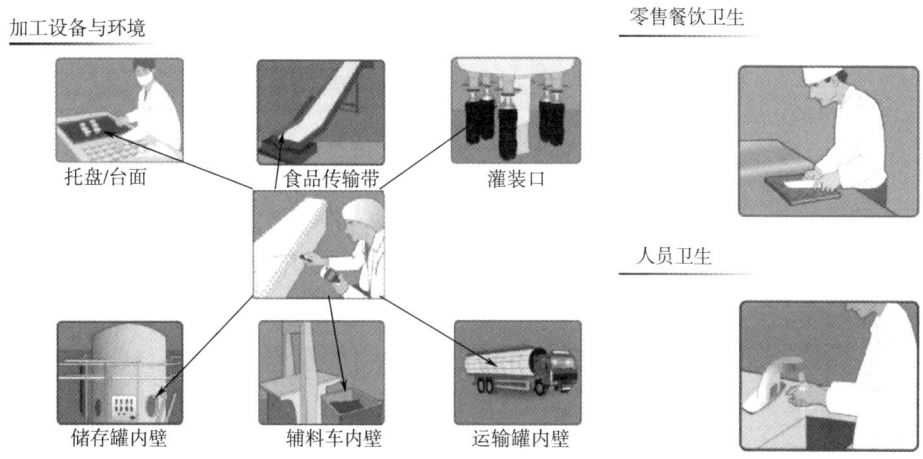

图 9-10　ATP 荧光检测仪在食品安全管理中的应用

溯源，及时采取纠正措施，改善环境卫生状况和食品安全状况。此外，ATP 荧光检测仪还可以用于水质检测，但是，对食品的商业无菌检测或终产品检验还有待进一步改善。

三、电阻抗法

电阻抗是指交流电通过一种传导材料（如生长培养基）时的阻力。电阻抗法是以电阻抗为媒介，监测微生物代谢活性的一种快速方法。其原理就是利用微生物在培养基内中生长繁殖的过程中，使培养基中的大分子电惰性物质如碳水化合物、蛋白质和脂类等营养物质代谢为具有电活性的小分子物质，如有机酸、氨基酸、乳酸盐、醋酸盐等，这些小分子带电荷较多，能增加培养基的导电性，电阻抗降低。电阻抗发生急剧变化所需时间与样品中的初始菌数成反比，通过检测培养基的电阻抗变化情况，判定细菌在培养基中的生长繁殖特性，即可检测出相应的细菌。

基于上述原理，由法国梅里埃生物公司研制的 Bactometer 全自动微生物计数仪（图 9-11）以电阻为检测信号，将电阻转换为电导，电导产生明显变化所需时间与样品中的初始菌数成反比。但只有培养基中的细菌数量达到 $10^5 \sim 10^6$ CFU/mL 时，才可检测到电导的变化。

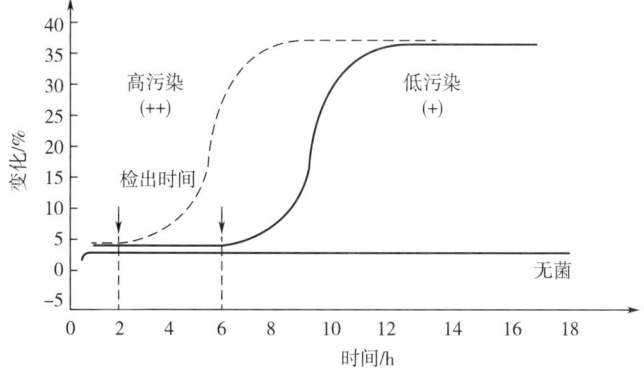

图 9-11　电阻抗法微生物检测曲线图

电阻抗法具有高度的敏感性、快速反应性、特异性强、重复性好的优点。通过测定代谢物产生的速度将菌体的数量与其活动相结合，可以确定食品的质量安全状况并预测食品的保质期。目前电阻抗法已经用于细菌总数、霉菌、酵母菌、大肠杆菌、沙门菌、金黄色葡萄球菌等的检测。

四、分子生物学方法

研究表明，传统可培养微生物仅占环境总微生物的1%左右，高达99%的不可培养微生物才是微生物的主体。常规食源性致病菌的检测主要通过增菌、分离培养、生化实验和血清学鉴定等4个步骤进行，一般至少需要4d以上的时间才能得到结果，特异性和灵敏度也不够理想。相比传统方法，分子生物学检测技术因其特异性和灵敏性而备受瞩目，在食品致病性微生物检测方面该技术也发挥着越来越重要的作用，我们主要介绍基因探针技术、基因芯片技术、PCR技术和核酸等温扩增技术的原理及其在食品微生物检测中的应用。

（一）基因探针技术

基因探针是带有标记的特异性基因片段，基因探针技术又称核酸分子杂交技术，主要利用DNA分子的变性、复性以及碱基互补配对的高度精确性，对某一特异性DNA序列进行探查的新技术。每种微生物都有独特的核酸片段，通过分离和标记这些片段就可制备出探针，利用带有标记物的已知序列的核酸探针，与待测样品进行杂交，如样品中含有特定微生物，探针将与目的核酸序列特异性结合，最后使用特定的方法测定标记物，便可确定样品中是否有特定的微生物。通常采用放射性同位素^{32}P标记探针的某种核苷酸α磷酸基，放射性强度越强，检测结果的准确度和精确度越好。因此，采用高度特异性基因片段制备成带有标记的基因探针即可用于检测样品中是否存在特定的微生物。

目前，该技术已成功应用于食品中多种致病菌的快速检测，已有多种商品化的基因探针试剂盒。但是，基因探针法一般也需要增菌，微生物的生存条件、生长速度、检测方法固有缺陷使其运用范围受限。此外，基因探针检测技术仍存在放射性同位素标记的核酸探针成本高、对人体危害性大、反应废弃物难以处理及操作步骤烦琐等问题，这极大地限制了其商品化应用。因此，完善非放射性标记探针，扩增及放大靶序列和探针的信号，发展简单的杂交方式使探针检测方法更加快速、简单、低廉，是下一步发展的方向。

（二）基因芯片技术

基因芯片技术是采用原位合成或显微打印手段，将数以万计的核酸探针固化于支持物表面，与标记的样品进行杂交，通过检测杂交信号来实现对样品的快速检测。基因芯片技术是基于芯片上的探针与样品中的靶基因片段之间发生的特异性核酸杂交。其主要步骤如下：将各种基因寡核苷酸点样于芯片表面，待检样品经处理后进行核酸提取和核酸扩增，再用荧光素对其进行标记，然后与芯片上的寡核苷酸点杂交，最后通过扫描仪定量和分析荧光分布模式来确定检测样品是否存在某些特定微生物。

基因芯片技术的基本原理与基因探针技术相似，但它将大量按检测要求设计好的探针固化，仅通过一次杂交便可检测出多种靶基因的相关信息，具有高通量、多参数同步分析，快速全自动分析，高精确度、高精密度和高灵敏度分析的特点。但在实际应用中该技术还存在一些不足之处，首先在需要准确获得大量靶DNA的信息，工作量巨大。其次，芯片技术面临特异性问题、假阴性或假阳性问题等。在实验过程中应尽量优化芯片的反应条件，提高芯片杂交的特异性，减少荧光染料造成的高背景，降低反应过程中非特异性杂交所造成的干扰。最后，基因芯片的制作工艺复杂，费用高昂。因此，在今后的研究中应创建靶 DNA 数据，增强检测的灵敏度，共享数据资源，节省人力，降低检测成本。

（三）PCR 技术

聚合酶链反应（polymerase chain reaction，PCR）技术，又称无细胞克隆系统。PCR 技术利用 DNA 双链变性、退火、延伸的特性，在体外使用 DNA 聚合酶，在引物的引导和脱氧核糖核苷酸（dNTP）的参与下将模板在数小时内进行百万倍扩增（图 9-12）。该技术可选择性地放大特定的 DNA 序列，因此 PCR 方法一般不需增菌太长时间，通过 PCR 方法对待测微生物的特征片段进行扩增然后通过凝胶电泳或荧光 PCR 技术进行检测。PCR 检测技术的特异性水平是由筛选出的靶基因序列是否为待检病原菌的保守序列所决定的，同时也需要设计合成的核苷酸引物组能正确地扩增目的序列，因此靶基因的筛选和引物组的设计是 PCR 检测方法效果好坏的关键。

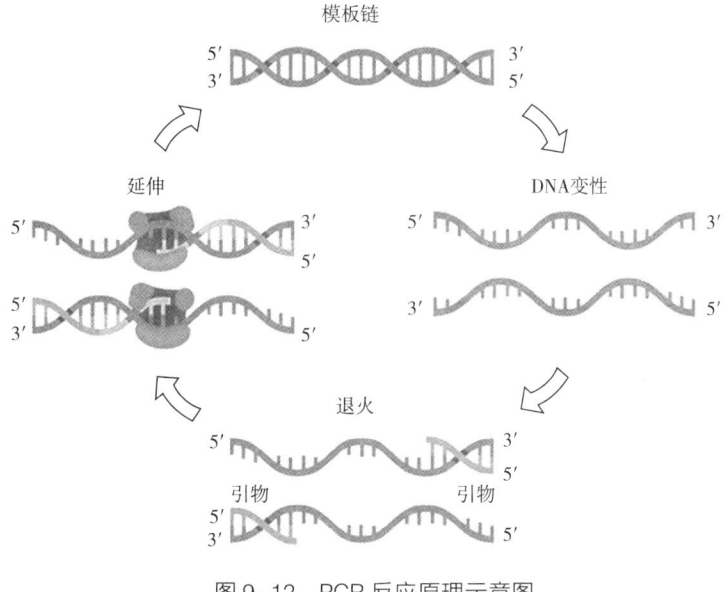

图 9-12　PCR 反应原理示意图

实时荧光定量 PCR 是在 PCR 定性基础上发展起来的核酸定量技术。它是一种在 PCR 反应体系中加入荧光染料或荧光基团来保证扩增的特异性，利用过程中荧光信号的累积实时监测整个 PCR 过程，荧光信号的强弱同扩增产物的量成正比，通过实时记录 PCR 扩增过程中由于 DNA 变性、复性引起的荧光信号的改变，以荧光信号的累积制作成标准曲线对未知样品进行定性及定量分析。实时荧光定量 PCR 方法可以分为绝对定量和相对定量，绝对定量是对未知样品的绝对量进行测定的方法。绝对定量使用系列稀释已知浓度的标准品制作标准曲线，标准曲线在 Ct 值（每个反应管内的荧光信号到达设定的域值时所经历的循环数）与起始模板浓度之间建立一种线性关系，依据所测得未知样品的 Ct 值，则可以得到未知样品的浓度。相对定量不是测定基因的绝对量，而是分别测定目的基因和参比基因的量，再计算出相对于参比基因的目的基因的相对量，最后再进行样品间相对量的比较。可以根据实验目的、实验要求选择合适的定量方法。

实时荧光定量PCR实现了PCR从定性到定量的飞跃,定量过程相对较快,缩短了检测时间,基本实现了高通量、自动化。实时荧光定量PCR技术不需要进行凝胶电泳,避免了交叉污染。但是,该技术需要特殊的反应仪器和反应试剂,检测成本相对较高,在一定程度上限制了它的使用。

随着分子生物学技术的不断发展,多重PCR、标记PCR和不对称PCR等多种不同的PCR方法都被应用于食品病原微生物的检测中,它们的应用使PCR技术拥有了更高的灵敏度和更短的检测周期。但是,以DNA为模板的PCR技术的一个主要缺点就是很难区分死细胞和活细胞,许多食品在加工过程中都经灭菌处理,灭菌后死亡的细胞仍保留在食品中。为了克服这个缺点,反转录PCR方法已经建立,采用只有在活的细胞中存在的信使RNA(mRNA)进行扩增,通过反转录酶反转录合成互补cDNA,然后用标准PCR方法进行扩增。反转录PCR也被用于检测RNA病毒,如诺如病毒、轮状病毒等。

(四)核酸等温扩增技术

PCR需要精密控温的温度循环器,该仪器的价格比较昂贵,又不够便携。而且,由于许多样品中含有PCR反应抑制物,使得PCR检测中通常对样品准备的要求比较严苛。以上这些因素使PCR技术往往在实验室中使用,而不能在现场检测中发挥作用。等温扩增技术克服了以上缺点,为食品微生物的检测提供了新方法。一些等温扩增技术已有商业化的产品,如环介导等温扩增技术(loop-mediated isothermal amplification,LAMP)、等温指数扩增反应(isothermal exponential amplification reaction,EXPAR)、依赖解旋酶恒温扩增反应(helicase-dependent amplification,HDA)、链置换扩增(strand displacement amplification,SDA)等。

基于核酸等温扩增技术的快速检测有3个关键步骤:核酸提取、等温扩增和产物检测。在等温扩增技术中,LAMP是研究较多的一种方法,该方法最初由Notomi等人设计,通过针对靶基因的6个区域设计了4种特异性引物,利用具链置换活性的Bst DNA聚合酶在恒温条件下(60~65℃)高效(0.5~1h)扩增目标DNA。Bst DNA聚合酶最适反应温度为65℃,具有超强的链置换活性和$5'-3'$聚合酶活性,无$5'-3'$外切酶活性。在65℃下,双链DNA动态平衡,Bst聚合酶的链置换活性可使任意一条引物与双链DNA的互补部位进行碱基互补配对延伸,另一条链就会脱落变成单链。在不具有$5'-3'$外切酶活性的情况下,释放的DNA单链不会被水解,可作为下一个反应的模板,加快反应速度。LAMP技术因其具有快速和高灵敏度的特点,已被广泛应用于食品中转基因成分及致病菌的快速检测中。

食品微生物快速检测技术除了具有快速的特点,对目的菌有较强的特异性,而且灵敏、准确,并且只需要较少的劳动力,因此在食品微生物检测中得到广泛的应用。食品微生物快速检测技术的未来发展趋势将进一步朝着精确、快速、高通量、自动化的方向发展,更好地应用于食品生产在线检测,为食品安全提供更好的保障。

习 题

一、名词解释

补体

二、判断题

T细胞介导的主要是体液免疫。（　　）

三、填空题

1. 免疫系统是由（　　）、（　　）和（　　）三部分组成。
2. 抗原性包括有（　　）性和（　　）性。
3. 构成抗原的条件有（　　）、（　　）和（　　）。

四、选择题

鸭蛋白对下列哪种动物免疫原性最强。（　　）
A. 鸡　　B. 鹅　　C. 兔　　D. 鸟

五、问答题

1. 说明体外抗原抗体反应在食品微生物检测中的意义。
2. 生物传感技术的基本原理是什么？讨论生物传感技术的优缺点。
3. 讨论光纤免疫传感器和表面等离子共振免疫传感器的基本操作原理。
4. 基于细胞的生物传感器是怎样工作的？用这种传感器可以检测到的病原体有哪些生理学特性？
5. 免疫传感器由哪三部分组成？各部分的作用是什么？
6. 什么是血清学反应？它在微生物学工作中的主要用途是什么？

第十章

微生物的分类与鉴定

[学习目的与要求]

1. 了解微生物的进化过程。
2. 掌握微生物鉴定的方法及技术。

[学习重点与难点]

微生物分类鉴定方法及技术在食品微生物分析检测中的应用。

迄今为止，记载的微生物种类已超过10万种，尤其是随着微生物培养技术和鉴定方法的发展，微生物的种类呈现持续增加的状态。面对如此纷繁的微生物，人们期望能够清晰地认识繁杂的微生物体系，了解其亲缘关系与演化关系，从而为研究、开发和应用微生物资源奠定坚实的基础，因此，掌握微生物分类学的理论和方法是十分必要的。

微生物分类学（microbial taxonomy）是微生物学实践性最强的分支学科之一，是根据微生物之间的进化关系和相似性将其按亲缘关系的远近安排成条理清晰的各种分类单元或分类群（taxon，复数 taxa）的一门科学。微生物分类学涉及面广、内容丰富，包含了三个具体内容，即分类（classification）、命名（nomenclature）和鉴定（identification）。分类是指通过收集大量数据，根据微生物的相似性或亲缘关系进行科学的分群归类，形成一个有规则排列的等级系统，是一个从个别到一般，从具体到抽象的问题。命名是根据国际命名准则，为每一个分类群确定一个专有的学名，以避免混淆。鉴定则是通过详细观察和描述新发现的微生物的分类特征，确定这个新的分离物是否归属于已经命名的分类单元的过程，是一个由一般到个别，由抽象到具体的问题。因此，微生物分类学是对各个微生物进行鉴定，按照分类学准则排列成分类系统，并对已确定的分类单元进行科学命名的科学。

对食品中的微生物进行分类和鉴定是食品加工、质量控制和卫生检验等环节不可缺少的手段和必须进行的工作，尤其是对食品中的病原微生物进行准确、快速鉴定，是判定食品是否符合食用标准的手段之一,也是进行食源性疾病预防与控制的手段之一。

第一节 微生物的进化与系统发育

一、微生物的进化

化石分析表明,地球在形成大约 10 亿年后开始出现生命。由于缺乏氧气,最早出现的这些原始生命是类似简单杆状细菌的厌氧异养型原核生物。随着原始海洋中营养物质的耗尽,逐渐出现了厌氧化能自养型微生物,如原始产甲烷菌和脱硫弧菌(*Desulfovibrio*),光能自养产氧微生物,如蓝细菌和原绿菌(*Prochloron*)。蓝细菌进行光合作用时释放出氧气,这一进化对地球环境产生很大影响,使还原型大气转变成氧化型,生物以氧作为电子受体就会产生好氧性有机体,能氧化有机物获得更多能量,同时生长繁殖过程中还排出复杂的有机物,诞生了好氧异养微生物,如原始的假单胞菌及脱氮副球菌(*Paracoccus denitrificans*)。随着大气变成氧化型,地球上微生物的进化速度发生了突进,出现了微生物间的"内共生",一些内共生微生物向真核生物转变,导致真核生物的出现。此外,氧气还导致臭氧的形成,防止地球受到强紫外线的辐射,微生物从岩石和海洋深层开始广泛分布于地球表层,进化的生物类型越来越丰富。

微生物的进化是随着地球进化而进行,经历四大步(厌氧异养菌、厌氧化能自养菌、光能自养产氧菌和好氧异养菌)的漫长过程,出现了由少到多、由低级到高级、由简单到复杂的生命形式,形成了目前多种多样、丰富多彩的微生物种类。

二、微生物的系统发育树

(一) 一般系统发育树

在微生物的系统分类学研究中,为了直观反映生物的进化和亲缘关系,常用一种可视化的类似树状分支的图形来表示,这种图形称为系统发育树(phylogenetic trees),简称系统树。通过比较生物大分子序列差异的数值构建的系统树称为分子系统树(molecular phylogenetic tree)。系统树由结点(node)和进化分支(branch)组成,每一结点表示一个分类学单元,进化分支定义了分类单元之间的关系,一个分支只能连接两个相邻的结点。进化树分支用进化关系图形表示,称为进化的拓扑结构,分支长度表示该分支进化过程中变化的程度(遗传距离),其中,标有分支长度的进化分支称为标度支(scaled branch),它可以用来表示真实的进化距离;而有的进化分支没有分支长度的标注,则其长度不表示变化的程度。距离标尺表示的是生物体或序列之间差异的数字尺度,外群则表示与分析序列相关的且具有较远亲缘关系的生物序列。

系统树分为有根树(rooted)和无根树(unrooted)两类,根是所有分类的共同祖先。有根树是具有方向的树,包含唯一的节点,反映了树上物种或基因的时间顺序;而无根树是没有方向的,只反映分类单元之间的距离而不能确认共同祖先或进化途径。

用于构建系统树的数据有两种类型:一种是特征数据(character data),它提供了基因、个体、群体或物种的信息；二是距离数据（distance data）或相似性数据（similarity data），它涉及的是成对基因、个体、群体或物种的信息。距离数据可由特征数据计算获得，但反过来则不行。这些数据可以以矩阵的形式表达，距离矩阵（distance matrix）是在计算得到的距离数据基础上获得的，距离的计算总体上是要依据一定的遗传模型，并能够表示出两个分类单位间的变化量。

（二）基于 rRNA 的系统发育树

1977 年，Woese 根据生物 rRNA 的序列差异，首先构建了一个整个生命界的系统树，经过多次修改和补充，形成如图 10-1 所示的三域生物系统树。该系统树有三个主要的分支，细菌和真核生物占据了其中的两个，第三个分支是由一串不起眼的原核生物组成，它们通常生活在极端环境中，这就是被称为古生菌的生物，这三个分支是由一个具有原始遗传机制的共同祖先分别进化而来的。在 Woese 的经典三域分类理论中，生命最初先分成两支：一支为真细菌分支，进化为今天的细菌；另一支是古生菌-真核生物分支，它在进化过程中进一步分叉发展成古生菌和真核生物。从系统发育树所反映的进化关系来看，古生菌和真核生物的关系比真细菌更密切，而且古生菌分支结点离根部最近，其分支距离也最短，表明它是现存生物中进化变化最少、最原始的一个类群。真核生物则距离共同祖先最远，它们是进化程度最高的生物种类。

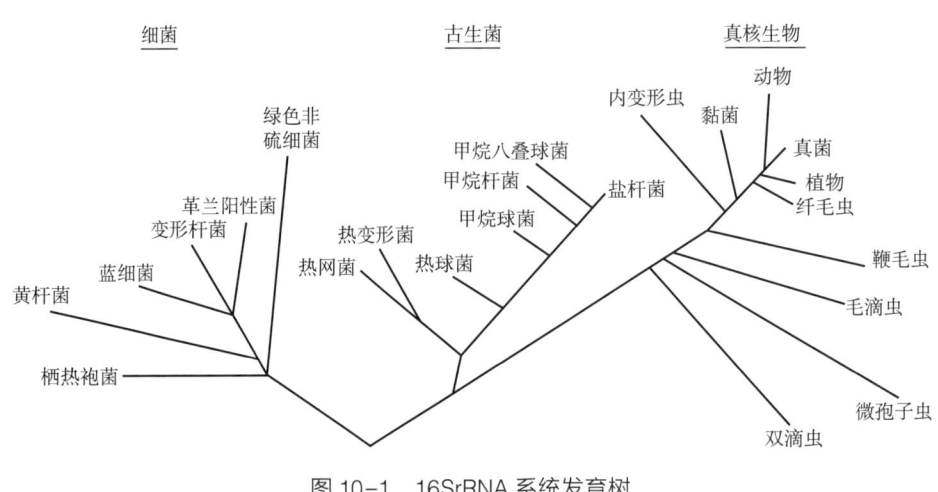

图 10-1　16SrRNA 系统发育树

（资料来源：Olsen G J，Woese C R，1993）

第二节　各大类微生物的分类系统概要

一、伯杰氏原核生物分类系统概要

从 1675 年列文虎克观察到微生物以来，国际上的细菌分类学家就试图对细菌进行全面的分类，提出过一些在当代有影响的细菌分类系统。对细菌分类影响最大、最具有代表性、参考价值极高的是由伯杰（D. Bergey）及其同事编写的《伯杰氏鉴定细菌学手册》（*Bergey's Manual of Determinative Bacteriology*）。这本手册反映了细菌分类学的最新成果，被国际上公认为细菌分类学最通用、最权威的工具书，该书所提出的细菌分类系统已被各国细菌研究者普遍采用，成为细菌分类鉴定工作的权威。

近年来，由于细胞学、遗传学和分子生物学的渗透，大大促进了细菌分类学的发展，使分类系统与真正反映亲缘关系的自然体系日趋接近。1984 年，在《伯杰氏鉴定细菌学手册（第八版）》的基础上，对细菌分类系统进行了修订，特别是加入了一些核酸杂交和16SrRNA 等信息，提出了一些系统发育的新分类单元。由于内容增加，范围扩大，同时指出各类细菌间的关系，所以改名为《伯杰氏系统细菌学手册》（*Bergey's Manual of Systematic Bacteriology*）。从 1984 年到 1989 年陆续发行了第一版，由原来的 1 卷分成 4 卷，将原核生物分成了 33 组。1994 年又将第一版 1~4 卷中用于鉴定细菌的部分进行了修改补充，并汇集成一册出版发行，这一册仍用原来书名出版，因此被称为《伯杰氏鉴定细菌学手册（第九版）》。

《伯杰氏系统细菌学手册（第一版）》虽然考虑了从系统发育来分类细菌，但由于当时相关基因序列不成熟，所以仍然以表型特征为主。从 1984 年第一版开始发行以来，细菌分类已取得了巨大进展，新命名的种成倍增加，新描述的属也在 170 个以上，尤其是随着分子生物学技术突飞猛进的发展，特别是在 rRNA、DNA 和蛋白质测序方面的进步，已经为细菌的分类研究积累了大量的基因序列信息，此外，生物信息学的兴起也为细菌的系统发育提供了强大的支持，因此，对第一版进行了新的修订，更多地以核酸序列信息为基础对细菌的分类群进行调整，并于 2001 年陆续发行了第二版。第二版共 5 卷，将原核生物分为古生菌域和细菌域 2 个域，其中古生菌域含 2 门，细菌域含 26 门，具体内容见表 10-1。

表 10-1　　《伯杰氏系统细菌学手册（第二版）》分类系统纲要

卷	组别	分类群	代表属
第一卷		域 I　古生菌域（Archaeota）	
	1	泉古生菌门（Crenarchaeota）	
		热变形菌纲（Thermoprotei）	热变形菌属（*Thermoproteus*）
	2	广古生菌门（Euryarchaeota）	
		甲烷杆菌纲（Methanobacteria）	甲烷杆菌属（*Methanobacterium*）
		甲烷球菌纲（Methanococci）	甲烷球菌属（*Methanococcus*）
		盐杆菌纲（Halobacteria）	盐杆菌属（*Halobacterium*）
			盐球菌属（*Halococcus*）
		热原体纲（Thermoplasmata）	热原体属（*Thermoplasma*）
		热球菌纲（Thermococci）	热球菌属（*Thermococcus*）
		古生球菌纲（Archaeoglobi）	古生球菌属（*Archaeoglobus*）
		甲烷嗜热菌纲（Methanopyri）	甲烷嗜热菌属（*Methanopyrus*）

续表

卷	组别	分类群	代表属
		域Ⅱ 真细菌域（Bacteria）：蓝细菌、光合细菌和最早分支属	
	1	产液菌门（Aquificae）	
		产液菌纲（Aquificae）	产液菌属（*Aquifex*）
			氢杆菌属（*Hydrogenobacter*）
	2	栖热袍菌门（Thermotogae）	
		栖热袍菌纲（Thermotogae）	栖热袍菌属（*Thermotoga*）
			地袍菌属（*Geotoga*）
	3	热脱硫杆菌门（Thermodesulfobacteria）	
		热脱硫杆菌纲（Thermodesulfobacteria）	热脱硫杆菌属（*Thermodesulfobacterium*）
	4	异常球菌-栖热菌门（Deinococcus-Thermus）	
		异常球菌纲（Deinococci）	异常球菌属（*Deinococcus*）
			栖热菌属（*Thermus*）
	5	产金菌门（Chrysiogenetes）	
		产金菌纲（Chrysiogenetes）	产金菌属（*Chrysiogenes*）
	6	绿屈挠菌门（Chloroflexi）	
		绿屈挠菌纲（Chloroflexi）	绿屈挠菌属（*Chloroflexus*）
第一卷			滑柱菌属（*Herpetosiphon*）
	7	热微菌门（Thermomicrobia）	
		热微菌纲（Thermomicrobia）	热微菌属（*Thermomicrobium*）
	8	硝化螺旋菌门（Nitrospirae）	
		硝化螺旋菌纲（Nitrospira）	硝化螺菌属（*Nitrospira*）
	9	脱铁杆菌门（Deferribacteres）	
		脱铁杆菌纲（Deferribacteres）	铁还原杆菌属（*Deferribacter*）
			地弧菌属（*Geovibrio*）
	10	蓝细菌门（Cyanobacteria）	
		蓝细菌纲（Cyanobacteria）	原绿蓝细菌属（*Prochloron*）
			颤蓝细菌属（*Oscillatoria*）
			鱼腥蓝细菌属（*Anabaena*）
			念珠蓝细菌属（*Nostoc*）
			真枝蓝细菌属（*Stigonema*）
	11	绿菌门（Chlorobi）	
		绿菌纲（Chlorobia）	绿菌属（*Chlorobium*）
			暗网菌属（*Pelodictyon*）

续表

卷	组别	分类群	代表属
第二卷		变形杆菌（Proteobacteria，属革兰阴性真细菌）	
	12	变形杆菌门（Proteobacteria）	
		α 变形杆菌纲（Alphaproteobacteria）	红螺菌属（*Rhodospirillum*）
			立克次体属（*Rickettsia*）
			柄杆菌属（*Caulobacter*）
			根瘤菌属（*Rhizobium*）
			布鲁菌属（*Brucella*）
			硝化杆菌属（*Nitrobacter*）
			甲基杆菌属（*Methylobacterium*）
		β 变形杆菌纲（Betaproteobacteria）	伯克霍尔德菌属（*Burkholderia*）
			产碱杆菌属（*Alcaligenes*）
			硫杆菌属（*Thiobacillus*）
			嗜甲基菌属（*Methylophilus*）
			奈瑟菌属（*Neisseria*）
			亚硝化单胞菌属（*Nitrosomonas*）
		γ 变形杆菌纲（Gammaproteobacteria）	着色菌属（*Chromatium*）
			亮发菌属（*Leucothrix*）
			军团菌属（*Legionella*）
			假单胞菌属（*Pseudomonas*）
			固氮菌属（*Azotobacter*）
			弧菌属（*Vibrio*）
			埃希菌属（*Escherichia*）
			克雷伯菌属（*Klebsiella*）
			变形杆菌属（*Proteus*）
			沙门菌属（*Salmonella*）
			志贺菌属（*Shigella*）
			耶尔森菌属（*Yersinia*）
			嗜血杆菌属（*Haemophilus*）
		δ 变形杆菌纲（Deltaproteobacteria）	脱硫弧菌属（*Desulfovibrio*）
			蛭弧菌属（*Bdellovibrio*）
			黏球菌属（*Myxococcus*）
			多囊菌属（*Polyangium*）
		ε 变形杆菌纲（Epsilonproteobacteria）	弯曲杆菌属（*Campylobacter*）
			螺杆菌属（*Helicobacter*）

续表

卷	组别	分类群	代表属
第三卷		厚壁菌（Firmicutes，低 G+C 含量的革兰阳性细菌）	
	13	厚壁菌门（Firmicutes）	
		芽孢杆菌纲（Bacilli）	芽孢杆菌属（*Bacillus*）
			李斯特菌属（*Listeria*）
			类芽孢杆菌属（*Paenibacillus*）
			显核菌属（*Caryophanon*）
			葡萄球菌属（*Staphylococcus*）
			高温放线菌属（*Thermoactinomyces*）
			乳杆菌属（*Lactobacillus*）
			肠球菌属（*Enterococcus*）
			链球菌属（*Streptococcus*）
		梭菌纲（Clostridia）	梭菌属（*Clostridium*）
			真杆菌属（*Eubacterium*）
			脱硫肠状菌属（*Desulfotomaculum*）
			消化链球菌属（*Peptostreptococcus*）
			韦荣菌属（*Veillonella*）
		丹毒丝菌纲（Erysipelotrichia）	丹毒丝菌属（*Erysipelothrix*）
			粪芽孢菌属（*Coprobacillus*）
			霍尔德曼菌属（*Holdemania*）
第四卷	14	拟杆菌门（Bacteroidetes phyl. nov.）	
		拟杆菌纲（Bacteroidia class. nov.）	拟杆菌属（*Bacteroides*）
			卟啉单胞菌属（*Porphyromonas*）
			普雷沃菌属（*Prevotella*）
		产黄菌纲（Flavobacteriia class. nov.）	产黄菌属（*Flavobacterium*）
			伯杰菌属（*Bergeyella*）
			碳酸噬胞菌属（*Capnocytophaga*）
			噬纤维素菌属（*Cellulophaga*）
			金黄杆菌属（*Chryseobacterium*）
		鞘脂杆菌纲（Sphingobacteriia class. nov.）	鞘脂杆菌属（*Sphingobacterium*）
		噬胞菌纲（Cytophaga class. nov.）	噬胞菌属（*Cytophaga*）
	15	螺旋体门（Spirochaetes phyl. nov.）	
		螺旋体纲（Spirochaetia class. nov.）	螺旋体属（*Spirochaeta*）
			疏螺旋体属（*Borrelia*）
			密螺旋体属（*Treponema*）
			钩端螺旋体属（*Leptospira*）

续表

卷	组别	分类群	代表属
第四卷	16	柔膜菌门（Tenericutes/Mollicutes）	
		柔膜菌纲（Mollicutes）	支原体属（*Mycoplasma*）
			尿原体属（*Ureaplasma*）
			螺原体属（*Spiroplasma*）
			无胆甾原体属（*Acholeplasma*）
	17	酸杆菌门（Acidobacteria phyl. nov.）	
		酸杆菌纲（Acidobacteriia）	酸杆菌属（*Acidobacterium*）
		全噬菌纲（Holophagae）	全噬菌属（*Holophaga*）
	18	纤维杆菌门（Fibrobacteres）	
		纤维杆菌纲（Fibrobacteria class. nov.）	纤维杆菌属（*Fibrobacter*）
	19	梭杆菌门（Fusobacteria）	
		梭杆菌纲（Fusobacteriia class. nov.）	梭杆菌属（*Fusobacterium*）
	20	网团菌门（Dictyoglomi phyl. nov.）	
		网团菌纲（Dictyoglomia class. nov.）	网团菌属（*Dictyoglomus*）
	21	芽单胞菌门（Gemmatimonadetes）	
		芽单胞菌纲（Gemmatimonadetes）	芽单胞菌属（*Gemmatimonas*）
	22	黏胶球形菌门（Lentisphaerae）	
		黏胶球形菌纲（Lentisphaeria class. nov）	黏胶球形菌属（*Lentisphaera*）
			食物谷菌属（*Victivallis*）
	23	疣微菌门（Verrucomicrobia phyl. nov.）	
		疣微菌纲（Verrucomicrobiae）	疣微菌属（*Verrucomicrobium*）
			突柄杆菌属（*Prosthecobacter*）
		丰佑菌纲（Opitutae）	丰佑菌属（*Opitutus*）
		斯巴达杆菌纲（Spartobacteria class. nov.）	嗜热杆菌（*Chthoniobacter*）
	24	衣原体门（Chlamydiae）	
		衣原体纲（Chlamydia class. nov.）	衣原体属（*Chlamydia*）
			棍衣原体属（*Rhabdochlamydia* gen. nov.）
	25	浮霉菌门（Planctomycetes）	
		浮霉菌纲（Planctomyceta class. nov.）	浮霉菌属（*Planctomyces*）
			出芽菌属（*Gemmata*）
第五卷	放线菌（Actinobacteria，高 G+C 含量的革兰阳性细菌）		
	26	放线菌门（Actinobacteria phyl. nov.）	
		放线菌纲（Actinobacteria）	放线菌属（*Actinomyces*）
			双歧杆菌属（*Bifidobacterium*）

续表

卷	组别	分类群	代表属
第五卷			细链孢菌属（*Catenulispora*）
			棒杆菌属（*Corynebacterium*）
			分枝杆菌属（*Mycobacterium*）
			弗兰克菌属（*Frankia*）
			诺卡菌属（*Nocardia*）
			微球菌属（*Micrococcus*）
			节杆菌属（*Arthrobacter*）
			丙酸杆菌属（*Propionibacterium*）
			链霉菌属（*Streptomyces*）
			拟诺卡菌属（*Nocardiopsis*）
			盐放线孢菌属（*Haloactinospora*）
			游动放线菌属（*Actinoplanes*）
			高温单孢菌属（*Thermomonospora*）
		酸微菌纲（Acidimicrobiia class. nov.）	酸微菌属（*Acidimicrobium*）
			铁微菌属（*Ferrimicrobium*）
			铁链丝菌属（*Ferrithrix*）
			亚米亚菌属（*Iamia*）
		红蝽菌纲（Coriobacteriia class. nov.）	红蝽菌属（*Coriobacterium*）
			阿托波菌属（*Atopobium*）
			柯林斯菌属（*Collinsella*）
			神秘杆菌属（*Cryptobacterium*）
			反硝化杆菌属（*Denitrobacterium*）
			伊格尔兹菌属（*Eggerthella*）
			欧陆森菌属（*Olsenella*）
			斯莱克菌属（*Slackia*）
		腈基降解菌纲（Nitriliruptoria class. nov.）	腈基降解菌属（*Nitriliruptor*）
			尤泽比尔菌属（*Euzebya*）
		红杆菌纲（Rubrobacteria class. nov.）	红杆菌属（*Rubrobacter*）
		嗜热油菌纲（Thermoleophilia class. nov.）	嗜热油菌属（*Thermoleophilum*）
			土壤红杆菌属（*Solirubrobacter*）
			康奈斯杆菌属（*Conexibacter*）
			扩展杆菌属（*Patulibacter*）

第一卷（2001 年）：古生菌、蓝细菌、光合细菌和系统发育最早分支的属，包括古生菌的 2 个门，8 个纲；真细菌的 11 个门，11 个纲。

第二卷（2005 年）：变形杆菌门（属革兰阴性细菌），包括 5 个纲，42 个目，67 个科，390 多个属及 1300 个种。

第三卷（2009 年）：厚壁菌门（低 G+C 含量的革兰阳性细菌），包括 3 个纲，10 个目，33 个科，160 多个属。

第四卷（2011 年）：拟杆菌门、螺旋体门、柔膜菌门、酸杆菌门、纤维杆菌门、梭杆菌门、网团菌门、芽单胞菌门、黏胶球形菌门、疣微菌门、衣原体门和浮霉菌门（属革兰阴性细菌），新命名了 5 个新门。

第五卷（2012 年）：放线菌门（高 G+C 含量的革兰阳性细菌），包括 6 个纲、23 个目（含一个未确定目）、53 个科、222 个属及近 3000 个种。

第二版在表型特征的基础上，以基因信息给予决定性的判断，是细菌分类学上的重大发展与进步，但另一方面，也应注意，在某些类群中，由于序列特征与某些重要的表型特征相矛盾，这将给主要按表型特征进行细菌鉴定带来新的困难，如何解决这些问题，有待进一步研究。

二、Ainsworth 等人的菌物分类系统概要

真菌的物种多样性极其丰富，其栖息与分布范围十分广泛，然而仅有很少一部分被人们所描述。1990 年我国学者裘维蕃提出用"菌物"代替过去用得多的但是含义不够明确的"真菌"的建议，并获得菌物学者的认同。

真菌分类单元的划分主要是以传统的形态、细胞结构、生理生化、生殖和生态等特征为依据的，其中最重要的是形态特征，有性生殖和有性孢子的性状也是菌物分类的重要依据。随着分子生物学的发展，现代的分类还以 DNA 序列分析等方法研究菌物的系统发育关系和进化关系。

真菌的分类系统很多，各国采用不同的系统，比较混乱。对真菌分类系统先后出现了 Whittaker 分类系统、Ainsworth 分类系统、Margulis 系统、真菌词典、Alexopoulos 系统等。在众多的分类系统中，目前被多数人所接受的、普遍使用的是《安贝氏菌物词典》(*Ainsworth & Bisby's Dictionary of the Fungi*)，简称《菌物词典》，从 1943 年的第一版开始，每隔几年便要修订一次，1995 年第八版，2001 年第九版，到 2008 年第十版，每版都有一定的变化。第十版中包括了菌物中所有类群的科、目、纲、门、界等分类等级的详细信息，提供了关于菌物有效属名、所属的科和目及其属性描述，记载了超过 21000 个条目。对于每一个属，给出了文献来源、出版日期、出版机构、分类系统地位、已经被承认的物种数量、分布和主要参考文献。

《菌物词典（第十版）》的分类主要是根据有性繁殖结构进行划分，把菌物界划分为 7 门、36 纲、140 目、560 科、8283 属、97861 种。具体分类如下：

真菌界（Fungi）
  壶菌门（Chytridiomycota）：2 纲、4 目、14 科、105 属、706 种
    壶菌纲（Chytridiomycetes）
    单毛壶菌纲（Monoblepharidimycetes）

芽枝霉门（Blastocladiomycota）：1纲、1目、5科、14属、179种
  芽枝霉纲（Blastocladiomycetes）
新丽鞭毛菌门（Neocallimastigomycota）：1纲、1目、1科、6属、20种
  新丽鞭毛菌纲（Neocallimastigomycetes）
球囊菌门（Glomeromycota）：1纲、4目、9科、12属、169种
  球囊菌纲（Glomeromycetes）
接合菌门（Zygomycota）：4亚门、1纲、10目、27科、168属、1065种
 虫霉菌亚门（Entomophthoromycotina）
 梳霉菌亚门（Kickxellomycotina）
 毛霉菌亚门（Mucoromycetina）
  接合菌纲（Zygomycetes）
 捕虫霉菌亚门（Zoopagomycotina）
子囊菌门（Ascomycota）：3亚门、15纲、68目、327科、6355属、64163种
 盘菌亚门（Pezizomycotina）即子囊菌亚门（Ascomycotina）
  星裂菌纲（Arthoniomycetes）
  座囊菌纲（Dothideomycetes）
  散囊菌纲（Eurotiomycetes）
  虫囊菌纲（Laboulbeniomycetes）
  茶渍菌纲（Lecanoromycetes）
  锤舌菌纲（Leotiomycetes）
  异极菌纲（Lichinomycetes）
  圆盘菌纲（Orbiliomycetes）
  盘菌纲（Pezizomycetes）
  粪壳菌纲（Sordariomycetes）
 酵母菌亚门（Saccharomycotina）
  酵母菌纲（Saccharomycetes）
外囊菌亚门（Taphrinomycotina）
  新盘菌纲（Neolectomycetes）
  肺炎菌纲（Pneumocystidomycetes）
  裂殖酵母菌纲（Schizosaccharomycetes）
  外囊菌纲（Taphrinomycetes）
担子菌门（Basidiomycota）：3亚门、15纲、52目、177科、1589属、31515种
 伞菌亚门（Agaricomycotina）
  伞菌纲（Agaricomycetes）
  花耳纲（Dacrymycetes）
  银耳纲（Tremellomycetes）
 柄锈菌亚门（Pucciniomycotina）
  伞型束梗孢菌纲（Agaricostilbomycetes）
  小纺锤菌纲（Atractiellomycetes）

    黑圈团菌纲（Classiculomycetes）
    隐菌寄生菌纲（Cryptomycocolacomyctes）
    囊担子菌纲（Cystobasidiomycetes）
    小葡萄菌纲（Microbotryomycetes）
    混合菌纲（Mixiomycetes）
    柄锈菌纲（Pucciniomycetes）
  黑粉菌亚门（Ustilaginomycotina）
    黑粉菌纲（Ustilaginomycetes）
    根肿黑粉菌纲（Entorrhizom-ycetes）
    外担菌纲（Exobasidiomycetes）
地位未定亚门的纲有：
    节担菌纲（Wallemiomycetes）

第三节　微生物分类鉴定的方法

一、微生物分类鉴定的依据

  微生物的分类鉴定工作是微生物分类学中最实用的部分，与工农业生产和生活有着密切的联系，如动植物检疫、食品卫生检验、人和动物病原菌诊断以及环境微生物工作等均需要微生物的分类鉴定工作。

  微生物分类鉴定工作的总原则是：在鉴定最初阶段用简单的方法得到必要的信息，然后，通过实验缩小分离株的归属范围，并减少以后的实验项目，当一个分离株大体上被划归到某一个类群时，就应当遵循该群的性状或检索表中所采用的实验项目进行工作，直至达到鉴定的目的。

  由于微生物形态微小、结构简单，导致微生物的分类鉴定工作必须采用多种分类鉴定依据，除了传统的形态学、生理学和生态学特征之外，还要增加遗传学、细胞学等方面的特征。表10-2为微生物分类鉴定的主要依据。在具体的分类鉴定工作中，针对不同类群的微生物，这些鉴定依据应有所侧重。例如，鉴定丝状真菌和大型真菌时，常以其形态特征为主要指标；鉴定酵母菌和放线菌时，同时以形态特征与生理生化特征为指标；鉴定细菌时，必须同时应用形态学、生理生化和遗传学等指标。

表10-2　微生物分类鉴定的依据

	鉴定依据	鉴定内容	用处
传统分类依据	形态特征	个体形态：细胞形态、大小、排列、运动性、特殊构造、染色反应等 菌落形态：菌苔形态、菌落形态、在半固体及液体培养基中群体的生长状态等	主要区分属，有时也可区分种

续表

鉴定依据		鉴定内容	用处
传统分类依据	生理生化特征	营养要求：对能源、碳源、氮源及生长因子等的要求 代谢产物：种类、产量、颜色和显色反应 酶：种类和反应特性 药敏性：对药物的敏感性等	区分种、属或更高分类单元
	生态特征	生长条件：生长温度、溶氧、pH、渗透压等环境条件要求 在自然界的分布情况、寄生或共生、宿主种类、与宿主关系、有性生殖、生活史等	区分种、属或更高分类单元
	血清学特征	玻片凝集反应、荧光标记、抗体反应	区分种、亚种或菌株
	噬菌体分型	对一类噬菌体的敏感性	区分菌株
现代分类依据	细胞特征	细胞壁的化学成分 细胞的其他化学成分：如原核生物全细胞水解液糖型、磷酸类脂成分、枝菌酸、醌类等	区分种、属或更高分类单元
	遗传特征	DNA 杂交、(G+C)% rRNA 寡核苷酸序列同源性、微生物全基因组序列、DNA 探针技术 限制性片段多态性、低频限制性片段分析、核糖体分型技术、DNA 扩展技术	区分种及以下分类单元
	全细胞蛋白质图谱特征	双向电泳等	区分菌株

根据上述分类鉴定依据，目前把微生物分类鉴定的方法主要分为四个水平：①细胞形态和行为水平，研究微生物的形态特征、运动性、酶反应以及营养要求、生长条件、代谢特征、生态学特征等的技术；②细胞组分水平，分析细胞壁、脂类、醌类以及色素等的红外光谱、气相色谱、液相色谱、质谱以及液质联用、气质联用技术；③蛋白质水平，研究氨基酸和蛋白质的氨基酸序列分析技术、凝胶电泳、双向电泳、免疫标记技术等；④基因组水平，分析基因序列特征的核酸分子杂交技术、核糖体序列分析技术、全基因组测序技术等。在微生物分类鉴定发展的早期，主要依据的是第一个水平的表型方法，称为经典的分类鉴定技术，到 20 世纪 60 年代开始进入按微生物的亲缘关系和进化规律进行分类鉴定的阶段，先后出现后三个水平的鉴定方法，统称为现代分类鉴定技术。随着研究手段的发展，越来越多的方法技术被应用于微生物的分类鉴定工作中。

二、微生物的经典分类鉴定方法

（一）经典分类鉴定技术

在微生物的分类鉴定技术中，存在很多经典的表型指标，如形态特征、培养特征及生理生化特征等,它们是微生物鉴定中最基本的,也是最常见的和最重要的数据,是现代分类鉴定技术的基本依据。菌株经典分类鉴定的工作步骤是:①获得微生物纯培养物;②观察并测定微生物的形态特征、生理生化特征、生态学特征以及血清学反应和噬菌体分型特征等一系列必要的鉴定指标;③对照权威性的菌种鉴定手册,确定微生物的学名。

1. 形态特征

形态特征是微生物分类和鉴定的重要依据之一。一方面,它直观,且易于观察和比较,尤其是针对个体较大和形态丰富的真核微生物以及具有特殊形态结构的细菌;另一方面,许多形态特征依赖于多基因的表达,具有相对的稳定性。用于分类鉴定的形态特征主要包括以下几方面。

(1) 个体形态特征 包括微生物个体的大小、形状、排列方式、染色反应、运动性、是否含有一些特殊的细胞结构以及细胞内含物等。

①细胞形态:

a. 形态。球形、杆状、弧形、螺旋形、丝状、分枝及特殊形状;

b. 大小。细胞的宽度或直径;

c. 排列。单个、成对、成链或其他特殊排列方式。

②特殊细胞结构:有无鞭毛、芽孢、荚膜、菌胶团;

a. 芽孢。形状和着生位置;

b. 孢子。种类、形态、大小、颜色、着生位置、数量及排列;

c. 细胞附属物。如柄、丝状物、鞘、异形胞等;

d. 超微结构。壁、内膜系统、孢子表面特征等。

③细胞内含物:有无硫粒、异染颗粒、伴孢晶体、PHB、气泡等。

此外,针对不同的微生物还要分析一些明显的分类特性,如细菌还应观察其革兰染色特性;真菌观察菌丝体特征、无性和有性繁殖阶段的特征以及繁殖器官的形态与结构;酵母菌观察出芽位置及芽痕、细胞内是否含有液泡等。

微生物细胞个体微小,肉眼不能观察,显微技术与摄影技术的发明使得对其个体形态观察成为可能,已经成为微生物分类鉴定中不可缺少的内容。目前,对微生物个体形态观察主要采用普通光学显微镜(观察细胞的基本特征)、扫描电镜(观察细胞表面结构)和透射电镜(观察细胞内部精细结构,即亚显微结构或超微结构)等技术。

(2) 群体形态特征 通常又称菌落形态特征,包括菌落的大小、外形(圆形、假根状、不规则状等)、黏稠度、透明程度、光泽度(光滑、有光、无光、粗糙、粉状、针刺和褶皱等)、隆起特征(凸起、凹陷或平滑)、边缘特征(整齐、波状、裂叶状、锯齿状等)、气味以及是否产生脂溶性或水溶性色素等,真菌还要观察其是否是绒毛状、絮状或蜘蛛网状等特征。

(3) 培养特征 包括固体、液体和半固体培养特征,固体培养特征即菌落特征;液体培养特征包括是否混浊、表面有无菌膜形成,以及底部是否形成沉淀等;半固体培养特征指穿刺接种后的生长情况,是否出现明胶液化,以及有无运动性等。

形态学鉴定方法对微生物分类和进化研究起到了巨大的推动作用,现存的大量微生物分类单位名称都是建立在该方法的基础之上,但它也存在局限性,需要与其他分类依据结合进行微生物的鉴定。

2. 生理生化特征

生理生化特征作为分类的典型表型特征是与微生物活性相关的酶和蛋白质的外在体现，间接反映了微生物基因组的差异，但比基因组的分析更容易、更直观、成本更低，因此生理生化特征是微生物分类鉴定的主要特征。以下列出了常用于微生物分类鉴定的生理生化特征。

（1）营养类型　光能自养型；光能异养型；化能自养型；化能异养型。

（2）营养物质利用特征　①碳源：对各种糖（单糖、双糖、多糖）的利用，对特定有机物（醇类、有机酸）的利用。②氮源：对蛋白质、蛋白胨、氨基酸、含氮无机盐、N_2的利用。③生长因子：对特殊维生素、氨基酸等的依赖性。

（3）培养条件特征　①对氧的要求：好氧、微好氧、厌氧及兼性厌氧；②对温度的适应性：生长的最适、最低、最高、致死温度以及产物积累温度；③对 pH 的适应性：生长的 pH 范围以及在一定 pH 条件下的生长能力；④对渗透压的适应性：对盐浓度的耐受性或嗜盐性。

（4）对抗生素及抑菌剂的敏感性　包括对抗生素、氰化钾（钠）、胆汁、有毒物质及某些染料的敏感性。

（5）代谢产物特征　微生物产生特征性的代谢产物，如是否产生色素、有机酸、气体等代谢产物，是否发生明胶液化（胨化）作用。

3. 生态学特征

微生物的生态学特征往往也作为分类鉴定的依据，这些特征包括微生物在自然界的分布情况，微生物与宿主的关系，是共生还是寄生，有性生殖情况以及生活史。此外，微生物的致病性也可作为鉴定的依据，如病毒由于结构更简单，生理特征不明显，在分类鉴定中，大部分是根据其对寄主的致病性来判断的。

4. 血清学反应特征

细菌细胞和病毒都含有蛋白质、脂蛋白和脂多糖等具有抗原性的物质。由于不同微生物的抗原物质结构不同，因此具有不同（特异）的抗原特性（谱）。常借助特异性的抗原与抗体反应——血清学反应来确定未知菌种、亚种或菌株。这种血清免疫学方法在微生物分类鉴定中是不可或缺的，尤其是针对一些病原微生物，特别是肠道细菌的分类鉴定，所使用的免疫学标识包括：菌体抗原（O 抗原）、鞭毛抗原（H 抗原）、荚膜抗原（K 抗原）或毒力抗原（Vi 抗原）等。

5. 噬菌体分型特征

在原核生物中已普遍发现有相应种类的噬菌体。噬菌体对宿主的感染和裂解作用常具有高度的特异性，即一种噬菌体往往只能感染和裂解某种细菌，甚至只裂解种内的某些菌株，所以，根据噬菌体的宿主范围可将细菌分为不同的噬菌型，利用噬菌体裂解作用的特异性进行细菌鉴定，这对于追溯传染病来源、流行病调查以及病原菌的检测鉴定有重要意义。

（二）简便快速的自动化鉴定技术

随着越来越多微生物的发现与开发，如何快速、准确、简便地鉴定微生物一直是相关领域追求的目标。特别是在食品中，致病性微生物的快速检测技术显得尤为迫切。传统生理生化鉴定方法操作烦琐、工作量大、耗时长，且部分生理生化特征随着培养条件的变化而不稳定。针对这些问题，研究人员开发了一系列的基于常用微生物的生理生化代谢特征的鉴定系统，如 API 鉴定系统、MicroID 系统、Minitek 系统、Enterotube 细菌鉴定系统（又称肠管系统）以及 Biolog 手动和全自动细菌鉴定系统。这些商品化的鉴定系统为微生物的分类鉴定工作提供了微量化、系列化、标准化的操作，极大提高了微生物分类鉴定的效率和准确率。下面介绍两种广泛应用于食品分析等领域的 API 鉴定系统和 Vitek 2 Compact 全自动微生物鉴定系统。

1. API 鉴定系统

API（Analytic Products Inc）细菌鉴定系统涵盖 15 个鉴定系列，约有 1000 种生化反应，可鉴定超过 700 种的细菌。API 鉴定系统的组成：①数据库，由细菌条目（taxa）组成，每个条目可因情况的不同代表细菌种、细菌的生物型、细菌的属；鉴定主要依据 API 试剂条的生化反应结果将一种（组）细菌与其他细菌相鉴别，并用鉴定百分率（%ID）表示每种细菌的可能性。②试剂条（卡），由透明的 PVC 材料制成，不同的试剂条有不同数量的反应管，每个反应管内包被有相应的干燥生化底物（碳水化合物、糖苷、醇、氨基酸等），常见的生化反应有 5 类：发酵试验、同化试验、发酵或同化抑制试验、酶试验和其他生化反应。在鉴定过程中，可根据细菌所属类群选择适当的生理生化鉴定系列。③添加试剂，某些试验在孵育完成后需添加试剂才能进行判断。④检索工具，包括生化反应检索手册或分析软件（ATB NEW 和 APILAB Plus 分析软件）。

2. Vitek 2 Compact 全自动微生物鉴定系统

Vitek 2 Compact 全自动微生物鉴定系统基于传统的微生物生理生化代谢特征进行的鉴定，是目前使用最广泛的一种细菌全自动鉴定系统。与传统的细菌鉴定方法相比，其操作简单、自动化程度高、速度快，同时也能克服人为判断准确性较差的不足，目前已被广泛应用于临床医学和食品安全领域。

Vitek 2 Compact 全自动微生物鉴定系统是根据细菌不同的理化性质，分解底物导致 pH 改变而产生不同的颜色，再经光电比色法测定来判断反应结果。其操作流程为：首先将待检测的纯种微生物进行稀释，调配成合适浓度的菌悬液；然后将菌悬液填充入配套的鉴定卡中（常见的鉴定卡有革兰阴性菌鉴定卡 GN、NH，革兰阳性菌鉴定卡 GP、CBC、BCL、ANC，酵母菌鉴定卡 YST 等），不同种类的鉴定卡上有不同数量和类别的生化反应；将鉴定卡放入仪器进行孵育，采用连续检测法，每隔一定时间仪器会自动判读结果；最后，结合仪器中的微生物数据库自动鉴定并报告结果。Vitek 2 Compact 全自动微生物鉴定系统可以快速、方便地直接将微生物鉴定到种的水平。

三、微生物的现代分类鉴定方法

从 20 世纪 60 年代开始，分类学家开始从传统的表型特征分类鉴定技术向现代分类鉴定技术扩展。现代分类学鉴定方法利用细胞化学组分特征、免疫学标识以及遗传学标识等对微生物进行分类鉴定，这与传统的分类鉴定方法完全不同，主要包括数值分类法（numerical taxonomy）、化学分类法（chemical taxonomy）以及遗传学分类法（genetic taxonomy）等。

（一）数值分类法

随着计算机科学的发展，在微生物分类学上出现了数值分类法，这是一种建立在概率论和数理统计基础上的现代数值分析方法。

数值分类法又称统计分类法，是一种根据微生物的各类分类特征，依据数值分析的原理，借助现代计算机技术，对拟分类的微生物进行相似程度的分析、统计，并以其相似值的大小将其归类的方法。

这一方法最早是由法国学者阿德逊（M. Adanson）提出来的，又称阿德逊氏分类法，但由于当时计算机工具的限制，未能实现。后来，随着计算机技术的发展，这种理论才在微生物的分类研究中得以应用，是微生物分类由定性向定量发展的一个进步，是对传统分类学的补充和完善。

数值分类法中指标的选择是分类的基础也是关键，指标选择的好坏直接关系到分类结果的可信程度，所选的指标既要反映出研究对象的本质属性，又要尽可能减小指标之间的相互影响。因此数值分类法的特点是：①根据尽可能多的性状进行分类，一般为50~100个，甚至更多，以揭示分类单位间的真实关系；②视每个性状为同等重要，在划分类群时具有同等的地位，以避免传统分类法中分类特征的主次之分，消除了主观偏见，结果客观；③按性状的相似度归为等同分类单元。

数值分类法的一般操作流程如下。

（1）选择菌株和分类指标　菌株选择时，准备包括标准菌株和待测菌株在内的60~150个菌株，菌株选择要有代表性，每个菌株为一个操作分类单元（operational taxonomic unit, OTU），OTU是数值分类中最低等级的分类单位；分类特征指标选择时，通常是以形态、生理生化特征、生态特性、免疫以及遗传学特征等为依据，特征指标的选择要多，一般不少于50个。

（2）收集并编码特征指标　进行OTU特征的测定或从文献中收集各项特征资料，将这些性状数字化，转换成计算机可以识别的编码，如在应用最多的两态性状中，把阳性反应结果记为1，阴性反应结果记为0，将其输入计算机。

（3）计算相似度系数　相似度系数就是被测群体中每个OTU间相似性的度量。依据计算机编写的专门程序，对每一对被测性状进行比较，计算出OTU之间的相似系数。

（4）绘制相似矩阵　根据相似度系数，对OTU进行配对排列，并借用电子计算机计算出菌株间的总相似值，列出相似矩阵（图10-2），为便于观察，应将矩阵重新安排，使相似度高的菌株列在一起。

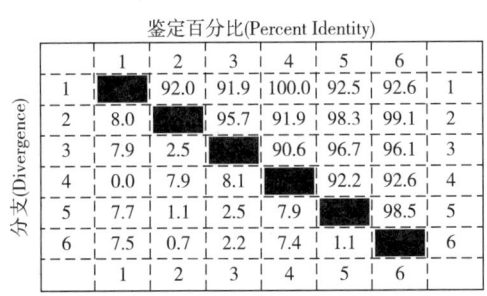

图10-2　显示6个菌株的遗传相似矩阵图

（资料来源：闵航等，2011）

（5）分析系统聚类结果　根据相似性数值进行聚类分析，将矩阵图转换成树状图（图10-3），其比矩阵图更直观。通常是将OTU根据相似度系数的大小，再结合主观上的判断，排列出一个个分类群（簇），在树状图上表现为不同的分支，如分类相似程度>85%者划为同种，>65%者划为同属。

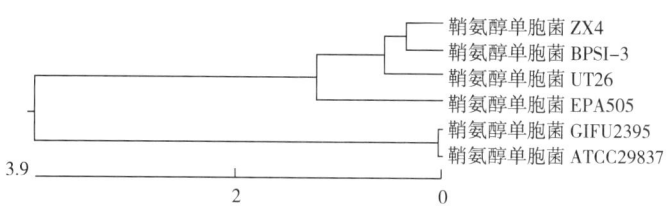

图 10-3　根据相似矩阵图转换的相似关系树状谱

（资料来源：闵航等，2011）

数值分类法的优越性在于它是以分析大量分类特征为基础，对于类群的划分比较客观和稳定，对微生物类群的全面考查和观察具有促进作用，为微生物的分类鉴定积累了大量资料。《伯杰氏鉴定细菌学手册（第九版）》将这种分类方法列为细菌分类方法之首。

（二）化学分类法

研究者发现微生物中含有的某些化学物质，其含量与结构具有种属特征或与其分类地位密切相关，因此，从 20 世纪 60 年代起，开始利用细胞化学组分对微生物进行分类鉴定，称为化学分类法。化学分类法需要借助电泳、色谱和质谱等仪器手段进行分析，如高效液相色谱、气相色谱、气相色谱-质谱联用、液相色谱-质谱联用等。随着仪器设备的不断发展和更新，化学分类法在微生物分类鉴定中逐渐显示出强大的功能。化学分类法对于原核微生物的分类尤为重要，解决了一些传统方法无法分析的问题，尤其是在古生菌的分类鉴定中应用广泛。目前，采用化学和物理技术研究原核微生物细胞的化学组成，已获得很有价值的分类和鉴定资料。

在化学分类法中，通常通过检测特定的生物标志物（biomarker）来进行微生物分类鉴定。生物标志物是能够标志某一类或某种微生物的化合物，如脂肪酸、醌类和磷脂等。这些具有分类学意义的生物标志物的存在状态可以作为鉴定微生物的标志。例如，细胞壁氨基酸的种类和数量已经被接受可以作为细菌属水平的重要分类学标准；在放线菌分类中，将细胞壁成分和细胞特征性糖的分析作为分属的依据，并已得到广泛应用，其中，霉菌酸的分析测定已经成为诺卡菌分类鉴定中的常规方法之一；脂质是区别细菌和古生菌的标准之一，细菌有酰基脂（脂键），古生菌有醚键脂；鞘氨醇单胞菌（*Sphingomonas*）和鞘氨醇杆菌（*Sphingobacterium*）的细胞膜都含有鞘氨醇，因此，鞘氨醇的有无可作为此类细菌的一个重要标志；此外，某些细菌原生质膜中的异戊间二烯醌、细胞色素等对于细菌和放线菌中某些科、属、种的鉴定都具有一定的分析价值。各种化学组分在原核微生物分类中的意义见表 10-3。

表 10-3　　用于原核微生物分类的细胞化学成分

细胞成分	分析内容	在分类水平上的作用
细胞壁	肽聚糖结构	种和属
	多糖	
	胞壁酸	

续表

细胞成分	分析内容	在分类水平上的作用
细胞膜	脂肪酸	种和属
	极性类脂	
	霉菌酸	
	类异戊二烯苯醌	
蛋白质	氨基酸序列分析	属和属以上单位
	血清学比较	
	电泳图	
	酶谱	
代谢产物	脂肪酸	种和属
全细胞成分	热解-气液色谱分析	种和亚种
	热解-质谱分析	

1. 细胞壁

根据不同细菌细胞壁的肽聚糖分子结构和成分的差异，采用细胞壁成分分析法，对菌种分类鉴定有一定的作用。肽聚糖是细菌细胞壁的主要成分，但古生菌细胞壁中不含有真正的肽聚糖，只有类似的假胞壁质。根据肽聚糖的不同可以将细菌划分为不同的化学类型，如乳杆菌属和分枝杆菌属的一些种，其肽聚糖四肽链的第三位氨基酸为二氨基庚二酸；而链球菌属和葡萄球菌属的一些种，其相同位置的氨基酸则为赖氨酸。

此外，胞外多糖和细胞壁中的蛋白质也可以提供一些分类信息，如脂多糖是革兰阴性细菌表面的一种特异的复合多糖，其基本结构一致，但构成糖单元和结合方式因菌株或菌种不同而有明显差异。

2. 细胞膜

（1）脂肪酸　这是细菌细胞中一种含量较高、相对较稳定的化学组分，存在于细胞膜等生物膜脂双层以及游离的糖脂、磷脂、脂蛋白等生物大分子中，因而成为细菌分类鉴定的重要依据。目前，各种细菌中存在300多种脂肪酸及脂肪酸衍生物，种类不同的细菌含有的脂肪酸的种类和含量有一定的差别，可以据此对细菌进行鉴定。细菌细胞内的脂肪酸易于提取和分离，经过甲酯化后挥发性大大改善，稳定性好，很适合于气相色谱分析。在细菌分类学中，气相色谱是分析细菌脂肪酸成分的主要工具，目前已出现一些自动化鉴定系统，如MIDI Sherlock全自动微生物鉴定系统。该系统利用气相色谱对微生物中特定的脂肪酸（$C_9 \sim C_{20}$）进行分析和鉴定，并根据脂肪酸种类和含量的图谱与内置的数据库进行比对，对微生物进行快速鉴定。

（2）醌类　细菌细胞膜上的醌有泛醌（辅酶Q）和甲基萘醌。甲基萘醌的侧链由不同的异戊烯单位构成，根据侧链长度和双键氢化的程度可分为多种类型。不同类型甲基萘醌的有无与含量是属和种鉴定中的一个重要指标。

（3）磷脂　磷脂是一种极性脂类，是构成细胞膜的重要成分。目前研究发现具有分类学意义的磷脂为磷脂酰乙醇胺、磷脂酰胆碱、磷脂酰甲基乙醇胺、磷脂酰甘油、含葡萄糖未知结构的磷脂等。

3. 蛋白质

一般情况下，具有重要功能的基因序列及其区域的变化率很低，由其编码的蛋白质可以作为分类鉴定的指标，如细胞色素 C、铁氧还蛋白、热激蛋白、组蛋白以及 ATP 酶、DNA 聚合酶等。

在对蛋白质进行分析时，方法有很多：①直接测定氨基酸序列法，此方法操作繁杂，成本高；②间接的血清学法；③电泳图谱法，通过单向或双向电泳技术，电泳后可用蛋白质特异性染色剂显色，有的酶还可以用酶的特异性底物染色；针对目的和手段的不同，电泳蛋白质可以是某种蛋白，也可以是全细胞的可溶性蛋白。例如，采用全细胞蛋白 SDS-PAGE 分析法。这是一种通过分析蛋白电泳图谱来获取分类信息的技术，在高度标准化的培养条件下，它是一种分群和大量比较相近菌株的较好方法。该方法的一个优点是它与 DNA 杂交分析结果有很好的相关性，适用于种水平上的区别。

4. 全细胞成分分析

在放线菌中，其全细胞水解液的糖型可分为四类：①阿拉伯糖和半乳糖；②马杜拉糖；③无糖；④木糖和阿拉伯糖。故采用全细胞水解液的糖型分析法可进行放线菌的初步分类鉴定。

（三）遗传学分类法

20 世纪 70 年代后，随着分子生物学技术的迅猛发展，以微生物的基因序列特征进行分类鉴定的方法应运而生。DNA 是除少数 RNA 病毒外一切微生物的遗传信息载体，每一种微生物都具有其独特的、稳定的基因组成，因此微生物之间在基因序列上的差异可以反映它们亲缘关系的远近，基于此进行的微生物种群分析为微生物的分类鉴定带来了巨大革新。

遗传学分类法是指在分子水平上对生物个体的核酸及蛋白质进行研究，并据此对生物个体进行分类的方法。新的细菌分类系统中，形态和培养特征仅作为补充材料，遗传分类的作用日益突出。

遗传学分类鉴定法主要包括 DNA 中 G+C 含量分析、DNA-DNA 杂交、DNA-rRNA 杂交、rRNA/rDNA 寡核苷酸的序列分析和全基因组信息、DNA 指纹信息等。特别是 rRNA/rDNA 序列分析已成为建立新分类单位必不可缺的方面。目前已有多种 rDNA 以及蛋白编码基因作为分子标识用于微生物的分类鉴定。

1. G+C 含量分析

DNA 碱基对的序列、数量和比例在细胞中是稳定的，不受菌龄和一般外界因素的影响，可以作为微生物分类鉴定的重要指标。目前，以测定基因组 DNA 中的 G+C 的摩尔数占四种碱基总摩尔数的百分比 [(G+C)%] 来判断微生物间的亲缘关系。G+C 含量测定法已经作为建立新的细菌分类单元的一项基本特征，在对种、属甚至科的分类鉴定中意义重大。

各类微生物基因组 DNA 之间 G+C 含量变化很大，细菌 G+C 含量的变化范围较大，在 25%~75%，故该分类法适用于细菌的属和种的鉴定。经过研究发现，采用 G+C 含量进行微生物分类鉴定具有以下几个特点：①亲缘关系相近的微生物，其基因组的核苷酸序列相近，故 G+C 含量相同或者近似，不同物种间的 G+C 含量差异较大；②G+C 含量相同或近似的菌，并不表示其亲缘关系相近，这是因为基因组 G+C 含量只是反映核苷酸组成的差异，并不能反映核苷酸的排列顺序；③一般认为同一个种内的不同菌株 G+C 含量差别应在 4% 以下（测定方法本身的误差可能高达 2%），同属不同种的差别应低于 10%，超过则认为属于不同的属，因此，测定 G+C 含量对于微生物种和属的分类鉴定具有重要意义。过去，根据形态学分类认为微球菌属和葡萄球菌属是亲缘关系很近的两个属，它们长期被归在一个科内。但是，后来经过测定二者的 G+C 含量分别为 30%~38% 和 64%~75%，发现它们的亲缘关系相当远，现已将上述两个属分在不同的门。20 世纪 80 年代以前建立的螺菌属（*Spirillum*），经过测定其 G+C 含量，发现这个属的不同种间的 G+C 含量范围过宽，在 38%~66%。后来，结合菌株其他特征将其分成三个属：螺菌属（G+C 含量 38%）、海洋螺菌属（*Oceanospirillum*）（G+C 含量 42%~51%）和水螺菌属（*Aquaspirillum*）（G+C 含量 49%~66%）。

G+C 含量的测定方法有热变性温度（melting temperature，T_m）法、高效液相色谱法和浮力密度法。其中，最常用的方法是热变性温度法，这种方法操作简单且重复性好。其基本原理是：DNA 为双链，在一定离子强度的溶液中，经过加热，当温度上升到一定的数值时，两条链间的氢键被打开，260nm 下的吸光值增加，当温度达到一定值时，DNA 完全分离成单链，此后继续升温，吸光值不再增加。DNA 的热变性过程是在一个狭窄的温度范围内发生的，紫外吸收增加的中点值所对应的温度称为该 DNA 的热变性温度或解链温度。在 DNA 分子中，G-C 碱基对之间有三个氢键，而 A-T 碱基对只有两个氢键，因此，若微生物基因组 DNA 中 G+C 含量高，其双链的结合就比较牢固，其热变性温度相应较高。在一定离子浓度和一定 pH 的盐溶液中，DNA 的 T_m 与 DNA 的 G+C 含量成正比，故根据某 DNA 样品的 T_m，就可以计算出该样品的 G+C 含量。

此外，荧光测定法也可以测定 T_m，主要是把双链 DNA 经过与荧光染料 SYBR Green Ⅰ 结合后，通过一种能够快速升温降温的连续荧光检测器测定荧光染料的强度，来获得 DNA 的 T_m，这种方法方便、简单、不受 DNA 纯度影响，是一种快速的分析方法。

2. 分子杂交

核酸杂交在微生物鉴定中的应用包括 DNA-DNA 杂交、DNA-rRNA 杂交以及核酸探针等。

(1) DNA-DNA 杂交　亲缘关系越接近的微生物，其 DNA 碱基序列也越接近。将来源不同的微生物 DNA 经过高温变性解链为单链，再经过低温进行退火复性，重新配对形成杂合双链，这种方法称为分子杂交。在 DNA 复性变成双链的过程中，不仅同一微生物的 DNA 单链可以复性结合成双链，而且不同微生物的 DNA 单链，只要二者具有同源互补的碱基序列，也会在同源序列之间互补结合形成双链，因此，可以测定其 DNA 杂交率来分析微生物的亲缘关系的远近。不同微生物之间，DNA 同源程度越高，其杂交率就越高，若两个菌株 DNA 分子序列完全相同，则杂交率应为 100%。这种通过测定 DNA 杂交率来判定微生物亲缘关系的方法比上述 G+C 含量法更精确，对于有争议的种的界定和新种的确定有重要作用。1987年，国际系统细菌学委员会（International Committee of Systematic Bacteriology，ICSB）规定，DNA 同源性 ≥60% 为种的界限，DNA 同源性 ≥70% 是同一亚种，同源性在 20%~60% 为同属不同种。在细菌分类中，DNA-DNA 杂交已被确定为建立新种的必要标准之一。

常用的测定 DNA-DNA 杂交的方法有液相核酸杂交和固相核酸杂交。液相核酸杂交技术包括液相复性速率法、羟基磷灰石吸附法和 S1 核酸酶法，而固相核酸杂交技术包括膜杂交法和微孔板杂交法。在微生物的分类鉴定中，常用固相核酸杂交法（又称直接法），具体方法介绍如下。

①膜杂交法：将待测菌株的 DNA 双链先解链为 DNA 单链，把其固定在硝酸纤维素微孔滤膜（或琼脂等）上，再放入含有用同位素标记（或荧光标记物）并且酶切的参考菌株的单链 DNA 小分子片段溶液中，在最适复性温度条件下与膜上的 DNA 单链杂交，杂交完毕后，洗去滤膜上未配对结合的带标记的 DNA 片断，最后测定各菌株 DNA 滤膜的放射性强度（或荧光强度），以参考菌株自身复性结合的放射性计数值为 100%，计算出待测菌株与参考菌株杂交的相对百分数，这些百分数值即分别代表这些菌株与参考菌株的同源性或相似性水平。为避免放射性污染，目前在核酸杂交中越来越倾向于使用非放射性标记物，如荧光染料、地高辛、生物素等，或者采用复性速率法测定 DNA-DNA 杂交，该方法不需要对 DNA 进行标记，通过测定单链 DNA 分子的复性结合速率来计算 DNA 的同源性。

②微孔板杂交法：将非标记的 DNA 固定于微孔板上，再用剪切到一定长度且被标记的 DNA（常采用光敏生物素标记）与之杂交，然后进行洗脱，最后通过半乳糖苷酶或碱性磷酸酶与荧光显色系统进行荧光强度的检测，标记的 DNA 被定量检测，且荧光强度的强弱反映杂交率的高低，根据测得的荧光强度即可算出不同菌株间 DNA 的同源性（或杂交率）。

（2）DNA-rRNA 杂交　DNA-DNA 杂交中，非配对碱基超过 20% 时，杂交不能形成双链，导致其应用受到限制。而 DNA-rRNA 杂交可以比较亲缘关系更远的菌株，这是由于 rRNA 在进化过程中比基因组 DNA 更加保守，保留了一部分序列，在 DNA-DNA 不能杂交或杂交率很低时，用 DNA-rRNA 杂交可以出现较高的结果，可以分析亲缘关系远一些的菌株之间的进化关系。DNA-rRNA 杂交的原理和方法与 DNA-DNA 杂交相同，不同的是标记的部分是 rRNA，杂交结果用 $T_{m(e)}$ 和 RNA 结合数表示，$T_{m(e)}$ 是 DNA 与 rRNA 杂交物解链一半时所需要的温度。

（3）核酸探针　核酸探针法是利用能识别特异序列、带标记的一段单链 DNA 或 RNA 分子对微生物进行鉴定和检测。其原理同 DNA-DNA 杂交原理一样，也是利用核酸分子之间的这种杂交特性，在已知的 DNA 或 RNA 片段上加上可识别的标记，使之成为探针，用以检测未知样品中是否具有与其相同的序列，并进一步判定其与已知序列的同源程度。由于核酸探针与互补链之间的识别作用是通过大量结合位点间的氢键作用力和碱基专一配对作用实现的，因此具有极高的特异性。

制备核酸探针时应注意两个关键性的问题：首先，要选择特异性强而又无交叉反应的核酸片段，这种片段可通过核酸重组和克隆（如 DNA 探针、RNA 探针、cDNA 探针）以及人工合成（寡核苷酸探针）等技术获得；其次是标记物，最早采用放射性同位素（^{32}P、^{3}H、^{35}S 等），现在多用非放射性标记物（金属、荧光染料、地高辛、生物素和酶）。

核酸探针杂交方法同 DNA-DNA 杂交，常用的方法是固相杂交法，是指先将待测核酸结合到一定的固相支持物上，再与液相中的标记探针进行杂交，包括膜上印迹杂交和原位杂交。

①膜上印迹杂交：其又分为以下三种。a. 斑点印迹法（dot-blot），将待测核酸样品变性后直接点样在膜上，称为斑点印迹。应用斑点印迹技术，可在一张膜上同时进行多个样品的检测，操作简便、快速。b. Southern 印迹法（Southern blot），这是先用限制性内切酶对 DNA 样品进行酶切处理，经琼脂糖凝胶电泳分离 DNA 片段，凝胶变性，使双链 DNA 解离成单链，

将其转移到 NC 膜或其他固相支持物上，转移后各 DNA 片段的相对位置保持不变。用探针与经 Southern 印迹处理的 DNA 样品杂交，可鉴定待测 DNA 的大小、进行克隆基因的酶切图谱分析、基因组基因的定性及定量分析、基因突变分析及限制性片段长度多态性分析（restriction fragment length polymorphism，RFLP）等。c. Northern 印迹法（Northern blot），是指将 RNA 片段变性及电泳分离后，转移到固相支持物上的过程。RNA 样品经 Northern 印迹后进行杂交反应，可鉴定其中特异 mRNA 分子质量与大小。

②核酸原位杂交：是用探针对细胞或组织切片中的核酸进行杂交并检测的方法。其特点是靶分子固定在细胞中，细胞固定在载玻片上，以固定的细胞代替纯化的核酸，然后将载玻片浸入溶有探针的溶液里，探针进入组织细胞与靶分子杂交，而靶分子仍固定在细胞内。

核酸探针技术在微生物检测与鉴定中的应用越来越广泛，尤其是食品中病原微生物的检测。应用核酸探针技术，借助不同荧光激发染料或传感技术，已经成为当今致病微生物检测方法研究和探索的前沿。

由于核酸探针技术对致病微生物的判断是通过荧光分光光度计进行的，该方法操作方便，核酸探针序列也易合成，对操作技能的要求不高，因此，通用性很强，已成为食品质量监督管理部门或食品企业检验食品中一些常见病原微生物的常规方法。所制备核酸探针特异性的不同，在食品微生物分析测定中的作用也不同。有的探针只能用于某一种菌型的检测，有的能用于种、属、科等更大类群微生物的检测或鉴定，而一些特异性的探针主要用于病原微生物的快速鉴定。同时，还可以针对不同的食源性微生物设计探针芯片，使得测定的结果更为准确、更加快速。目前该技术已成功应用于葡萄球菌、大肠杆菌、沙门菌、弯曲杆菌等多种病原微生物的检测，其具有时间短、准确率高等优点。

3. DNA 序列同源性分析

DNA 序列同源性分析是通过测定微生物 DNA 序列一级结构中核苷酸序列的组成来比较同源分子之间相关性的一种方法，它能提供最直接、最完整、最准确的信息。利用该方法可以有效地研究微生物间的亲缘关系，其中 rRNA/rDNA 序列是最常用的微生物分类鉴定的分子标识。不同的分子标识对微生物的鉴定水平也各不相同，如细菌的 16SrRNA 和真菌的 18SrRNA、28SrRNA 序列较为保守，常用于属以及属以上高级分类单元的鉴定；而 ITS 序列的种间差异较为明显，常用于种和亚种水平的鉴定。rRNA/rDNA 序列测定方法主要包括 rRNA 寡核苷酸编目法和全序列测定法。

（1）rRNA 寡核苷酸编目法　20 世纪 70~80 年代，由于测序技术不成熟，主要应用寡核苷酸编目法测定基因序列。其原理是用 RNA 酶水解预先标记的纯化 rRNA，使之产生一系列寡核苷酸片段，利用双向电泳分离产生的片段，用放射自显影技术获得不同长度寡核苷酸的电泳位置（指纹图谱），从而确定相应的序列。若两种微生物的亲缘关系越近，则其所产生的寡核苷酸片段的序列也越接近，通过分析寡核苷酸序列同源性程度，可确定不同微生物间的亲缘关系和进化谱系。

Woese 著名的三域学说就是最早利用该方法对微生物的 16SrRNA 序列进行编码后提出来的。

（2）全序列测定法　使用寡核苷酸编目法大约只能获得 rRNA 序列信息的 30%，结果具有一定偏差，随着基因测序技术的发展与成熟，rRNA 序列的获得现在多采用全序列测序的方法。

全序列测序的方法以 PCR 为基础，所需材料少，序列信息量大，信息准确，在现代微生物分类鉴定中的应用越来越广泛，其大致流程如下：①破坏微生物细胞壁和细胞膜，提取基因组 DNA；②设计引物，引物是与分子中高度保守碱基序列互补的 DNA 寡核苷酸，通常为 15~20 个核苷酸；③PCR 扩增，反应体系中加入模板、酶和底物进行产物扩展；④凝胶电泳分离扩增的 DNA 片段，并纯化回收目的产物；⑤直接测序；⑥将序列信息提交至数据库进行序列比对，目前对获得的基因序列多提交 NCBI 数据库，通过 Blast 程序与 GenBank 中的核酸数据库进行分析比对；⑦根据同源性的高低，选择相关序列，进行多重序列比对，构建系统发育树，与标准菌株比对后，初步判断微生物的分类地位。

16S（18S）rRNA 的序列分析表明它在种以上对微生物相关性具有很高的分辨力，但在进化关系密切的微生物种内的分辨力还是有限的，因此，16SrRNA 对于划分种的界限没有确切的数值。位于 16SrRNA 和 23S rRNA 之间的间隔序列（internal transcribed spacer，ITS）由于没有特定功能，进化速率比 16SrRNA 大，因此，近年来在微生物分类鉴定方面备受关注。该区域由于含有不同数目的 tRNA 基因以及一些非编码序列而具有不同的序列，同时 rRNA 操纵子的数目决定了该区域的拷贝数，从而造成间隔区的序列以及拷贝数的变化，利用这一特征可以使一些进化关系密切的微生物得以分类鉴定。

4. 基因组 DNA 多态性分析

随着 PCR 技术的出现和发展，在微生物的分类鉴定上又出现了 DNA 多态性技术。DNA 多态性普遍存在于生物有机体中，它主要是指不同物种或同一物种不同个体间基因组序列的差异。如果两个 DNA 分子完全相同，用同剂量的同种限制性内切酶在相同的条件下消化，所得的限制性内切酶谱将相同。如果两个 DNA 分子基本相同，只是在一处或几处发生某种差异，哪怕是很小的差异，消化后两 DNA 分子的限制性酶谱的条带方式将出现不同，即产生多态性。对这些条带进行分析可从中获得两种 DNA 分子结构差异的信息。DNA 多态性反映了物种形成、选择、迁移、重组和交配体系等的进化历程，可以比较微生物个体间的差异性，可以鉴定到种，甚至亚种的水平。这种微生物鉴定方法主要包括限制性片段长度多态性分析、扩增核糖体 DNA 限制性酶切片段分析、随机扩增多态性 DNA 分析和扩增片段长度多态性分析等。

（1）限制性片段长度多态性分析　1980 年由美国博特斯坦（Botstein）提出的限制性片段长度多态性（restriction fragment length polymorphism，RFLP）分析，是一种建立在全基因组限制性酶切片段分析的基础上的技术，是一种可以用于微生物分类鉴定的遗传标记，是以 Southern 杂交技术为核心的分子标记，也是第一个 DNA 分子水平上的遗传标记，至今仍被广泛应用。

RFLP 技术的基本步骤：基因组 DNA 提取→用特异设计的 PCR 引物扩增目的 DNA 片段→限制性内切酶酶切 DNA →凝胶电泳分开酶切后的 DNA 片段→把 DNA 片段转移到滤膜上→利用放射性标记的探针杂交显示特定的 DNA 片段→由限制酶图谱分析此段序列的特异切割位点，以检测其多态性，分析结果。

（2）扩增核糖体 DNA 限制性分析　扩增核糖体 DNA 限制性分析（amplifed ribosomal DNA restriction analysis，ARDRA），是一种将 PCR 和 RFLP 分析相结合的技术，它依据原核生物 rRNA 序列的保守性，首先利用 PCR 方法扩增微生物的 rDNA 片段，然后选择一组限制性内切酶对扩增产物进行酶切，通过形成的酶切图谱分析微生物的多态性。

(3) 随机扩增多态性 DNA 分析　　随机扩增多态性 DNA（random amplified polymorphic DNA，RAPD）分析，是建立于基因片段的 PCR 扩增分析基础上，由威廉姆斯（J Williams）和威尔士（J Welsh）于 1990 年同时提出的一种新的分子标记技术。该类标记技术是指在 Taq 聚合酶的作用下，利用适当的引物（随机排列碱基顺序的寡聚核苷酸单链）对所研究微生物的基因组 DNA 的某些序列进行 PCR 扩增，以电泳分离手段来检测扩增产物的多态性。这些扩增产物的 DNA 片段的多态性反映了基因组相应区域的 DNA 的多态性，从而可以比较不同微生物个体之间的差异性。该技术不用建库、筛库且没有同位素操作，具有安全性好、快速易行的特点，推动了分子标记进一步发展。

(4) 扩增片段长度多态性分析　　扩增片段长度多态性（amplified fragment length polymorphism，AFLP）分析，是一项新的分子标记技术，为结合 RFLP 以及 RAPD 两种技术形成的 DNA 指纹图谱技术。扩增片段长度多态性分析是将微生物基因组 DNA 先用可产生黏性末端的限制性内切酶切割，产生相对分子质量大小不同的限制性片段，然后将双链接头连接到 DNA 片段的末端，接头序列和相邻的限制性位点序列作为引物结合位点，再用含有选择性碱基的引物对模板 DNA 进行扩增，选择性碱基的种类、数目和顺序决定了扩增片段的特殊性，最后对扩增后的产物进行凝胶电泳，产生出长度不同的多态性带型，进而分析微生物之间的序列差异。扩增片段长度多态性分析技术的特点是多态性丰富，且具有灵敏度高、快速高效等优点。

这种 DNA 多态性分析技术在食品微生物尤其是致病菌的基因分型、致病性研究、菌群的变异变迁、流行病学研究等方面具有重要的应用价值。利用随机扩增多态性 DNA 分析技术分析扩增产物，可以了解食品中微生物的类型，并已成功应用于植物乳杆菌、大肠杆菌、金黄色葡萄球菌等多种微生物的检测。扩增片段长度多态性分析技术通过扩增片段长度多态性的 DNA 片段，对食品微生物进行鉴别，该技术已成功研究了多种食品原料中的微生物，如发酵酸面团中的乳酸菌等。

5. 微生物全基因组序列

全基因组测序对全面了解一个物种的分子进化、基因组成和基因调控等方面有着非常重要的意义。因此，对那些与人类健康、生活和生产关系重大的微生物进行全基因组 DNA 测序是当前生物科学领域中掌握某微生物全部遗传信息的最佳途径，也是微生物现代分类鉴定中更细致和更精确的遗传性状指标，尤其是对食品中病原微生物的分析、检测意义更为重要。表 10-4 为微生物遗传分类鉴定方法的特点。

表 10-4　　微生物遗传分类鉴定方法的特点

方法	适用的分类单元	优缺点
G+C 含量分析	种	只能作为分类鉴定中的参考标准，不适用于放线菌的分类研究
核酸杂交	种、亚种	不同研究结果间不易比较，不适用于高级分类单元
DNA 序列同源性分析	适用于各分类单元	能提供最为完整准确的信息，选择不同的 DNA 片段可用于不同分类单元的研究

续表

方法	适用的分类单元	优缺点
RFLP	种、亚种	检测稳定，但操作较为复杂
ARDRA	种、亚种	对种间和种内分类鉴定的灵敏度高，但无法提供完整序列信息
RAPD	种、亚种	鉴定迅速，重复性好；但不适用于高级分类单元研究
AFLP	种、亚种	带纹丰富，灵敏度高，但操作较为复杂

随着分子生物学技术的不断发展，已有越来越多的分子生物学方法被应用于微生物的分类与鉴定中，尤其是在当前食品安全形势日益严峻的情况下，借助分子生物学方法来进行食品中微生物，特别是致病性微生物的诊断与快速检测，可以极大地提高食品检测水平和监督质量，对我国食品行业的长远发展意义重大。

（四）质谱鉴定系统

随着微生物鉴定技术的发展，新型、快速的 MALDI-TOF MS 微生物鉴定系统凭借其更快速、更可靠的结果被广泛应用，促使微生物的分类鉴定技术进入新的纪元。

基质辅助激光解吸电离飞行时间质谱（matrix-assisted laser desorption/ionization time-of-flight mass spectrometry，MALDI-TOF MS）技术是一种新兴的高通量鉴定技术，近年越来越被广泛应用于微生物的鉴定，尤其是对临床和食品中致病微生物的检验。

MALDI-TOF MS 鉴定依据的原理是：微生物拥有其自身独特的蛋白质指纹图谱，在鉴定微生物时主要依据菌株的核糖体蛋白，通过 MALDI-TOF MS 检测微生物的蛋白质指纹图谱来鉴定微生物。MALDI-TOF MS 鉴定操作比较简单，是直接从完整的微生物细胞表面检测蛋白的质谱，只需要用基质把涂有菌株单菌落的样品靶均匀覆盖，不需要将细胞进行裂解的前处理，也不必将蛋白质提取出来。将待测微生物样品与基质分别点加在样品靶板上，待基质晾干，即可进行质谱检测，然后将指纹图谱与覆盖面广泛的数据库中的数千个参考微生物图谱进行比对分析，从而准确可靠地鉴定特定目标微生物。MALDI-TOF MS 微生物鉴定技术具有操作简单、鉴定快速、通量高、灵敏度好、准确度高的优点，可在几分钟之内完成对微生物种、属水平的鉴定，使得鉴定微生物的时间大大减少。但目前在微生物种水平上的鉴定不太理想，不能准确区分鉴定至种水平，需要辅助其他实验进一步确认。有报道显示，MALDI-TOF-MS 对革兰阳性球菌鉴定到种的准确率为90%以上，对革兰阴性杆菌鉴定到种的准确率为80%左右。

目前，世界各地临床微生物实验室使用的 MALDI-TOFMS 系统多为德国布鲁克公司的 Bruker Biotyper 系统和法国梅里埃公司的 Vitek MS 系统，这两种系统拥有不同的图谱数据库和独特的数据分析计算法则。这两种系统目前也已获得中国国家药品监督管理局的许可证，可用于临床样本的检测。MALDI-TOF MS 鉴定的核心是基于丰富而完整的蛋白质指纹图谱数据库，待检测微生物只有与数据库中已有图谱达成高度匹配才能得到准确的鉴定结果，但各型号质谱仪的数据库资源都是有限的，目前数据库存在菌种类别及数量不足，不能满足鉴定需求的难题，未来在 MALDI-TOF MS 数据库的构建上仍需不断更新与完善，以进一步提高微生物鉴定结果的准确率。当前3种商业化数据库可购买获得，有 Bruker Biotyper 数据库（布鲁克道尔顿，德国）、Saramis（BioMérieux，用于来自 Shimadzu 的质谱设备）和 Andromas（可与布鲁克道尔顿或 Shimadzu 硬件兼容）。我国学者和机构也构建了部分自建数据库，国内微生物检验学相关领域专家参照《中国临床微生物质谱应用专家共识（2016）》，结合长期临床 MALDI-TOFMS 使用经验，编撰了《自建 MALDI-TOFMS 微生物鉴定数据库专家共识》，帮助实验室开展本地微生物数据库的建立，扩大 MALDI-TOF MS 在微生物鉴定领域的应用范围，提高实验室微生物鉴定的综合能力。

习　题

一、名词解释

1. 系统发育树　2. 微生物的遗传学分类法　3. 三域系统

二、选择题

1. （　　）是金黄色葡萄球菌。
A. *B. circulans*　　B. *Staphylococcus aures*　　C. *B. cereus*　　D. *B. subtilis*
2. （　　）是红曲菌。
A. *Rhizopus*　　B. *Monascus*　　C. *Penicillium*　　D. *Aspergillus*
3. 自然界的生物分为六界，微生物不属于（　　）。
A. 植物界　　B. 真菌界　　C. 病毒界　　D. 原生生物界

三、填空题

1. 微生物命名与其他生物一样，采用（　　）名和（　　）名的双名制命名法。
2. 细菌命名一般采用双名法，此命名法中，前面的词一般是指（　　），后面的词一般是指（　　）。
3. 生命三域学说将地球上的细胞生物分成了三个域，它们分别是（　　）、（　　）和（　　）。
4. 在微生物分类系统中，具有正式分类地位的最低等级分类单位是（　　）。
5. 细菌分类鉴定的经典方法主要是根据细菌（　　）和（　　）以及（　　）来确定它们在分类系统中的地位。

四、问答题

1. 微生物分类学研究的目的是什么，包含哪三方面的工作？
2. 采用16SrRNA序列构建微生物系统发育树的一般流程是什么？
3. 简述《伯杰氏系统细菌学手册（第二版）》的主要特点及其对细菌的分类。
4. 简述《安贝氏菌物词典（第十版）》的特点及其对菌物界的分类。
5. 微生物的传统鉴定方法有哪些？
6. 微生物的现代鉴定方法有哪些？

7. 在食品质量监督管理部门，采用何种手段可以快速、高效地分析检测出样品中的微生物？

8. 设计一种快速检测致病微生物的方法，并举例说明。

9. 一幼儿园的小朋友们食用冷冻草莓后出现集体性腹泻，请进行病原微生物的检出与鉴定。

10. 微生物分类的主要依据包括哪些？

11. 简述16SrRNA作为研究原核生物系统发育工具的理由。

第十一章 食品微生物学实验

第一节 食品微生物学实验守则

食品微生物学实验课的目的是训练学生掌握最基本的操作技能，加深对微生物学基本概念、基本理论的理解。通过实验，培养学生观察、思考、分析问题和解决问题的能力，树立实事求是、严肃认真的科学态度和良好的合作精神，养成勤俭节约、爱护公物的优良品德。

为了上好食品微生物学实验课，并保证安全，实验时须注意如下事项：

1. 每次实验前必须充分预习，以了解实验的目的、原理和方法。初步熟悉实验操作中的主要步骤和环节，对整个实验的安排做到先后有序，避免差错。
2. 与实验无关的物品不要带进实验室，必须带进的物品应放在不影响实验操作的地方。
3. 每次实验前须擦净台面，必要时可用适宜的消毒剂溶液擦拭。
4. 实验前要洗手，以减少染菌的概率。
5. 微生物实验中要严格进行无菌操作，防止杂菌污染。
6. 在进行微生物实验操作时，要关闭门窗，以防止空气对流。
7. 接种时尽量不要走动和说话，以免因尘埃和唾沫而导致杂菌污染。
8. 凡用过的带菌器具、器皿要消毒灭菌后清洗或丢弃。
9. 在进行实验操作时应穿上白色工作服，离开时脱去，并经常洗涤以保持清洁。
10. 凡须进行培养的材料，都应注明菌名、接种日期及操作者姓名或组别，放在指定的培养箱中进行培养，按时观察并如实记录实验结果，按时交实验报告。
11. 实验室内严禁吸烟、大声喧哗，不准吃东西。
12. 爱护公物，节约药品、器材、水、电。
13. 各种仪器应严格按要求操作，用后按原样放置妥当。
14. 实验结束，要整理和清洁台面，离开实验室之前要用洗手。
15. 每次实验前，留好值日生，负责实验课结束后打扫实验室，并进行安全检查。
16. 如遇菌液污染皮肤，先用70%乙醇棉拭净，再用肥皂水洗净。
17. 如遇易燃品着火，应先断绝火源或电源，再用湿布掩盖灭火，必要时要用灭火器。

第二节 基础性实验

实验1 普通光学显微镜的使用与微生物的观察

一、目的要求

1. 了解普通光学显微镜的构造与工作原理。
2. 掌握光学显微镜的使用方法。
3. 学习使用普通光学显微镜观察微生物的细胞形态。

二、基本原理

显微镜是利用凸透镜的光学放大成像原理，将人眼不能分辨的微小物体放大到人眼能分辨的尺寸，而用来对微小物体和生物进行观察的光学仪器。早期的显微镜是单透镜式的，现在微生物学实验室中常用的光学显微镜是复式显微镜，由两个透镜组成，光路图见图11-1。微小物体 O 依次经过物镜和目镜而形成放大的虚像于明视距离处，见图11-2。

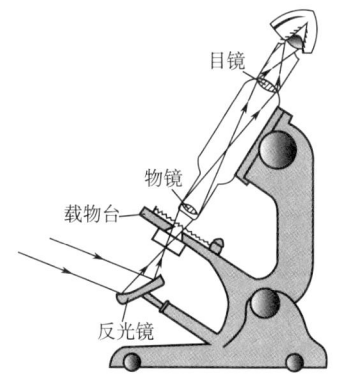

图 11-1 显微镜的光学原理

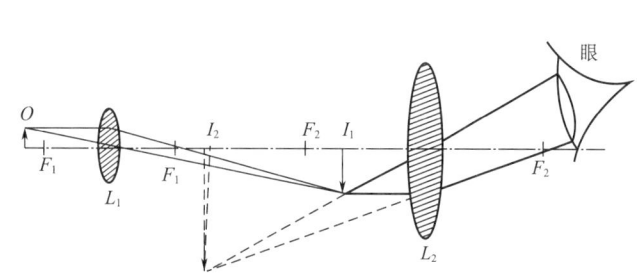

图 11-2 显微镜放大原理光路图

三、实验器材

(1) 实验仪器　普通光学显微镜。
(2) 实验材料　酵母菌水封片、四联球菌简单染色片、二甲苯、香柏油、擦镜纸等。

四、实验程序

（一）认识显微镜的构造

普通光学显微镜由机械装置和光学系统两部分组成（图11-3）。

1. 机械装置

（1）镜座和镜臂　显微镜的机械骨架，起稳固和支撑显微镜的作用。

（2）镜筒　一个金属或塑料制的圆筒，其上端安装目镜，下端安装转换器。

（3）物镜转换器　是一个用于安装物镜的圆盘，其上可装4~6个物镜。为使用方便，物镜应按低倍到高倍的顺序安装。转换物镜时，必须用手按住圆盘旋转，勿用手指直接推动物镜，以防物镜和转换器间的螺旋松脱而损坏显微镜。

（4）镜台　用于安放载玻片。镜台上安装有玻片夹或玻片移动器，调节移动器上的螺旋可使标本前后、左右移动，有些移动器上还装有刻度标尺，可确定标本的位置。

（5）调焦装置　即安装在镜臂基部两侧的粗调节螺旋和细调节螺旋，用于调节物镜与标本间的距离，使物像更清晰。粗调节螺旋转一圈可使镜筒升降约20mm，细调节螺旋转一圈可使镜筒升降约0.1mm。

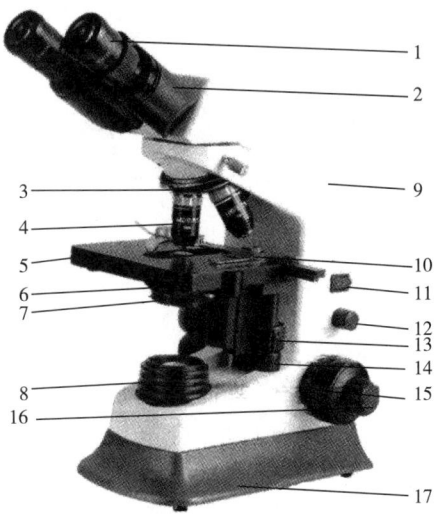

图11-3　光学显微镜的构造
1—目镜　2—镜筒　3—物镜转换器　4—物镜
5—镜台　6—聚光器　7—可变光阑　8—光源
9—镜臂　10—玻片夹　11—电源开关
12—亮度调节旋钮　13—镜台纵向移动手轮
14—镜台横向移动手轮　15—粗调节螺旋
16—细调节螺旋　17—镜座

2. 光学系统

（1）目镜　目镜的功能是把经物镜放大的物像再次放大，一般由两片透镜组成，上面一片为接目透镜，下面一片为聚透镜，两片透镜之间有一光阑。光阑的大小决定了视野的大小。在光阑上黏一微小细发指针，可用来指示标本的具体位置。目镜上标有5×、10×、15×等放大倍数记号。

（2）物镜　显微镜最重要的构成部件，有低倍（4×）、中倍（10~20×）、高倍（40~65×）和油镜（100×）等放大倍数。油镜上标刻"OIL（oil immersion）"字样，并有一圈白线为标记，用于区别其他物镜。物镜上标有放大倍数、数值孔径（numerical aperture，NA）、工作距离（物镜下端至盖玻片间的距离，mm）及要求盖玻片的厚度等参数（图11-4）。

图11-4　光学显微镜物镜及主要参数
1—筒长　2—指定盖玻片厚度　3—放大倍数　4—数值孔径
（工作距离：100×：0.3mm；40×：0.7mm；10×：16.3mm；4×：17.4mm）

数值孔径指介质的折射率与镜口角 1/2 正弦的乘积,可用公式表示,如式(11-1)所示。

$$NA = n \cdot \sin\frac{\alpha}{2} \quad (11-1)$$

式中　n——物镜与标本间介质的折射率;

　　　α——镜口角。

镜口角是通过标本的光线延伸到物镜前透镜边缘所形成的夹角,见图 11-5。

显微镜的放大能力主要取决于分辨率,分辨率 D 是显微镜能分辨出两点间最小距离(d)的能力。D 值越小表明分辨率越高,D 可用公式表示,如式(11-2)所示。

$$D = 0.61\frac{\lambda}{NA} \quad (11-2)$$

提高显微镜分辨率,一是通过缩短光的波长(λ),波长越短则显微镜的分辨率越高。二是通过增大物镜的数值孔径。影响数值孔径的因素之一是镜口角。当 $\sin(\alpha/2)$ 增到最大时,$\alpha/2$ 值 = 90°,即进入透镜的光线与光轴成 90°角,这是不可能的,所以 $\sin(\alpha/2)$ 的最大值总是小于 1。目前常用油镜的 $\alpha/2$ 为 60°左右。影响数值

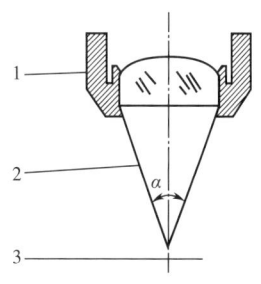

图 11-5　物镜的镜口角
1—物镜　2—镜口角　3—标本面

孔径的另一因素是介质的折射率,空气的折射率为 1.0,水的折射率为 1.33,香柏油的折射率为 1.52,玻璃的折射率为 1.5。可以通过在物镜和标本间加入香柏油作介质来改善显微镜的分辨率。

(3)聚光器　通过上下移动而起会聚光线的作用,在其边框上刻有数值孔径值。当用低倍物镜时,聚光器应下降,当用油镜时,聚光器应升到最高。在聚光器下方安装有可变光阑(光圈),是由十几张金属薄片组成,可放大或缩小,用以调节光强度和数值孔径的大小。

(二)显微镜的使用方法

1. 取镜

显微镜是光学精密仪器,使用时应特别小心。从镜箱中取出时,一手握镜臂,一手托镜座,轻放在实验台上。使用前要熟悉显微镜的结构和性能,检查各部件是否正常合用,镜身有无尘土,镜头是否清洁。

2. 调节光源

(1)将低倍物镜旋到镜筒下方,旋转粗调螺旋,使镜头和载物台距离约为 0.5cm。

(2)上升聚光器,使之与载物台表面相距 1mm 左右。

(3)左眼看目镜,调节反光镜镜面角度(在天然的光线下观察,一般用平面反光镜;若以灯光为光源,则一般多用凹面反光镜),开闭光圈,调节光线强弱,直至视野内得到最均匀最适宜的照明为止。一般染色标本油镜检查时,光度宜强,可将光圈开大,聚光器上升到最高,反光镜调至最强;未染色标本,在低倍镜或高倍镜观察时,应适当地缩小光圈,下降聚光器,调节反光镜,使光度减弱,否则光线过强不易观察。

3. 低倍镜观察

低倍物镜视野面广,容易发现目标和确定检查位置,故应先用低倍镜观察为宜。操作

步骤:

(1) 将标本玻片置于载物台上(注意标本朝上),并将标本部位处于物镜的正下方,转动粗调螺旋,上升载物台,使物镜距标本约 0.5cm。

(2) 左眼看目镜,同时反时针方向旋转粗调螺旋使载物台缓慢上升,至视野内出现物像后,改用细调螺旋,上下微微转动,仔细调节焦距和光线强度,直至视野内形成清晰物像。

(3) 移动推动器。将所要观察的部位置于视野中心,准备换高倍镜观察。

4. 高倍镜观察

将高倍物镜转至镜筒下方(在转换物镜时要从侧面注视,避免低倍镜未对好焦距而造成镜头与玻片相撞),调节光圈和聚光镜,使光线亮度适中,再仔细调节细调螺旋,获得清晰物像,再移动推动器选择最满意的部位移至视野中央。

5. 油镜观察

(1) 用粗调螺旋提起镜筒,转动转换器将油镜转至镜筒正下方。在标本镜检部位滴上一滴香柏油。右手顺时针方向慢慢转动粗调螺旋,上升载物台,并及时从侧面注视,使油浸物镜浸入油中,直到几乎与标本接触时为止(注意切勿压到标本,以免压碎玻片甚至损坏油镜头)。

(2) 左眼看目镜,右手反时针方向微微转动粗调螺旋,下降载物台,当视野中有模糊物像时,改用微调螺旋,至标本物像清晰为止。

(3) 如果向上转动粗调螺旋已使镜头离开油滴又尚未发现标本时,可重新按上述步骤操作直到看清物像为止。

(4) 观察完毕,下降载物台,取下标本片。先用擦镜纸擦去镜头上的香柏油,然后再用擦镜纸蘸少量二甲苯擦去镜头上残留油迹,最后再用擦镜纸擦去残留二甲苯。切忌用手或其他纸擦镜头,以免损坏镜头。

(5) 将各部分还原,反光镜垂直于镜座,将接物镜转成"八"字形,再使镜台下降至最低位置。罩上镜套,放回镜箱中。

(三) 微生物的显微镜观察

1. 酵母菌水封片的制作和观察

取酵母斜面培养物 1 支,用 10mL pH 7.0 磷酸盐缓冲液将菌苔洗下,分散均匀;分别将酵母悬液 0.1mL,美蓝染色液 0.9mL(配方:美蓝 0.025g,NaCl 0.9g,KCl 0.042g,$CaCl_2 \cdot 6H_2O$ 0.048g,$NaHCO_3$ 0.02g,葡萄糖 1g,蒸馏水 100mL)置于试管中混合分散均匀,进行染色 10min;取干净载玻片一块,在中央滴加一滴上述制备的酵母菌悬液,轻轻盖上盖玻片,注意不能有气泡。用滤纸吸去多余液体,按照上面显微镜的使用和操作方法,分别用低倍镜和高倍镜观察,注意大小、颜色(死细胞呈蓝色、活细胞呈无色)、形状等特征,并绘图表示。

2. 四链球菌简单染色片的观察

取制好的四链球菌简单染色片,按照上面显微镜的使用和操作方法,分别用低倍镜、高倍镜和油镜观察,注意大小、形状、排列特征等特点,并绘图表示。

(四) 实验报告

记录观察到的微生物形态并绘图表示。

五、注意事项

（1）移动显微镜时应一手握住镜臂，另一手托住底座，镜身保持直立。不要单手拎提显微镜，以免目镜从镜筒上脱落掉出。

（2）各个镜面切忌用手触摸涂抹，以免手上的汗污染镜面，造成发霉和腐蚀。

（3）用二甲苯擦镜头时，用量要少，不宜久抹，以防胶粘透镜的树脂被溶解。不要用乙醇擦镜头和显微镜支架。

（4）油镜工作距离甚短，故操作时要特别谨慎，切忌用眼睛对着目镜边观察边提升镜台的错误操作。

（5）二甲苯为有毒有机溶剂，可用乙醚-乙醇混合液代替（无水乙醚：无水乙醇＝7：3，体积比）。

六、问题与思考

1. 简述影响显微镜分辨率的三个因素，提高分辨率的方法有哪些？
2. 油镜和普通物镜在使用方法上有何不同？
3. 列表比较油镜、高倍镜在数值孔径、工作距离及物镜镜头的大小等方面的差别。
4. 当物镜由低倍转到油镜时，随着放大倍数的增加，视野的亮度是增强还是减弱？应如何调节？

实验2　实验室环境中的微生物检测

一、目的要求

1. 了解微生物分布的广泛性。
2. 掌握无菌操作的技术规范。

二、基本原理

平板计数琼脂培养基含有一般细菌生长所需的营养成分。将取自不同来源的样品接种于平板计数琼脂培养基上，在适宜条件下培养24~48h，各种细菌可能在培养基上形成可见的菌落。每种细菌形成的菌落都有它自己的特点，如菌落的大小、表面的干燥与湿润、隆起与扁平、粗糙与光滑、边缘整齐与不整齐等，可以用来检查细菌的种类数量。

三、实验器材

灭菌的平板计数琼脂培养基、灭菌培养皿、灭菌棉球、镊子、灭菌牙签、酒精灯、记号笔等。

四、实验程序

实验操作流程：标记实验器皿→制平板→接种→培养→观察→记录。

1. 标记实验器皿

取灭菌的培养皿，用记号笔标记班级、姓名、日期及处理方法。

2. 制平板

将融化后冷却至50℃左右的平板计数琼脂培养基倒入灭菌平皿内，制成平板。

3. 接种

其中一皿作为对照，标记为CK。其他处理方法如下。

(1) 空气接种　将5个平板放置于被检空间内四周及中央5个采样点，距地面1.2~1.5m高度，打开培养皿盖，皿盖口朝上，上盖一张无菌纸，无菌纸上放平板，使平板在空气中暴露10~30min，准确计时后盖上皿盖，此方法称为平皿降落法。

(2) 指压接种　打开培养皿盖，用手指触摸培养基表面2~3个点。注意不要将培养基弄破，然后盖上皿盖。

(3) 接种头发　取自己的头发3~5根，打开皿盖，用镊子放于培养基表面，然后盖上皿盖。

(4) 接种牙垢　用灭菌牙签取少量牙垢，打开皿盖涂于培养基表面，注意不要将培养基弄破，然后盖上皿盖。

(5) 接种台面涂抹物　用灭菌棉球在实验台（或凳子）上擦两下，打开皿盖，在培养基表面轻轻涂抹，然后盖上皿盖，注意不要将培养基弄破。

4. 培养

将接种的培养皿放入培养箱37℃培养24~48h，如果需要观察菌落形态，可以培养至3~5d。

5. 实验结果观察及计算

(1) 同组成员共同观察并记录结果（表11-1）。

表 11-1　实验室环境的微生物检测结果记录

检测对象	空气	手指	牙垢	实验台	头发
菌落数量					
菌落形态					

(2) 描述所处理的培养皿中长出的菌落，如形状、颜色、大小、边缘等特征。

(3) 空气中细菌数量的计算。

平皿降落法认为，5min内在每100cm²的琼脂平板上降落的菌落数相当于10L被检空气中的菌数，即单位体积内空气中细菌数量为：

$$C = \frac{100}{A} \times \frac{5}{t} \times \frac{1000}{10} \times N \tag{11-3}$$

所以，

$$C = 50000N/At$$

式中　N——平皿中长出的平均菌落数；

A——平皿面积，cm^2；

t——暴露时间，min。

五、注意事项

（1）实验中要做好标记，以保证实验操作与结果分析一致。
（2）牙垢接种时，接种力度要适中，既不要破碎培养基，又要保证接种物接触到培养基。
（3）遵守无菌操作的要求，防止污染。

六、问题与思考

1. 不同的处理，培养基上的菌落有何异同？
2. 对"微生物无处不在"这句话有什么具体理解并受到哪些启示？
3. 在今后的微生物实验中，如何注意无菌操作？

实验 3　细菌的简单染色、革兰染色和芽孢染色

一、细菌的简单染色

（一）目的要求

1. 学习细菌涂片、染色的基本技术和无菌操作技术。
2. 掌握细菌的简单染色法。
3. 巩固显微镜油镜的使用方法。

（二）基本原理

染色是微生物实验中的一项基本技术。细菌由于体积小而透明，在普通光学显微镜下不易识别，因此将它们进行染色，使染色后的菌体与背景形成明显的色差，再通过显微镜的放大作用，从而能更清楚地观察到其形态和结构。

简单染色法是利用单一染料对细菌进行染色的一种方法。此法操作简便，适用于菌体一般形态的观察。

细菌染色的染料主要有碱性染料、酸性染料和中性染料三大类。细菌在中性、碱性或弱酸性的培养基中生长时，细菌细胞通常带负电荷，碱性染料的离子带正电荷，所以通常采用美蓝（又称亚甲基蓝）、结晶紫、碱性复红或孔雀绿等碱性染料使其着色。当细菌分解糖类产酸使培养基pH下降时，细菌所带的正电荷增加，因此易被伊红、酸性复红或刚果红等酸性染料着色。中性染料是前两者的结合，又称复合染料，如伊红美蓝和伊红天青等。

染色前必须先固定细菌，杀死细菌并使菌体黏附于玻片上，增加其对染料的亲和力。常用的有加热和化学固定两种方法。固定时应尽量维持细胞原有形态，防止细胞变形。

（三）实验器材

1. 菌种

金黄色葡萄球菌（*Staphylococcus aureus*）、大肠杆菌（*Escherichia coli*）、枯草杆菌（*Bacillus subtilis*）。

2. 染色剂

吕氏碱性美蓝（亚甲基蓝）染色液、草酸铵结晶紫染色液和石炭酸（又称苯酚）复红染色液。

3. 仪器及相关用品

显微镜、酒精灯、载玻片、接种环、香柏油、二甲苯（或1∶1的乙醚-乙醇混合液）、生理盐水、擦镜纸、吸水滤纸、记号笔、纱布、玻片夹或镊子等。

（四）实验程序

1. 准备玻片

取保存于乙醇中的洁净且无油渍的载玻片，用洁净纱布擦去酒精，然后在酒精灯火焰上灼烧几次，再用纱布反复擦拭干净。待冷却之后，用记号笔在玻璃一侧注明细菌名称或其编号。

2. 涂片

在准备好的玻片中央滴一滴生理盐水（或用接种环挑1~2环生理盐水），用无菌的接种环挑取少量菌体于水滴中，然后涂成极薄的菌膜，面积约为1cm^2。

3. 干燥

室温下自然干燥。

4. 固定

用镊子夹取干燥好的涂片，涂有菌体的一面朝上，在火焰上方通过2~3次（用手指触摸涂片的背面，以不烫手的高度为宜），以固定菌体。

5. 染色

将固定好的玻片放平，加一滴（刚好覆盖为宜）染色液于菌膜上。吕氏碱性美蓝染色2~3min，草酸铵结晶紫或石炭酸染色1~2min。

6. 水洗

染色结束后，倒掉染色液，用自来水缓缓冲洗，直至从涂片上流下的水无染色液的颜色为止。注意：冲洗时不宜直接冲洗菌膜，水流应从一端缓缓流向另一端，以免菌膜被冲洗掉落。

7. 干燥

自然晾干或用吸水纸轻轻吸干，勿擦去菌膜。

8. 镜检

用油镜进行观察，注意涂片必须完全干燥后才能用油镜观察。

9. 清理

观察完毕后，清理显微镜镜头和实验台。

（五）注意事项

（1）玻片一定要干净无油渍，否则无法把菌涂开。

（2）挑取的菌一定要少量，涂片时不宜太厚，否则影响观察。

（3）涂片一定要干燥后才能用油镜观察。

（六）问题与思考

1. 根据实验体会，说说在涂片中遇到了什么问题？试分析其中原因。

2. 涂片为什么要固定？如果加热固定的温度过高、时间过长，会造成什么结果？

3. 为什么要求涂片完全干燥后才能用油镜观察？

二、细菌的革兰染色

（一）目的要求
1. 了解革兰染色的原理。
2. 学习并掌握革兰染色的方法，进一步练习光学显微镜油镜的操作技术。

（二）基本原理
由于细菌细胞壁的结构和化学组成不同，通过革兰染色后，细菌呈现不同的颜色，可以将细菌区分为两大类，即革兰阳性菌，用 G^+ 表示；革兰阴性菌，用 G^- 表示。此法是细菌学中最重要的鉴别染色法。

先将细菌用初染液——草酸铵结晶紫初染，加媒染剂——碘液媒染（其能与结晶紫结合形成结晶紫-碘的复合物，使染料与细菌结合加强），再用脱色剂——乙醇或丙醇脱色，然后再用复染液——沙黄或番红复染。细菌不被脱色而保留初染液的颜色（紫色）者为革兰阳性菌，细菌被脱色后又染上复染剂的颜色（红色）者为革兰阴性菌。

革兰染色的关键在于乙醇作为脱色剂的脱色作用。当用乙醇处理时，两种类型的细菌脱色效果不同。G^+ 菌细胞壁肽聚糖层较厚，且其含量高，交联度高，不含有类脂或含量很低，经脱色处理时，因乙醇的脱水作用引起细胞肽聚糖层网架结构中的孔径缩小，通透性降低，结晶紫与碘的复合物被保留在细胞内，细胞不被脱掉紫色，再用沙黄复染，细菌仍保留最初的紫色。反之，G^- 菌肽聚糖层薄，并且其含量低，交联度低，而外膜层类脂含量高，脱色处理时，溶解了外膜层中的类脂从而变得疏松，此时薄而松散的肽聚糖网状结构不能阻挡结晶紫和碘的复合物向外溢出，因此细胞被褪成无色，再用沙黄或番红复染，此时的细菌菌体呈现红色。

（三）实验器材
1. 菌种

金黄色葡萄球菌（*Staphylococcus aureus*）、大肠杆菌（*Escherichia coli*）。

2. 染色剂

草酸铵结晶紫染色液、路哥尔碘液、95%乙醇、0.5%番红染色液。

3. 仪器及相关用品

显微镜、酒精灯、载玻片、接种环、香柏油、二甲苯（或1:1的乙醚酒精溶液）、生理盐水、擦镜纸、吸水滤纸、记号笔、纱布、玻片夹或镊子等。

（四）实验程序
1. 涂片

（1）常规法　选取洁净的玻片，在玻片两端各加一滴生理盐水，用无菌接种环分别挑取金黄色葡萄球菌和大肠杆菌于水滴中均匀混合，并涂成薄的菌膜。

（2）三区涂片法　在干净的玻片左右两端各加一滴生理盐水，用无菌接种环分别挑取金黄色葡萄球菌和大肠杆菌于水滴中均匀混合，然后将少量的金黄色葡萄球菌和大肠杆菌菌液同时向涂片中央延伸，形成两种菌的混合区。

2. 固定

用镊子夹取制好的玻片，将有菌膜的一面朝上，通过酒精灯火焰上方2~3次（高度以用手触摸涂片反面，以不烫手为宜）。静置冷却，干燥。

3. 染色

（1）初染　将制好的涂片平稳放置在操作台上，滴加草酸铵结晶紫染色液于菌膜上，覆盖即可，染色1min后，倒掉染色液，并用自来水小心地冲洗。

（2）媒染　滴加路哥尔碘液，染色1min，倒掉染液并用自来水冲洗。

（3）脱色　在菌膜上滴加95%的乙醇，脱色0.5min，将玻片摇晃几下倒掉乙醇，并用自来水冲洗。

（4）复染　滴加番红染液于菌膜上，染色2~3min。

4. 干燥

吸水纸轻轻吸干，勿擦去菌膜。

5. 镜检

用油镜进行观察，注意涂片必须完全干燥后才能用油镜观察。

6. 清理

观察完毕后，清理显微镜镜头和实验台。

（五）注意事项

（1）革兰染色过程中，脱色的时间是关乎染色成功的关键因素。如果脱色过度，则有可能把革兰阳性菌误染为革兰阴性菌。假若要确定一个未知菌株的类型，应同时另做一张已知的革兰阳性菌和革兰阴性菌的混合涂片，作为对照。

（2）涂片过程中，应选取适龄的细菌，一般培养18~24h，菌膜不宜太厚，否则影响观察效果。

（3）在染色过程中，应防止染色液干涸。

（六）问题与思考

1. 革兰染色过程中应注意什么问题？
2. 革兰染色中最重要的是哪一步骤？为什么？
3. 如果不经过复染这一步骤，能否区分出革兰阳性菌和革兰阴性菌？

三、细菌的芽孢染色

（一）目的要求

1. 学习和掌握细菌芽孢染色的原理和方法。
2. 观察芽孢杆菌的形态与特征。

（二）基本原理

芽孢是某些细菌生长到一定阶段，在菌体内形成的一个圆形或椭圆形的休眠体，芽孢的形状、大小及其在菌体中所处的位置都是鉴定细菌的重要依据。

细菌的芽孢有着厚而致密的壁，透性低且着色、脱色都比营养细胞更难。假若用一般染色法，只能使菌体着色而芽孢不着色，因此，为了便于对芽孢的观察，设计了芽孢染色法。基本原理：首先采用着色力强的染色剂，通过酒精灯火焰的加热，从而使菌体和芽孢一起染色。用水冲掉染色液，此时，菌体的染色液容易被冲洗掉，而芽孢一经染色，很难再被水洗脱。当再用另一种对比鲜明的染料对菌体染色时，可以使菌体和芽孢呈现不同的颜色，这样可以更明显地衬托芽孢，便于观察。

（三）实验器材

1. 菌种

枯草杆菌（*Bacillus subtilis*）。

2. 染色剂

5%孔雀绿染色液、0.5%番红染色液。

3. 仪器及相关用品

显微镜、酒精灯、小试管、载玻片、接种环、烧杯、香柏油、二甲苯、生理盐水、擦镜纸、吸水滤纸、记号笔、纱布、玻片夹或镊子等。

（四）实验程序

1. 常规Schaeffer-Fulton染色法

（1）涂片　在准备好的洁净无油渍的玻片中央滴一滴生理盐水（或用接种环挑1~2环生理盐水），用无菌的接种环挑取少量枯草杆菌于玻片水滴中，然后涂成极薄的菌膜，自然风干。

（2）固定　将制好的涂片通过酒精灯火焰上方2~3次。

（3）染色　滴加3~5滴5%的孔雀绿染色液于菌膜上，用镊子夹住涂片，有菌的一面朝上，用酒精灯微火加热至染色液冒蒸汽时开始计时，保持5min。加热过程中，应注意及时补加染色液，切勿使标本干涸。假若玻片不小心蒸干，切勿滴加染色液，否则会引起玻片炸裂。

（4）水洗　待玻片自然冷却后，倾倒染色液，用自来水轻轻冲洗，直至冲下的水无染色液为止，并用滤纸吸干水分。

（5）复染　用番红染色液染色1~2min。

（6）水洗　用自来水冲洗掉染色液，并用滤纸吸干水分。

（7）镜检　用显微镜的油镜观察样本。

（8）清理　观察完毕后，清理显微镜镜头和实验台。

2. 改良Schaeffer-Fulton染色法

（1）制备菌悬液　滴加1~2滴生理盐水于小试管中，用无菌接种环从斜面上挑取2~3环的枯草杆菌菌苔于试管中，并且充分混合，制成浓稠的菌液。

（2）初染　滴加2~3滴5%孔雀绿染色液于小试管中，并且使其充分混匀，将小试管置于沸水浴的烧杯中，加热15~20min，勿使水进入试管。

（3）涂片　用无菌接种环从小试管中挑取菌液于干净的玻片上，并涂成菌膜。

（4）固定　将制好的涂片通过酒精灯火焰上方2~3次。

（5）脱色　用自来水冲洗至无染色液为止，吸水滤纸吸干水分。

（6）复染　滴加1~2滴番红染色液，染色2~3min，倾倒染色液后直接用滤纸吸干水分。

（7）镜检　用显微镜的油镜观察样本。

（8）清理　观察完毕后，清理显微镜镜头和实验台。

（五）注意事项

1. 加热过程，切勿使染色液沸腾、干涸，以免破坏芽孢囊。加热时间过短则芽孢不能着色。

2. 运用改良法时，一定要充分混匀试管，否则涂片时，菌体很少，影响观察效果。

（六）问题与思考

1. 芽孢染色的原理是什么？如果使用一般的染色方法能否观察到细菌的芽孢？
2. 改良的染色法与常规的染色法相比有什么优势？
3. 芽孢染色为什么要加热或延长染色时间？

实验4　酵母菌细胞大小的测定

一、目的要求

1. 学会测微尺的使用和计算方法。
2. 掌握酵母菌细胞体积的测定方法。

二、基本原理

细胞的大小是微生物分类鉴定的重要依据之一，然而，微生物个体微小，必须借助显微镜测微技术才能观察清楚。因此，必须了解测微尺的构造。

显微测微尺由目镜测微尺和镜台测微尺组成。目镜测微尺是一块圆形玻璃片，其中央有精确的等分刻度，见图11-6（1），测量时将其放在目镜中的隔板上。由于不同显微镜的放大倍数不同，故目镜测微尺每格实际代表的长度随使用目镜和物镜的放大倍数而改变，因此，在使用前必须用镜台测微尺对目镜测微尺进行标定。

镜台测微尺为一块中央有精确等分线的载玻片，见图11-6（2）（3），一般将长为1mm的直线等分成100小格，每格长为0.01mm，即10μm。

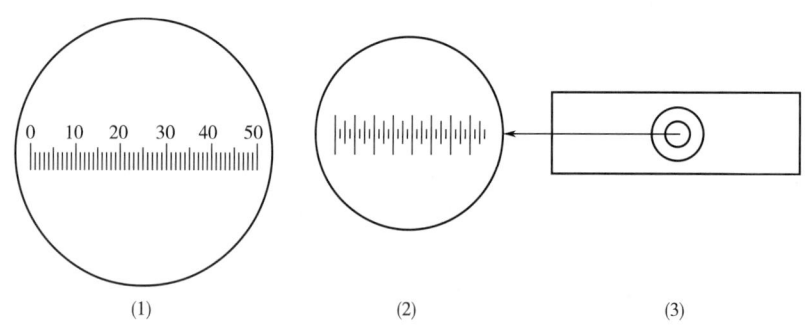

图 11-6　显微测微尺
（1）目镜测微尺构造示意图　（2）镜台测微尺放大部分　（3）镜台测微尺

三、实验材料

1. 菌种

酿酒酵母（*Saccharomyces cerevisiae*）液体培养液。

2. 其他

显微镜、目镜测微尺、镜台测微尺、载玻片、盖玻片、酒精灯、移液枪和无菌吸头、滤纸条等。

四、实验程序

1. 目镜测微尺的标定

（1）将一侧目镜从镜筒中拔出，旋开目镜下面的部分，将目镜测微尺轻轻放入目镜中隔板上，使有刻度的一面朝下。

（2）将镜台测微尺放在显微镜的载物台上，使有刻度的一面朝上。

（3）先用低倍镜观察，对准焦距，待看清镜台测微尺的刻度后，转动目镜，使目镜测微尺的刻度与镜台测微尺的刻度相平行，并使二尺左边的一条线重合，向右寻找另外二尺相重合的直线（图11-7）。

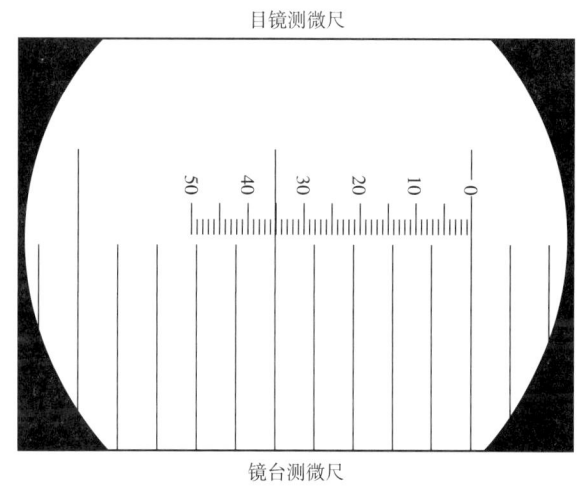

图11-7 目镜测微尺与镜台测微尺校正时情况

（4）记录两条重合刻度间的目镜测微尺的格数和镜台测微尺的格数。

（5）目镜测微尺每格的长度按式（11-4）计算。

$$目镜测微尺每格长度（\mu m）= \frac{两条重合线间镜台测微尺的格数 \times 10}{两条重合线间目镜测微尺的格数} \quad (11-4)$$

例如，目镜测微尺20小格等于镜台测微尺3小格，已知镜台测微尺每格为$10\mu m$，则3小格的长度为$3 \times 10 = 30$（μm），那么相应地在目镜测微尺上每小格长度为：$3 \times 10/20 = 1.5$（μm）。

（6）以同样方法，分别在不同放大倍数的物镜下测定目镜测微尺每格代表的实际长度。比较不同放大倍数的物镜下目镜测微尺每格代表的实际长度。

2. 酵母菌大小的测定

（1）取下镜台测微尺，换上酵母菌水浸片。

（2）测量菌体的长轴和短轴各占目镜测微尺的格数（可不断转动目镜测微尺和移动载物台上的标本），然后换算出菌体的实际长度。

（3）在同一标本上测量5~10个酵母细胞，取其平均值。

3. 实验结果与分析

（1）在物镜为40×，目镜为10×（或15×）的显微镜上，目镜测微尺_____格=镜台测微尺_____格；目镜测微尺每格实际长度=_____（μm）（取2~3次测量结果的平均值）。

（2）在10°Bx麦芽汁液体培养基中，25℃培养48h后，酵母菌长=目镜测微尺_____格=_____（μm）；酵母菌宽=目镜测微尺_____格=_____（μm）。

五、注意事项

（1）当更换不同放大倍数的目镜和物镜时，必须重新用镜台测微尺对目镜测微尺进行标定。若目镜不变，目镜测微尺也不变，只改变物镜，那么，目镜测微尺每格所测量的测台上酵母的实际长度（或宽度）不相同。

（2）测量同种酵母菌的培养液时，由于酵母菌不断生长，有些已成熟，有些刚刚出芽，因此大小不完全相同。

六、问题与思考

当目镜不变，目镜测微尺也不变，只改变物镜，目镜测微尺每格所量的镜台上物体的实际长度是否相同？为什么？

实验5　食品中菌落总数的测定

一、目的要求

1. 掌握平板菌落计数法测定菌落总数的基本方法和原理。
2. 了解菌落总数测定在对被检样品进行卫生学评价中的意义。
3. 掌握样品稀释处理的方法和菌落总数计数的方法。

二、基本原理

菌落总数是指食品检样经过处理，在一定条件（如培养成分，培养温度和时间、pH、需氧性质等）下培养后，所得1mL（或g，cm^2）检样中所含菌落总数。菌落计数以菌落形成单位（colony-forming-units，CFU）表示。因此，检样中所含菌落总数通常以CFU/g（或mL，cm^2）表示。

菌落总数的卫生学意义是反映食品受微生物污染的总体程度。菌落总数的测定是在37℃有氧条件下培养，而厌氧菌、微需氧菌、嗜冷菌和嗜热菌在此条件下不生长，有特殊营养要求的细菌也受到限制。因此，这种方法所得到的结果，实际上只包括一群在菌落计数琼脂中发育、嗜中温的需氧和兼性厌氧的细菌菌落的总数。这类细菌在自然界中占大多数，其数量的多少能反映出样品中细菌的总数，因此，用该方法来测定食品中含有的细菌总数已得到了广泛认可。

三、实验器材

1. 仪器及用具

超净工作台、恒温箱培养箱、冰箱、恒温水浴锅、天平（感量位0.1g）、振荡器、均质器、无菌吸管（1mL具有0.01mL刻度、10mL具有0.1mL刻度或者微量移液器及吸头）、无菌锥形瓶（容量250mL、500mL）、灭菌平皿（ϕ90mm）、精密pH试纸、放大镜或菌落计数器、酒精灯、试管架、灭菌剪刀、灭菌镊子等。

2. 培养基及试剂

平板计数琼脂培养基、无菌生理盐水、磷酸盐缓冲溶液。

四、实验程序

（一）菌落总数测定实验程序

菌落总数测定实验程序见图11-8。

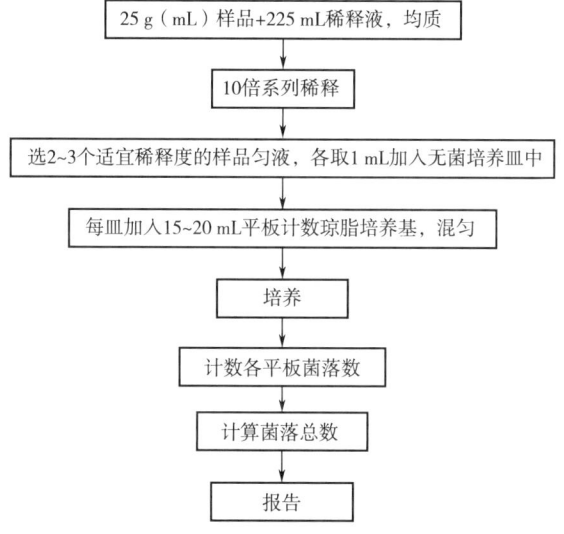

图11-8 菌落总数检验程序

（二）操作步骤

1. 样品的稀释和倒平板

（1）固体和半固体样品　称取25g样品置于盛有225mL磷酸盐缓冲液或生理盐水的无菌均质杯内，8000~10000r/min均质1~2min，或放入盛有225mL稀释液的无菌均质袋中，用拍击式均质器拍打1~2min，制成1∶10的样品匀液。

（2）液体样品　以无菌吸管吸取25mL样品，置于盛有225mL磷酸盐缓冲液或生理盐水的无菌锥形瓶（瓶内预置适当数量的无菌玻璃珠）中，充分混匀，制成1∶10的样品匀液。

（3）用1mL无菌吸管或微量移液器吸取1∶10的样品匀液1mL，沿管壁缓慢注入盛有9mL稀释液的无菌试管中（注意吸管或吸头尖端不要触及稀释液面），振摇试管或换用1支无菌吸管反复吹打使其混合均匀，制成1∶100的样品匀液。

（4）按上述操作，制备10倍系列稀释样品匀液。每递增稀释一次，换用1次1mL无菌吸管或吸头。

（5）根据对样品污染状况的估计，选择2~3个适宜稀释度的样品匀液（液体样品可包括原液），在进行10倍递增稀释时，吸取1mL样品匀液于无菌平皿内，每个稀释度做两个平皿。同时，分别吸取1mL空白稀释液加入两个无菌平皿内作空白对照。

（6）及时将15~20mL冷却至46℃的平板计数琼脂培养基［可放置于（46±1）℃恒温水浴箱中保温］倾注平皿，并转动平皿使其混合均匀。

2. 培养

（1）待琼脂凝固后，将平板翻转，（36±1）℃培养（48±2）h。水产品（30±1）℃培养（72±3）h。

（2）如果样品中可能含有在琼脂培养基表面弥漫生长的菌落时，可在凝固后的琼脂表面覆盖一薄层琼脂培养基（约4mL），凝固后翻转平板，按相同培养条件进行培养。

3. 菌落计数

（1）可用肉眼观察，必要时用放大镜或菌落计数器，记录稀释倍数和相应的菌落数量。

（2）选取菌落数在30~300CFU、无蔓延菌落生长的平板计数菌落总数。低于30CFU的平板记录具体菌落数，>300CFU的可记录为多不可计。每个稀释度的菌落数应采用两个平板的平均数。

（3）其中一个平板有较大片状菌落生长时，则不宜采用，而应以无片状菌落生长的平板作为该稀释度的菌落数；若片状菌落不到平板的一半，而其余一半中菌落分布又很均匀，即可计算半个平板后乘以2，代表一个平板菌落数。

（4）当平板上出现菌落间无明显界线的链状生长时，则将每条单链作为一个菌落计数。

4. 结果与报告

（1）菌落总数的计算方法

①若只有一个稀释度的平板上的菌落数在适宜计数范围内，计算两个平板菌落数的平均值，再将平均值乘以相应稀释倍数，作为1g（mL）样品中菌落总数结果。

②若有两个连续稀释度的平板菌落数在适宜计数范围内时，按式（11-5）计算：

$$N = \frac{\Sigma C}{(n_1 + 0.1 n_2)d} \tag{11-5}$$

式中　N——样品中菌落数；

　　　ΣC——平板（含适宜范围菌落数的平板）菌落数之和；

　　　n_1——第一稀释度（低稀释倍数）平板个数；

　　　n_2——第二稀释度（高稀释倍数）平板个数；

　　　D——稀释因子（第一稀释度）。

示例：

稀释倍数	稀释度	
	1∶100（第一稀释度）	1∶1000（第二稀释度）
菌落数（CFU）	232，244	33，35

$$N = \frac{\Sigma C}{(n_1 + 0.1n_2)d} = \frac{232 + 244 + 33 + 35}{[2 + (0.1 \times 2)] \times 10^{-2}} = \frac{544}{0.022} = 24727$$

上述数据按 GB 4789.2—2016《食品安全国家标准 食品微生物学检验 菌落总数测定》修约后，表示为 25000 或 2.5×10^4。

③若所有稀释度的平板上菌落数均大于 300CFU，则对稀释度最高的平板进行计数，其他平板可记录为多不可计，结果按平均菌落数乘以最高稀释倍数计算。

④若所有稀释度的平板菌落数均<30CFU，则应按稀释度最低的平均菌落数乘以稀释倍数计算。

⑤若所有稀释度（包括液体样品原液）平板均无菌落生长，则以<1 乘以最低稀释倍数计算。

⑥若所有稀释度的平板菌落数均不在 30~300CFU，其中一部分<30CFU 或>300CFU 时，则以最接近 30CFU 或 300CFU 的平均菌落数乘以稀释倍数计算。

（2）菌落总数的报告

①菌落数<100CFU 时，按"四舍五入"原则修约，以整数报告。

②菌落数≥100CFU 时，第 3 位数字采用"四舍五入"原则修约后，取前 2 位数字，后面用 0 代替位数；也可用 10 的指数形式来表示，按"四舍五入"原则修约后，采用 2 位有效数字。

③若所有平板上为蔓延菌落而无法计数，则报告菌落蔓延。

④若空白对照上有菌落生长，则此次检测结果无效。

⑤称重取样以 CFU/g 为单位报告，体积取样以 CFU/mL 为单位报告。

五、注 意 事 项

（1）操作过程要遵循无菌操作技术规范，防止污染。

（2）倾注平板时培养基温度不能过高也不能过低，过高会影响检验结果的准确性，过低会使平板质量降低。

（3）此项实验参照现行国家标准进行。

六、问 题 与 思 考

1. 什么是菌落总数？何为 CFU？其卫生学意义是什么？
2. 若平板上菌落数生长一半较均匀，另一半呈片生长，如何计数菌落数？
3. 影响菌落总数准确性的因素有哪些？

实验 6 食品中大肠菌群的测定

一、目 的 要 求

1. 掌握食品中大肠菌群的测定方法。
2. 了解大肠菌群在食品卫生学检验中的意义。

二、基本原理

大肠菌群是指一群在37℃、24h能发酵乳糖产酸产气，需氧或兼性厌氧的革兰阴性无芽孢杆菌，它包括大肠杆菌、柠檬酸杆菌、克雷伯菌和肠杆菌等。大肠菌群的检测就是根据大肠菌群的定义，利用它们能发酵乳糖产酸产气的特性而设计的初发酵试验和证实试验。根据证实为大肠菌群阳性管数和样品接种量，检索MPN检索表，报告1mL（g）样品中的大肠菌群的最可能数。以1mL（g）检样内大肠菌群最近似数（maximum probable number，MPN）表示。

三、实验器材

1. 仪器

恒箱、冰箱、恒温水浴锅、天平、微波炉、均质器、普通光学显微镜。

2. 材料

吸管（0.1mL、1mL和10mL）、广口瓶或三角烧瓶、玻璃珠、平皿、试管、酒精灯、试管架、灭菌剪刀、镊子、小倒管等。

3. 培养基及试剂

月桂基硫酸盐胰蛋白胨（LST）肉汤，煌绿乳糖胆盐（BGLB）肉汤，结晶紫中性红胆盐（VRBA）琼脂，磷酸盐缓冲液0.85%生理盐水。

四、实验程序

第一法　近似数法

（一）检验程序

近似数法检验程序见图11-9。

（二）操作步骤

1. 样品的稀释

（1）固体和半固体样品　称取25g样品，放入盛有225mL磷酸盐缓冲液或生理盐水的无菌均质杯内，8000~10000r/min均质1~2min，或放入盛有225mL磷酸盐缓冲液或生理盐水的无菌均质袋中，用拍击式均质器拍1~2min，制成1∶10的样品匀液。

（2）液体样品　以无菌吸管吸取25mL样品，置盛有225mL磷酸盐缓冲液或生理盐水的无菌锥形瓶（瓶内预置适当数量的无菌玻璃珠）或其他无菌容器中，充分振摇或置于机械振荡器中振摇，充分混匀，制成1∶10的样品匀液。

（3）样品匀液的pH应在6.5~7.5，必要时分别用1mol/L NaOH或1mol/L HCl调节。

（4）用1mL无菌吸管或微量移液器吸取1∶10样品匀液1mL，沿管壁缓缓注入9mL磷酸盐缓冲液或生理盐水的无菌试管中（注意吸管或吸头尖端不要触及稀释液面），振摇试管或换用1支1mL无菌吸管反复吹打，使其混合均匀，制成1∶100的样品匀液。

（5）根据对样品污染状况的估计，按上述操作，依次制成十倍递增系列稀释样品匀液。每递增稀释1次，换用1支1mL无菌吸管或吸头。从制备样品匀液至样品接种完毕，全过程不得超过15min。

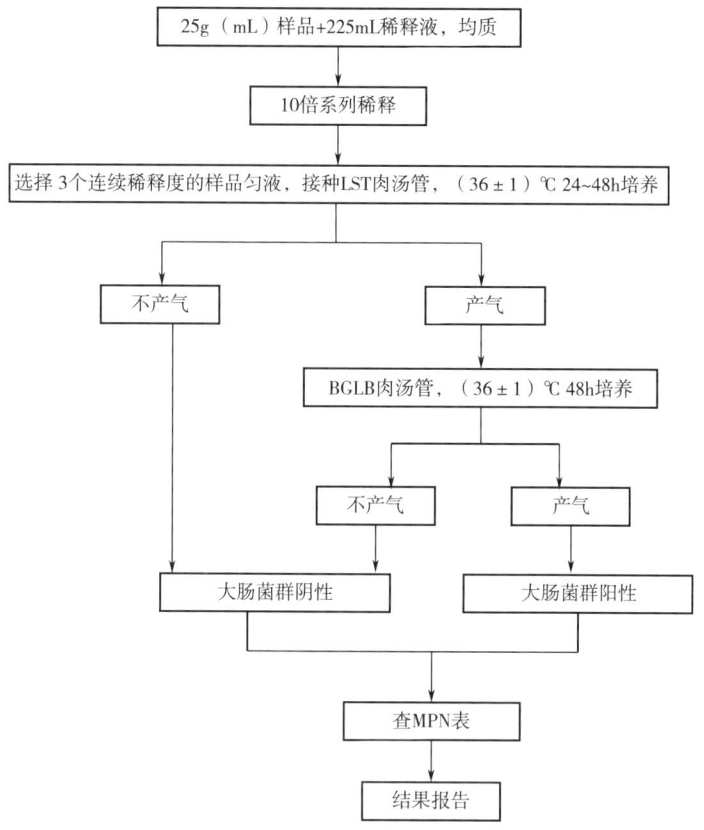

图 11-9　大肠菌群检验程序（第一法）

2. 初发酵试验

每个样品，选择 3 个适宜的连续稀释度的样品匀液（液体样品可以选择原液），每个稀释度接种 3 管月桂基硫酸盐胰蛋白胨（LST）肉汤，每管接种 1mL（如接种量超过 1mL，则用双料 LST 肉汤），（36±1）℃培养（24±2）h，观察倒管内是否有气泡产生，（24±2）h 产气者进行复发酵试验（证实试验）；如未产气则继续培养至（48±2）h，产气者进行复发酵试验，未产气者为大肠菌群阴性。

3. 复发酵试验（证实试验）

用接种环从产气的 LST 肉汤管中分别取培养物 1 环，移种于煌绿乳糖胆盐肉汤（BGLB）管中，（36±1）℃培养（48±2）h，观察产气情况。产气者，计为大肠菌群阳性管。

4. 大肠菌群 MPN 的报告

按复发酵试验确证的大肠菌群 BGLB 阳性管数，检索 MPN 表，报告单位质量（g）或单位体积（mL）样品中大肠菌群的 MPN。

第二法　大肠菌群平板计数法

（一）检验程序

平板计数法见图 11-10。

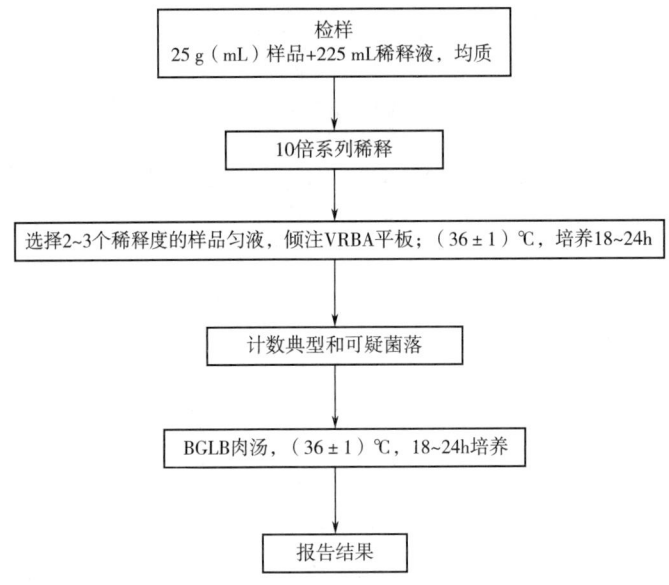

图 11-10　大肠菌群检验程序（第二法）

（二）操作步骤

1. 样品的稀释

按第一法进行。

2. 平板计数

（1）选取 2~3 个适宜的连续稀释度，每个稀释度接种 2 个无菌平皿，每皿 1mL。同时取 1mL 生理盐水加入无菌平皿，作空白对照。

（2）及时将 15~20mL 融化并降温至约 46℃ 的结晶紫中性红胆盐琼脂（VRBA）倾注于每个平皿中。小心旋转平皿，将培养基与样液充分混匀，待琼脂凝固后，再加 3~4mL VRBA 覆盖平板表层。翻转平板，置于（36±1）℃ 培养 18~24h。

3. 平板菌落数的选择

选取菌落数在 15~150CFU 的平板，分别计数平板上出现的典型和可疑大肠菌群菌落（如菌落直径比典型菌落小则认为可疑）。典型菌落为紫红色，菌落周围有红色的胆盐沉淀环，菌落直径为 0.5mm 或更大，最低稀释度平板低于 15CFU 的记录具体菌落数。

4. 证实试验

从 VRBA 平板上挑取 10 个不同类型的典型和可疑菌落，少于 10 个菌落的挑取全部典型和可疑菌落。分别移种于 BGLB 肉汤管内，（36±1）℃ 培养 24~48h，观察产气情况。凡 BGLB 肉汤管产气，即可报告为大肠菌群阳性。

5. 大肠菌群平板计数的报告

经最后证实为大肠菌群阳性的试管比例乘以"步骤 3"中计数的平板菌落数，再乘以稀释倍数，即为单位质量（g）或体积（mL）样品中大肠菌群数。例如，样品稀释液 1mL，在 VRBA 平板上有 100 个典型和可疑菌落，挑取其中 10 个接种 BGLB 肉汤管，证实有 6 个阳性管，则该样品的大肠菌群数为：$100 \times 6/10 \times 10^4$/g（mL）= 6.0×10^5 CFU/g（mL）。若所有稀释度（包括液体样品原液）平板均无菌落生长，则以<1 乘以最低稀释倍数计算。

五、注意事项

（1）制备发酵管时注意要加入小倒管，接种前观察小倒管中有无气泡。
（2）整个过程要遵循无菌操作技术规范，防止污染。
（3）此项实验参考现行国家标准进行。

六、问题与思考题

1. 什么是大肠菌群？其卫生学意义是什么？其单位是什么？
2. 固体检样三个稀释度检测结果都是阴性时，MPN 怎样表示？
3. 液体检样三个稀释度检测结果都是阴性时，MPN 怎样表示？

实验 7　酵母菌的血球计数板计数和形态观察

一、目的要求

1. 了解血球计数板的构造和使用方法。
2. 掌握使用血球计数板进行微生物计数的方法。

二、基本原理

显微镜直接计数法是将少量待测样品的悬浮液置于一种特制的具有确定面积和容积的载玻片（计数板）上，于显微镜下直接计数的一种简便、快速、直观的方法。在微生物实验室中，一般采用细菌计数板进行细菌计数，采用血球计数板进行酵母菌或霉菌孢子的计数。两种计数板的原理和部件相同，只是细菌计数板较薄，可使用油镜观察，而血球计数板较厚，不能使用油镜观察。

血球计数板是一块特制的厚型载玻片（图 11-11）。载玻片上有四条糟构成三个平台，中间的平台较宽，中央有一短横槽将其分成两半，每半个半边各有一个方格网。每个方格网共分九大格，其中间的一大格称为计数室，计数室的刻度有两种：一种计数室分 25 个中格，

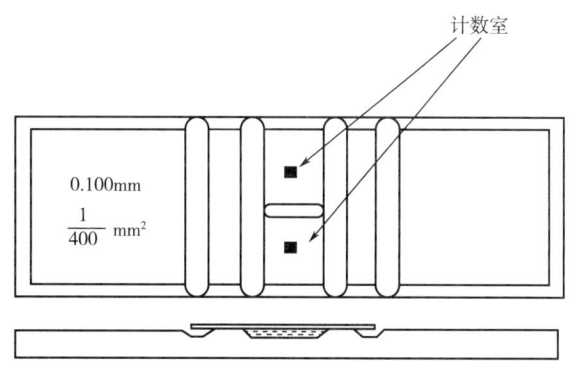

图 11-11　血球计数板的外观构造

每个中格再分成16个小格[图11-12(1)];另一种计数室分16个中格,每个中格再分成25个小格[图11-12(2)]。两种构造的共同特点是,计数室都由400个小格组成。

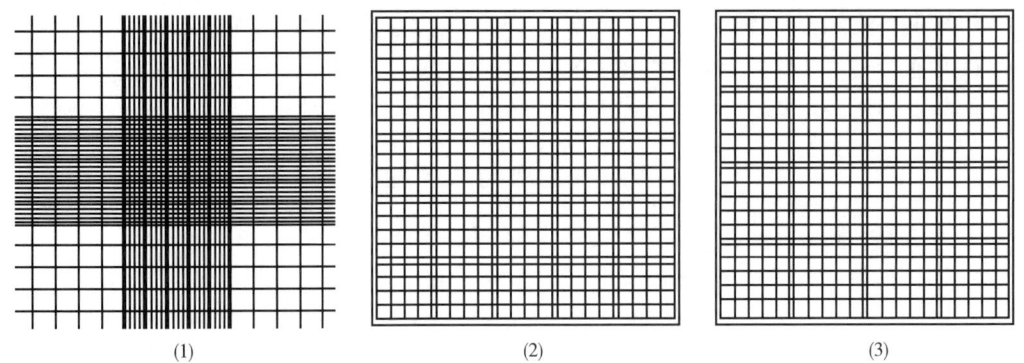

图11-12　血球计数板的计数室的显微构造
(1) 计数室　(2) 25×16型　(3) 16×25型

计数室边长1mm,面积1mm²,每个小格的面积1/400mm²。盖上盖玻片后,计数室的高度0.1mm,计数室体积0.1mm³,每个小格的体积1/4000mm³。使用血球计数板计数时,先要测定每个小格中的微生物数量,再换算成单位体积菌液（或单位质量样品）中的微生物数量。

显微镜直接计数法测得的菌体数量是菌体总数,它不能区分活菌体和死菌体。

三、实验器材

1. 菌种

啤酒酵母（*Saccharomyces cerevisiae*）液体培养物。

2. 仪器及相关用品

显微镜、擦镜纸、血球计数板。

3. 其他用品

盖玻片、吸水纸、酒精灯、火柴、接种环、镊子、无菌滴管、无菌移液管、试管、无菌水。

四、实验程序

1. 样品稀释

视待测菌悬液浓度,加无菌生理盐水稀释至适当浓度（图11-13）,以每小格的菌数能被计数（每小格4~5个菌体）为度。

2. 安放血球计数板

取一块清洁的血球计数板,置于显微镜载物台上,在计数室上面加一块盖玻片。

3. 加菌液

取适当稀释度的菌液,摇匀,用滴管吸取菌液,在盖玻片边缘滴一小滴（不宜多）,让菌液自行渗入,计数室内不得有气泡。

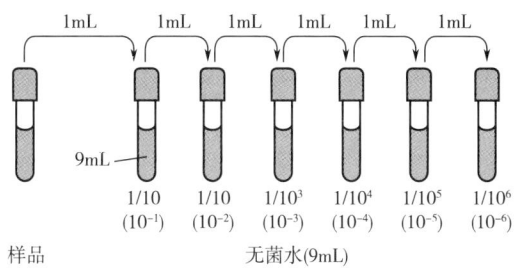

图 11-13 用无菌生理盐水稀释样品

4. 镜检

静止 5min 后，先用低倍镜找到计数的大方格，并将计数室移至视野中央。再换高倍镜观察，看清小格。

5. 计数

随机挑选五个中格（挑选四个位于角落的中格和一个中央的中格；或者沿对角线挑选五个中格），计数其中的菌体数量。由于菌体处在不同的空间位置，只有在不同的焦距下才能看到，观察时需不断调节微调控制钮，以计数全部菌体。

6. 计算

先求出每个中格中的菌体平均数，再乘以中格个数、换算系数和稀释倍数。

$$酵母菌细胞数/mL = \frac{X_1+X_2+X_3+X_4+X_5}{5} \times 25（或16）\times 10 \times 1000 \times 稀释倍数$$

7. 实验报告

记录计数结果并计算每毫升菌液中的酵母菌细胞数。

五、注意事项

（1）加酵母菌液时，添加量不宜太多，不能产生气泡。

（2）酵母菌透明度较高，计数量时宜调暗光线。

（3）为了避免重复计数或遗漏计数，遇到在方格线上的菌体，一般将压在底线和右侧线上的菌体计入本格内；遇到有芽体的酵母时，如果芽体和母体同等大小，按两个酵母菌体计数。

（4）血球计数板使用后，用水冲洗干净，切勿用硬物洗刷或抹擦，以免损坏网格刻度。

六、问题与思考

1. 根据实验体会，说说用血球计数板进行微生物计数时，哪些步骤易造成误差？如何避免？

2. 在滴加菌液时，为什么要先置盖玻片，加然后滴加菌液？

实验 8 霉菌的形态观察

一、目 的 要 求

1. 掌握观察霉菌形态的基本方法。

2. 了解常见霉菌（根霉、毛霉、曲霉、青霉、红曲霉、白地霉）的基本形态特征。

二、基 本 原 理

霉菌不是真菌分类学中的名词，而是丝状真菌的统称。霉菌在自然界中分布广泛，与食品的关系密切，如乳酪、腐乳、酱、酱油的制作过程中，霉菌都发挥了重要的作用。另一方面，霉菌也可以使食品腐败变质或产生毒素，影响人体健康甚至危及生命。

霉菌可产生分支的菌丝体，部分菌丝存在于培养基质中吸收营养，称为基内菌线或营养菌丝；另一部分菌丝向空中生长，称为气生菌丝，气生菌丝生长到一定阶段分化产生繁殖菌丝，由繁殖菌丝产生孢子。从结构来看，霉菌的菌丝分为无隔膜的菌丝和有隔膜的菌丝。如根霉、毛霉的菌丝无隔膜；青霉、曲霉的菌丝有隔膜。霉菌主要依靠产生形形色色的无性或有性孢子进行繁殖。霉菌的无性孢子直接由繁殖菌丝分化而形成，常见的有节孢子、厚垣孢子、孢囊孢子和分生孢子。霉菌的有性繁殖不及无性繁殖普遍，常见的有性孢子有卵孢子、接合孢子、子囊孢子和担孢子。菌丝体（尤其是繁殖菌丝）及孢子的形态特征是识别不同种类霉菌的重要依据（图 11-14）。

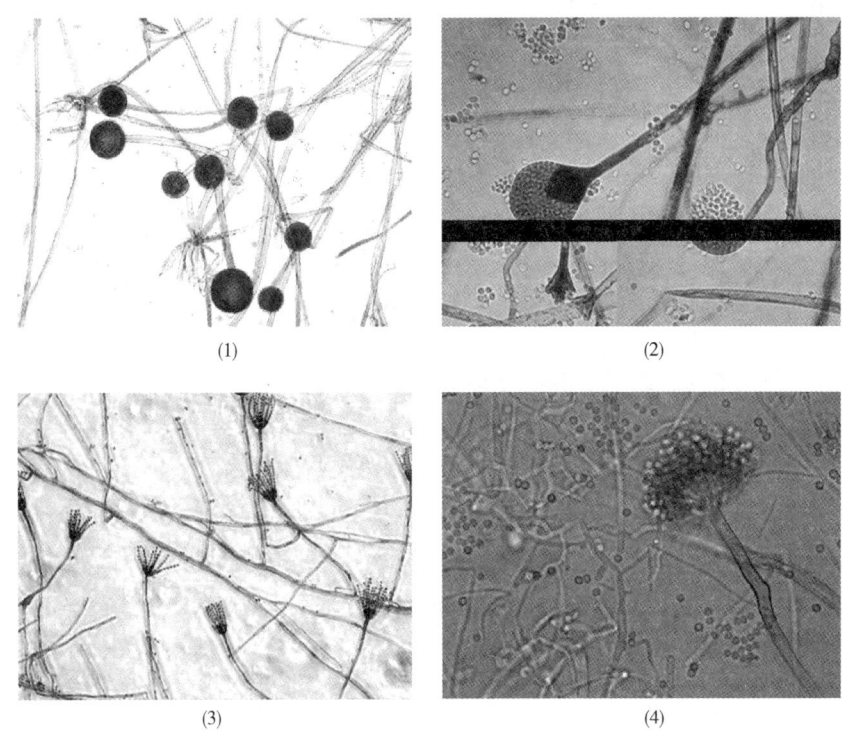

图 11-14 霉菌的基本形态
（1）根霉 （2）毛霉 （3）青霉 （4）曲霉

霉菌菌丝和孢子的宽度通常比细菌和放线菌粗的多（3~10μm），通常是细菌菌体宽度的几倍至几十倍。因此，用低倍镜即可观察。观察霉菌常用的有下列三种方法：

（1）直接制片观察法　将培养物置于乳酸苯酚棉蓝染色液中，制成霉菌制片镜检。由于霉菌菌丝较粗大，置于水中观察时菌丝容易收缩变形，故常用乳酸苯酚棉蓝染色液制片，使细胞不变形，染液的蓝色能增强反差，并具有防腐、防止孢子飞散的作用，能保持较长时间。必要时，还可用树胶封固，制成永久标本长期保存。

（2）小室载玻片培养观察法　用无菌操作将培养基琼脂薄层置于载玻片上，接种后盖上盖玻片培养，霉菌就在载玻片和盖玻片之间的有限空间内沿盖玻片横向生长。培养一定时间后，将载玻片上的培养物置显微镜下观察。这种方法既可以保持霉菌自然生长状态，还便于观察不同发育期培养物。

（3）玻璃纸培养观察法　玻璃纸是一种透明的半透膜，将灭菌的玻璃纸覆盖在琼脂平板表面，然后将霉菌接种于玻璃纸上，经培养，霉菌在玻璃纸上生长形成菌苔。观察时，揭下玻璃纸，固定在载玻片上直接镜检。此种方法用于观察不同生长阶段霉菌的形态特征，也可获得良好的效果。

三、实验器材

1. 菌种

根霉（*Rhizopus*）、毛霉（*Mucor*）、曲霉（*Aspergillus*）、青霉（*Penicillium*）培养 2~5d 的平板培养物。

2. 培养基

马铃薯葡萄糖琼脂培养基（PDA）或察氏培养基。

3. 溶液或试剂

乳酸苯酚棉蓝染色液、50%乙醇。

4. 仪器及相关用品

显微镜、载玻片、盖玻片、灭菌锅、培养箱、平皿、酒精灯、玻璃纸、接种环、接种针或解剖针、解剖刀、镊子、无菌吸管等。

四、实验程序

1. 直接制片观察法

即乳酸苯酚棉蓝浸片法。

在载玻片中央加一滴乳酸苯酚棉蓝染色液，打开霉菌平板培养物，用解剖针从菌落的边缘挑取少量带有孢子的菌丝，先置于50%乙醇中浸一下以洗去脱落的孢子，再置于载玻片的染液中，用解剖针小心地把菌丝分散开，加盖玻片，注意不要产生气泡，置于显微镜低倍镜和高倍镜下观察4类霉菌。

观察根霉时，注意观察其菌丝有无横隔、假根、孢子囊柄、孢子囊、囊轴、囊托、孢囊孢子及厚垣孢子。

观察毛霉时，注意观察其菌丝无横隔、孢子囊柄、囊轴、孢囊孢子及厚垣孢子。

观察曲霉时，注意观察其菌丝有横隔、足细胞、分生孢子梗、顶囊、小梗（形状、层数及着生情况）、分生孢子。

观察青霉时，注意观察其菌丝有横隔、分生孢子梗、帚状枝（小梗的轮数及对称性）、分生孢子。

2. 小室载玻片培养观察法

（1）培养小室的灭菌　在平皿皿底铺一张略小于皿底的圆滤纸片，再放一U形玻璃棒，其上放一洁净载玻片和两块盖玻片，盖上皿盖，包扎，于121℃灭菌30min，烘干备用。

（2）琼脂块的制作　取已灭菌的马铃薯琼脂培养基6~7mL注入另一灭菌平皿中，使之凝固成薄层。用解剖刀切成0.5~1cm²的琼脂块，并将其移至上述培养室中的载玻片上（每片放两块，见图11-15）。

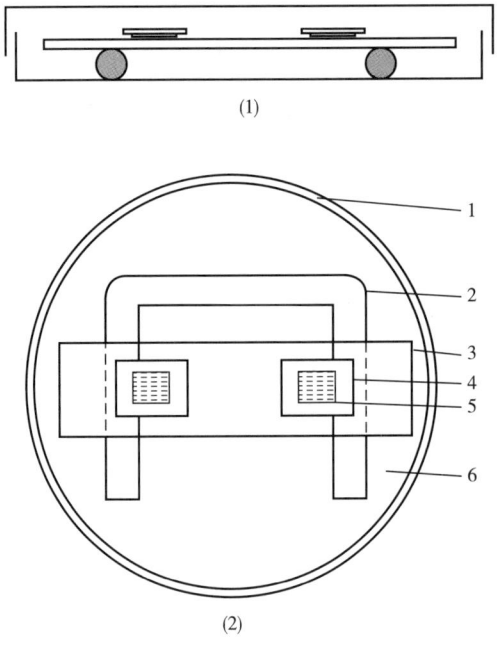

图11-15　小室载玻片培养观察法示意图

（1）主视图　（2）俯视图：1—平皿　2—U型玻璃棒　3—载玻片　4—盖玻片　5—培养物　6—滤纸

（3）接种　用尖细的接种针挑取少量的孢子，接种于琼脂块边缘上，用无菌镊子将盖玻片覆盖在琼脂块上。接种量要少，尽可能将分散的孢子接种在琼脂块边缘上，否则培养后菌丝过于稠密，影响观察。

（4）培养　先在平皿的滤纸上加10mL左右的无菌水（用于保持平皿内的湿度），盖上皿盖，皿盖上注明菌名、组别和接种日期，置于28℃培养。

（5）镜检　培养1~2d后，根据需要可以在不同的培养时间内取出载玻片观察霉菌生长情况。

3. 玻璃纸培养观察法

（1）向霉菌斜面试管中加入5mL无菌水，洗下孢子，制成孢子悬液。

（2）用无菌镊子将已灭菌的、直径与培养皿相同的圆形玻璃纸覆盖于PDA培养基平板上。

（3）用1mL无菌吸管吸取0.2mL孢子悬液于上述玻璃纸平板上，并用无菌玻璃刮棒涂抹均匀。

（4）28℃培养48h后，取出培养皿，打开皿盖，用镊子将玻璃纸与培养基分开，再用剪刀剪取一小片玻璃纸置载玻片上，用显微镜观察。

4. 实验结果与报告

根据观察结果，绘制毛霉、根霉、青霉、曲霉的形态特征，并注明形态结构。

五、注 意 事 项

接种量要少，对于小室载玻片培养观察法，尽可能将孢子分散接种在琼脂块边缘上，否则培养后菌丝过于稠密，影响观察。

六、问 题 与 思 考

1. 主要根据哪些形态特征来区分根霉和毛霉、青霉和曲霉？列表比较它们在形态结构上的异同。
2. 根据小室载玻片培养法的基本原理，上述操作过程中的哪些步骤可以根据具体情况做一些改进或可用其他方法替代？
3. 在显微镜下，细菌、放线菌、酵母菌和霉菌的主要区别是什么？

实验 9　食品中霉菌和酵母菌计数

一、目 的 要 求

1. 熟悉并掌握食品中霉菌和酵母菌的平板计数方法。
2. 了解食品中进行霉菌和酵母菌菌落总数测定的卫生学意义。
3. 了解霉菌、酵母菌在马铃薯葡萄糖琼脂、孟加拉红培养基的菌落特征。
4. 熟练掌握无菌操作技术。

二、基 本 原 理

酵母菌属于真菌中的一大类，通常是单细胞，呈圆形、卵圆形、腊肠形或杆状。霉菌也属于真菌，能形成疏松的绒毛状的菌丝体。酵母菌和霉菌广泛分布在自然界并可作为食品中正常菌相的一部分，但也可造成食品的腐败变质。酵母菌和霉菌能转换某些不利于细菌生长的物质，从而促进致病细菌的生长，往往会使食品失去色、香、味等。有些霉菌能够合成有毒代谢产物——霉菌毒素。因此，酵母菌和霉菌也作为评价食品卫生质量的指示菌，以酵母菌和霉菌的菌落总数作为判定食品被酵母菌和霉菌污染程度的标志，以便对检样进行卫生学评价。

酵母菌和霉菌虽然都可以在添加少量氯霉素的马铃薯葡萄糖琼脂、高盐察氏培养基或孟加拉红培养基上生长，但菌落特征不同，菌落的颜色、光泽、质地、表面和边缘特征等均可以作为识别时的重要依据。酵母菌的菌落特征大多数与细菌相似，但比细菌菌落大而厚，菌落表面光滑、湿润、黏稠、容易挑起，菌落质地均匀，正反面和边缘、中央部位的颜色都很均一，菌落多为乳白色，少数为红色，个别为黑色。而霉菌的菌落形态一般较大，外观干燥，不透明，呈现或松或紧的蛛网状、绒毛状，且与培养基的连接紧密，不易挑起，菌落正面与反面的颜色、构造及边缘与中心的一般不一致。在孟加拉红培养基中，孟加拉红具有抑制霉菌菌落蔓延生长的作用，并使生长的菌落呈现红色。

三、实验器材

1. 检样

各类食品样品。

2. 主要设备和材料

培养箱、拍击式均质器及均质袋、电子天平（感量0.1g）、无菌锥形瓶（500mL）、无菌吸管（1mL，具0.01mL刻度；10mL，具0.1mL刻度）、无菌试管（18mm×180mm）、旋涡混合器、无菌平皿（直径90mm）、恒温水浴箱、显微镜（10～100倍）、移液器及枪头（1.0mL）。

3. 培养基和试剂

生理盐水、马铃薯葡萄糖琼脂（含0.01%氯霉素）、孟加拉红琼脂（含0.01%氯霉素）。

四、实验程序

1. 检验程序

霉菌和酵母菌平板计数法检验程序见图11-16。

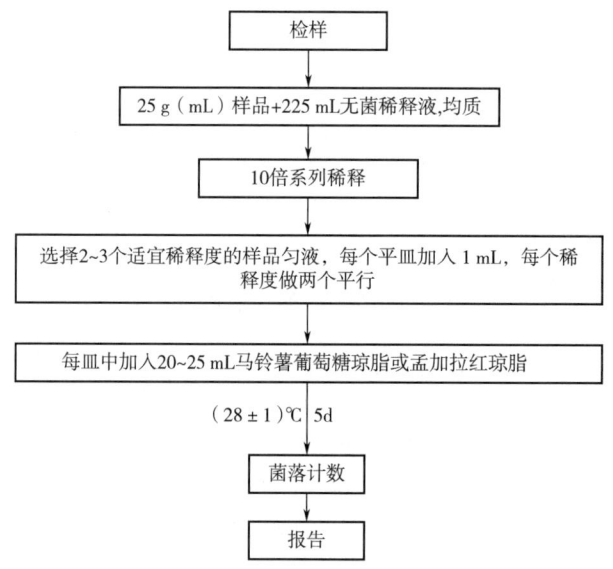

图11-16　霉菌和酵母菌平板计数法的检验程序

2. 操作步骤

（1）样品的稀释　称取固体和半固体样品25g或吸取液体样品25mL，加入225mL无菌稀释液（蒸馏水或生理盐水或磷酸盐缓冲液），充分振荡，或用拍击式均质器拍打1~2min，制成1∶10的样品匀液。再取1mL的1∶10样品匀液注入含有9mL无菌稀释液的试管中，另换一支1mL无菌吸管反复吹吸，或在旋涡混合器上混匀，此液为1∶100的样品匀液。按照以上操作，制备10倍递增系列稀释样品匀液。每递增稀释一次，换用1支1mL无菌吸管。

（2）接种与培养　根据对样品污染状况的估计，选择2~3个适宜稀释度的样品匀液

(液体样品可包括原液),在进行10倍递增稀释的同时,每个稀释度分别吸取1mL样品匀液于2个无菌平皿内。同时分别取1mL无菌稀释液加入2个无菌平皿作为对照。及时将20~25mL冷却至46℃的马铃薯葡萄糖琼脂或孟加拉红琼脂[可放置于(46±1)℃恒温水浴箱中保温]倾注平皿,并转动平皿使其混合均匀。琼脂凝固后,正置平板,置(28±1)℃培养箱中培养,观察并记录培养至第5d的结果。

(3)菌落计数 用肉眼观察,必要时可用放大镜或低倍镜,记录稀释倍数和相应的霉菌和酵母菌落数。以菌落形成单位(colony-forming units,CFU)表示。选取菌落数在10~150CFU的平板,根据菌落形态分别计数霉菌和酵母。霉菌蔓延生长覆盖整个平板的可记录为菌落蔓延。

3. 结果与报告

(1)结果 计算同一稀释度的两个平板菌落数的平均值,再将平均值乘以相应稀释倍数。若有两个稀释度平板上菌落数均在10~150CFU,则按照GB 4789.2—2016《食品安全国家标准 食品微生物学检验 菌落总数测定》的相应规定计算。若所有平板上菌落数均>150CFU,则对稀释度最高的平板进行计数,其他平板可记录为多不可计,结果按平均菌落数乘以最高稀释倍数计算。若所有平板上菌落数均<10CFU,则应按稀释度最低的平均菌落数乘以稀释倍数计算。若所有稀释度(包括液体样品原液)平板均无菌落生长,则以小于1乘以最低稀释倍数计算。若所有稀释度的平板菌落数均不在10~150CFU,其中一部分<10CFU或>150CFU时,则以最接近10CFU或150CFU的平均菌落数乘以稀释倍数计算。

(2)报告 菌落数按"四舍五入"原则修约。菌落数在10以内时,采取一位有效数字报告;菌落数在10~100时,采用两位有效数字报告。菌落数≥100时,前第3位数字采用"四舍五入"原则修约后,取前2位数字,后面用0代替位数来表示结果;也可用10的指数形式来表示,此时也按"四舍五入"原则修约,采用2位有效数字。若空白对照平板上有菌落出现,则此次检验结果无效。称重取样以CFU/g为单位报告,体积取样以CFU/mL为单位报告,报告或分别报告霉菌和/或酵母菌数。

五、注意事项

(1)孟加拉红溶液对光敏感,容易分解成一种黄色的有细胞毒性的物质,该溶液配好后要避光贮存于冰箱中,已变黄的溶液和孟加拉红琼脂培养基应丢弃。

(2)在实验过程中要防止霉菌孢子污染实验室,故在实验过程中要尽量减少空气流动,动作要轻,观察平板时要防止霉菌孢子在培养基扩散。

(3)在样品稀释时要充分打散稀释液,使霉菌孢子充分散开。

六、问题与思考

1. 测定食品中霉菌和酵母菌菌落数有什么实际意义?
2. 影响霉菌和酵母菌菌落计数准确性的因素有哪些?哪些步骤容易造成结果的误差?

实验 10　培养基的配制与灭菌

一、目　的　要　求

1. 掌握培养基制作的一般方法和步骤。
2. 了解灭菌的原理，学习掌握高压蒸汽灭菌锅的使用方法。

二、基　本　原　理

培养基是按照微生物生长发育需要，用不同的营养物质配制而成的营养基质。培养基中一般包含碳源、氮源、无机盐以及水分，部分培养基还需要加入生长因子，如维生素、核酸等物质。培养基根据组成成分可分为合成培养基、半合成培养基和天然培养基；按照状态可分为固体培养基、半固体培养基和液体培养基；按照用途可分为基础培养基、加富培养基、鉴别培养基和选择性培养基。

在配制培养基时，根据各类微生物的特点，就可以配制出适合不同种类微生物生长发育所需要的培养基。在实验室中，培养细菌常用 LB 培养基和牛肉膏蛋白胨培养基，培养放线菌常用高氏 1 号培养基，培养霉菌常用察氏培养基或马铃薯葡萄糖培养基（PDA），培养酵母菌常用酵母浸出粉胨葡萄糖培养基（YPD）或麦芽汁培养基。培养基除了满足微生物所必需的营养物质外，还要求有一定的酸碱度和渗透压。霉菌和酵母菌生长的适宜 pH 偏酸；细菌、放线菌生长的适宜 pH 为微碱性。所以，部分培养基配置完成后，都要将培养基的 pH 调到一定的范围。常用的微生物培养基的配方见附录。

配制好的培养基应当立即灭菌，防止微生物生长。高压蒸汽灭菌是将待灭菌的物品放入密闭的加压灭菌锅内，通过加热使灭菌锅隔套间的水沸腾而产生水蒸气。待水蒸气急剧地将锅内的冷空气从排气阀中驱尽，关闭排气阀，继续加热，此时由于水蒸气不能溢出，而增加了灭菌器内的压力，从而使沸点增高，得到高于 100℃ 的温度，导致菌体蛋白质凝固变性而达到灭菌的目的。高压蒸汽灭菌不仅可杀死一般的细菌、真菌等微生物的营养体，对芽孢、孢子也有杀灭效果，是最可靠、应用最普遍的物理灭菌法。

三、实　验　器　材

1. 试剂

牛肉膏、蛋白胨、葡萄糖、可溶性淀粉、蛋白胨、胰蛋白胨、酵母提取物、NaCl、琼脂、1.0mol/L NaOH、1.0mol/L HCl、$NaNO_3$、K_2HPO_4、$FeSO_4 \cdot 7H_2O$ 等。

2. 仪器及相关用品

天平、高压蒸汽灭菌锅、试管、烧杯、玻璃棒、量筒等。

3. 其他用品

药匙、称量纸、记号笔、棉花等。

四、实验程序

1. 培养基的配制

按照上述配方准确称量相应试剂到烧杯中,加入所需量的蒸馏水,用玻璃棒搅拌溶解,若含有少量未溶解物质,可在石棉网上加热使其溶解。如果配制固体培养基时,将称好的琼脂放入已完全溶解的培养基中,再加热溶化。

对于需要调节 pH 的培养基,先用精密 pH 试纸测量培养基的原始 pH,如果偏酸,用滴管向培养基中逐滴加入 1mol/L NaOH,边加边搅拌,并随时用 pH 试纸测其 pH,直至达到相应 pH。反之,用 1mol/L HCl 进行调节。对于有些要求 pH 较精确的微生物,其 pH 的调节可用更精密的 pH 计进行。

特殊情况下,为了便于某些实验结果的观察,需要对培养基进行过滤。培养基可趁热用滤纸或多层纱布过滤。一般无特殊要求的情况下可以省去(本实验无须过滤)。按实验要求,可将配制的培养基分装入试管内或三角烧瓶内。

2. 分装

液体分装:分装高度以试管高度的 1/4 为宜。分装三角瓶的量则根据需要而定,一般以不超过三角瓶容积的 1/3 为宜。

固体分装:分装试管,其装量不超过试管高度的 1/5,灭菌后制成斜面。分装三角烧瓶的量以不超过三角烧瓶容积的 1/2 为宜。

半固体分装:试管一般以试管高度的 1/3 为宜,灭菌后垂直待凝。

3. 加塞

培养基分装完毕后,在试管口或三角瓶口上塞上棉塞(或硅胶塞、试管帽等),棉塞的作用有:一方面阻止外界微生物进入培养基,防止由此而引起的污染;另一方面保证有良好的通气性能,使培养在里面的微生物能够从外界源源不断地获得新鲜无菌空气。加塞时的棉塞的总长度的 3/5 在口内,2/5 在口外。

4. 包扎

加完棉塞后,将 7 支试管用皮筋捆成一组,之后用皮筋在棉塞外包上牛皮纸,以防止灭菌时冷凝水润湿棉塞,用记号笔注明培养基名称、组别、配制日期。三角烧瓶加塞后,以相同方式包上牛皮纸,并用记号笔注明培养基名称、组别、配制日期。

5. 高压蒸汽灭菌

首先在锅内加入适量的蒸馏水,使水面没过加热管。将待灭菌物品(各种玻璃器皿、培养基等)装入灭菌锅内,注意不要装得太挤,以免妨碍蒸汽流通而影响灭菌效果,试管口端与三角烧瓶口端不要与桶壁接触,以免冷凝过程中冷凝水渗透进入棉塞。之后将灭菌锅盖子旋紧,并关闭通气阀防止漏气。打开灭菌锅开关,设置灭菌压力(温度)和时间,开始灭菌。灭菌完成后,切断电源,让灭菌锅内温度自然下降,当压力表的压力降至"0"时,打开排气阀,打开盖子,取出灭菌物品。

五、注意事项

(1)溶解琼脂时应控制温度,防止过热导致培养基暴沸,同时应不断搅拌,防止琼脂糊底。

(2) 调节 pH 时避免调节过头，以免酸碱多次回调影响培养基内离子强度。
(3) 在分装过程中，不要使培养基粘在管（瓶）口上，以免污染棉塞而引起污染。
(4) 打开高压蒸汽灭菌锅锅盖时要稍微远离灭菌锅，防止锅内蒸汽烫伤。

六、问题与思考

1. 除了高压蒸汽灭菌，还有什么灭菌方式？对湿热敏感的培养基（成分）如何灭菌？
2. 培养基配好后为什么必须立即灭菌？如何检查灭菌后培养基是否无菌？
3. 除了上述注意事项，你觉得在配制培养基的操作过程中还应注意些什么问题？

实验 11　玻璃器皿的洗涤、包扎和灭菌

一、目的要求

1. 掌握玻璃器皿的包扎方法。
2. 掌握干热灭菌的原理和操作方法。

二、基本原理

干热灭菌是利用加热的高温空气进行灭菌的方法，利用高温使微生物细胞内的蛋白质凝固变性而达到灭菌的目的。细胞内的蛋白质凝固性与其本身的含水量有关，在菌体受热时，当环境和细胞内含水量越大，则蛋白质凝固就越快，反之含水量越小，凝固缓慢。因此，与湿热灭菌相比，干热灭菌所需温度高（140~160℃），时间长（2~4h）。但干热灭菌温度不能超过180℃，否则，包器皿的纸或棉塞就会烤焦，甚至引起燃烧。

干热烘箱是干热灭菌的常用仪器，它是通过电热丝进行加热和调温的，不仅可以用来灭菌，也可用于器皿等材料的烘干。此法适用于耐高温的玻璃制品、金属制品及保藏微生物用的沙土、液状石蜡、碳酸钙（用于乳酸菌的短期保藏）等物品的灭菌，同时，对于新制作的试管及三角瓶的棉塞具有固定形状的作用。该方法缺点是穿透力弱，温度不易均匀，而且由于灭菌温度过高，所以使用受限。

三、实验器材

1. 仪器及主要用品

试管、三角瓶、培养皿、移液管、干热烘箱。

2. 其他用品

牛皮纸、线绳、棉塞等。

四、实验程序

（一）玻璃器皿的清洗

1. 新玻璃器皿

新玻璃器皿含有游离碱，一般先将其浸于2%的盐酸溶液中2~6h，然后用自来水清洗干净。也可将器皿先用热水浸泡，再用去污粉或肥皂粉刷洗，最后经过热水洗刷、自来水清

洗，待干燥后，灭菌备用。

2. 用过的玻璃器皿

（1）试管或三角瓶的洗刷　盛有废弃物的试管或三角瓶，因其内含大量微生物，洗刷前应先经过高压蒸汽灭菌。对只带有细菌标本或培养物的试管等玻璃器皿，用过后应立即将其浸于2%的来苏尔消毒水中，经24h后，才可以取出洗刷。

用蜡封口的试管或石油发酵用瓶，清洗前先将其置于高压蒸汽灭菌器中消毒，然后取出，趁热拔去蘸有蜡或油的棉花塞，立即倒去培养污物，再将试管投入温水中，稍加洗刷后浸于5%的肥皂水内，煮沸5min，以去除试管上的油污。也可将倒空的瓶子用汽油浸泡，待油溶解后再刷洗。

加过消泡剂的发酵瓶或做过通气培养的大三角瓶，一般先将倒空的瓶子用碱粉或用10%的NaOH溶液去掉油污后，再行洗刷。

管壁或瓶壁上留有培养物的痕迹，用试管刷难以去除，此时可用一根粗铁丝把顶端弯曲，捆几层纱布，浸湿，蘸一点去污粉，或再蘸少许细沙，擦磨管壁或瓶壁，就可把器壁的痕迹擦掉。

（2）培养皿的清洗　用过的平皿中往往有废弃的培养基，需先经高压蒸汽灭菌或沸水煮沸30min后，倒掉污物，方可清洗。如果灭菌条件不便，可将皿中培养基刮出来，倒在一起，以便统一处理。洗刷时，先用热水洗一遍，再用洗衣粉或去污粉擦洗，然后用自来水冲洗干净，将平皿全部向下，一个压着一个，扣于洗涤架上或桌子上。

（3）移液管的清洗　吸过菌液的移液管，用完后应放入5%苯酚溶液的高玻璃筒内消毒；未吸过菌液的移液管，用后放入清水中，防止干燥；吸过带油液体的移液管，应先在10%的氢氧化钠溶液中浸泡半小时，去掉油污，方可清洗。如果移液管经以上处理仍留有污垢，可再置于洗液中浸泡1h，再进行清洗。

移液管上端的隔离棉花，可用普通钢针制成的小钩钩出，清洗时，将直径为6~7.5mm的橡皮管一端连在自来水龙头上，另一端套在移液管的底端，放水冲洗即可。洗净的移液管顶端向下，下面垫一块干净的厚布或几层纱布，使移液管的水分能迅速吸干。

洗液配制方法如下。

①浓洗液配方：重铬酸钾40g、浓硫酸800mL、水160mL。

②稀洗液配方：重铬酸钾50g、浓硫酸100mL、水850mL。

③配制方法：将重铬酸钾溶于水中，冷却后，边搅拌边将浓硫酸缓缓加入溶液中。

（二）器皿的包扎

1. 试管和三角瓶

灭菌之前，试管口和三角瓶口均需先塞好棉塞或橡胶塞（棉塞具体做法见图11-17），塞子不可塞得过紧，也不得过松，和管壁和瓶壁紧贴的曲面不可出现裂纹。待塞好塞子后，在三角瓶瓶口外面包一层牛皮纸，用线绳扎好。试管一般7个一包，在外面包一层牛皮纸，用线绳包扎好。进行干热（140~160℃，2~4h）或湿热（121℃，20min）灭菌。

2. 培养皿

洗净晾干的培养皿通常用报纸包装，根据报纸的大小和具体需求确定每包的数量，通常采用每包6~10套。具体方法是，将培养皿按皿盖-皿底的统一朝向叠在一起，置于报纸的一端，用报纸包裹培养皿向另一端滚卷成圆筒状，边滚边将两端的纸折叠成圆筒的底与盖，包

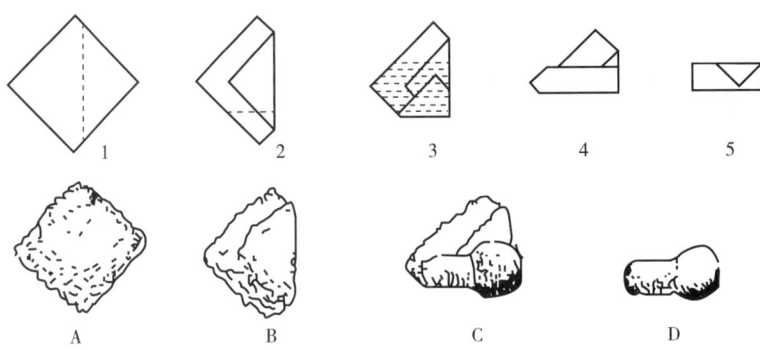

图 11-17　试管和三角瓶棉塞制作方法

裹好后，用线绳扎好（图 11-18）。一般干热灭菌（140~160℃，2~4h）后备用。或将培养皿每 10 套放入一个特制的铁皮圆形培养皿筒中，加盖，置烘箱中，干热灭菌备用。

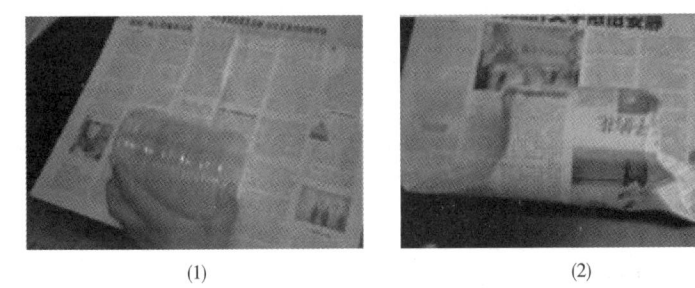

图 11-18　培养皿包扎过程

3. 移液管

包扎前，移液管的粗头应先塞少许普通棉花，以避免使用时因不慎而将菌液吸入口中，或将口内物吹入培养液中。塞入的棉花应与移液管口保持 5mm 左右的距离，若距离太近，容易被唾液浸湿，造成通气不良。一般这段棉花全长不得短于 10mm，棉花要塞得松紧恰当。塞好棉花的移液管要进行包装。将报纸裁成宽为 5~8cm 的长纸条，先把试管的尖端放在纸条的一端，呈 45°角折叠纸条，包住尖端，一手捏住管身，一手将试管压紧在桌面上，向前滚动，以螺旋式包扎，最后将剩余的纸条打结或折叠（图 11-19）。一般干热灭菌（160℃，2h）后备用。

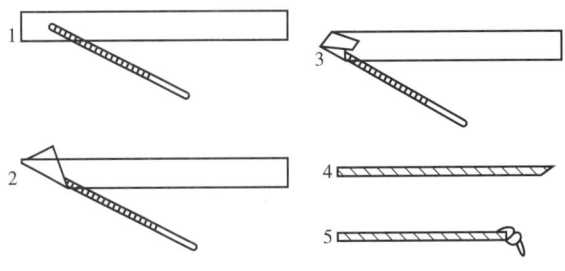

图 11-19　移液管的包扎过程

（三）器皿灭菌

（1）将待灭菌的物品包扎好，放入烘箱内，不要紧靠四壁，不要放得过紧、太满，以免妨碍热空气流通。

（2）关闭烘箱门，打开箱顶通气孔，以便排除箱内冷空气和水汽。

（3）接通电源加热，箱内温度升到100~150℃时。关闭通气孔，继续加热，直到箱内温度达到要求时，调节温度调节器，恒温维持一定时间。

（4）关闭电源，停止加热，箱内温度下降到60℃以下，方可打开箱门，取出灭菌物品。

五、注意事项

（1）在灭菌过程中，温度上升或下降都不能过急，尤其在60℃以上时，勿随意打开箱门，以免引起玻璃器皿的炸裂。

（2）箱内温度绝对不能超过170℃，以防纸张和棉花烤焦。用纸包裹的物品，不要紧贴四壁，并严禁用油纸包装。

（3）灭菌后的器皿，在使用前勿打开包装纸，以免杂菌污染。

（4）带橡胶、塑料、焊接金属的物品及液体培养基不能用这种方法灭菌。

六、问题与思考

1. 移液管包扎为什么塞一小段棉花？试管管口和三角烧瓶瓶口的棉花塞又是什么作用？
2. 消毒与灭菌有什么区别？

实验12　用生长谱法测定微生物的营养要求

一、目的要求

1. 学习并掌握生长谱法测定微生物营养需要的基本原理和方法。
2. 进一步巩固培养基的配制及灭菌方法。

二、基本原理

微生物的生长繁殖需要适宜的营养，碳源、氮源、无机盐、生长因子等都是微生物生长所必需，缺少其中一种，微生物往往便不能正常生长、繁殖。在生产和研究工作中，需要了解微生物对各种营养物质的需求，为其创造良好的生长环境。在实验室条件下，人们常用人工配制的培养基来培养微生物，这些培养基中含有微生物生长所需的各种营养成分。人工配制一种缺乏某种营养物质（例如碳源或氮源等）的琼脂培养基，接入菌种混合均匀后倒平板，再将所缺乏的营养物质（各种碳源或氮源等）点接于平板上（可将特定营养吸附于滤纸片后，放于平板上）。在适宜的条件下培养后，如果接种的这种微生物能够利用某种碳源，就会在点接的该种碳源物质周围生长繁殖，呈现出由许多小菌落组成的圆形区域（菌落圈），而该微生物不能利用的碳源周围就不会有微生物的生长。由于不同类型微生物利用不同营养物质的能力不同，它们在点接有不同营养物质的平板上的生长情况就会有差别，具有不同的生长谱，故称此法为生长谱法。该法可以定性、定量地测定微生物对各种营养物质的需求，在微生物培养、育种、营养缺陷型鉴定等诸多方面具有重要用途。

三、实验器材

1. 菌种

大肠杆菌（*Escherichia coli*）。

2. 培养基

无碳合成培养基 [$(NH_4)_2SO_4$ 0.2%，$NaH_2PO_4 \cdot H_2O$ 0.05%，K_2HPO_4 0.05%，$MgSO_4 \cdot 7H_2O$ 0.02%，$CaCl_2 \cdot 2H_2O$ 0.01%]；无氮合成培养基（KH_2PO_4 0.1%，$MgSO_4 \cdot 7H_2O$ 0.07%，葡萄糖 2%）。

3. 溶液或试剂

木糖、葡萄糖、半乳糖、蔗糖、硫酸铵、硝酸钾、尿素、蛋白胨。

4. 其他用品

无菌试管、直径为 0.5mm 的无菌小滤纸片、酒精灯、接种针、移液管。

四、实验程序

（1）将培养 24h 的大肠杆菌斜面用无菌生理盐水洗下。

（2）将无碳合成培养基和无氮合成培养基分别融化并冷却至 50℃左右，加入上述菌悬液并混匀，各倒三块平板。

（3）取两个已凝固的无碳平板，在皿底用记号笔划分成四个区域，并标明要点接的各种碳源，另一块无碳平板作为对照；另取两块无氮平板如上划分区域，并标明要点接的各种氮源，另一块无氮平板作为对照。

（4）用 8 个小滤纸片分别蘸取 4 种碳源和 4 种氮源对号点接。

（5）将平板倒置于 37℃保温 18~24h，观察各种碳源和氮源周围有无菌落圈。

（6）将大肠杆菌的碳源生长谱表示如下图（图 11-20），氮源生长谱表示相同，只是 4 个滤纸片蘸了 4 种不同的氮源溶液。观察测试平板上滤纸片周围菌落的生长情况，并与对照平板进行比较。

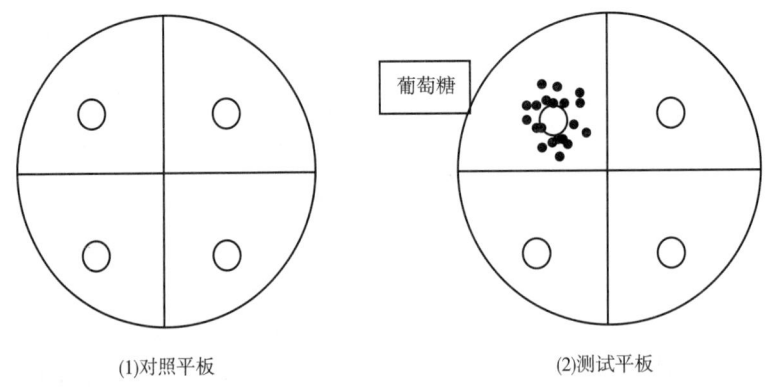

图 11-20 大肠杆菌的 4 种不同碳源生长谱

五、注意事项

（1）加菌悬液时，在培养基尚未凝固时及时倒平板。

（2）放置滤纸片时，轻轻按压，不要匆忙将平板倒置，避免滤纸片脱离平板掉到皿盖上。

六、问题与思考

1. 根据实验结果，大肠杆菌能利用的碳源和氮源是什么？
2. 点接碳源或氮源时应注意什么？在生长谱法测定微生物碳源要求的试验中，发现某一不能被该微生物利用的碳源周围也长出菌落圈，试分析各种可能的原因，并设法解决这个问题。

实验13　细菌抗菌肽的效价测定

一、目的要求

1. 掌握细菌抗菌肽 nisin 效价的生物测定方法。
2. 了解细菌抗菌肽 nisin 的抑菌作用。
3. 熟悉琼脂扩散法的操作。

二、基本原理

乳酸链球菌素（nisin）又称乳链菌肽，是由乳酸乳球菌（*Lactococcus lactis*）或乳酸链球菌（*Streptococcus lactis*）产生的一种由 34 个氨基酸组成的多肽类抗菌物质，目前作为天然食品防腐剂已经在欧盟（EU）、美国、中国、巴西等 50 多个国家和地区得到广泛应用。作为天然的多肽类食品添加剂，它可以在人体内被消化酶所消化，不会对人体健康造成影响，是一种安全高效的天然食品防腐剂。目前，效价的测定方法主要有：液体稀释法、比浊法和扩散法等。本实验主要采用 GB 1886.231—2016《食品安全国家标准　食品添加剂　乳酸链球菌素》中的实验方法，将已知效价的标准 nisin 溶液与未知效价的 nisin 溶液加到同一个含敏感菌的平板中，通过测量它们的抑菌圈的大小，根据它们的比值大小来测量样品 nisin 对检测菌的抑菌活性，并计算它的效价。

三、实验器材

（1）乳酸链球菌素标准品　效价：$1 \times 10^6 \text{IU/g}$。

（2）盐酸溶液　0.02mol/L。

（3）吐温溶液　吐温 20：水 = 1：1。

（4）培养基 S_1　胰蛋白胨 0.8%、酵母膏 0.5%、葡萄糖 0.5%、氯化钠 0.5%、磷酸氢二钠 0.2%、琼脂粉 1.2%~1.5%，pH 6.8~7.0。

（5）检测菌　黄色微球菌（NCIB8166）。

（6）其他用品　接种环、无菌生理盐水、无菌移液管、试管、游标卡尺、打孔器等。

四、实验程序

1. 检测菌的培养及菌悬液的制备

（1）检测菌的培养 用无菌接种环从甘油管或冻干管中取一环黄色微球菌 NCIB8166，接种在无菌的 S_1 平皿上，进行分离，挑出饱满、边缘光滑的菌落，扩大培养，再次接种在 S_1 的试管斜面上，在 30℃ 恒温培养箱中培养 24h，放入 2~5℃ 冰箱中保存。

（2）检测菌悬液的制备 取在冰箱中的黄色微球菌 NCIB8166，用无菌生理盐水洗脱下来，制成 10^8 CFU/mL 的细胞悬液，备用。

2. 检测菌平板的制备

配制 S_1 培养基 200mL（按比例先把琼脂溶化，依次加入各组分溶解，磷酸氢二钠溶解后加入），经 121℃、20min 灭菌后，放冷至 70℃ 左右，加入 4mL 吐温 20 溶液。充分摇匀，等冷却到 50~55℃ 时，加入已制备好的检测菌悬液，使培养基中检测菌的最终浓度为 $1.0×10^6$ CFU/mL。摇匀，倒入水平放置的已灭菌的平板中，等完全凝固后，用直径为 7mm 打孔器，在平板上打出所需的孔数，小心挖掉孔内琼脂，移入洁净工作台中吹风 1.5~3.0h（吹风时间按空气中的湿度大小而定，同时控制室内温度最低，尽量不要让检测菌生长），吹干后，置 2~5℃ 冰箱中，到次日使用。

3. 标准品溶液的配制

准确称取 nisin 标准品（精确到 0.0001g），溶于盐酸溶液中，使最终浓度为 2mg/mL（2000 IU/mL），摇匀，用盐酸稀释成 300 倍、600 倍，即成高、低剂量标准溶液。

4. 试样溶液的配制

称取一定量的试样（精确到 0.0001g），用盐酸溶液溶解后，稀释成高、低剂量试样溶液，其 nisin 含量，按估计单位高、低剂量与标准品溶液大致相当。

5. 滴加溶液

取出存放在冰箱中的平板，用移液器，取 70~80μL 标准品高剂量溶液，随机滴加在平板的孔中，滴 6 个孔，再取 70~80μL 标准品低剂量溶液，随机滴加在与高剂量溶液同一平板其余孔的 6 个孔中。试样溶液和标准品溶液滴在同一平板上，其操作同标准品。

6. 恒温培养

等孔内的溶液渗透完全后，移入 30℃ 恒温箱中培养 16~24h 后，测量抑菌圈直径。

7. 结果计算

用游标卡尺测量抑菌圈直径，取其平均值，按式（11-6）计算效价。

$$C_{SH} = C_{BH} \times k^{\frac{(X_{SH}+X_{SL})-(X_{BH}+X_{BL})}{(X_{SH}+X_{BH})-(X_{SL}+X_{BL})}} \tag{11-6}$$

式中 C_{SH}——试样溶液的效价，IU/mg；

C_{BH}——标准溶液的效价，IU/mg；

X_{SH}——高剂量试样溶液所致的抑菌圈直径，mm；

X_{SL}——低剂量试样溶液所致的抑菌圈直径，mm；

X_{BH}——高剂量标准溶液所致的抑菌圈直径，mm；

X_{BL}——低剂量标准溶液所致的抑菌圈直径，mm；

k——高剂量与低剂量浓度的比值。

若试样估计值不在测定值的 90%~110%，需重新估计试样效价，重新测量。

五、注意事项

（1）要注意控制检测菌黄色微球菌 NCIB8166 的菌悬液浓度，否则会影响抑菌圈的大小。

（2）选用测定用的培养皿力求规格一致，制备培养基平板时加量务求一致，要注意水平位置放置。

（3）用打孔器打孔时要尽量均匀打孔，并要有一定的间隔。

（4）在制备黄色微球菌 NCIB8166 检测菌平板时，要严格控制培养基温度，勿使温度过高把菌烫死。

六、问题与思考

1. 在本实验中哪些操作易引入误差，应该如何避免？
2. 是否有其他方法可以测量 nisin 的效价？是什么方法？利用这种方法测定效价有何优缺点？

实验 14　酸乳中乳酸菌产酸力的测定

一、目的要求

1. 学习掌握乳酸菌培养的操作方法。
2. 比较市面上不同酸乳中乳酸菌的产酸能力。

二、基本原理

目前市面上的酸乳产品多样，深受消费者的喜爱。酸乳中乳酸菌含量丰富，具有独特风味。酸乳一般是以新鲜的牛乳为原料，经过巴氏杀菌后，再向牛乳中添加乳酸菌发酵，然后冷却、灌装得到的一种牛乳制品。

乳酸菌是一类可以代谢乳糖产生乳酸，降低发酵产品 pH 的一类微生物。乳酸菌在乳品发酵中的主要作用是产酸和产生风味物质。产酸性能是乳酸菌的一个重要特性，是影响发酵的酸乳品质的一个重要因素。酸度也是消费者对酸乳接受程度的一项重要指标。

三、实验器材

1. 实验原料

市售的不同品牌酸乳产品、脱脂乳粉。

2. 培养基

（1）MRS 培养基　蛋白胨 10g、酵母粉 5g、牛肉膏 10g、葡萄糖 20g、乙酸钠 5g、柠檬酸二铵 2g、吐温 80 1mL、硫酸镁 0.58g、硫酸锰 0.05g、磷酸氢二钾 2g、水 1000mL，pH 调至 6.3~6.7，121℃，灭菌 15min；

（2）MRS 固体培养基　MRS 培养基中加入琼脂 15g。

(3) 脱脂乳培养基　称取 12.0g 脱脂乳溶于 100mL 蒸馏水中，105℃灭菌 20min。

3. 仪器及相关用品

1mL 定量移液器、无菌移液器吸头、无菌平皿、三角涂布棒、试管、锥形瓶、试管架、量筒、烧杯、接种环、超净工作台、高压灭菌锅、恒温培养箱、电子分析天平、酸度计等。

4. 其他用品

酒精灯、火柴、接种环、镊子、试管、无菌生理盐水等。

四、实验程序

1. 培养基的配制与倒平板

按照上述配方配制培养基。将经高压蒸汽灭菌的 MRS 固体培养基冷却至 50℃左右，在无菌操作台中倒平板，待其凝固备用。

2. 样品稀释

取 25mL 市售酸乳加入 225mL 灭菌生理盐水中制得 10^{-1} 的稀释液。吸取 10^{-1} 的稀释液 1mL 加入含有 9mL 灭菌生理盐水的试管内，振摇试管混匀，制成 10^{-2} 的稀释液。以此类推制成 10^{-3}、10^{-4}、10^{-5}、10^{-6}、10^{-7} 和 10^{-8} 几种梯度的菌悬液。

3. 接种与培养

分别取 10^{-4}、10^{-5}、10^{-6}、10^{-7} 和 10^{-8} 几种梯度的稀释液 0.2mL，接入准备好的 MRS 固体培养基平板中，每一梯度做 3 个重复，做好标记，培养皿上标明培养基类型、样品标号及稀释梯度。放入 37℃ 恒温培养箱内培养 48h，观察菌落颜色、大小、表面特征等形态。

4. 镜检

在干净的载玻片中央滴加一滴生理盐水，在无菌操作下，用接种环挑取少量乳酸菌涂片；结晶紫初染-碘液媒染-乙醇脱色-番红复染，干燥后用油镜观察。

5. 菌种的分离与纯化

从平板培养基上挑取菌落形态和镜检结果理想的特征菌落。在斜面培养基中进行划线分离，并标记，放入恒温培养箱中培养 24~48h。重复以上操作至平板培养基上出现单一菌种，将纯化后的菌种编号并接种在 MRS 固体培养基中培养 48h 后，4℃保存备用。

6. 产酸能力测定

将处于对数生长期的乳酸菌按 2% 的量接入 50mL 脱脂乳培养基中。每隔 2h 测量一次培养基的酸度，用测吉尔涅尔度（°T）的方法测定酸乳的产酸量，并比较不同品牌酸乳中的乳酸菌的产酸能力及凝乳效果。

吉尔涅尔度（°T）：取 10mL 发酵乳，用 20mL 蒸馏水稀释，加入 0.5mL 0.5% 的酚酞指示剂，用 0.1mol/L NaOH 溶液滴定，将所消耗的 NaOH 体积（mL）乘以 10 即得吉尔涅尔度，消耗 1mL 为 10°T，又称 10 度。

五、注意事项

（1）实验过程中要严格无菌操作以防染杂菌。

（2）使用接种环之前要仔细灼烧灭菌，适当冷却后挑取菌落。

(3) 镜检时要规范操作以防显微镜损坏。

六、问题与思考

1. 镜检的目的和一般步骤是什么?
2. 乳酸菌的菌落呈现什么状态?
3. 目前市面上常见的酸乳产品一般使用哪些菌种进行发酵?

实验 15　甜酒曲和甜酒酿中酵母菌和霉菌的分离与观察

一、实验目的

1. 学会用平板划线法和平板涂布法从甜酒曲中分离纯化酵母菌和霉菌。
2. 掌握霉菌和酵母菌形态特征观察的一般方法。

二、实验原理

传统甜酒曲是以籼米粉为主要原料,加入辣蓼草和适量水而制成的用于制备甜酒酿的发酵剂,含有根霉、毛霉等霉菌和一些天然野生酵母,还有少量细菌。市场上出售的"甜酒药"是纯种根霉经液体培养后制成的干粉。本实验采用平板划线法或平板涂布法从甜酒曲中分离纯化酵母菌和霉菌,并对分离得到的微生物进行必要的形态特征观察。

三、实验器材

1. 实验材料

酒曲(市售甜酒药)、甜酒酿(新鲜市售)、PDA 培养基、麦氏(Meclary)琼脂培养基、生理盐水、乳酸酚棉蓝染色液。

2. 实验仪器

灭菌平皿和试管、研钵、接种环、载玻片、盖玻片、显微镜、恒温培养箱等。

四、实验程序

1. 倒平板

将 PDA 培养基和麦氏琼脂培养基进行高压灭菌后倒平板后备用。

2. 制备甜酒曲样品悬浮液

取甜酒曲约 5g,在研钵中磨细,再加入装有 45mL 带玻璃珠的无菌生理盐水的三角瓶中,用力振荡,使之形成均匀的甜酒曲样品悬浮液,然后用无菌纱布过滤于无菌试管中,备用。

3. 划线分离

用接种环挑取样品悬浮液,在 PDA 平板上进行划线分离,在 28℃培养箱倒置培养 2~3d,至平板上出现多个菌落。

4. 平板涂布分离

对上述步骤 2 制备的样品悬浮液进行适度十倍稀释,选择 2~3 个稀释度的样品,取样品悬液 0.2~1.0mL，涂布于平板培养基上，置于 28℃ 培养箱中培养 2~3d，至形成菌落。

5. 分离菌落的再划线纯化与观察

根据不同的菌落特征，分别挑取疑似菌落，进行进一步再划线培养得到纯化的菌落。挑取菌落呈乳白色、较光滑湿润的酵母疑似菌落，接种于麦氏琼脂培养基中，于 28℃ 恒温箱中培养 1~3d，观察。选取霉菌菌落，接种于 PDA 培养基中，于 28℃ 恒温箱中培养 1~3d，观察。

（1）分离酵母菌的观察

①菌落形态观察：酵母菌菌落不透明但表面光滑、湿润、黏稠，易用接种针挑起，多呈乳白色。

②个体形态观察：在载玻片上滴一滴生理盐水，用接种环从平板上挑取酵母菌单菌落与玻片上的生理盐水混合，取盖玻片盖在液滴上，盖时先将盖玻片一边与液滴接触然后慢慢放下，避免产生气泡。用显微镜观察个体细胞形态。

（2）分离霉菌的观察

①菌落形态观察：菌落大小、质地、透明度、菌落中心与边缘特征、菌丝颜色、孢子颜色、菌落正反面特征等。

②个体形态观察：用无菌镊子取菌丝少许，经乳酸苯酚棉蓝染色后，制成水浸片观察分离霉菌的菌丝体、假根、孢子囊、孢囊孢子等形态特征。

五、注意事项

（1）样品制备和纯种分离过程中应注意无菌操作，避免杂菌污染。

（2）甜酒曲中的霉菌如根霉可能会匍匐蔓延生长，应注意培养时间，如有必要可以在划线和涂布完成后再补浇注一薄层培养基。

六、问题与思考

1. 某同学想从市售的甜酒药中分离酵母菌，却未能分离到，请分析可能的原因。
2. 查阅甜酒酿的制作过程，请分析甜酒酿制作过程中涉及哪些微生物？

实验16　土壤中微生物的分离

一、目的要求

1. 掌握稀释倒平板分离纯化微生物的基本操作技术。
2. 了解细菌、放线菌和霉菌在固体培养基上的培养特征。

二、基本原理

1. 微生物的分离纯化原理

自然条件下的微生物往往是不同种类微生物的混合体。为了研究某种微生物的特性或者要大量培养和使用某种微生物，必须从这些混杂的微生物群落中获得纯培养，这种获得纯培养的方法称为微生物的分离与纯化。

由于土壤具备了各种微生物生长发育所需要的营养、水分、空气、酸碱度、渗透压和温度等条件，所以成了微生物生活的良好环境。土壤中微生物的数量因土壤类型、季节、土层深度与层次等不同而异。一般来说，在土壤表面，由于日光照射及干燥等因素的影响，微生物不易生存，离地面 10~30cm 的土层中微生物数最多，随土层加深，微生物数量减少。

将采集的土壤样品梯度稀释后，接种到不同的培养基上，培养后，细菌、放线菌和霉菌等微生物会长出菌落。分离长出的单菌落，须经划线纯化，再转斜面培养后保藏备用。

2. 微生物在固体培养基的培养特征

在固体平板培养基上，单个微生物细胞或孢子生长繁殖可以形成一个具有特定形状的菌落。在一定的培养基上和一定培养条件下，微生物的菌落特征是稳定的，因此，通过菌落的观察，可以识别细菌、放线菌、酵母菌和霉菌等几大类微生物。菌落的基本特征包括菌落形状、大小、边缘、隆起度和颜色等。

三、实验器材

1. 培养基

牛肉膏蛋白胨培养基、马丁氏培养基、高氏 1 号培养基。

2. 溶液或试剂

链霉素、盛有 9mL 无菌水的试管、盛有 90mL 无菌水的锥形瓶。

3. 仪器和其他用品

无菌平板、接种环、旋涡混合仪。

四、实验程序

（1）取样　选择较肥沃的土壤，称量 10g，放入盛有 90mL 无菌水锥形瓶中，震荡 30min，制备土壤悬液。

（2）稀释　取 1mL 土壤悬液，加入装有 9mL 灭菌水试管中，振荡形成 10^{-1} 稀释，依次将土壤样品稀释到 10^{-2}、10^{-3}、10^{-4}、10^{-5}。

（3）倒平板　取 10^{-3}、10^{-4}、10^{-5} 的稀释样品各 1mL，分别放入灭菌的培养皿中，倒入融化并冷却至 50~55℃ 的培养基（图 11-21）。马丁氏培养基使用前加入链霉素溶液（链霉素终浓度为 $30\mu g/mL$）。

（4）培养　将马丁氏培养基和高氏 1 号培养基平板置于 28℃ 恒温培养 3~5d，将牛肉膏蛋白胨培养基平板置于 37℃ 恒温培养 2~3d。

（5）分离　从平板中挑取单个菌落，按照图 11-22 进行平板划线分离培养。

（6）保存　将划线长出的单菌落接种于已准备好的固体斜面培养基中，培养后放入冰箱中保存。

（7）记录　将不同培养基上生长的微生物的菌落特征进行记录。

五、注意事项

（1）土壤悬液在进行 10 倍梯度稀释时，一定要充分振荡均匀后，再取出 1mL 放入下一

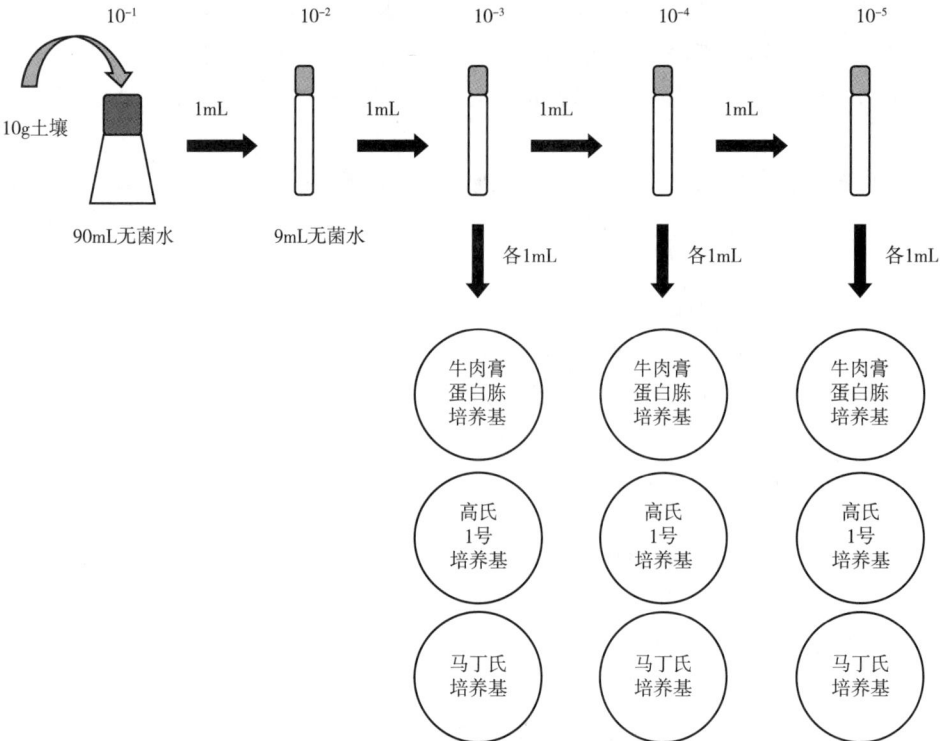

图 11-21　土壤中微生物分离的操作示意图

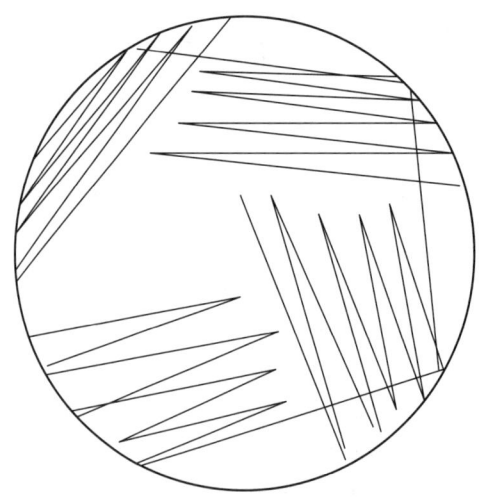

图 11-22　平板分区划线示意图

支盛有 9mL 无菌水的试管。

（2）培养基融化后不宜立即使用，温度降至 50~55℃ 再倒板。

（3）完成接种后，培养皿需在培养箱中倒置培养。

六、 问题与思考

1. 为什么马丁氏培养基在使用前才加入链霉素？链霉素在该培养基中起什么作用？
2. 稀释倒平板法适宜分离什么样微生物？
3. 在平板划线法中，为什么每次都需将接种环上剩余的微生物烧死？

第三节　综合性实验

实验17　益生菌的耐受性驯化与筛选

一、 目 的 要 求

学习益生菌的耐酸性和耐胆盐性驯化和筛选方法。

二、 基 本 原 理

益生菌是通过定殖在人体内，改变宿主某一部位菌群组成的一类对宿主有益的活性微生物。它们通过调节宿主黏膜与系统免疫功能或通过调节肠道内菌群平衡，促进营养吸收，保持肠道健康。益生菌能耐受胃酸和胆盐，能黏附在宿主肠道上皮细胞上，能清除或减少致病菌的黏附，能抑制致病菌，且具有安全、无致病性等特征。益生菌的种类繁多，人体、动物体内有益的细菌或真菌主要有酵母菌、益生芽孢菌、丁酸梭菌、乳杆菌、双歧杆菌、放线菌等。

菌株驯化一般是指通过人工措施使微生物逐步适应某一条件，从而定向选育微生物的方法。通过驯化可以获得具有较高耐受力的菌株。

三、 实 验 器 材

1. 菌种

干酪乳杆菌。

2. 培养基

(1) 乳酸细菌（MRS）液体培养基　葡萄糖2%、蛋白胨1%、酵母粉0.5%、牛肉膏1%、乙酸钠0.5%、柠檬酸三铵0.2%、磷酸氢二钾0.2%、吐温80 0.1%、硫酸镁0.05%、硫酸锰0.02%。用5%的NaOH调节pH为6.8。

(2) 改良MRS液体培养基1　将MRS液体培养基pH分别调节至2.0、2.5、3.0、3.5、4.0，灭菌后分别添加人工胃液（含NaCl和胃蛋白酶，0.22μm的微孔滤膜过滤除菌），使NaCl和胃蛋白酶终浓度均为0.5%。

(3) 改良MRS液体培养基2　将MRS液体培养基中分别添加人工胆盐（牛胆盐，0.22μm的微孔滤膜过滤除菌），使牛胆盐终浓度分别为0.10%、0.15%、0.20%、

0.25%、0.30%。

3. 仪器及设备

培养瓶、生化培养箱、超净工作台、压力蒸汽灭菌器、pH 计、电子天平等。

四、实验程序

1. 菌株的活化传代

在无菌操作台中，将乳杆菌接种到装有 50mL 的 MRS 液体培养基的三角瓶中，轻轻振荡混匀后，将其放入 37℃恒温培养箱中，静置培养 24h，进行第一次传代培养；用无菌吸管吸取 1mL 的第一代培养液，加入另一瓶装有 50mL 的 MRS 液体培养基的三角瓶中，将其放入 37℃恒温培养箱中，静置培养 12h，进行第二次传代培养。重复上述同样的操作，静置培养 8h，得到第三代培养液。

2. 胃液耐受性菌株的驯化及筛选

（1）人工胃液的配制　NaCl 0.5%，胃蛋白酶 0.5%，用 HCl 分别调整 pH 为 2.0、2.5、3.0、3.5、4.0。0.22μm 的微孔滤膜过滤除菌。

（2）耐酸性测定　取第三代乳杆菌培养液 0.5mL，加入到 4.5mL 的不同 pH 的人工胃液中，37℃静置温育，分别于 0h、2h、4h 取样，平板稀释法测定活菌数，按式（11-7）计算存活率。

$$R = \frac{N_a}{N_0} \times 100\% \tag{11-7}$$

式中　R——存活率,%；

　　　N_0——处理之前的活菌数，CFU/mL；

　　　N_a——处理之后的活菌数，CFU/mL。

（3）菌株的驯化　取第三代乳杆菌培养液 1mL，加入到 9mL 的 pH 为 4.0 的改良 MRS 液体培养基 1 中，37℃静置培养 24h，如此在 pH 4.0 的改良 MRS 液体培养基 1 中反复驯化 5 代。每次驯化后测定菌株的活菌数和耐酸性，活菌数按平板稀释法测定，耐酸性按上述（2）的方法测定。将 pH 4.0 下驯化的乳杆菌接种 1mL 至 9mL 的 pH 3.5 的改良 MRS 液体培养基 1 中，37℃静置培养 24h。按照上述操作，在每一级人工胃液 pH 水平下驯化 5 代后再转接到下一级胃液 pH 水平进行驯化，按 0.5 个 pH 梯度依次递减，其中经历的 pH 为 4.0、3.5、3.0、2.5 和 2.0。以此类推，直至从 pH 为 2.0 的人工胃液中筛选出长势良好的菌株，分离并保存菌株。

3. 胆盐耐受性菌株的驯化及筛选

（1）人工胆盐的配制　在灭菌后的生理盐水中，加入牛胆盐，使其终浓度分别为 0.10%、0.15%、0.20%、2.5%、0.30%。0.22μm 的微孔滤膜过滤除菌。

（2）耐胆盐性测定　取第三代乳杆菌培养液 0.5mL，加入到 4.5mL 的不同胆盐浓度的人工胃液中，37℃静置温育，分别于 0h、2h、4h 取样，平板稀释法测定活菌数，按式（11-8）计算存活率。

$$R = \frac{N_a}{N_0} \times 100\% \tag{11-8}$$

式中　R——存活率,%；

N_0——处理之前的活菌数，CFU/mL；
N_a——处理之后的活菌数，CFU/mL。

（3）菌株的驯化　取第三代乳杆菌培养液 1mL 加入 9mL 胆盐浓度为 0.10% 的改良 MRS 液体培养基 2 中，37℃静置培养 24h，如此在胆盐浓度为 0.10% 的改良 MRS 液体培养基 2 中反复驯化 5 代。每次驯化后测定菌株的活菌数和耐胆盐性，活菌数按平板稀释法测定，耐胆盐性按上述 3（2）的方法测定。将 0.10% 胆盐浓度下驯化的乳杆菌接种 1mL 至 9mL 的 0.15% 胆盐浓度的改良 MRS 液体培养基 2 中，37℃静置培养 24h，按照上述操作，在每一级人工胆盐水平下驯化 5 代后再转接到下一级胆盐水平进行驯化，按 0.05 个胆盐浓度梯度依次递增，其中经历的胆盐浓度为 0.10%、0.15%、0.20%、0.25% 和 0.30%。以此类推，直至从 0.30% 的胆盐浓度中筛选出长势良好的菌株，分离并保存菌株。

五、注意事项

1. 上述的操作过程均要保持无菌操作，避免混入杂菌。
2. 在稀释涂布平板时，一定要选取长势良好的单菌落进行后续驯化。

六、问题与思考

1. 为什么驯化菌株的时候要逐级提高溶液的浓度？
2. 你认为上述的驯化方法有什么优点？如何进一步优化该方法？

实验 18　细菌鉴定用生理生化试验

细菌的代谢与呼吸作用主要通过酶的活动进行，不同细菌具有不同的酶系统，分解利用糖类、脂肪类和蛋白质类物质的能力不同，其发酵类型和产物也不同，故可利用这些差异作为细菌分类鉴定的重要依据。通过利用生物化学的方法来测定细菌代谢产物、代谢方式和条件等，从而鉴别细菌的类别、种属的试验，称为生化试验。

即使在分子生物学技术和手段不断发展的今天，细菌的生理生化反应在菌株的分类鉴定中仍有很大作用。常用的细菌生理生化反应方法有糖（醇）类发酵试验、吲哚试验、甲基红试验、VP 试验、柠檬酸盐试验、硫化氢试验、呼吸酶类试验等。

生理生化反应试验项目很多，应根据具体的检验目的需要，进行适当的选择。现将几种常用的项目进行介绍。

一、糖（醇）类发酵试验

（一）目的要求

1. 了解糖（醇）类发酵试验的原理及其在细菌鉴定中的重要作用。
2. 掌握细菌糖（醇）类发酵试验的步骤与方法。

（二）基本原理

细菌通过分泌胞外酶，将菌体外的多糖分解成单糖后再吸收。各种细菌将多糖分解为单糖，进而转化为丙酮酸的过程，对于需氧菌和厌氧菌是一致的。但对于丙酮酸的利用，需氧菌和厌氧菌则不相同。需氧菌将丙酮酸经三羧酸循环彻底分解成 CO_2 和水，厌氧菌则发酵丙

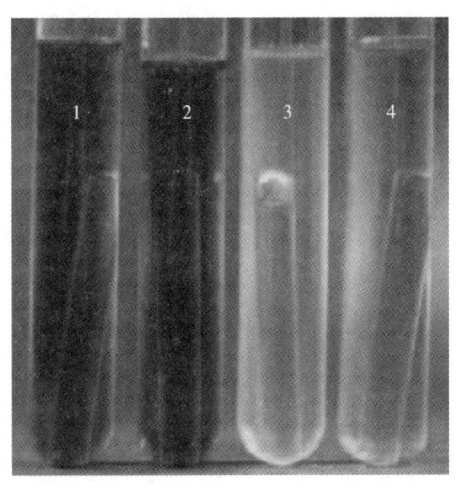

图 11-23 糖（醇）类发酵试验
试管 1—空白对照 试管 2—不产酸不产气
试管 3—产酸产气 试管 4—产酸不产气

酮酸，产生各种酸类（如甲酸、乙酸、丙酸、丁酸、乳酸、琥珀酸等）、醛类（如乙醛）、醇类（如乙醇、乙酰甲基甲醇、异丙醇、丁醇等）、酮类（如丙酮）等。由于不同细菌具有不同的酶，因此对糖类的分解能力和代谢产物不同，有的产酸产气，有的仅产酸不产气。例如，大肠杆菌能利用乳糖发酵，产酸产气，而伤寒沙门菌则不能利用乳糖；大肠杆菌能利用葡萄糖发酵，产酸产气，而伤寒沙门菌则只产酸、不产气。普通变形杆菌分解葡萄糖产酸产气，但不能分解乳糖。发酵培养基中含有不同的糖类、蛋白胨和溴甲酚紫（BCP）指示剂，以及倒置的杜氏小管。当发酵产酸时，溴甲酚紫指示剂由紫色变为黄色。气体的产生可以从培养液中倒置的杜氏小管中有无气泡来判断，见图 11-23。

（三）实验器材

1. 菌种

大肠杆菌（*Escherichia coli*）、沙门菌（*Salmonella* sp.）、产气肠杆菌（*Enterobacter aerogenes*）、普通变形杆菌（*Proteus vulgaris*）斜面培养物各一支。

2. 培养基

发酵培养基（含有蛋白胨、指示剂和不同的糖类物质的液体培养基，内装有倒置的杜氏小管）或半固体发酵培养基试管各 6 支。所用的指示剂为溴甲酚紫，所用糖类物质有葡萄糖、乳糖、麦芽糖、蔗糖、甘露醇。

3. 用具

酒精灯、接种环、接种针、试管、试管架、记号笔等。

（四）实验程序

取 5 种糖发酵液体培养基试管各 5 支，用接种环分别接入大肠杆菌、沙门菌、产气肠杆菌、普通变形杆菌，第 5 支不接种，作为空白对照。接种后，轻缓摇动试管（防止倒置的小管进入气泡），使其均匀，在各试管外壁上分别注明菌名和培养基名称，置 37℃ 培养 1~2d，观察各试管颜色变化及杜氏小管中有无气泡。将观察到的糖（醇）类发酵结果用注解符号填入表 11-2。

表 11-2　　　　　　　　糖（醇）类发酵结果

糖类发酵	大肠杆菌	沙门菌	产气肠杆菌	普通变形杆菌	对照
葡萄糖发酵					
乳糖发酵					

续表

糖类发酵	大肠杆菌	沙门菌	产气肠杆菌	普通变形杆菌	对照
麦芽糖发酵					
蔗糖发酵					
甘露醇发酵					

注："-"表示不产酸或不产气,培养基仍为紫色。"+"表示只产酸而不产气,培养基变黄色。"++"表示产酸又产气,培养基变黄,并有气泡。

(五)注意事项

试验前要防止倒置的小管中进入气泡,以免产生假阳性。

(六)思考题

1. 假如某种微生物可以有氧代谢葡萄糖,发酵试验会出现什么结果?
2. 在糖发酵试验中,为什么大肠杆菌发酵葡萄糖能产酸产气?而产气肠杆菌发酵葡萄糖则主要产生中性乙酰甲基甲醇?

二、IMViC 与硫化氢试验

(一)目的要求

1. 了解 IMViC 与硫化氢试验的原理及其在肠杆菌科细菌鉴定中的重要作用。
2. 掌握 IMViC 试验与硫化氢试验的步骤与方法。

(二)基本原理

IMViC 是吲哚试验(indole test)、甲基红试验(methyl red test)、VP 试验(Vogs-Proskauer test)和柠檬酸盐试验(citrate test)4 个试验的缩写。IMViC 试验主要用来快速鉴别大肠杆菌和产气肠杆菌等肠杆菌科的细菌,多用于食品和饮用水的细菌学检验。

吲哚试验是用于检测细菌能否分解色氨酸产生吲哚(靛基质)的能力。有些细菌,如大肠杆菌能产生色氨酸水解酶,分解蛋白胨中的色氨酸产生吲哚和丙酮酸。吲哚与对二甲基氨基苯甲醛结合,生成红色的玫瑰吲哚,为阳性反应。

甲基红试验(MR 试验)是用于检测细菌能否分解葡萄糖产生有机酸。当细菌代谢糖产生有机酸时,使加入培养基中的甲基红指示剂由橘黄色(pH 6.3)变成红色(pH 4.2)。例如,大肠杆菌先发酵葡萄糖产生丙酮酸,丙酮酸进一步分解可产生乳酸、琥珀酸、乙酸和甲酸等有机酸,由于产酸量多,使培养基 pH 下降到 4.2 以下,此时加入甲基红试剂呈红色,MR 试验为阳性;而产气肠杆菌分解葡萄糖产生的有机酸少,或者产生的有机酸又进一步转化为非酸性末端产物,如醇、醛、酮、气体和水等,培养基 pH 在 6.0 以上,此时加入甲基红指示剂为橘黄色,MR 试验为阴性。

VP 试验是用于检测细菌能否利用葡萄糖产生非酸性或中性末端产物。某些细菌,如产气肠杆菌分解葡萄糖产生的丙酮酸又进行缩合、脱羧生成乙酰甲基甲醇(3-羟基丁酮),此化合物在碱性条件下易被空气中的氧气氧化成二乙酰(丁二酮),二乙酰与培养基蛋白胨中精氨酸的胍基作用,生成红色化合物,即 VP 试验阳性反应。若在培养基中加入 α-萘酚或少量肌酸、肌酐等含胍基的化合物,可加速此反应。

柠檬酸盐试验是用于检测细菌利用柠檬酸的能力。有的细菌能够利用柠檬酸钠为碳源，细菌不断利用柠檬酸产生的 CO_2 与培养基中的 Na^+、H_2O 结合形成碳酸钠，导致培养基碱性增加，使培养基中溴麝香草酚蓝指示剂由绿色（pH 6.0~7.0）变为蓝色（pH>7.6），即为阳性反应。

硫化氢试验是用于检测细菌分解含硫氨基酸（胱氨酸、半胱氨酸、甲硫氨酸）释放硫化氢的能力，硫化氢遇到培养基中的铅盐或亚铁离子则形成生成黑色的硫化铅或硫化亚铁沉淀。IMViC 各组试验结果判断见图 11-24。

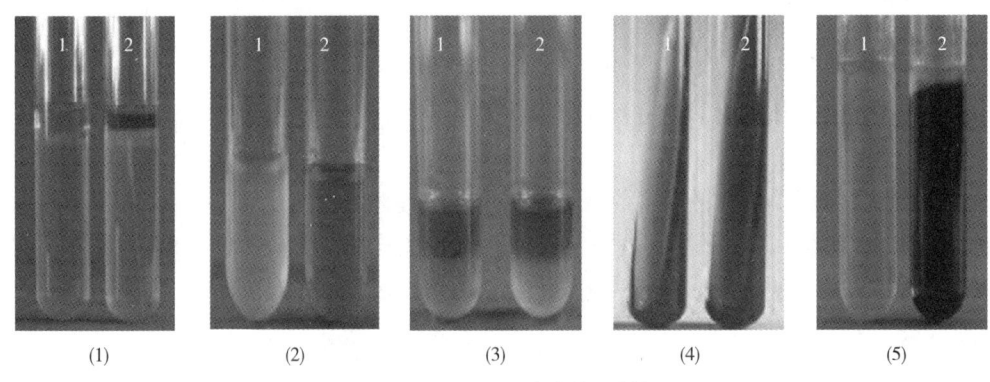

图 11-24　IMViC 试验结果判断

（1）吲哚试验　（2）甲基红试验　（3）VP 试验　（4）柠檬酸盐试验　（5）硫化氢试验

注：每组试验中试管 1 为阴性结果，试管 2 为阳性结果。

（三）实验材料

1. 菌种

大肠杆菌、沙门菌、产气肠杆菌、普通变形杆菌斜面培养物各一支。

2. 培养基及试剂

蛋白胨水培养基、葡萄糖蛋白胨水培养基、柠檬酸盐斜面培养基、乙酸铅半固体培养基、甲基红指示剂、40% KOH、5% α-萘酚无水乙醇溶液（或肌酸）、乙醚、吲哚试剂等。

3. 用具

酒精灯、接种环、接种针、试管、试管架、记号笔等。

（四）实验程序

1. 吲哚试验

将上述 4 种菌分别接入 4 支蛋白胨水培养基试管中，第 5 支不接种作为空白对照，于 37℃培养 2d 后，加入 3~4 滴乙醚，充分振荡使吲哚萃取到乙醚中，静置 1~3min，待乙醚浮于培养基液面后，沿管壁徐徐加入数滴吲哚试剂，静置勿摇动，有玫瑰环即为阳性反应。

2. VP 试验

将上述 4 种菌分别接入 4 支葡萄糖蛋白胨水培养基，第 5 支不接种，作为空白对照，置 37℃培养 2d 后取出试管，振荡 2min。另取 5 支空试管相应标记菌名，分别加 3~5mL 以上对应管中的培养液，加入 5~10 滴 40% KOH，5%的 α-萘酚无水乙醇溶液 0.5mL 或 0.5~1.0mg 肌酸，用力振荡试管，以使空气中的氧溶入，置于 37℃培养箱中保温 15~30min 后，若培养液呈红色者为阳性反应，黄色者为阴性反应。

注意：原试管中留下的培养液用于甲基红试验。

3. 甲基红试验

于 VP 试验留下的培养液中，沿管壁加入 2~3 滴甲基红试剂，若培养液的上层变成红色者为阳性反应，仍呈黄色者为阴性反应。

4. 柠檬酸盐试验

将上述 4 种菌分别接入 4 支柠檬酸盐斜面培养基，第 5 支不接种作为空白对照，置 37℃ 培养 2d 后，观察柠檬酸盐斜面培养基上菌苔生长和变色情况。蓝色者为阳性反应，绿色者为阴性反应。

5. 硫化氢试验

将上述 4 种菌分别用接种针沿试管壁穿刺接入 4 支乙酸铅半固体基培养，第 5 支不接种，作为空白对照，置 37℃ 培养 2d 后观察黑色硫化铅的产生。培养基变黑者为阳性反应。

6. 实验结果

将观察到的试验结果用注解符号填入表 11-3。

表 11-3　　　　　　　　　　　　　　IMViC 试验结果

试验项目	大肠杆菌	沙门菌	产气肠杆菌	普通变形杆菌	对照
吲哚试验					
甲基红试验					
VP 试验					
柠檬酸盐试验					
硫化氢试验					

注："+" 表示阳性反应。"-" 表示阴性反应。

（五）注意事项

甲基红试剂不要加得太多，以免出现假阳性反应。

（六）思考题

1. 讨论 IMViC 试验在微生物学检验上的意义。
2. 解释 IMViC 试验中不同菌株试验结果阴性或阳性的原因。
3. 解释为何在细菌生理生化反应试验中设立空白对照。

三、呼吸酶类试验

（一）目的要求

了解硝酸盐还原试验、氧化酶试验、H_2O_2 酶试验原理以及其在细菌鉴定中的重要作用。

（二）基本原理

硝酸盐还原试验用于检测细菌是否具有硝酸盐还原酶活性，该酶可将硝酸盐还原为亚硝酸盐、氨或氮气等。如果细菌将硝酸盐还原为亚硝酸盐时，当培养基中加入亚硝酸盐试剂（又称格里斯试剂）后，亚硝酸与其中的对氨基苯磺酸作用，形成重氮苯磺酸，再与 α-萘胺结合形成红色化合物 N-α-萘胺偶氮苯磺酸。如果在培养基中加入格里斯试剂后培养液不呈红色，则有下列两种可能：①细菌不能还原硝酸盐，培养液中仍有硝酸盐存在，此为阴性反应。②细菌还原硝酸盐生成的亚硝酸盐又继续分解生成氨和氮，此为阳性反应。判断培养液中硝酸盐是否存在，可用以下两种方法检查：①在培养液中加入 1~2 滴二苯胺试剂，如果培养液呈蓝色，表示有硝酸盐存在，此为阴性反应；若不变蓝，表示硝酸盐不存在，此为阳性反应。②在培养液中加入少量锌粉，经加热后，锌粉使硝酸盐还原为亚硝酸盐，再加入格里斯试剂，若培养液呈现红色，说明原来的硝酸盐未被还原，此为阴性反应；如果培养液不呈现红色，则说明培养液中已不存在硝酸盐，此为阳性反应。

氧化酶试验又称细胞色素氧化酶试验，是细菌色素呼吸酶系统的终端呼吸酶，用于检测细菌是否具有氧化酶的活性。具有氧化酶的细菌，如乳酸菌等能将盐酸二甲基对苯二胺或四甲基对苯二胺试剂氧化成红色的醌类化合物，继而颜色逐渐加深，此为氧化酶试验阳性反应。

H_2O_2 酶试验用于检测细菌是否具有 H_2O_2 酶的活性。许多好氧菌和兼性厌氧菌，如葡萄球菌、肠道杆菌科的细菌等具有 H_2O_2 酶活性，能催化 H_2O_2 释放出大量氧气，形成气泡。厌氧菌不具有 H_2O_2 酶活性。

（三）实验材料

1. 菌种

大肠杆菌、沙门菌、产气肠杆菌、普通变形杆菌斜面培养物各一支。

2. 培养基及试剂

硝酸盐培养基、格里斯试剂、二苯胺试剂或锌粉、营养琼脂培养基、3% H_2O_2、盐酸二甲基对苯二胺或四甲基对苯二胺。

3. 用具

酒精灯、接种环、接种针、无菌滴管、滤纸、记号笔等。

（四）实验程序

1. 硝酸盐还原试验

（1）好氧菌硝酸盐还原试验 接种大肠杆菌或产气肠杆菌于硝酸盐液体培养基中，并以不接种组作空白对照，37℃培养 2~4d 后，取出观察结果。用干净的空试管将培养液分成两管，其中一管滴入格里斯试剂 A 液和 B 液各 1 滴；对照管也同样分成两管，其中一管加入 A 液、B 液各 1 滴，观察颜色变化。如果出现红色、玫瑰红色、橙色、棕色等，表示有亚硝酸盐存在，此为阳性反应。如果不出现红色，则在另一管中加入 1~2 滴二苯胺试剂，若呈现蓝色为阴性反应，若不呈现蓝色为阳性反应。

（2）厌氧菌硝酸盐还原试验 接种厌氧细菌于厌氧菌的硝酸盐培养基中，进行厌氧培养后加入格里斯试剂，其试验方法和观察结果与（1）相同，但培养时间为 1~2d 即可。

2. H_2O_2 酶（触酶）试验

用无菌吸管（或无菌胶帽滴管）吸取 3% H_2O_2 溶液 0.5mL，滴加到大肠杆菌、产气肠杆菌等普通营养琼脂平板的菌落上，出现气泡者为阳性反应。此外，还可用接种环挑取平板菌落或斜面菌苔一小环，涂抹于已滴有 3% H_2O_2 的干净载玻片上，如有气泡产生即为 H_2O_2 酶阳性反应。

3. 氧化酶试验

用白色滤纸条蘸取待检细菌的菌落少许，加入盐酸二甲基对苯二胺或甲基对苯二胺试剂 1 滴，如立即出现红色者为阳性反应，而后颜色逐渐加深。也可将上述试剂滴加到可疑菌落上，若菌落不久变为红色，经淡紫黑色，最后为紫黑色者为氧化酶阳性反应，若要分离该菌时，应在菌落变紫黑前立即移植，否则细菌容易死亡。

4. 实验结果

将观察到的试验结果用注解符号填入表 11-4。

表 11-4　　　　　　　　　　呼吸酶类试验结果

试验项目	大肠杆菌	沙门菌	产气肠杆菌	普通变形杆菌	对照
硝酸盐还原试验					
H_2O_2酶试验					
氧化酶试验					

注："+"表示阳性反应。"-"表示阴性反应。

（五）注意事项

（1）好氧菌硝酸盐还原试验中要避免接触含铁物质，若遇铁即出现假阳性反应。

（2）H_2O_2酶试验中用于培养试验菌培养基中不能含有血红素或红细胞，否则产生假阳性反应。

（3）氧化酶试验中，培养物中不应含有血液或体液，因其中含有H_2O_2酶，易出现假阳性反应。

（六）问题与思考

1. 说明硝酸盐还原反应对细菌的生理意义。能进行硝酸盐还原反应的细菌是属于化能自养菌还是化能异养菌？它们进行有氧呼吸、无氧呼吸还是发酵？

2. H_2O_2酶对好氧菌的生活有何意义？

实验 19　黏质沙雷菌产色素的发酵温度优化

一、目 的 要 求

了解温度对微生物生长及代谢的影响，学习优化黏质沙雷菌产色素条件的方法。

二、基 本 原 理

温度是影响微生物生长和代谢最重要的因素之一。在一定温度范围内，机体的代谢活动与生长繁殖随着温度的上升而增加，当温度上升到一定程度，开始对机体产生不利的影响，微生物细胞内的蛋白质、核酸等组分会受到不可逆转的损害，再继续升高，则细胞功能急剧下降以致死亡。

每种微生物都有各自的最适生长温度，而对同一种微生物来说，不同的生理生化过程也有着不同的最适温度。也就是说，最适生长温度不等同于积累代谢产物量最高时的培养温度。因此，在生产上要根据微生物不同生理代谢过程温度的特点，采用分段式变温培养或发酵，以达到生产目的。例如，嗜热链球菌的最适生长温度为37℃，最适发酵温度为47℃。优化微生物繁殖条件和积累代谢产物量发酵条件，在科研和工业生产中都有极其重要的意义。

黏质沙雷菌（*Serratia marcescens*）又称灵杆菌，可生长在动植物性食品中，是一种产生鲜红色素的细菌。在不同温度下，该菌产色素能力不同，其所产红色素在535nm处有最大吸收波长，因此，可用分光光度计法进行相对含量测定，以得到最优生产温度。

三、实验材料

1. 菌种

在 KB 琼脂培养基上培养 24~48h 的黏质沙雷菌斜面菌种。

2. 培养基

KB 培养基，将蛋白胨 20g、甘油 10mL、K_2HPO_4 1.5g、$MgSO_4 \cdot 7H_2O$ 1.5g、水 1000mL 充分混合，加热煮沸，进行试管分装后高压灭菌。

3. 实验设备及耗材

高压蒸汽灭菌锅、紫外可见分光光度计、恒温培养箱、离心机、超净台、比色皿、试管、接种环、酒精灯等。

四、实验程序

1. 接种

取装有灭菌 KB 培养基的试管 5 支，按无菌操作法，用接种环各挑取一环黏质沙雷菌至 5 支试管，充分振荡，并用记号笔在试管上进行标注。

2. 培养

将已接种好的试管分别放在 18℃、23℃、28℃、33℃、38℃五种温度下进行培养。

3. 现象观察及吸光度测定

培养 24h 后，离心取上清液，首先观察产色素情况，根据颜色深浅进行初步判断。然后测定其在 535nm 处的吸光度（A），作为衡量该菌株色素产量的标准。

4. 实验结果

将观察及测定结果填写于表 11-5 中，用简要的文字描述不同温度发酵后在各个试管中观察到的现象。

表 11-5　　　　　　　　黏质沙雷菌产色素温度优化结果

发酵温度/℃	吸光度（A_{535}）	现象描述
18		
23		
28		
33		
38		

（1）写出本次试验中黏质沙雷菌产色素的最佳温度。

（2）若要进一步优化黏质沙雷菌产色素的条件，还可以进行哪些试验，为什么？

五、注意事项

（1）培养前可用温度计测量一下恒温培养箱的具体温度，从而减少系统误差的影响。
（2）若培养好的菌种生长状况良好（即 $A>1$），可选择用生理盐水稀释。

六、问题与思考

影响微生物生长的条件有哪些，它们是如何影响微生物生长的？

实验 20　产蛋白酶枯草杆菌的初筛

一、目的要求

1. 掌握枯草杆菌的分离技术。
2. 掌握高产蛋白酶菌株的初筛方法。

二、基本原理

枯草杆菌的多数菌株能产生蛋白酶和淀粉酶，是工业酶制剂生产的重要菌种。

由于芽孢具有较强的抗高热能力，因此通过高温加热可以杀死样品中所有不生芽孢的菌类，使芽孢得到富集。同时，利用枯草杆菌产生蛋白酶的特性，选择酪蛋白为主要营养成分的分离培养基，因菌体分泌的酶可以将大分子的蛋白水解而在菌落周围形成透明圈。根据透明圈直径（d_H）和菌落直径（d_C）的比值（d_H/d_C），可以初步确定酶活力，其比值越大，酶活力越高，进而可筛选出高产酶活力的菌株。

枯草杆菌的营养细胞为杆状、杆端钝圆、单生或成短链，能运动，革兰染色阳性，芽孢中生、不膨大、呈椭圆或长筒形。菌落变化很大，扁平、扩展，表面干燥，污白色或微带黄色。

三、实验材料

1. 样品

从地表下 10~15cm 的土壤中用无菌小铲、纸袋取土样，并记录取样的地理位置、pH、植被情况等。

2. 培养基

肉汤培养基、酪素培养基。

3. 其他用品

平皿、温度计、水浴锅、移液枪、涂布棒、显微镜、无菌水、革兰染色液等。

四、实验程序

1. 富集培养

取土样平摊于一干净的纸上，从四个角和中央各取一点土，混匀，称取 1g，置于装有 15mL 肉汤培养基的 250mL 三角瓶中，于 80~90℃ 热水浴中保温 10~15min，然后于 28℃ 摇床上振荡（120r/min）培养 24h（图 11-25）。

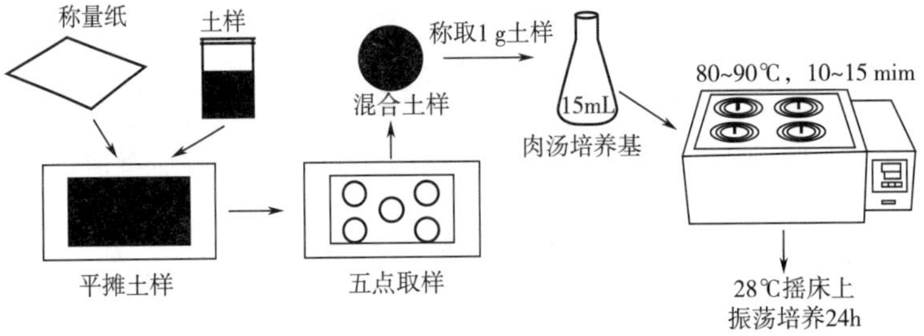

图 11-25　富集培养过程示意图

2. 涂布分离

（1）热处理与稀释　将培养液置于 80℃水浴中加热 10min，再次杀死不形成芽孢的营养体细胞。热处理后，以 10 倍稀释法适当稀释，用移液枪吸取最后三个稀释度的稀释液各 0.1mL 于无菌的酪素平板中，每个稀释度平均两皿。

（2）涂布与培养　用灭菌的涂布棒将菌液均匀涂布在酪素平板上，倒置于 30℃培养箱中培养 24~48h。

（3）挑菌落　观察酪素平板上菌落周围的透明圈，挑（d_H/d_C）比值大的菌接入斜面培养基，30℃培养 24h，备用。

3. 纯化

将选定的菌株于酪素平板上采用平板划线分离技术进行纯化。

4. 纯种鉴定

菌种经革兰染色、油镜观察，根据细胞形态、菌落特征和芽孢形成情况进行鉴别。

5. 绘制菌体形态图，计算 d_H/d_C

五、注 意 事 项

涂布分离时，如果不容易判断稀释倍数，可以经过少量稀释后，取 0.1mL 稀释液于初筛平板（酪素平板）上，用涂布棒将其涂匀。然后使用这一根涂布棒（不经过火焰灼烧）继续涂布于酪素平板，其目的是使第一次粘在涂布棒上的少量微生物能够在第二个平板上得到稀释；如此连续涂布 4~5 块平板，最终能得到单一的菌落。

六、问 题 与 思 考

1. 为什么要对样品进行富集培养？
2. 菌株的选育为什么要分初筛与复筛？

实验 21　固体糖化曲的制备及其酶活力的测定

一、目 的 要 求

1. 掌握固体糖化曲的制作方法。
2. 掌握糖化酶活力的测定原理和测定方法。

二、基本原理

1. 固体糖化曲的制备原理

固体糖化曲是食品与发酵工业中广泛使用的糖化剂，固体糖化曲的种类很多，如大曲、小曲、麦曲和麸曲等。曲中的微生物种类十分复杂，包括曲霉、根霉、毛霉、酵母菌及少量细菌。曲霉中的黑曲霉、米曲霉、红曲霉等能分泌多种淀粉酶，能将谷物原料中的淀粉转变成可发酵性糖，是乙醇（酒精）、白酒、黄酒、食醋、酱油、味精等生产中常用的糖化菌种。本实验以黑曲霉来制备固体糖化曲。黑曲霉是好氧性微生物，在制备固体曲时，除了创造合适的营养成分、温度和湿度条件以外，还必须进行适当通风供氧。

2. 固体曲糖化酶活力的测定原理

糖化酶的活力单位通常规定为在一定反应条件下（温度、pH），1g糖化酶制剂水解淀粉所生成的葡萄糖质量（mg）。固体曲糖化酶活力测定时，采用可溶性淀粉为底物，在一定的pH与温度条件下，使之水解为葡萄糖。葡萄糖的生成量采用斐林试剂热滴定法测定。淀粉水解所生成的葡萄糖等还原性糖，可在加热及碱性条件下与斐林试剂中的二价铜离子（酒石酸钾钠铜络合物）发生氧化还原反应，还原糖中的半缩醛羟基被氧化，而二价铜离子还原成一价铜离子，生成氧化亚铜的砖红色沉淀。反应终点以亚甲基蓝指示剂显示。亚甲基蓝的氧化型为蓝色，还原型为无色。当以还原糖滴定斐林试剂时，由于亚甲基蓝氧化能力较二价铜弱，还原糖先与二价铜离子反应，待二价铜全部被还原后，过量1滴还原糖将亚甲基蓝还原，溶液蓝色消失以示终点。

三、实验器材

1. 实验菌种

黑曲霉斜面菌种。

2. 实验材料

麸皮、稻皮、斐林试剂甲液和乙液、0.1%标准葡萄糖溶液、pH 4.6的乙酸-乙酸钠缓冲液、2%可溶性淀粉溶液、0.1mol/L的NaOH溶液、察氏培养基。

3. 实验仪器

无菌超净工作台、恒温水浴箱、恒温培养箱、高压灭菌锅、瓷盘、试管、三角瓶、50mL比色管或容量瓶、酸式滴定管。

四、实验程序

1. 糖化曲制备（以浅盘麸曲为例）

（1）菌种活化　无菌操作取原试管菌1环接入斜面察氏培养基，或用无菌水稀释法接种，31℃保温培养4~7d，取出，备用。

（2）三角瓶种曲培养　称取一定量的麸皮，加入70%~80%水，搅拌均匀，润料1h，装瓶，料厚1.0~1.5cm，包扎，在$9.8 \times 10Pa$压力下灭菌40min。冷却后接种，31~32℃培养，待瓶内麸皮已结成饼时，进行"扣瓶"摇动振荡处理，使瓶内物料重新分散均匀，继续培养3~4d即成熟。要求成熟种曲孢子稠密、整齐。

(3) 糖化曲制备

①配料：称取一定量的麸皮，加入5%稻皮和原料量70%的水，搅拌均匀。

②蒸料：圆汽后蒸煮40~60min。时间过短，料蒸不透对曲质量有影响；时间过长，麸皮易发黏。

③接种：将蒸料冷却，打散结块，当料冷至40℃时，按0.25%~0.35%（按干料计）接入三角瓶种曲，搅拌均匀，将其平摊在灭过菌的瓷盘中，料厚为1~2cm。

④前期管理：将接种好的料放入培养箱中培养，为防止水分蒸发过快，可在料面上覆盖灭菌纱布。这段时间为孢子萌发期，料醅不发热，控制温度30℃左右。8~10h，孢子已发芽，开始蔓延菌丝，控制品温32~35℃。若温度过高，则水分蒸发过快，影响菌丝生长。

⑤中期管理：这时菌丝生长旺盛，呼吸作用较强，放热量大，品温迅速上升，控制品温不超过37℃。

⑥后期管理：这阶段菌丝生长缓慢，故放出热量少，品温开始下降，应降低湿度，提高培养温度，将品温提高到37~38℃，以利于水分排出。这是制曲很重要的排潮阶段，对酶的形成和成品曲的保存都很重要。出曲水分应控制在25%以下。总培养时间24h左右。

⑦糖化曲感官鉴定：要求菌丝粗壮浓密，无干皮或"夹心"，无怪味或酸味，呈米黄色，孢子尚未形成，有曲清香味，曲块结实。

2. 糖化酶活力测定

（1）酶浸出液的制备 称取5.0g固体曲（干重），置入250mL烧杯中，加90mL水和10mL pH 4.6的乙酸-乙酸钠缓冲液；摇匀，于40℃水浴中保温1h，每隔15min搅拌1次。用脱脂棉过滤，滤液为5%固体曲浸出液。

（2）糖化液的制备 吸取2%可溶性淀粉溶液25mL，置于50mL具塞刻度试管中，40℃水浴预热5min，准确加入5mL酶液，摇匀，记下时间，于40℃水浴准确保温糖化1h，而后迅速加入0.1mol/L氢氧化钠溶液15mL终止酶反应，冷却至室温，用水定容至刻度，同时做空白组。

空白组制备：吸取2%可溶性淀粉25mL，置入50mL比色管中，先加入0.1mol/L氢氧化钠溶液15mL，然后准确加入酶液5mL，40℃水浴中准确保温1h后用水定容至刻度。

（3）葡萄糖含量的测定

①空白液测定：吸取斐林试剂甲液、乙液各5mL，置于150mL三角瓶中，加空白液5mL，并用滴定管预先加入适量的（由预备实验确定）0.1%标准葡萄糖溶液，使随后的滴定所消耗的0.1%标准葡萄糖溶液在1mL以内，加热至沸，立即用0.1%标准葡萄糖溶液滴定至蓝色消失为终点，注意此滴定操作应在1min内完成。

②糖化液测定：准确吸取5mL糖化液代替5mL空白液，其余操作同上。

（4）计算 固体曲糖化酶活力定义为1g干重固体曲在40℃、pH 4.6的条件下，1h内催化可溶性淀粉水解所生成的葡萄糖的质量（mg），计算公式如式（11-9）所示。

$$糖化酶活力(U/g) = (V_0 - V) \times c \times \frac{50}{5} \times \frac{100}{5} \times \frac{1}{m} \times 1000 \qquad (11-9)$$

式中 V_0——5mL空白液消耗0.1%标准葡萄糖溶液的体积，mL；

V——5mL糖化液消耗0.1%标准葡萄糖溶液的体积，mL；

c——标准葡萄糖溶液的质量浓度，g/mL；

$\dfrac{50}{5}$——5mL 糖化液换算成 50mL 糖化液中的糖量，g；

$\dfrac{100}{5}$——5mL 酶液换算成 100mL 酶液中的糖量，g；

    m——干曲称取量，g；

1000——g 换算成 mg。

五、注意事项

（1）在进行斐林试剂测定糖含量时，由于空气中的氧也可与亚甲基蓝发生氧化还原反应，因此滴定应在加热（微沸腾）的状态下 1min 内完成，即滴定速度按 1 滴/（4~5s）进行。

（2）温度对糖化酶活力影响甚大，故糖化温度一定要严格控制。反应时温度需一致，待温度恒定后才加热，并控制在 2min 内沸腾。

（3）反应是在强碱性溶液沸腾情况下进行，产物极为复杂，为使结果正确，必须严格按操作规程操作。反应液的酸碱度要一致，要严格控制反应液的体积。

（4）反应产物中氧化亚铜极不稳定，易被空气所氧化而增加耗糖量。故滴定时不能随意摇动三角瓶，更不能从电炉上取下后再行滴定。

六、问题与思考

1. 影响固体糖化曲成曲糖化酶活力的因素有哪些？
2. 在固体糖化曲的制备过程中，有哪些关键步骤？

实验 22 微生物的菌种保藏技术

一、目的要求

1. 掌握实验室常用的菌种保藏技术。
2. 了解菌种保藏的原理。

二、基本原理

菌种保藏是指保持微生物菌株活力和遗传性状的技术。目的在于把从自然界分离到的野生型，或经人工选育得到的变异型纯种，使其存活、不丢失、不污染杂菌、不发生或少发生变异，保持菌种原有的各种特征和生理活性。基本原理是使微生物的生命活动处于半永久性的休眠状态，也就是使微生物的新陈代谢作用限制在最低范围内。干燥、低温和隔绝空气是获得这种状态的主要措施。有针对性地创造干燥、低温和隔绝空气的外界条件，是微生物菌种保藏的基本技术。常用的方法有斜面保存法、液体石蜡法、真空冷冻干燥法、冷冻保藏法、矿油封藏法、固体曲保藏法、沙土管保藏法、琼脂穿刺保藏法等。本实验主要介绍斜面保存法、液体石蜡法和真空冷冻干燥法。

三、实验器材

1. 菌种

待保存的细菌、霉菌等。

2. 培养基

待保存的细菌、霉菌用培养基。

3. 溶液及试剂

液体石蜡、75%乙醇、10%盐酸、脱脂乳粉等。

4. 仪器及其他用品

无菌吸管、无菌滴管、无菌培养皿、冻干管、真空泵、真空压力表、喷灯、超低温冰箱、真空冷冻干燥机等。

四、实验程序

1. 斜面保存法

将菌种转接在适宜的固体斜面培养基上,待其充分生长后,用牛皮纸将管塞部分包扎好,置于4℃冰箱中保藏。保存时间依微生物的种类各异。普通细菌最好每月转种一次,假单胞菌两周转种一次,霉菌、放线菌及有芽孢的细菌保存2~4个月转种一次,酵母菌两个月转种一次。

2. 液体石蜡法

(1) 将液体石蜡分装于试管或三角烧瓶中,塞上棉塞并用牛皮纸包扎好,121℃灭菌30min,然后放在40℃温箱中使水蒸发后备用。

(2) 将需要保藏的菌种在最适宜的斜面培养基中培养,直到生长良好。

(3) 用无菌吸管吸取无菌的液体石蜡,加入已生长良好的菌种斜面上,加入的石蜡高出斜面顶端1cm为宜,使菌种与空气隔绝。

(4) 将试管直立,置低温或室温下保存。

3. 真空冷冻干燥法

(1) 准备冻干瓶 选用中性硬质玻璃,内径60~80mm,壁厚0.6~1.2cm,长10~15cm的冻干管,用10%盐酸浸泡8~10h后,用自来水冲洗多次,最后用蒸馏水冲洗1~2次,烘干,将写有保存菌名、日期的标签贴于冻干管上,管口加棉花。121℃灭菌30min。

(2) 培养菌种 将要保存的菌种接入斜面培养基中,一般细菌培养24~48h,酵母菌72h,放线菌与真菌培养7~10d。

(3) 配制保护剂 将脱脂乳粉配成20%乳液,112℃,灭菌25min,随机抽样进行无菌检查,确认无菌后方可使用。

(4) 制备菌悬液 吸2~3mL保护剂加入新鲜斜面菌种试管,用接种环将菌苔或孢子洗下振荡,制成菌悬液,真菌菌悬液需置4℃平衡20~30min。

(5) 分装样品 用无菌毛细滴管吸取菌悬液加入冻干管,每管装约0.2mL,另外在几支冻干管中分别装入0.2mL、0.4mL蒸馏水作对照。

(6) 预冻 放入-80℃冰箱预冻1~2h。

(7) 冷冻真空干燥 启动冷冻真空干燥机制冷系统。当温度下降到-50℃以下时,将冻结好的样品迅速放入冻干机钟罩内，启动真空泵抽气直至样品干燥。

（8）取出样品　先关真空泵、再关制冷机，打开进气阀使钟罩内真空度逐渐下降，直至与室内气压相等后打开钟罩，取出样品。先取几只冻干管在桌面上轻敲几下，样品很快疏散，说明干燥程度达到要求。若用力颠，样品不与内壁脱开，也不松散，则需继续冷冻真空干燥。

（9）熔封　用高频电火花真空检测仪检测冻干管内的真空程度。当检测仪将要触及冻干管时，发出蓝色电光说明管内的真空度很好，便在火焰下（酒精喷灯）熔封冻干管。

（10）检测存活性　每个菌株取1支冻干管及时进行存活检测。打开冻干管，加入0.2mL无菌水，用毛细滴管吹打几次，沉淀物溶解后（丝状真菌、酵母菌则需要置室温平衡30~60min），转入适宜的培养基中培养。根据生长状况确定其存活性，或用平板计数法或死活染色方法确定存活率，如需要可测定其特性。

（11）保存　置4℃冰箱保存。定期进行检测。

（12）取用　取用冻干管时，先用75%乙醇将冻干管外壁擦干净，再用砂轮或锉刀在冻干管上端画一小痕迹，然后将所画之处向外，两手握住冻干管的上下两端，稍向外用力便可打开冻干管，或将冻干管近口烧热，在热处滴几滴水，使之破裂，再用镊子敲开。

五、注意事项

（1）从液体石蜡下面取培养物移种后，接种环在火焰上烧灼时，培养物容易与残留的液体石蜡一起飞溅，应特别注意。

（2）样品干燥的程度对菌种保存的时间影响很大。一般要求样品的含水量为1%~3%。判断方法：外观样品表面出现裂痕，与冻干管内壁有脱落现象，对照管完全干燥。

六、问题与思考

1. 三种菌种保存方式有何特点，各有何利弊？
2. 目前国内外主要的菌种保藏中心有哪些？
3. 除上述三种保藏方式以外，还有什么菌种保藏方式？各有何优点？

第四节　开拓性实验

实验23　细菌生物被膜的生物量测定

一、目的要求

1. 掌握细菌生物被膜的培养方法。
2. 掌握细菌生物被膜生物量的测定方法。

二、基本原理

生物被膜是细菌为适应生存环境而形成的一种与浮游细菌（plank-tonic bacterium）相对应的生长方式，它是细菌附着于生物的或非生物的固体表面，包入以自己合成的胞外多聚物（extracellular polymeric substances，EPS）为主要成分的基质中，形成的具有一定结构和功能的细胞群体。生物被膜是一种复杂的微环境，包括基质和包裹于其中的菌体。由生物被膜包被的细菌，尤其是处于深层的细菌，形态结构和生物化学特性均与浮游态细菌显著不同，其增殖和生长缓慢，对各种化学药物和水压的剪切力的耐受性提高。生物被膜生物量可以用总菌数或活菌数表示，分别用染色法和稀释平板法测定。

三、实验器材

1. 菌种

金黄色葡萄球菌（*Staphylococcus aureus*）。

2. 仪器及相关用品

（1）仪器　细菌培养箱、蒸汽灭菌器、洁净工作台、恒温培养振荡器、酶标仪、96孔聚苯乙烯微效价板、6孔聚苯乙烯细胞培养板、304食品级不锈钢片（7mm×7mm×1mm）。

（2）培养基　胰蛋白胨大豆肉汤（tryptic soy broth，TSB）、加0.25%葡萄糖的胰蛋白胨大豆肉汤（tryptic soy broth supplemented with 0.25% glucose，TSBg）、胰蛋白胨大豆琼脂（tryptic soy agar，TSA）。

（3）试剂　0.1%蛋白胨水、0.1%结晶紫、30%乙酸、蒸馏水、生理盐水、磷酸盐缓冲液（phosphate buffered saline，PBS）。

3. 其他用品

移液器、吸头、酒精灯、火柴、接种环、试管、三角瓶、封口膜、皮筋、记号笔、计时器。

四、实验程序

1. 微效价板上生物被膜的培养和生物量测定

（1）生物被膜的培养　首先，金黄色葡萄球菌被接种于TSB培养基中，37℃，150r/min，恒温振荡隔夜培养至OD_{600}约为1.0。然后，取1mL菌液至9mL TSB培养基中进行稀释。取0.2mL稀释液加至20mL TSB培养基中，再将后者分别加入到两块96孔聚苯乙烯微效价板上，每孔0.2mL。最后，将微效价板放到培养箱中，37℃，静置培养24~48h。培养结束，先将板孔中的液体培养物除去，再用0.1%蛋白胨水轻轻冲洗板孔3次，留待测定生物被膜。

（2）生物被膜生物量测定　此处，生物被膜生物量代表生物被膜中总的细菌数量。微效价板在60℃干燥1h。每个板孔中加入0.2mL 0.1%结晶紫溶液染色3min，蒸馏水冲洗板孔两次。将30%乙酸加入到每个板孔中，使染色后的生物被膜溶解，使用酶标仪测定570nm下的OD值，记作OD_{570}。

2. 不锈钢片上生物被膜的培养和生物量测定

（1）生物被膜的静置培养　首先，将金黄色葡萄球菌接种于TSB培养基中，恒温振荡（37℃，150r/min）培养至OD_{600}约为1.0。然后，移取1mL培养物至9mL TSB培养基中稀释。移取2mL稀释液至200mL TSBg培养基中，再将后者分别加入到在底部预先放置不锈钢片的

6孔聚苯乙烯细胞培养板中，每孔6mL。最后，将细胞培养板置于培养箱中，37℃，静置恒温培养24~48h。

（2）生物被膜生物量的测定　此处，生物被膜的生物量用生物被膜中总的活菌数表示，利用活菌计数法测定。从细胞培养板的板孔中取出不锈钢片，用生理盐水冲洗两次，放入装有10mL PBS溶液的试管中，然后，用旋涡混合器处理30s，把不锈钢表面的生物被膜脱除下来，与PBS溶液混匀，作为待测液。将待测液用稀释平板法计数，不锈钢片上的生物被膜生物量用$lgCFU/cm^2$表示。

五、注意事项

（1）在生物被膜培养结束后，要通过冲洗，除去浮游态的细菌。
（2）在冲洗浮游态的细菌时，要温和操作，以免把附着的生物被膜冲洗下来。

六、问题与思考

1. 根据食品工业生产实际状况，说说微效价板和不锈钢片培养生物被膜，哪种更接近生产实际？
2. 在食品生产过程中，一些设备表面时常经受液体流动或冲洗，如何在实验室模拟这种情况下生物被膜的培养？

实验24　基于分离培养的传统发酵食品中微生物区系的分析

一、目的要求

1. 了解传统发酵食品微生物区系的概念。
2. 掌握传统发酵食品中微生物区系分析的基本方法。

二、基本原理

微生物区系是在某一类环境或生境中存在的，并对所在环境与生境能形成一定影响的具有特定种类组成和数量组成的微生物群落。传统发酵食品中蕴藏着丰富多样的微生物组成，在发酵食品品质形成中发挥着至关重要的作用。我国主要传统发酵食品有发酵蔬菜、酱油、腐乳等。这些传统发酵食品体系通常都是由一种或多种的微生物所构成的，与发酵制品的气味、品质等有着直接的关系。了解发酵食品的微生物区系组成，对于发酵食品的优化生产和质量保障具有重要的研究意义。微生物区系组成分析的一般步骤包括选择分析对象，确定可能存在的微生物种类，选择设计合适的培养基，样品中微生物的分离、纯化和鉴定，区系组成分析等步骤。本实验主要以泡菜为例，主要采用基于经典微生物培养的方法来对泡菜进行微生物区系的分析。

三、实验器材

1. 实验材料
泡菜发酵液、MRS培养基、添加青霉素的PDA培养基和营养琼脂培养基。

2. 实验器材

灭菌平皿、接种环、酒精灯、载玻片、盖玻片、显微镜、恒温培养箱等。

四、实验程序

1. 倒平板

配制 MRS 固体培养基、含有青霉素的 PDA 培养基和营养琼脂培养基，经高压灭菌后倒平板，待用。

2. 纯种分离

用接种环蘸取泡菜汁样品，在三种平板上划线分离，将 MRS 平板置于 37℃ 恒温厌氧培养箱中，将含青霉素 PDA 平板和营养琼脂平板置于好氧培养箱中，分别培养 48~72h，得到分离纯化的单个菌落。或者，取泡菜发酵液，进行适当十倍稀释，分别浇注或涂布于三种培养基上，将 MRS 平板置于 37℃ 恒温厌氧培养箱中，将含青霉素 PDA 平板和营养琼脂平板置于好氧培养箱中，分别培养 48~72h，得到分离的单菌落。

3. 菌种描述与鉴定

对步骤 2 得到的纯化菌落，按照《伯杰氏鉴定细菌学手册》或其他细菌分类指导书，以及《真菌鉴定手册》，对分离微生物的宏观和微观形态特征进行观察描述，测定糖类利用等有关生理生化特征，并与权威分类手册进行对比鉴定，将分离得到的微生物鉴定到种；也可以采用基于 16S 或 18SrDNA 的方法对分离到的微生物进行鉴定。

4. 微生物区系组成分析

结合菌种鉴定的结果，确定样品中的微生物种类组成和数量组成。

五、注意事项

（1）传统发酵食品如泡菜的 pH 往往不在中性范围，如有必要，需要对样品进行中和处理，以避免 pH 对微生物分离产生影响。

（2）微生物区系分析是一项复杂而繁重的工作，受到很多因素的影响，如样品发酵时间、所采用的培养基种类和培养条件，应注意规范化。

六、问题与思考

1. 简述影响发酵食品微生物区系分析结果的因素有哪些？
2. 简要叙述在本实验中选择 MRS 培养基、含青霉素的 PDA 培养基和琼脂培养基的依据，是否可以选择更合理的培养基？

实验 25　黄曲霉毒素降解微生物的分离纯化与鉴定

一、目的要求

1. 了解微生物降解黄曲霉毒素的作用原理。
2. 学习黄曲霉毒素的高效液相色谱检测方法。

二、基本原理

黄曲霉毒素（aflatoxin，AFT）是一组由黄曲霉、寄生曲霉等真菌产生的次级代谢产物，基本结构为双呋喃和香豆素，具有毒性和致癌性，可在农作物生长、农产品收获、运输、贮藏等多个环节发生污染，主要分布在坚果、花生、玉米、小麦和大豆等食品和粮食中。2002年，AFT 被国际癌症研究机构（IARC）列为Ⅰ级致癌物。AFT 的传统去毒法有物理法和化学法，但均存在去毒不彻底、效果不稳定等缺点。

某些微生物产生的代谢物，如蛋白酶，能够破坏 AFT 分子的毒性基团或分子结构，与传统的物理法和化学法相比，具有安全、环保、不破坏营养物质等优点。已有研究证实，短小芽孢杆菌（Bacillus pumilus）所产的胞外蛋白酶具有降解 AFT 的活性。

食品中 AFT 的检测方法主要有薄层色谱法、酶联免疫法、液相色谱法等。本实验主要学习高效液相色谱法（HPLC）检测技术。将不同微生物与黄曲霉毒素共培养后，利用 HPLC 法检测 AFT 残留量，以筛选具有降解活性的菌种。

三、实验材料

1. 菌种

嗜酸乳杆菌（Lactobacillus acidophilus）、植物乳杆菌（Lactobacillus plantarum）、短小芽孢杆菌（Bacillus pumilus）。

2. 培养基

MRS 培养基、改良 MRS 培养基（每升水中添加酵母粉 8g、麦芽糖 6g、NaCl 2g，调 pH 至 6.0）。

3. 实验试剂

AFT 标准品、甲醇、三氯甲烷、乙腈。

4. 实验设备及耗材

高压蒸汽灭菌锅，高效液相色谱仪、恒温培养箱、超声仪、旋转蒸发仪、超净台、分液漏斗、移液枪、0.45μm 滤膜、EP 管、鸡心瓶、试管、接种环、酒精灯等。

四、实验程序

1. 微生物与 AFT 共培养

将 900μL 活化好的嗜酸乳杆菌、植物乳杆菌、短小芽孢杆菌菌液分别与 100μL 40ng/mL 的黄曲霉毒素共培养，使之充分反应，37℃条件下反应 24h。

2. AFT 标准曲线测定

配制已知浓度的 AFT 溶液，分别为 5ng/mL、10ng/mL、20ng/mL、40ng/mL、80ng/mL，滤膜过滤后，转入液相棕瓶中，用配置荧光检测器的 HPLC 检测 AFT 的吸光度，并绘制标准曲线。高效液相色谱条件为流动相：乙腈：水=25：75（体积比）；流速：1mL/min；激发波长：360nm；发射波长：410nm。

3. HPLC 检测 AFT 残留量

反应 24h 后的 3 种培养液各取 1mL，分别添加 5mL 甲醇水溶液（体积比 7：3）与 5mL 三氯甲烷，将该混合液超声 10min 后，使用分液漏斗分离，收集下层溶液 100μL 于鸡心瓶中，再加 5mL 三氯甲烷，超声 10min，重复 3 次后，60℃旋蒸至近干，500μL 乙腈复溶两次，滤膜过滤后转入液相棕瓶中，用荧光检测器吸光度，并根据标准曲线计算 AFT 残留量。高效液相色谱条件为流动相：乙腈：水 = 25：75（体积比）；流速：1mL/min；激发波长：360nm；发射波长：410nm。

4. 实验结果

（1）将 AFT 标准曲线测定结果填写于表 11-6 中，并根据实验数据绘制标准曲线，给出公式。

表 11-6　　　　　　　　　　　AFT 标准曲线测定结果

AFT 标准溶液浓度/（ng/mL）	吸光度（A）
5	
10	
20	
40	
80	

（2）将 AFT 残留量测定结果填写于表 11-7 中，并根据 AFT 残留量测定结果和标准曲线，计算不同培养液中 AFT 含量，明确具有降解作用的菌种。

表 11-7　　　　　　　　　　不同培养液中 AFT 残留量测定结果

培养液	吸光度（A）	AFT 残留量/（ng/mL）
嗜酸乳杆菌+AFT		
植物乳杆菌+AFT		
短小芽孢杆菌+AFT		

五、注意事项

（1）黄曲霉毒素为剧毒物质，试验时请务必佩戴好口罩、手套、穿好实验服。

（2）高效液相色谱仪是高精度仪器，所有进入该仪器的试剂请务必选择色谱纯度，从而避免仪器受损。

六、问题与思考

短小芽孢杆菌所产胞外蛋白酶与 AFT 发生了怎样的反应而达到了清除毒素的效果？

实验 26　乳酸菌产胞外多糖的发酵工艺条件优化

一、目的要求

1. 了解乳酸菌产胞外多糖的发酵工艺条件优化的方法。
2. 掌握乳酸菌胞外多糖的测定方法。

二、基本原理

乳酸菌胞外多糖（exopolysaccharide，EPS）是乳酸菌在生长代谢过程中分泌到细胞外的一类多糖类物质。乳酸菌胞外多糖具有突出的功能性质。影响乳酸菌胞外多糖产量的因素除了菌种遗传特性外，培养基成分（碳源、氮源等）和生长环境（温度、pH、培养时间等）都会直接影响胞外多糖的产量。乳酸菌产胞外多糖发酵条件的优化，主要包括培养基的优化和生长环境变量的优化。本实验以苯酚硫酸法作为乳酸菌胞外多糖的定量测定方法，以MRS培养基为出发培养基，通过测定不同条件下乳酸菌胞外多糖的产量，从而进行乳酸菌产胞外多糖的发酵工艺条件的单因素优化，确定乳酸菌形成胞外多糖的较优条件。

三、实验器材

1. 实验材料

乳酸菌、MRS液体培养基、三氯乙酸、5%苯酚（使用前用80%苯酚新鲜配制）、浓硫酸（98%）、乙醇（95%）。

2. 实验仪器

恒温培养箱、高速冷冻离心机、振荡器、分光光度计、pH计、恒温培养箱。

四、实验程序

1. 菌种活化

将乳酸菌接种于MRS液体培养基内，37℃培养18h。将菌株活化2~3次后待用。

2. 发酵培养

活化后菌液按2%接种量接种于装有液体培养基的培养瓶中，于37℃恒温条件下静置培养特定时间。

3. 发酵液处理

取发酵终点发酵液，加入三氯乙酸至终浓度为2.5%，在快速混匀器上振荡摇匀，置于4℃，环境下处理20min，除去发酵液中蛋白类物质。处理完成后装入离心管中，在4℃，10000r/min条件下离心，离心20min后收集上清液。

4. 乳酸菌胞外多糖水溶液的制备

在透析袋中加入上清液，检漏，确认无误后，透析8~12h。在透析液中加入2~3倍体积的95%的乙醇4℃过夜沉淀多糖，离心后收集沉淀，将沉淀重新溶于蒸馏水中，即得到乳酸菌胞外多糖的水溶液。

5. 苯酚-硫酸法测定EPS

（1）标准曲线绘制　准确称取标准葡萄糖20mg于500mL容量瓶中，加水至刻度。各种试剂按照表11-8所示的量加入试管中，静置10min，摇匀，室温放置20min后于490nm波长下检测吸光度，同时以2.0mL水按同样显色操作作为空白组。根据所得数据，绘制标准曲线。曲线的横坐标为多糖质量，纵坐标为吸光度。

（2）乳酸菌胞外多糖产量测定　取2.0mL乳酸菌胞外多糖液，加入1.0mL 5.0%的苯酚溶液和5.0mL 98.0%的浓硫酸，静置10min，高速振荡器上振荡摇匀后静置20min至冷却。于490nm的波长下测定吸光度。在标准曲线上查找对应糖含量，即得乳酸菌胞外多糖产量。

表 11-8　　　　　　　　　　　　　　苯酚-硫酸法标准曲线

40mg/L 葡萄糖溶液/mL	蒸馏水/mL	5%苯酚/mL	浓硫酸/mL
2.0	0	1.0	5.0
1.8	0.2	1.0	5.0
1.6	0.4	1.0	5.0
1.4	0.6	1.0	5.0
1.2	0.8	1.0	5.0
1.0	1.0	1.0	5.0
0.8	1.2	1.0	5.0
0.6	1.4	1.0	5.0
0.4	1.6	1.0	5.0
0.2	1.8	1.0	5.0

6. 乳酸菌产胞外多糖的单因素发酵工艺条件优化

（1）发酵时间　将乳酸菌按 2%的接种量接种于 MRS 液体培养基中发酵培养，分别在 0h、4h、8h、12h、16h、20h、24h、32h 测定发酵液中的胞外多糖产量，以确定形成胞外多糖的最佳培养时间。

（2）碳源　用不同的碳源（果糖、蔗糖、乳糖、可溶性淀粉）代替 MRS 培养基中的葡萄糖，改变 MRS 培养基。将乳酸菌按 2%的接种量接种于改变后的四种 MRS 液体培养基中，发酵培养后，于最优发酵培养时间点取出，测定发酵液中的胞外多糖产量。

（3）氮源　用不同的氮源（大豆蛋白胨、胰蛋白胨、干酪素、硫酸铵）代替 MRS 液体培养基中的蛋白胨，同时选用最优碳源，改变 MRS 培养基。将乳酸菌按 2%的接种量接种于改变后的四种 MRS 液体培养基中发酵培养后，于最优发酵培养时间点取出，测定发酵液中的胞外多糖产量。

（4）pH　选用最优的碳源和氮源配制 MRS 培养基，调整 MRS 培养基初始 pH 为 5.0、5.5、6.0、6.5、7.0，将乳酸菌按 2%的接种量接种于上述 5 个 pH 梯度的 MRS 培养基中发酵培养后，于最优发酵培养时间点取出，测定发酵液中的胞外多糖产量。

五、注意事项

（1）检测过程所用的 5%苯酚，是临用前用 80%的苯酚配制的。故实验前，应用重蒸酚配制 80%苯酚，4℃保存。

（2）在进行多糖检测时，其检测的浓度依具体情况而定。一般以最终的多糖溶液接近无色为准，若样品浓度过高，其吸光值会超出线性范围，准确性差。

（3）由于苯酚及浓硫酸的腐蚀性强，实验过程应注意安全。

（4）本实验主要是对乳酸菌形成胞外多糖进行单因素的优化，可以利用正交试验及响应面试验进行进一步的优化。

六、问题与思考

1. 影响乳酸菌胞外多糖产量高低的因素有哪些？
2. 查找相关资料，简述乳酸菌形成胞外多糖的微生物学原理。

实验 27　黑曲霉菊粉酶基因在毕赤酵母中的表达

一、目 的 要 求

1. 了解并掌握真核表达载体构建及在宿主中表达的基本流程和技术，理解其原理。
2. 进一步巩固感受态细胞的制备及转化的实验操作技术。

二、基 本 原 理

一些真核蛋白在原核宿主细胞中的表达不但行之有效而且成本低廉，然而，许多在细菌中合成的真核蛋白或因折叠方式不正确，或因折叠效率低下，结果使得蛋白质活性低或无活性。不仅如此，真核生物蛋白的活性往往需要翻译后加工，例如二硫键的精确形成、糖基化、磷酸化、寡聚体的形成或者由特异性蛋白酶进行的裂解等，而原核细胞无法进行这些加工。需要表达具有生物学功能的膜蛋白或分泌性蛋白，例如位于细胞膜表面的受体或细胞外的激素和酶，则更需要使用真核表达系统。由于真核表达系统有关技术方法的发展，使真核表达成为可能。

巴斯德毕赤酵母（*Pichia pastoris*）表达系统是一种广泛应用的真核表达体系，是目前最为成功的外源蛋白表达系统之一。与现有的其他表达系统相比，巴斯德毕赤酵母在表达产物的加工、外分泌、翻译后修饰以及糖基化修饰等方面有明显的优势。毕赤酵母已经被美国 FDA 认定为 GRAS（generally recognized as safe）微生物，为其在食品和医药上的应用铺平了道路。目前，在医药蛋白领域，已经有胰岛素、乙肝表面抗原、人血白蛋白、表皮生长因子等多种蛋白质利用毕赤酵母表达系统实现商品化制备。在工业酶制剂领域，也有许多酶制剂如甘露聚糖酶、木聚糖酶、植酸酶、脂肪酶等利用毕赤酵母实现了产业化规模的生产。

巴斯德毕赤酵母是甲醇营养型酵母，它有两个甲醇氧化酶基因 $AOX1$ 和 $AOX2$，可以利用甲醇作为唯一碳源。商业化的巴斯德毕赤酵母 GS115 是组氨酸营养缺陷型，而且表达载体 pPIC9 上含有组氨酸表达单元，因此可以利用组氨酸筛选重组菌株。根据 pPIC9 载体线性化酶的不同，构建的表达载体可以整合到 GS115 不同基因位点（$AOX1$ 基因位点或组氨酸基因位点），从而形成 His$^+$ Mut$^+$ 和 His$^+$ Mut^S 两种不同的基因型的重组菌株。表达载体 pPIC9 上含有特有的强有力的 AOX 启动子，用甲醇可严格地调控外源基因的表达；同时，该载体还有 α-因子信号肽，使表达的外源目的蛋白分泌到发酵液中，有利于分离纯化。毕赤酵母发酵工艺成熟，容易放大发酵。已经有大规模工业化高密度生产的发酵工艺，细胞干重达 100g/L 以上，表达重组蛋白时，已成功放大到 10000L。

三、实验器材

1. 菌种和质粒

黑曲霉（*Aspergillus niger*）、大肠杆菌（*Escherichia coli*）JM109、巴斯德毕赤酵母 GS115、质粒 pPIC9、菊粉酶基因（*endo*）上游引物 primer F 和下游引物 primer R。

2. 培养基

LB 培养基、YPD 固体培养基、MD 筛选培养基、BMMY 培养基、BMGY 培养基。

3. 溶液或试剂

DNA 限制性内切酶、T4 DNA 连接酶、LA Taq DNA 聚合酶、DNA Marker、柱式 DNA 胶回收试剂盒、质粒提取试剂盒、氨苄西林（amp）。

4. 设备

紫外可见分光光度计、PCR 基因扩增仪、高速低温离心机、电热恒温水浴锅、水浴恒温振荡器、电泳仪。

四、实验程序

1. 玻璃珠-盐析法提取黑曲霉基因组 DNA

（1）黑曲霉培养液，过滤收集菌丝。

（2）加入 300μL 提取液悬浮菌丝体，再加入 300mg 玻璃珠，高速振荡 30min。提取液的配方：2% Triton X-100，1%SDS，100mmol/L NaCl，10mmol/L Tris-HCl（pH 8.0），1mmol/L EDTA。

（3）加入 20μL 预冷饱和 NaCl（6mol/L），剧烈振荡 15s，2500r/min 离心 15min。

（4）将上清液移入新的离心管中，每个离心管中，加入 2 倍体积的无水乙醇，上下颠倒后，离心 10min。

（5）弃上清后干燥，加入 100μL，10mmol/L Tris（pH 8.0），1mmol/L EDTA，1μL 的 RNase A，37℃ 孵育 1h 后，-20℃ 保存备用。

2. PCR 扩增目的基因

以黑曲霉基因组 DNA 为模板，以菊粉酶基因引物扩增目的基因。反应体系：基因组 DNA 1μL，10×PCR 反应缓冲液 5μL，MgCl₂ 2μL，dNTP 4μL，Primer F 2μL，Primer R 2μL，Taq DNA 聚合酶 1μL，H₂O 33μL。PCR 扩增条件为：95℃ 5min，94℃ 45s，58℃ 40s，72℃ 1.5min，30 个循环；72℃ 延伸 10min。

3. 构建重组表达载体 pPIC9K-*endo*Ⅰ

重组表达质粒 pPIC9K-*endo*Ⅰ的构建见图 11-26。

（1）双酶切反应及酶切产物纯化回收　酶切反应体系如下：PCR 产物/pPIC9K 10μL，Buffer 5μL，限制性核酸内切酶 *EcoR*Ⅰ 2μL，限制性核酸内切酶 *Not*Ⅰ 2μL，水 31μL，37℃ 水浴加热 2h，然后进行核酸电泳，并切胶回收酶切产物。

（2）连接反应体系　酶切后的 pPIC9K 载体 2μL，酶切后的菊粉酶基因 6μL，T4 buffer 1μL，T4 连接酶 1μL，16℃ 连接过夜。

（3）取上述连接液 5μL 转化到预先制备的大肠杆菌感受态细胞中，冰浴 30min，42℃ 热激 90s，冰上放置 5min，加入 1mL LB 培养基 37℃ 摇床培养 45min，然后取 200μL 均匀涂布

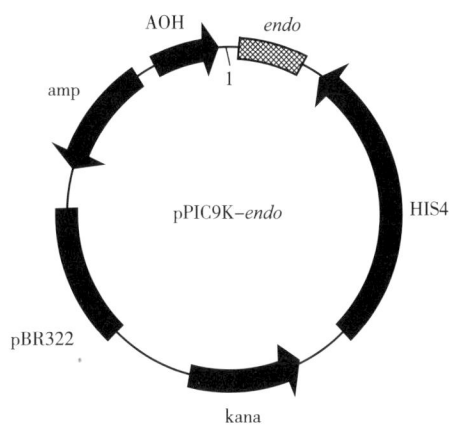

图 11-26　重组表达质粒 pPIC9K-*endo* I 的构建示意图

在含有 80μg/mL 抗生素的 LB 平板上并在 37℃ 倒置培养过夜。根据重组载体的标志（抗 amp 或蓝白斑）作筛选，挑取单斑，碱裂解法小量抽提质粒，双酶切初步鉴定。测序验证目的基因的插入方向及阅读框架均正确，进入下步操作。否则应筛选更多克隆，重复亚克隆或亚克隆至不同酶切位点。

4. 获得含重组表达质粒的表达菌种

（1）重组表达质粒 pPIC9K-*endo* I 线性化及纯化　提取重组质粒并采用 *Sal* I 酶切线性化。反应体系：10×NEB Buffer 2μL，重组质粒 5μL，BSA（10mg/mL）0.2μL，PacI 0.5μL，ddH$_2$O 12.3μL，总体积 20μL。37℃ 反应 4h，酶切片段进行纯化。

（2）毕赤酵母电转化　将 5~20μg 的线性化 DNA 溶解在 5~10μL TE 溶液中，与 80μL 的毕赤酵母感受态细胞混匀，转至 0.2cm 冰预冷的电转化杯中，将电转杯冰浴 5min。

（3）根据电转仪提供的资料，参考其他文献及多次摸索，确定合适的电压、电流、电容等参数，按优化的参数，进行电击（推荐参数为：电压 1.5kV；电容 25μF；电阻 200Ω；电击时间为 4~10ms）。

（4）电击完毕后，立即加入 1mL 冰预冷的 50%YPD，50% 1mol/L 山梨醇溶液（即 YPD 和 1mol/L 山梨醇按 1∶1 混匀）将菌体混匀，转至 1.5mL 的 EP 管中，30℃ 复苏培养 2h。

（5）将菌体悬液涂布于 MD 平板上，每 200~600μL 涂布一块平板。

（6）将平板置于 30℃ 培养，直至长出单个菌落。

（7）筛选 Mut$^+$/Mut^S 表现型。

5. 转化子的诱导表达

小规模表达采用 250mL 三角瓶，通过增加转数以保证培养液的溶解氧。

（1）取分离纯化后的单菌落接入装有 50mL BMMY/BMGY 的 250mL 三角瓶中。

（2）28~30℃，200~250r/min 培养过夜至培养液 OD_{600} = 2~10（需要 16~18h）。

（3）室温下 3000r/min 离心 5min，弃去上清液，重新悬浮菌体于 25mL BMMY 以诱导表达。

（4）28~30℃，200~250r/min 培养 96h。

（5）每隔 24h 补加 5% 甲醇，使培养液中甲醇的终浓度为 0.5%。

(6) 定期取样，3000r/min 离心 5min，取上清液进行目的蛋白检测。

五、注意事项

（1）酶切、连接及转化等涉及微生物部分的实验要注意无菌操作，涉及分子实验的部分虽然不用无菌，但要注意不要污染杂质。

（2）载体必须线性化，线性化不完全或载体浓度太低都影响转化效率。

（3）毕赤酵母的转化不同于大肠杆菌转化，所有的表达载体均不含酵母复制原点，即导入酵母体内的重组表达载体只有和酵母染色体上的同源区发生重组，从而整合到染色体上，外源基因才能够稳定存在，外源蛋白也才能得到稳定表达。这种整合的转化子一旦形成就非常稳定。

六、问题与思考

1. 若聚丙烯酰胺凝胶电泳（SDS-PAGE）分析检测的目的蛋白的大小与理论大小不一致，其可能的原因有哪些？
2. 重组质粒的构建过程中，如何选择所使用的限制性核酸内切酶？

实验28 乳酸菌吸附苯并芘的能力测定

一、目的要求

1. 了解苯并芘的致癌作用。
2. 了解食品中苯并芘的去除方式。
3. 了解乳酸菌脱除苯并芘毒性的原理。
4. 掌握高效液相色谱仪的使用方法。

二、基本原理

苯并芘（benzopyrene，BaP）是含碳有机物不完全燃烧所产生的一种苯与芘稠合而成的多环芳烃化合物，纯苯并芘晶体是黄色似针化合物，结构式见图 11-27，分子式为 $C_{20}H_{12}$，相对分子质量为 252.32，常温下以结晶状态存在，不溶于水，能溶解于苯和丙酮等有机溶剂。

BaP 为食品中常见有毒化学物质之一，长期食用对人体危害很大。BaP 具有强致癌性，已经证实 BaP 能够引发肺癌、胃癌、膀胱癌及消化道癌等多种癌症，并具有致畸性和致突变性。并且，由于 BaP 的高脂溶性，BaP 容易随食物进入哺乳动物体内后在肠道被吸收，通过血液流动分布全身。GB 2762—2017《食品安全国家标准 食品中污染物限量》中对 BaP 制定了限量标准：其中谷物及其制品为 5.0μg/kg，肉及肉制品为 5.0μg/kg，水产动物及其制品为 5μg/kg，油脂及其制品为 10μg/kg；欧盟国家限定肉制品中 BaP 的含量不应超过 1μg/kg，食用油中的 BaP 为 2μg/kg；国际食品法典委员会（CAC）规定食用

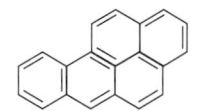

图 11-27 苯并芘结构式

油中 BaP 的最大限量为 5μg/kg。

食品中苯并芘的去除的主要方法有物理吸附法、溶剂萃取法、化学反应法、微生物去除法等，其中，微生物脱除法是利用某些特定微生物对 BaP 的降解或键合吸附作用。乳酸菌（lactic acid bacteria，LAB）代表一群主要发酵代谢产物为乳酸的革兰阳性菌，广泛分布在自然环境中，同时也是人体胃肠道重要的益生菌群。一些乳酸菌如双歧杆菌能够通过物理性吸附，达到对 BaP 的脱除效果。

三、实验器材

1. 菌种

双歧杆菌、植物乳杆菌等乳酸菌菌株。

2. MRS 培养基

酪蛋白胨 10.0g、葡萄糖 20.0g、牛肉膏 10.0g、酵母膏 5.0g、无水乙酸钠 4.8g、柠檬酸三铵 2.0g、吐温 80 0.1g、K_2HPO_4 2.0g、硫酸镁 0.58g、硫酸锰 0.28g，加蒸馏水至 1000mL，调整 pH 6.0~6.4，121℃ 灭菌 15min。

3. 仪器及相关用品

苯并芘、二甲基亚砜、甲醇、三氯甲烷、高效液相色谱仪、离心机等。

4. 其他用品

容量瓶、锥形瓶、试管、棉塞等。

四、实验程序

1. 苯并芘标准曲线的绘制

（1）苯并芘溶液的配制　将苯并芘固体溶于二甲基亚砜（DMSO）中，配制为 10mg/mL 的苯并芘贮备液，然后用水稀释至苯并芘浓度为 100μg/mL 的工作液。

（2）分别配制浓度为 5μg/mL、10μg/mL、15μg/mL、20μg/mL、25μg/mL 的苯并芘标准液，用高效液相检测法测定对应浓度下苯并芘的峰面积。以浓度为横坐标，峰面积为纵坐标，绘制苯并芘标准曲线。

（3）色谱检测条件　色谱柱：Diamonsil C18（5μm，4.6mm×250mm）；流动相：100%甲醇；进样量：20μL；流速：1mL/min；检测器：二极管阵列检测器。

2. 乳酸菌吸附苯并芘能力测定

（1）菌体培养　将所选用斜面保藏双歧杆菌或植物乳杆菌连续活化两代，按 4% 的接种量接种于 MRS 液体培养基中，37℃ 培养 18~22h。

（2）取菌体培养液，离心 5min（6000r/min，4℃），收集菌体，无菌水洗涤 2 次，调整菌体浓度为 10^9CFU/mL。取 1mL 菌悬液离心后去掉上清，将菌体重悬于苯并芘浓度为 10μg/mL 的溶液中，37℃ 培养 4h，离心（6000r/min，5min），收集上清。将上清加入 500μL 三氯甲烷萃取，取有机相于 -20℃ 保存。用 HPLC 法检测苯并芘含量。实验以不含乳酸菌的苯并芘溶液作为对照，进行 37℃ 培养 4h，离心（6000r/min，5min），做相同处理。每个样品取 3 个平行，重复实验 3 次。

（3）乳酸菌对苯并芘的吸附率　按下式计算：

吸附率（%）= [（空白对照 BaP 含量-样品中 BaP 含量）/空白对照 BaP 含量］×100%

五、注意事项

（1）苯并芘具有毒性，实验过程要严格规范操作。
（2）菌体离心后，应在无菌操作台中收集菌体。
（3）色谱柱使用完毕后，需使用纯甲醇进行冲洗。

六、问题与思考

1. 相比物理吸附法、化学反应法，利用微生物脱除苯并芘有什么优势？
2. 哪些食品中苯并芘含量较高？

附录

食品微生物学实验室常用培养基

1. 营养肉汤（nutrient broth）/牛肉膏蛋白胨培养基（用于细菌培养）

牛肉膏 3g、蛋白胨 10g、NaCl 5g、蒸馏水 1000mL，pH 7.4~7.6，121℃灭菌 15min。

2. LB（Luria-Bertani）培养基（常用于细菌培养）

胰蛋白胨 10g，NaCl 10g，酵母提取物 5g，pH 7.0，蒸馏水 1000mL，121℃灭菌 15min。
含氨苄西林 LB 培养基
待 LB 培养基灭菌后冷至 50℃左右加入抗生素，至终浓度为 80~100mg/L。

3. 高氏 1 号培养基（用于放线菌培养）

可溶性淀粉 20g、KNO_3 1g、NaCl 0.5g、$K_2HPO_4 \cdot 3H_2O$ 0.5g、$MgSO_4 \cdot 7H_2O$ 0.5g、$FeSO_4 \cdot 7H_2O$ 0.01g、蒸馏水 1000mL，pH 7.4~7.6，121℃灭菌 15min。
配制时注意：可溶性淀粉要先用冷水调匀后再加入到以上培养基中。

4. 马丁氏（Martin）培养基（用于从土壤中分离真菌）

K_2HPO_4 1g，$MgSO_4 \cdot 7H_2O$ 0.5g，蛋白胨 5g，葡萄糖 10g，1/3000 孟加拉红水溶液 100mL，蒸馏水 900mL，自然 pH，121℃灭菌 15min。使用时，待培养基融化后冷却至 55~60℃加入链霉素（链霉素含量为 30μg/mL）。

5. 马铃薯培养基（PDA）（用于霉菌或酵母菌培养）

去皮马铃薯 200g、蔗糖（或葡萄糖，霉菌用蔗糖，酵母菌用葡萄糖）20g、水 1000mL。
配制方法：
将马铃薯去皮，切成约 $2cm^2$ 的小块，放入 1500mL 的烧杯中煮沸 30min，注意用玻璃棒搅拌以防糊底，然后用双层纱布过滤，取其滤液加糖，再补足至 1000mL，自然 pH，121℃灭菌 15min。

6. 察氏培养基（蔗糖硝酸钠培养基）（用于霉菌培养）

蔗糖 30g，NaNO$_3$ 2g，K$_2$HPO$_4$ 1g，MgSO$_4$·7H$_2$O 0.5g，KCl 0.5g，FeSO$_4$·7H$_2$O 0.1g，蒸馏水 1000mL，pH 7.0~7.2，121℃灭菌 15min。

7. 酵母浸出粉胨葡萄糖培养基（YPD）培养基（用于霉菌、酵母菌培养）

蛋白胨 10g、葡萄糖 20g、酵母浸出粉 5g、蒸馏水 1000mL，115℃灭菌 15min。

8. 麦芽汁培养基（用于霉菌、酵母菌培养）

将干麦芽磨碎，一份麦芽加四份水，在 55~60℃水浴中保温糖化，不断搅拌，3~4h 后，用 4~6 层纱布过滤，除去残渣，煮沸后再重复用滤纸或脱脂棉过滤一次，得到澄清的麦芽汁，加水稀释成 10~12°Bé 的麦芽汁，加入 2%琼脂，自然 pH，115℃灭菌 20min。

9. 孟加拉红培养基（用于霉菌、酵母菌计数）

蛋白胨 5g、葡萄糖 10g、KH$_2$PO$_4$ 1g、MgSO$_4$·7H$_2$O 0.5g、琼脂 20g、1/3000 孟加拉红溶液 100mL、蒸馏水 1000mL、氯霉素 0.1g。

配制方法：上述各成分加入蒸馏水中溶解后，再加孟加拉红溶液，121℃灭菌 15min。倾注平板前，另用少量乙醇溶解氯霉素加入培养基中。

10. 葡萄糖蛋白胨水培养基（用于 VP 反应和甲基红试验）

蛋白胨 0.5g、葡萄糖 0.5g、K$_2$HPO$_4$ 0.2g、蒸馏水 100mL，pH 7.2，115℃灭菌 20min。

11. 蛋白胨水培养基（用于吲哚试验）

蛋白胨 10g、NaCl 5g、蒸馏水 1000mL，pH 7.2~7.4，121℃灭菌 15min。

12. 糖发酵培养基（用于细菌糖发酵试验）

蛋白胨 0.2g、NaCl 0.5g、K$_2$HPO$_4$ 0.02g、蒸馏水 100mL、溴麝香草酚蓝 1%（水溶液）0.3mL、糖类 1g（一般的糖醇按 1%量加入，半乳糖、乳糖按 1.5%量加入）。

配制方法：分别称取蛋白胨和 NaCl 溶于热水中，pH 7.0~7.4，再加入溴麝香草酚蓝

（先用少量95%乙醇溶解后，再加水配成1%水溶液），加入糖类，分装试管，装量4~5cm高，并倒放入杜氏小管（管口向下，使管内充满培养液）。115℃灭菌20min。灭菌时注意适当延长煮沸时间，尽量把冷空气排尽以使杜氏小管内无残存气泡。

13. 明胶培养基（用于明胶液化实验）

蛋白胨 0.5g、牛肉膏 0.3g、明胶 12g、蒸馏水 100mL，pH 6.8~7.0。

14. 西蒙氏柠檬酸盐培养基（用于柠檬酸盐利用实验）

NaCl 5g、$(NH_4)H_2PO_4$ 0.2g、KH_2PO_4 1g、柠檬酸钠 5g、琼脂 20g、蒸馏水 1000mL、0.2%溴麝香草酚蓝溶液 40mL，pH 6.8。

配制方法：将上述各成分加热溶解后，调 pH 6.8，然后加入指示剂，摇匀，分装试管，121℃灭菌 15min 后制成斜面。

15. 硝酸盐培养基（用于硝酸盐还原实验）

硝酸钾 0.2g、蛋白胨 5g、牛肉膏 3g、蒸馏水 1000mL，pH 7.4，121℃灭菌 15min。

16. 尿素琼脂（用于尿素酶实验）

蛋白胨 1g，NaCl 5g，葡萄糖 1g，KH_2PO_4 2g，0.4% 酚红溶液 3mL，20%尿素溶液 100mL，琼脂 20g，蒸馏水 1000mL，pH 7.2±0.1。

配制方法：将除尿素、酚红溶液和琼脂以外的成分配好，并校正 pH，加入琼脂，加热溶化并分装锥形瓶。121℃高压灭菌 15min，冷却至 50~55℃，加入经除菌过滤的尿素溶液。尿素的最终浓度为 2%，最终 pH 7.1~7.3。分装于灭菌试管内，放成斜面备用。

17. 三糖铁培养基（用于三糖铁实验）

蛋白胨 20g、牛肉膏 5g、乳糖 10g、蔗糖 10g、葡萄糖 1g、NaCl 5g、硫酸亚铁铵 0.2g、硫代硫酸钠 0.2g、琼脂 20g、蒸馏水 1000mL，pH 7.4。

配制方法：将除琼脂以外的成分配好，并校正 pH，加入琼脂，加热溶化，加入 0.2%酚红水溶液 1.25%，摇匀分装试管，121℃高压灭菌 15min，摆成高层斜面备用。

18. BCG 牛乳培养基（用于乳酸菌分离培养）

A 溶液：脱脂乳粉 100g，蒸馏水 500mL，加入 1.6%溴甲酚绿（B.C.G）乙醇溶液 1mL，80℃灭菌 20min。

B 溶液：酵母膏 10g、蒸馏水 500mL、琼脂 20g、pH 6.8，121℃湿热灭菌 20min。以无菌

操作趁热将 A、B 溶液混合均匀后倒平板。

19. MC 培养基（用于嗜热链球菌增菌培养）

大豆蛋白胨 5g，牛肉浸粉 3g，酵母浸粉 3g，葡萄糖 20g、乳糖 20g、碳酸钙 10g、中性红 0.05g、蒸馏水 1000mL，pH 6.0，121℃灭菌 15min。

20. MRS 培养基（用于乳杆菌增菌培养）

蛋白胨 10g、牛肉膏 10g、酵母粉 5g、K_2HPO_4 2g，柠檬酸二铵 2g、乙酸钠 5g、葡萄糖 20g、吐温 80 1mL，$MgSO_4 \cdot 7H_2O$ 0.58g、$MnSO_4 \cdot 4H_2O$ 0.25g，蒸馏水 1000mL，pH 6.2~6.4，121℃灭菌 15min。

21. 米曲汁碳酸钙乙醇培养基（用于醋酸菌分离培养）

米曲汁（10~12°Bé）100mL，碳酸钙 1g，琼脂 2g，95%乙醇 3~4mL，自然 pH，115℃灭菌 15min。灭菌后再加入乙醇。

22. 葡萄糖碳酸钙培养基（用于醋酸菌分离培养）

葡萄糖 15g、酵母膏 10g、碳酸钙 15g、琼脂 20g，自然 pH，121℃灭菌 15min。

23. 月桂基硫酸盐胰蛋白胨（LST）肉汤（用于大肠菌群 MPN 计数）

胰蛋白胨或胰酪胨 20g、NaCl 5g、乳糖 5g、K_2HPO_4 2.75g、KH_2PO_4 2.75g、月桂基硫酸钠 0.1g、蒸馏水 1000mL，pH 6.6~7.0，分装到有玻璃小导管的试管中，每管 10mL，121℃灭菌 15min。

24. 煌绿乳糖胆盐（BGLB）肉汤（用于大肠菌群 MPN 计数、大肠菌群平板计数）

蛋白胨 10g、乳糖 10g、牛胆粉溶液 200mL、0.1%煌绿水溶液 13.3mL、蒸馏水 800mL。
配制方法：将蛋白胨和乳糖溶于 500mL 蒸馏水中，加入牛胆粉溶液 200mL（将 20g 脱水牛胆粉溶于 200mL 蒸馏水中，调节 pH 7.0~7.5），用蒸馏水稀释到 975mL，调节 pH 7.1~7.3，再加入 0.1%煌绿水溶液 13.3mL，用蒸馏水补足到 1000mL，用棉花过滤后，分装到有玻璃小导管的试管中，每管 10mL，121℃灭菌 15min。

25. 结晶紫中性红胆盐琼脂（VRBA）（用于大肠菌群平板计数）

蛋白胨 7g，酵母膏 3g、乳糖 10g，NaCl 5g，胆盐或 3 号胆盐 1.5g，中性红 0.03g，结晶紫 0.002g，琼脂 15~18g，蒸馏水 1000mL。

配制方法：将上述成分溶于蒸馏水中，静置几分钟，充分搅拌，调节 pH 7.3~7.5，煮沸 2min，将培养基融化并恒温至 45~50℃倾注平板，使用前临时配制，不得超过 3h。

26. 平板计数琼脂（plate count agar, PCA）培养基

胰蛋白胨 5.0g，酵母浸膏 2.5g，葡萄糖 1.0g，琼脂 15.0g，蒸馏水 1000mL，pH 6.8~7.2，121℃高压灭菌 15min。

27. 麦氏（McCLary）培养基（乙酸钠培养基）（酿酒酵母产孢子培养基）

葡萄糖 0.1g、KCl 0.18g、酵母膏 0.25g、乙酸钠 0.82g、琼脂 1.5g、蒸馏水 100mL。溶解后分装试管，115℃灭菌 15min。

28. 豆芽汁培养基

黄豆芽 500g、加水 1000mL，煮沸 1h，过滤后补足水分，121℃湿热灭菌后存放备用，此即为 50%的豆芽汁。

用于细菌培养：10%豆芽汁 200mL、葡萄糖（或蔗糖）50g、水 800mL，pH 7.2~7.4。

用于霉菌或酵母菌培养：10%豆芽汁 200mL、糖 50g、水 800mL，自然 pH。霉菌用蔗糖，酵母菌用葡萄糖。

29. TYA 培养基（用于厌氧菌培养）

葡萄糖 40g、牛肉膏 2g、酵母膏 2g、胰蛋白胨（bacto-typetone）6g、乙酸铵 3g、KH_2PO_4 0.5g、$MgSO_4 \cdot 7H_2O$ 0.2g、$FeSO_4 \cdot 7H_2O$ 0.01g、水 1000mL，pH 6.5，121℃灭菌 15min。

30. 玉米醪培养基（用于厌氧菌培养）

玉米粉 65g，自来水 1000mL，混匀，煮 10min 成糊状，自然 pH，121℃灭菌 15min。

31. 中性红培养基（用于厌氧菌培养）

葡萄糖 40g、胰蛋白胨 6g、酵母膏 2g、牛肉膏 2g、乙酸铵 3g、KH_2PO_4 5g、中性红 0.2g，$MgSO_4 \cdot 7H_2O$ 0.2g，$FeSO_4 \cdot 7H_2O$ 0.01g，水 1000mL，pH 6.2，121℃灭菌 15min。

32. 固体油脂培养基（用于分解脂肪的细菌的分离）

$(NH_4)_2SO_4$ 1g、K_2HPO_4 1g、$CaCl_2$ 0.1g、橄榄油 10g、聚乙烯醇 1g、琼脂 20g、0.5% 溴甲酚紫 0.1mL、水 1000mL，pH 7.5，121℃湿热灭菌 15min。

33. 豆饼斜面培养基（用于产蛋白酶霉菌菌株筛选）

豆饼 100g 加水 5~6 倍，煮出滤汁 100mL，汁内加入 KH_2PO_4 0.1%、$MgSO_4$ 0.05%、$(NH_4)_2SO_4$ 0.05%、可溶性淀粉 2%，pH 6，琼脂 2%~2.5%。

34. 淀粉培养基（用于淀粉酶菌株筛选）

蛋白胨 10.0g、氯化钠 5.0g、牛肉浸粉 5.0g、可溶性淀粉 2.0g、琼脂 15.0g，pH 7.1~7.3，121℃高压灭菌 20min，灭菌结束后请摇匀，以防琼脂沉积于器皿底部而凝固，备用。

35. 酪素培养基（用于蛋白酶菌株筛选）

分别配制 A 液和 B 液。
A 液：称取 $Na_2HPO_4 \cdot 7H_2O$ 1.07g、干酪素 4g，加适量蒸馏水，并加热溶解。
B 液：称取 KH_2PO_4 0.36g，加水溶解。
A、B 液混合后，加入酪素水解液 0.3mL，加琼脂 20g，最后用蒸馏水定容至 1000mL。
酪素水解液的配制：1g 酪蛋白溶于碱性缓冲液中，加入 1% 的枯草杆菌蛋白酶 25mL 加水至 100mL，30℃水解 1h。用于配制培养基时，其用量为 1000mL，培养基中加入 100mL 以上水解液。

参考文献

[1] 包大跃. 食品安全危害与控制 [M]. 北京：化学工业出版社，2006.

[2] 毕玉晶，杨瑞馥. 人体肠道微生物群、营养与健康 [J]. 科学通报，2019，64（3）：260-271.

[3] 曹鹏，贺纪正. 微生物生态学理论框架初探 [J]. 生态学报，2015，35：1-14.

[4] 陈红霞，李翠华. 食品微生物学及实验技术 [M]. 北京：化学工业出版社，2008.

[5] 崔岸. 自然生物疗法 益生菌保健与使用指南 [M]. 广州：华南理工大学出版社，2006.

[6] 董明盛，贾英民. 食品微生物学 [M]. 北京：中国轻工业出版社，2013.

[7] 段霞，黄欣，黄岭芳，等. 双抗夹心 ELISA 方法检测食品中单核细胞增生李斯特氏菌 [J]. 食品科学，2010，31（24）：272-276.

[8] 冯仁青，郭振泉，宓捷波. 现代抗体技术及其应用 [M]. 北京：北京大学出版社，2007.

[9] 葛兆宏. 动物微生物学 [M]. 北京：中国农业出版社，2001.

[10] 韩德权，王莘. 微生物发酵工艺学原理 [M]. 北京：化学工业出版社，2013.

[11] 何国庆，贾英民. 食品微生物学 [M]. 北京：中国农业大学出版社，2002.

[12] 何国庆，贾英民. 食品微生物学 [M]. 2 版. 北京：中国农业大学出版社，2009.

[13] 何国庆，贾英民，丁立孝. 食品微生物学 [M]. 北京：中国农业出版社，2011.

[14] 贺新生.《菌物字典》第 10 版菌物分类新系统简介 [J]. 中国食用菌，2009，28（6）：59-61.

[15] 贺稚非. 食品微生物学 [M]. 北京：中国质检出版社/中国标准出版社，2013.

[16] 贺稚非，李平兰. 食品微生物学 [M]. 重庆：西南师范大学出版社，2010.

[17] 吉布森 G. R.，拉斯塔尔 R. A.，吉布森，等. 益生元开发与应用 [M]. 北京：化学工业出版社，2008.

[18] 贾英民. 食品微生物学 [M]. 北京：中国轻工业出版社，2007.

[19] 杰伊，罗西里尼，何国庆，等. Modern food microbiology [M]. 北京：中国农业大学出版社，2008.

[20] 江汉湖，董明盛. 食品微生物学 [M]. 3 版. 北京：中国农业出版社，2010.

[21] 李季伦. 微生物生理学 [M]. 北京：北京农业大学出版社，1993.

[22] 李平兰. 微生物学实验原理与技术 [M]. 北京：中国农业出版社，2005.

[23] 李平兰. 食品微生物学教程 [M]. 北京：中国林业出版社，2011.

[24] 李志香, 张家国. 食品微生物学及其技能训练 [M]. 北京: 中国轻工业出版社, 2011.

[25] 林稚兰, 罗大珍. 微生物学 [M]. 北京: 北京大学出版社, 2011.

[26] 刘宏生, 冯华炜, 张力, 等. 机器学习在 MALDI-TOF MS 鉴定微生物中的应用 [J]. 微生物学报, 2020, 60 (5): 841-855.

[27] 刘明河, 米元霞. 新编微生物学 [M]. 济南: 山东大学出版社, 1993.

[28] 刘志恒. 现代微生物学 [M]. 北京: 高等教育出版社, 2002.

[29] 路福平, 刘逸寒, 薄嘉鑫. 食品酶工程关键技术及其安全性评价 [J]. 中国食品学报, 2011, 11 (9): 188-193.

[30] 马文漪, 杨柳燕. 环境微生物工程 [M]. 南京: 南京大学出版社, 1998.

[31] 闵航. 微生物学 [M]. 杭州: 浙江大学出版社, 2011.

[32] 戚中田. 微生物学 [M]. 北京: 科学出版社, 2003.

[33] 秦春娥, 别运清. 微生物及其应用 [M]. 武汉: 湖北科学技术出版社, 2008.

[34] 邱立友, 王明道. 微生物学 [M]. 北京: 化学工业出版社, 2012.

[35] 曲径, 徐仲. 食品卫生与安全控制学 [M]. 北京: 化学工业出版社, 2007.

[36] 桑亚新, 李秀婷. 食品微生物学 [M]. 北京: 中国轻工业出版社, 2016.

[37] 沈萍. 微生物学 [M]. 北京: 高等教育出版社, 2006.

[38] 沈萍, 陈向东. 微生物学 [M]. 8 版. 北京: 高等教育出版社, 2015.

[39] 盛祖嘉. 微生物遗传学 [M]. 北京: 科学出版社, 2007.

[40] 王贺详. 农业微生物学 [M]. 北京: 中国农业大学出版社, 2003.

[41] 王际辉. 食品安全学 [M]. 北京: 中国轻工业出版社, 2013.

[42] 乌日罕, 付艳茹, 格日勒图. 人体肠道微生物及其主要益生菌的食物来源 [J]. 食品工业, 2015, 36 (12): 249-251.

[43] 无锡轻工大学, 天津轻工业学院. 食品微生物学 [M]. 北京: 中国轻工业出版社, 1983.

[44] 吴永宁. 现代食品安全控制学 [M]. 北京: 化学工业出版社, 2003.

[45] 吴祖芳. 现代食品微生物学 [M]. 杭州: 浙江大学出版社, 2017.

[46] 解万翠, 尹超, 宋琳, 等. 中国传统发酵食品微生物多样性及其代谢研究进展 [J]. 食品与发酵工业, 2018, 44 (10): 253-259.

[47] 杨苏生, 周俊初. 微生物生物学 [M]. 北京: 高等教育出版社, 2004.

[48] 杨玉红, 陈淑范. 食品微生物学 [M]. 武汉: 武汉理工大学出版社, 2011.

[49] 姚粟, 于学健, 白飞荣, 等. 中国传统发酵食品用微生物菌种名单的研究 [J]. 食品与发酵工业, 2017, 43 (9): 238-258.

[50] 曾庆孝, 芮汉明, 李苇生. 食品加工与保藏原理 [M]. 北京: 化学工业出版社, 2003.

[51] 张兰威. 发酵食品工艺学 [M]. 北京：中国轻工业出版社，2014.

[52] 张全国. 微生物生态学简介 [J]. 微生物学通报，2013，48：10-12.

[53] 周德庆. 微生物学教程 [M]. 3版. 北京：高等教育出版社，2011.

[54] 周群英，王士芬. 环境工程微生物学 [M]. 3版. 北京：高等教育出版社，2008.

[55] 周世宁. 现代微生物生物技术 [M]. 北京：高等教育出版社，2007.

[56] Albano H, Henriques I, Correia A, et al. Characterization of microbial population of 'Alheria' (a traditional Portuguese fermented sausage) by PCR-DGGE and traditional cultural microbiological methods [J]. Journal of Applied Microbiology, 2008, 105: 2187-2194.

[57] Amagliani G, Omiccioli E, Brandi G, et al. A multiplex magnetic capture hybridisation and multiplex real-time PCR protocol for pathogen detection in seafood [J]. Food Microbiol, 2010, 27 (5): 580-585.

[58] Amend AS, Oliver TA, Amaral-Zettler LA, et al. Macroecological patterns of marine bacteria on a global scale [J]. Journal of Biogeography, 2012, 40: 800-811.

[59] Aparecida de Oliveira M, Abeid Ribeiro EG, Morato Bergamini AM, et al. Quantification of *Listeria monocytogenes* in minimally processed leafy vegetables using a combined method based on enrichment and 16SrRNA real-time PCR [J]. Food Microbiology, 2010, 27 (1): 19-23.

[60] Arslan, Seher. A review: chemical, microbiological and nutritional characteristics of kefir [J]. CyTA-Journal of Food, 2015, 13 (3): 340-345.

[61] Bibek Ray, Arun Bhunia. Fundamental Food Microbiology. 5th Revised edition [M]. CRC Press Inc., 2013.

[62] Bibek Ray, Arun Bhunia. 江汉湖主译. 基础食品微生物学 [M]. 4版. 北京：中国轻工业出版社，2014.

[63] Boudra H, Le Bars P, Le Bars J. Thermostability of Ochratoxin A in wheat under two moisture conditions [J]. Applied and Environmental Microbiology, 1995, 61: 1156-1158.

[64] Burton W. Blais, Jessica Bosley, Amalia Martinez-Perez, et al. Polymyxin-based enzyme-linked immunosorbent assay for the detection of *Escherichia coli* O111 and O26 [J]. Journal of Microbiological Methods, 2006, 65 (3): 468-475.

[65] Byung-Keun Oh, Young-Kee Kim, Kwang Won Park, et al. Surface plasmon resonance immunosensor for the detection of *Salmonella typhimurium* [J]. Biosensors and Bioelectronics, 2004, 19 (11): 1497-1504.

[66] Cecilia S. M. Lucero Estrada, Lidia del Carmen Velázquez, Gabriela Isabel Favier, et al. Detection of *Yersinia* spp. in meat products by enrichment culture, immunomagnetic separation and nested PCR [J]. Food Microbiology, 2012, 30 (1): 157-163.

[67] Celestino S, Cunha R K, Ricardo B, et al. Characterization of a beta-glucanase produced by *Rhizopus microsporus* var. *microsporus*, and its potential for application in the brewing industry [J].

BMC Biochemistry, 2006, 7 (23): 1-9.

［68］Chaonan Cheng, Yuan Peng, Jialei Bai, et al. Rapid detection of *Listeria monocytogenes* in milk by self-assembled electrochemical immunosensor ［J］. Sensors and Actuators B: Chemical, 2014, 190: 900-906.

［69］Chonghua Zhou, Philip Pivarnik, Steven Auger, et al. A compact fiber-optic immunosensor for *Salmonella* based on evanescent wave excitation ［J］. Sensors and Actuators B: Chemical, 1997, 42 (3): 169-175.

［70］Courty P. E., Smith P., Koegei S., et al. Inorganic nitrogen uptake and transport in beneficial plant root-microbe interactions ［J］. Critical Reviews in Plant Sciences, 2015, 34 (1-3): 4-16.

［71］Dantigny P., Sonia M., Beyer M., et al. Mould germination: Data treatment and modelling ［J］. International Journal of Food Microbiology, 2007, 114 (1): 17-24.

［72］Dian-Bing Wang, Bo Tian, Zhi-Ping Zhang, et al. Detection of *Bacillus anthracis* spores by super-paramagnetic lateral-flow immunoassays based on "Road Closure" ［J］. Biosensors and Bioelectronics, 2014.

［73］Douglas G L, Goh Y J, Klaenhammer T R. Integrative food grade expression system for lactic acid bacteria ［J］. Methods in Molecular Biology, 2011, 756: 373-387.

［74］Escalante A., Cervantes A. S., Gosset G., et al. Current knowledge of the *Escherichia coli* phosphoenolpyruvate-carbohydrate phosphotransferase system: peculiarities of regulation and impact on growth and product formation ［J］. Applied Microbiology and Biotechnology, 2012, 94 (6): 1483-1494.

［75］Eyben D, Duthoy J E. The filterability of wort and beer ［J］. MBAA Tech, 1979, 16: 135-141.

［76］Filipa Q., Natacha F., Paulo S., et al. Activity of tonoplast proton pumps and Na+/H+ exchange in potato cell cultures is modulated by salt ［J］. Journal of Experimental Botany, 2009, 60 (4): 1363-1374.

［77］Eldor A. Paul. Soil Microbiology, Ecology and Biochemistry ［M］. 4th Edition. Academic Press, 2014.

［78］Faridah Salam, Ibtisam E. Tothill. Detection of *Salmonella typhimurium* using an electrochemical immunosensor ［J］. Biosensors and Bioelectronics, 2009, 24 (8): 2630-2636.

［79］Fierer N, Lennon JT. The generation and maintenance of diversity in microbial communities ［J］. American Journal of Botany, 2011, 98 (3): 439-448.

［80］Fontana C, Vignolo G, et al. PCR-DGGE analysis for the identification of microbial populations from Argentinean dried fermented sausages ［J］. Journal of Microbiological Methods, 2005, 63: 254-263.

[81] Galati S., Giannuzzi S., Giner A.. Modelling the effect of temperature and water activity on the growth of *Aspergillus parasiticus* on irradiated Argentinian flint maize [J]. Journal of Stored Products Research, 2010, 47 (1): 1-7.

[82] Gatto V, Torriani S. Microbial population changes during sourdough fermentation monitored by DGGE analysis of 16S and 26S rRNA gene fragments [J]. Annals of Microbiology, 2004, 54 (1): 31-42.

[83] George M. Garrity, editor in-chief. Bergey's Manual of Systematic Bacteriology [M]. 2nd edition. New York: Springer, 2001-2012.

[84] Gossett A. Campbell, Raj Mutharasa. Near real-time detection of *Cryptosporidium parvum* oocyst by IgM-functionalized piezoelectric-excited millimeter-sized cantilever biosensor [J]. Biosensors and Bioelectronics, 2008, 23 (7): 1039-1045.

[85] Green J, Bohannan BJ. Spatial scaling of microbial biodiversity [J]. Trends in Ecology & Evolution, 2006, 21 (9): 501-507.

[86] Gupta V. K., Verma S., Pal A., et al. In vivo efficacy and synergistic interaction of 16α-hydroxycleroda-3,13 (14) Z-dien-15, 16-olide, a clerodane diterpene from Polyalthia longifolia against methicillin-resistant Staphylococcus aureus [J]. Applied Microbiology & Biotechnology, 2013, 97 (20): 9121-9131.

[87] Hathout A S, Aly S E. Biological detoxification of mycotoxins: a review [J]. Annals of Microbiology, 2014: 1-15.

[88] H. Baccar, M. B. Mejri, I. Hafaiedh, et al. Surface plasmon resonance immunosensor for bacteria detection [J]. Talanta, 2010, 82 (2): 810-814.

[89] Henry R J. A comparison of the non-starch carbohydrates in cereal grains [J]. J Sci Food Agric, 1985, 36: 1243-1253.

[90] Henry R J. Pentosan and (1-3), (1-4) -beta-glucan concentration in endosperm and whole grain of wheat, barley, oats and rye [J]. J Cereal Sci, 1987, 6: 253-258.

[91] Huami Ming, Manli Wang, Hongzong Yin. Detection of *Bacillus thuringiensis* Cry1Ab protein based on surface plasmon resonance immunosensor [J]. Analytical Biochemistry, 2015, 468: 59-65.

[92] Iribarren D., Daga P., Moreira M. T., et al. Potential environmental effects of probiotics used in aquaculture [J]. Aquaculture International, 2012, 20 (4): 779-789.

[93] James M. Jay. Modern Food Microbiology [M]. 6th Edition. An Aspen Publication, 2000.

[94] James M. Jay, Martin J. Loessner, David A. Golden. Modern Food Microbiology [M]. 7th Edition. Springer Science Business Media Inc. 2005.

[95] Jansen M, Veurink J H, Euverink G J W, et al. Growth of salt-tolerant yeast *Zygosaccha-*

romyces rouxii in microtiter plate：effects of NaCl，pH and temperature on growth and fusel alcohol production from branchen-chain amino acids［J］. FEMS Yeast Research，2003，（3）：313-318.

　　［96］Jianhan Lin，Min Li，Yanbin Li，et al. A high gradient and strength bioseparator with nano-sized immunomagnetic particles for specific separation and efficient concentration of *E. coli* O157：H7［J］. Journal of Magnetism and Magnetic Materials，2015，378：206-213.

　　［97］Jianke Li，Ruirui Huang，Kai Xia，et al. Double antibodies sandwich enzyme-linked immunosorbent assay for the detection of *Alicyclobacillus acidoterrestris* in apple juice concentrate［J］. Food Control，2014，40：172-176.

　　［98］Jing Zeng，Haiyan Wei，Lei Zhang，et al. Rapid detection of *Vibrio parahaemolyticus* in raw oysters using immunomagnetic separation combined with loop-mediated isothermal amplification［J］. International Journal of Food Microbiology，2014，174：123-128.

　　［99］Jin Y L. Effect of β-glucan and environmental factors on the physical and chemical properties of wort and beer［D］. NS：Ph D thesis Dalhousie University，2002.

　　［100］Jones J. G. Advances in Microbial Ecology［M］. Springer-Verlag New York Inc.，2012.

　　［101］Karsunke XY，Niessner R，Seidel M. Development of a multichannel flow-through chemiluminescence microarray chip for parallel calibration and detection of pathogenic bacteria［J］. Analytical and Bioanalytical Chemistry，2009，395（6）：1623-1630.

　　［102］Kathleen Park Talaro. 微生物学基础［M］. 5版. 北京：高等教育出版社，2005.

　　［103］Katz L. A. Origin and diversification of Eukaryotes［J］. Annual Review of Microbiology，2102，66：411-427.

　　［104］Kim T W，Lee J H，et al. Analysis of bacterial and fungal communities in Japanese and Chinese fermented soybean paste using nested PCR-DGGE［J］. Current Microbiology，2010，60：315-320.

　　［105］Kirk P. M.，Cannon P. F.，Minter D. W. et al. Ainsworth & Bisby's Dictionary of the Fungi［M］. 10 th Edition. CABI Bioscience，CAB International，2008.

　　［106］Lane, N. and Martin, W. The energetics of genome complexity［J］. Nature，2010，467：929.

　　［107］Lansing M Prescott，John P Harley，Donald A Klein（美）. 沈萍，彭珍荣主译. 微生物学［M］. 北京：高等教育出版社，2003.

　　［108］Lansing M. Prescott，John P Harley，Donald A. Klein. Microbiology［M］. 6th edition. McGraw-Hill Companies，2004.

　　［109］Lindenmeier M，Schieberle P，Rychlik M. Quantification of ochratoxin A in foods by a stable isotope dilution assay using high-performance liquid chromatography-tandem mass spectrometry［J］. Journal of Chromatography A，2004，1023：57-66.

[110] Liu X D, Xu Y. A novel raw starch digesting α-amylase from a newly isolated *Bacillus* sp YX-1: purification and characterization [J]. Bioresource Technol, 2008, 99 (10): 4315-4320.

[111] Liu Y., Liu L. Z., Zhong Z. P., et al. *Colwellia aquaemaris* sp. nov., isolated from the *Cynoglossus semilaevis* culture tank in a recirculating mariculture system [J]. International journal of systematic and evolutionary microbiology, 2014, 64: 3926-3930.

[112] Lobeau M, De Saeger S, Sibanda L, et al. Development of a new clean-up tandem assay column for the detection of ochratoxin A in roasted coffee [J]. Analytica chimica acta, 2005, 538: 57-61.

[113] Lone Gram, Lars Ravn, Maria Rasch, et al. Food spoilage-interactions between food spoilage bacteria [J]. International Journal Food Microbiol, 2002, 78 (1-2): 79-97.

[114] Lusk L T, Kay S B, Navarro A, et al. Barley beta-glucan and beer foam stability [J]. J Am Soc Brew Chem, 2001, 59 (4): 183-186.

[115] Lu Y, Wang T H, Ding X L. Induction of production and secretion beta (1-4) glucanase with *Saccharomyces cerevesiae* by replacing the MET10 gene with eg11 gene from *Trichoderma reesei* [J]. Letters in Applied Microbiology, 2009, 49 (6): 702-707.

[116] Madigan M. T. and Martinko J. M. 李明春, 杨文博主译. Brock 微生物生物学 [M]. 北京: 科学出版社, 2009.

[117] Mantle P G. Risk assessment and the importance of ochratoxins [J]. Int Biodeter Biodegr, 2002, 50: 143-146.

[118] Marks B. P.. Status of Microbial Modeling in Food Process Models [J]. Comprehensive Reviews in Food Science & Food Safety, 2010, 7 (1): 137-143.

[119] Medina A, Mateo R, Lopez-Ocana L, et al. Study of Spanish grape mycobiota and ochratoxin A production by isolates of *Aspergillus tubingensis* and other members of *Aspergillus* section [J]. Nigri. APPI. Environ. Mierobiol, 2005, 71: 4696-4702.

[120] MeKenzie K S, Sarr A B, Mayura K, et al. Oxidative degradation and detoxification of mycotoxins using a novel source of ozone [J]. Food Chem Toxicol, 1997, 35 (8): 807-820.

[121] Michael. T. Madigan, John. M. Martinko. 李明春, 杨文博主译. BROCK 微生物生物学 [M]. 11 版. 北京: 科学出版社, 2009.

[122] Min-TzeLiong. Probiotics [M]. Springer-Verlag New York Inc., 2011.

[123] Mohamed S., Mo L., Flint S., et al. Effect of water activity and temperature on the germination and growth of *Aspergillus Tamarii* isolated from "Maldive Fish" [J]. International Journal of Food Microbiology, 2012, 160 (2): 119-123.

[124] Molina-Cano J L, Conde J. Genetic and environmental variation of gum content in barley [J]. J Inst Brew, 1982, 88: 30-33.

[125] M. S Veena, J. W. L vanVuurde. Indirect immunofluorescence colony staining method

for detecting bacterial pathogens of tomato [J]. Journal of Microbiological Methods, 2002, 49 (1): 11-17.

[126] Mussatto SI, Mancilha IM. Non-digestible oligosaccharides: A review [J]. Cabohydrate Polymers, 2007, 63 (3): 587-597.

[127] Na Wang, Miao He, Han-Chang Shi. Novel indirect enzyme-linked immunosorbent assay (ELISA) method to detect total *E. coli* in water environment [J]. Analytica Chimica Acta, 2007, 590 (2): 224-231.

[128] Ngundi M M, Shriver-Lake L C, Moore M H, et al. Array biosensor for detection of ochratoxin A in cereals and beverages [J]. Analytical chemistry, 2005, 77: 148-154.

[129] Ogawa J, Shimizu S. Industrial microbial enzymes: their discovery by screening and use in large-scale production of useful chemicals in Japan [J]. Current Opinion in Biotechnology, 2002, 13 (4): 367-375.

[130] Olivia McAuliffe, R. Paul Ross, Colin Hill. Lantibiotics: structure, biosynthesis and mode of action [J]. Fems Microbiology Reviews, 2001, 25: 285-308.

[131] Olsen G. J., Woese C. R. Ribosomal RNA: a key to phylogeny [J]. FASEB Journal, 1993, 7: 113-123.

[132] Ortiz, M. E., Fornaguera M. J., Raya R. R., et al. *Lactobacillus reuteri* CRL 1101 highly produces mannitol from sugarcane molasses as carbon source [J]. Applied Microbiology & Biotechnology, 2012, 95 (4): 991-999.

[133] Oxenboll K, Ernst S. Environment as a new perspective on the use of enzymes in the food industry [J]. Food Science and Technology, 2008, 22 (1): 35-37.

[134] Panagou E. Z., Skandamis P. N., Nychas G. J. E.. Modelling the combined effect of temperature, pH and aw on the growth rate of *Monascus ruber*, a heat-resistant fungus isolated from green table olives [J]. Journal of Applied Microbiology, 2003, 94 (1): 11.

[135] Peter J. Taormina. Microbiological Research and Development for the Food Industry [M]. CRC Press Inc., 2012.

[136] Porat I., Whitman W. B., Tryptophan auxotrophs were obtained by random transposon insertions in the *Methanococcus maripaludis* tryptophan operon [J]. FEMS Microbiology Letters, 2009, 297 (2): 250-254.

[137] Qianwang Zheng, Marta Mikš-Krajnik, Yishan Yang, et al. Real-time PCR method combined with immunomagnetic separation for detecting healthy and heat-injured *Salmonella Typhimurium* on raw duck wings [J]. International Journal of Food Microbiology, 2014, 186: 6-13.

[138] R. A. N. Chemielewski, J. F. Frank. Biofilm formation and control in food processing facilities [J]. Comprehensive. Reviews in. Food Science and. Food Safety, 2003, 2 (1): 22-32.

[139] Rivera M. C. and Lake J. A. The ring of life provides evidence for a genome fusion origin

of eukaryotes [J]. Nature, 2004, 431: 152-155.

[140] Rodney H Perez, Takeshi Zendo, Kenji Sonomoto. Novel bacteriocins from lactic acid bacteria (LAB): various structures and applications [J]. Microbial Cell Factories, 2014, 13 (1): 1-13.

[141] Rodney M. Donlan. Biofilms: microbial life on surface [J]. Emerging Infections Disease, 2002, 8 (9): 881.

[142] Rughoonundun H., Mohee R., Holtzapple M. T., Influence of carbon-to-nitrogen ratio on the mixed-acid fermentation of wastewater sludge and pretreated bagasse [J]. Bioresource Technology, 2012, 112: 91-97.

[143] Sally A. Rose, PamelaBankes, M. F. Stringer. Detection of staphylococcal enterotoxins in dairy products by the reversed passive latex agglutination (SET-RPLA) kit [J]. International Journal of Food Microbiology, 1989, 8 (1): 65-72.

[144] Sara Tombelli, Marco Mascini, Cristiana Sacco, et al. A DNA piezoelectric biosensor assay coupled with a polymerase chain reaction for bacterial toxicity determination in environmental samples [J]. Analytica Chimica Acta, 2000, 418 (1): 1-9.

[145] Shahzad K. A., Muhammad K., Sheikh A. A., et al. Isolation and molecular characterizatiom of shiga toxin producing *E. coli* O157 [J]. Journal of Animal and Plant Sciences, 2013, 23 (6): 1618-1621.

[146] Simon Baker, Jane Nicklin, Naveed Khan, 等. 李明春, 杨文博主译. 微生物学 [M]. 3版. 北京: 高等教育出版社, 2010.

[147] Soboleva T. K., Pleasants A. B., Le Roux G.. Predictive microbiology and food safety [J]. International Journal of Food Microbiology, 2000, 57 (3): 183-192.

[148] Suhartatik N., Cahyanto M. N., Rahardjo S., et al. Isolation and identification of lactic acid bacteria producing β-glucosidase from Indonesian fermented foods [J]. International Food Research Journal, 2014, 21 (3): 937-942.

[149] Takekazu Okumura, Fumiko Nagai, Shuta Yamamoto, et al. Detection of white spot syndrome virus from stomach tissue homogenate of the kuruma shrimp (*Penaeus japonicus*) by reverse passive latex agglutination [J]. Journal of Virological Methods, 2004, 119 (1): 11-16.

[150] Tassou C. C., Panagou E. Z., Samaras F. J., et al. Temperature - assisted high hydrostatic pressure inactivation of *Staphylococcus aureus* in a ham model system: evaluation in selective and nonselective medium [J]. Journal of Applied Microbiology, 2008, 104.

[151] Thomas J. Montville, Karl R. Matthews. Food Microbiology: An Introduction [M]. 2nd Edition. Washington DC: ASM, 2011.

[152] Tien-Thanh Nguyen, Geir Mathiesen, Lasse Fredriksen et al. A Food-Grade System for Inducible Gene Expression in *Lactobacillus plantarum* using an alanine racemase-encoding selection

marker [J]. Agricultural and food chemistry, 2011, 59: 5617-5624.

[153] Trono D., Laus M., Soccio M., et al. Transport pathways proton motive force interrelationship in durum wheat mitochondria [J]. International Journal of Molecular Sciences, 2014, 15 (5): 8186-8215.

[154] Van der Zijpp A. J., Jan D. van Elsas, Frans J. de Bruijn. Molecular Microbial Ecology Manual [M]. Springer-Verlag New York Inc., 2012.

[155] Wang D, Zhang G, Lu C, et al. Rapid detection of *Listeria monocytogenes* in raw milk with loop-mediated isothermal amplification and chemosensor [J]. Food Science, 2011, 76 (9): M611-615.

[156] Wang Z., Yang S. T.. Propionic acid production in glycerol/glucose co-fermentation by *Propionibacterium freudenreichii* subsp. Shermanii [J]. Bioresource Technology, 2013, 137: 116-123.

[157] Wenwei Liu, Jian Kong, Wentao Kong. Construction and application of a food-grade expression system for *Lactococcus lactis* [J]. Molecular Biotechchnology, 2013, 54: 170-176.

[158] Wolter AR, Niessner, Seidel M. Detection of *Escherichia coli* O157∶H7, *Salmonella typhimurium*, and *Legionella pneumophila* in water using a flow-through chemiluminescence microarray readout system [J]. Analytical Chemistry, 2008, 80 (15): 5854-5863.

[159] Wu R, Liu X, Guo B, et al. Development of double loop-mediated isothermal amplification to detect *Listeria monocytogenes* in food [J]. Curr Microbiol, 2014, 69 (6): 839-845.

[160] Yang H, Qu L, Wimbrow AN, et al. Rapid detection of *Listeria monocytogenes* by nanoparticle-based immuno magnetic separation and real-time PCR [J]. Food Microbiol, 2007, 118 (2): 132-138.

[161] Yang S L, Liu Z S, Chi S Z, et al. Production of beer with a genetically engineered strain of *S. cerevisiae* with modified beta-glucanase expression [J]. J I Brewing, 2009, 115 (4): 361-367.

[162] Yan Lu, Claudia Toma, Yasuko Honma, et al. Detection of EspB using reversed passive latex agglutination: application to determination of enteropathogenic *Escherichia coli* [J]. Diagnostic Microbiology and Infectious Disease, 2002, 43 (1): 7-12.

[163] Yan X, Yao WR, He Q, et al. The development and amplification of food rapid microbial detection Methods [J]. Food Science, 2005, 6: 104-106.

[164] Ze-Zhong Chen, Li Cai, Min-Yan Chen, et al. Indirect immunofluorescence detection of *E. coli* O157∶H7 with fluorescent silica nanoparticles [J]. Biosensors and Bioelectronics, 2015, 66: 95-102.

[165] Zhang Q, Chen Q H, Fu M L, et al. Construction of recombinant industrial *Saccharomyces cerevisiae* strain with bglS gene insertion into PEP4 locus by homologous recombination [J]. Jour-

nal of Zhejiang University-Science B, 2008, 9 (7): 527-535.

[166] Zhongqiang Yan, Lei Zhou, Yongkai Zhao, et al. Rapid quantitative detection of *Yersinia pestis* by lateral-flow immunoassay and up-converting phosphor technology-based biosensor [J]. Sensors and Actuators B: Chemical, 2006, 119 (2): 656-663.

[167] Zhouli Wang, Tianli Yue, Yahong Yuan, et al. Preparation of immunomagnetic nanoparticles for the separation and enrichment of *Alicyclobacillus* spp. in apple juice [J]. Food Research International, 2013, 54 (1): 302-310.

食品微生物学课程思政建议

绪论

  微生物与人类社会及文明的发展密切相关。早在公元前 6000 年，人类就已经掌握了酿酒和食品保存技术，诸如干燥、烘焙、烟熏、腌制、低温贮存、隔绝空气等方法一直沿用至今。中国是最早认识到并利用微生物的国家之一，酿酒、制酱、酿醋等技艺都是利用微生物进行的有益实践，体现了我国古代劳动人民的智慧。在现代，伍连德、汤飞凡、魏岩寿、张宪武、陈华癸等老一辈科学家为我国微生物学的发展作出了卓越贡献。经过一代又一代科技工作者的辛勤努力和不懈奋斗，我国科技实力实现了历史性的跨越。改革开放以来，我国在发酵、生物制药、食品制造、农业生产、环境保护等领域取得了显著进步，味精、啤酒、柠檬酸、维生素 C、抗生素等产品的产量稳居世界首位。然而，我们与国际先进水平之间仍存在较大差距，迫切需要加强科技创新和技术进步。我们应着力发展合成生物技术、发酵装备智能化等技术，推动制造过程向绿色、低碳、智能化方向发展，助力我国从生物制造大国向生物制造强国转变。

第一章　原核微生物

  细菌与食品工业的联系极为紧密。乳酸菌、醋酸菌等微生物为大家所熟知，工业上还广泛利用细菌发酵来生产氨基酸、有机酸、核苷酸、维生素、胞外多糖、酶制剂、风味化合物和防腐剂等产品。细菌在食品制造中的应用极为广泛。可以组织学生通过自学、讨论、翻转课堂等多种形式，在查阅资料、讲述、聆听和讨论过程中，掌握细菌在食品工业中应用，了解我国行业发展现状和前景。益生菌一般指在消化道中能达到一定数量，并且其益生作用远超过肠道中营养素的活细胞产品。用于人体保健的益生菌菌种主要涉及双歧杆菌、乳酸杆菌、肠球菌、芽孢杆菌等细菌。随着生活水平的提升，消费者对健康的重视程度日益增加，益生菌产品在保健产品市场的份额也在不断上升。我国的优质益生菌菌种资源、菌种产业化技术及菌株功能研究曾长期被国外企业掌控，工业化生产酸奶所需的菌种一度依赖进口。然而，通过陈卫院士、张和平教授等科学家的深入研究，我们成功研发了适合中国人健康的益生菌，逐渐打破了国外企业的技术垄断，实现了菌种的自主研发。目前，国内已有部分企业拥有了自主知识产权和核心菌株。在实现国家振兴和经济社会快速发展的同时，我们面临着激烈的国际竞争。美国试图遏制中国科技的崛起，以维护其技术霸权地位。但中国的崛起是势不可挡的。广大青年学生需要拓宽视野、提升学术水平，为中华民族的崛起贡献力量。

  微生物的繁殖是导致食品腐败变质的关键因素，尤其是细菌，因其繁殖速度快，更容易引起食品变质。沙门氏菌、蜡样芽孢杆菌、副溶血性弧菌等细菌污染食品可能导致细菌性食物中毒。食源性疾病对人群健康构成严重威胁，食源性疾病始终是人群健康和生命安全的潜在风险。为了保障人民的健康，我国建立了食源性疾病主动监测系统和国家食源性疾病分子溯源网络。通过这些系统和网络，我们能够掌握食源性疾病的发病趋势，评估不同地区食源性疾病的食品来源，以及准确、快速地追踪食品中的致病因素。学生可以结合近期的国内外食品安全案例，思考食品行业从业人员的社会责任，在学习知识的同时，认识到食品从农田到餐桌的每一个环节都关乎人民群众的健康，从而树立正确的人生观、价值观和社会责任感。

第二章　真核微生物

真菌在自然界中广泛分布，它们在许多食品的制造过程中扮演着重要角色，例如各种酒类、馒头、面包、酱油和腐乳等。某些真菌种类甚至可以直接作为食品食用，如香菇和木耳。在发酵工业中，真菌被用来生产酒精、酶制剂、有机酸、抗生素和单细胞蛋白等产品。2024年中央一号文件指出："树立大农业观、大食物观，多渠道拓展食物来源，探索构建大食物监测统计体系"。通过科技创新，我们旨在帮助农业生产摆脱自然资源的限制，实现"向森林要食物，向江河湖海要食物，向设施农业要食物"的目标，并且要从传统农作物和畜禽资源向更丰富的生物资源转变，发展生物科技和生物产业，以获取植物、动物和微生物中的热量和蛋白质。微生物能够在使用更少资源的情况下产出更多的蛋白质，具有高制造效率和低二氧化碳排放的优势。在课程中，通过引入酿酒、制酱等典型案例，能够帮助学生了解我国悠久的酿造历史，展示国内外的发展现状和行业前沿。这样不仅能够激励学生在继承传统酿造技术的基础上进行创新，还能促使学生将最新的科技成果融入传统发酵产品的生产实践中。

黄曲霉、赭曲霉、岛青霉、禾谷镰刀菌等霉菌可以产生黄曲霉毒素、赭曲霉毒素、黄天精、单端孢霉烯族化合物等毒素。这些霉菌在食品中生长、产毒会引发食品安全问题。结合一些真菌毒素污染食品的真实案例，引导学生开展讨论分析，如何抑制真菌的生长和产毒，去除食品中的真菌毒素，预防真菌性食物中毒事件的发生，保证消费者的健康。

第三章　病毒

70%~80%的人类传染性疾病是由病毒引起的，人类进化史实际上是一部与病毒斗争的历史。自21世纪以来，一些疫情是由于人类为了满足食欲而滥捕或食用野生动物，导致了病毒的跨物种传播和扩散。面对新冠肺炎疫情，我国科学家迅速检测出新冠病毒的基因组序列，并成功研制出新冠病毒疫苗。对比各国应对疫情的举措，可以清晰地看到我国社会主义制度的优越性。特别是在疫情防控期间，中医和中药发挥了重要作用，展现了中华传统医学文化的深厚底蕴。食源性病毒虽不能在食品中生长，但可以通过食品传播给人类，导致疾病的发生。近年来，包括我国在内的美国、英国、加拿大等国家，每年报告的由诺如病毒引起的感染事件呈现逐年上升的趋势，成为一个日益严重的公共卫生问题。因此，早期快速准确地检测病毒对食品安全和疫情溯源至关重要，以便及时确定并召回受污染的食品，防止感染的进一步扩散。

在发酵工业中，噬菌体污染会导致发酵周期延长、产品产量和质量下降，甚至可能引发倒罐、停产等严重后果，给企业造成巨大的经济损失。这在乳制品、L-谷氨酸、2-酮基-D-葡萄糖酸等产品的生产发酵中尤为显著，噬菌体污染是导致发酵失败的主要因素。多年来，生产企业尝试了各种物理、化学和生物方法来控制噬菌体，但噬菌体污染仍是发酵工业面临的一大难题。随着生物技术和合成生物学的发展，抗噬菌体菌株的选育成为生物防治的研究重点。目前已知，乳酸菌中存在多种抗噬菌体侵染的防御机制，如抑制噬菌体吸附、阻断噬菌体侵染、限制修饰系统、流产感染系统、CRISPR/Cas 系统等。科研人员已通过自发突变和诱发突变，分离出乳球菌、嗜热链球菌、瑞士乳杆菌等多种乳酸菌的抗噬菌体菌株，并构建了抗噬菌体基因工程菌株。

第四章　食品微生物的营养

营养是生命活动的起始点，为一切生命活动提供了必要的物质基础。明确微生物利用营养物质的种类及方式，无论对于实现经济、高效的微生物培养，还是有效控制有害微生物的生长，都有深刻的理论价值和实际应用意义。学习微生物的营养知识并掌握其中的规律，是认识、利用和深入研究微生物的必要基础，尤其对更自觉和有目的地选用、改造和设计符合微生物生理要求的培养基，以便进行科学研究或生产实践，具有重要的作用。

第五章　食品微生物的代谢

新陈代谢是推动一切生命活动的动力源，贯穿于生命活动的始终。利用微生物的代谢活动可以生产种类丰富的食品及配料，乳酸发酵、酒精发酵、醋酸发酵等都是食品工业中重要的发酵代谢途径。食品的腐败变质也与污染微生物的代谢生长密不可分。某些微生物在食品中生长后，还会产生黄曲霉毒素、肠毒素、肉毒毒素等有毒物质，威胁食用者的健康。了解食品微生物的代谢途径和代谢产物，掌握微生物的代谢调控方法和技术，并有目的地改造和驯化微生物，获得高产菌株是发酵工业生产的基础。利用谷氨酸棒杆菌的高丝氨酸缺陷型菌株发酵生产赖氨酸是工业代谢调控的经典案例，人类通过改造微生物，创造出了更高的经济价值。

第六章　食品微生物的生长及其控制

研究微生物的生长规律、影响微生物生长的因素等内容与发酵生产密不可分。缩短生产菌种的适应期，可以相应缩短产品的生产周期，提高发酵设备的利用率，减少能耗，降低生产成本。对于同一种微生物来说，不同的生理生化过程有着不同的最适条件，发酵生产过程中通过分段控制，可以提高生产效率和经济效益。分批发酵、补料分批发酵、连续发酵各有优劣，要根据生产实际选择合适的发酵方式。学生在学习理论知识的同时，要锻炼自己多角度分析问题的能力，活跃创新思维，熟练解决问题的技巧，增强自身解决问题的能力，提高就业核心竞争力。

食品在加工、运输、贮藏和销售过程中不可避免会受到不同类型微生物的污染，食品的营养价值和经济价值降低，消费者的健康受到威胁。研究食品中有害微生物的污染途径和控制技术，对于控制食品的微生物污染、延长食品保质期、预防食物中毒的发生有着重要的意义。

第七章　食品微生物的遗传与育种

现代发酵工业之所以能迅猛发展，创造出巨大的经济价值，除了发酵工艺优化、发酵设备更新，更重要的是进行了菌种的选育和改良，为发酵生产提供各种性能优良的突变菌株，从而使抗生素、酶制剂、氨基酸、有机酸、维生素等产品的产量突飞猛进，质量也不断提高。

诱变育种是工业微生物育种的主要方法，尤其发酵工业中的各种优良高产菌株大都是以诱变育种的方法获得的。1929年，弗莱明发现了青霉素产生菌——特异青霉（*Penicillium notatum*），当时表层培养青霉素的产量只有1~2 U/mL。1949年美国北部地区研究所实验室分离出产黄青霉（*Penicillium chrysogenum*）NRRL9551沉没培养青霉素的产量为20 U/mL。经过几十年的诱变育种，青霉素的产量目前已达到80000 U/mL以上。1987年，我国开始利用返回式卫星搭载生物样品进行太空育种，神州飞船、天宫空间实验室、深空探测器将各种植物种子、微生物菌种送入太空，在高真空、宇宙高能离子辐射、宇宙磁场、高洁净的特殊环境中培育出了一批又一批的优良航天新品种。经过了无数科研人员和劳动者长期的努力才创造出现在优越的物质生活，为了祖国繁荣昌盛、人民安居乐业，大国工匠精神需要不断传承，发扬光大。

从自然选育、诱变育种、杂交育种、代谢控制育种，一直到基因工程育种，育种工作经历了从低效到高效、从随机突变到定向改造的发展过程。分子定向进化育种、基因敲除育种、全局转录机器工程育种、基因组改组、规律成簇间隔短回文重复序列/规律成簇间隔短回文重复序列关联蛋白等越来越多的现代育种新技术不断涌现，被用于改造食品微生物菌种。创新是引领发展的第一动力。生命科学的发展深刻改变着人们的生产生活方式，极大拓展了人类的生产生活空间。在充满机遇和挑战的现代社会，持续学习和勇于创新才能获得机会和成功。

第八章 食品微生物的生态

食品可以看成是一个特殊的微生物生态系统，总是存在多种微生物区系，这些微生物与食品环境相互作用构成了一个具有特定功能的生态系统。研究食品生态系统规律可以为食品的发酵生产和防腐保鲜提供理论基础。

我国幅员辽阔、各地气候条件、土壤植被条件差异很大，提供了丰富的微生物自然资源。研究环境中微生物群体的结构、功能及其与环境的相互作用，有助于开发新的微生物农药、微生物肥料和微生态制剂，有助于污染环境修复，提升环境质量，促进经济社会发展全面绿色转型，建设美丽中国。研究微生物在自然界物质循环中的作用，有助于阐明地质演化和生物进化中的许多机制，为探矿、冶金、提高土壤肥力、治理环境污染、开发生物能源和促进大自然的生态平衡提供科学基础。

第九章 免疫学技术在食源性微生物检测中的应用

食品安全事件暴发和产品召回时有发生，严重威胁消费者的生命健康，给生产企业带来巨大经济和品牌损失。食品微生物指标和食品的货架期密切相关，反映食品的质量安全性。因此，开发快速、灵敏、方便的食源性微生物检测技术显得尤为重要。基于微生物培养的常规检测方法被认为是微生物检测的黄金标准，但耗时费力，基于免疫学测定技术的快速检测方法得到了广泛应用。免疫磁性分离技术、反向被动乳胶凝集技术、酶联免疫吸附测定技术、免疫荧光技术、测流免疫层析技术等检测技术已被用于从不同的食品样品和环境样品中分离检测副溶血性弧菌、单核增生李斯特菌、大肠杆菌 O157：H7 等食源性病原微生物。除了免疫学检测方法，快速测试片技术、电抗阻技术、ATP生物发光技术、基因探针技术、基因芯片技术、PCR技术、核酸等温扩增技术、重组酶聚合酶扩增技术等技术也被用于食品中微生物的快速检测。未来，食品微生物快速检测技术将进一步向精准、快速、高通量、自动化方向发展，为保障食品安全、维护消费者健康保驾护航。了解行业前沿，洞悉行业未来发展趋势，可以开拓视野，为个人职业规划和学术研究提供有力支撑。

第十章　微生物的分类与鉴定

微生物分类学是对各种微生物进行鉴定，按照分类学准则排列成分类系统，并对已确定的分类单元进行科学命名的科学。除了传统的微生物分类方法，基于细胞化学组分差异的化学分类法、遗传学分类法、数值分类法等现代分类方法层出不穷，在食品微生物鉴定中的作用日益突出。对食品中的微生物进行分类鉴定与食品的加工、卫生检验和质量控制等工作关系密切，尤其对食品中的病原微生物进行定性、定量检测，是判定食品是否符合国家标准、预防、控制食源性疾病的重要手段之一。

本书数字资源索引

数字资源名称	二维码	章节	页码	数字资源名称	二维码	章节	页码
先导片		绪论	1	霉菌的形态、构造、繁殖方式及培养特征		第二章第二节	91
微生物的概念及生物学特点		绪论	1	霉菌毒素		第二章第二节	105
微生物的通用分类单元与三域学说		绪论	3	噬菌体的繁殖		第三章第一节	125
食品微生物学及其发展过程		绪论	12	噬菌体污染与病毒介导的食源性疾病		第三章第一节	128
细菌细胞的基本结构—细胞壁		第一章第一节	21	微生物的营养要求与营养类型的划分		第四章第一节	138
细菌细胞的特殊构造——糖被、芽孢		第一章第一节	31	营养物质进入菌体细胞的方式		第四章第三节	147
微生物在食品酿造中的应用—食醋、酱油		第一章第二节	45	选用和设计培养基的原则和方法		第四章第四节	152
细菌性食物中毒		第一章第二节	50	培养基的种类		第四章第四节	159
食品的微生物安全性评价—菌落总数和大肠菌群		第一章第二节	59	乳酸发酵及乳酸菌在食品中的应用		第五章第二节	174
放线菌的形态、构造、繁殖方式及群体形态特征		第一章第三节	60	酒精发酵及酵母菌在食品中的应用		第五章第二节	176
酵母菌的形态、构造、繁殖方式及培养特征		第二章第一节	76	微生物生长繁殖的测定		第六章第一节	203

续表

数字资源名称	二维码	章节	页码	数字资源名称	二维码	章节	页码
单细胞微生物的典型生长曲线		第六章第二节	210	微生物菌种保藏原理与常用方法		第七章第三节	261
影响微生物生长的主要因素		第六章第三节	214	微生物在自然界的分布与菌种资源的开发		第八章第二节	266
食品中有害微生物的控制		第六章第六节	231	微生物与生物环境之间的关系		第八章第三节	275
微生物的诱变育种		第七章第一节	253				